Wolffgang (Hrsg.)/Kock/Stüwe/Zimmermann

Öffentliches Recht und Europarecht

Online-Version inklusive!

Stellen Sie dieses Buch jetzt in Ihre „digitale Bibliothek" in der NWB Datenbank und nutzen Sie Ihre Vorteile:

- Ob am Arbeitsplatz, zu Hause oder unterwegs: Die Online-Version dieses Buches können Sie jederzeit und überall da nutzen, wo Sie Zugang zu einem mit dem Internet verbundenen PC haben.
- Die praktischen Recherchefunktionen der NWB Datenbank erleichtern Ihnen die gezielte Suche nach bestimmten Inhalten und Fragestellungen.
- Die Anlage Ihrer persönlichen „digitalen Bibliothek" und deren Nutzung in der NWB Datenbank online ist kostenlos. Sie müssen dazu nicht Abonnent der Datenbank sein.

Ihr Freischaltcode: MJKREKSRKFITGNPFJ

Wolffgang, Öffentliches Recht und Europarecht

So einfach geht's:

1. Rufen Sie im Internet die Seite **www.nwb.de/go/online-buch** auf.
2. Geben Sie Ihren Freischaltcode ein und folgen Sie dem Anmeldedialog.
3. Fertig!

Die NWB Datenbank – alle digitalen Inhalte aus unserem Verlagsprogramm in einem System.

www.nwb.de

NWB Studium Betriebswirtschaft

Öffentliches Recht und Europarecht

- Staats- und Verfassungsrecht
- Primärrecht der Europäischen Union
- Allgemeines Verwaltungsrecht

Herausgegeben von
Prof. Dr. Hans-Michael Wolffgang

Bearbeitet von
Prof. Dr. Kai-Uwe Kock
Regierungsdirektor Richard Stüwe
Prof. Dr. Hans-Michael Wolffgang
Prof. Dr. Heiko Zimmermann

5., überarbeitete Auflage

nwb STUDIUM

Kein Produkt ist so gut, dass es nicht verbessert werden könnte. Ihre Meinung ist uns wichtig! Was gefällt Ihnen gut? Was können wir in Ihren Augen noch verbessern? Bitte verwenden Sie für Ihr Feedback einfach unser Online-Formular auf:

www.nwb.de/go/feedback_bwl

Als kleines Dankeschön verlosen wir unter allen Teilnehmern einmal pro Quartal ein Buchgeschenk.

Bearbeitervermerk:

Teil 1: Grundlagen des Rechts	Wolffgang
Teil 2: Staats- und Verfassungsrecht	Kock
Teil 3: Recht der Europäischen Union	Zimmermann
Teil 4: Allgemeines Verwaltungsrecht	Stüwe

ISBN 978-3-482-**61741**-6 (online)
ISBN 978-3-482-**48345**-5 (print)
5., überarbeitete Auflage 2010

www.nwb.de

Satz: Griebsch & Rochol Druck GmbH & Co. KG, Hamm

Druck: Beltz Druckpartner, Hemsbach

VORWORT ZUR 5. AUFLAGE

Dieses Buch vermittelt einen fundierten Überblick über das öffentliche Recht und das Europarecht. Es ist vor allem für die Studierenden geschrieben, die für ein nicht-rechtswissenschaftliches Studium die notwendigen Grundkenntnisse in den angesprochenen Rechtsgebieten benötigen. Das öffentliche Recht zählt nicht nur im Studium der Rechtswissenschaften, sondern auch in zahlreichen anderen Studiengängen an Universitäten und Fachhochschulen zum Pflichtstoff. Diese Hervorhebung ist der Materie angemessen, da die grundlegenden Kenntnisse des Staatsaufbaus, der bürgerlichen Rechte und Pflichten und der Rechtsbeziehungen zwischen den Bürgern und der Verwaltung in allen Berufssparten nützlich sind. Für viele Studiengänge, z. B. Wirtschaftswissenschaften, Politologie, Soziologie, Geographie sowie Publizistik, sind fundierte Kenntnisse des öffentlichen Rechts sogar unabdingbar, um die Hauptstudieninhalte zutreffend in die staatlichen Gesamtzusammenhänge einordnen zu können. Dies gilt besonders für Studierende in verwaltungsbezogenen Studiengängen. Die Angehörigen der verschiedensten Verwaltungszweige müssen die grundlegenden Rechtsstrukturen des Gemeinwesens kennen und in ihrer Arbeit umsetzen können.

Das öffentliche Recht kann wegen der fortgeschrittenen Integration Europas nicht mehr ohne das Recht der Europäischen Union behandelt werden. Europarecht ist weitgehend öffentliches Recht. Es stellt eine eigenständige Rechtsordnung dar, strahlt aber gleichzeitig auf das nationale Verfassungs- und Verwaltungsrecht aus. Daher wird das Europarecht in diesem Buch nach dem nationalen Verfassungsrecht vorgestellt. Der Umfang beschränkt sich auf das sog. Primäre Unionsrecht, das – dogmatisch vereinfacht – dem Verfassungsrecht gleichgestellt werden kann.

Die Autoren verfügen über langjährige Lehrerfahrung auf allen Gebieten des öffentlichen Rechts und des Europarechts. Sie sind in verschiedenen Studiengängen als Professoren oder Dozenten mit der rechtswissenschaftlichen Ausbildung an der Universität Münster bzw. an der Fachhochschule des Bundes befasst.

In der vorliegenden 5. Auflage wurden alle Abschnitte des Buches aktualisiert. Im Verfassungsrecht sind die Auswirkungen durch die Föderalismusreform aufgenommen worden. Das Europarecht wurde wegen des Inkrafttretens des Lissaboner Vertrags grundsätzlich neu bearbeitet. Ergänzend zum Lehrbuch gibt es nun auch ein Übungsbuch mit zahlreichen Klausurbeispielen.

Münster, im September 2010 *Hans-Michael Wolffgang*

INHALTSVERZEICHNIS

ABKÜRZUNGSVERZEICHNIS

A

ABl.	Amtsblatt
Abs.	Absatz
AEUV	Vertrag über die Arbeitsweise der Europäischen Union
a. F.	alte Fassung
AFG	Arbeitsförderungsgesetz
Alt.	Alternative
AO	Abgabenordnung
AOK	Allgemeine Ortskrankenkasse
AÖR	Archiv des Öffentlichen Rechts (Zeitschrift)
ARD	Arbeitsgemeinschaft der Rundfunkanstalten Deutschlands
Art.	Artikel
Ärzte-ZV	Ärzte-Zulassungsverordnung
AtG	Atomgesetz
Aufl.	Auflage
AufenthG/ EWG	Gesetz über Einreise und Aufenthalt von Staatsangehörigen der Mitgliedstaaten der Europäischen Wirtschaftsgemeinschaft
AV	Amsterdamer Vertrag
AW-Prax	Außenwirtschaftliche Praxis (Zeitschrift)
Az.	Aktenzeichen

B

BAföG	Bundesausbildungsförderungsgesetz
BauGB	Baugesetzbuch
BauO NW	Bauordnung Nordrhein-Westfalen
BayVBl	Bayerische Verwaltungsblätter (Zeitschrift)
BBG	Bundesbeamtengesetz
BDSG	Bundesdatenschutzgesetz
Benelux	Belgien, Niederlande, Luxemburg
BFernStrG	Bundesfernstraßengesetz
BGB	Bürgerliches Gesetzbuch
BGBl	Bundesgesetzblatt
BGHZ	Entscheidungen des Bundesgerichtshofes in Zivilsachen
BHO	Bundeshaushaltsordnung
BImSchG	Bundesimmissionsschutzgesetz
BNatSchG	Bundesnaturschutzgesetz
BRAO	Bundesrechtsanwaltsordnung
BRRG	Beamtenrechtsrahmengesetz
BSE	Bovine spongiforme Enzephalopathie
BSeuchenG	Bundesseuchengesetz

BVerfG	Bundesverfassungsgericht
BVerfGE	Entscheidungen des Bundesverfassungsgerichts
BVerfGG	Bundesverfassungsgerichtsgesetz
BVerwG	Bundesverwaltungsgericht
BVerwGE	Entscheidungen des Bundesverwaltungsgerichts
BW	Baden-Württemberg
BWahlG	Bundeswahlgesetz

C

COREPER	Commission des représentants permanents
CSU	Christlich Soziale Union

D

DEKRA	Deutscher Kraftfahrzeugs-Überwachungsverein
d. h.	das heißt
DB	Der Betrieb (Zeitschrift)
DDR	Deutsche Demokratische Republik
DÖV	Die öffentliche Verwaltung (Zeitschrift)
DStR	Deutsches Steuerrecht (Zeitschrift)
DVBl	Deutsches Verwaltungsblatt (Zeitschrift)

E

€	Euro
E	Erlass
EAG	Europäische Atomgemeinschaft
EAGV	Vertrag zur Gründung der Europäischen Atomgemeinschaft
ECU	European Currency Unit
EEA	Einheitliche Europäische Akte
EFRE	Europäische Fonds für regionale Entwicklung
EG	Europäische Gemeinschaft(en)
EGGVG	Einführungsgesetz zum Gerichtsverfassungsgesetz
EGKS	Europäische Gemeinschaft für Kohle und Stahl
EGKSV	Vertrag zur Gründung der Europäischen Gemeinschaft für Kohle und Stahl
EGV	Vertrag zur Gründung der Europäischen Gemeinschaft
EMRK	Europäische Menschenrechtskonvention
EP	Europäisches Parlament
ESF	Europäische Sozialfonds
EU	Europäische Union
EuG	Europäisches Gericht
EuGH	Gerichtshof der Europäischen Gemeinschaften
EuGRZ	Europäische Grundrechte-Zeitschrift
EuR	Europarecht (Zeitschrift)
EuRatS	Satzung des Europarates
EUROPOL	Europäisches Polizeiamt

EUV	Vertrag zur Gründung der Europäischen Union
EUVO	Verordnung der Europäischen Union
EuZW	Europäische Zeitschrift für Wirtschaftsrecht (Zeitschrift)
EVG	Europäische Verteidigungsgemeinschaft
EWG	Europäische Wirtschaftsgemeinschaft
EWI	Europäisches Währungsinstitut
EWS	Europäisches Währungssystem
EZB	Europäische Zentralbank

F

f.	folgende (Seite[n])
FCKW	Fluorchlorkohlenwasserstoffe
ff.	fortfolgende (Seite[n])
FG	Finanzgericht
FGO	Finanzgerichtsordnung
FStrG	Fernstraßengesetz

G

GAP	Gemeinsame Agrarpolitik
GASP	Gemeinsame Außen- und Sicherheitspolitik
GastG	Gaststättengesetz
GastVO	Gaststättenverordnung
GATT	General Agreement on Tarifs and Trade
GB	Großbritannien
gem.	gemäß
GeschORat	Geschäftsordnung des Rates
GewO	Gewerbeordnung
GG	Grundgesetz
GjS	Gesetz über die Verbreitung jugendgefährdender Schriften und Medieninhalte
GmbH	Gesellschaft mit beschränkter Haftung
GMO	Gemeinsame Marktordnungen
GO BT	Geschäftsordnung des Bundestags
GO NW	Gemeindeordnung Nordrhein-Westfalen
GPSG	Geräte- und Produktsicherheitsgesetz
GZT	gemeinsamer Zolltarif

H

ha	Hektar
HandwO	Handwerksordnung
h. M.	herrschende Meinung
Hrsg.	Herausgeber

I

i. d. R.	in der Regel
i. H.	in Höhe
i. S.	im Sinne
i.V.	in Verbindung
i. w.	im weiteren

J

JA	Juristische Arbeitsblätter (Zeitschrift)
Jura	Juristische Ausbildung (Zeitschrift)
JuS	Juristische Schulung (Zeitschrift)
JZ	Juristenzeitung (Zeitschrift)

K

KPD	Kommunistische Partei Deutschlands
KrW-/AbfG	Gesetz zur Förderung der Kreislaufwirtschaft und Sicherung der umweltverträglichen Beseitigung von Abfällen
KündSchG	Kündigungsschutzgesetz

L

LBG BW	Landesbeamtengesetz Baden-Württemberg
LBG NW	Landesbeamtengesetz Nordrhein-Westfalen
LOG	Landesorganisationsgesetz
LuftSiG	Luftsicherheitsgesetz

M

MDR	Monatsschrift für Deutsches Recht (Zeitschrift)
m. E.	meines Erachtens

N

NATO	North Atlantic Treaty Organization
NJW	Neue Juristische Wochenschrift (Zeitschrift)
Nr.	Nummer
NRW	Nordrhein-Westfalen
NSDAP	Nationalsozialistische Deutsche Arbeiterpartei
NVwZ	Neue Zeitschrift für Verwaltungsrecht (Zeitschrift)
NVwZ-RR	Rechtsprechungsreport der NVwZ (Zeitschrift)
NWVBl	Nordrhein-Westfälische Verwaltungsblätter (Zeitschrift)

O

o. a.	oben angeführt
o. ä.	oder ähnlich
o. g.	oben genannt

OBG	Ordnungsbehördengesetz
OBG NW	Ordnungsbehördengesetz Nordrhein-Westfalen
OECD	Organization for Economic Cooperation and Development
OEEC	Organization for European Economic Cooperation
ÖTV	Gewerkschaft Öffentliche Dienste, Transport und Verkehr (Zeitschrift)
OVG	Oberverwaltungsgericht

P

PartG	Parteiengesetz
PBefG	Personenbeförderungsgesetz
PJZ	Polizeiliche und justizielle Zusammenarbeit in Strafsachen
POG	Polizeiorganisationsgesetz
PolG	Polizeigesetz

R

RK	Regierungskonferenz
Rn.	Randnummer
RL	Richtlinie
Rs.	Rechtssache
Rspr.	Rechtsprechung
RuStAG	Reichs- und Staatsangehörigkeitsgesetz

S

S.	Seite
s.	siehe
s. o.	siehe oben
s. u.	siehe unten
SGB	Sozialgesetzbuch
SGG	Sozialgerichtsgesetz
Slg.	Sammlung
sog.	so genannt
SPD	Sozialdemokratische Partei Deutschlands
SRP	Sozialistische Reichspartei
StGB	Strafgesetzbuch
StPO	Strafprozessordnung
str.	strittig
StVG	Straßenverkehrsgesetz
StVO	Straßenverkehrsordnung
StVZO	Straßenverkehrs-Zulassungs-Ordnung
StrWG NRW	Straßen- und Wegegesetz des Landes Nordrhein-Westfalen

T

TÜV	Technischer Überwachungs-Verein

U

UA	Unterabsatz
ü. A.	überwiegende Ansicht
u. E.	unseres Erachtens
u.U.	unter Umständen
UN	United Nations
UNO	United Nations Organization
USt	Umsatzsteuer
UStG	Umsatzsteuergesetz
usw.	und so weiter
UVP	Umweltverträglichkeitsprüfung
UWG	Gesetz gegen den unlauteren Wettbewerb

V

VAEU	Vertrag über die Arbeitsweise der Europäischen Union
VereinsG	Vereinsgesetz
VersammlG	Versammlungsgesetz
VG	Verwaltungsgericht
VHMK-Prüfung	Prüfung von verkehrsplanerischen Maßnahmen
vgl.	vergleiche
VO	Verordnung
VVE	Vertrag über eine Verfassung für Europa
VwGO	Verwaltungsgerichtsordnung
VwVfG	Verwaltungsverfahrensgesetz des Bundes bzw. des jeweiligen Landes
VwZG	Verwaltungszustellungsgesetz

W

WaffenG	Waffengesetz
WEU	Westeuropäische Union
WPflG	Wehrpflichtgesetz
WRV	Weimarer Reichsverfassung
WSA	Wirtschafts- und Sozialausschuss
WWU	Wirtschafts- und Währungsunion

Z

z. B.	zum Beispiel
z.T.	zum Teil
ZDF	Zweites Deutsches Fernsehen
ZK	Zollkodex
ZPJS	polizeiliche und justizielle Zusammenarbeit in Strafsachen
ZPO	Zivilprozessordnung
ZVS	Zentrale Vergabestelle für Studienplätze

ABBILDUNGSVERZEICHNIS

LITERATURVERZEICHNIS

(Es werden nur Standardlehrbücher aufgeführt; Vertiefungsliteratur findet sich bei den einzelnen Paragraphen.)

Zum Staats- und Verfassungsrecht:

Degenhart, Staatsrecht I, 25. Aufl., 2009

Frotscher/Pieroth, Verfassungsgeschichte, 8. Aufl., 2009

Hesse, Grundzüge des Verfassungsrechts der Bundesrepublik Deutschland, 20. Aufl., 1999

Hufen, Staatsrecht II, 2. Aufl., 2009

Ipsen, Staatsrecht I, 21. Aufl., 2009

Katz, Staatsrecht, 17. Aufl., 2007

Menger, Deutsche Verfassungsgeschichte der Neuzeit, 8. Aufl., 1993

Pieroth/Schlink, Staatsrecht II, 25. Aufl., 2009

Schmidt, Staatsorganisationsrecht, 8. Aufl., 2008

Stein, Staatsrecht, 20. Aufl., 2007

Willoweit, Deutsche Verfassungsgeschichte, 6. Aufl., 2009

Zippelius/Würtemberger, Deutsches Staatsrecht, 32. Aufl., 2008

Zum Europarecht:

Arndt, Europarecht, 8. Aufl., 2006

Lenz, EG-Handbuch – Recht im Binnenmarkt, 2. Aufl., 1994

Lenz/Borchardt, EU- und EG-Vertrag, Kommentar, 4. Aufl., 2006

Schweitzer, Staatsrecht III, 10. Aufl., 2010

Streinz, Europarecht, 9. Aufl., 2010

Zum Verwaltungsrecht:

Detterbeck, Allgemeines Verwaltungsrecht, 8. Aufl., 2010

Driehaus/Pietzner, Einführung in das Allgemeine Verwaltungsrecht, 3. Aufl., 1996

Erichsen/Ehlers (Hrsg.), Allgemeines Verwaltungsrecht, 14. Aufl., 2010

Finke/Haurand/Sundermann/Vahle, Allgemeines Verwaltungsrecht, 10. Aufl., 2006

Giemulla/Jaworsky/Müller-Uri, Verwaltungsrecht, 7. Aufl., 2004

Hufen, Verwaltungsprozessrecht, 7. Aufl., 2008

Maurer, Allgemeines Verwaltungsrecht, 17. Aufl., 2008

Peine, Allgemeines Verwaltungsrecht, 9. Aufl., 2008

Schenke, Verwaltungsprozessrecht, 12. Aufl., 2009

Schweickhardt, Allgemeines Verwaltungsrecht, 9. Aufl., 2010

Wallerath, Allgemeines Verwaltungsrecht, 6. Aufl., 2009

Wolff/Bachof/Stober, Verwaltungsrecht I, 12. Aufl., 2007

Teil 1: Grundlagen des Rechts

LITERATUR

Engisch, Einführung in das juristische Denken, 10. Aufl., 2005; *Katz*, Staatsrecht, 18. Aufl., 2010, § 1; *von Olshausen*, Die (Rechts-)Quellen des Verwaltungsrechts, JA 1983, S. 177 ff.; *Ossenbühl*, in: Erichsen/Ehlers (Hrsg.), Allgemeines Verwaltungsrecht, 13. Aufl., 2006.

§ 1 Funktionen des Rechts

Die erste Funktion des Rechts besteht darin, das soziale Zusammenleben der Menschen in einer Gemeinschaft zu regeln. Dazu erlässt das in einem Gemeinwesen mit der entsprechenden Autorität ausgestattete Organ Sollensnormen, die die Rechtsordnung darstellen. Darin kommt vor allem die **Ordnungsfunktion** des Rechts zum Ausdruck. Es existiert ein Gefüge geschriebener oder ungeschriebener Rechtssätze, die die Beziehungen zwischen den Menschen, ihre Stellung gegenüber den Hoheitsträgern, aber auch das Verhältnis der Hoheitsträger untereinander normieren. Diese Funktionsbeschreibung ist unabhängig davon, ob das normsetzende Organ demokratisch legitimiert ist oder sich die Kompetenz ohne Willensbetätigung des Volkes anmaßt. Insofern kommt auch in diktatorischen Regimen dem Recht die Ordnungsfunktion zu.

Das Recht hat darüber hinaus eine **Akzeptanzfunktion**. Die dem Recht Unterworfenen oder von Rechtssätzen Betroffenen – das können sowohl die Bürger als auch staatliche Organe sein – müssen das Recht als für sich maßgeblich anerkennen. Die Verwirklichung dieser Funktion ist nur in dem Maße gewährleistet, wie das Recht für materielle Gerechtigkeit sorgt. Die Forderung nach materieller Gerechtigkeit geht einher mit den Zielen der Freiheitssicherung und Gleichbehandlung der Rechtsunterworfenen. Damit verbunden sind die Postulate von Rechtssicherheit und Rechtsklarheit, Begrenzung staatlicher Macht und Verhältnismäßigkeit allen staatlichen Handelns, sozialem Ausgleich und Freiheitsbetätigung. Nur die Rechtsordnung, die einen ausreichenden Anteil materieller Gerechtigkeit verbürgt, wird von den Rechtsunterworfenen akzeptiert. Nur sie genießt Legitimität.

Dem Recht kommt des Weiteren eine **Verbindlichkeitsfunktion** zu. Im Unterschied zu sonstigen sozialen Ordnungs- oder Wertsystemen wie Sitte, Moral, Religion oder Konvention, die ebenfalls das Verhalten der Menschen steuern können, stellt das Recht eine allgemeinverbindliche Ordnung dar, die von staatlichen Organen (Verwaltungsbehörden, Gerichte) durchgesetzt und im Nichtbefolgungsfall sanktioniert wird. Soweit sich die mit Verbindlichkeitsanspruch ausgestattete Rechtsordnung in formulierten oder formulierbaren Rechtsnormen widerspiegelt, ist sie als **positives Recht** zu bezeichnen.

Vor allem in demokratisch konstituierten Gemeinwesen kommt dem Recht eine **Befriedungsfunktion** zu. In einer pluralistisch geprägten Gesellschaft stoßen unterschiedliche Wert-, Staats- oder Wirtschaftsvorstellungen aufeinander, die eines Ausgleichs bedürfen. Dazu dient der politische Willensbildungsprozess im Rahmen demokratischer Entscheidungsverfahren. In der Diskussion zwischen den gesellschaftlichen Gruppierungen oder politischen Parteien bilden sich Mehrheitsmeinungen heraus. Sie sind das Ergebnis eines Kompromisses oder Konsenses. Insbesondere das geschriebene Recht ist das Substrat dieses formalisierten Interessenausgleichs, der zu einer Befriedung zwischen den widerstreitenden Beteiligten führt. Dies bedeutet nicht, dass die politische Diskussion damit beendet ist. Gerade im Rahmen demokratischer Prozesse können neue Mehrheiten zu gesellschaftlichen Fragestellungen entstehen, die eine Novellierung der gesetzten Rechtsnormen bewirken.

BEISPIELE

- Neuregelung des Abtreibungstatbestands im Strafrecht;
- Regelung der Rückgabe enteigneter Vermögenswerte in der ehemaligen DDR;
- Regelung der Organtransplantation bei Menschen.

§ 2 Rechtsquellen

Das Recht erschließt sich aus einer Vielzahl von Rechtsquellen, die sowohl geschriebener als auch ungeschriebener Art sein können. „Rechtsquelle“ wird dabei in einem rechtstheoretischen Ansatz als der „Erkenntnisgrund für etwas als Recht“ verstanden. In einer vereinfachenden Sichtweise können die Rechtsquellen auch den Rechtsnormen gleichgesetzt werden. Das in Deutschland geltende Recht ergibt sich aus einer Gemengelage völkerrechtlicher, europarechtlicher, bundes- und landesrechtlicher Rechtsquellen oder Rechtsnormen. Zwischen diesen gibt es hierarchische, überlagernde oder ausschließende Anwendungsbereiche. Dadurch wird die Entscheidungsfindung erschwert, welcher Norm generell oder konkret Geltungsvorrang zukommt.

I. Rechtsquellenstruktur

Eine auf den Inhalt der Rechtsquellen abstellende Unterscheidung ist die zwischen dem objektiven Recht und dem subjektiven Recht. Das **objektive Recht** kann als die Gesamtheit der innerhalb einer Rechtsordnung allgemein geltenden Rechtsvorschriften beschrieben werden. Das **subjektive Recht** hat eine personalisierende Betrachtungsweise. Es ergibt sich unmittelbar oder abgeleitet aus einer Rechtsquelle des objektiven Rechts, verleiht dem Normadressaten aber in einer Konkretisierung seiner Interessen eine ihm zustehende und von ihm durchsetzbare Rechtsstellung.

BEISPIEL Das Grundgesetz gehört in Gänze zum objektiven Recht; es enthält aber auch subjektive Rechte, z. B. die Grundrechte.

Während die Rechtsnormen des Privatrechts im Regelfall eine subjektive Rechtsstellung einräumen, ist bei öffentlich-rechtlichen Rechtsnormen (zur Unterscheidung des Privatrechts vom öffentlichen Recht siehe § 3) besonders zu prüfen, ob sie dem Normadressaten eine Rechtsbefugnis gewähren. Rechtsquellen des öffentlichen Rechts haben häufig nur objektiv-rechtlichen Charakter; sie bezwecken gerade nicht die Verwirklichung der Interessen einzelner, sondern der Gemeinschaft. Nur wenn sie zumindest auch im Interesse eines einzelnen Rechtssubjekts bestehen, enthalten sie für dieses ein **subjektiv-öffentliches Recht**. Diese Qualifizierung ist wichtig, wenn ein Bürger gegenüber der Verwaltung ein Leistungsbegehren geltend macht, z. B. eine Genehmigung oder eine Subvention begehrt. Er muss sich dazu auf eine Anspruchsgrundlage stützen können. Nicht jede Norm des öffentlichen Rechts begründet aber einen individuellen Anspruch. Es ist besonders zu prüfen, ob die Norm z. B. unter dem Einfluss von Grundrechten steht und daher Interessen des Einzelnen zu verwirklichen bestimmt ist. In vielen Fällen steht dem Bürger nur ein Anspruch auf ermessensfehlerfreie Entscheidung über sein Begehren zu. Nur im Rahmen der gebundenen Verwaltung kann eine konkrete Maßnahme verlangt werden. Auch für eine gerichtliche Durchsetzung ist die Qualifizierung als subjektiv-öffentliches Recht wichtig. Da eine Popularklage weithin ausgeschlossen ist, muss ein Kläger, der sein Begehren auf einen öffentlich-rechtlichen Rechtssatz stützt, darlegen, dass die Norm seine Interessen schützen, ihm also ein subjektives Recht verschaffen will.

Eine weitere Unterscheidung der Rechtsquellen ist die zwischen materiellem Recht und formellem Recht. Zum **materiellen Recht** zählen die Normen, die Rechtsbeziehungen bzw. Rechtsverhältnisse konstituieren oder regeln. Im öffentlichen Recht sind dies jene Vorschriften, die die

Rechtsbeziehungen zwischen den Bürgern und den Hoheitsträgern sowie zwischen den Hoheitsträgern selbst inhaltlich bestimmen oder formen.

BEISPIELE

- **Bürger – Hoheitsträger:** Polizei- und Ordnungsrecht, Gewerberecht, Baurecht;
- **Hoheitsträger untereinander:** Kompetenzzuweisungen zwischen Bund und Ländern, kommunale (Gemeinden, Städte, Kreise) oder wirtschaftliche (Industrie- und Handelskammern, Handwerkskammern) Selbstverwaltungskörperschaften.

Das **formelle Recht** hingegen dient der Durchsetzung des materiellen Rechts. Es handelt sich um das Verfahrens- und Prozessrecht, mit dem die Formen und Wege der Verwirklichung des materiellen Rechts geregelt werden.

BEISPIELE

- Verwaltungsverfahrensrecht (VwVfG),
- Verwaltungsprozessrecht (VwGO),
- Strafprozessrecht (StPO).

II. Rechtsquellenarten

1. Verfassung

Die Rechtsquelle mit dem höchstem Geltungsanspruch ist die **Verfassung**, auf Bundesebene das Grundgesetz der Bundesrepublik Deutschland, in den Bundesländern die jeweilige Landesverfassung. Auf der Ebene der Europäischen Union gibt es noch keine Verfassung, wohl aber die zwischen den Mitgliedstaaten geschlossenen Gründungsverträge (z. B. EUV), die als europäisches Primärrecht bezeichnet werden und quasi verfassungsrechtliche Geltung haben. Die Verfassung ist der Maßstab aller nachgeordneten Rechtsnormen; an ihr müssen sich alle Rechtsquellen orientieren.

2. Gesetz

Der Verfassung nachgeordnet ist das „einfache" **Gesetz im „formellen" Sinn**. Dazu zählen alle Rechtssätze, deren Inhalt in einem verfassungsförmlich geordneten Verfahren durch Beschluss des Parlaments – des verfassungsrechtlich vorgegebenen Gesetzgebers – geschaffen wurde. Gesetzgeber kann der Bundestag (gemeinsam mit dem Bundesrat) oder auch ein Landesparlament sein. Das „einfache" Gesetz ist vom Verfassungsgesetz abzugrenzen, das die Verfassung abändert und nur durch qualifizierten Mehrheitsbeschluss zustande kommen kann (vgl. z. B. Art. 79 Abs. 2 GG; ähnlich in den Landesverfassungen).

Von den „formellen" oder „förmlichen" Gesetzen zu unterscheiden sind die **Gesetze im „materiellen" Sinn**. In der deutschen Rechtssprache hat das Wort „Gesetz" eine doppelte Bedeutung. Im weiteren Sinne bezeichnet die Verwendung des Begriffs „Gesetz" jede rechtliche Regelung, die die Rechtsbeziehungen zwischen verschiedenen Rechtssubjekten normiert. Dies gilt unabhängig davon, wie der betreffende Rechtssatz („Gesetz") zustande gekommen ist. Im engeren Sinne ist mit „Gesetz" jedoch das „formelle" Gesetz gemeint. Häufig ist der Wortlaut der Verfassung nicht ausreichend, um die konkrete Bedeutung zu erkennen; sie ergibt sich dann nur aus einer tieferen Interpretation.

BEISPIEL Wenn Art. 12 Abs. 1 Satz 2 GG bestimmt, dass die Berufsausübung nur „durch Gesetz oder aufgrund eines Gesetzes geregelt werden" kann, ist damit das Gesetz im materiellen Sinne gemeint. Dies gilt auch für Art. 3 Abs. 1 GG, nach dem alle Menschen „vor dem Gesetz" gleich sind. Anders in Art. 80 GG. Die danach vorgesehene Ermächtigung zum Erlass einer Rechtsverordnung „durch Gesetz" muss ein formelles Gesetz sein. Nur das Parlament kann die Exekutive zur Rechtsetzung ermächtigen. Bereits vom Wortlaut her klar ist Art. 104 Abs. 1 GG, der Freiheitsentziehungen nur aufgrund eines „förmlichen Gesetzes" zulässt.

Im **Recht der Europäischen Union** wird der Begriff „Gesetz" nicht für eine Rechtsnorm verwendet, wohl aber für das Rechtssetzungsverfahren. Von der hierarchischen Struktur der Rechtsnormen her, können hier die „**Verordnung**" und auch die „**Richtlinie**" (beide definiert in Art. 288 AEUV) eingeordnet werden. Sie werden als Sekundärrecht bezeichnet, worin zum Ausdruck kommt, dass sie von dem Primärrecht, dem EUV, abgeleitet sind. Während die Verordnung sich sowohl an die Mitgliedstaaten als auch an die Bürger richtet und Bindungswirkung für beide entfaltet, hat die Richtlinie grundsätzlich nur die Mitgliedstaaten zum Adressaten. Diese müssen den Regelungsinhalt in nationale Vorschriften umsetzen. Versäumen sie eine Transformation, kann den Richtlinien aber ausnahmsweise unmittelbare Rechtswirkung für die Bürger zukommen (siehe S. 244).

Verordnung und Richtlinie sind in dem vertragsförmlichen Verfahren vom Rat oder von der Kommission zu erlassen (siehe S. 249 ff.).

3. Rechtsverordnung, Satzung

An dem vorgenannten Beispiel des Art. 80 GG wird deutlich, dass das „förmliche" Gesetz nicht nur Rechtsquelle für „materielles" Recht ist, sondern auch als Ermächtigungsnorm zur Erzeugung nachgeordneter Rechtssätze dient. Zu nennen sind sowohl auf Bundes- wie auf Landesebene vor allem die Rechtsverordnung und die Satzung.

Rechtsverordnungen sind Rechtsnormen, die aufgrund einer Ermächtigung in einem förmlichen Gesetz von der Exekutive erlassen werden. Als Exekutivorgane kommen neben der Gubernative (Regierung) nachgeordnete Behörden der Bundes- oder Landesverwaltung in Betracht. Eine Rechtsetzungsbefugnis kann der parlamentarische Gesetzgeber aber auch juristischen Personen des öffentlichen Rechts, die mittelbare Staatsverwaltung ausüben, einräumen, z. B. der Bundesagentur für Arbeit. Allerdings muss er – wie Art. 80 Abs. 1 GG ausdrücklich vorgibt – in der Ermächtigung Inhalt, Zweck und Ausmaß der Delegation bestimmen. Das Parlament kann sich daher nicht vollständig seiner Rechtsetzungsbefugnis begeben; die gesetzgeberische Verantwortung bleibt bei der Volksvertretung.

HINWEIS

Die Rechtsverordnung nach deutschem Recht darf nicht mit der EU-Verordnung verwechselt werden!

Satzungen sind nach einer Definition des Bundesverfassungsgerichts (E 33, S. 156) Rechtsnormen, „die von einer dem Staat nachgeordneten juristischen Person des öffentlichen Rechts im Rahmen der ihr gesetzlich verliehenen Autonomie mit Wirksamkeit für die ihr angehörigen und unterworfenen Personen erlassen werden". Organisationen der mittelbaren Staatsverwaltung wie Körperschaften (Universitäten, Städte, berufsständische Kammern) oder Anstalten (z. B. Rundfunkanstalten) genießen eine verfassungsrechtlich eingeräumte (z. B. Kommunen gem. Art. 28 Abs. 2 GG) oder formell-gesetzlich übertragene und begrenzte (z. B. Industrie- und Handelskammern) Autonomie zur Regelung ihrer eigenen Angelegenheiten. Die dafür vorgesehene Rechtsnormform ist die Satzung.

Im Gegensatz zur Rechtsverordnung muss das Ermächtigungsgesetz für die Satzung die Grenzen des Art. 80 GG nicht einhalten. Die weite Satzungsautonomie ist dadurch gerechtfertigt, dass in den Selbstverwaltungsorganisationen quasiparlamentarische Entscheidungsträger vorhanden sind. „Wesentliche" – d. h. vor allem grundrechtsrelevante – Entscheidungen bleiben jedoch dem parlamentarischen Gesetzgeber vorbehalten. Sie können nicht in Satzungen geregelt werden.

Im **europäischen Recht** sind keine vergleichbaren eigenständigen Rechtsnormen vorgesehen. Die Verordnungen oder Richtlinien können aber in der Wirkung der Rechtsverordnung gleichgestellt werden, wenn sie als Durchführungsvorschriften erlassen werden. So kann der Rat in einer Grundverordnung regeln, dass die Kommission Details in einer Durchführungsverordnung bestimmen darf. Die Delegationssituation entspricht dann der der (deutschen) Rechtsverordnung.

4. Gewohnheitsrecht und Richterrecht

Die Bedeutung des Gewohnheitsrechts als Rechtsquelle hat nur noch geringe Bedeutung, da das geschriebene Recht die meisten Rechtsbereiche abdeckt. Die Anerkennung gewohnheitsrechtlicher Rechtssätze ist davon abhängig, dass es keine schriftlich fixierten Regeln gibt. Gewohnheitsrecht entsteht unter zwei Voraussetzungen: Objektiv muss eine langdauernde und allgemeine Übung vorliegen (*longa consuetudo*); subjektiv ist die Überzeugung der Beteiligten von der Rechtmäßigkeit der Übung entscheidend (*opinio iuris*).

In der deutschen Rechtspraxis ist das Gewohnheitsrecht weitgehend von der Erkenntnis „allgemeiner Rechtsgrundsätze" durch die Gerichte verdrängt worden. Die Entwicklung geht dahin, dass die Gerichte keine gewohnheitsrechtlichen Rechtsquellen anerkennen, sondern auf von ihnen gefundene allgemeine Rechtsgrundsätze im geschriebenen Recht zurückgreifen oder Rechtsnormen aus mehr oder weniger weit gefassten Verfassungsbestimmungen ableiten. Inhaltlich decken sich beide Vorgehensweisen, methodisch ist der von den Gerichten gewählte Weg für die Richter von Vorteil.

Dieser Vorgang ist vor allem in der Rechtsprechung des Europäischen Gerichtshofes festzustellen, der über die Erkenntnis allgemeiner Rechtsgrundsätze ein umfassendes Rechtsquellengebilde neben dem europäischen Vertragswerk errichtet hat (z. B. Verfahrensrechte im Verwaltungsrecht).

Gegen die Anerkennung von **Richterrecht** spricht allerdings, dass die Gerichte zwar zur Rechtsprechung, nicht aber zur Rechtsschöpfung berufen sind. Zumindest in einem demokratiestaatlich konstituierten Gemeinwesen kommt diese Funktion nur dem Parlament oder dem von ihm ermächtigten Organ zu. Dass den Gerichten eine Gesetzgebungsfunktion zugewiesen ist, kann allenfalls dem Bundesverfassungsgericht bzw. dem Europäischen Gerichtshof im Hinblick auf die ihnen eingeräumte Verwerfungskompetenz verfassungs- bzw. unionsrechtswidriger Rechtsnormen zugestanden werden. Eine (positive) Gesetzgebungsfunktion hat jedoch kein Gericht im deutschen Rechtsraum. Insoweit mag sich die Situation im angelsächsischen Rechtsraum anders darstellen.

III. Völkerrecht, Europarecht, nationales Recht

Normen des Völkerrechts entfalten in der deutschen Rechtsordnung grundsätzlich keine unmittelbare Bindungswirkung. So bestimmt Art. 25 GG, dass die **allgemeinen Regeln des Völkerrechts** Bestandteil des Bundesrechts sind und somit erst dadurch Geltung beanspruchen können. Dann gehen sie den Gesetzen vor und können unmittelbare Rechte und Pflichten erzeugen. Zu den allgemeinen Regeln zählt aber nur das universell geltende Völkergewohnheitsrecht (z. B. die Rotkreuzkonvention). Alle sonstigen völkerrechtlichen Normen bedürfen der Anerkennung durch eine nationale Rechtsvorschrift (z. B. Transformationsgesetz). Dies gilt insbesondere für völkerrechtliche Verträge, die ohne innerstaatlichen Anwendungsbefehl nur die vertragsschließenden Staaten binden.

Anderes gilt für das **Recht der Europäischen Union**. Aufgrund mehrfacher Zustimmungsgesetze des deutschen Gesetzgebers zum europäischen Einigungs- und Vertragswerk wurden der supranationalen Organisation Hoheitsrechte – auch in Form von Gesetzgebungsfunktionen – übertragen, die eine unmittelbare Wirkung europäischer Rechtsakte zur Folge haben können, wie die EU-Verordnung (Art. 288 AEUV) zeigt.

Die dargestellten Rechtsquellen stehen in zweifacher Hinsicht zueinander in einem System der **Normenhierarchie**. Zum einen besteht eine Binnenhierarchie auf den einzelnen Rechtsebenen (EU, Bund, Länder). Im europäischen Recht haben die Verträge (EUV, AEUV, EAGV) als Primärrecht höchsten Geltungsanspruch. Von ihnen leitet sich das demzufolge nachrangige Sekundärrecht (z. B. EU-Verordnung, EU-Richtlinie) ab. Im nationalen Recht findet sich auf Bundes- und Landesebene eine gleiche Binnenhierarchie. Unterhalb der Verfassung rangiert das förmliche Gesetz, dem wiederum die Rechtsverordnung bzw. die Satzung nachrangig sind. Zum anderen befinden sich die einzelnen Rechtsebenen in einer hierarchischen Ordnung. So steht Bundesrecht über Landesrecht, wie Art. 31 GG bestimmt: „**Bundesrecht bricht Landesrecht**".

Für das supranationale Recht der Europäischen Union ist allerdings eine differenziertere Betrachtungsweise angezeigt. Es gilt nicht der Grundsatz, dass Europarecht nationales Recht bricht. Da die Union aber auf einer eigenständigen Rechtsordnung beruht, kommt den Rechtsquellen des **Unionsrechts** grundsätzlich **Anwendungsvorrang** vor nationalem Recht zu (zur Vertiefung siehe § 16 II.).

§ 3 Unterscheidung von öffentlichem Recht und Privatrecht

Die gesamte Rechtsordnung wird in einer grundsätzlichen Differenzierung in das öffentliche Recht und das Privatrecht unterteilt. Diese Unterscheidung war bereits im klassischen Römischen Recht vorgenommen worden und hat über die Rezeption des Römischen Rechts in der deutschen Rechtsordnung ihren Niederschlag gefunden. Trotz mancher Angriffe, die von ihren Verfechtern mit dem Argument der Einheit der Rechtsordnung im modernen Leistungsstaat geführt werden, hat die Einteilung weiterhin Bestand. Dafür sprechen die sachlichen Unterschiede der beiden Bereiche. Während im öffentlichen Recht der **zwingende Charakter** im Vordergrund steht, wird das Privatrecht maßgeblich vom Grundsatz der **Gestaltungs- und Vertragsfreiheit** geprägt. Normen oder Rechtsfolgen des Privatrechts sind weitgehend dispositiv, also von den Beteiligten vermeidbar oder abänderbar; die öffentlich-rechtlichen Normen sind hingegen der Disposition entzogen.

Die Differenzierung hat für die **Rechtsanwendung** erhebliche Bedeutung. Danach richten sich die anwendbaren Rechtsnormen, der zu beschreitende Rechtsweg, die Verfassungs- und Grundrechtsbindung sowie mögliche Haftungs- und Vollstreckungstatbestände. Als Handlungsform ist im öffentlichen Recht weitgehend die einseitig bindende Anordnung durch Gesetz, Verwaltungsakt oder Urteil anzutreffen; im Privatrecht dominiert die auf übereinstimmenden Willenserklärungen zwischen den Beteiligten (Rechtsgeschäft, Vertrag) beruhende Rechtsfolgengestaltung.

Zum **öffentlichen Recht** gehören die Rechtsquellen, die sich auf das Verhältnis des Einzelnen zum Staat als Hoheitsträger oder auf das Verhältnis der Hoheitsträger untereinander beziehen.

BEISPIELE

- Staatsrecht,
- Verwaltungsrecht,
- Strafrecht,
- Gerichtsverfassungs- und Prozessrecht,
- Steuerrecht,
- Sozialversicherungsrecht,
- weitgehend auch das Europarecht.

Zum **Privatrecht** zählen die Rechtsquellen, die sich auf die Rechtsverhältnisse der Menschen zueinander beziehen, also für jedermann gelten und von einem Hoheitsträger als Zuordnungssubjekt unabhängig sind.

BEISPIELE

- Bürgerliches Recht,
- Arbeitsrecht,
- Handelsrecht,
- Gesellschaftsrecht,
- Wertpapierrecht,
- Urheberrecht.

In der Rechtswissenschaft sind mehrere Theorien entwickelt worden, mit denen die Differenzierung von Rechtsnormen vorgenommen wird und eine Zuweisung zum öffentlichen Recht oder Privatrecht möglich ist (vgl. dazu § 28).

§ 4 Auslegung von Rechtsnormen

LITERATUR

Alexy, Theorie der juristischen Argumentation, 3. Aufl., 1996; *Assmann/Kirchner/Schanze*, Ökonomische Analyse des Rechts, 1993; *Canaris*, Systemdenken und Systembegriff in der Jurisprudenz, entwickelt am Beispiel des deutschen Privatrechts, 2. Aufl., 1983; *Engisch/Würtenberger*, Einführung in das juristische Denken, 10. Aufl., 2005; *Flume*, Allgemeiner Teil des Bürgerlichen Rechts, 3. Aufl., 1979; *Kirchgässer*, Führt der homo oeconomicus das Recht in die Irre?, JZ 1991, S. 104 ff.; *Kriele*, Theorie der Rechtsgewinnung, entwickelt am Problem der Verfassungsinterpretation, 2. Aufl., 1976; *Larenz*, Methodenlehre der Rechtswissenschaft, 6. Aufl., 1991; *von Savigny*, System des heutigen Römischen Rechts, Bd. 1, 1840; *Schink*, Umweltschutz als Staatsziel, DöV 1997, S. 221 ff.; *Smid*, Richterliche Rechtserkenntnis: Zum Zusammenhang von Recht, richtigem Urteil und Urteilsfolgen im pluralistischen Staat, 1989.

I. Einführung

Recht besteht größtenteils aus geschriebenen Sätzen, die jeweils einen regelnden Inhalt haben. Der Anwender muss diesen Inhalt erkennen, damit er die zutreffende Rechtsfolge bestimmen kann. Die Tatbestandsmerkmale und Rechtsfolgen einer Rechtsnorm eröffnen sich nicht immer bei bloßer Lektüre. Um eine Norm zu verstehen und nachvollziehbar richtig anzuwenden, muss sie interpretiert werden. Dieser Vorgang beinhaltet die eigentliche juristische Arbeitsweise. Wird hierbei ein Fehler gemacht, ist das Ergebnis in aller Regel unbrauchbar. Wendet die Verwaltung eine Rechtsnorm falsch an, kann dies durch ein angerufenes Verwaltungsgericht rückgängig gemacht werden. Die Gerichte erster Instanz werden dabei wiederum von der nächsten Instanz kontrolliert. Auf diese Weise soll sichergestellt sein, dass Gesetze und andere Normen schließlich ihrem Zweck entsprechend ausgelegt und angewendet werden. Von der korrekten Auslegung der Normen hängt daher die Gewährleistung der Rechtsstaatlichkeit (vgl. § 7 II) ab.

Anwendung von Rechtsnormen lässt sich in vier Schritte untergliedern: Der erste Schritt ist die Ermittlung des Lebenssachverhalts, über den judiziert werden soll. In der Praxis ist dies oft ein umfangreiches Unterfangen, das seinerseits in mehrere Teilschritte untergliedert wird; in diesem Buch soll darauf nicht näher eingegangen werden. In einem zweiten Schritt müssen möglicherweise einschlägige Normen aufgefunden werden. Daran schließt sich – als dritter Schritt – die Feststellung des Tatbestands einer Norm an. Daran anschließend muss geprüft werden, ob der Sachverhalt von diesem Tatbestand umfasst ist (**Subsumtion**, Unterordnung des Sachverhalts unter die Tatbestandsmerkmale). Um das zu bejahen oder zu verneinen, ist der Tatbestand auszulegen. Kommt man zu dem Ergebnis, der Tatbestand regele den Sachverhalt, so ist die Rechtsfolge zu prüfen. Ggf. ist hier wiederum eine Auslegung vonnöten.

Durch Auslegung einer Norm sollen Unklarheiten beseitigt, der Regelungssinn derselben ermittelt werden. Das gefundene Ergebnis muss von Dritten, besonders aber von den betroffenen Parteien, nachvollziehbar sein. Deswegen ist es erforderlich, methodisch vorzugehen. Unabhängig davon, ob jeder denselben Weg der Norminterpretation einschlägt, muss der Weg selbst nachvollzogen werden können, damit das Ergebnis nicht in der Luft hängt.

II. „Klassische" Auslegungsmethoden

1. Der Vierer-Kanon

Im Folgenden werden die „schulmäßigen" Interpretationsmethoden, wie sie von Praxis und Wissenschaft angewendet werden, dargestellt. Herausgebildet haben sich vier Methoden: Nach der Auslegung des Wortlauts einer Norm wird deren Einordnung in die gesetzliche Systematik untersucht, woran sich die Ermittlung ihrer Historie und ihres Zwecks anschließen (sog. Vierer-Kanon). Diese Methoden werden jeweils miteinander kombiniert, allerdings gibt es keine strikte Rangfolge.

2. Die Auslegung nach dem Wortlaut (Grammatisch-lexikalische Methode)

Ziel der Auslegung ist es, den im Gesetz objektivierten Willen des Gesetzgebers zu erfassen, wobei mit der Auslegung des Wortlautes zu beginnen ist, weil hierdurch der Bereich der möglichen Bedeutungen umrissen werden kann. Darüber hinausgehende Bedeutungen eines Gesetzes sind nur durch Erweiterung der Normbedeutung bzw. deren Einschränkung zu erreichen.

Zunächst ist zu versuchen, ob nicht durch bloße Lektüre einer Norm immanent ein eindeutiger Sinn erkennbar ist. Die einem Gesetzeswerk eigenen **semantischen und grammatischen Besonderheiten** bilden dabei die Grundlage, wobei u.U. Sensibilität in Anbetracht sprachlicher Entwicklungen angebracht ist. Die in der Bundesrepublik zurzeit geltenden Gesetze stammen aus einem Zeitraum von etwa 130 Jahren. Hier bleiben semantische Veränderungen durch die Lebendigkeit der Sprache nicht aus, wenn auch eine Fachsprache weniger davon berührt ist als die Umgangssprache.

Anhaltspunkte für das Verständnis des Wortsinns sind der allgemeine Gebrauch der Sprache sowie die Konvention einer juristischen Fachsprache. Im Zweifelsfall können Wörterbücher weiterhelfen. Auch in Kenntnis der sprachlichen Konventionen erschließen sich nicht alle Begriffe sogleich. Deshalb gibt es einen darüber hinausgehenden Maßstab, nämlich die **Definition** als Methode der Begriffsbestimmung. Teilweise leistet der Gesetzgeber diese Arbeit selbst. Durch sog. Legaldefinitionen kann ein komplizierter juristischer Begriff leichter gefasst werden.

BEISPIEL § 35 VwVfG liefert die Definition eines **Verwaltungsaktes** durch die Nennung seiner Tatbestandsmerkmale. Diese Legaldefinition muss freilich erweitert werden durch die vom Anwender zu leistende Definition der verwendeten Begriffe (siehe dazu § 27.).

Im Regelfall muss der Norminterpret selbst eine Definition der gesetzlichen Begriffe erarbeiten. Dies ist nicht immer einfach, und häufig kommen verschiedene Norminterpreten auch zu unterschiedlichen Ergebnissen. In solchen Fällen kommt es einerseits auf die Nachvollziehbarkeit des Definitionsvorganges an, andererseits wird sich zumeist diejenige Definition durchsetzen, die die höhere Autorität – sei es ein höchstes Gericht oder eine wissenschaftliche Autorität – verwendet.

BEISPIEL Art. 5 GG schützt u. a. die Freiheit der **Meinung**. Nach der Rechtsprechung des Bundesverfassungsgerichts (E 61, S. 1, 9) ist der Begriff „grundsätzlich weit zu verstehen". U. a. sind davon Tatsachenmitteilungen eingeschlossen. Hierbei handelt es sich um eine weite Definition. Denkbar ist allerdings auch eine Abgrenzung der Begriffe mit der Folge, dass die Mitteilung meinungsbildender Tatsachen vom Grundgesetz nicht mehr geschützt wäre.

Einige vom Gesetzgeber verwendete Begriffe sind bewusst weit in ihrer möglichen Bedeutung (sog. **unbestimmte Rechtsbegriffe**). Sie können nur durch eine fallspezifische rechtliche Bewertung präzisiert werden.

BEISPIEL

1. Nach § 35 Abs. 1 GewO kann die Ausübung eines Gewerbes von der zuständigen Behörde wegen einer auf Tatsachen gegründeten Unzuverlässigkeit in Bezug auf das jeweilige Gewerbe untersagt werden. Wann eine solche Unzuverlässigkeit vorliegt, sagt das Gesetz nicht. Dies obliegt der Beurteilung der Verwaltung. Gleiches gilt auch für die anderen in den §§ 30 ff. GewO mehrmals benützten Begriffe wie Schutz der Allgemeinheit, erhebliche Nachteile und Gefahren.
2. Gem. § 8 Abs. 1 PolG-NW und § 14 Abs. 1 OBG-NW ist für das Einschreiten von Polizei- oder Ordnungsbehörden das Vorliegen einer Gefahr Voraussetzung. Auch hier obliegt diesen Behörden die Einschätzung, wann verhütende Maßnahmen geboten sind.

Solche Begriffe können auch nur sehr weit definiert werden. So ist für das Vorliegen einer Gefahr die Wahrscheinlichkeit des Eintrittes eines Schadens maßgeblich. Eine nähere Konkretisierung verbietet sich. Ob ein Schaden wahrscheinlich ist, kann nur am Einzelfall beurteilt werden.

Wenn der Wortlaut des Gesetzes eindeutig ist und abweichende Bedeutungen undenkbar sind, dann ist die Auslegung der Norm bereits hier beendet. Auf weitere Auslegungsmethoden darf dann nur noch zurück gegriffen werden, wenn der ermittelte Lebenssachverhalt eindeutig nicht geregelt ist, obwohl Regelungsbedarf besteht (Lückenausfüllung, siehe § 4 IV.4.) oder ein Verstoß gegen höhergesetzliche Normen (Verfassung, EU-Recht) möglich erscheint.

3. Auslegung im Bedeutungszusammenhang (Systematische Auslegung)

Zuweilen fällt eine klare Definition von Begriffen nicht leicht. Dies kann etwa den Grund haben, dass das Gesetzeswerk umfangreich und schwer durchschaubar ist. Dann muss man sich mit dem System auseinander setzen, in dessen Zusammenhang die Norm steht. Durch die Feststellung des Bedeutungszusammenhangs einer Norm ergibt sich eine weitere Eingrenzung möglicher Bedeutungen. Der Grundsatz der widerspruchslosen „Einheit der Rechtsordnung" beschreibt ein Ideal: Hiernach hätten alle vom Gesetzgeber benützten Begriffe die jeweils gleiche Bedeutung; Normen wären nach demselben technischen Muster aufgebaut. Dies wird in der Realität natürlich nicht erreicht, und so kommt diesem Grundsatz eher eine programmatische Bedeutung zu. Gleichwohl sollte man sich bei der Auslegung einer Norm daran orientieren: Wird derselbe Begriff mehrmals verwendet, so ist eine gleiche Bedeutung der Normalfall und eine Abweichung die Ausnahme. Solche Ausnahmen treten gehäuft bei der gleichzeitigen Anwendung mehrerer Gesetze auf.

BEISPIEL § 1 Abs. 4 VwVfG definiert den Begriff der Behörde i. S. dieses Gesetzes (des Verwaltungsverfahrensgesetzes) als „jede Stelle, die Aufgaben der öffentlichen Verwaltung wahrnimmt". Einerseits wird durch die Einschränkung "im Sinne dieses Gesetzes" schon eine systematische Richtung vorgegeben. Andererseits ist der Behördenbegriff an sich sehr weit gefasst: Darunter könnten beispielsweise auch Gerichte fallen. Systematisch passt dies aber nicht, weil Gerichte nicht Aufgaben aus dem Verwaltungsverfahrensgesetz wahrnehmen. Deswegen sind Gerichte keine Behörden i. S. des § 1 Abs. 4 VwVfG. Sie sind aber Behörden i. S. des Art. 35 Abs. 1 GG, der bestimmt, dass sich alle Behörden des Bundes und der Länder Rechts- und Amtshilfe leisten (BVerfGE 31, S. 43 (S. 46)). In systematischer Hinsicht handelt es sich also um unterschiedliche Behördenbegriffe.

Zuweilen ergeben sich auch Unklarheiten, die über das Problem der Begriffsbestimmung hinausgehen: Die Regelung an sich ist unverständlich. Hier erweist sich tiefergehende Rechtskenntnis als Vorteil. Insbesondere bei der Auslegung von verfahrensregelnden Vorschriften treten solche Schwierigkeiten auf.

BEISPIELE

1. Es ist allgemein anerkannt, dass die Verwaltungsgerichtsordnung von der Existenz einer sog. allgemeinen Leistungsklage ausgeht. Dennoch sind diese Klageart und die Voraussetzungen ihrer Zulässigkeit nicht offensichtlich geregelt, sondern nur versteckt (z. B. in § 43 Abs. 2 und § 111 VwGO).
2. In der Verwaltungsgerichtsordnung ist die Regelung einiger Teilbereiche, beispielsweise der Vollstreckung, ausgespart. Hier wird ergänzend die Zivilprozessordnung herangezogen (vgl. § 167 Abs. 1 VwGO). Fehlt die Regelung eines Verfahrenselements ganz, so enthält § 173 VwGO eine beschränkte Globalverweisung auf die Zivilprozessordnung und das Gerichtsverfassungsgesetz.

4. Auslegung nach der Normgeschichte (Historisch-genetische Auslegung)

Bei der Auslegung der Rechtsordnung darf der gesetzgebende Wille nicht vernachlässigt werden. Gerade bei komplizierten Gesetzeswerken kann die unterstützende Bedeutung von Protokollen und Mitschriften aus Parlamentsberatungen nicht hoch genug eingeschätzt werden. Durch die Auseinandersetzung mit der Genese einer Norm kommt man ihrem Sinn näher.

BEISPIEL Im deutschen Recht sind hilfreiche Fundstellen die Bundestagsdrucksachen. Die Auslegung des EU-Rechts kann man sich unter Zuhilfenahme der Erwägungsgründe einer Richtlinie oder Verordnung erleichtern sowie der Stellungnahmen des Wirtschafts- oder Sozialausschusses, die im Amtsblatt der EU, Teil C, veröffentlicht sind.

Häufig lässt der Gesetzgeber absichtlich eine Frage offen, damit eine Antwort durch Rechtsprechung und Lehre erfolgen kann. So können neuere Entwicklungen unproblematisch Eingang in die Rechtspraxis finden. Die Abgrenzung des Öffentlichen Rechts vom Privatrecht beispielsweise, wie sie u. a. in § 40 VwGO vorausgesetzt wird, ist seit dem römischen Recht umstritten. Sie ist bis heute nicht eindeutig geklärt und wurde vom Gesetzgeber bisher bewusst offen gelassen.

Von der genetischen Auslegung ist die historische Auslegung zu unterscheiden. Letztere bezieht sich auf die Normgeschichte und die Historie ihrer Wirkung. Unter diese Auslegungsmethode fällt die Einbeziehung gesichteter Literatur und Rechtsprechung. Indem man sich auf ältere Norminterpretationen stützt und beruft, entsteht zugleich ein höheres Maß an Rechtssicherheit. Deshalb greifen auch die Gerichte, insbesondere diejenigen höherer Instanzen, auf frühere Beurteilungen ähnlich gelagerter Sachverhalte oder Anwendungsbeispiele derselben Normen zurück.

BEISPIEL ▸ Das Bundesverfassungsgericht begründete vor etwa fünfzig Jahren die berühmte Drei-Stufen-Theorie zu Art. 12 GG (vgl. § 10 VIII.4.). Die Kenntnis dieser – vielfach kritisierten – Auslegung ist für das praktische Verständnis des Artikels bis heute unerlässlich.

5. Auslegung nach Sinn und Zweck (Teleologische Auslegung)

Die Letzte der klassischen Auslegungsstufen ist die teleologische Auslegung. Mit ihrer Anwendung soll der einer Norm innewohnende Zweck (vgl. *télos*: griech. Sinn, Zweck, Ziel) ermittelt werden, falls die Regelung nach den bisherigen Auslegungskriterien noch fraglich ist.

Der Gebrauch des teleologischen Kriteriums dürfte methodisch am schwierigsten sein: Einerseits kann hier der Rückgriff auf subjektive Wertungen der am Gesetzgebungsprozess Beteiligten notwendig werden. Andererseits darf man die klare Argumentationslinie nicht verlassen. Nicht überraschend ist es daher, dass sich sowohl methodentheoretische Streitigkeiten als auch solche über die konkrete Normanwendung meistens an diesem Kriterium und seiner Anwendung entzünden. Neben dem bereits angesprochenen systematischen Zusammenhang (vgl. § 4 II.3.) der Rechtsordnung fließen in teleologische Erwägungen auch die Verfassungsprinzipien mit ein. Letztere werden aus Gründen der Verständlichkeit in einem eigenen Absatz besprochen (siehe § 7).

Die Grenze der Zweckermittlung ist der Wortlaut einer Norm, aber auch ihre systematische Stellung.

BEISPIEL ▸ Die Gewerbeordnung soll den ordnungsmäßigen Betrieb des jeweiligen Gewerbes gewährleisten. Darunter fällt nicht die Pflicht eines Kaufmanns, ordnungsmäßig Handelsbücher zu führen. Diese hätte auf das Gewerbe an sich keinen Einfluss. Auflagen zur Ordnungsmäßigkeit der Buchführung lassen sich deswegen nicht auf die Gewerbeordnung stützen (sondern auf steuer- und handelsrechtliche Vorschriften).

Die Vorstellungen eines historischen Gesetzgebers oder der Mehrheit des Volkes haben demgegenüber keinen bindenden Einfluss auf die Zweckbestimmung. In Überschneidung mit der oben erwähnten genetischen Methode muss gleichwohl der gesetzgeberische Zweck einer Norm als Ausgangspunkt für weitere Überlegungen herangezogen werden.

Manchmal ist eine teleologische Auslegung erforderlich, weil das Gesetz an einer Unklarheit leidet, ohne dass man schon von einer Lücke sprechen kann. Der Gesetzgeber kann erstens nicht alle Fälle des täglichen Lebens bedenken und zweitens schon gar nicht jede zukünftige Entwicklung erahnen (sei es auf technischem, wirtschaftlichem oder gesellschaftlichem Gebiet). Bei solchen Unklarheiten kann man zu einer Auslegung gelangen, indem der hinter dem Gesetz stehende Zweck als Richtschnur für die Auslegung im konkreten Fall herangezogen wird. In Fällen, in denen eine regelnde Intention des Gesetzgebers fehlt, muss eine **objektiv teleologische Auslegung** erfolgen. Somit ist derjenigen Interpretation des Gesetzes Vorzug zu geben, die dem Zweck des Gesetzes und einer mutmaßlichen Intention des Gesetzgebers am nächsten kommt. Hierdurch wird die Bandbreite der möglichen Ergebnisse der Auslegung eingeschränkt.

Bei der teleologischen Auslegung müssen außerdem immer Grundsätze der **Rechtseinheit, -klarheit** sowie der **Funktionstüchtigkeit** eines Gesetzes berücksichtigt werden. Es ergibt sich somit eine Überschneidung mit der systematischen Auslegung. Diese Prinzipien bestimmen besonders Verwaltungsverfahren und Prozessordnungen.

BEISPIEL (BVerwG, NJW 1985, S. 819 ff. – Entscheidung des Großen Senats)

Gem. § 48 Abs. 4 Satz 1 VwVfG ist die Rücknahme eines rechtswidrigen Verwaltungsaktes spätestens ein Jahr ab dem Zeitpunkt zulässig, an dem die Verwaltung von den die Rechtswidrigkeit begründenden Tatsachen Kenntnis erhält. Hierunter fällt nach der Rechtsprechung auch die Kenntnis von der unrichtigen Rechtsanwendung. Begründet wird dies damit, dass sich diverse Rechtsanwendungsfehler nicht voneinander abgrenzen ließen. Infolgedessen beginnt die Jahresfrist für die Rücknahme eines rechtswidrigen Verwaltungsaktes trotz Kenntnis des gesamten Sachverhaltes erst mit Aufdeckung des Rechtsanwendungsfehlers. Hierin ist eine Auslegung des Verwaltungsverfassungsgerichts im Hinblick auf den Zweck des einfachen und praktikablen Verwaltungsverfahrens zu erblicken (vgl. auch § 27 II.6.).

Der gefundene Zweck muss sich an Verfassungsprinzipien und Vorgaben des europäischen Unionsrechts messen lassen. Widerspricht er diesen hierarchisch höherstehenden Normen, so darf er nicht auslegungsbestimmend sein.

III. Weitere Auslegungskriterien und Gesetzesergänzung

1. Verfassungskonforme Auslegung

Das Gebot, verfassungskonform auszulegen, ist eine Folge der Normenhierarchie. Verwaltungsrecht ist konkretisiertes Verfassungsrecht. Insofern ist die verfassungskonforme Auslegung streng genommen als Teil der systematischen Auslegung anzusehen, aber Verfassungsprinzipien haben auch Einfluss auf die Zweckbestimmung einer Norm. Daher kann sie auch als ein eigenständiges Auslegungskriterium verstanden werden.

Durch die Geltung des Grundgesetzes hat sich das **Normengefüge** verändert. Insbesondere wird dies daran deutlich, dass die Verletzung von Verfassungsrecht durch Rechtssubjekte gerügt werden kann und verfassungskonformes Verhalten der öffentlichen Verwaltung einklagbar geworden ist (z. B. durch eine Verfassungsbeschwerde, siehe § 11 III.).

BEISPIELE

1. BVerfGE 7, S. 198 (S. 205 ff.) – *„Lüth"*-Urteil: Durch Generalklauseln erfahren die Grundrechte unmittelbare Geltung im Bereich des Privatrechts.
2. BGHZ 13, S. 334 (S. 338): Aufgrund der Bestimmungen der Art. 1 und 2 des Grundgesetzes ist ein geschütztes allgemeines Persönlichkeitsrecht im Privatrecht anzuerkennen.
3. BVerfGE, NJW 1988, S. 959 ff. – *„Volkszählung"*: Das Recht auf informationelle Selbstbestimmung begründet ein Datenschutz- und Abwehrrecht.
4. BVerfGE 93, S. 1 (S. 23 ff.) – *„Kruzifix"*: Die Religionsfreiheit aus Art. 4 GG gewährleistet ein negatives Abwehrrecht gegen religiöse Bevormundung durch den Staat.

Eine Auslegung im Einklang mit geltendem Verfassungsrecht kann gleichwohl nicht gegen den eindeutigen Wortlaut eines Rechtssatzes erfolgen: In diesem Moment würde nämlich nicht mehr ausgelegt, sondern das gesetzte Recht missachtet. Ergibt sich ein Widerspruch zu Verfassungsnormen, dann ist das Gesetz verfassungswidrig.

Die verfassungskonforme Auslegung macht in Zweifelsfällen zunächst eine Auseinandersetzung mit den Prinzipien des Grundgesetzes erforderlich (siehe dazu § 7). Keine unter dem Grundgesetz stehende Norm darf diesen Prinzipien zuwiderlaufen.

BEISPIEL Das Rechtsstaatsprinzip beinhaltet, dass jeglicher Eingriff der Verwaltung in die Sphäre des Bürgers in Inhalt, Zweck und Ausmaß abstrakt geregelt sein muss (Gesetzesvorbehalt, vgl. § 7 II.3.b)bb)).

Aus dem Sozialstaats- und Rechtsstaatsprinzip ergibt sich, dass öffentlich rechtliche Normen dahingehend auszulegen sind, in Zweifelsfällen dem Bürger ein Recht zuzusprechen anstatt in seine Rechte einzugreifen.

Der Einfluss von **Staatszielbestimmungen** auf die Auslegung von Gesetzen ist bisher nicht geklärt. So gibt Art. 20a GG seit 1994 den Schutz der natürlichen Lebensgrundlagen als Staatsziel vor (siehe § 7 6.). Ohne Zweifel ist in einer solchen Vorschrift eine Maßgabe für die Anwendung (unbestimmte Rechtsbegriffe), Auslegung und Schaffung von Normen zu erblicken; nicht gewährt wird dagegen ein subjektives, einklagbares Recht. Inwiefern die Bindung der öffentlichen Gewalt an solche Vorgaben erzwungen werden kann, wird sich erst zeigen.

2. Unionskonforme Auslegung

Das Gebot der unionskonformen Auslegung nationaler Rechtsvorschriften ist ebenfalls Folge moderner Normenhierarchie. Die Pflicht zur unionstreuen Rechtsanwendung (und damit Auslegung) folgt aus Art. 4 Abs. 3 des EUV. Es lässt sich sogar vertreten, dass die unionskonforme Interpretation ein eigenes Auslegungskriterium ist.

Wegen des Vorrangs unionsrechtlicher Vorschriften auch gegenüber dem Verfassungsrecht müssen nationale Rechtsnormen im Einklang mit den unionsrechtlichen Vorschriften, insbesondere den Grundfreiheiten (siehe § 19), ausgelegt werden. So ist die Transformation von Richtlinien in nationales Recht streng an den Vorgaben ersterer zu messen. Im Falle einer Unklarheit wird **richtlinienkonform ausgelegt**. Die nationale Rechtsprechung hat hier das Problem, dass allein der Europäische Gerichtshof befugt ist, europäisches Recht auszulegen. Das sog. **Vorabentscheidungsverfahren** (Art. 267 AEUV) bietet die Möglichkeit, den Rechtsstreit auszusetzen und eine verbindliche Auslegung durch den Europäischen Gerichtshof herbeizuführen (siehe § 22 III.).

3. Ökonomische Faktoren

Auch ökonomische Tatsachen können die Anwendung der Gesetze beeinflussen. In neuerer Zeit wurde die sog. **Ökonomische Analyse des Rechts** diskutiert. Diese in den USA entwickelte Theorie postuliert letztlich eine Ausdehnung des teleologischen Gedankens dahingehend, die Zuordnung wirtschaftlich werthaltiger Rechte nach ihrem Nutzen für Rechtssubjekte vorzunehmen. Das bedeutet, ein Recht soll derjenigen Person zukommen, der durch ihre Innehabung eine wirtschaftlicher Ertrag erwächst (vgl. dazu *Assmann/Kirchner/Schanze*, Ökonomische Analyse des Rechts, S. 93 ff.). In Kontinentaleuropa hat sich diese Theorie nicht durchgesetzt. Begründet wird dies mit ihrer Einseitigkeit und fehlender sozialer Akzeptanz (*Kirchgässer*, JZ 1991, S. 104 (S. 110 f.)). Abgesehen von dieser Auffassung haben wirtschaftliche Erwägungen mit Sicherheit vielerlei Einfluss auf die Rechtsauslegung. Im modernen Staat kommt man nicht aus, ohne wirtschaftliche Voreinschätzungen zu treffen.

BEISPIEL ▸ Die Verwaltung ist nach § 10 Satz 2 VwVfG gehalten, zweckmäßig, d. h. auch ökonomisch zweckmäßig, und zum Nutzen der Bürger zu handeln. Konkret bedeutet dies: Existieren zu einer Vorgehensweise Alternativen, so ist der schnellere und kostengünstigere Weg einzuschlagen (*Kopp*, VwVfG, 11. Aufl., 2010, § 10, Rn. 9 ff.; *Smid*, Richterliche Rechtserkenntnis, 1990, S. 86 ff.)

4. Ausfüllung von Gesetzeslücken

Von der reinen Auslegung ist die Eliminierung von Lücken im geschriebenen Recht abzugrenzen. Diese geht über die Auslegung hinaus. Sie wird einerseits nach der Feststellung des Norminhalts (bzw. der Lücke) durch Auslegung vorgenommen. Andererseits wird auch auf Auslegungsmethoden zurückgegriffen, um das Ergebnis der Lückenausfüllung zu überprüfen.

Nicht selten stellt sich trotz gewissenhafter Auslegung gem. den bisher genannten Grundsätzen heraus, dass sich kein eindeutiges Ergebnis erreichen lässt, obwohl der Einzelfall einer Regelung bedarf. In diesen Fällen liegt eine Lücke im Normgefüge vor, die auch nicht durch teleologische Auslegung allein eliminiert werden kann. Ob eine solche ungewollte Lücke gegeben ist, muss wiederum durch Auslegung ermittelt werden. Denkbar sind zwei Fälle: Einmal hat man es mit einem nicht geregelten Sachverhalt zu tun, d. h. es besteht eine echte Lücke. Der zweite Fall ist die Regelung eines Sachverhaltes, der an sich nicht unter diese Norm passt. Der erste genannte Fall lässt sich durch die Bildung einer **Analogie** zu einer schon bestehenden Regelung lösen. Im zweiten Fall ist der Anwendungsbereich einer Norm einzuschränken. Man spricht dann von einer **teleologischen Reduktion**.

BEISPIELE ▸

1. BVerwG, NVwZ 1988, S. 623: Nach § 80 Abs. 2 Satz 1 Nr. 2 VwGO entfalten Widerspruch und Anfechtungsklage keine aufschiebende Wirkung gegen unaufschiebbare Anordnungen und Maßnahmen von Polizeivollzugsbeamten. Nach h. M gilt diese Vorschrift **analog** bei Verkehrszeichen: Verkehrsschilder seien Verwaltungsakte in Gestalt einer benutzungsregelnden Allgemeinverfügung (§ 35 Satz 2 3. Alt. VwVfG). Ihre Regelung sei funktionsgleich mit der eines polizeilichen Vollzugsbeamten und dulde ebenfalls keinen Aufschub.
2. BVerwG, NJW 1996, S. 2046 (S. 2048): Die Zulässigkeitsvoraussetzungen einer allgemeinen Leistungsklage sind in der Verwaltungsgerichtsordnung nicht geregelt. Deswegen ist es fraglich, ob der Kläger – wie bei Verpflichtungs- und Anfechtungsklage – seine Klagebefugnis dartun muss. Von der h. M. wird dies bejaht: In **Analogie** zu § 42 Abs. 2 VwGO müsse auch bei dieser Klageart die Möglichkeit einer Rechtsverletzung glaubhaft vorgetragen werden, damit Popularklagen vermieden würden.
3. Art. 5 Abs. 3 GG garantiert u. a. die Freiheit der Kunst. Eine gesetzliche Beschränkung dieses Grundrechts ist nicht vorgesehen. Dennoch wird der Schutzbereich der Norm durch mannigfaltige Bestimmungen eingegrenzt. So sind beispielsweise Straßenkünstler durch die Vorschriften zur Benutzung öffentlicher Flächen in der Ausübung ihrer Kunst beschränkt. Die Schrankenlosigkeit der Kunstfreiheit ist hier **teleologisch reduziert** (siehe § 4 II.5.).
4. § 29 Abs. 1 VwVfG gibt den Beteiligten eines Verwaltungsverfahrens ein Recht auf Akteneinsicht. Dieses Recht wird durch § 29 Abs. 2 VwVfG teilweise eingeschränkt, wenn „das Bekanntwerden des Inhalts (...) Nachteile bereiten würde". Benötigt ein Beteiligter Kenntnis der Akten, um ein Widerspruchsverfahren oder einen Rechtsstreit gegen die Behörde vorzubereiten, so muss die Behörde Akteneinsicht gewähren. Die durch Rechtsstreitigkeiten entstehenden Nachteile (Arbeitsaufwand, Kosten) reichen nicht aus. Insofern ist der Begriff „Nachteil" **teleologisch einzugrenzen**.

IV. Auslegung von Normen des Europarechts

Für die Auslegung von Normen des Europarechts wird grundsätzlich dasselbe Handwerkszeug benötigt wie für die oben behandelte Auslegung nationaler Vorschriften.

Es gibt allerdings wichtige Unterschiede und Einschränkungen: Zum einen können Auslegungskriterien aus dem Völkerrecht zum Tragen kommen; und zwar dort, wo das Europarecht noch enge Verwandtschaft mit dem eigentlichen Völkerrecht aufweist. Zum anderen wurden für europarechtliche Normen durch die Wissenschaft und Rechtsprechung des Europäischen Gerichtshofes eigene Auslegungsmethoden entwickelt, die gerade in der Natur des Europarechts als Rechtsordnung *sui generis* begründet sind.

Zu unterscheiden ist zunächst zwischen den verschiedenen Quellen des Europarechts (siehe § 16 II.4.). So wird einerseits primäres Europarecht anders ausgelegt als das sekundäre Unionsrecht. Andererseits kommt das sekundäre Unionsrecht in verschiedenen Erscheinungsformen daher, für die sich gegebenenfalls unterschiedliche Auslegungsregeln empfehlen. Des Weiteren muss sekundäres Unionsrecht primärrechtskonform sein. Insofern ergeben sich Parallelen zur verfassungskonformen Auslegung (siehe § 4 III.).

Im Hinblick auf die sich verändernde Gestalt der Europäischen Union, auf das nähere Zusammenwachsen und Ineinandergreifen der staatlichen Funktionen, legt der Europäische Gerichtshof bei der Auslegung des europäischen Rechts Wert auf praktikable Lösungen. Die Rechtsprechung muss in den einzelnen Staaten beachtet werden. Dies wird nicht der Fall sein, wenn sie verwaltungstechnisch undurchführbar ist oder nicht von den Mitgliedern der Union als sinnvoll anerkannt wird. Das bedeutet, die Auslegung des europäischen Rechts wird an bestimmten, schon a priori gegebenen Vorgaben orientiert, die für den Einzelfall zu ermitteln sind. Diese Art der Auslegung soll die Effektivität („*effet utile*") des Unionsrechts erhöhen.

Der methodische Ansatz entspricht der einführend angesprochenen **topischen Auslegung**. Problematisch daran ist, dass das Vorverständnis in Europa allenfalls in einzelnen Mitgliedstaaten einheitlich ist. Der Europäische Gerichtshof versucht, dem jeweiligen Gegenstandsverständnis innerhalb eines Staates gerecht zu werden, ohne den Bürgern und der Verwaltung in einem anderen zu viel zuzumuten.

BEISPIEL (EuGH, NJW 1990, S. 972 f.)

Der deutsche „*Edamer*"-Käse hatte – bei Einhaltung deutscher Vorschriften – einen geringeren Fettgehalt als der französische Käse gleichen Namens. Deshalb wurde von den französischen Behörden der Verkauf in Frankreich untersagt. Auf die Klage des Herstellers hin entschied der Europäische Gerichtshof, dass das französische Importverbot unzulässig war, weil das in Deutschland als Exportland vorherrschende Verständnis gleichrangig mit den französischen Vorstellungen ist.

Das europäische primäre Unionsrecht besteht aus multilateralen Verträgen. Zwischenstaatliche Verträge sind als **Normen** zu betrachten. Damit erübrigt sich die Ermittlung eines vom Text abweichenden Parteiwillens: Die Staaten wollen sich überhaupt nur insoweit binden, wie der objektive Wortlaut – und die von diesem gedeckten Bedeutungsmöglichkeiten – dies bestimmt. Da jede zwischenstaatliche Vereinbarung in die Souveränität zumindest eines beteiligten Staates eingreift, verbietet sich eine über den Text hinausgehende Auslegung. Hinzu kommt, dass sich nach herrschender Auffassung in Rechtsprechung und Wissenschaft jeder Unionsbürger auf den Wortlaut der Verträge verlassen können muss. Die Grundrechte eines jeden Bürgers dürfen nicht weiter eingeschränkt werden, als dies mit den Vertragstexten übereinstimmt. Dem Wortlaut kommt damit eine überragende Bedeutung zu.

Doch auch bei Staatsverträgen ist der Wortlaut nicht immer eindeutig. Im Recht der Europäischen Union beanspruchen die Verträge in den mittlerweile mehr als 20 europäischen **Amtssprachen** Gültigkeit. Ergibt sich in der einen Sprache schon vom Wortlaut her eine Unklarheit, so kann die gleiche Bestimmung in den anderen maßgeblichen Sprachen eine klare, unmissverständliche Aussage treffen. In solchen Fällen kann man sich um die Unklarheit der einen Version und deren Auslegung drücken: Sie fällt nicht ins Gewicht. Schwierigkeiten treten aber auf, wenn die eine Version grammatisch objektiv von der anderen abweicht und sich ein anderer Bedeutungsgehalt der Norm ergibt. In diesen Fällen ist zu ermitteln, ob nicht doch andere Auslegungskriterien weiterhelfen können. Der Europäische Gerichtshof begnügt sich in diesem Fall mit einer reinen Zweckbestimmung.

Wie im Völkerrecht müssen subjektive Auslegungskriterien hinten anstehen. Hierzu gehören insbesondere die Protokolle über den Verlauf und die Zwischenergebnisse der Vorarbeiten. Bei diesen nämlich träte der Charakter des Vertrages in den Vordergrund, also die Norm als Ergebnis eines Verhandlungsprozesses. Dessen Verlauf bis zum Vorliegen einer gültigen Vereinbarung kann durchaus inkonsistent sein, weshalb Zwischenergebnisse oder Zielbestimmungen nicht zählen, soweit sie im Vertragstext keine Grundlage aufweisen.

In Fällen, bei denen gleichwohl Unsicherheit bezüglich der möglichen Bedeutung besteht, tritt eine **systematische Auslegungsmethode** hinzu. Bei eindeutigem Wortlaut ist stets der Wille der einzelnen Staaten erkennbar, inwieweit sie ihre Souveränität durch die Union einschränken lassen möchten. Im Falle einer nicht eindeutigen Bedeutung einer Norm, also der Inkohärenz von Begriffen oder eines unsinnigen Ergebnisses, muss man das Vertragswerk systematisch untersuchen. Dabei ist zunächst darauf zu achten, dass gewöhnlich vertragliche Normen eine genuine Systematik aufweisen: So werden in einem Artikel grundsätzlich entweder nur ein Fall oder ein Grundfall mit Einschränkungen oder Abweichungen behandelt. Mehrere Artikel eines Abschnittes behandeln gemeinsam (aufeinander aufbauend) eine vergleichbare Problemlage und hängen mit dem übrigen Vertragswerk in gleicher Weise zusammen.

BEISPIEL Musterbeispiel für eine systematisch aufgebaute Vertragsregelung ist das 3. Kapitel und Art. 37 AEUV. Art. 34 AEUV verbietet mengenmäßige Einfuhrbeschränkungen und Maßnahmen gleicher Wirkung. Art. 37 AEUV beschäftigt sich mit staatlichen Handelsmonopolen vor diesem Hintergrund. Dessen Abs. 1 gibt wiederum ein Programm vor: Abschaffung der Monopole und damit jeglicher Diskriminierung. Abs. 2 verbietet neuartige Maßnahmen und Abs. 3 macht eine Einschränkung zugunsten landwirtschaftlicher Erzeugnisse.

Schließlich ist davon auszugehen, dass denselben Begriffen auch jeweils dieselbe Bedeutung zukommt. Jeder Begriff des Europarechts ist dabei vertragsautonom oder sogar unionsautonom auszulegen. In keinem Fall ist an einer eventuellen, im heimischen Recht wurzelnden Bedeutung eines Begriffs zu haften. Die Begriffe sind innerhalb des Unionsrechts einheitlich und als unionsrechtliche Begriffe zu verstehen. Mögliche Bedeutungen eines Begriffs sind damit eingeschränkt. Die Schranken bestehen erstens aus den denkbaren Bedeutungen im jeweiligen Vertrag und zweitens aus den Bedeutungsgrenzen im übrigen Unionsrecht.

BEISPIEL ▸ Der Begriff öffentliche Verwaltung (Art. 45 Abs. 4 AEUV) ist unionsrechtlich auszulegen. Was darunter zu verstehen ist, hängt also nicht von beispielsweise deutschen Ansichten ab. Dagegen ist der Begriff der öffentlichen Ordnung und Sicherheit (z. B. Art. 45 Abs. 3 AEUV) auch nach den jeweiligen nationalen Vorstellungen auszulegen. Hintergrund dessen ist, dass der Europäische Gerichtshof den Staaten nicht zu weit vorgeben wollte, wann die öffentliche Sicherheit tangiert wird.

Innerhalb der systematisch-dogmatischen Analyse des europäischen Rechts ist ein Rückgriff auf **nationale Vorbilder** erlaubt. Erstens wurde häufig die Regelung eines Sachverhalts durch einen Mitgliedstaat als Orientierungsmaßstab für die Schaffung der europäischen Norm genommen. Zweitens kann bei Unklarheiten und Lücken untersucht werden, welcher Mitgliedstaat bereits einen im europäischen Umfeld brauchbaren Lösungsansatz vorweisen kann.

Zuletzt gelten auch für die teleologische Auslegung des Unionsrechts eigene Regeln. Der Sinn und Zweck einer Vertragsvorschrift muss sich nämlich auch aus dem Vertrag selbst ergeben. Die Zielbestimmungen sind in der Präambel und Art. 2 EUV statuiert. Diese Vertragsziele sind die objektive Manifestation eines gemeinsamen subjektiven Willens der vertragsschließenden Staaten.

Der Geist des Vertrags kann sich auch aus einer Zusammenschau des gesamten Vertragswerkes ergeben. Hierbei vermischen sich teleologische und systematische Kriterien. Die Vorschriften der einzelnen Kapitel müssen einerseits autonom ausgelegt werden, andererseits dürfen Nebengebiete aber nicht unbeabsichtigt mitumfasst sein, sonst wäre die Auslegung zu weit.

Die Methoden des Europäischen Gerichtshofes bei der Auslegung von Gesetzen sind weniger stark dogmatisch gelenkt, als dies im deutschen Recht der Fall ist. Das hängt nicht nur damit zusammen, dass das Europarecht eine dynamische Entwicklung durchmacht und es keine Vorläufer für eine Rechtsordnung dieser Art gibt. Der Europäische Gerichtshof ist vielmehr beeinflusst von den Methoden des französischen Rechts, wo weniger Wert auf den Unterschied zwischen Rechtsfortbildung und Auslegung sowie die Unterscheidung der einzelnen Auslegungskriterien gelegt wird.

Teil 2: Staats- und Verfassungsrecht

§ 5 Grundlagen des Verfassungsrechts

I. Verfassungsgeschichte

LITERATUR

Frenzel, Die Verfassung studieren und begreifen- Ein Lernbeitrag zum sechzigjährigen Bestehen des Grundgesetzes, JuS 2009, S. 412; *Frotscher/Pieroth*, Verfassungsgeschichte, 6. Aufl., 2007; *Katz*, Staatsrecht, 16. Aufl., 2005, §§ 5, 6; *Maurer*, Staatsrecht I, 6. Aufl., 2010, §§ 2, 3; *Zippelius/ Würtenberger*, Deutsches Staatsrecht, 32. Aufl., 2008, §§ 1, 2; *Willoweit*, Deutsche Verfassungsgeschichte, 6. Aufl., 2009, § 41.

Die deutsche Verfassungsgeschichte ausführlich darzustellen, würde den Rahmen dieses Werkes sprengen. Deshalb sollen nur die bedeutsamen Eckdaten und Fakten der Verfassungsgeschichte aufgezeigt werden; dabei soll die Zeit vor 1848/49 außer Acht bleiben. Dem Leser, den die davor liegenden Epochen interessieren oder der einen vertieften Einblick in die Verfassungsgeschichte erhalten möchte, wird die aufgeführte Literatur sicherlich weiterhelfen.

► **1848/49**

In der Frankfurter Paulskirche tritt die deutsche verfassungsgebende Nationalversammlung zusammen. Der von der Nationalversammlung verabschiedete Entwurf eines Katalogs von Grundrechten sowie einer Deutschen Verfassung sah die Entstehung eines Bundesstaates vor, wobei der preußische König Erbkaiser werden und eine Volksvertretung gewählt werden sollte. Letztlich scheiterte das Vorhaben am Widerstand des preußischen Königs sowie der Einzelstaaten.

► **1871**

Nach dem Ende des deutsch-französischen Krieges 1870 bis 1871 wurde das Deutsche Reich gegründet. Es bestand aus 25 Einzelstaaten. Die Reichsverfassung, die in wesentlichen Punkten auf der Paulskirchenverfassung beruhte, sah als Staatsform einen Bundesstaat vor. Staatsoberhaupt war der Deutsche Kaiser als konstitutioneller Monarch.

► **1914 bis 1918**

Erster Weltkrieg.

► **1919**

In Weimar trat nach dem Ende des Ersten Weltkriegs die Nationalversammlung zusammen. Es kam zum Erlass der Weimarer Reichsverfassung, die neben den grundlegenden Staatsprinzipien einen Grundrechtsteil wie auch Abschnitte über die Staatsorgane und ihre Funktionen enthielt. Staatsform war ein Bundesstaat als parlamentarische Republik, der aus 17 Ländern bestand.

► **1933**

Am 30.1.1933 erfolgte die Machtübernahme durch die Nationalsozialisten. *Adolf Hitler* wurde zum Reichskanzler ernannt. In der Folge wurden die Grundrechte der Weimarer Reichsverfassung durch die Verordnung zum Schutze von Volk und Staat außer Kraft gesetzt. Das im März 1933 erlassene Ermächtigungsgesetz erlaubte der Reichsregierung Gesetze zu beschließen; alle Parteien außer der NSDAP wurden verboten. 1934 erfolgte die Ernennung *Hitlers* zum Reichspräsidenten. Die Diktatur des „*Führers*" mit unbeschränkten Machtbefugnissen nahm von nun an ihren menschenverachtenden Lauf.

► **1939 bis 1945**

Zweiter Weltkrieg vom 1.9.1939 bis zum 8.5.1945.

► **1945**

Durch die Kapitulation der deutschen Streitkräfte am 8.5.1945 wurde der Zweite Weltkrieg beendet. Die Berliner Erklärung vom 4.6.1945 führte zusammen mit dem Potsdamer Abkommen (2.8.1945) zur Übernahme der Staatsgewalt durch die alliierten Siegermächte sowie zur Einteilung des Staatsgebiets in vier Besatzungszonen und die Abtrennung der Gebiete östlich der Oder/Neiße.

► **1948**

Ein Sachverständigenausschuss, der sog. Herrenchiemseer Verfassungskonvent, erarbeitete Entwürfe einer neuen Verfassung, die dem am 1.9.1948 einberufenen Parlamentarischen Rat unter dem Vorsitz von *Konrad Adenauer* als Arbeitsgrundlage dienten. Nach achtmonatiger Dauer erarbeitete der Rat schließlich den Entwurf eines Grundgesetzes.

► **1949**

Am 8.5.1949 wurde der Entwurf des Grundgesetzes durch den Parlamentarischen Rat in dritter Lesung angenommen und von den alliierten Militärgouverneuren sowie von den westdeutschen Länderparlamenten (mit Ausnahme von Bayern) angenommen. In Kraft getreten ist das Grundgesetz dann am 24.5.1949. Die erste Bundestagswahl erfolgte am 14.8.1949; erster Bundeskanzler war *Konrad Adenauer*. *Theodor Heuss* wurde zum ersten Bundespräsidenten gewählt. Damit erlangte die Bundesrepublik Deutschland ihre Handlungsfähigkeit zurück, vorbehaltlich der Einschränkungen, die vonseiten des Besatzungsregimes insbesondere im Bereich der auswärtigen Angelegenheiten bestanden.

► **1948 bis 1950**

Ausarbeitung und Annahme einer DDR-Verfassung durch den Volksrat und den „neuen Volkskongress". In Kraft getreten am 7.10.1949.

Das Inkrafttreten des Grundgesetzes und der DDR-Verfassung führten jedoch nicht dazu, dass das deutsche Staatsgebiet formalrechtlich geteilt wurde; Art. 116 des Grundgesetzes ging ebenso wie die DDR-Verfassung vom Fortbestand des Deutschen Reiches aus. Art. 1 DDR-Verfassung brachte dies unmissverständlich durch den Satz zum Ausdruck: „Deutschland ist eine unteilbare demokratische Republik."

► **1949 bis 1989**

Im Zuge des am 5. 5. 1955 in Kraft getretenen Deutschlandvertrags wurden Souveränitätsvorbehalte der alliierten Streitkräfte durch Aufhebung des Besatzungsstatus weitgehend zurückgedrängt. Gleichwohl behielten sich die Westalliierten die zukünftige Ausübung der Besatzungsrechte vor. Eine Regelung über den Verlauf der Staatsgrenzen wurde im Deutschlandvertrag nicht getroffen. Dies sollte erst im Rahmen eines endgültigen Friedensvertrags erfolgen.

Am 9. 5. 1955 trat die Bundesrepublik Deutschland der NATO bei und wurde durch den Abschluss der Römischen Verträge (23. 3. 1957) eines der Gründungsmitglieder der Europäischen Gemeinschaften.

Die in den 70er Jahren geschlossenen Ostverträge brachten grundlegende Verbesserungen im Rahmen der Ostpolitik. Gegenüber der Sowjetunion und Polen bekannte sich die Bundesrepublik zum Gewaltverzicht und zur Unverletzlichkeit der Grenzen in Europa einschließlich der Westgrenze zu Polen. Im Grundlagenvertrag zwischen der Bundesrepublik Deutschland und der DDR von 1973 verpflichteten sich beide Vertragsparteien, gutnachbarliche Beziehungen zueinander aufzubauen, erkannten die bestehenden Grenzen an und respektierten den Grundsatz, dass sich die Hoheitsgewalt jeweils nur auf das eigene Staatsgebiet beschränkt, ohne dabei die unterschiedlichen Auffassungen zur Nationalfrage aufzugeben.

► **1989/1990**

Im November des Jahres 1989 führte die friedliche und unblutige Revolution in der DDR zum Zusammenbruch des dortigen kommunistischen Systems und zur Öffnung der Grenzen. Dem Staatsvertrag zur Schaffung einer Wirtschafts-, Währungs- und Sozialunion vom 18. 5. 1990 folgte der Wahlvertrag vom 3. 8. 1990, der den Weg für die gesamtdeutsche Wahl am 2. 12. 1990 freimachte. Der Einigungsvertrag vom 31. 8. 1990 enthielt eine Vielzahl von Anpassungs- und Übergangsregelungen. Er wurde erst dadurch möglich, dass die Volkskammer der DDR gem. Art. 23 Satz 2 GG a. F. den Beitritt zum Geltungsbereich des Grundgesetzes mit Wirkung zum 3. 10. 1990 erklärte.

Gleichfalls im Jahre 1990, am 12. September, schlossen das vereinigte Deutschland und die ehemaligen Alliierten den „Vertrag über die abschließende Regelung in Bezug auf Deutschland" (sog. Zwei-plus-Vier-Vertrag), der neben dem „Ja" zur Wiedervereinigung dazu führte, dass die Bundesrepublik Deutschland ihre volle völkerrechtliche Souveränität wieder erlangte. Gleichzeitig wurde die Endgültigkeit der jetzt bestehenden Außengrenzen als verbindlich festgelegt.

► **1993**

Ein wichtiger Schritt hin zu einem gesamteuropäischen Staat wurde durch die Gründung der Europäischen Union geschaffen, die seit dem 1.11.1993 existiert. Grundlage dieser Union ist der sog. Maastrichter Vertrag (Einzelheiten hierzu im Teil Europarecht).

► **1994**

Eine Verfassungsreform sieht grundlegende Änderungen des Grundgesetzes vor. U.a. werden der Umweltschutz (Art. 20a GG) und die Europäische Integration (Art. 23, 24 GG) Staatsziele.

► **1999**

In Umsetzung der 3. Stufe der Wirtschafts- und Währungsunion wird der Euro als sog. Buchgeld eingeführt.

► **2001**

Durch Änderung von Art. 12a Abs. 4 GG können nunmehr auch Frauen einen freiwilligen Dienst mit der Waffe leisten. Hierzu verpflichtet werden können Frauen aber nach wie vor nicht.

► **2002**

Der Euro löst die Deutsche Mark (DM) endgültig als Zahlungsmittel ab.

► **2003**

Die sog. Förderalismuskommission soll die Aufgabenverteilung zwischen Bund und Ländern reformieren.

► **2006**

Der Bundestag beschließt die Förderalismusreform. Die bisher umfangreichste Änderung des Grundgesetzes in der Geschichte der Bundesrepublik Deutschland ist seit dem 1.9.2006 in Kraft. Durch die Reform werden die zahlreichen Zuständigkeiten bei der Gesetzgebung zwischen Bund und Ländern neu geregelt.

► **2009**

Der zweite Teil der Föderalismusreform wird als Gesetz beschlossen und tritt am 1.8.2009 in Kraft. Wesentlicher Aspekt ist die Verpflichtung von Bund und Ländern zur Haushaltsdisziplin (sog. Schuldenbremse, Art. 109 GG).

II. Das Verfassungsrecht als Teil der Gesamtrechtsordnung

LITERATUR

Ipsen, Staatsrecht I, 14. Aufl., 2002, § 1; *Katz*, Staatsrecht, 15. Aufl., 2002, § 2; *Maurer*, Staatsrecht I, 6. Aufl., 2010, § 1 Abschn. II.

Die Gesamtrechtsordnung wird herkömmlich in zwei große Rechtsbereiche unterteilt: In das Privatrecht und das öffentliche Recht. Das Staatsrecht ist ein Teilbereich des öffentlichen Rechts.

Das Staatsrecht umfasst all jene Vorschriften, die sich mit der Organisation und dem Funktionieren des Staates als gesellschaftliches System befassen, also für die Grundordnung unseres Staates konstitutiv sind. Das Verfassungsrecht wird vielfach mit dem Staatsrecht gleichgesetzt; da wesentliche Überschneidungspunkte bestehen, ist dies auch akzeptabel. Genau genommen ist das Verfassungsrecht allerdings ein Teilbereich des Staatsrechts. Es ist der Teil des Staatsrechts, der in der Verfassung, dem Grundgesetz, enthalten ist.

DEFINITION

Verfassungsrecht ist der Teil des Rechts, der in der Verfassung für die Bundesrepublik Deutschland, dem Grundgesetz, geregelt ist.

Aber auch neben dem Grundgesetz finden sich im einfachen Gesetzesrecht Regelungen, die für die staatliche Grundordnung von entscheidender Bedeutung sind. Hierzu zählen z. B. Rechtsquellen wie das Staatsangehörigkeitsgesetz, das Bundeswahlgesetz, das Bundesverfassungsgerichtsgesetz oder die Geschäftsordnungen der Verfassungsorgane (beispielsweise Geschäftsordnung des Bundestages oder des Bundesrates). Diese Regelungsbereiche beinhalten ebenfalls staatsrechtlich prägende Strukturprinzipien für ein Staatssystem. Trotzdem sind sie kein Verfassungsrecht, sondern übriges Staatsrecht, das begrifflich als außerverfassungsrechtliches Staatsorganisationsrecht beschrieben werden kann.

Nicht zum Staatsrecht zu rechnen sind das Völkerrecht und das supranationale Recht. Zwar sind diese Rechtsbereiche auch Teil des öffentlichen Rechts, als gesonderte Rechtsbereiche sind sie aber nicht dem Staats- und Verfassungsrecht unterzuordnen.

DEFINITION

Das **Völkerrecht** ist der Teil des Rechts, der die Rechtsbeziehungen von Völkerrechtssubjekten regelt.

Zu den Völkerrechtsubjekten zählen neben Staaten auch internationale Organisationen, die Völkerrechtsfähigkeit besitzen (z. B. UN). Ein wesentliches Element des Völkerrechts ist der völkerrechtliche Vertrag.

DEFINITION

Das **supranationale Recht** ist Recht, das von einer supranationalen Organisation gesetzt wurde.

Eine supranationale Organisation ist eine Form einer internationalen Organisation. Sie ist befugt, Recht zu setzen, das unmittelbar und verbindlich in jedem Staat gilt, der dieser Gemeinschaft angehört. Das setzt selbstverständlich voraus, dass die Mitgliedstaaten der supranationalen Organisation im Vorfeld entsprechende Hoheitsrechte übertragen haben. Ein Beispiel für eine supranationale Organisation ist die Europäische Union. Der EU wird als Rechtsnachfolgerin der der Europäischen Gemeinschaft explizit Rechtsfähigkeit zuerkannt (vgl. Art. 47 EUV n. F., Einzelheiten im Teil Europarecht). Im Grundgesetz ist nach den Art. 23 und 24 GG vorgesehen, dass Hoheitsrechte auf rechtsetzende, zwischenstaatliche Einrichtungen übertragen werden können.

ABB. 1: Rechtsordnung im Überblick

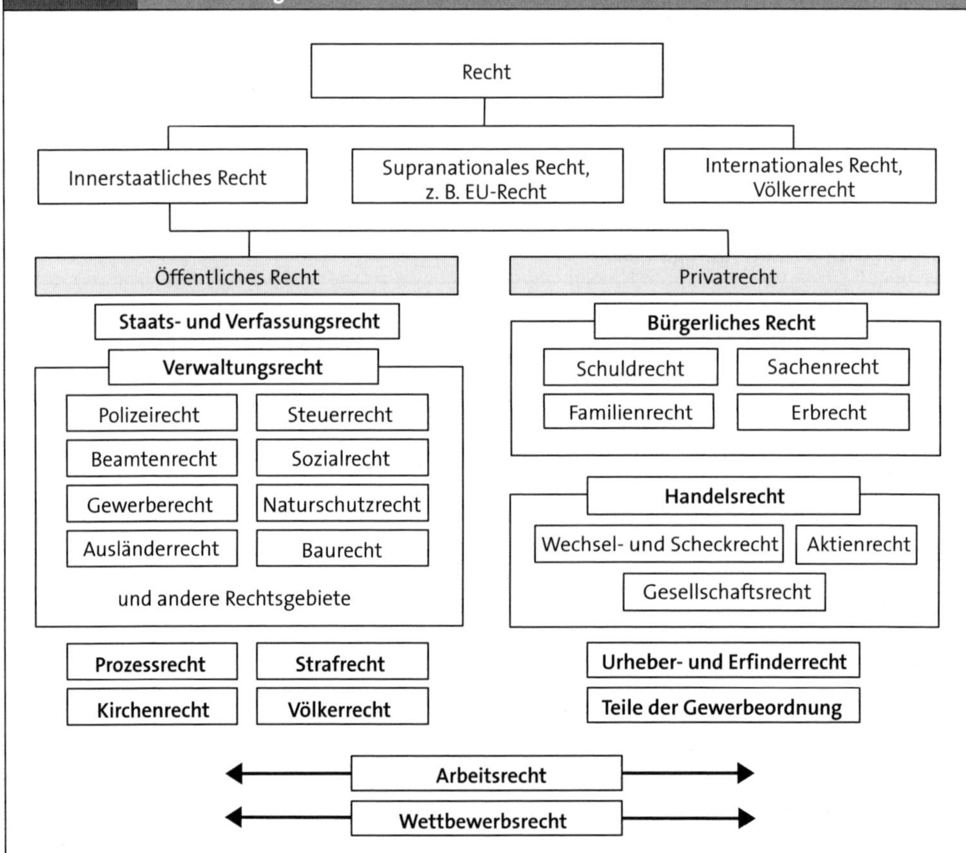

III. Regelungsgegenstände des Grundgesetzes im Überblick

ABB. 2:	Regelungsgegenstände des Grundesgesetzes im Überblick
Artikel	**Titel des Abschnitts und wesentlicher Inhalt**
1 bis 19	**„Die Grundrechte“** – Katalog von Grundrechten
20 bis 37	**„Der Bund und die Länder“** – Staatsformprinzipien (Art. 20) – Politische Parteien (Art. 21) – Grundbestimmungen für die Länderverfassungen (Art. 28) – Kompetenzverteilung Bund/Länder (Art. 30)
38 bis 49	**„Der Bundestag“** – Wahl (Art. 38, 39) – Rechtsstellung der Abgeordneten (Art. 38) – Ausschüsse (z. B. Art. 44, 45)
50 bis 53	**„Der Bundesrat“** – Aufgaben (Art. 50) – Zusammensetzung (Art. 51)
53a	**„Gemeinsamer Ausschuss“**
54 bis 61	**„Der Bundespräsident“** – Wahl (Art. 54) – Rechte (Art. 58/59)
62 bis 69	**„Die Bundesregierung“** – Zusammensetzung (Art. 62) – Wahl und Ernennung des Bundeskanzlers (Art. 63) – Misstrauensvotum (Art. 67)
70 bis 82	**„Die Gesetzgebung des Bundes“** – Zuständigkeiten und Gesetzgebungsverfahren (Art. 70 bis 78) – Änderung des GG (Art. 79) – Erlass von Rechtsverordnungen (Art. 80)
83 bis 91	**„Die Ausführung der Bundesgesetze und die Bundesverwaltung“** – Verwaltungskompetenzverteilung Bund/Länder (Art. 83) – Verwaltungstypen (z. B. Art. 84 bis 87 f.)
91a und b	**„Gemeinschaftsaufgaben“** von Bund und Ländern
92 bis 104	**„Die Rechtsprechung“** – Gerichtsorganisation (Art. 92) – Stellung der Richter (Art. 98) – Grundrechte im Gerichtsverfahren (Art. 103)
104a bis 115	**„Finanzwesen“** – Staatsausgaben (Art. 104a) – Steuern (Art. 105, 106) – Haushaltswirtschaft (Art. 109/110)
115a bis 115l	**„Verteidigungsfall“** – Verteidigungsfall (Begriff Art. 115a) – Befehls- und Kommandogewalt (Art. 115b)
116 bis 146	**„Übergangs- und Schlussvorschriften“** – Begriff des Deutschen (Art. 116) – Übernahme des Art. 137 Weimarer Reichsverfassung (Religionsartikel) in das Grundgesetz (Art. 140) – Geltung des Grundgesetzes (Art. 146)

IV. Begriff des Staates

LITERATUR

Degenhart, Staatsrecht I, 25. Aufl., 2009, § 1; *Ipsen*, Staatsrecht I, 21. Aufl., 2009, § 1; *Maurer*, Staatsrecht I, 6. Aufl., 2010, § 1 Abschn. I.; *Schmidt*, Staatsorganisationsrecht, 8. Aufl., 2008, 2. Kap.; *Zippelius/Würtenberger*, Deutsches Staatsrecht, 32. Aufl., 2008, § 3, 4.

Begrifflicher Anknüpfungspunkt des Staats- und Verfassungsrechts ist der **Staat**. Staats- und Verfassungsrecht bestimmen die grundsätzlichen Rahmenbedingungen des Funktionierens des Staatswesens.

DEFINITION

Der **Staatsbegriff** wird durch drei Elemente geprägt, nämlich durch das **Staatsgebiet**, das **Staatsvolk** und die **Staatsgewalt**.

1. Staatsgebiet

Das Staatsgebiet ist ein bestimmter, natürlich gewachsener Teil der Erdoberfläche, der vom Menschen beherrschbar und zu seinem ständigen Aufenthalt bestimmt ist, einschließlich eines Teils des darüber liegenden Luftraums bzw. des Erduntergrunds, der technisch nutzbar ist.

Soweit es um die Bestimmung des Staatsgebiets in seewärtiger Richtung geht, sind internationale Abkommen und Übereinkommen maßgebend. Die UN-Seerechtskonvention von 1982 bestimmt u. a., dass ein Staat das Recht hat, sein Staatsgebiet auf eine Distanz von zwölf Seemeilen von der sog. Niedrigwasserlinie (= niedrigster Wasserstand bei Ebbe) der Küste seewärts auszudehnen. Die daneben zugelassene Wirtschaftszone von 200 Seemeilen erweitert dagegen nicht das Staatsgebiet, sondern stellt ein Verfügungsrecht des jeweiligen Staates dar.

Der Luftraum gilt nach allgemeinen völkerrechtlichen Grundlagen bis in eine Höhe von ca. 100 km als zum Staatsgebiet gehörig.

Nicht zum Staatsgebiet zählen dagegen die sog. 24-Seemeilen-Zone, in der der Anrainerstaat Überwachungs- und Polizeiaufgaben wahrnehmen kann, sowie eine sog. 200-Seemeilen-Zone, in der das Recht besteht, die Meeresressourcen zu nutzen. Hinzu tritt das Recht, den Festlandsockel bis zu einer Ausdehnung von 350 Seemeilen ab der Küste des jeweiligen Staates auszubeuten. Es sei nochmals betont, dass das Staatsgebiet nur bis zur Zwölf-Seemeilen-Zone reicht. Der übrige Bereich ist kein Staatsgebiet, sondern unterliegt nur in gewissem Umfang der Herrschaftsmacht eines Staates.

ABB. 3: Staatsgebiet

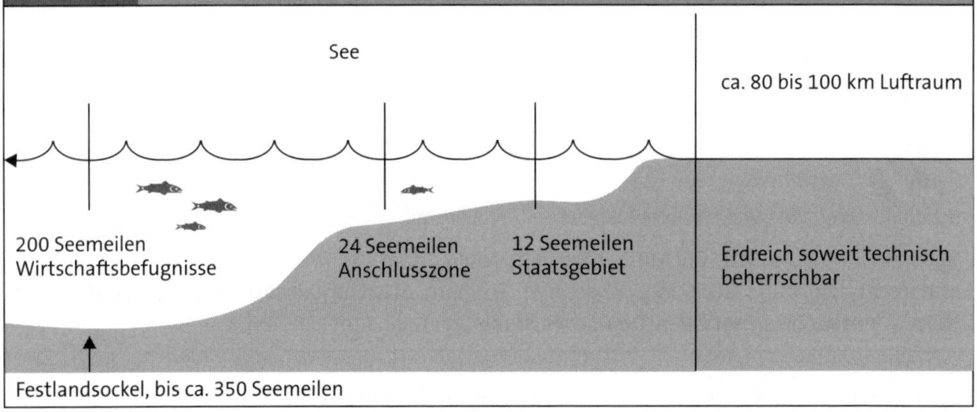

2. Staatsvolk

Das Staatsvolk repräsentiert sich aus der Summe aller Staatsangehörigen. Staatsangehöriger ist, wer die deutsche Staatsangehörigkeit i. S. von Art. 116 GG innehat. Einzelheiten zum Erwerb der deutschen Staatsangehörigkeit regelt das Staatsangehörigkeitsgesetz aus dem Jahre 1913 (daher der frühere Name Reichs- und Staatsangehörigkeitsgesetz). Die deutsche Staatsangehörigkeit wird nach diesem Gesetz hauptsächlich durch Geburt erworben, sofern ein Elternteil die deutsche Staatsangehörigkeit besitzt (§ 4 RuStAG).

3. Staatsgewalt

Der Begriff „Staatsgewalt" kennzeichnet die Macht, Anordnungen zu treffen, die ggf. auch gewaltsam mit Mitteln des Staatsapparats ihre Durchsetzung finden. Es gehört zu den Wesensmerkmalen eines Staates, dass er gegenüber dem auf dem Staatsgebiet lebenden Staatsvolk verbindliche Regeln des Zusammenlebens festlegen kann und muss. Dass diese Regeln ggf. auch mit Mitteln des staatlichen Zwangzugriffs durchsetzbar sein müssen, ist auch für ein demokratisches Gemeinwesen kein Novum, sondern eine Selbstverständlichkeit. In der Bundesrepublik Deutschland geht nach Art. 20 Abs. 2 Satz 1 GG alle Staatsgewalt vom Volke aus. Sie wird durch Wahlen und Abstimmungen und durch besondere Organe der Gesetzgebung, der vollziehenden Gewalt und der Rechtsprechung ausgeübt.

DEFINITION

Staatsbegriff nach der Drei-Elementen-Lehre:

- *Staatsgebiet* = Abgegrenzter, beherrschbarer und zum dauernden Aufenthalt geeigneter Teil der Erdoberfläche.
- *Staatsvolk* = Summe aller Staatsangehörigen.
- *Staatsgewalt* = Ungeteilte Macht eines Staates über das Staatsvolk (Personalhoheit) und über das Staatsgebiet (Gebietshoheit).

FALL

Abschließender Fall zum Staatsbegriff
(nach VG Köln, DVBl 1978, S. 510)

Auf einer ehemaligen Flakstellung in der Nordsee, die außerhalb jeder Hoheitszone liegt und die fest mit dem Meeresgrund der Nordsee verbunden ist, wurde von einem selbst ernannten Monarchen das Fürstentum Sealand ausgerufen. Auf der Plattform hielten sich ca. 100 unterschiedliche Personen auf, die nicht stets hier wohnten und nur außerhalb des „Fürstentums" einer Beschäftigung nachgingen. Handelt es sich hierbei um einen Staat?

Zumindest zwei Elemente des Staatsbegriffs fehlen. Zum einen repräsentiert die Plattform kein Staatsgebiet. Ein solches liegt nämlich nur vor, wenn es sich bei dem Gebiet, auf dem sich die

Personen aufhalten, um einen natürlichen Teil der Erdoberfläche handelt. Zum anderen kann auch das Element Staatsvolk nicht bejaht werden. Auf der Plattform hielten sich unterschiedliche Personen auf, die allesamt außerhalb des „Fürstentums" ihre Beschäftigung ausübten, womit nur von einem gelegentlichen Aufenthalt aller Personen gesprochen werden kann. Dieser Umstand verbietet es, von einem Staatsvolk zu sprechen.

§ 6 Die obersten Bundesorgane

Die obersten Staatsorgane des Bundes sind im Grundgesetz genannt. Hierzu zählen:

ABB. 4: Die obersten Bundesorgane

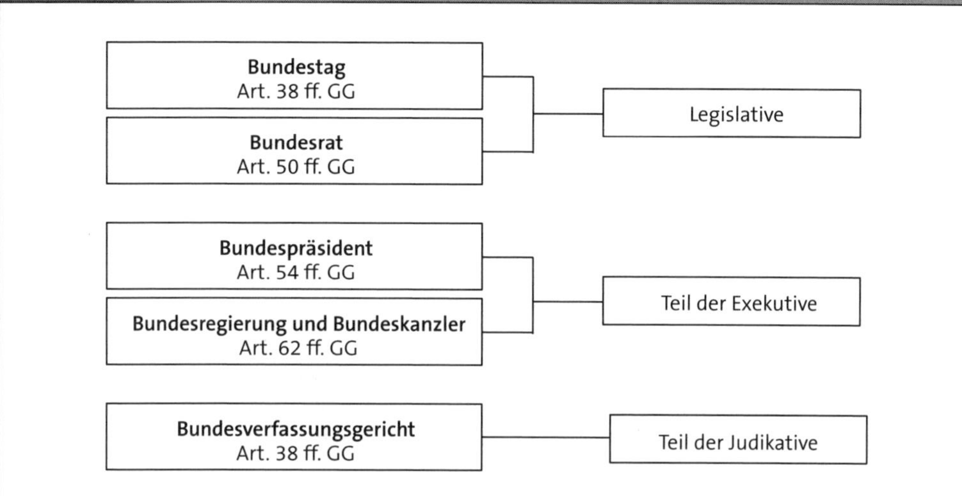

Für die Einordnung als oberstes Bundesorgan ist nicht nur die Nennung im Grundgesetz begriffsbestimmend. Vielmehr muss hinzutreten, dass das jeweilige Organ keinem anderen Verfassungsorgan unterworfen ist.

I. Bundestag

LITERATUR

Degenhart, Staatsrecht I, 25. Aufl., 2009, § 7; *Hesse*, Grundzüge des Verfassungsrechts für die Bundesrepublik Deutschland, 20. Aufl., 1995, § 15; *Ipsen*, Staatsrecht I, 21. Aufl., 2009, § 6; *Jarass/Pieroth*, GG-Kommentar, 10. Aufl., 2009, Art. 38 ff.; *Katz*, Staatsrecht, 17. Aufl., 2007, § 16; *Maurer*, Staatsrecht I, 6. Aufl., 2010, § 13.

1. Rechtsstellung

Ausgehend von Art. 20 Abs. 2 Satz 2 GG wählt das Volk als Träger aller Staatsgewalt den Bundestag. Als oberstes selbständiges Staatsorgan repräsentiert der Bundestag in seinen parlamentarischen Entscheidungen (z. B. Gesetzesbeschlüssen) das Staatsvolk (sog. Prinzip der repräsentativen Demokratie). Unmittelbar demokratisch legitimiert ist nur der Bundestag samt der durch ihre Wahl berufenen Abgeordneten.

Dagegen sind alle übrigen mit staatlichen Aufgaben betrauten Organe und Funktionsträger nur mittelbar legitimiert, d. h. durch Wahl bzw. Ernennung durch die legitimierten Volksvertreter.

Hauptfunktionen des Bundestages sind die Gesetzgebung und die Kontrolle der Exekutive. Ein Selbstauflösungsrecht steht dem Bundestag nicht zu.

2. Wahl des Bundestages

a) Wahlrechtsgrundsätze

Die Wahl des Bundestages erfolgt nach Art. 38 Abs. 1 Satz 1 GG in allgemeiner, unmittelbarer, freier, gleicher und geheimer Wahl.

Allgemein ist die Wahl, wenn das Wahlrecht allen Bürgern zusteht, die nach Art. 38 Abs. 2 GG wahlberechtigt (aktives Wahlrecht) bzw. wählbar (passives Wahlrecht) sind. Dies schließt allerdings Einschränkungen nicht grundsätzlich aus. So ist z. B. § 1 Abs. 1 BWahlG mit dem Prinzip der Allgemeinheit der Wahl vereinbar, obwohl diese Vorschrift die Wahlberechtigung nur Deutschen zuerkennt. Die Rechtfertigung hierfür wird nach h. M. in einer verfassungsimmanenten, zwingenden Einschränkung gesehen, die in § 1 BWahlG ihre konkrete Ausformung erhalten hat. Danach soll die Wahl zu einem Staatsorgan ausschließlich durch das Staatsvolk geschehen können.

Unmittelbar ist die Wahl, wenn die Auswahl der Abgeordneten nur noch den rein rechnerischen Vorgang der Stimmenauswertung betrifft. Ein Verstoß gegen den Unmittelbarkeitsgrundsatz läge mithin vor, wenn die Auswahl der Volksvertreter von einem weiteren zwischengeschalteten Gremium abhängig ist.

BEISPIEL Das amerikanische System der sog. Wahlmänner, die den Präsidenten der Vereinigten Staaten wählen, ist mit unserer Verfassung unvereinbar.

Ebenfalls mit dem Prinzip der Unmittelbarkeit unvereinbar ist es, wenn nach dem Ausscheiden eines Abgeordneten aus dem Bundestag die verbleibenden Abgeordneten bestimmen könnten, wer statt des Ausgeschiedenen nun in den Bundestag käme. Dies muss vielmehr schon durch eine Listenreihenfolge vor der Wahl festgelegt sein, wie es nach § 48 Abs. 1 Satz 1 BWahlG vorgesehen ist.

Frei ist die Wahl, wenn auf die Wählerschaft keinerlei Zwänge oder sonstige beeinflussende Handlungen ausgeübt werden.

Gleich ist die Wahl, wenn alle Stimmen das gleiche Gewicht haben. Dies bedeutet zum einen die Zählwertgleichheit und zum anderen die Erfolgswertgleichheit der abgegebenen Stimmen. Alle Stimmen müssen also in einheitlicher Weise gezählt werden („one man, one vote"). Der Grundsatz der Gleichwertigkeit der Stimmen kann jedoch bei Vorliegen einer besonderen Sachlage ausnahmsweise durchbrochen werden.

Mit dem Gebot der Gleichheit ist daher die sog. 5 %-Klausel in § 6 Abs. 6 BWahlG vereinbar, die letztlich dazu führt, dass die Erfolgswertgleichheit der Stimmen nicht gegeben ist, da Parteien, die weniger als 5 % der abgegebenen Stimmen erhalten, nicht in den Bundestag einziehen dürfen. Die Rechtfertigung für die 5 %-Klausel wird in der Verhinderung von regierungsunfähigen Kleingruppen gesehen.

Geheim ist die Wahl, wenn die Wahlentscheidung des Einzelnen nach außen nicht bekannt wird. Nur der Wähler ist berechtigt, seine Wahlentscheidung preiszugeben. Das Prinzip der geheimen Wahl setzt sachlogisch voraus, dass die Wahl unbeobachtet erfolgen kann.

Die **Öffentlichkeit** der Wahl zählt ebenfalls zu den Wahlgrundsätzen. Ausdrücklich ist dieser Grundsatz zwar nicht in Art. 38 Abs. 1 GG genannt. Hergeleitet wird der Grundsatz aus dem Demokratieprinzip aus Art. 20 Abs. 1 GG i.V mit Art. 38 Abs. 1 GG. Wahlen sind die eigentliche Äußerungsform des Bürgers in einer Demokratie. Aus diesem Grund müssen die wesentlichen Abläufe einer Wahl für den Bürger „transparent" sein, d. h. für den Wähler muss die Wahl nachvollziehbar und überprüfbar sein.

Zu den wesentlichen Aspekten des Grundsatzes der Öffentlichkeit von Wahlen hat das Bundesverfassungsgericht in einer Entscheidung vom 3. 3. 2009 (2 BvC 3/07, 2 BvC 4/07) Stellung genommen, die sich mit dem Einsatz von Wahlcomputern beschäftigt. Danach gebietet der Grundsatz der Öffentlichkeit der Wahl aus Art. 38 Abs. 1 GG i.V. mit Art. 20 Abs. 1 und 2 GG, dass alle wesentlichen Schritte der Wahl öffentlicher Überprüfbarkeit unterliegen, soweit nicht andere verfassungsrechtliche Belange eine Ausnahme rechtfertigen. Beim Einsatz elektronischer Wahlgeräte müssen die wesentlichen Schritte der Wahlhandlung und der Ergebnisermittlung vom Bürger zuverlässig und ohne besondere Sachkenntnis überprüft werden können. Der Einsatz von Wahlcomputern, bei denen die Stimmen nach der Abgabe ausschließlich auf einem elektronischen Speicher abgelegt werden, ist daher – wegen eines Verstoßes gegen die Öffentlichkeit von Wahlen – unzulässig.

ABB. 5: Wahlrechtsgrundsätze

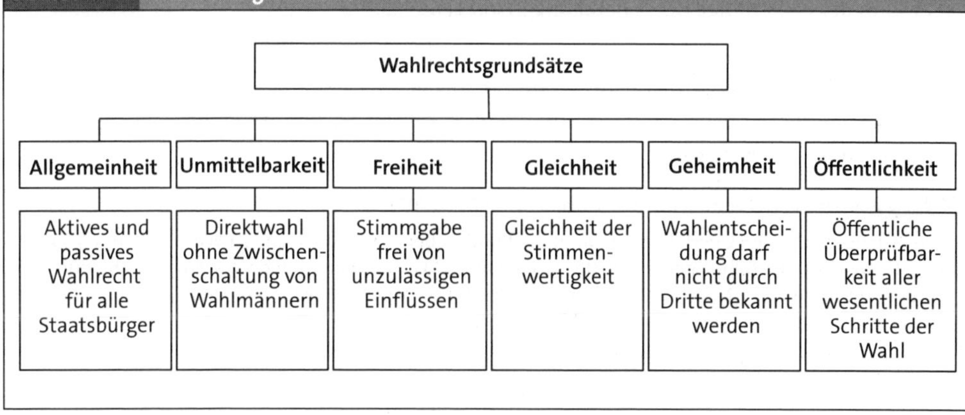

b) Wahlverfahren

Nach Art. 39 Abs. 1 Satz 1 GG erfolgt die Wahl zum Bundestag alle vier Jahre (Prinzip der periodischen Wahl).

Das Grundgesetz trifft keine Aussagen zum Wahlsystem. Dieses ist im Bundeswahlgesetz geregelt. Grundsätzlich können zwei Wahlsysteme unterschieden werden: Im Rahmen einer Mehrheitswahl gewinnt derjenige Kandidat, der die Mehrheit der Stimmen erhält, während bei der Verhältniswahl nach Listen gewählt wird und sich das Parlament nach dem Verhältnis der abgegebenen Stimmen zusammensetzt. Nach § 1 Abs. 1 Satz 2 BWahlG wird die Wahl als personalisierte Verhältniswahl, also einem Mischsystem aus Mehrheits- und Verhältniswahl, durchgeführt. Dies bedeutet im Einzelnen:

- Eine Hälfte der Abgeordneten des Bundestages (z. Z. insgesamt 622) wird durch Mehrheitswahl und die übrige Hälfte nach dem Prinzip der Verhältniswahl ermittelt.
- Jeder Wähler verfügt nach § 4 BWahlG über zwei Stimmen: die **Erst**- und die **Zweitstimme**.

Mit der **Erststimme** wird ein Bewerber aus dem Wahlkreis nach dem Mehrheitsprinzip gewählt.

Mit der **Zweitstimme** wird eine Landesliste einer zur Wahl angetretenen Partei nach dem Grundsatz der Verhältniswahl gewählt. Die Kandidaten der Listen werden ausschließlich von den Parteien aufgestellt (sog. Listenprivileg der Parteien). Der Anteil der auf eine „Parteiliste" entfallenden Stimmen bestimmt den Ausgang der Wahl. Die Liste, die die meisten Zweitstimmen auf sich vereinigen kann, ist der Gewinner der Wahl. Nach den Grundsätzen der Verhältniswahl bestimmt der prozentuale Anteil der abgegebenen Zweitstimmen die Anzahl der Sitze einer Partei im Bundestag. Die Berechnung erfolgt nach dem sog. Proportionalverfahren nach *Saint-Laguë/Schepers* (vgl. § 6 BWahlG).

Da das Wahlsystem in der Bundesrepublik Deutschland kein reines Verhältniswahlsystem, sondern eine Kombination aus Verhältniswahl und personalisierter Mehrheitswahl ist, muss die Anzahl der durch die Erststimme erzielten Direktmandate einer Partei bei der Sitzplatzvergabe berücksichtigt werden. Dies erfolgt dadurch, dass von der über die Zweitstimmenauswertung berechneten Gesamtsitzanzahl die errungenen Direktmandate abgezogen werden. Die verbleibenden Sitze werden nach den Prinzipien der Verhältniswahl auf die Listenkandidaten aufgeteilt, und zwar in der Reihenfolge der Aufstellung in der Liste.

Erringt nun eine Partei mehr Direktmandate, als ihr nach der Auswertung der Zweitstimmen an Gesamtsitzen im Bundestag zustehen, kommt es zu sog. Überhangmandaten, d. h. die direkt gewählten Abgeordneten behalten ihr Mandat, und es kommt zu einer Erhöhung der Gesamtzahl der Abgeordneten im Bundestag.

BEISPIEL Nach BVerfG vom 3. 7. 2008 (2 BvC 1/07, 2 BvC 7/07):

Die Regelungen zu den Überhangmandaten auf Bundesebene, § 7 Abs. 3 Satz 2 BWahlG i.V. mit § 6 Abs. 4 und 5 BWahlG, verstoßen gegen Art. 38 Abs. 1 Satz 1 GG. Überhangmandate werden nicht durch die Zweitstimme legitimiert und können deswegen durch taktisches Wahlverhalten, nämlich durch das Hervorrufen des sog. negativen Stimmgewichts, erzeugt werden.

Dadurch ergeben sich in zweifacher Hinsicht verfassungsrechtliche Bedenken:

Der Grundsatz der Gleichheit der Wahl gewährleistet, dass jede abgegebene Stimme den gleichen Zählwert hat und dass jede Stimme den gleichen Einfluss auf das Ergebnis der Wahl, also den gleichen Erfolgswert, haben muss. Das bedeutet auch, dass die Stimme für die Partei, für die abgegeben wurde, positive Wirkung entfalten können muss. Die Erfolgswertgleichheit ist jedoch verletzt, wenn die beabsichtigten positiven Wirkungen der Stimmabgabe in ihr Gegenteil verkehrt werden kann wie es bei Überhangmandaten der Fall sein kann.

Der Grundsatz der Unmittelbarkeit der Wahl besagt, dass der Wähler vor dem Wahlakt erkennen können muss, wie sich die eigene Stimmabgabe auf Erfolg oder Misserfolg der Wahlbewerber auswirken kann. Nach den Regeln zu den Überhangmandaten kann der Wähler jedoch nicht erkennen, ob sich seine Stimme stets für die zu wählende Partei positiv auswirkt, oder ob er durch seine Stimme den Misserfolg des Kandidaten der gewählten Partei verursacht. Das Wahlrecht ist insofern verfassungswidrig. Das Bundesverfassungsgericht hat den Gesetzgeber verpflichtet, bis zum 30. 6. 2011 eine verfassungsgemäße Neuregelung zu schaffen.

DEFINITION

Wahlsystem in der Bundesrepublik Deutschland

Das Wahlsystem funktioniert nach dem Prinzip der personalisierten Verhältniswahl, und zwar über eine mit der Erststimme erzielte Personenwahl nach dem Mehrheitsprinzip, kombiniert mit einer Listenwahl über die Zweitstimme nach dem Prinzip der Verhältniswahl.

3. Aufgaben des Bundestages

Der Bundestag hat im Wesentlichen vier Aufgaben.

Zunächst ist er die zentrale Entscheidungsinstanz (**1. Aufgabe**), insbesondere ist er zuständig für den Beschluss von Gesetzen, die nach dem Grundgesetz seiner Gesetzgebungszuständigkeit unterfallen.

Der Bundestag wählt gem. Art. 63 GG den Bundeskanzler. Hierin erschöpft sich diese teilweise auch als Wahlfunktion bezeichnete **2. Aufgabe** nicht. Darüber hinaus ist er an der Wahl des Bundespräsidenten beteiligt (Art. 54 GG) und wählt eine Hälfte der Richter des Bundesverfassungsgerichts (Art. 94 Abs. 1 GG).

Nach Art. 40 Abs. 1 Satz 2 GG gibt sich der Bundestag eine Geschäftsordnung. Er bestimmt seine Organisation folglich selbst. In Ausübung dieses sog. Selbstorganisationsrechts (**3. Aufgabe**) wurde die Geschäftsordnung des Deutschen Bundestages erlassen.

Die **4. Aufgabe** des Bundestages besteht in einer Kontrollfunktion. Im Rahmen der Kontrollfunktion hat der Bundestag verschiedene Rechte. Die wesentlichsten Rechte insoweit sind:

- Das Recht gem. Art. 43 Abs. 1 GG, Mitglieder der Bundesregierung in den Bundestag zu zitieren und zu befragen und damit die Möglichkeit, die Bundesregierung einer fortlaufenden Kontrolle zu unterziehen.
- Zudem hat der Bundestag nach Art. 44 GG das Recht, einen Untersuchungsausschuss einzusetzen, der eine bestimmte zu untersuchende Frage klären soll.

DEFINITION

Funktionen des Bundestages sind:

- Gesetzgebungsfunktion
- Wahlfunktion
- Selbstorganisationsfunktion
- Kontrollfunktion

4. Stellung des Abgeordneten

Die Rechtsstellung der Abgeordneten ist im Grundgesetz an verschiedenen Stellen normiert. Wie sich aus dem in Art. 38 Abs. 1 Satz 2 GG statuierten Grundsatz des freien Mandats ergibt, ist der Abgeordnete nicht an Aufträge und Weisungen durch den Wähler oder die Partei gebunden und nur seinem Gewissen unterworfen. Er darf nach Art. 48 Abs. 2 GG nicht an der Ausübung seines Amtes gehindert werden.

Ein Abgeordneter darf zu keiner Zeit wegen seiner Abstimmung oder wegen einer Äußerung, die er im Bundestag getan hat, gerichtlich oder sonst außerhalb des Bundestages zur Verantwortung gezogen werden. Diese in Art. 46 Abs. 1 GG festgeschriebene Regelung wird auch **Indemnität** genannt. Sie dient dem Schutz der Redefreiheit im Parlament. Eine Ausnahme gilt nach Art. 46 Abs. 1 Satz 2 GG nur für verleumderische Beleidigungen nach § 187 StGB. Von der Indemnität unberührt sind die Befugnisse des Bundestagspräsidenten im Rahmen seiner Sitzungsgewalt nach Art. 40 Abs. 2 GG.

Neben der Indemnität besitzt ein Abgeordneter auch **Immunität** gem. Art. 46 Abs. 2 GG. Danach darf ein Abgeordneter nur mit Genehmigung des Bundestages wegen einer mit Strafe bedrohten Handlung zur Verantwortung gezogen oder verhaftet werden, es sei denn, dass er bei Begehen der Tat oder im Laufe des folgenden Tages festgenommen wurde. Die Immunität endet mit dem Mandat.

BEISPIEL Nach LVerfG MV vom 29. 1. 2009 (LVerfG 5/08, NVwZ-RR 2009, S. 362)

Zur Wahrnehmung des freien Mandats gem. Art. 38 Abs. 1 Satz 2 GG werden dem Abgeordneten u. a. ein Rederecht und die Möglichkeit der Teilnahme an Sitzungen im Parlament gewährleistet. Diese Rechte können durch die Geschäftsordnung des Bundestages, die sich dieser nach Art. 40 Abs. 1 Satz 2 GG geben darf, eingeschränkt werden. Ein Sitzungsausschluss kann dabei aber immer nur ultima ratio sein und ist auch bei intensiveren Störungen nur verhältnismäßig, wenn andere Ordnungsmaßnahmen nicht greifen.

DEFINITION

Stellung des Bundestagsabgeordneten

Der Abgeordnete ist Träger eines freien Mandats und nur seinem Gewissen unterworfen. Aufträge und Weisungen binden ihn nicht. Er verfügt über Immunität und Indemnität.

- Indemnität → Schutz im Bundestag
- Immunität → Schutz außerhalb des Bundestages

Auf einen Blick: Der Bundestag

Als Staatsorgan repräsentiert der Bundestag in seinen Entscheidungen das Staatsvolk (repräsentative Demokratie). Die Hauptaufgabe des Bundestages ist die Gesetzgebung sowie die Kontrolle der Exekutive. Der Bundestag wählt den Bundeskanzler (Art. 63 GG).

Die Grundsätze für die Wahlen zum Bundestag ergeben sich aus Art. 38 Abs. 1 Satz 1 GG. Die gewählten Bundestagsabgeordneten haben ein sog. freies Mandat (Art. 38 Abs. 1 Satz 2 GG, d. h.

sie sind nicht an Weisungen und Aufträge gebunden und nur ihrem Gewissen unterworfen. Der Abgeordnete genießt gem. Art. 46 GG Indemnität und Immunität.

II. Bundesrat

LITERATUR

Degenhart, Staatsrecht I, 25. Aufl., 2009, § 8; *Ipsen*, Staatsrecht I, 21. Aufl., 2009, § 7; *Katz*, Staatsrecht, 17. Aufl., 2007, § 17; Maurer, Staatsrecht I, 6. Aufl., 2010, § 16; Schmidt, Staatsorganisationsrecht, 8. Aufl., 2008, 5. Kap., B; *Zippelius/Würtenberger*, Deutsches Staatsrecht, 32. Aufl., 2008, § 40.

1. Rechtsstellung

Der Bundesrat ist ein oberstes Bundesorgan, durch das die Länder nach Art. 50 GG bei der Gesetzgebung und Verwaltung des Bundes und in Angelegenheiten der Europäischen Union mitwirken.

Vereinfacht gesagt wirken die Länder über den Bundesrat auf Bundesebene in Angelegenheiten mit, die Interessen der Länder, insbesondere deren Eigenstaatlichkeit betreffen. Auch wenn der Bundesrat vielfach als „Länderkammer"bezeichnet wird, muss betont werden, dass es sich um ein **verfassungsmäßig berufenes Organ des Bundes** handelt.

2. Zusammensetzung

Der Bundesrat besteht aus Mitgliedern der Regierungen der Länder. Im Bundesrat hat jedes Land mindestens drei Stimmen. Länder mit mehr als 2 Mio. Einwohnern haben vier, Länder mit mehr als 6 Mio. Einwohnern haben fünf und Länder mit mehr als 7 Mio. Einwohnern haben sechs Stimmen (Art. 51 Abs. 1 und 2 GG). Die Länder haben das Recht, so viele Mitglieder in den Bundesrat zu entsenden, wie sie Stimmen haben. Zurzeit hat der Bundesrat insgesamt 69 Mitglieder. Die Stimmen eines Landes können nach Art. 51 Abs. 3 Satz 2 GG nur einheitlich abgegeben werden. Ein „Stimmensplitting" ist also unzulässig.

3. Mitwirkung an der Gesetzgebung

Zu den Aufgaben des Bundesrates zählt die Mitwirkung an der Gesetzgebung des Bundes.

Nach Art. 76 Abs. 1 GG hat der Bundesrat das Recht, Gesetzesvorlagen in den Bundestag einzubringen. Auf diese Weise können die Länder politische Überzeugungen in Form von Gesetzesvorhaben auf den Weg bringen.

Im Gesetzgebungsverfahren ist die Mitwirkungsart des Bundesrates davon abhängig, ob es sich um ein **Zustimmungs**- oder **Einspruchsgesetz** handelt. Ein Zustimmungsgesetz ist als solches im

Grundgesetz bezeichnet und verlangt die positive Zustimmung des Bundesrates zum Gesetzesbeschluss des Bundestages. Fehlt die Zustimmung, ist das Gesetz endgültig gescheitert. Bei Einspruchgesetzen (= Gesetze, die keine Zustimmungsgesetze sind) führt schon das Unterlassen eines Einspruchs zum Zustandekommen des Gesetzes. Legt der Bundesrat Einspruch ein, kann dieser vom Bundestag überstimmt werden. Wird der Einspruch überstimmt, ist das Gesetz ebenfalls zustande gekommen (Art. 78 GG). Zu den Einzelheiten vgl. die Ausführungen zum Gesetzgebungsverfahren unter § 8 II.2.b).

4. Mitwirkung an der Verwaltung

Im Rahmen der Mitwirkung an der Verwaltung des Bundes ist der Bundesrat immer dann zu beteiligen, wenn in die Verwaltungs- und/oder Organisationshoheit der Länder eingegriffen werden soll. Führen die Länder z. B. nach Art. 84 Abs. 1 GG Bundesgesetze als eigene Angelegenheiten aus, kann der Bund nach Art. 84 Abs. 2 GG zwar allgemeine Verwaltungsvorschriften (Dienstanweisungen) erlassen; diese bedürfen aber der Zustimmung des Bundesrates. Vergleichbare Vorschriften enthalten Art. 85 Abs. 1 und 2 GG und Art. 87 Abs. 3 GG.

Zudem bedürfen nach Art. 80 Abs. 2 GG Rechtsverordnungen des Bundes in drei Fällen der Zustimmung des Bundesrates (sog. Zustimmungsverordnungen). Zustimmungspflichtig sind Rechtsverordnungen, die bestimmte Angelegenheiten des Post-, Telekommunikations- und Eisenbahnwesens betreffen (1. Fall). Rechtsverordnungen aufgrund von Bundesgesetzen, die entweder der Zustimmung des Bundesrates bedurften (2. Fall) oder die von den Ländern im Auftrage des Bundes oder als eigene Angelegenheiten ausgeführt werden (3. Fall), unterliegen ebenfalls dem Erfordernis der Zustimmung durch den Bundesrat.

5. Mitwirkung in Angelegenheiten der Europäischen Union

Dass dem Bundesrat auch in Angelegenheiten der Europäischen Union Mitwirkungsrechte zustehen, ist erst 1992 durch eine Änderung von Art. 50 GG ins Grundgesetz eingegangen. Es ist eine Wiederholung des Wortlauts von Art. 23 Abs. 2 Satz 1 GG („Europaartikel"). Die Ergänzung des Grundgesetzes ist eine Konkretisierung des föderativen Bundesstaatsprinzips. Wenn der Bund der Europäischen Union ein Hoheitsrecht übertragen will, ist der Bundesrat an der Willensbildung des Bundes zu beteiligen, soweit der Bundesrat an einer entsprechenden innerstaatlichen Maßnahme mitzuwirken hätte oder soweit die Länder innerstaatlich zuständig wären (Art. 23 Abs. 4 GG).

Auf einen Blick: Der Bundesrat

Der Bundesrat ist ein oberstes Bundesorgan, durch das die Länder auf Bundesebene bestimmte Mitwirkungsrechte bei der Gesetzgebung, der Verwaltung und in Angelegenheiten der Europäischen Union haben. Er besteht aus Mitgliedern der Landesregierungen. In Abhängigkeit seiner Einwohnerzahl stellt jedes Bundesland zwischen drei und sechs Mitglieder des Bundesrates.

III. Bundespräsident

LITERATUR

Degenhart, Staatsrecht I, 25. Aufl., 2009, § 10; *Ipsen*, Staatsrecht I, 21. Aufl., 2009, § 9; *Katz*, Staatsrecht, 17. Aufl., 2007, § 18; *Maurer*, Staatsrecht I, 6. Aufl., 2010, § 15; *Schmidt*, Staatsorganisationsrecht, 8. Aufl., 2008, 5. Kap., E.; *Stern*, Staatsrecht II, 1980, § 30.

1. Rechtsstellung

Weder das Grundgesetz noch andere Gesetze äußern sich zur Rechtsstellung des Bundespräsidenten. Gleichwohl ist es unbestritten, dass der Bundespräsident das Staatsoberhaupt der Bundesrepublik Deutschland ist. Unter dem Staatsoberhaupt versteht man allgemein das oberste Staatsorgan, also die Person, die zumindest formell an der Spitze des Staates steht.

Der Bundespräsident ist nach nationalem Verfassungsverständnis ein unselbständiger und nicht regierender Präsident, dessen Aufgabe staatspolitisch in der Repräsentation der Bundesrepublik Deutschland liegt (sog. Repräsentationsfunktion). Mit anderen Worten: Er repräsentiert den Staat Bundesrepublik Deutschland nach außen.

Bisherige Bundespräsidenten waren: *Theodor Heuss* (zweimal), *Heinrich Lübke* (zweimal), *Gustav Heinemann*, *Walter Scheel*, *Karl Carstens*, *Richard von Weizsäcker* (zweimal), *Roman Herzog*, *Johannes Rau*, *Horst Köhler* sowie amtierend *Christian Wulf*.

Nach Art. 60 Abs. 4 i.V. mit Art. 46 Abs. 2 GG genießt der Bundespräsident Immunität, nicht aber Indemnität. Es ist dem Bundespräsident nach Art. 55 GG untersagt, der Regierung oder einer gesetzgebenden Körperschaft des Bundes oder eines Landes anzugehören. Darüber hinaus darf er kein anderes besoldetes Amt, kein Gewerbe und keinen Beruf ausüben und weder der Leitung noch dem Aufsichtsrat eines auf Erwerb gerichteten Unternehmens angehören. Die vorstehend genannten Tätigkeiten sieht das Grundgesetz als unvereinbar mit dem Amt eines Bundespräsidenten an (sog. Grundsatz der Inkompatibilität).

2. Wahl und Amtszeit

Der Bundespräsident wird durch die Bundesversammlung gewählt (Art. 54 Abs. 1 Satz 1 GG). Die Bundesversammlung ist nach Art. 54 Abs. 3 GG ein Wahlgremium, das aus den Mitgliedern des Bundestages und einer gleichen Anzahl von Mitgliedern der Volksvertretungen der Länder besteht. Nach Art. 54 Abs. 6 GG ist der Bundespräsident gewählt, wenn er die Stimmen der Mehrheit der Mitglieder der Bundesversammlung erhält.

Die Amtszeit des Bundespräsidenten dauert fünf Jahre, wobei die Möglichkeit einer Wiederwahl besteht (Art. 54 Abs. 2 GG).

3. Aufgaben

a) Repräsentation

Die Aufgaben des Bundespräsidenten liegen vornehmlich in der Repräsentation der Bundesrepublik Deutschland. So vertritt er nach Art. 59 Abs. 1 GG den Bund völkerrechtlich, also nach außen. Dem Bundespräsidenten obliegt grundsätzlich der Abschluss völkerrechtlicher Verträge (Art. 59 Abs. 1 GG). Der Abschluss eines völkerrechtlichen Vertrags liegt in der Ratifikation, d. h. in der Bestätigung des (regelmäßig durch Bundesminister) ausgehandelten und paraphierten Vertragswerks durch den Bundespräsidenten. Angemerkt sei, dass völkerrechtliche Verträge innerstaatlich erst Geltung erlangen, wenn die gesetzgebende Körperschaft, der Bundestag, den Vertragsinhalt in ein Gesetz transformiert hat (sog. Transformationsgesetz).

b) Ernennungen und Entlassungen

Dem Bundespräsident obliegt nach Art. 60 Abs. 1 GG ein umfangreiches Ernennungs- und Entlassungsrecht. Er ist befugt, die Bundesrichter, die Bundesbeamten und bestimmte Offiziere zu ernennen und zu entlassen. Er hat allerdings das Recht, diese Befugnisse auf andere Behörden zu übertragen (Art. 60 Abs. 3 GG), wovon er umfassend Gebrauch gemacht hat.

Auf Vorschlag des Bundeskanzlers ernennt und entlässt der Bundespräsident nach Art. 64 Abs. 1 GG die Bundesminister. Dabei ist er befugt, die Ernennung zu verweigern, wenn ihr Rechtsgründe entgegenstehen (z. B. weil die Wählbarkeit eines Ministers nicht gegeben ist). Zugleich darf er Bedenken gegen einen Bewerber äußern, ihn aber nicht aus politischen Gründen ablehnen.

c) Aufgaben im Gesetzgebungsverfahren

Die im Bundestag zustande gekommenen Gesetze werden nach Maßgabe von Art. 82 Abs. 1 GG vom Bundespräsidenten nach Gegenzeichnung durch den Bundeskanzler oder einen Bundesminister (Art. 58 Abs. 1 GG) ausgefertigt und anschließend im Bundesgesetzblatt verkündet. Die Ausfertigung besteht darin, dass der Bundespräsident die Urschrift der Gesetzesurkunde durch seine volle Unterschrift auf dem gegengezeichneten Gesetzesbeschluss herstellt.

Diese Aufgabe zählt sicherlich zu den Schwerpunkten der Tätigkeit des Bundespräsidenten. Dabei ist umstritten, ob dem Bundespräsidenten neben einem formellen Prüfungsrecht, das sich auf die Einhaltung der verfahrensmäßigen Voraussetzungen des Zustandekommens des Gesetzes bezieht, auch ein materielles Prüfungsrecht zusteht. Ein materielles Prüfungsrecht verliehe dem Bundespräsidenten das Recht, zu prüfen, ob das Gesetz materiell verfassungsgemäß ist oder nicht. Der Wortlaut des Grundgesetzes in Art. 82 Abs. 1 GG lässt diese Frage offen. Hier wird allgemein davon gesprochen, dass der Bundespräsident „die nach den Vorschriften dieses Grundgesetzes zustande gekommenen Gesetze“ gegenzeichnet.

Überwiegend wird ein materielles Prüfungsrecht bejaht. Zur Begründung wird darauf verwiesen, dass der Bundespräsident ebenso wie die übrigen Staatsorgane der Bindung an Recht und Gesetz nach Art. 20 Abs. 3 GG unterliegt. Er darf also nur solche Gesetze ausfertigen und verkünden, die mit der Verfassung in Einklang stehen. Allerdings soll sein Prüfungsrecht auf Fälle evidenter Verfassungsverletzungen beschränkt sein.

BEISPIEL Von der Ausübung seines materiellen Prüfungsrechts hat der Bundespräsident bislang in vier Fällen Gebrauch gemacht. Im Jahre 2006 hat er ein Gesetz zur Privatisierung der Flugsicherung nicht gegengezeichnet. Er sah in diesem Gesetz einen (evidenten) Verstoß gegen Art. 87d und Art. 33 Abs. 4 GG, wonach die Luftverkehrsverwaltung als bundeseigene Verwaltung die Ausübung ihrer hoheitlichen Befugnisse grundsätzlich nur Personen übertragen darf, die in einem öffentlichen Dienst- und Treueverhältnis stehen (= Beamten). Ebenfalls im Jahre 2006 hat der Präsident ein Verbraucherinformationsgesetz nicht gegengezeichnet. Dieses habe durch eine verfassungswidrige Aufgabenübertragung an die Kommunen einen Verstoß gegen Art. 84 Abs. 1 Satz 7 GG dargestellt.

Die Weigerung des Bundespräsidenten, ein Gesetz auszufertigen und zu verkünden, kann vonseiten der Gesetzgebungsorgane vor dem Bundesverfassungsgericht im sog. Organstreitverfahren (Art. 93 Abs. 1 Nr. 1 GG) einer gerichtlichen Überprüfung unterzogen werden.

Auf einen Blick: Rechtsstellung und Aufgaben des Bundespräsidenten

Der Bundespräsident ist Staatsoberhaupt. Seine Aufgaben sind hauptsächlich die Repräsentation des Staates nach außen, die Ernennung und Entlassung von Funktionsträgern nach Art. 60 GG sowie der Bundesminister und die Ausfertigung und Verkündung von Gesetzen. Im letzten Fall steht ihm auch ein auf evidente Fehler begrenztes materielles Prüfungsrecht zu.

IV. Bundesregierung

LITERATUR

Degenhart, Staatsrecht I, 25. Aufl., 2009, § 9; *Ipsen*, Staatsrecht I, 21. Aufl., 2009, § 8; *Katz*, Staatsrecht, 17. Aufl., 2007, § 19; Maurer, Staatsrecht I, 6. Aufl., 2010, § 14; *Schmidt*, Staatsorganisationsrecht, 8. Aufl., 2008, 5. Kap. Abschn. D.; *Stern*, Staatsrecht II, 1980, §§ 31, 39.

1. Rechtsstellung

Die Bundesregierung ist ein selbständiges oberstes Bundesorgan, das nach Art. 62 GG aus dem Bundeskanzler und den Bundesministern zusammengesetzt ist. Die Aufgaben der Bundesregierung liegen vor allem in ihrer Funktion als politisches Führungsorgan.

Da die Bundesminister gleichzeitig auch einem Bundesministerium als Behörde vorstehen, haben sie eine Doppelstellung inne; sie sind die Gelenkstelle, die Regierung und Administration miteinander verbindet.

2. Regierungsbildung

DEFINITION

Die Regierungsbildung vollzieht sich in zwei Schritten:

1. Schritt:
Zunächst ist der Bundeskanzler zu wählen und vom Bundespräsidenten zu ernennen.

2. Schritt:
Anschließend werden die Bundesminister auf Vorschlag des Bundeskanzlers durch den Bundespräsidenten ernannt.

a) Wahl des Bundeskanzlers

Der Bundeskanzler ist Teil der Bundesregierung (Art. 62 GG). Seine Wahl erfolgt auf Vorschlag des Bundespräsidenten durch den Bundestag (Art. 63 Abs. 1 GG). Gewählt ist der Kandidat, der die Mehrheit der Stimmen der Mitglieder des Bundestages auf sich vereinigt (Art. 63 Abs. 2 GG). Das Vorschlagsrecht des Bundespräsidenten ist nicht von der Empfehlung einer Partei abhängig. Gleichwohl ist es seine Pflicht, einen Kandidaten zu benennen, der potentiell wählbar ist. Daher wird sich der Kandidatenvorschlag des Bundespräsidenten am Wahlausgang, aber auch an Koalitionsvereinbarungen orientieren. Die Wahl erfolgt ohne vorherige Aussprache im Bundestag, damit die Autorität des Bundeskanzlers nicht schon vor Beginn seiner Amtszeit durch eine öffentliche Auseinandersetzung in Misskredit gebracht werden kann.

Einzelheiten über die persönliche Rechtsstellung des Bundeskanzlers ergeben sich aus dem Gesetz über die Rechtsstellung der Mitglieder der Bundesregierung. Neben Fragen der Ernennung, der Amtseidsleistung, sind Inkompatibilitäten, die Beendigung der Amtsverhältnisse sowie die Amtsbezüge und Ruhegehaltsansprüche geregelt.

b) Ernennung der Bundesminister

In Art. 64 GG ist die Ernennung der Minister geregelt. Dieser auch Kabinettsbildung genannte Vorgang vollzieht sich durch Ernennung der Bundesminister durch den Bundespräsidenten, und zwar auf vorherigen Vorschlag vonseiten des Bundeskanzlers. Der Bundeskanzler ist hinsichtlich der Personen und der Anzahl der Minister grundsätzlich nicht gebunden. Eine Koalitionsvereinbarung kann jedoch eine (politische) Bindungswirkung nach sich ziehen.

3. Kompetenzverteilung und Aufgaben

a) Maximen der Kompetenzverteilung

DEFINITION

Drei Maximen bestimmen die Verteilung der Aufgaben innerhalb der Bundesregierung:

- *das Kanzlerprinzip,*
- *das Ressortprinzip,*
- *das Kabinettsprinzip.*

Das **Kanzlerprinzip** besagt nach Art. 65 Satz 1 GG, dass der Bundeskanzler die Richtlinien der Politik bestimmt und die Verantwortung dafür trägt. Politische Richtlinien sind zum einen allgemeine Leitentscheidungen, die durch die Bundesminister im Rahmen ihrer Ressorts auszufüllen sind. Daneben kann auch die konkrete Weisung an einen Bundesminister, einen Einzelfall in einer bestimmten Art und Weise auszuführen, von der Richtlinienkompetenz des Kanzlers gedeckt sein.

Das **Ressortprinzip** besagt, dass jeder Bundesminister seinen Aufgabenbereich, sein Ressort, selbständig und unter eigener Verantwortung leitet (Art. 65 Satz 2 GG). Die politischen Richtlinien des Kanzlers bilden insoweit jedoch eine Grenze.

Nach dem **Kabinettsprinzip** entscheidet die Bundesregierung als Kollegialorgan gem. Art. 65 Satz 3 GG über Meinungsverschiedenheiten zwischen den Bundesministern.

b) Aufgaben

Die Aufgaben der Bundesregierung ergeben sich zum einen aus dem Grundgesetz und zum anderen aus den Richtlinien der Politik durch den Bundeskanzler.

Soweit es um ausdrückliche Zuständigkeiten nach dem Grundgesetz geht, sind diese nicht zentral, sondern in verschiedenen Punkten geregelt.

BEISPIEL ▸ Nach Art. 76 Abs. 1 GG hat die Bundesregierung Gesetzesvorlagen in den Bundestag einzubringen. Weiterhin hat die Bundesregierung nach Art. 80 Abs. 1 GG das Recht, Rechtsverordnungen zu erlassen.

Im Rahmen der Ausführung von Bundesgesetzen durch die Länder als eigene Angelegenheiten sowie in Auftragsverwaltung kann die Bundesregierung mit Zustimmung des Bundesrates allgemeine Verwaltungsvorschriften erlassen (Art. 84 Abs. 2 GG und Art. 85 Abs. 2 GG).

Der Bundesminister für Verteidigung hat als Mitglied der Bundesregierung in Friedenszeiten den Oberbefehl über die Streitkräfte (Art. 65a GG), der nach Art. 115b GG im Verteidigungsfall auf den Bundeskanzler übergeht.

4. Amtsdauer der Bundesregierung

Die Amtszeit der Regierung ist zwar direkt in den Art. 62 ff. GG nicht geregelt, sie ergibt sich aber mittelbar aus den Art. 69 Abs. 2, Art. 39 Abs. 1 und 2 GG. Danach beträgt die Amtsdauer der Bundesregierung vier Jahre (sog. Legislaturperiode). Die reguläre Amtsdauer der Bundesregierung endet mit dem Zusammentreten eines neuen Bundestages. Hierzu kommt es entweder nach Ablauf einer Legislaturperiode (Regelfall) oder durch Neuwahlen, die erforderlich wurden, weil der Bundestag durch den Bundespräsidenten aufgelöst wurde, nachdem ein Antrag des Bundeskanzlers, ihm das Vertrauen auszusprechen, nicht die Zustimmung der Mehrheit der Mitglieder des Bundestages gefunden hat.

In der Geschichte der Bundesrepublik wurde die Vertrauensfrage insgesamt fünf Mal gestellt; zuletzt im Juli 2005, was zur Auflösung des Bundestages führte, da die Abgeordneten dem Bundeskanzler das Vertrauen nicht aussprachen.

Für den Fall, dass die Amtszeit des Bundeskanzlers endet, ist hieran zwingend die Folge geknüpft, dass die Regierung aufgelöst wird. Das Amt des Bundeskanzlers endet durch Rücktritt oder Tod („autonom") oder indem er durch ein konstruktives Misstrauensvotum gem. Art. 67 GG zum Rücktritt gezwungen wird („heterogen"). Nach Art. 67 GG kann der Bundestag dem Bundeskanzler das Misstrauen dadurch aussprechen, dass er mit der Mehrheit seiner Mitglieder einen Nachfolger wählt (sog. Kanzlermehrheit) und den Bundespräsidenten ersucht, den Bundeskanzler zu entlassen. Der Bundespräsident ist an das Ersuchen gebunden und hat den neu gewählten Kanzler zu ernennen. Das Ende des Amtes des Kanzlers hat nach Art. 69 Abs. 2 GG die Konsequenz, dass auch die Amtszeit der Bundesminister endet.

Auf einen Blick: Die Bundesregierung

Die Bundesregierung ist ein Kollegialorgan, das aus dem Bundeskanzler und den Bundesministern besteht. Der Bundeskanzler wird durch den Bundestag gewählt und durch den Bundespräsidenten ernannt. Der Bundeskanzler schlägt sodann die Bundesminister vor, die ebenfalls durch den Bundespräsidenten ernannt werden. Die Aufgabenverteilung innerhalb der Bundesregierung wird durch das Kanzlerprinzip, das Ressortprinzip und das Kabinettsprinzip bestimmt. Regelmäßig endet die Amtszeit der Bundesregierung mit Ablauf der Legislaturperiode.

V. Bundesverfassungsgericht

LITERATUR

Degenhart, Staatsrecht I, 25. Aufl. 2009, § 11; *Maurer*, Staatsrecht I, 6. Aufl., 2010, § 20; *Schmidt*, Staatsorganisationsrecht, 8. Aufl., 2008, 5. Kap. Abschn. D.; *Zippelius/Würtenberger*, Deutsches Staatsrecht, 32. Aufl., 2008, § 48.

1. Rechtsstellung und Organisation

Das Bundesverfassungsgericht ist das höchste Rechtsprechungsorgan in der Bundesrepublik Deutschland und zugleich ein oberstes Staatsorgan (so ausdrücklich § 1 BVerfGG). Es ist ausschließlich für Fragen im Zusammenhang mit verfassungsrechtlichen Streitigkeiten zuständig, wie sich aus dem Kompetenzkatalog des Art. 93 GG und § 13 BVerfGG ablesen lässt. Verfassungswidrige Entscheidungen werden vom Bundesverfassungsgericht aufgehoben. Entscheidungen des Bundesverfassungsgerichts binden nach § 31 BVerfGG alle anderen Gerichte und haben im Falle von Verfassungsbeschwerden und der Normenkontrolle sogar Gesetzeskraft.

Seine umfassenden Kontrollbefugnisse und die von den Entscheidungen ausgehende Bindungswirkung haben dem Gericht die Bezeichnung „Hüterin der Verfassung“ eingebracht.

Der Sitz des Bundesverfassungsgerichts ist in Karlsruhe. Es besteht aus zwei Senaten mit jeweils acht Richtern (§ 2 BVerfGG). Der erste Senat ist hauptsächlich für Grundrechtstreitigkeiten zuständig, wohingegen der zweite Senat vornehmlich Fragen des Verfassungsorganisationsrechts zu entscheiden hat (§ 14 BVerfGG).

2. Zuständigkeiten im Überblick

Im Überblick sollen nur einige Zuständigkeiten des Bundesverfassungsgerichts aufgezeigt werden. Näheres dazu in §§ 9, 11 und 12.

► **Organstreitverfahren**, Art. 93 Abs. 1 Nr. 1 GG, § 13 Nr. 5 BVerfGG

Gegenstand der Prüfung ist ein eventueller Verstoß eines obersten Bundesorgans gegen durch das Grundgesetz übertragene Rechte und Pflichten.

► **Abstrakte Normenkontrolle**, Art. 93 Abs. 1 Nr. 2 GG, § 13 Nr. 6 BVerfGG

Überprüft wird eine von der Bundesregierung, einer Landesregierung oder eines Drittels der Mitglieder des Bundestages gerügte Unvereinbarkeit von Bundes- oder Landesrecht mit höherrangigem Recht, insbesondere der Verfassung.

► **Konkrete Normenkontrolle**, Art. 100 Abs. 1 GG, § 13 Nr. 11 BVerfGG

In diesem Verfahren können Gerichte die Unvereinbarkeit eines in einem Rechtsstreit entscheidungserheblichen Gesetzes mit dem Grundgesetz überprüfen lassen.

- **Bund-Länder-Streit**, Art. 93 Abs. 1 Nr. 3 GG, § 13 Nr. 7 BVerfGG

Das Verfahren des Bund-Länder-Streits kann der Bund oder ein Land anstrengen, sofern Meinungsverschiedenheiten über die Rechte und Pflichten, insbesondere die Ausführung von Bundesrecht durch die Länder und bei der Ausübung der Aufsicht des Bundes bestehen.

- **Verfassungsbeschwerde**, Art. 93 Abs. 1 Nr. 4a GG, § 13 Nr. 8a BVerfGG

In diesem Verfahren kann jedermann überprüfen lassen, ob er durch einen Akt der öffentlichen Gewalt in seinen Grundrechten oder anderen in Art. 93 Abs. 1 Nr. 4a GG genannten Rechten verletzt ist.

Auf einen Blick: Das Bundesverfassungsgericht

Das **Bundesverfassungsgericht** ist das höchste deutsche Gericht und zugleich ein Staatsorgan (§ 1 BVerfGG). Es befindet über verfassungsrechtliche Streitfragen im Rahmen der Zuständigkeiten nach Art. 93 GG und § 13 BVerfGG.

§ 7 Verfassungsprinzipien

LITERATUR

Kees, Die Strukturprinzipien in der Klausurbearbeitung, JA 2008, S. 795.

Die Verfassungsprinzipien oder auch Staatszielbestimmungen ergeben sich allesamt aus dem Grundgesetz.

ABB. 6: Verfassungsprinzipien/Staatsziele

Verfassungsprinzipien/Staatsziele:

- Demokratie
- Rechtsstaat
- Bundesstaat
- Sozialstaat
- Republik
- Umweltschutz und Tierschutz
- Europäische Einigung

Die **freiheitlich demokratische Grundordnung**, die als solche in Art. 18 Satz 1 und Art. 21 Abs. 2 Satz 1 GG genannt wird, gehört dagegen nicht zu den Verfassungsprinzipien. Hierbei handelt es sich nicht um eine Staatszielbestimmung, sondern um eine zusammenfassende Beschreibung des Kernbestands des Rechtsstaats- sowie des Demokratieprinzips, also das Demokratiemodell des Grundgesetzes. Diese Verfassungsprinzipien kennzeichnen folglich unsere freiheitlich demokratische Grundordnung. Der Inhalt ist die freiheitlich demokratische Grundordnung, die unter Ausschluss jeglicher Gewalt- und Willkürherrschaft eine rechtsstaatliche Herrschaftsordnung auf der Grundlage der Selbstbestimmung des Volkes nach dem Willen der jeweiligen Mehrheit und der Freiheit und Gleichheit darstellt (BVerfGE 5, S. 85 ff.). In § 4 Abs. 2 Bundesverfassungsschutzgesetz ist ferner eine noch weiter ins Detail gehende Aufzählung der Merkmale der freiheitlich demokratischen Grundordnung enthalten.

Der Begriff der freiheitlichen demokratischen Grundordnung wird in solchen Normen gebraucht, in denen ein Angriff auf die verfassungsmäßige Ordnung abgewehrt oder verhindert werden soll. So kann nach § 7 Abs. 1 Nr. 2 Bundesbeamtengesetz ein Bewerber nur eingestellt werden, wenn er die Gewähr dafür bietet, dass er jederzeit für die freiheitlich demokratische Grundordnung eintritt.

I. Demokratie

LITERATUR

Böckenförde, Demokratie als Verfassungsprinzip, in: *Isensee/Kirchhof* (Hrsg.), Handbuch des Staatsrechts der Bundesrepublik Deutschland I, 1987, S. 837; *Degenhart*, Staatsrecht I, 22. Aufl., 2006, § 2; *Maurer*, Staatsrecht I, 6. Aufl., 2010, § 7 Abschn. III; *Schmidt*, Staatsorganisationsrecht, 8. Aufl., 2008, 3. Kap. Abschn. D; *Stern*, Staatsrecht I, § 18.

1. Herleitung des Grundsatzes

Zentraler Anknüpfungspunkt des Demokratiegebots ist Art. 20 Abs. 1 und Abs. 2 GG. Nach Art. 20 Abs. 1 GG ist die Bundesrepublik Deutschland ein demokratischer Rechtsstaat. Konkretisiert wird dieses Strukturprinzip in Art. 20 Abs. 2 Satz 1 GG, wonach alle Staatsgewalt vom Volke ausgeht. Das Volk ist Träger der Staatsgewalt (sog. Volkssouveränität). Demokratie ist mithin Herrschaft des Volkes. Die Ausübung der Staatsgewalt durch das Volk erfolgt in Wahlen und Abstimmungen. Wahlen haben die Funktion, die Staatsorgane zu legitimieren, die Staatsgewalt stellvertretend für das Staatsvolk auszuüben. Durch Abstimmungen trifft das Staatsvolk in einer bestimmten Sachfrage unmittelbar eine Entscheidung. Bis auf Art. 29 GG, der bei der Neugliederung des Staatsgebiets Abstimmungen vorsieht, kennt das Grundgesetz keine Abstimmungsbefugnis durch das Staatsvolk.

Wenn Art. 20 Abs. 1 GG das Volk zum Träger der Staatsgewalt erklärt und es damit zur Wahl berechtigt, ist nach Ansicht des Bundesverfassungsgerichts (DVBl 1990, S. 1398 ff.) das Deutsche Volk angesprochen. Dies ergibt sich für die Bundesebene unmittelbar aus Art. 20 Abs. 2 Satz 1 GG in Verbindung mit der Präambel des Grundgesetzes, mit Art. 1 Abs. 2 GG und Art. 146 GG, wo übereinstimmend vom Deutschen Volk die Rede ist. Für die Länder und die Gemeinden gilt über den Homogenitätsgrundsatz des Art. 28 Abs. 1 Satz 1 GG dasselbe.

BEISPIEL ▸ Das Land beabsichtigt, das Kommunalwahlgesetz zu erweitern und jedwedem Ausländer das Kommunalwahlrecht zuzugestehen. Wäre ein solches Gesetz verfassungsgemäß?

Nach dem Homogenitätsgebot des Art. 28 Abs. 1 Satz 1 GG ist der Grundsatz des Art. 20 Abs. 2 Satz 1 GG, wonach alle Staatsgewalt vom Volke ausgeht, zu beachten. Der Begriff des Volkes ist in Übereinstimmung mit anderen Artikeln des Grundgesetzes auf das Deutsche Volk beschränkt. Mithin steht Ausländern kein Kommunalwahlrecht zu. Zu beachten ist aber, dass nach Art. 22 AEUV ein europaweites Kommunalwahlrecht für „Unionsbürger“ vorgesehen ist. Dem trägt Art. 28 Abs. 1 Satz 3 GG Rechnung, wonach bei Wahlen in Kreisen und Gemeinden auch Personen, die die Staatsangehörigkeit eines Mitgliedstaates der Europäischen Union besitzen, aktiv und passiv wahlberechtigt sind. Daher wäre ein Landesgesetz, das **allen** Ausländern das Kommunalwahlrecht einräumt, nur insoweit unwirksam, als es auch „Nichtunionsbürgern“ ein Kommunalwahlrecht einräumt.

2. Parlamentarische Demokratie

Unmittelbar vom Volk gewählt und damit unmittelbar legitimiert ist ausschließlich der Bundestag. Alle übrigen Organe der staatlichen Macht werden nicht durch das Volk unmittelbar legitimiert, sondern durch den Bundestag, z. B. durch den Erlass von Gesetzen. Der Bundestag repräsentiert also das Volk, indem er an Stelle des Volkes handelt. Man spricht insoweit auch vom Grundsatz der repräsentativen oder auch parlamentarischen Demokratie. Hieraus abgeleitet wird das Prinzip des sog. Parlamentsvorbehalts. Danach bedürfen Eingriffe in Grundrechte und andere grundrechtswesentliche Entscheidungen einer gesetzlichen (Legitimations-)Grundlage. Auch bei einer repräsentativen Demokratie ist damit eine der Grundbedingungen des demokratischen Gesellschaftssystems, nämlich die Willensbildung vom Volk aus, also „von unten nach oben" und nicht umgekehrt, erfüllt. Der Grundsatz der repräsentativen Demokratie gilt über das Homogenitätsgebot des Art. 28 Abs. 1 GG auch für die Länder und die Gemeinden.

BEISPIEL Das Bundesverfassungsgericht hat eine von den Gemeinden eines Bundeslandes durchgeführte Volksbefragung zu einem verteidigungspolitischen Sachverhalt als Verstoß gegen das Prinzip der repräsentativen Demokratie gesehen.

Die Durchführung von Volksbefragungen bedeutet eine unmittelbare Teilhabe an staatlichen Entscheidungsfunktionen, die dem Grundsatz der repräsentativen Demokratie fremd sind (mit Ausnahme des Art. 29 GG). Volkssouveränität hat nicht zum Inhalt, dass sich die Entscheidungen der Staatsgewalt von den jeweils Betroffenen her zu legitimieren haben. Das Grundgesetz ist folglich eine antiplebiszitäre Demokratie.

Zu den Eckpfeilern einer parlamentarischen Demokratie gehört es, die Volksvertretung, auf Bundesebene den Bundestag, in periodischen Folgen zu wählen (Periodizität der Wahlen). Das Parlament ist und bleibt nur dann rechtmäßiger Repräsentant des Staatsvolkes, wenn es in regelmäßigen Abständen durch das Volk bestätigt oder durch einen anderen Wahlausgang erneuert wird. Dem trägt Art. 39 Abs. 1 GG Rechnung, der verlangt, dass der Bundestag alle vier Jahre gewählt wird.

3. Mehrheitsprinzip

Das Mehrheitsprinzip gehört ebenfalls zu den Eckpfeilern eines demokratischen Systems. Das Mehrheitsprinzip ist eine demokratische Entscheidungsregel. Es geht davon aus, dass bei verschiedenen Beurteilungen immer die Mehrheit des Volkes bzw. seines Repräsentativorgans entscheidet. Das bedeutet aber nicht, dass Minderheiten nach dem Grundgesetz keinen Schutz finden. Ganz im Gegenteil; der Grundsatz der Demokratie gebietet es, auch Minderheiten Gehör zu verschaffen. Konkret erfolgt dies z. B. durch die in Art. 5 GG verankerte Meinungsfreiheit, die Versammlungs- bzw. Vereinigungsfreiheit nach Art. 8, 9 GG oder durch das Mehrparteiensystem in Art. 21 GG, das politische Parteien und damit die Möglichkeit einer Opposition zulässt.

4. Parteien in der Demokratie

Die Parteien werden vielfach als das eigentliche Sprachrohr des Volkes bezeichnet. Zugleich sind sie aber auch ein unablässiger Bestandteil jeder Demokratie. Das Bundesverfassungsgericht erkennt deshalb in ständiger Rechtsprechung den politischen Parteien den Rang einer verfassungsrechtlichen Institution zu. Ihrer verfassungsrechtlichen Stellung entsprechend wirken die

Parteien als Instrument der politischen Willensbildung des Volkes bei den Wahlen mit (Art. 21 Abs. 1 Satz 1 GG).

Unter einer Partei ist eine Vereinigung zu verstehen, die auf Bundes- oder Landesebene an der politischen Willensbildung teilnimmt, sich an Wahlen beteiligen will und eine ausreichende Gewähr für die Ernsthaftigkeit ihrer politischen und gesellschaftlichen Zielsetzungen bietet (§ 2 Abs. 1 ParteiG). Somit sind Wählervereinigungen, die lediglich an Kommunalwahlen beteiligt sind, sog. „Rathausparteien" oder eine „Bierpartei", keine Parteien i. S. des Grundgesetzes.

Da die Parteien bei der politischen Willensbildung des Volkes mitwirken, dürfen sie nicht in Abhängigkeit zum Staat geraten. Daher ist eine unmittelbare Finanzierung von Parteien durch den Staat unzulässig. Um aber ihren Aufgaben gerecht zu werden, ist es anerkannt, dass der Staat den Parteien zumindest gewisse Vergünstigungen zukommen lässt. Dies geschieht einerseits durch Wahlkampfkostenerstattungen, aber auch durch gesetzliche Vorgaben, wie die Abzugsfähigkeit von Parteispenden nach steuerrechtlichen Vorschriften.

Eine Partei, deren Ziele oder die nach dem Verhalten ihrer Anhänger darauf ausgerichtet ist, die freiheitlich demokratische Grundordnung zu beeinträchtigen oder zu beseitigen oder den Bestand der Bundesrepublik Deutschland zu gefährden, ist verfassungswidrig (Art. 21 Abs. 2 GG). Das Bundesverfassungsgericht ist berechtigt, über die Frage der Verfassungswidrigkeit einer Partei zu entscheiden. Die Entscheidung des Bundesverfassungsgerichts führt nach § 46 Abs. 3 BVerfGG zur Auflösung der Partei und zum Verbot, eine Ersatzorganisation zu schaffen.

BEISPIEL Bislang wurden zwei Parteien für verfassungswidrig erklärt, die rechtsextreme SRP (Sozialistische Reichspartei) und die linksextreme KPD (Kommunistische Partei Deutschlands). Das Verbotsverfahren gegen die NPD wurde eingestellt, weil unmittelbar vor und während des Verfahrens V-Männer der Verfassungsschutzbehörde in der Partei eingesetzt worden waren. In dieser Zeit hätten die Maßnahmen des Geheimdienstes jedoch eingestellt werden müssen, weil staatliche Eingriffe in die politische Betätigung der Partei verfassungswidrig sind. Sie verletzen den Grundsatz der Freiheit der Parteien.

Auf einen Blick: Das Demokratieprinzip

Demokratie ist die Herrschaft des Volkes (vgl. auch Art. 20 Abs. 2 Satz 1 GG). Sie ist nach dem Grundgesetz als parlamentarische Demokratie ausgestaltet, d. h. nicht das Volk entscheidet unmittelbar über politische Fragen, sondern die gewählten Volksvertreter. Die Parteien sind ein wesentliches Element der Demokratie. Sie nehmen an den Wahlen teil und sollen die politische Willensbildung des Volkes fördern.

II. Rechtsstaat

LITERATUR

Degenhart, Staatsrecht I, 25. Aufl., 2009, § 3; *Hesse*, Grundzüge des Verfassungsrechts der Bundesrepublik Deutschland, 20. Aufl., 1999, § 6 Abs. 1 und 2, Abschn. 1 und 2; *Katz*, Staatsrecht, 17. Aufl., 2007, § 19; *Maurer*, Staatsrecht I, 6. Aufl., 2010, § 8 Abschn. II; *Schmidt*, Staatsorganisationsrecht, 8. Aufl., 2008, 3. Kap. Abschn. E; *Stern*, Staatsrecht I, 1984, 20; *Voßkuhle*, Der Grundsatz des Vorbehalts des Gesetzes, JuS 2007, S. 118; *ders.*, Der Grundsatz der Verhältnismäßigkeit, JuS 2007, S. 429.

1. Bedeutung

Der Rechtsstaat ist ein Staat mit dem Ziel der Gewährleistung von Freiheit und Gerechtigkeit im staatlichen und staatlich beeinflussbaren Bereich, dessen Machtausübung durch Recht und Gesetz geregelt und begrenzt wird.

Es ist das Anliegen des Rechtsstaates, staatliches Handeln rechtlich einzubinden. Daher kann die Rechtsstaatlichkeit auch als zentrales Ordnungsprinzip des Grundgesetzes angesehen werden. Obwohl es in Art. 20 Abs. 1 GG – anders als Demokratie, Republik, Sozialstaat und Bundesstaat – nicht genannt ist, wird es den genannten Staatszielbestimmungen hinzugerechnet und ihm zugleich die höchste Bedeutung beigemessen. Zumindest erwähnt wird das Rechtsstaatsprinzip in Art. 28 Abs. 1 GG, dem Homogenitätsgebot.

2. Die Entwicklung des Rechtsstaatsbegriffs

Ursprünglich herrschte ein **formeller Rechtsstaatsbegriff** vor. Sein Schwerpunkt lag auf der formellen Gesetzmäßigkeit staatlichen Handelns, der Gewaltenteilung und der Unabhängigkeit der Justiz. Im 19. Jahrhundert war der Rechtsstaatsgrundsatz das entscheidende Instrument zur Begrenzung der zunächst absoluten Macht des Souveräns. Der formelle Rechtsstaat i. S. des Konstitutionalismus verfolgte durchaus ein materielles Anliegen, nämlich die Herstellung und Sicherung bürgerlicher Freiheit durch ein System formaler und verfahrensmäßiger Sicherungen. Vom totalitären Staat der NS-Diktatur wurde der (formelle) Rechtsstaat jedoch missbraucht und zum reinen Gesetzesstaat umfunktioniert, in dem das Gesetz jeden beliebigen Inhalt annehmen konnte, auch den des Unrechts.

Die Erfahrungen der Vergangenheit führten dazu, dass im Grundgesetz neben formellen Grundbedingungen auch materielle Anforderungen an staatliches Handeln gestellt wurden. Der **materielle Rechtsstaat** verkörpert in sich den Schutz der persönlichen und politischen Freiheit des Bürgers und der Mäßigung und rechtlichen Bindung aller öffentlichen Machtausübung; er ist ein Staat, der an der Idee der Gerechtigkeit orientiert ist. Die Rechtsstaatlichkeit ist nunmehr das wesentlichste verfassungsrechtliche Strukturprinzip, in dem Form und spezifischer Inhalt eine untrennbare Synthese eingegangen sind. Er stellt eine **objektive Werteordnung** dar, die Werte und Grundauffassungen beinhaltet, die letztendlich außerhalb der Verfassung, in einer höheren Rechtsordnung, ihre Grundlage haben. Dies ist im Übrigen auch das Motiv dafür, dass das Rechtsstaatsprinzip im Grundgesetz nicht positiv festgeschrieben worden ist. Der Verfassungsgesetzgeber hat dem Rechtsstaatsprinzip überverfassungsgemäße Bedeutung beigemessen und es daher nicht im Grundgesetz in einem besonderen Rechtssatz konkretisiert. Dass das Rechtsstaatsprinzip die tragende Säule unseres Rechtssystems ist, ergibt sich aus einer Zusammenschau der Bestimmungen des Art. 20 Abs. 3 GG über die Bindung der Einzelgewalten und der Art. 1 Abs. 3, Art. 19 Abs. 4, Art. 28 Abs. 1 Satz 1 GG sowie aus der Gesamtkonzeption des Grundgesetzes.

3. Elemente des rechtsstaatlichen Prinzips

a) Gewaltenteilung und Funktionenverschränkung

Gewaltenteilung (auch Funktionentrennung genannt) besagt, dass die materielle Staatstätigkeit auf verschiedene Organe verteilt werden muss, wobei die einzelnen Organe weitgehend voneinander unabhängig sein müssen. Allerdings ist keine strikte Trennung vorgesehen; vielmehr bestehen organisatorische, personelle und funktionale Verschränkungen zwischen den Gewalten (Funktionenverschränkung).

In Anlehnung an dieses Prinzip wird die Staatsgewalt durch die Gesetzgebung (Art. 70 ff. GG), die Verwaltung (Art. 62 ff., Art. 83 ff. GG) und die Rechtsprechung (Art. 92 ff. GG) ausgeübt. Vielfach wird insoweit auch von einer horizontalen Gewaltenteilung gesprochen. Das Prinzip der vertikalen Gewaltenteilung bedeutet dagegen, dass innerhalb der Einzelgewalten unterschiedlichen Organen bestimmte und begrenzte Aufgabenbereiche zuzuweisen sind.

aa) Aufgabe des Gewaltenteilungsprinzips

Die Aufgabe des Gewaltenteilungsprinzips besteht in der Mäßigung und Kontrolle der Staatsgewalt und dient damit dem Schutz des Einzelnen. Gleichzeitig führt die Gewaltenteilung zur Einführung sinnvoller Arbeitsteilungen und damit auch zu einer effektiveren Staatstätigkeit (Prinzip der funktionsgerechten Organstruktur).

Die **Gesetzgebung** soll im Rahmen dieser Arbeitsteilung allgemeine Regelungen für das Zusammenleben von Menschen in der Gesellschaft schaffen.

Der **Verwaltung** obliegt jede Tätigkeit, die nicht Gesetzgebung oder Rechtsprechung ist (sog. Substraktionsmethode). Positiv gesprochen hat sie die Aufgabe, Gesetze vorzubereiten und erlassene Gesetze zu vollziehen. Zu der Exekutive gehört neben der Verwaltung auch die Regierung.

Der dritten Gewalt, der **Rechtsprechung**, ist die Entscheidung von Rechtsstreitigkeiten und das Verhängen von Strafen übertragen.

Bei der Gewaltenteilung haben wir es mit einem System der gegenseitigen Einflussnahmemöglichkeiten, der sog. Gewaltenverschränkung und -balancierung zur gegenseitigen Machtkontrolle zu tun (System der „*checks and balances*"). Die wechselseitige Begrenzung und Kontrolle der Machtausübung wird z. B. erreicht durch:

- Art. 63, 67 GG, parlamentarisches Regierungssystem;
- Art. 20 Abs. 3 GG, Bindung der Staatsgewalten an Recht und Gesetz;

- Art. 76 GG, Einbringungsrechte bei Gesetzesvorlagen;
- Art. 93, Art. 19 Abs. 4 GG, Zuständigkeiten des Bundesverfassungsgerichts und die Rechtsweggarantie.

bb) Abweichungen vom Gewaltenteilungsprinzip

Teilweise kommt es zu Abweichungen vom Gewaltenteilungsprinzip. Abweichungen vom Prinzip der Gewaltenteilung finden sich in z. B. Art. 80 Abs. 1 GG, der es zulässt, dass die Exekutive Rechtsverordnungen erlässt, sofern Inhalt, Zweck und Ausmaß der Verordnung in einem Gesetz bestimmt sind. Darüber hinaus gibt es im Bereich der Rechtspflege eine Durchbrechung des Gewaltenteilungsprinzips. Gerichte führen Handels- und Vereinsregister und erledigen damit Verwaltungsaufgaben.

Eine unzulässige Durchbrechung des Gewaltenteilungsprinzips liegt aber erst dann vor, wenn eine Maßnahme die Folge hat, dass in den Kernbereich einer Gewalt eingegriffen wird.

DEFINITION

Prüfungskriterien für unzulässige Durchbrechung der Gewaltenteilung:

- die **Intention** des Eingriffs darf nicht zur Entmachtung einer Gewalt führen,
- die **Intensität** des Eingriffs darf nicht von besonderem Gewicht sein,
- der Eingriff darf **quantitativ** nicht dazu führen, dass in einer Vielzahl von Fällen in den Bereich einer anderen Gewalt eingegriffen wird.

BEISPIEL Angenommen, ein Gesetz sieht vor, dass beamtenrechtliche Streitigkeiten nur noch von einem verwaltungsinternen Dienstgericht entschieden werden. Vorsitzender Richter wäre der jeweilige Dienstvorgesetzte des Beamten, beisitzende Richter wären Kollegen aus der Personalstelle.

Dieses Gesetz wäre wegen Verstoßes gegen die Gewaltenteilung als Ausprägung des Rechtsstaatsprinzips unwirksam. In den Bereich der Judikative als dritte Gewalt wird besonders schwerwiegend eingegriffen, da ein Wesensbereich der Rechtspflege, die Entscheidung über Rechtsstreitigkeiten, betroffen ist.

cc) Personale Gewaltenteilung

Als Ausfluss aus dem Prinzip der Gewaltenteilung ist das Verbot der Ämterhäufung zu sehen (Inkompatibilität). Dieser Aspekt wird auch als personale Gewaltenteilung bezeichnet. Damit soll der Gefahr von Entscheidungskonflikten vorgebeugt werden.

BEISPIEL Nach Art. 55 Abs. 1 GG darf der Bundespräsident als Teil der Exekutive weder der Regierung noch einer gesetzgebenden Körperschaft des Bundes oder eines Landes angehören. Ebenso dürfen weder Bundeskanzler noch Bundesminister eine andere Tätigkeit ausüben (Art. 66 GG). § 2 Satz 1 der Geschäftsordnung des Bundesrates erweitert die Inkompatibilitätsregeln. Danach dürfen Mitglieder des Bundestages nicht zugleich Mitglieder des Bundesrates sein.

b) Gesetzmäßigkeit der Verwaltung

Ein weiteres Element des Rechtsstaats ist die Gesetzmäßigkeit des staatlichen Handelns. In Art. 20 Abs. 3 GG wird die Gesetzmäßigkeit des Handelns umschrieben mit der Formulierung, dass die Gewalten an Recht und Gesetz gebunden sind.

Zwei Prinzipien prägen den Grundsatz der Gesetzmäßigkeit: der Vorrang des Gesetzes und der Vorbehalt des Gesetzes.

aa) Vorrang des Gesetzes

DEFINITION

Vorrang des Gesetzes bedeutet:

Jedes staatliche Handeln hat sich nach den Gesetzen zu richten. Staatliches Handeln darf im Umkehrschluss nicht gegen Rechtsnormen verstoßen.

Kurzformel: Kein Handeln gegen Gesetz.

Selbst bei unterstelltem dringendem öffentlichen Interesse darf die Verwaltung nicht von der Bindung durch eine gesetzliche Vorschrift abweichen.

BEISPIEL Nach § 129 Abs. 1 Satz 3 BauGB hat die Gemeinde mindestens 10 % des Erschließungsaufwands für ein Baugebiet zu tragen. Die volle Übertragung dieser Kosten auf einen Bauträger verstößt gegen den Vorrang des Gesetzes. Das öffentliche Interesse an einer sparsamen Haushaltsführung entbindet die Gemeinde hiervon nicht.

bb) Vorbehalt des Gesetzes

DEFINITION

Der **Vorbehalt des Gesetzes** besagt, dass staatliches Handeln nur aufgrund eines Gesetzes erfolgen darf.

Kurzformel: Kein Handeln ohne Gesetz.

Die inhaltliche Reichweite des Gesetzesvorbehalts wird unterschiedlich beurteilt. Teilweise wird vom Wortlaut des Art. 20 Abs. 3 GG ausgehend ein sog. **Totalvorbehalt** gefordert, der **jedes** staatliche Handeln von einer gesetzlichen Grundlage abhängig macht. Nach der Lehre vom Eingriffsvorbehalt ist eine gesetzliche Ermächtigung nur dann erforderlich, wenn im Rahmen der sog. Eingriffsverwaltung in Freiheit oder Eigentum eingegriffen wird. Die herrschende (eingeschränkte) Vorbehaltslehre (auch Lehre vom **Parlamentsvorbehalt** genannt) geht davon aus, dass nicht jedes staatliche Handeln notwendigerweise auf einer gesetzlichen Grundlage beruhen muss. Wenn das staatliche Handeln allerdings in Grundrechte eingreift oder wenn zwar kein Eingriff, aber ein anderer Lebenssachverhalt von wesentlicher Bedeutung vorliegt, ist eine gesetzliche Grundlage erforderlich (Wesentlichkeitstheorie). Wesentlich ist ein Sachverhalt, wenn der Bürger in einem grundrechtlich zugeordneten Bereich erheblich betroffen ist.

FALL

Ein Bundesland stellt ohne gesetzliche Grundlage Mittel zur Subventionierung der Presse zur Verfügung. Hiergegen wendet sich ein Verlag und fragt, ob das Subventionierungsvorhaben rechtmäßig ist.

Trotz des begünstigenden Charakters der Subventionierung könnte eine gesetzliche Grundlage erforderlich sein, wenn eine für das Gemeinwesen wesentliche Frage vorliegt. Das ist u. a. der Fall, wenn der grundrechtsrelevante Bereich betroffen ist. Nach Art. 5 Abs. 1 GG ist die Pressefreiheit besonders geschützt. Die Presse soll insbesondere frei von staatlichen Einflussnahmen sein. Ohne eine gesetzliche Grundlage besteht nun die Gefahr, dass es zu einer nicht mehr kontrollierbaren (einseitigen) Einflussnahme auf die Pressefreiheit kommen kann, indem nur bestimmte politisch genehme Verlage unterstützt werden. Es liegt also i. S. der Wesentlichkeitstheorie ein Fall vor, der einer gesetzlichen Grundlage bedarf. Mangels einer solchen Grundlage ist die Subventionsmaßnahme wegen Verstoßes gegen den Vorbehalt des Gesetzes und damit auch wegen Verstoßes gegen das Rechtsstaatsprinzip verfassungswidrig.

FALL

In einem Bundesland wird in den Schulen Sexualkundeunterricht eingeführt, und zwar ohne gesetzliche Grundlage. Die Eltern eines hiervon betroffenen Schulkindes halten dies für verfassungswidrig. Zu Recht?

Die Maßnahme ist wegen Verstoßes gegen den Vorbehalt des Gesetzes verfassungswidrig, wenn das Erziehungsrecht der Eltern nach Art. 6 GG betroffen ist. Hier liegt zumindest eine Maßnahme vor, die den grundrechtsrelevanten Bereich von Art. 6 GG betrifft und wesentlich ist. Die relevante Betroffenheit des Erziehungsrechts lässt sich dadurch begründen, dass es gerade im Sexualkundeunterricht zu weltanschaulich und religiös kontrovers zu diskutierenden Fragen kommen kann. Daher ist für diesen Unterricht ein Gesetz erforderlich. Das Handeln des Landes verstößt daher gegen den Vorbehalt des Gesetzes und ist verfassungswidrig.

HINWEIS

Funktion des Gesetzmäßigkeitsgebots:

Das Gesetzmäßigkeitsgebot hat zwei Ausprägungen, den Vorrang des Gesetzes und den Vorbehalt des Gesetzes.

Nach dem **Vorrang des Gesetzes** darf staatliches Handeln nur an den bestehenden Rechtsgrundlagen orientiert werden. Es ist an das Gesetz gebunden.

Merkformel: Kein Handeln gegen das Gesetz.

Nach dem **Vorbehalt des Gesetzes** bedarf staatliches Handeln einer Ermächtigungsgrundlage, wenn es in Grundrechte eingreift oder grundrechtswesentliche Belange betrifft (Wesentlichkeitstheorie/Lehre vom Parlamentsvorbehalt).

Merkformel: Kein Handeln ohne Gesetz.

c) Bestimmtheit von Gesetzen

Aus dem Rechtsstaatsprinzip lassen sich auch Anforderungen an Gesetze ableiten. Zum rechtsstaatlichen Gesetzesbegriff gehört die Bestimmtheit von Normen. Ein Gesetz muss danach so bestimmt sein, dass es für den Bürger berechenbar und vorhersehbar ist. Dies gilt insbesondere bei verwaltungsrechtlichen Ermächtigungen und bei Strafgesetzen. Daher müssen Inhalt, Zweck und Ausmaß der gesetzlichen Regelung erkennbar sein. Es verstößt allerdings nicht gegen das Bestimmtheitserfordernis, wenn der Gesetzgeber sich sog. unbestimmter Rechtsbegriffe bedient. Gesetze können letztlich nur so genau gefasst werden, wie dies nach Eigenart der zu ordnenden Lebenssachverhalte und mit Rücksicht auf den Normzweck möglich ist. Ansonsten würde das Bestimmtheitserfordernis überspannt.

BEISPIEL ▸ Gesetzliche Vorschriften enthalten teilweise unbestimmte Rechtsbegriffe, wie das Polizei- und Ordnungsrecht, wenn dort von einer Gefahr für die öffentliche Sicherheit und Ordnung als Grundlage für einen Eingriff gesprochen wird. Im Gewerberecht finden sich durch Formulierungen wie „unzuverlässig" in § 35 GewO oder in §§ 4, 15 GastG ebenfalls unbestimmte Rechtsbegriffe. Damit ist das Gesetz nicht unbestimmt, sondern es bedarf der Auslegung im Einzelfall.

d) Rückwirkungsverbot

Weiterhin wird aus dem Rechtsstaatsprinzip ein besonderer Vertrauenstatbestand abgeleitet. Dieser Vertrauensgrundsatz besagt, dass sich ein Bürger auf die bestehende gesetzliche Lage verlassen können soll. Dieses Vertrauen kann enttäuscht werden, wenn durch die Änderung einer Rechtsvorschrift eine belastende Wirkung entsteht. Aber nicht jede belastende Wirkung einer Rechtsänderung führt zwangsläufig zu einem Verstoß gegen den Vertrauensgrundsatz. Unterschieden werden insoweit Regelungen, die eine echte Rückwirkung haben, und solche mit nur unechter Rückwirkung.

Eine **echte (retroaktive) Rückwirkung** liegt vor, wenn ein Gesetz nachträglich ändernd in abgewickelte, der Vergangenheit angehörende Tatbestände eingreift, wenn die Rechtsfolgen für einen vor der Verkündung der Regelung liegenden Zeitpunkt gelten sollen. Deswegen wird die echte Rückwirkung vom Bundesverfassungsgericht auch Rückwirkung von Rechtsfolgen genannt. Solche echten Rückwirkungen sind wegen Verstoßes gegen den Vertrauensgrundsatz grundsätzlich unzulässig (Schutz des Vertrauens in die Beständigkeit der Gesetze).

BEISPIEL ▸ Wenn ein Steuergesetz vorsieht, dass eine Steuererhöhung auf einen schon abgeschlossenen Veranlagungszeitraum zurückgreifen soll, liegt eine echte und damit unzulässige Rückwirkung vor.

HINWEIS

Verfassungsrechtlich gerechtfertigt ist eine echte Rückwirkung aber in folgenden Fällen:

- Wenn der Bürger mit der rückwirkenden Regelung rechnen musste (insbesondere bei nur vorläufigen Regelungen).
- Wenn eine unklare bzw. verworrene Rechtslage vorliegt.
- Wenn eine Neuregelung keine oder eine nur unwesentliche Beeinträchtigung mit sich bringt.
- Wenn eine besonders gelagerte Situation die Rückwirkung aus überwiegenden Gründen des Allgemeinwohls fordert. Dieser Ausnahmegrund lag vor, als ein Gesetz 1991 vorsah, die Zinsen für DDR-Hypothekenkredite für die Vergangenheit den marktüblichen Sätzen in der Bundesrepublik anzupassen (BVerfGE 88, S. 384).

Besonders deutlich wird die Konsequenz einer echten Rückwirkung im Strafrecht. Wenn beispielsweise ein rückwirkendes Gesetz ein bisher strafloses Verhalten nunmehr mit Strafe bedroht, liegt ein Fall echter Rückwirkung vor. Demgemäß enthält Art. 103 Abs. 2 GG für den Bereich des Strafrechts ein absolutes Verbot rückwirkender Strafgesetze. Art. 103 Abs. 2 GG ist eine verfassungsrechtliche Konkretisierung des aus dem allgemeinen Rechtsstaatsprinzip abzuleitenden Vertrauensschutzes.

FALL

Ein rückwirkendes Gesetz verlängert die Verjährungsfristen für eine Tat. Liegt eine echte Rückwirkung vor?

Nach Art. 103 Abs. 2 GG als spezielle Ausformung des Rechtsstaatsprinzips darf eine Tat nur bestraft werden, wenn die Strafbarkeit gesetzlich bestimmt war, bevor die Tat begangen wurde. Die Tat war bei Begehung mit Strafe bedroht. Durch die Verlängerung der Verjährungsfristen wird damit nicht eine rückwirkende Bestrafung geschaffen, sondern nur die Verfolgbarkeit des Delikts verlängert. Deshalb ist in der Verlängerung von Verjährungsfristen keine echte Rückwirkung nach Art. 103 Abs. 2 GG zu sehen.

Unechte (retrospektive) Rückwirkung liegt dagegen vor, wenn ein bereits in der Vergangenheit begonnener, aber noch nicht abgeschlossener Sachverhalt für die Zukunft anders geregelt wird. Die unechte Rückwirkung wird daher vom Bundesverfassungsgericht auch als tatbestandliche Rückanknüpfung bezeichnet. Diese ist verfassungsrechtlich unbedenklich, wenn eine Abwägung ergibt, dass das Vertrauen des Einzelnen auf den Fortbestand der bisherigen Regelung hinter dem Wohl der Allgemeinheit, das mit der Neuregelung bezweckt ist, zurücktreten muss.

BEISPIEL (BVerfGE 71, S. 222, 226)

Eine Änderung des Miethöhegesetzes sieht eine Beschränkung der Erhöhungsmöglichkeit von Mieten bei bestehenden Mietverträgen vor (sog. Kappungsgrenze).

Obwohl das Gesetz nur zukünftige Mietzinserhöhungen beschränkt und damit in zukünftige Sachverhalte eingreift, liegt eine Rückwirkung vor. Es wird nämlich die in der Vergangenheit begründete Erwartung der freien Mietzinsgestaltung seitens der Vermieter enttäuscht. Die Rückwirkung ist aber als Fall unechter Rückwirkung zulässig. Ein Verstoß gegen den Vertrauensgrundsatz liegt nur vor, wenn der Vertrauensschutz Vorrang vor den Interessen des Allgemeinwohls hat. Das enttäuschte Vertrauen der Vermieter muss hier hinter die Interessen des Allgemeinwohls an sozialverträglichen Mietzinssteigerungen zurücktreten.

FALL

(nach BVerfGE 97, S. 67)

Nach der Neuregelung der § 51 Abs. 1 Nr. 2 Buchst. w) EStG und § 82f Abs. 5 EStDV aus dem Jahre 1997 wurde die einkommensteuerliche Förderung durch Sonderabschreibungsmöglichkeiten für Handelsschiffe aufgehoben (auch Verschonungssubvention genannt). Die gesetzliche Neuregelung sah vor, dass die Rechtslage auch für Handelschiffe gelten solle, die aufgrund eines nach dem 24. 4. 1996 (= Bekanntwerden der beabsichtigten Gesetzesänderung) abgeschlossenen Schiffbauvertrags hergestellt wurden.

Das Bundesverfassungsgericht hat es im Ergebnis offen gelassen, ob hier ein Fall echter oder unechter Rückwirkung vorliegt. Im Ergebnis dürfte es sich um eine echte Rückwirkung handeln, da eine steuerliche Begünstigung auch für die Vergangenheit zurückgenommen wird. Diese Rückwirkung ist aber zulässig, da zwingende Gründe des Allgemeinwohls eine Durchbrechung des rechtsstaatlichen Rückwirkungsverbots rechtfertigen. Die weitere Schiffsbausubvention war nach Einschätzung der Bundesregierung wirtschaftlich unsinnig und sollte deshalb aus Gemeinwohlgründen aufgegeben werden. Ab Ankündigung der Bundesregierung, die Abschreibungsbegünstigung streichen zu wollen (24. 4. 1996), hat ein Betroffener darüber hinaus seine schutzwürdige Vertrauensgrundlage für zukünftige steuerliche Abschreibungsmöglichkeiten verloren.

e) Verhältnismäßigkeitsgrundsatz

Der Grundsatz der Verhältnismäßigkeit wird ebenfalls aus dem Rechtsstaatsprinzip abgeleitet. Er wird auch als Übermaßverbot bezeichnet. Maßnahmen dürfen die Rechtssphäre des Bürgers nur soweit einschränken, wie es zum Schutz öffentlicher Interessen unerlässlich ist. Der Staat darf also nicht „mit Kanonen auf Spatzen schießen". Dieser Grundsatz gilt für jedes staatliche Handeln, also für Gesetze wie auch Verwaltungshandeln gleichermaßen. Allerdings ist der Gesetzgeber freier als die Verwaltung, wenn es darum geht zu entscheiden, welche Zwecke verfolgt und welche Mittel eingesetzt werden dürfen. So muss sich die Verwaltung bei der Auswahl der Zwecke und Mittel neben den Vorgaben des Grundgesetzes auch an die Vorgaben der Gesetze halten, während dem Gesetzgeber nur im Grundgesetz bestimmte Zwecke und Mittel ge- und verboten sind. Da der Grundsatz der Verhältnismäßigkeit regelmäßig bei Einzelfallprüfungen zu berücksichtigen ist, liegt der Hauptanwendungsbereich dieses Grundsatzes auf dem Gebiet des Verwaltungshandelns.

Der Verhältnismäßigkeitsgrundsatz beinhaltet, dass die Maßnahme (1.) geeignet, (2.) erforderlich sowie (3.) angemessen ist.

Geeignet ist die Maßnahme, wenn mit ihrer Hilfe der gewünschte Erfolg zumindest gefördert werden kann.

Erforderlichkeit liegt vor, wenn das Mittel mit dem geringstmöglichen Eingriff gewählt wurde. Hierbei ist danach zu fragen, welche Nachteile für den Betroffenen durch das konkret gewählte Mittel eintreten. Anschließend bedarf es der Klärung, ob andere Mittel weniger einschneidende Folgen nach sich ziehen würden. Wenn ein Vergleich ergibt, dass ein alternatives Mittel geringfügiger in die Sphäre des Bürgers eingreift, ist das gewählte Mittel nicht erforderlich und damit unverhältnismäßig.

Angemessen ist die Maßnahme nur dann, wenn das Mittel zu dem angestrebten Zweck in einem vernünftigen Verhältnis steht (sog. Mittel-Zweck-Relation). Dabei ist zunächst festzustellen, was der Zweck der Maßnahme ist. Anschließend ist zu bewerten, ob die mit dem Mittel verbundenen Nachteile für den einzelnen noch in einem vertretbaren Verhältnis zu den der Allgemeinheit erwachsenden Vorteilen stehen. Es findet also eine Güterabwägung statt.

FALL

Der Hundebesitzer H lässt seinen bissigen Hund frei in einem Wohngebiet umherlaufen. Dabei sind schon des Öfteren Passanten angegriffen worden. Der Bürgermeister als örtliche Ordnungsbehörde gibt dem H unter Berufung auf § 14 OBG (Ordnungsbehördengesetz) auf, den Hund unverzüglich einschläfern zu lassen. Ist diese Maßnahme verhältnismäßig?

Die Maßnahme ist verhältnismäßig, wenn sie geeignet, erforderlich und angemessen ist.

Die Geeignetheit der Maßnahme ist gegeben, da die Tötung des Hundes dazu führen würde, dass er keine Passanten mehr anfällt.

Allerdings ist das Mittel nicht erforderlich. Erforderlichkeit ist nur gegeben, wenn keine milderen Mittel das Problem ebenfalls lösen würden. Ein Maulkorbzwang wäre dagegen (wohl) unzureichend, da hierdurch zwar ein Zubeißen der Hunde verhindert werden könnte, nicht aber, dass die Hunde Passanten anfallen. Hier käme als milderes Mittel aber das Gebot, den Hund nur noch im Haus oder auf einem ausreichend eingezäunten Grundstück zu halten, in Betracht. Die Maßnahme des Bürgermeisters ist also unverhältnismäßig.

DEFINITION

Verhältnismäßig ist eine Maßnahme, wenn sie

- **geeignet** ist, d. h. den Erfolg zumindest fördert,
- **erforderlich** ist, d. h. das mildeste Mittel ist,
- und **angemessen** ist, d. h. die durch das Mittel hervorgerufenen Vorteile für die Allgemeinheit überwiegen die Nachteile für den Betroffenen.

f) Rechtsschutzgarantie

Weiteres Gebot des Rechtsstaatsprinzips ist die Rechtsschutzgarantie. Das Gebot des effektiven Rechtsschutzes fordert, dass eine wirksame und tatsächliche Kontrolle durch ein mit Entscheidungskompetenzen ausgestattetes Richtergremium gewährleistet ist.

Gegenüber Maßnahmen der öffentlichen Gewalt ist dieses Gebot konkretisiert in Art. 19 Abs. 4 GG. Damit soll eine „Selbstherrlichkeit" der Exekutive verhindert werden. Die Einrichtung z. B. von Verwaltungsgerichten beruht auf Art. 19 Abs. 4 GG.

Soweit es um den Bereich der privatrechtlichen Streitigkeiten geht, wird unmittelbar aus dem Rechtsstaatsprinzip gefolgert, dass es Gerichte geben muss, die sich dieser Streitigkeiten annehmen. Unter anderem die Amts- oder Landgerichte verdanken ihre Existenz dem Rechtsstaatsprinzip.

BEISPIEL Ein Gesetz beschneidet den Instanzenzug der Zivilgerichtsbarkeit, indem es die zweite Instanz als Berufungsinstanz auflöst. Hierin liegt gerade kein Verstoß gegen die vom Rechtsstaatsprinzip umfasste Rechtsweggarantie. Die Garantie effektiven Rechtsschutzes verpflichtet den Staat zwar, Gerichte an sich einzurichten, die Rechtsstreitigkeiten kompetent entscheiden, aber nicht einen bestimmten Instanzenzug zu gewähren.

ABB. 7: Rechtsstaatsprinzip

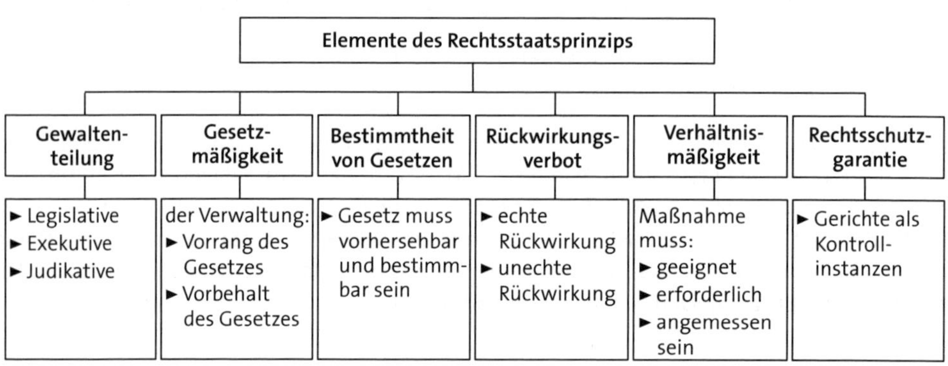

III. Bundesstaat

LITERATUR

Degenhart, Staatsrecht I, 25. Aufl., 2009, § 5; *Ipsen*, Staatsrecht I, 21. Aufl., 2009, §§ 10 ff.; *Katz*, Staatsrecht, 17. Aufl., 2007, § 12; *Maurer*, Staatsrecht I, 6. Aufl., 2010, §§ 10, 21; *Schmidt*, Staatsorganisationsrecht, 8. Aufl., 2008, 3. Kap. Abschn. C; *Stern*, Staatsrecht I, 1984, § 19; *Zippelius/ Würtenberger*, Deutsches Staatsrecht, 32. Aufl., 2008, § 14.

1. Bedeutung

Gem. Art. 20 Abs. 1 GG ist die Bundesrepublik Deutschland ein Bundesstaat. Eine nähere Begriffsbestimmung lässt sich im Grundgesetz nicht finden. Nach dem Verständnis der herrschenden Staatslehre ist unter einem Bundesstaat eine staatliche Verbindung von Staaten zu verstehen, und zwar in der Weise, dass der organisierte Staatenverband – der Bund – die Qualität eines Staates hat, wobei die Staatlichkeit der Gliedstaaten (Bundesländer) erhalten bleibt (auch vertikale Gewaltenteilung genannt). Bund und Länder haben also eigenstaatlichen und gleichberechtigten Staatscharakter (**sog. zweigliedriger Staatsbegriff**). Hieraus folgt aber nicht, dass sie unbeschränkte Hoheitsbefugnisse haben. Vielmehr sind der Bund wie auch die Länder an die Kompetenzverteilung des Grundgesetzes gebunden, wie z. B. in Art. 30, 70 ff., 83 ff. GG. Zusätzlich unterliegen die Länder dem Homogenitätsgebot des Art. 28 Abs. 1 GG, wonach die verfassungsmäßige Ordnung in den Ländern den Grundsätzen des republikanischen, demokratischen und sozialen Rechtsstaats entsprechen muss.

Aus dem zweigliedrigen Staatsbegriff folgt auch nicht, dass die Kompetenzen der Länder jeder Veränderung entzogen wären. Es müssen allerdings ein Mindestbestand an eigener Gesetzgebungskompetenz und eine finanzielle Mindestausstattung gewährleistet sein. Die Veränderung der Länderkompetenzen steht nicht in Widerspruch zu Art. 79 Abs. 3 GG. Die „Ewigkeitsgarantie" dieser Norm beinhaltet nur eine institutionelle Garantie.

Den Gegensatz zum Bundesstaat bildet der Einheitsstaat (**eingliedriger Staatsbegriff**). Im Einheitsstaat liegt alle Staatsgewalt auf einer zentralen Ebene. Gliedstaaten existieren nicht. Es gibt allenfalls Verwaltungsregionen. Beispiele für Einheitsstaaten sind Frankreich, Großbritannien, Italien.

Der Bundesstaat ist vom Staatenbund zu unterscheiden. Der Staatenbund ist eine auf einem völkerrechtlichen Vertrag beruhende lockere Verbindung mehrerer souveräner Einzelstaaten zur Erreichung gemeinsamer Ziele. Der Staatenbund bildet keinen Gesamtstaat mit eigenen Organen und eigener Staatsgewalt.

Das Bundesstaatsprinzip im Grundgesetz ist föderativ ausgeprägt. Das bedeutet, dass das Schwergewicht der Aufgabenzuweisungen bei den Ländern liegt. Trotz der umfassenden Kompetenzen des Bundes bei der Gesetzgebung (Ansätze eines sog. unitarischen Bundesstaates) ist die Bundesrepublik Deutschland wegen der starken Einflussnahme der Länder über den Bundesrat bei der Gesetzgebung sowie die Vorrangstellung der Länder im Bereich der Erledigung der Verwaltung zu den föderativen Bundesstaaten zu rechnen.

2. Strukturen der Bundesstaatlichkeit

Die Hauptfunktion eines bundesstaatlichen Aufbaus bestand ursprünglich darin, den historisch gewachsenen landsmännischen Besonderheiten Rechnung zu tragen („Einheit in Vielfalt"). Diese Funktion ist im heutigen Rechtsleben eher von untergeordneter Bedeutung.

a) Verteilung der Gesetzgebungskompetenzen

Eigenständige Funktion hat die Bundesstaatlichkeit dagegen im Bereich der Zuständigkeitsverteilung zwischen dem Bund und den Ländern.

Ausgehend von Art. 30 GG ist die Ausübung der staatlichen Befugnisse und die Erfüllung der staatlichen Aufgabe Sache der Länder, soweit das Grundgesetz keine anderweitige Regelung vorsieht.

Eine Verteilung der Aufgabenbereiche von Bund und Ländern kommt z. B. besonders durch die unterschiedlichen Kompetenzen bei der Gesetzgebung zum Ausdruck. Hier gehen die Art. 70 ff. GG als anderweitige Regelungen i. S. von Art. 30 GG vor. Danach ist die Kompetenz zur Gesetzgebung zwischen Bund und Ländern nach einer genauen Zuständigkeitsverteilung geordnet.

b) Verteilung der Verwaltungskompetenzen

Gleiches gilt für die Verteilung der Verwaltungsaufgaben zwischen Bund und Ländern. Hier bilden die Art. 83 ff. GG Sonderregeln zu Art. 30 GG. Im Regelfall führen danach die Länder die (Bundes-)Gesetze als eigene Angelegenheiten in eigener Verantwortung aus und unterliegen nicht den Weisungen – nur unter Rechtsaufsicht – des Bundes (Art. 84 GG). In bestimmten Fällen üben die Länder die Verwaltungstätigkeiten als sog. Bundesauftragsverwaltung aus. Hier ist der Bund umfassend weisungsbefugt, die Organisation der Behörden liegt aber auch hier bei den Ländern (Art. 85 GG).

BEISPIEL Für das Passwesen liegt gem. Art. 73 Nr. 3 GG die ausschließliche Gesetzgebungszuständigkeit beim Bund. Hier liegt eine Sonderregelung im Hinblick auf Art. 30 GG vor. Die Verwaltungskompetenz, also das Recht, Behörden zur Erledigung des gesetzlichen Auftrags einzurichten oder bestehenden Behörden entsprechende Verwaltungszuständigkeiten zuzuweisen, liegt nach Art. 83, 84 GG dagegen bei den einzelnen Ländern.

Daneben besteht der Bereich der sog. bundeseigenen Verwaltung. Dieser Bereich ist im Grundgesetz in Art. 87 ff. und Art. 104a GG für bestimmte Bereiche vorgesehen. Die Bundesagentur für Arbeit ist z. B. eine aufgrund Art. 87 Abs. 2 GG errichtete Einrichtung bundeseigener Verwaltung. Die bundeseigene Verwaltung wird weiter differenziert in die bundesunmittelbare Verwaltung und die mittelbare Bundesverwaltung. Bundesunmittelbare Verwaltung bedeutet Verwaltung unmittelbar durch Behörden des Bundes. Die Bundesrepublik Deutschland wird durch eine eigene Behörde tätig. Bei der mittelbaren Bundesverwaltung handelt die Bundesrepublik durch selbständige juristische Personen. Dies sind Körperschaften, Anstalten oder Stiftungen des öffentlichen Rechts.

BEISPIEL Die Bundesversicherungsanstalt für Angestellte ist als Anstalt des öffentlichen Rechts ein Teilbereich der mittelbaren Staatsverwaltung. Rechtsgrundlage für ihre Errichtung ist Art. 87 Abs. 3 Satz 1 2. Alt. GG.

c) Trennung der Rechtsordnungen

Das Bundesstaatsprinzip führt zu einer Trennung der Rechtsordnungen des Bundes und der Länder. Die Abstimmung der Rechtsordnungen erfolgt in erster Linie durch die Vorschriften über die Zuständigkeitsverteilung bei der Gesetzgebung. Kommt es allerdings zu einem Konfliktfall zwischen den Rechtsordnungen, ist Art. 31 GG heranzuziehen. Dieser Kollisionsfall kann auftreten, wenn zuständigkeitsgemäß erlassene Rechtsvorschriften miteinander in Widerspruch stehen.

BEISPIEL Im Bereich der konkurrierenden Gesetzgebung wird ein Bundesgesetz erlassen, das zu einer bestehenden landesrechtlichen Regelung in Widerspruch steht. Hier bricht Art. 31 GG das Landesrecht, d. h. im Anwendungsbereich der Vorschrift bestehendes Landesrecht ist nichtig und wird auf Dauer und vollständig aufgehoben.

Allerdings gilt Art. 31 GG nur bei widersprechendem Landesrecht. Inhaltsgleiches Landesrecht bleibt weiterhin in Kraft, da insoweit keine Kollision mit Bundesrecht vorliegt.

d) Bundesfreundliches Verhalten

Schließlich gehört der ungeschriebene Grundsatz des bundesfreundlichen Verhaltens zur bundesstaatlichen Kompetenzordnung des Grundgesetzes. Dieses auch Bundestreue genannte Element verpflichtet den Bund und die Länder zum Zusammenwirken, um die bundesstaatliche Ordnung zu erhalten und auch zu fördern. Inhaltlich ist es darauf gerichtet, dass der Bund und die Länder in steter Rücksichtnahme zueinander ihre Aufgaben erfüllen. Versagt dieser Grundsatz, kann das Bundesverfassungsgericht im Rahmen eines Bund-Länder-Streits nach Art. 93 Abs. 1 Nr. 3 GG angerufen werden, um eine Streit schlichtende Entscheidung zu fällen.

3. Kooperativer Föderalismus

Dass die Bundesrepublik Deutschland im Wesentlichen ein föderativer Bundesstaat ist, wurde eingangs beschrieben. Ein weiterer Aspekt des föderativen Bundesstaates ist der des kooperativen Föderalismus. Hierunter ist zu verstehen, dass Bund und Länder oder auch Länder untereinander ihr Verhalten durch Vereinbarungen zwecks Wahrnehmung wichtiger Aufgaben abstimmen.

Das Grundgesetz regelt solche Fälle z. B. in Art. 91a Abs. 3 Satz 2, Art. 91b GG (Bildungsplanung) oder Art. 104a Abs. 4 GG (Verwaltungsvereinbarungen über Finanzhilfen).

Werden über den gesetzlich geregelten Rahmen hinaus gemeinsame Einrichtungen der Länder im Rahmen des kooperativen Föderalismus geschaffen, ist die Verfassungsmäßigkeit dieser Einrichtungen davon abhängig, ob durch diese das Bundesstaatsprinzip ausgehöhlt wird oder nicht. Verfassungswidrig ist eine gemeinsame Einrichtung, deren Zuordnung zu einem Land unklar ist („Preisgabe der Länderstaatlichkeit"). Daher wird gefordert, dass klar sein muss, welches Recht anwendbar ist, wer die Aufsicht führt und wer für die Einrichtung parlamentarisch verantwortlich ist. Gemeinsame Einrichtungen des Bundes und der Länder sind abgesehen von sog.

koordinierenden Gremien (z. B. Konferenz der Kultus- oder Innenminister), die keine kooperativen Einrichtungen sind, wegen des Verbots der Mischverwaltung stets unzulässig.

BEISPIEL ▸ Die Gemeinschaftseinrichtungen des Zweiten Deutschen Fernsehens (ZDF) oder der Zentralstelle für die Vergabe von Studienplätzen (ZVS) sind als gemeinsame Einrichtungen der Länder eindeutig nur den Ländern zuzuordnen. Im Übrigen haben die Länder durch diese Gemeinschaftseinrichtungen die Landeszuständigkeit im jeweiligen Sachbereich nicht preisgegeben, da nach den jeweiligen Staatsverträgen zur Gründung der gemeinsamen Einrichtungen klargestellt wurde, welches Landesrecht anwendbar ist, wer die Aufsicht über die Einrichtung hat und wer die parlamentarische Verantwortung trägt.

4. Die bundesstaatliche Finanz- und Haushaltsverfassung

Die bundesstaatliche Finanz- und Haushaltsverfassung ist explizit in den Art. 104a bis 115 GG geregelt. Das Bundesverfassungsgericht bezeichnet diesen Teil der Verfassung als einen tragenden Eckpfeiler der bundesstaatlichen Ordnung des Grundgesetzes, weil es Bund und Ländern durch die Regelungen ermöglicht werden soll, ihre Aufgaben eigenverantwortlich und unabhängig zu erfüllen.

In Art. 104a Abs. 1 GG ist vorgesehen, dass Bund und Länder grundsätzlich jeweils eigenständig die Kosten tragen, die zur Erfüllungen ihrer Aufgaben anfallen. Dieses Prinzip wird Grundsatz der gesonderten Ausgabentragung oder auch Konnexitätsgrundsatz genannt. In Art. 104a Abs. 2 und 3 GG sind Ausnahmen für den Bereich der Auftragsverwaltung und für die Ausführung der Geldleistungsgesetze geregelt.

Außerdem garantiert Art. 109 Abs. 1 GG, dass die Haushaltswirtschaft des Bundes und die der Länder unabhängig voneinander und selbstständig organisiert sind. Es gilt der Grundsatz der Haushaltsautonomie, nach dem Bund und Länder ihren Haushalt jeweils eigenständig aufstellen können.

Die Haushalts- und Staatsschuldenverfassung ist der Schwerpunkt der Föderalismusreform II. In Art. 109 GG und Art. 115 GG, der die Regelungen des Art. 109 GG für den Bund konkretisiert, wird eine „Verschuldensgrenze" eingeführt. Art. 109 Abs. 3 Satz 1 GG wird derart geändert, dass die Haushalte von Bund und Ländern grundsätzlich ohne Kredite auszugleichen sind. Das bedeutet also, dass Bund und Länder sich nicht mehr verschulden dürfen. Gem. Art. 115 Abs. 2 Satz 1 GG erreicht der Bund diese Vorgabe jedoch auch dann, wenn die Höhe der Kredite 0,35 % des Bruttoinlandsprodukts nicht überschreitet. Für die Länder gibt es keine entsprechende Ausnahmeregelung. Vielmehr wird eine solche Regelung explizit ausgeschlossen, so dass eine strukturelle Verschuldung für die Länder konsequent unterbunden wird (vgl. Art. 109 Abs. 3 Satz 5 GG). Gem. der Übergangsbestimmung des Art. 143d GG gilt das Verbot der Neuverschuldung ausnahmslos erst ab 2020.

Allerdings können sowohl der Bund als auch die Länder gem. Art. 109 Abs. 3 Satz 2 GG im Fall von Naturkatastrophen oder außergewöhnlichen Notsituationen, die sich der Kontrolle des Staates entziehen und die staatliche Finanzlage erheblich beeinträchtigen, und zum Ausgleich konjunktureller Schwankungen weiterhin Kredite aufnehmen. Für die Länder stellen diese Ausnahmefälle die einzige Möglichkeit dar, ihren Haushalt auch aus Krediten zu finanzieren.

Kritik an der Reform besteht nun im Hinblick auf die Selbstständigkeit der Länder: Zum einen könnte die Verschuldensgrenze die in Art. 109 Abs. 1 GG zugesicherte Eigenverantwortlichkeit der Länder beeinträchtigen. Zum anderen könnte die Haushaltsautonomie einen Aspekt der Eigenstaatlichkeit der Länder, der unmittelbar Ausfluss des Bundesstaatlichkeitsprinzips als solches ist, darstellen. Damit könnte dann sogar eine Verletzung der Ewigkeitsgarantie des Art. 79 Abs. 3 GG vorliegen. Allerdings sind, so die Gesetzesbegründung, die Finanz- und Haushaltswirtschaft des Bundes und der Länder ohnehin sehr eng verflochten, so dass die Eigenstaatlichkeit der Länder nicht berührt ist und diese Bedenken nicht geteilt werden.

Auf einen Blick: Das Bundesstaatsprinzip

Das Bundesstaatsprinzip besagt, dass neben einem Gesamtstaat (dem Bund) staatsrechtlich selbständige Gliedstaaten (die Länder) bestehen. Dass die Bundesrepublik Deutschland ein Bundesstaat ist, ergibt sich aus Art. 20 Abs. 1 GG.

Ein föderativer Bundesstaat liegt vor, wenn das Schwergewicht der Aufgabenzuweisung bei den Ländern liegt und eine genaue Trennung der Zuständigkeit von Bund und Ländern bei der Gesetzgebung und Verwaltung gegeben ist.

IV. Sozialstaat

LITERATUR

Degenhart, Staatsrecht I, 25. Aufl., 2009, § 6 Abschn. I; *Ipsen*, Staatsrecht I, 21. Aufl., 2009, § 19; *Katz*, Staatsrecht, 17. Aufl., 2007, § 11; *Maurer*, Staatsrecht I, 6. Aufl., 2010, § 8 Abschn. 3; *Schmidt*, Staatsorganisationsrecht, 8. Aufl., 2008, 3. Kap. Abschn. F; *Stern*, Staatsrecht I, 1984, § 21.

Die Bundesrepublik Deutschland ist ein sozialer Rechtsstaat. Diese Formulierung in Art. 20 Abs. 1 i.V. mit Art. 28 Abs. 1 Satz 1 GG kennzeichnet eine weitere Staatszielbestimmung, nämlich die des **Sozialstaates**.

Das Sozialstaatsprinzip ist Verpflichtung für den Gesetzgeber, die Exekutive und die Judikative. Es verpflichtet den Staat, eine gerechte Gemeinschaftsordnung (**soziale Gerechtigkeit**) zu schaffen und für **soziale Sicherheit** zu sorgen. Dem Staat wird damit ein sozialer Gestaltungsauftrag auferlegt.

Soziale Gerechtigkeit zielt darauf ab, jedem Bundesbürger diejenigen Leistungen zukommen zu lassen, die erforderlich sind, um eine wirtschaftliche und kulturelle Existenz auf angemessenem Niveau zu halten.

Soziale Sicherheit zielt dagegen darauf ab, Einrichtungen zu schaffen und zu erhalten, die im Fall von Daseinskrisen angemessene Hilfen gewähren.

BEISPIEL Die Herstellung sozialer Sicherheit verpflichtet z. B. bei Arbeitslosigkeit, Krankheit oder Obdachlosigkeit Hilfen zu gewähren, die es gestatten, ein menschenwürdiges Leben zu ermöglichen. Die soziale Sicherheit ist damit eng mit dem in Art. 1 Abs. 1 GG enthaltenen Grundsatz zur **Achtung der Menschenwürde** verbunden.

In erster Linie richtet sich die Staatszielbestimmung "Sozialstaat" an den Gesetzgeber. Dies bedeutet, dass der Gesetzgeber verpflichtet ist, diejenigen Regelungen zu schaffen, die die **Existenz sichern** oder einen bestimmten **sozialen Mindeststandard** gewähren (Existenzminimum). Maßnahmen der Existenzsicherung sind z. B. eine ausgewogene, also soziale Steuerpolitik oder Arbeitsschutzvorschriften (bei Krankheit oder Schwangerschaft). Hierzu gehört es aber auch, Regelungen zu schaffen, die bei Bedürftigkeit die Gewährung von Sozialhilfe vorsehen. Aber auch andere Bereiche, die als Kernbereich sozialer Sicherung verstanden werden, wie die Rentenversicherung, die Arbeitslosenversicherung und die Krankenversicherung, sind durch den Gesetzgeber zu schaffen und zu gewährleisten.

Auch die Verwaltung sowie die Rechtsprechung haben ihre Entscheidungen unter Berücksichtigung der Kernaussagen des Sozialstaatsprinzips zu treffen. Für die Verwaltung ist es insbesondere im Bereich der Ermessensentscheidungen eine zu berücksichtigende Größe. Für die Rechtsprechung kann das Sozialstaatsprinzip Auslegungshilfe bei der Bestimmung des Inhalts einer Rechtsnorm sein.

Neben der Verpflichtung der drei Gewalten aus dem Sozialstaatsprinzip wird es grundsätzlich abgelehnt, hieraus auch Ansprüche für den Einzelnen abzuleiten. Eine Ausnahme gilt aber für den Fall, dass jemand in einer Daseinskrise einen Anspruch auf Gewährung eines ein menschenwürdiges Dasein sicherndes Existenzminimums geltend macht. Insoweit lässt sich aus dem Sozialstaatsprinzip ein subjektives Recht i. S. eines **Leistungsrechts** herleiten. Von praktischer Bedeutung ist dieser Fall nicht mehr, da im Bundessozialhilfegesetz Ansprüche auf das Existenzminimum geregelt sind. Eines Rückgriffs auf das Sozialstaatsprinzip in Art. 20 Abs. 1 GG bedarf es daher nicht.

Auf einen Blick: Sozialstaatsprinzip

Das Sozialstaatsprinzip verpflichtet den Staat, soziale Gerechtigkeit und soziale Sicherheit herzustellen und aufrecht zu erhalten. Das Prinzip dient im Ergebnis dazu, Lebensbedingungen zu schaffen, die ein menschenwürdiges Dasein gewährleisten.

V. Republik

LITERATUR

Maurer, Staatsrecht I, 6. Aufl., 2010, § 7 Abs. 2; *Schmidt*, Staatsorganisationsrecht, 8. Aufl., 2008, 3. Kap. Abschn. G; *Stern*, Staatsrecht I, 1984, § 21.

Die Staatsform Deutschlands ist die einer Republik. Dies kommt in Art. 20 Abs. 1 GG durch die Formulierung zum Ausdruck: „Die Bundes**republik** Deutschland ist ein demokratischer und sozialer Bundesstaat."

Mit der Entscheidung für eine Republik als Staatsform wurde zugleich (quasi als logischer Umkehrschluss) der Einführung einer Monarchie eine klare Absage erteilt. Es wird unter der Geltung des Grundgesetzes in Deutschland nie mehr einen Monarchen als Staatsoberhaupt geben können. Dies wird letztlich durch die sog. **Ewigkeitsgarantie** des Art. 79 Abs. 3 GG sichergestellt, wonach die Änderung der Grundsätze von Art. 1 und Art. 20 GG stets unzulässig ist.

Dass Deutschland eine Republik ist, wird auch dadurch deutlich, dass der Bundespräsident als Staatsoberhaupt nicht kraft familiärer bzw. erbrechtlicher Umstände oder durch Bestellung auf Lebenszeit in sein Amt tritt, sondern durch eine zeitlich befristete Wahl durch die Bundesversammlung (fünf Jahre, Art. 54 Abs. 1 und 2 GG).

Auf einen Blick: Die Republik

Das Staatsziel Republik besagt, dass unser Staat nicht in der Form einer Monarchie geführt werden kann. Staatsoberhaupt ist der Bundespräsident, dem sein Amt kraft zeitlich befristeter Wahl übertragen wird.

VI. Umweltschutz und Tierschutz

LITERATUR

Degenhart, Staatsrecht I, 25. Aufl., 2009, § 6 Abschn. II, III; *Jarass/Pieroth*, GG-Kommentar, 10. Aufl., 2009, Art. 20a GG; *Schmidt*, Staatsorganisationsrecht, 8. Aufl., 2008, 3. Kap. Abschn. G.

Nach Art. 20a GG ist der Staat verpflichtet, die natürlichen Lebensgrundlagen zu schützen und durch die Formulierung „in Verantwortung für die künftigen Generationen" Vorsorgemaßnahmen zur Erhaltung und Wiederherstellung zu treffen. Im Juli 2002 wurden in Art. 20a GG nach dem Wort „Lebensgrundlagen" die Wörter „und die Tiere" eingefügt. Damit ist auch der Tierschutz Staatszielbestimmung.

Die Vorschrift enthält eine bindende verfassungsrechtliche Zielsetzung. Ähnlich wie das Sozialstaatsprinzip ist Art. 20a GG als **Rechtsprinzip** ausgestaltet. Das bedeutet, dass zwar die drei Gewalten ihr Handeln hiernach zu orientieren haben, aber **kein subjektives Recht** des Einzelnen besteht.

Die Maßnahmen, mit deren Hilfe der Staat die Ziele des Art. 20a GG zu realisieren hat, werden in der Vorschrift nicht genannt. Folglich hat der Staat, und hier insbesondere der Gesetzgeber, einen weiten Gestaltungsspielraum beim Erlass von Umwelt- und Tierschutzvorschriften. Die Verwaltung muss aufgrund der Vorschrift bei der Abwägung in Genehmigungsverfahren den Umwelt- und Tierschutz als Verfassungsgüter einbeziehen. Für die Rechtsprechung spielt der Tierschutz vor allem dann eine Rolle, wenn aus Gründen des Tierschutzes Grundrechte eingeschränkt werden sollen. So können die Glaubensfreiheit aus Art. 4 Abs. 1 GG und die Wissenschaftsfreiheit aus Art. 5 Abs. 3 GG nur durch sog. verfassungsimmanente Schranken eingeschränkt werden. Der Tierschutz ist jetzt eine solche Schranke.

Auf einen Blick: Umweltschutz und Tierschutz

Der Umweltschutz als Staatsziel verpflichtet den Staat, die natürlichen Lebensgrundlagen zu schützen und erhaltende Vorsorgemaßnahmen für die Zukunft zu schaffen. Der Tierschutz ist jetzt ebenfalls Staatszielbestimmung und ist vor allem bei der Einschränkung von Grundrechten als sog. verfassungsimmanente Schranke zu beachten.

VII. Europäische Integration

LITERATUR

Degenhart, Staatsrecht I, 25. Aufl., 2009, § 1 Abs. 1 Rn. 8 ff.; *Jarass/Pieroth*, GG-Kommentar, 10. Aufl., 2009, Art. 23 GG; *Maurer*, Staatsrecht I, 6. Aufl., 2010, § 4; *Schmidt*, Staatsorganisationsrecht, 8. Aufl., 2008, 3. Kap. Abschn. H.

Art. 23 Abs. 1 GG erhebt die Europäische Integration zum Staatsziel. Danach wirkt die Bundesrepublik Deutschland bei der Entwicklung der Europäischen Union mit. Sie kann hierzu Souveränitätsrechte auf die Europäische Union übertragen. Die Europäische Integration als Staatsziel ist noch jung. Erst durch eine Verfassungsänderung im Jahre 1992 wurde Art. 23 GG ins Grundgesetz eingefügt. Damit wurde die seit jeher in der Präambel des Grundgesetzes verankerte verfassungsrechtliche Grundentscheidung ("...als gleichberechtigtes Glied in einem vereinten Europa...") verstärkt und durch die dezidierte Regelung in Art. 23 GG auch präzisiert. Nach Art. 23 Abs. 1 Satz 3 GG muss die Unveränderlichkeitssperre des Art. 79 Abs. 3 GG beachtet werden. Ein europäischer Zusammenschluss, der dazu führt, dass die Bundesrepublik Deutschland als Staat aufgelöst wird oder die Folge hat, dass staatstragende Prinzipien verloren gehen, wäre verfassungswidrig.

Was den zukünftigen rechtlichen Charakter eines vereinten Europas angeht, lässt Art. 23 Abs. 1 GG weite Gestaltungsspielräume zu. Es besteht über die Vorschrift also keine Pflicht, einen „Bundesstaat Europa" zu schaffen. Dagegen enthält Art. 23 Abs. 1 GG Vorgaben an die Europäische Union. So muss die Europäische Union demokratischen Grundsätzen entsprechen, rechtsstaatliche, soziale und föderative Grundsätze wie auch den Grundsatz der Subsidiarität beachten.

Auf einen Blick: Europäische Integration

Art. 23 Abs. 1 GG erklärt die Europäische Integration zum Staatsziel. Eine Europäische Integration, die dazu führen würde, dass die Bundesrepublik Deutschland ihre staatliche Eigenständigkeit verlöre, wäre allerdings wegen Verstoßes gegen Art. 79 Abs. 3 GG unzulässig. Integration kann daher bestenfalls die Gründung eines Bundesstaates bedeuten, in dem die Bundesrepublik ein gleichberechtigtes Mitglied wäre.

§ 8 Die Gesetzgebung des Bundes

I. Gesetzgebungszuständigkeiten

LITERATUR

Degenhart, Staatsrecht I, 25. Aufl., 2009, § 3 Abs. 2.; *Hesse*, Grundzüge des Verfassungsrechts der Bundesrepublik Deutschland, 20. Aufl., 1995, § 14 Abs. 1; *Ipsen*, Staatsrecht I, 21. Aufl., 2009, § 10; *Maurer*, Staatsrecht I, 6. Aufl., 2010, § 17; *von Mutius*, „Ungeschriebene" Gesetzgebungskompetenzen des Bundes, Jura 1986, S. 498 ff.; *Schmidt*, Staatsorganisationsrecht, 8. Aufl., 2008, 7. Kap. Abschn. B; *Schneider*, Gesetzgebung, 3. Aufl., 2002; *Thiele*, Neuregelung der Gesetzgebungskompetenz, JA 2006, S. 714.

1. Kompetenzverteilung zwischen Bund und Ländern

Das Grundgesetz nimmt in Art. 70 ff. GG eine Zuständigkeitsverteilung zwischen Bund und Ländern vor. Nach dieser Vorschrift haben die Länder das Recht zur Gesetzgebung, soweit dieses Grundgesetz nicht dem Bund die Gesetzgebungsbefugnis verleiht. Art. 30 GG, der die Ausübung staatlicher Gewalt und die Erfüllung der staatlichen Aufgaben zur Sache der Länder erklärt, wird durch Art. 70 GG für den Bereich der Gesetzgebung konkretisiert.

Wann der Bund die Gesetzgebungsbefugnis innehat, ist vornehmlich in den Art. 71 ff. GG geregelt. Insoweit wird zwischen zwei Arten der Zuständigkeit unterschieden:

- der **ausschließlichen Gesetzgebungszuständigkeit** des Bundes, Art. 71 GG;
- der **konkurrierenden Zuständigkeit**, Art. 72 GG.

Die einzelnen Zuständigkeitsarten sind dadurch gekennzeichnet, dass in den entsprechenden Zuständigkeitsvorschriften Materien aufgeführt sind, für die dem Bund die Zuständigkeit zur Gesetzgebung zusteht.

Sofern die Zuständigkeit des Bundes nach einer der vorstehenden Zuständigkeitsarten nicht begründet werden kann, verbleibt es bei der Zuständigkeit der Länder (es sei denn, es besteht eine ungeschriebene Bundeszuständigkeit).

2. Ausschließliche Zuständigkeit

Nach Art. 71 GG hat der Bund im Bereich der ausschließlichen Gesetzgebung die alleinige Befugnis zum Erlass von Gesetzen, es sei denn, dass ein Bundesgesetz die Länder ausdrücklich zur Gesetzgebung ermächtigt. Die einzelnen Sachbereiche, in denen der Bund ausschließlich gesetzgebungsbefugt ist, sind hauptsächlich in Art. 73 GG geregelt. Hier sind solche Sachbereiche aufgeführt, die aus sich heraus das gesamte Bundesgebiet oder das gesamte Staatsvolk einheitlich betreffen und daher nur vom Bund geregelt werden können.

Wenn ein Land trotz bestehender ausschließlicher Kompetenz des Bundes gleichwohl ein Gesetz erlässt, ist dieses Gesetz nichtig, und zwar unabhängig davon, ob der Bund im jeweiligen Sachbereich bereits ein Gesetz erlassen hat oder nicht.

Neben Art. 73 GG gewähren auch andere Vorschriften dem Bund die ausschließliche Gesetzgebungsbefugnis, nämlich dann, wenn in einem Artikel des Grundgesetzes die Formulierung: „Das Nähere regelt ein Bundesgesetz" oder eine inhaltlich ähnliche Formulierung zu finden ist (sog. Sonderzuweisungen, z. B. in Art. 21 Abs. 3, Art. 38 Abs. 3, Art. 48 Abs. 3 Satz 3 GG).

BEACHTE

Zu den Sachgebieten der ausschließlichen Kompetenz zählen beispielsweise:

- die auswärtigen Angelegenheiten (Art. 73 Nr. 1 GG),
- die Staatsangehörigkeit im Bund (Art. 73 Nr. 2 GG),
- das Währungs- und Geldwesen (Art. 73 Nr. 4 GG),
- die Rechtsverhältnisse der im Dienste des Bundes stehenden Personen (Art. 73 Nr. 8 GG),
- die Zusammenarbeit des Bundes und der Länder aus Staatsschutzgründen (Art. 73 Nr. 10b) GG),
- Regelungen über die Zölle in Art. 105 Abs. 1 GG, soweit neben dem Bestehen europarechtlicher Vorschriften (Zollkodex der Gemeinschaften) Regelungsbefugnisse verbleiben.

3. Konkurrierende Zuständigkeit

Der Bereich der konkurrierenden Gesetzgebung geht im Vergleich zur ausschließlichen Zuständigkeit von einem grundsätzlich anderen Ansatz aus. Im Bereich der konkurrierenden Gesetzgebung steht die Befugnis zur Gesetzgebung nach Art. 72 Abs. 1 GG den Ländern zu, solange und soweit der Bund von der Kompetenz keinen Gebrauch gemacht hat (*Kernkompetenz*). Nur dann besteht eine Sperrwirkung für die Länder. Wenn die Länder vor dem Erlass eines Bundesgesetzes ihrerseits ein Gesetz erlassen hatten, verliert dieses seine Wirksamkeit, es tritt außer Kraft.

HINWEIS

Art. 72 GG sieht insgesamt drei Varianten der konkurrierenden Gesetzgebung vor:

- Grundkompetenz nach Art. 72 Abs. 1 GG
- Erforderlichkeitskompetenz nach Art. 72 Abs. 2 GG
- Bedarfskompetenz nach Art. 72 Abs. 3 GG

Durch Art. 72 Abs. 2 GG wird die allgemeine Kompetenzvermutung zugunsten des Bundes bei konkurrierender Gesetzgebungsbefugnis eingeschränkt (Erforderlichkeitskompetenz). In den Fällen, die in Art. 72 Abs. 2 GG aufgelistet sind, kann der Bund von seinem konkurrierenden Gesetzgebungsrecht nicht ohne weiteres Gebrauch machen, sondern hat nur dann Gesetzgebungsbefugnis, wenn und soweit

- die Herstellung gleichwertiger Lebensverhältnisse im Bundesgebiet
- oder die Wahrung der Rechts- und Wirtschaftseinheit im gesamtstaatlichen Interesse eine bundesgesetzliche Regelung erforderlich machen.

Die einschränkenden Voraussetzungen von Art. 72 Abs. 2 GG als sog. unbestimmte Rechtsbegriffe eröffnen einen Beurteilungsspielraum für den Bund. Gleichwohl kann der Bund hier nicht aus eigener Machtvollkommenheit letztverbindlich festlegen, ob eine der einschränkenden Voraussetzungen vorliegt. Ob ein Gesetz den Voraussetzungen des Art. 72 Abs. 2 GG genügt, ist vom Bundesverfassungsgericht im Verfahren nach Art. 93 Abs. 1 Nr. 2a GG überprüfbar.

Die praktisch größere Bedeutung hat die zweite einschränkende Voraussetzung des Art. 72 Abs. 2 GG. Die Wahrung der Rechts- und Wirtschaftseinheit im gesamtstaatlichen Interesse liegt vor, wenn die einheitliche Regelung einer Rechtsmaterie den Interessen des gesamten Bundesstaates dient und nicht nur den Interessen einzelner Länder.

In den Fällen, in denen die Erforderlichkeit nicht ausdrücklich nachgewiesen werden muss, ergibt sich die Gesetzgebungsbefugnis des Bundes allein daraus, dass ein Kompetenztitel nach Art. 74 Abs. 1 GG vorliegt.

Art. 72 Abs. 2 GG räumt den Ländern die Befugnis ein, in bestimmten Fällen der konkurrierenden Gesetzgebung auch dann vom Bundesrecht abweichende Gesetze zu erlassen, wenn der Bund bereits von seiner Kompetenz Gebrauch gemacht hat (Abweichungskompetenz).

BEISPIELE

- Naturschutz,
- Wasserhaushalt,
- Hochschulzulassung und
- Hochschulabschlüsse.

Wenn in einem Bereich der konkurrierenden Gesetzgebung der Landesgesetzgeber vor Tätigwerden des Bundes ein Gesetz erlassen hat, wird das Verhältnis von (altem) Landesrecht und (neuem) Bundesrecht grundsätzlich über Art. 31 GG gelöst. Danach bricht Bundesrecht Landesrecht. Dies bedeutet: Mit Erlass eines Bundesgesetzes auf dem Gebiet der konkurrierenden Gesetzgebung werden entsprechende Landesgesetze vollständig und auf Dauer aufgehoben.

Von diesem Grundsatz weicht Art. 72 Abs. 3 GG nun ab: Das *neuere* Landesgesetz hat ausnahmsweise Anwendungsvorrang gegenüber dem *älteren* Bundesgesetz. Das Landesgesetz, welches das ältere Bundesgesetz verdrängt, kann jedoch seinerseits ebenfalls wieder von neuerem Bundesgesetz verdrängt werden. Das jeweils neuere Gesetz überlagert also das bereits bestehende; unabhängig davon, ob es sich um Bundes- oder Landesgesetz handelt.

BEACHTE

Die Fallgruppen, in denen eine **konkurrierende Gesetzgebungszuständigkeit** besteht, sind in Art. 74 Abs. 1 GG geregelt. Die wichtigsten Sachbereiche sind:

- das bürgerliche Recht, das Strafrecht, die Rechtsberatung, usw. (Art. 74 Abs. 1 Nr. 1),
- das Recht der Wirtschaft (Art. 74 Abs. 1 Nr. 11),
- das Arbeitsrecht einschließlich der Betriebsverfassung (Art. 74 Abs. 1 Nr. 12),
- die Besoldung und Versorgung der Angehörigen des öffentlichen Dienstes, die in einem öffentlich-rechtlichen Dienst- und Treueverhältnis stehen (= Beamte).

→ Hinweis: Für Bundesbeamte gilt Art. 73 Nr. 8 GG als vorrangige Norm.

4. Ungeschriebene Zuständigkeiten

Die Kompetenz des Landesgesetzgebers besteht, wie aus Art. 70 GG unmissverständlich hervorgeht, wenn eine Bundeszuständigkeit nicht gegeben ist.

Zu bedenken ist aber, dass dem Bund gegebenenfalls eine sog. **ungeschriebene Zuständigkeit** zustehen kann. So kann der Bund eine **Zuständigkeit kraft Sachzusammenhangs** für solche Materien haben, die er sinnvoller Weise mitregeln muss, wenn er von einer ihm durch das Grundgesetz zugewiesenen Kompetenz Gebrauch machen will.

BEISPIEL ▸ Der Bund hat in Art. 21 Abs. 3 GG eine ausdrückliche Zuständigkeit zur Regelung des Rechts der Parteien, nicht aber die (ausdrückliche) Kompetenz für die Zuteilung von Sendezeiten für Werbespots im Rundfunk. Um aber das Sachgebiet des Rechts der politischen Parteien umfassend regeln zu können, hat das Bundesverfassungsgericht (BVerfGE 12, S. 241) angenommen, dass die Regelung von Sendezeiten für politische Parteien im Rundfunk im Sachzusammenhang mit dem Recht der politischen Parteien steht (vgl. auch § 24 Abs. 2 und 3 Rundfunkstaatsvertrag, § 11 ZDF-Staatsvertrag, § 8 Abs. 2 WDR-Gesetz).

Zudem wurde vom Bundesverfassungsgericht (BVerfGE 1, S. 272) bei der Altersversorgung von Bezirksschornsteinfegern ein Sachzusammenhang zum Recht des Handwerks nach Art. 74 Nr. 11 GG gesehen.

Darüber hinaus kann eine **Kompetenz kraft Natur der Sache** bestehen. Diese Kompetenzform wird angenommen, wenn Zuständigkeitslücken in einem Sachbereich bestehen, der seiner Natur nach eine eigenste Angelegenheit des Bundes betrifft und daher auch nur vom Bund geregelt werden kann.

BEISPIEL ▸ Eine solche Zuständigkeit wurde angenommen für die Festlegung des Sitzes der Bundesregierung/Bundeshauptstadt und für Bundessymbole einschließlich der Bundesflagge.

ABB. 8 Gesetzgebung des Bundes

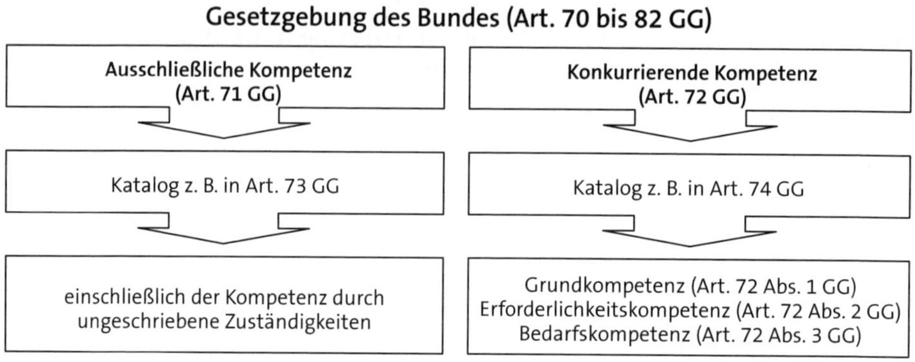

5. Abschließende Fälle

FALL

Der Bund beabsichtigt den Erlass eines Gesetzes über die Besoldung der Bundesbeamten. Ist er hierfür gesetzgebungsbefugt?

Die Kompetenzvorschrift des Art. 73 Nr. 8 GG gewährt die ausschließliche Kompetenz des Bundes für die Regelung der Rechtsverhältnisse der im Dienste des Bundes stehenden Personen. Unter diesen Personenkreis fallen auch Beamte. Die Normierung der Besoldung stellt die Regelung eines Rechtsverhältnisses i. S. von Art. 73 Nr. 8 GG dar. Folglich ist der Bund ausschließlich gesetzgebungsbefugt.

FALL

Der Bund beabsichtigt den Erlass eines Gesetzes über die Regelung der Diäten der Abgeordneten des Bundestages. Ist er hierfür gesetzgebungsbefugt?

Die Art. 71 bis 75 GG weisen insoweit keine Gesetzgebungszuständigkeiten auf. Anwendbar könnte aber Art. 48 Abs. 3 GG sein. Danach haben die Abgeordneten Anspruch auf eine angemessene Entschädigung für ihre Tätigkeit. Wie aus dem letzten Satz des Absatzes zu entnehmen ist, regelt das Nähere ein Bundesgesetz. Es liegt folglich eine sog. **Sonderzuweisung** vor, die dem Bund für den Bereich der Regelung von Abgeordnetendiäten die ausschließliche Gesetzgebungskompetenz verleiht. Damit ist der Bund gesetzgebungsbefugt.

II. Gesetzgebungsverfahren

LITERATUR

Degenhart, Staatsrecht I, 25. Aufl., 2009, § 3 Abs. 4; *Hesse*, Grundzüge des Verfassungsrechts für die Bundesrepublik Deutschland, 20. Aufl., 1995, § 14 Abs. 1; *Ipsen*, Staatsrecht I, 21. Aufl., 2009, § 6 Abs. 4, § 7 Abs. 2; *Katz*, Staatsrecht, 17. Aufl., 2007, § 20; *Schmidt*, Staatsorganisationsrecht, 8. Aufl., 2008, 7. Kap. Abschn. B; *Zippelius/Würtenberger*, Deutsches Staatsrecht, 32. Aufl., 2008, § 45 Abs. 3.

Das Grundgesetz enthält in den Art. 76 ff. GG Vorschriften über den Ablauf des Gesetzgebungsverfahrens. Im Gesetzgebungsverfahren werden insgesamt drei Schritte unterschieden:

- die Gesetzesinitiative,
- das Beschlussverfahren im Bundestag und Bundesrat,
- das Verfahren der Ausfertigung und Verkündung durch den Bundespräsidenten.

1. Gesetzesinitiative

Gem. Art. 76 Abs. 1 GG können Gesetzesvorlagen von der Bundesregierung, aus der Mitte des Bundestages oder durch den Bundesrat eingebracht werden. Nach der Geschäftsordnung des Bundestages (§ 76 Abs. 1 GO BT) müssen Vorlagen aus der Mitte des Bundestages von den Mitgliedern einer Fraktion oder von 5 % der Mitglieder des Bundestages unterzeichnet sein. Im letzten Fall spielt die Fraktionszugehörigkeit der einbringenden Abgeordneten keine Rolle.

2. Beschlussverfahren

a) Beschlussfassung im Bundestag

Ausgangspunkt des Beschlussverfahrens ist Art. 77 GG. Danach werden Bundesgesetze vom Bundestag beschlossen. Jede Gesetzesvorlage wird im Bundestag in drei Lesungen behandelt (§§ 78 bis 86 GO BT). In der ersten Lesung findet regelmäßig nur eine allgemeine Aussprache statt, die zumeist dazu führt, die Angelegenheit einem Ausschuss zu überantworten. In der zweiten Lesung wird über einzelne Vorschriften der Gesetzesvorlage ggf. auf der Grundlage des Ausschussberichtes beraten. Abschließend findet eine Einzelabstimmung statt. Werden alle Teile des Gesetzentwurfs missbilligt, ist das Gesetz gescheitert. Ansonsten wird der Gesetzentwurf mit oder ohne Änderungen gebilligt oder nochmals an einen Ausschuss verwiesen. Die dritte Lesung endet mit der Schlussabstimmung. Wird das Gesetz in dieser Schlussabstimmung abgelehnt, ist es gescheitert. Wird es dagegen angenommen, ist es nach Art. 77 Abs. 1 Satz 2 GG dem Bundesrat zuzuleiten. Für die Annahme ist grundsätzlich die einfache Mehrheit der Abgeordneten erforderlich, Art. 42 Abs. 2 GG. Etwas anders gilt nach Art. 79 Abs. 2 GG nur dann, wenn es sich um zulässige verfassungsändernde Gesetze handelt. In diesem Fall ist eine Mehrheit von zwei Dritteln der Mitglieder des Bundestages erforderlich.

b) Mitwirkung des Bundesrates

Hinsichtlich der Beteiligung des Bundesrates im Gesetzgebungsverfahren ist zwischen sog. Einspruchs- und Zustimmungsgesetzen zu unterscheiden.

Um ein Zustimmungsgesetz handelt es sich, wenn im Grundgesetz die Zustimmungsbedürftigkeit geregelt ist.

BEISPIELE ▸ Art. 23 Abs. 1 GG setzt die Zustimmungsbedürftigkeit des Bundesrates voraus, wenn ein Bundesgesetz Hoheitsrechte auf die Europäische Union überträgt. Nach Art. 84 Abs. 1 GG handelt es sich ferner um ein Zustimmungsgesetz, wenn die Länder die Bundesgesetze als eigene Angelegenheiten ausführen. Ebenfalls zustimmungsbedürftig ist nach Art. 105 Abs. 3 GG ein Bundesgesetz über Steuern, deren Aufkommen den Ländern oder den Gemeinden zufließen.

Bei **Zustimmungsgesetzen** kommt das Gesetz nur dann zustande, wenn der Bundesrat dem Gesetz zustimmt. Wenn der Bundesrat dem Gesetzentwurf nicht zustimmen will, können Bundestag oder Bundesregierung gem. Art. 77 Abs. 2 Satz 4 GG den Vermittlungsausschuss anrufen. Beschließt der Ausschuss Änderungen, so kommt das Gesetz zustande, wenn Bundestag und Bundesrat den Änderungen zustimmen. Wenn der Bundesrat nicht zustimmt, ist das Gesetz endgültig gescheitert. Beschließt der Vermittlungsausschuss keine Änderungen, kommt das Gesetz nur zustande, wenn der Bundesrat nunmehr zustimmt, was regelmäßig aber nicht zu erwarten sein dürfte. Der Bundesrat besitzt bei Zustimmungsgesetzen also ein Letztentscheidungsrecht.

Einspruchsgesetze sind im Umkehrschluss alle Gesetze, die nicht zustimmungsbedürftig sind. Bei einem Einspruchsgesetz kommt das Gesetz zustande, wenn der Bundesrat zum Gesetzentwurf sein Einverständnis erklärt oder nicht den Vermittlungsausschuss anruft (Art. 77 Abs. 2, Art. 78 GG).

Ruft der Bundesrat den Vermittlungsausschuss innerhalb der Fristen nach Art. 77 Abs. 2 GG (drei Wochen) an, kann das Gesetz zunächst nicht zustandekommen. Wenn der Vermittlungsausschuss Änderungsvorschläge beschließt, hat der Bundestag hierüber erneut zu beraten und zu beschließen.

Legt der Bundesrat gegen den Beschluss des Bundestages (sog. „4. Lesung“) innerhalb von zwei Wochen (Art. 77 Abs. 3 GG) keinen Einspruch ein, kommt das Gesetz nach Art. 78 GG zustande.

Legt der Bundesrat Einspruch ein, kann dieser Einspruch durch den Bundestag unter den Voraussetzungen von Art. 77 Abs. 4 GG überstimmt werden. Wird der Einspruch mit der Mehrheit der Stimmen des Bundesrates beschlossen, so kann er durch Beschluss der Mehrheit der Mitglieder des Bundestages zurückgewiesen werden. Hat der Bundesrat dabei den Einspruch mit einer Mehrheit von mindestens zwei Dritteln seiner Stimmen beschlossen (erforderlich nach Art. 79 Abs. 2 GG bei verfassungsändernden Gesetzen), so bedarf die Zurückweisung durch den Bundestag einer Mehrheit von zwei Dritteln der Mitglieder des Bundestages.

Bei Einspruchsgesetzen verbleibt das Letztentscheidungsrecht folglich beim Bundestag. Er kann mit entsprechenden Mehrheiten nach Art. 77 Abs. 4 GG den Gesetzentwurf auch gegen den Willen des Bundesrates durchsetzen.

Mit der Föderalismusreform I wurde der Anteil der zustimmungspflichtigen Gesetze reduziert, um das Regel-Ausnahme-Verhältnis, das Einspruchs- und Zustimmungsgesetze ursprünglich darstellten, wiederherzustellen.

3. Verfahren der Ausfertigung und Verkündung

Das zustandegekommene Gesetz ist nach dem Verfahren des Art. 82 Abs. 1 GG zunächst durch den Bundeskanzler oder einen Bundesminister nach Gegenzeichnung (zum Begriff vgl. Art. 58 Abs. 1 GG) dem Bundespräsidenten zuzuleiten und von diesem ausgefertigt (= Unterzeichnung der Gesetzesurkunde) im Bundesgesetzblatt zu verkünden. Erst dadurch wird das Gesetz wirksam. Es tritt entweder zu dem im Gesetz angegebenen Termin oder mangels einer solchen Bestimmung vierzehn Tage nach der Verkündung im Bundesgesetzblatt in Kraft.

4. Übersicht über das Gesetzgebungsverfahren

ABB. 9: Verfahren der Gesetzgebung

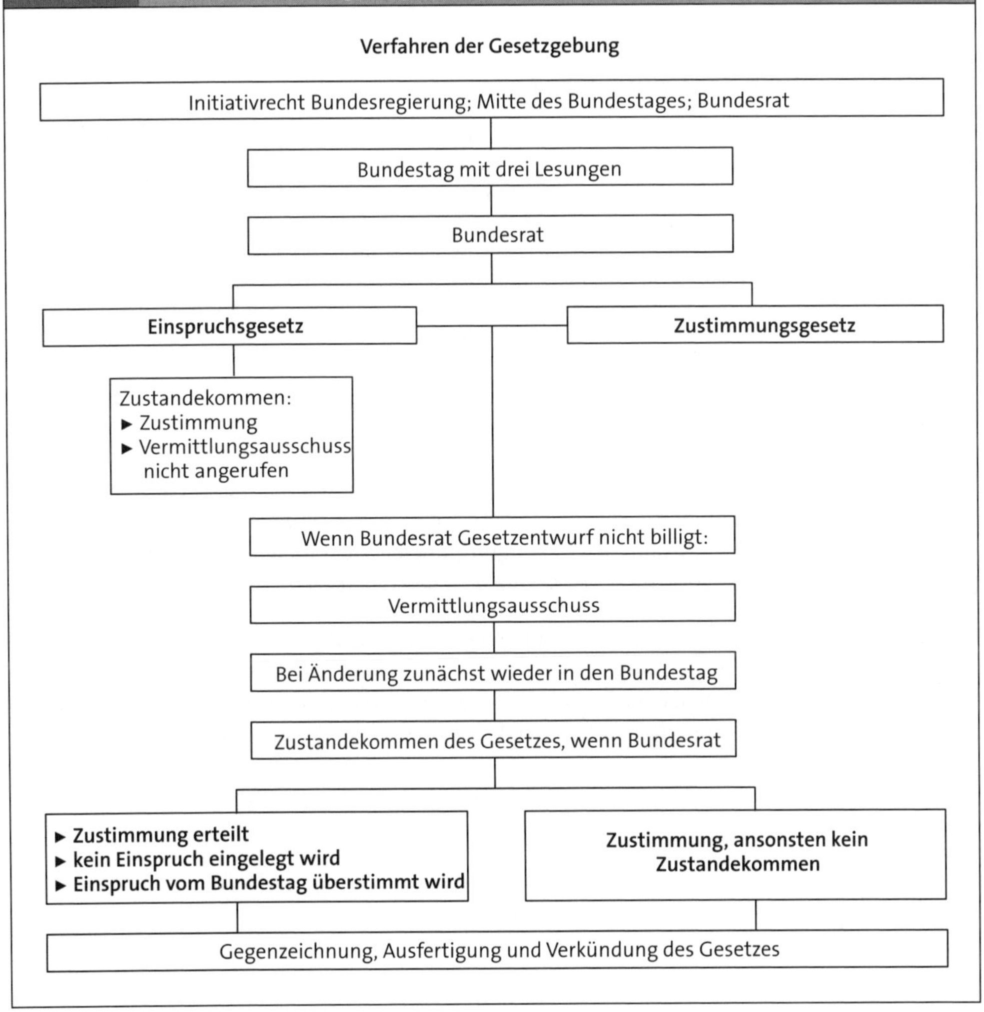

§ 9 Allgemeine Grundrechtslehren

LITERATUR

Bleckmann, Staatsrecht II – Die Grundrechte, 4. Aufl., 1997, §§ 9 bis 12; *Gallwas*, Grundrechte, 2. Aufl., 1995, Abschn. I bis IV; *Hufen*, Staatsrecht II, 2. Aufl., 2009, § 4; *Katz*, Staatsrecht, 17. Aufl., 2007, §§ 24 ff.; *Manssen*, Staatsrecht II, 6. Aufl., 2009, § 4; *Pieroth/Schlink*, Staatsrecht II, 25. Aufl., 2009, §§ 3, 4; *Schmidt*, Grundrechte, 10. Aufl., 2008, 1. Teil; *von Kliemansegg*, Grundfälle zu den allgemeinen Grundrechtslehren, JuS 2009, S. 19 ff., 118 ff., 216 ff.

I. Unterscheidung der Grundrechte

Die im Grundgesetz normierten Grundrechte sind von zwei Standpunkten her zu beurteilen. Zum einen ist der Grundrechtsträger zu beachten, d. h. wer sich auf das jeweilige Grundrecht berufen kann, zum anderen die jeweilige Schutzrichtung der einzelnen Grundrechte.

Hinsichtlich der Grundrechtsträger ist zwischen sog. Jedermann- oder Menschenrechten, die unabhängig von der Person jedem zustehen, und den Deutschen- bzw. Bürgerrechten zu unterscheiden, die nur von deutschen Staatsbürgern i. S. von Art. 116 GG in Anspruch genommen werden können.

Die Grundrechte lassen sich im Hinblick auf ihre Schutzwirkung in Freiheitsrechte, Gleichheitsrechte und grundrechtsgleiche Rechte unterscheiden.

Freiheitsrechte gewährleisten dem Einzelnen eine Betätigung innerhalb eines gewissen grundrechtlich geschützten Rahmens. Gleichheitsrechte sollen davor schützen, dass gleich gelagerte Lebenssituationen vom Staat ohne Rechtfertigung ungleich behandelt werden bzw., dass ungleiche Lebenssituationen vom Staat grundlos gleich behandelt werden.

Schließlich bestehen noch außerhalb des eigentlichen Grundrechtskatalogs eine Reihe von Rechten, die aufgrund ihrer Bedeutung und Struktur den Grundrechten vergleichbar sind. Diese Rechte werden als grundrechtsgleiche Rechte bezeichnet. Rechte dieser Art sind in den Art. 20 Abs. 4, Art. 33, Art. 38, Art. 101, Art. 103, Art. 104 GG sowie in Art. 93 Abs. 1 Nr. 4a GG aufgezählt.

ABB. 10: Einteilung der Grundrechte

Einteilung der Grundrechte

Freiheitsrechte
z. B. Art. 14 GG
(Eigentumsgarantie)

Gleichheitsrechte
z. B. Art. 3 GG

Grundrechtsgleiche Rechte
z. B. Art. 104 GG
(Sicherung gegen Freiheitsbeschränkungen)

II. Funktionen der Grundrechte

1. Grundrechte als Abwehrrechte

Das Wertesystem des Grundgesetzes geht von der Würde und Freiheit des einzelnen Menschen aus. Die Grundrechte sollen in erster Linie die Freiheitssphäre des Einzelnen gegen Übergriffe der staatlichen Gewalt schützen. Die **Grundfunktion der Grundrechte** liegt mithin darin, dass sie **für den Einzelnen verfassungsrechtlich verbürgte Abwehrrechte gegen den Staat** gewährt. Hierin sieht die höchstrichterliche Rechtsprechung des Bundesverfassungsgerichts auch heute noch die primäre, zentrale Wirkung der Grundrechte. Insofern liegt in der Wirkungsweise der Grundrechte eine Art Wechselwirkung vor: Je mehr Freiheiten die Grundrechte dem Individuum gewähren, desto mehr wird auf der anderen Seite die Möglichkeit des Staates beschränkt, in diese Freiheiten einzugreifen. Dies wird dadurch gewährleistet, dass alle staatliche Gewalt gem. Art. 20 Abs. 3 GG unmittelbar an die Verfassung – und damit auch an die Grundrechte – gebunden ist. Diese Freiheit gegenüber dem Staat als oberstes Ziel erklärt sich aus dem historischen Blickwinkel durch die menschenverachtenden Erfahrungen während der Zeit der nationalsozialistischen Herrschaft.

Ausgehend von dieser Grundfunktion wurden den Grundrechten insbesondere durch die Rechtsprechung des Bundesverfassungsgerichts im Laufe der Zeit neue Funktionen zuerkannt.

BEISPIEL Abwehrrechte schützen ausdrücklich vor Verletzungen (z. B. Art. 4 Abs. 1 GG, Art. 10 Abs. 1 GG) oder bestimmen Anforderungen, ohne deren Erfüllung der Staat die Rechte Einzelner weder beschränken (z. B. Art. 5 Abs. 2 GG, Art. 11 Abs. 2 GG) noch in sie eingreifen darf (z. B. Art. 2 Abs. 2 Satz 3 GG).

2. Grundrechte als Leistungsrechte

Den Grundrechten wurde teilweise die Funktion von Leistungsansprüchen zuerkannt, aus denen subjektive Rechte (Ansprüche) auf Gewährung von Leistungen abgeleitet wurden. Gleichwohl wird ein ursprünglicher Leistungsanspruch des Einzelnen aus einem Grundrecht nur in Ausnahmefällen bejaht.

BEISPIEL Ausdrücklich gewährt Art. 6 Abs. 4 GG den Anspruch der Mutter auf Schutz und Fürsorge der Gemeinschaft; Art. 19 Abs. 4 GG gibt ein Leistungsrecht auf gerichtlichen Rechtsweg und gerichtliche Entscheidung. Die Rechtsprechung des Bundesverfassungsgerichts (E 74, S. 134, 136; E 79, S. 154, 156) hat darüber hinaus dem Einzelnen ein Leistungsrecht auf Sicherung seines Existenzminimums aus Art. 2 GG i. V. mit dem Sozialstaatsprinzip zuerkannt. Das Bundesverwaltungsgericht bejahte einen Leistungsanspruch des Bürgers auf Impfung aus Art. 2 Abs. 2 GG (BVerwGE 9, S. 78, 80).

3. Grundrechte als Teilhaberechte

Ein Grundrecht kann darüber hinaus ein Teilhaberecht begründen. Ein Teilhaberecht soll vor allem dann bestehen, wenn der Staat das Monopol an den zur Verwirklichung und Ausübung des jeweiligen Grundrechts notwendigen Einrichtungen unterhält. Insoweit ist der Staat über Art. 3 GG gehalten, niemanden ohne sachlichen Grund von der Gewährung der Leistung auszuschließen.

BEISPIEL Nach Auffassung des BVerfG (E 33, S. 308; E 59, S. 1, 21 ff.) hat der Staat jedem gleichen Zugang zum Hochschulstudium zu gewähren. Insoweit ist Art. 12 GG ein Teilhaberecht.

4. Grundrechte als objektive Wertordnung

Grundrechte werden in ihrer Gesamtheit als objektive Wertordnung für den Staat und seine Bürger angesehen, die im gesamten staatlichen und bürgerlichen Bereich ihre Wirkung entfaltet (BVerfGE 49, S. 89, 141 f.).

Aus der Wirkung der Grundrechte als objektive Wertordnung folgt zum einen, dass die Grundrechte in gewissem Maße auch die Rechtsbeziehungen der Bürger untereinander beeinflussen können. Da die Grundrechte ihrer grundsätzlichen Ausrichtung nach Abwehrrechte gegen den Staat sind, können sie auf die Rechtsbeziehungen der Bürger allerdings nicht unmittelbar einwirken, es sei denn, das Grundgesetz fordert eine unmittelbare Grundrechtswirkung, wie z. B. in Art. 9 Abs. 3 Satz 2 GG. Die Grundrechte entfalten im Verhältnis der Bürger zueinander eine sog. mittelbare Drittwirkung. Danach strahlen die Grundrechte auf die Privatrechtsbeziehungen aus, wenn in zivilrechtlichen Vorschriften unbestimmte Rechtsbegriffe oder Generalklauseln verwendet werden (z. B. §§ 138, 242, 826 BGB). Die Auslegung unbestimmter Rechtsbegriffe oder Generalklauseln hat stets „im Lichte der Grundrechte" zu erfolgen.

BEISPIEL In dem sog. *Lüth*-Fall (BVerfGE 7, S. 198 ff.) rief der Senatsdirektor *Lüth* im Jahre 1950 zum Boykott eines Filmes des Filmemachers *Veit Harlan* auf, dessen Filme wegen ihres antisemitischen Inhalts als nationalsozialistische Judenhetze galten. Fraglich war, ob *Lüth* nach §§ 826, 1004 BGB auf Unterlassung wegen sittenwidriger Schädigung in Anspruch genommen werden konnte. Das Bundesverfassungsgericht verneinte dies, da § 826 BGB im Geiste des Art. 5 Abs. 1 Satz 1 GG (Meinungsfreiheit) ausgelegt werden müsste.

Das Bundesverfassungsgericht entschied, dass die Zivilgerichte bei der Bewertung eines Bürgschaftsvertrags, den ein Bürge abgeschlossen hatte, ohne über die Risiken aufgeklärt zu werden, die Generalklauseln aus §§ 138, 242 BGB nicht i. S. von Art. 2 Abs. 1 GG ausgelegt hatten (BVerfGE 89, S. 214). Art. 2 Abs. 1 GG verbürge die Privatautonomie des Einzelnen, weshalb bei Auslegung und Anwendung der Generalklauseln darauf zu achten sei, dass Verträge nicht als Mittel der Fremdbestimmung dienen, so das Bundesverfassungsgericht.

Aus der Wirkung der Grundrechte als objektive Wertordnung abzuleiten sind zudem gewisse staatliche Schutzpflichten. Insoweit grundlegend hierzu war das Abtreibungsurteil des Bundesverfassungsgerichts (E 39, S. 1, 41 ff.). Danach ist aus Art. 2 Abs. 2 GG eine staatliche Pflicht zum Schutz des ungeborenen Lebens abzuleiten. Diese Pflicht könne auch zur Schaffung eines diesbezüglichen Straftatbestands führen.

5. Grundrechte als Einrichtungsgarantien

In einigen Grundrechten sind sog. Einrichtungsgarantien verbürgt. Enthält ein Grundrecht eine Einrichtungsgarantie, so wird dadurch ein bestimmtes öffentliches Interesse des Gemeinwesens an der Ausübung des Grundrechts bezeugt. Durch Einrichtungsgarantien sollen Einrichtungen des öffentlichen, staatlichen, politischen, religiösen und privaten Lebens verfassungsrechtlich garantiert werden.

BEISPIEL ▸ Der Staat hat das Institut der Pressefreiheit nach Art. 5 Abs. 1 Satz 2 GG zu gewährleisten. Nach Art. 6 Abs. 1 GG hat er die Ehe und Familie als Institut zu gewährleisten und zu schützen. Das Institut der Ehe wird aber nicht durch ein Gesetz beeinträchtigt, welches die Rechtsfolgen für eine gleichgeschlechtliche Lebenspartnerschaft der Ehe nachbildet (BVerfGE 105, S. 313 ff.). Mit der Koalitionsfreiheit in Art. 9 Abs. 3 GG wird zugleich die Einrichtung eines Tarifvertragssystems mit frei gebildeten Koalitionen gewährleistet. Der Staat hat außerdem das Eigentum und das Erbrecht nach Art. 14 GG als Rechtsinstitut zu garantieren.

Bei den Einrichtungsgarantien wird zwischen Instituts- und institutionellen Garantien unterschieden. Während es sich bei Institutsgarantien um Rechtsinstitute des Privatrechts handelt, stehen institutionelle Garantien für solche des öffentlichen Rechts. Durch die Normierung der Einrichtungsgarantien in den Grundrechten ist dem Gesetzgeber die Einflussnahme auf diese Garantien entzogen worden.

ABB. 11: Funktionen der Grundrechte

Funktionen der Grundrechte

Abwehrrechte gegen den Staat

Leistungsrechte
z. B. Art. 6 Abs. 4 GG

Teilhaberechte
z. B. Art. 12 GG
beim Zugang zum Hochschulstudium

Objektive Wertordnung
Grundrechte als Ordnungsprinzipien

Grundrechte als Einrichtungsgarantien
z. B. gem. Art. 14 GG

III. Grundrechtsgewährleistung und Grundrechtsschranken

LITERATUR

Bleckmann, Staatsrecht II – Die Grundrechte, 4. Aufl., 1997, § 12; *Hufen*, Staatsrecht II, 2. Aufl., 2009, §§ 6 bis 9; *Katz*, Staatsrecht, 17. Aufl., 2007, § 28; *Manssen*, Staatsrecht II, 4. Aufl., 2009, § 8; *Pieroth/Schlink*, Staatsrecht II, 25. Aufl., 2009, § 6; *Schmidt*, Grundrechte, 10. Aufl., 2008, 1. Teil; *Voßkuhle/Kaiser*, Grundwissen – Öffentliches Recht: Der Grundrechtseingriff, JuS 2009, S. 313.

1. Grundrechtsgewährleistung und Grundrechtseingriff

Die Grundrechtsgewährleistung kennzeichnet den Schutzbereich eines Grundrechts. Der **Schutzbereich ist der grundrechtlich geschützte Lebensbereich**. Teilweise finden sich anderweitige inhaltsgleiche Bezeichnungen, wie Grundrechtstatbestand oder Normbereich.

Die Ermittlung des Schutzbereichs des Grundrechts, also dem Bereich der Grundrechtsgewährleistung, besteht in der Auslegung des Grundrechts. Dabei sind alle gebräuchlichen Auslegungsmethoden zulässig, insbesondere die teleologische Auslegung, die nach Sinn und Zweck einer Norm fragt. Zu beachten ist jedoch, dass der Wortlaut einer Vorschrift jede Auslegung begrenzt.

Der Sinn und Zweck, den der Rechtsanwender in einer Vorschrift erblickt, darf folglich nicht über den sprachüblichen Wortlaut der Einzelbegriffe hinausgehen.

Wenn sich ein Handeln eines Trägers des Grundrechts im Rahmen des Schutzbereichs der Vorschrift bewegt, wird dies als **Grundrechtsausübung** bzw. **Grundrechtsgebrauch** bezeichnet.

Das Grundrecht soll in erster Linie den Träger des Grundrechts davor schützen, durch einen staatlichen Akt in der Grundrechtsausübung behindert zu werden (Grundrecht als Abwehrrecht). Wenn aber ein staatliches Handeln ein Verhalten erschwert oder unmöglich macht, welches vom Schutzbereich des Grundrechts umfasst ist, liegt ein Eingriff in den vom jeweiligen Grundrecht geschützten Lebensbereich vor (sog. moderne Eingriffsdefinition). Dabei ist es nach der Rechtsprechung des Bundesverfassungsgerichts unerheblich, ob die Wirkung final oder unbeabsichtigt, unmittelbar oder mittelbar, rechtlich oder tatsächlich, mit oder ohne Befehl und Zwang erfolgt.

BEISPIEL ▸ Die zuständige Ordnungsbehörde erteilt einem Bauherrn eine Baugenehmigung für ein mehrstöckiges Haus. Dadurch wird das Nachbargrundstück vollständig beschattet.

Die Grundrechtsbeeinträchtigung des Eigentums nach Art. 14 GG beruht in diesem Fall nicht auf einem unmittelbarem staatlichem Akt gegenüber den benachteiligten Nachbarn. Vielmehr liegt eine mittelbare Beeinträchtigung durch die Erteilung der Baugenehmigung an den Bauherrn vor. Diese mittelbare Beeinträchtigung fällt ebenfalls unter den Begriff des Eingriffs in ein Grundrecht.

2. Grundrechtsschranken

Dass in ein Grundrecht eingegriffen wurde, ist für sich gesehen nicht ausreichend, um den Abwehrrechtscharakter eines Grundrechts zu mobilisieren. Hinzukommen muss, dass der Eingriff in das Grundrecht verfassungsrechtlich nicht gerechtfertigt ist. Eine Rechtfertigung kann ein Eingriff dann erhalten, wenn dieser auf einer staatlichen Maßnahme beruhte, die sich auf eine Grundrechtsschranke zurückführen lässt. Mit anderen Worten: Ein Eingriff kann durch Grundrechtsschranken gerechtfertigt sein.

a) Unmittelbare Gesetzesvorbehalte

Grundrechtsschranken beschränken vielfach den Schutzbereich eines Grundrechts. Schranken eines Grundrechts bestehen in erster Linie in unmittelbaren Grundrechtsschranken. Diesen Vorbehalten ist wesenseigen, dass sie sich aus dem Grundrecht selbst, aus seinem Wortlaut ergeben.

Der Hauptfall dieser unmittelbaren Grundrechtsschranken ist der sog. Gesetzesvorbehalt. Ein Gesetzesvorbehalt liegt vor, wenn ein Grundrecht durch Gesetz oder aufgrund eines Gesetzes beschränkt werden kann. **Durch Gesetz** erfolgt die Einschränkung, wenn ein förmliches Gesetz, d. h. ein Parlamentsgesetz, die Einschränkung normiert. **Aufgrund eines Gesetzes** erfolgt die Einschränkung, wenn ein förmliches Gesetz die Einschränkung zwar nicht selbst vorsieht, aber eine Rechtsverordnung, eine Satzung oder ein Verwaltungsakt dies bewirkt.

BEISPIEL ▸ Art. 8 Abs. 2 GG: „Für Versammlungen unter freiem Himmel kann dieses Recht durch Gesetz oder aufgrund eines Gesetzes beschränkt werden." Dieser Gesetzesvorbehalt wird als einfacher Gesetzesvorbehalt angesehen, da er nur für Versammlungen gilt, die unter freiem Himmel abgehalten werden. Also ist ein qualifizierter Gesetzesvorbehalt ein solcher, der den Vorbehaltsbereich einschränkt. Das einschränkende Gesetz muss an bestimmte Situationen knüpfen, bestimmte Mittel benutzen oder bestimmten Zwecken dienen.

Neben dem häufigsten Beschränkungsfall, dem Gesetzesvorbehalt, kann es weitere Formen eines unmittelbaren Gesetzesvorbehalts geben. Auch bei ihnen ist der Beschränkungsgrund ausdrücklich im Grundrecht formuliert.

BEISPIEL Art. 2 Abs. 1 GG: „Jeder hat das Recht auf freie Entfaltung seiner Persönlichkeit, soweit er nicht die Rechte anderer verletzt oder nicht gegen die verfassungsmäßige Ordnung oder das Sittengesetz verstößt.

Das Grundrecht der freien Entfaltung der Persönlichkeit kann aufgrund einer Schrankentrias beschränkt werden, nämlich bei Verletzung der Rechte Dritter, der Verletzung der verfassungsmäßigen Ordnung oder einem Verstoß gegen das Sittengesetz (Einzelheiten vgl. unter dem Abschnitt zu Art. 2 GG)."

b) Mittelbare Gesetzesvorbehalte

Regelfall der Gesetzesvorbehalte ist der unmittelbare Vorbehalt eines Grundrechts. Neben diesem ausdrücklichen Vorbehalt existiert noch der sog. mittelbare Vorbehalt. Dieser Vorbehalt wird auch **verfassungsimmanenter Vorbehalt** genannt.

Durch diese verfassungsimmanenten Schranken können Grundrechte, die nach ihrem Wortlaut schrankenlos gewährleistet werden, dennoch eingeschränkt werden.

BEISPIEL Art. 5 Abs. 3 GG gewährleistet die Freiheit der Kunst, Wissenschaft, Forschung und Lehre ohne die ausdrückliche Möglichkeit einer Einschränkung.

Zu den immanenten Schranken, welche die Freiheiten nach Art. 5 Abs. 3 GG einschränken können, zählen kollidierendes Verfassungsrecht und die Grundrechte Dritter. So gesehen darf z. B. die Kunstfreiheit nicht so weit gehen, dass ein Kunstobjekt das Leben Dritter, geschützt durch Art. 2 Abs. 2 GG, beeinträchtigt.

BEISPIEL Nach Art. 4 Abs. 1 GG ist die Glaubensfreiheit nicht durch verfassungsunmittelbare Schranken einschränkbar. Gleichwohl darf die Ausübung der Glaubensfreiheit nicht so weit gehen, dass z. B. Eltern ihre Kinder aus Glaubensgründen nicht zur Schule schicken. Die Schulpflicht ist kollidierendes Verfassungsrecht nach Art. 7 GG und begrenzt insoweit die Glaubensfreiheit nach Art. 4 Abs. 1 GG.

c) Anforderungen an grundrechtsbeschränkende Gesetze

Der Gesetzesvorbehalt eines Grundrechts gewährt zugunsten des Gesetzgebers keinen unbegrenzten Handlungsspielraum. Vielmehr existieren für den Gesetzgeber Begrenzungen der Schranken, die auch als **Schranken-Schranken** bezeichnet werden. Einige sollen im Folgenden aufgezeigt werden.

Der Gesetzgeber hat nach **Art. 19 Abs. 1 Satz 1 GG** das **Verbot des einschränkenden Einzelfallgesetzes** zu beachten. Danach darf ein grundrechtseinschränkendes Gesetz nur allgemein und nicht für einen einzelnen Lebenssachverhalt gelten.

Zudem hat der Gesetzgeber **Art. 19 Abs. 2 GG** zu beachten, wonach das einschränkende Gesetz nicht **den Wesensgehalt des Grundrechts** antasten darf. Der Wesensgehalt eines Grundrechts ist ein für den Gesetzgeber unantastbarer Kernbereich des Schutzbereichs. Wann der Kernbereich eines Grundrechts angetastet ist und wann nicht, zählt zu den schwierigsten Fragen des Verfassungsrechts. Nach meiner Auffassung ist der Kernbereich eines Grundrechts angetastet, wenn das einschränkende Gesetz dazu führt, dass einem konkret Betroffenen keinerlei Schutz durch das Grundrecht verbleibt bzw. die Einschränkung dem Gebot staatlicher Achtung der Menschenwürde nach Art. 1 Abs. 1 GG zuwiderläuft.

Neben den Regelungen des Art. 19 GG gibt es noch ungeschriebene Schranken-Schranken. Dazu zählen der Grundsatz der Verhältnismäßigkeit und der Bestimmtheitsgrundsatz nach dem Gesetze klar und bestimmt in Tatbestand und Rechtsfolge gefasst sein müssen.

Auf einen Blick: Grundrechtsgewährleistung und Grundrechtsschranken

Grundrechtsgewährleistung: Bestimmung des Schutzbereichs des Grundrechts durch Auslegung der genannten Voraussetzungen.

Schranken:

Unmittelbare Schranken: Im Grundrecht ausdrücklich genannte Schranken.

Mittelbare Schranken: Sog. immanente Grundrechtsschranken, z. B. Grundrechte Dritter.

Schranken-Schranken: Das einschränkende Gesetz darf z. B. nicht gegen Art. 19 Abs. 1 GG (Verbot des Einzelfallgesetzes) oder gegen Art. 19 Abs. 2 GG (Wesensgehaltsgarantie) verstoßen.

3. Grundrechtsträger

Die Grundrechte können hinsichtlich des Grundrechtsträgers differenziert werden. Die Frage, wer Grundrechtsträger ist, bestimmt sich aus dem Grundrecht selbst.

Unterschieden wird insoweit zwischen sog. Menschenrechten und sog. Bürger- oder Deutschenrechten. Ein Menschenrecht steht jedem Menschen zu, unabhängig von seiner Nationalität. Ein Bürger- oder Deutschenrecht steht dagegen nur Deutschen i. S. von Art. 116 GG zu.

BEISPIEL ▸ Nach Art. 2 Abs. 1 GG hat „jeder" das Recht auf freie Entfaltung der Persönlichkeit, also sowohl Deutsche wie Nichtdeutsche. Es handelt sich demnach um ein Menschenrecht. Nach Art. 8 Abs. 1 GG ist die Versammlungsfreiheit dagegen nur Deutschen gewährt (vgl. zur Versammlungsfreiheit von Ausländern die Erläuterungen im Abschnitt zu Art. 8 GG).

Grundsätzlich sind Grundrechtsträger alle natürlichen Personen, also Menschen im biologischen Sinne. Daneben kommen aber auch inländische juristische Personen nach Art. 19 Abs. 3 GG als Grundrechtsträger in Betracht. Dies gilt allerdings nur insoweit, als sich aus dem Grundrecht seinem Wesen nach eine Anwendbarkeit auf juristische Personen herleiten lässt.

BEISPIEL ▸ Einer GmbH kann z. B. ein Eigentumsrecht an einem Grundstück über Art. 14 GG zustehen. Grundrechtsträger können über Art. 19 Abs. 3 GG auch rechtsfähige Vereine, Stiftungen des bürgerlichen Rechts oder Aktiengesellschaften sein.

4. Grundrechtsadressat

Grundrechtsadressat ist derjenige, der das Grundrecht zu beachten hat. Wer Grundrechtsadressat ist, wird mittelbar in Art. 1 Abs. 3 GG genannt. Danach binden die Grundrechte die „Gesetzgebung, vollziehende Gewalt und Rechtsprechung als unmittelbar geltendes Recht".

Aus dieser Aufzählung ergibt sich, dass die drei Gewalten Adressaten der Grundrechte sind. Sie haben sich am Grundrechtsgehalt zu orientieren und diesen bei all ihren Handlungen zu berücksichtigen.

5. Grundrechtskonkurrenzen

Eine **Grundrechtskonkurrenz** liegt dann vor, wenn sich ein Grundrechtsträger bei einem einheitlichem Lebenssachverhalt auf verschiedene Grundrechte berufen kann, die alle ihrem Wortlaut nach anwendbar sind.

BEISPIEL Eine Prozession unter freiem Himmel soll auf einem von der Ordnungsbehörde festgelegten Weg stattfinden. Dieser Weg weicht vom traditionellen Prozessionsweg ab. In dieser Maßnahme kann sowohl ein Eingriff in die Religionsfreiheit nach Art. 4 Abs. 2 GG als auch in die Versammlungsfreiheit nach Art. 8 Abs. 1 GG gesehen werden.

Grundrechtskonkurrenzen werden wie folgt gelöst:

Erfüllt der Lebenssachverhalt sowohl den Tatbestand eines speziellen Grundrechts als auch den eines allgemeinen Grundrechts, geht das spezielle Grundrecht vor.

BEISPIEL Für religiös motivierte Veranstaltungen gilt Art. 4 Abs. 2 GG gegenüber der Versammlungsfreiheit als speziellere Norm. Im vorstehenden Beispielsfall ist der Eingriff in die Wegführung deshalb an Art. 4 Abs. 2 GG zu messen.

Erfüllt der Lebenssachverhalt dagegen die Voraussetzungen von zwei Grundrechten, von denen keines im Wege der Spezialität verdrängt wird, ist eine staatliche Maßnahme nach beiden Grundrechten zu bestimmen.

BEISPIEL Eine Versammlung soll wegen volksverhetzender Äußerungen aufgelöst werden. In diesem Fall sind sowohl Art. 5 Abs. 1 GG (Meinungsfreiheit) als auch Art. 8 Abs. 1 GG (Versammlungsfreiheit) ihrem Schutzbereich nach anwendbar. Folglich ist der Eingriff im Hinblick auf seine Verfassungsmäßigkeit an den Schranken von Art. 5 GG und Art. 8 GG zu messen.

6. Prüfungsschema bei der Verletzung eines Freiheitsrechts

Nachfolgend ist das Prüfungsschema bei möglicher Verletzung eines Freiheitsrechts schematisch aufgezeigt. Der Aufbau einer grundrechtlichen Prüfung bei einer möglichen Verletzung des allgemeinen Gleichheitsrechts findet sich im Anschluss des Abschnitts zu Art. 3 GG.

I. Eingriff in den Schutzbereich

1. Schutzbereich

a) Personeller Schutzbereich

Nur zu problematisieren, wenn es sich **nicht** um ein Menschenrecht handelt. Bei einem Menschenrecht ist ohnehin jedermann Grundrechtsträger. Bei sog. Bürgerrechten (z. B. Art. 12 Abs. 1 Satz 1 GG) ist ggf. zu prüfen, ob der Beschwerdeführer Deutscher i. S. von Art. 116 Abs. 1 GG ist.

b) Sachlicher Schutzbereich

Im Rahmen des sachlichen Schutzbereichs ist die Frage zu klären, welche Schutzrichtung das Grundrecht hat. Es ist der Sachbereich festzustellen, den das Grundrecht schützen will. Dies erfolgt regelmäßig durch Auslegung der im Grundrechtstatbestand genannten Rechtsbegriffe (z. B. bei Art. 12 Abs. 1 GG: „Beruf“).

2. Eingriff

Ein Eingriff in den Schutzbereich kann durch jede Form staatlichen Handelns erfolgen. Ein hoheitlicher Eingriff liegt in jedem Verbot, Gebot oder einer anderen staatlichen Zwangsmaßnahme, die dem Einzelnen ein Verhalten, das in den Schutzbereich fällt, erschwert oder unmöglich macht.

II. Verfassungsrechtliche Rechtfertigung (bei Eingriff durch Gesetze)

1. Einschränkbarkeit des Grundrechts durch Schranken

a) Gesetzesvorbehalt

b) Verfassungsimmanente Schranken

2. Verfassungsmäßigkeit des Eingriffs

a) Verfassungsmäßigkeit des (Schranken-)Gesetzes

aa) Gesetzgebungskompetenz des Bundes nach Art. 70 ff. GG

bb) Gesetzgebungsverfahren

b) Materielle Verfassungsmäßigkeit des Gesetzes

aa) Bestimmtheit: Regelung muss für den Bürger vorhersehbar sein.

bb) Rückwirkungsverbot: Echte Rückwirkung, d. h. nachträgliche Änderung bereits abgeschlossener Sachverhalte ist verboten, es sei denn, der Bürger musste damit rechnen, es bestand eine unklare Rechtslage oder die Neuregelung bringt keine wesentlichen Nachteile bzw. ist aus Gründen des Allgemeinwohls gerechtfertigt.

cc) Verhältnismäßigkeit: Das Gesetz muss geeignet, erforderlich und angemessen sein.

dd) Kein Einzelfallgesetz: Das Gesetz muss den Anforderungen des Art. 19 Abs. 1 GG genügen.

§ 10 Einzelne Grundrechte

I. Art. 1 Abs. 1 GG – Schutz der Menschenwürde

LITERATUR

Dreier, GG-Kommentar, 2. Aufl., 2004, Art. 1 Abs. 1 Rn. 51 ff.; *Hufen*, Staatsrecht II, 2. Aufl., 2009, § 10; *Jarass/Pieroth*, GG-Kommentar, 10. Aufl., 2009, Art. 1 GG Rn. 5 ff.; *Katz*, Staatsrecht, 17. Aufl., 2007, § 30 Abs. 1; *Pieroth/Schlink*, Staatsrecht II, 25. Aufl., 2009, § 7; *Scheidler*, Verstoßen Tötungsspiele gegen die Menschenwürde?, Jura 2009, S. 575; *Schmidt*, Grundrechte, 10. Aufl., 2008, 2. Teil Abschn. A; *Zippelius/Würtenberger*, Deutsches Staatsrecht, 32. Aufl., 2008, § 21.

1. Schutzbereich

Den Begriff der Menschenwürde zu definieren, ist wegen des umfassenden Schutzes, den Art. 1 Abs. 1 GG entfalten soll, schwierig. Bislang ist eine von Rechtsprechung und Literatur anerkannte starre Bestimmung des Schutzbereichs nicht erfolgt.

Nach der „Mitgiftstheorie" soll ein Anhaltspunkt für die Menschenwürde der Eigenwert des Menschen sein, der ihm um seiner selbst willen, also aufgrund seines Menschseins zukommt. Demgegenüber ist nach der „Leistungstheorie" die Leistung der eigenen Identitätsbildung entscheidend für die Menschenwürde. Die Rechtsprechung hingegen umgeht den Versuch einer positiven Definition, indem sie auf die negative Umschreibung der Menschenwürde abstellt und im Einzelfall bestimmt, was nicht menschenwürdig ist.

Allerdings findet sich bei den vielen verschiedenen Theorien und Ansätzen auch eine Schnittmenge, die die gemeinsamen Grundaussagen erfasst. So schützt die Menschenwürde gegen massive Verletzungen des Gleichheitsgedankens (z. B. in Form von Sklaverei, Menschenhandel, Vertreibung) und Herabstufung des Menschen zum bloßen Objekt bzw. zum Menschen 2. Klasse. In den Schutzbereich fällt außerdem der Schutz vor jeder Art von Folter, Gehirnwäsche und anderen erniedrigenden Behandlungen.

Als soziale Komponente soll das materielle Existenzminimum i.V. mit Art. 20 Abs. 1 GG (Sozialstaatsprinzip) garantiert werden.

BEISPIEL Nach BVerfG vom 9. 2. 2010; Urteil zu Hartz IV (1 BvL 1/09; 1 BvL 3/09; 1 BvL 4/09):

Das Grundrecht auf Gewährleistung eines menschenwürdigen Existenzminimums aus Art. 1 Abs. 1 GG i.V. mit dem Sozialstaatsprinzip des Art. 20 Abs. 1 GG sichert jedem Hilfebedürftigen diejenigen materiellen Voraussetzungen zu, die für seine physische Existenz und für ein Mindestmaß an Teilhabe am gesellschaftlichen, kulturellen und politischen Leben unerlässlich sind.

Träger des Grundrechts sind alle natürlichen Personen, unabhängig von Staatsangehörigkeit, Alter, Gesundheitszustand oder sonstiger äußerer Faktoren.

Der Schutz der Menschenwürde erfasst bereits das werdende Leben im Mutterleib, den *nasciturus*; er reicht über den Tod des Menschen hinaus.

Durch menschenunwürdiges Verhalten wird die Menschenwürde nicht aberkannt; auch ein freiwilliger Verzicht ist nicht möglich.

2. Eingriff

Die Menschenwürde ist durch Art. 1 Abs. 1 Satz 2 GG in doppelter Hinsicht geschützt: Der Staat muss sie nicht nur „achten", er darf also nicht in sie eingreifen; vielmehr muss er sie auch „schützen". Somit besteht eine ausdrückliche Schutzpflicht des Staates.

Ein Eingriff in den Schutzbereich liegt dann vor, wenn der fundamentale Wert- und Achtungsanspruch, der jedem Menschen zukommt, nicht erfüllt wird.

Nach der Objektstheorie ist das der Fall, wenn ein Mensch zum bloßen Objekt eines beliebigen Verhaltens des Staates gemacht wird, so dass seine Subjektsqualität in Frage gestellt wird (z. B. BVerfGE 87, S. 209). Dem Betroffenen muss in menschenverachtender Weise seine Menschqualität genommen werden. Dies kann beispielsweise durch Erniedrigung, Brandmarkung, Verfolgung und Ächtung geschehen (BVerfGE 1, S. 97, 104).

BEISPIELE Die lang andauernde Unterbringung in der Sicherungsverwahrung stellt an sich noch keinen Eingriff in die Menschenwürde des Untergebrachten dar. Ist die Verwahrung jedoch so ausgerichtet, dass dem Gefangenen jegliche Eigenständigkeit genommen wird und er nicht auf ein Leben in Freiheit vorbereitet wird, liegt ein Verstoß gegen Art. 1 Abs. 1 GG vor (BVerfG, NJW 2004, S. 739 f.). Der Lauschangriff zu Zwecken der Strafverfolgung verstößt gegen Art. 1 Abs. 1 GG, wenn der Kernbereich privater Lebensgestaltung nicht respektiert wird (BVerfG, NJW 2004, S. 999, 1001).

Der Begriff der Verletzung der Menschenwürde soll allerdings nicht auf jede beliebige, „unbequeme" Maßnahme des Staates angewandt werden können. Deswegen muss der Eingriff in den Schutzbereich einen gewissen Grad an Intensität aufweisen. So wird verhindert, dass jede Bagatelle durch eines der bedeutendsten Grundrechte eines freiheitlich demokratischen Staates geschützt wird.

BEISPIEL Die Veränderung der Bart- und Haartracht zum Zweck der Identifikation einer Person stellt keinen Eingriff in den Schutzbereich des Art. 1 Abs. 1 GG dar (BVerfGE 47, S. 239, 247).

3. Rechtfertigung

Die Würde des Menschen ist unantastbar. Art. 1 Abs. 1 GG steht nicht unter Gesetzesvorbehalt und darf im Rahmen der Ewigkeitsgarantie des Art. 79 Abs. 3 GG nicht einmal von Verfassungsänderungen berührt werden.

Auch der Eingriff in die Menschenwürde eines Menschen zum Schutz der Menschenwürde eines anderen Menschen ist nicht gerechtfertigt.

Damit stellt ein Eingriff in die Menschenwürde zugleich einen Verstoß gegen sie dar, der nicht gerechtfertigt werden kann.

4. Abschließender Fall zum Luftsicherheitsgesetz (nach BVerfG-Beschluss vom 15. 1. 2006; 1 BvR 357/05)

FALL

Sachverhalt

Durch § 14 Abs. 3 (LuftSiG) Luftsicherheitsgesetz sollen die Streitkräfte ermächtigt werden, Luftfahrzeuge, die als Tatwaffe gegen das Leben von Menschen eingesetzt werden sollen, auch dann abzuschießen, wenn tatunbeteiligte Passagiere an Bord sind. Wegen eines Eingriffs in die Menschenwürde der Betroffenen ist das Gesetz in dieser Form verfassungswidrig.

Lösung

Passagiere und Besatzungsmitglieder an Bord eines entführten Flugzeugs befinden sich in einer Situation, in der sie ihre Lebensumstände nicht mehr unabhängig von anderen selbstbestimmt beeinflussen können. Wenn der Staat in einer solchen Lage zur Abwehrmaßnahme des § 14 Abs. 3 LuftSiG greift und ihre Tötung zur Rettung anderer Personen in Kauf nimmt, macht er sie zum bloßen Objekt seines Handelns. Damit missachtet er die Betroffenen als Subjekte mit Würde und eigenen Rechten. Ihnen wird mit einer solchen Maßnahme der Wert, der ihnen auf Grund ihres Menschseins zukommt, abgesprochen. Eine gesetzliche Ermächtigung darf nicht dazu führen, dass unschuldige Menschen in einer hilflosen Lage vorsätzlich getötet werden.

Darin liegt ein Eingriff in den Schutzbereich des Art. 1 Abs. 1 GG.

Der Einwand, die Betroffenen seien ohnehin dem Tod geweiht, rechtfertigt ihre Tötung nicht. Die menschliche Würde wird ohne Rücksicht auf die Dauer der physischen Existenz des einzelnen Menschen geschützt. Auch die Auffassung, die Menschen, die sich an Bord des Flugzeugs befinden, seien zu einem Teil einer Waffe geworden, stellt keine Rechtfertigung für den Eingriff dar. Vielmehr verdeutlicht er, dass die Opfer des Vorgangs nicht mehr als Menschen, sondern als Objekte wahrgenommen werden. Auch die Einschätzung, die staatliche Schutzpflicht zugunsten derjenigen, gegen die das Flugzug als Waffe eingesetzt werden soll, legitimiere den Einsatz des § 14 Abs. 3 LuftSiG, rechtfertigt den Eingriff in die Menschenwürde der Passagiere nicht. Zur Erfüllung der Schutzpflicht dürfen nur solche Mittel verwendet werden, die verfassungskonform sind.

§ 14 Abs. 3 LuftSiG ermächtigt also zu einem ungerechtfertigten Eingriff in die Menschenwürde und ist damit verfassungswidrig.

II. Art. 2 GG – Allgemeines Freiheitsgrundrecht

LITERATUR

Hufen, Staatsrecht II, 2. Aufl., 2009, §§ 11 bis 13; *Katz*, Staatsrecht, 17. Aufl., 2007, § 30 Abs. 2, 3; *Lepa*, Der Inhalt der Grundrechte, 6. Aufl., 1996, zu Art. 2 GG; *Manssen*, Staatsrecht II, 6. Aufl., 2009, §§ 10 ff.; *Martini*, Das allgemeine Persönlichkeitsrecht im Spiegel der jüngeren Rechtsprechung des Bundesverfassungsgerichts, JA 2009, S. 839; *Pieroth/Schlink*, Staatsrecht II, 25. Aufl., 2009, § 11; *Schmidt*, Grundrechte, 10. Aufl., 2008, 2. Teil Abschn. B bis D.

1. Grundlegende Vorbemerkungen

a) Gegenstand der Vorschrift

Art. 2 GG beinhaltet in seinen Absätzen – wie andere Grundrechte auch – mehrere Schutzbereiche.

Während Abs. 1 die allgemeine Handlungsfreiheit schützt, garantiert Abs. 2 Satz 1 das Recht auf Leben und körperliche Unversehrtheit. Art. 2 Abs. 2 Satz 2 GG schließlich schützt die Freiheit der Person. Diese wird auch von Art. 104 Abs. 1 GG umfasst, doch geht diese Regelung dem Art. 2 GG im Rahmen ihres Anwendungsbereichs als *lex specialis* vor.

b) Grundrechtskonkurrenzen

Wegen der allgemeinen Formulierung und der daraus resultierenden Weite des Schutzbereiches ist Art. 2 Abs. 1 GG im Verhältnis zu den übrigen Freiheitsgrundrechten als allgemeines Freiheitsrecht und damit als *lex generalis* zu diesen zu betrachten. Dies bedeutet prüfungstechnisch, dass die übrigen Freiheitsrechte *leges speciales* sind und daher auch in einer Klausur o. Ä. zunächst geprüft werden müssen.

BEISPIEL ► So sind bei einem Eingriff in die Berufs- oder Glaubensfreiheit Art. 12 GG bzw. Art. 4 GG spezieller als Art. 2 Abs. 1 GG, während der Genuss von Alkohol und Haschisch (BVerfGE 90, S. 145) oder das Führen eines Motorrads ohne Helm (BVerfGE 59, S. 275) lediglich unter den Schutzbereich von Art. 2 Abs. 1 GG fallen.

Im Hinblick auf die nach Art. 2 Abs. 2 Satz 2 GG geschützte Freiheit der Person ist Art. 104 GG zu beachten. Art. 104 GG ist im Rahmen des Anwendungsbereichs zu Art. 2 Abs. 2 Satz 2 GG vorrangig (*lex specialis*).

Grundrechte aus Art. 2 GG:

Art. 2 Abs. 1 GG: Freie Entfaltung der Persönlichkeit; zwei Ausprägungen:

- allgemeine Handlungsfreiheit
- i.V. mit Art. 1 Abs. 1 GG: Allgemeines Persönlichkeitsrecht

Art. 2 Abs. 2 Satz 1 GG: Recht auf Leben und körperliche Unversehrtheit

Art. 2 Abs. 2 Satz 2 GG: Freiheit der Person

2. Art. 2 Abs. 1 GG – Freie Entfaltung der Persönlichkeit

a) Schutzbereich

Art. 2 Abs. 1 GG gewährt jedem das Recht auf freie Entfaltung seiner Persönlichkeit.

Das Grundrecht ist ein sog. Jedermann-Grundrecht und steht daher jedem einzelnen Menschen zu (Menschenrecht).

aa) Allgemeine Handlungsfreiheit

Der Schutzbereich des Art. 2 Abs. 1 GG gewährt die freie Entfaltung der Persönlichkeit des Einzelnen. Jeder Grundrechtsträger kann deshalb – vereinfacht gesagt und an der Entwurfsfassung des Grundgesetzes orientiert – im Grunde tun und lassen, was er will, um hierdurch seine persönliche „Selbstverwirklichung" zu erreichen, solange sein Handeln nicht den Einschränkungen des Art. 2 Abs. 1 GG zuwiderläuft.

Die freie Entfaltung der Persönlichkeit beinhaltet daher ein „aktives" Element, d. h. die Freiheit zu selbstbestimmtem und selbstverantwortlichem Handeln, die unmittelbar aus Art. 2 Abs. 1 GG hergeleitet und insbesondere von der Rechtsprechung i. S. einer **allgemeinen, jegliches menschliche Handeln erfassenden Handlungsfreiheit** thematisch weit gezogen wurde.

BEISPIELE

- Ausreisefreiheit,
- Freiheit im wirtschaftlichen Verkehr,
- Vertragsfreiheit; Vorsorge des Lebenden für die Zeit nach seinem Tod,
- grundsätzlich auch die Freiheit vor Belastung mit öffentlichen Abgaben.

Die allgemeine Handlungsfreiheit hat letztlich Auswirkungen auf jeden gesellschaftlichen Lebensbereich. So wird über Art. 2 Abs. 1 GG auch die wirtschaftliche Handlungsfreiheit geschützt.

Wirtschaftliche Handlungsfreiheit, sog. ökonomischer Schutzbereich

- Art. 2 Abs. 1 GG schützt auch die Handlungsfreiheit auf wirtschaftlichem Gebiet.
- Dem Einzelnen bleibt somit ein angemessener Spielraum zur Entfaltung seiner Unternehmerinitiative unantastbar garantiert.
- Beachte aber den Vorrang spezieller Freiheitsrechte wie Art. 12 GG und Art. 14 GG; so ist z. B. die Tätigkeit des selbständigen Unternehmers BERUF i. S. des Art. 12 Abs. 1 GG.
- Es gilt daher der Grundsatz, dass Freiheiten des ökonomischen Schutzbereichs vorrangig demjenigen Grundrecht zuzuordnen sind, in dessen Ausübung sich der jeweilige Grundrechtsträger ihrer bedient.

Weitere wirtschaftliche Freiheiten sind:

- Werbefreiheit
- Unternehmensfreiheit
- Konsumfreiheit
- Produktionsfreiheit
- Vertriebsfreiheit
- Informationelle Selbstbestimmung
- Berufsfreiheit für Ausländer
- Ausreisefreiheit zu beruflichen Zwecken
- Freiheit der wirtschaftlichen Eigenüberwachung

bb) Allgemeines Persönlichkeitsrecht

Die Rechtsprechung hat aus Art. 2 Abs. 1 GG in Verbindung mit Art. 1 Abs. 1 GG das sog. **allgemeine Persönlichkeitsrecht** herausgebildet, welches dem Bürger eine Vielzahl von Handlungsgarantien verbürgt und die **Achtung des Einzelnen als Person sowie die Wahrung seiner Persönlichkeitssphäre** garantiert. Das allgemeine Persönlichkeitsrecht stellt daher im Rahmen des Art. 2 Abs. 1 GG einen Sondertatbestand dar, wobei hier aber die tatbestandlichen Voraussetzungen deutlich enger gezogen werden als bei der allgemeinen Handlungsfreiheit, um einer extensiven Ausweitung dieses Bereiches, die seiner Ausnahmestellung zuwiderliefe, entgegenzuwirken.

BEISPIELE

- Eine Verletzung des allgemeinen Persönlichkeitsrechts ist gegeben, wenn eine Fernsehzeitschrift Luftbilder von Privatanwesen von Prominenten mit Angabe der dort wohnhaften Personen und einer Anfahrtswegbeschreibung sowie der Aufforderung an die Leser, die Prominenten dort aufzusuchen, abbildet (BVerfG vom 2. 5. 2006; 1 BvR 507/01).
- Schutz der Privatssphäre (BVerfGE 101, S. 361).
- Recht der informationellen (BVerfGE 65, S. 1, 42; 78, 77, 84) sowie sexuellen (BVerfGE 47, S. 46, 73) Selbstbestimmung.
- Recht am eigenen Wort (BVerfGE 34, S. 238, 246) und Bild (BVerfGE 54, S. 148, 154).
- Schutz der persönlichen Ehre (BVerfGE 54, S. 208, 217); Recht des Strafgefangenen auf Resozialisierung (BVerfGE 35, S. 202, 235).

DEFINITION

Schutzbereich von Art. 2 Abs. 1 GG

Schutz der allgemeinen Handlungsfreiheit als das Recht, frei bestimmt handeln zu können. Jedermann ist frei, zu tun und zu lassen, was er möchte.

Das allgemeine Persönlichkeitsrecht ist ebenfalls über Art. 2 Abs. 1 GG geschützt. Hierdurch soll die persönliche Lebenssphäre eines Menschen gewährleistet werden.

b) Eingriff

Ein Eingriff in den Schutzbereich des Art. 2 Abs. 1 GG ist damit jede staatliche Maßnahme, die den einzelnen Grundrechtsträger in seiner allgemeinen Handlungsfreiheit einschließlich seines Persönlichkeitsrechts berührt und einschränkt.

Zu unterscheiden ist hierbei jedoch zwischen unmittelbaren und mittelbaren Eingriffen, wobei hinsichtlich der mittelbaren ein besonderes Maß an Intensität, Relevanz, Kausalität und staatlicher Veranlassung hinzukommen muss.

c) Schranken

Die Schranken der allgemeinen Handlungsfreiheit sind im letzten Halbsatz des ersten Absatzes aufgezählt. Sie setzen sich aus den Rechten anderer, der verfassungsmäßigen Ordnung und dem Sittengesetz zusammen (sog. Schrankentrias).

In der Praxis kommt hauptsächlich der verfassungsmäßigen Ordnung Bedeutung zu. Dies begründet sich zum einen daraus, dass die Rechte anderer notwendigerweise verfassungskonform sein müssen, um überhaupt als solche gegen die Freiheit eines anderen anerkannt und eingesetzt werden zu können. Dennoch sind die Rechte anderer in selbständiger Betrachtung nicht völlig bedeutungslos; vielmehr gilt der Grundsatz, dass die allgemeine Handlungsfreiheit umso mehr beschränkt werden kann, als deren Ausübung die Rechte anderer beeinträchtigt.

DEFINITION

Rechte anderer sind alle subjektiven Rechte, die anderen Menschen zustehen und mit der Verfassung in Einklang stehen.

Zum anderen umfasst die verfassungsmäßige Ordnung das Sittengesetz, das sich lediglich über Rechtsbegriffe wie „gute Sitten" und „Treu und Glauben" (z. B. §§ 138, 242, 826 BGB) definiert, in seiner Gesamtheit, sodass seine Erwähnung heutzutage im Grunde von keiner Relevanz mehr ist.

DEFINITION

Sittengesetz umfasst die moralischen Vorstellungen aller billig und gerecht denkenden Menschen, die vor allem in Begriffen wie „gute Sitten" oder „Treu und Glauben" gesetzlich niedergelegt sind.

Unter dem Begriff der verfassungsmäßigen Ordnung versteht man die Gesamtheit aller Normen, die formell und materiell mit der Verfassung in Einklang stehen (ständige Rechtsprechung seit der sog. ***Elfes*-Entscheidung** in BVerfGE 6, S. 32, 38 ff.); diese umfasst sowohl formell-gesetzliche als auch untergesetzliche Normen, also Rechtsverordnungen und Satzungen, wobei letztere aber auf eine formell-gesetzliche Ermächtigungsgrundlage zurückzuführen sein müssen, sowie auf solche Normen gestützte Einzelmaßnahmen, insbesondere Verwaltungsakte.

DEFINITION

Verfassungsmäßige Ordnung ist die Gesamtheit aller Normen, die formell und materiell mit der Verfassung in Einklang stehen.

d) Abschließender Fall zu Art. 2 Abs. 1 GG

FALL

Sachverhalt

Der Rentner R verbringt seine Mittagspause jeden Tag im Stadtpark, wo er seine „Stammbank" in einer Ansammlung von Parkbänken hat. Als er eines Tages dorthin kommt, ist auf jeder Bank ein kleines Schild mit der Aufschrift „Rücksicht auf alle Besucher – Rauchen verboten!" angebracht. Des Weiteren wird ein entsprechender Passus in die Parkordnung eingefügt. R, der seit etlichen Jahren passionierter Raucher ist und dies als eines seiner letzten Vergnügen betrachtet, schenkt dieser Anordnung keinerlei Beachtung und raucht auch weiterhin dort, was die übrigen Besucher verärgert. In der Folge wird er daher von einem Ordnungsbeamten nach mehrfacher Aufforderung und heftigen Disputen mit einer Geldbuße verwarnt. R ist empört und will sich gegen das Rauchverbot wehren. Kann R dies?

Lösung

R könnte dadurch in seinem Grundrecht auf Handlungsfreiheit betroffen sein, dass es ihm verwehrt ist, im Stadtpark zu rauchen. Auch der Konsum von Genussmitteln fällt unter den Schutzbereich von Art. 2 Abs. 1 GG (siehe dazu die obigen Beispielsentscheidungen). R ist damit in seinem Grundrecht betroffen. R ist in seinem Grundrecht verletzt, wenn ein nicht gerechtfertigter Eingriff in den Schutzbereich vorliegt. Hier besteht aber ein Rauchverbot in der Parkanlage, das durch die Parkordnung Geltung erlangt. Dieses Verbot ist zum Schutz der Gesundheit der übrigen – auch nichtrauchenden – Parkbesucher und deren ungestörtem Aufenthalt im Stadtpark erlassen worden. Die Parkordnung ist Teil der verfassungsmäßigen Ordnung, weshalb die Rechte des R durch diese beschränkt werden können. R muss die Geldbuße und das Rauchverbot daher hinnehmen.

3. Art. 2 Abs. 2 Satz 1 GG – Recht auf Leben und körperliche Unversehrtheit

a) Schutzbereich

Art. 2 Abs. 2 Satz 1 GG schützt das Leben und die körperliche Unversehrtheit natürlicher Personen.

Träger des Grundrechts ist wiederum jedermann, also handelt es sich um ein Menschenrecht.

Dem Schutz des menschlichen Lebens als höchstem Rechtsgut der deutschen Rechtsordnung – und damit verbunden der körperlichen Unversehrtheit – kommt besonders hohe Bedeutung zu. Die staatliche Schutzpflicht des menschlichen Lebens besteht gegenüber dem einzelnen Grundrechtsträger sowie der Gesamtheit aller Bürger. Eine Einschränkung dieses Schutzbereichs ist daher nach h. M. nur durch ein formelles Gesetz möglich, wie aus Art. 2 Abs. 2 Satz 3 GG deutlich wird.

DEFINITION

Leben ist die physische Existenz des Menschen. Es beginnt bereits während des Geburtsvorgangs, wobei nach h. M. auch der *nasciturus* von Art. 2 Abs. 2 Satz 1 GG erfasst wird.

Das Lebensende wird nach dem Kriterium des Hirntodes, d. h. mit dem Erlöschen sämtlicher Hirnfunktionen und -ströme, bestimmt, wobei in letzter Zeit erneut eine Diskussion in den Medien und der Wissenschaft über die Bestimmung des Todeszeitpunkts sowie die Problematik der Abgrenzung von Euthanasie und Sterbehilfe aufgeflammt ist.

Hingegen bildet Art. 2 Abs. 2 Satz 1 GG kein negatives Grundrecht, d. h. ein Grundrecht auf Selbsttötung; dieses wird nach allgemeiner Ansicht aus Art. 2 Abs. 1 GG hergeleitet.

Unter dem Begriff der körperlichen Unversehrtheit ist zum einen die Gesundheit im biologisch-physiologischen als auch im geistig-seelischen Bereich zu verstehen. Auch hier besteht eine staatliche Verpflichtung, darauf hinzuwirken, Menschen i. S. eines Freiseins von Schmerzen, von Gesundheitsbeeinträchtigungen und seelischen Qualen zu schützen.

Schutzbereich des Art. 2 Abs. 2 Satz 1 GG:

1. **Leben**: physische Existenz des Menschen; Beginn während des Geburtsvorganges; Schutz erfasst auch den *nasciturus*.

Nicht:

Recht zur Selbsttötung = > Art. 2 Abs. 1 GG!

2. **Körperliche Unversehrtheit**: Gesundheit im biologisch-physiologischen und geistig-seelischen Bereich.

b) Eingriff

Eingriffe in das Leben oder die körperliche Unversehrtheit kann jede Beeinträchtigung oder Zerstörung dieser Schutzgüter des Einzelnen sein, so z. B. der Vollzug der Todesstrafe, der Einsatz des Lebens im Rahmen des Dienstes bei der Polizei, der Bundeswehr, der Feuerwehr oder beim Katastrophenschutz, Euthanasie oder ein finaler Todesschuss bei Polizeieinsätzen, nicht dagegen jedoch eine mit Einwilligung des Patienten vorgenommene ärztliche Heilbehandlung.

c) Schranken

Sämtliche Eingriffe in das Leben und die körperliche Unversehrtheit stehen unter dem Gesetzesvorbehalt des Art. 2 Abs. 2 Satz 3 GG, für den es eines Gesetzes im formellen und materiellen Sinne bedarf. Dies ergibt sich aus der Systematik von Art. 2 Abs. 2 Satz 3 i.V. mit Art. 104 Abs. 1 Satz 1 GG.

BEISPIEL Durch § 14 Abs. 3 LuftSiG sollten die Streitkräfte ermächtigt werden, Luftfahrzeuge, die als Tatwaffe gegen das Leben von Menschen eingesetzt werden sollen, auch dann abzuschießen, wenn tatunbeteiligte Passagiere an Bord sind. Dieses Gesetz ist nach Entscheidung des Bundesverfassungsgerichts (BVerfGE 115, S. 118) mit dem Recht auf Leben nach Art. 2 Abs. 2 Satz 1 GG i.V. mit der Menschenwürdegarantie des Art. 1 Abs. 1 GG nicht vereinbar (siehe abschließender Fall zu Art. 1 Abs. 1 GG).

4. Abschließender Fall zu Art. 2 Abs. 2 Satz 1 GG (nach BVerfG-Beschluss vom 28. 2. 2002; 1 BvR 1676/01)

FALL

Sachverhalt

Neben dem Haus des A soll eine Mobilfunkanlage gebaut werden. A fechtet die Genehmigung zum Bau der Anlage an, da die elektromagnetischen Felder, welche die Anlage verursache, seine Gesundheit schädigten. Zwar ist anerkannt, dass durch Hochfrequenzfelder das Gewebe erwärmt und so die Gesundheit geschädigt werden kann. Die Mobilfunkanlage hält jedoch die festgesetzten Grenzwerte der Bundesimmissionsschutzverordnung (BImSchV) ein. A beruft sich auf sein Grundrecht auf körperliche Unversehrtheit und verlangt, dass der Verordnungsgeber die geltenden Immissionsgrenzwerte verschärfen muss.

Lösung

Art. 2 Abs. 2 Satz 1 GG begründet eine Schutzpflicht für den Staat, die notwendigen Maßnahmen zum Schutz des Lebens und der körperlichen Unversehrtheit zu treffen. Eine Verletzung der Schutzpflicht liegt allerdings nur dann vor, wenn die öffentliche Gewalt Schutzvorkehrungen überhaupt nicht getroffen hat, oder die getroffenen Maßnahmen völlig ungeeignet sind das gebotene Schutzziel zu erreichen. A kann die Grenzwerte also nur beanstanden, wenn erkennbar ist, dass sie die Gesundheit völlig unzureichend schützen. Allerdings gibt es keine ausreichenden wissenschaftlichen Erkenntnisse, ob elektromagnetische Felder unterhalb der Grenzwerte die Gesundheit schädigen. Der Verordnungsgeber muss nicht alle nur denkbaren Schutzmaßnahmen treffen, so dass A nicht die Verschärfung der Grenzwerte verlangen kann.

Prüfungsschema zu Art. 2 Abs. 1 GG:

Art. 2 Abs. 1 GG ist verletzt, wenn ein Eingriff in den Schutzbereich vorliegt, der nicht durch Grundrechtsschranken verfassungsrechtlich gerechtfertigt ist.

I. Eingriff in den Schutzbereich

1. Schutzbereich (allgemeines Persönlichkeitsrecht)
   a) allgemeine Handlungsfreiheit
   b) allgemeines Persönlichkeitsrecht
2. Eingriff
   Jede staatliche Maßnahme, die dem Einzelnen ein Verhalten, das in den Schutzbereich des Grundrechts fällt, unmöglich macht.

II. Verfassungsrechtliche Rechtfertigung des Eingriffs

Der Eingriff ist verfassungsmäßig gerechtfertigt, wenn er von den Schranken des Art. 2 Abs. 1 GG gedeckt ist. Schranken können sich ergeben aus:

- der verfassungsmäßigen Ordnung,
- Rechten anderer,
- dem Sittengesetz.

→ **sog. Schrankentrias**

5. Art. 2 Abs. 2 Satz 2 GG – Freiheit der Person

a) Schutzbereich

„Freiheit der Person" meint allein die **körperliche Fortbewegungsfreiheit**, also die Freiheit, jeden beliebigen Ort aufzusuchen oder zu meiden. Letztere ist als negative Grundrechtsfreiheit streitig und wird von der wohl überwiegenden Ansicht nur dann bejaht, wenn unmittelbarer Zwang hinzutritt; unabhängig hiervon sind allerdings hoheitliche Gebote wie Zeugenvorladungen oder Verpflichtungen zum Verkehrsunterricht zu betrachten. Die Mindermeinung hingegen bejaht die negative Freiheit mit dem systematischen Argument, dass der Schutzbereich des Art. 2 GG somit wie bei anderen Grundrechten vervollständigt werde.

Schutzbereich des Art. 2 Abs. 2 Satz 2 GG:

Freiheit der Person: nur körperliche Bewegungsfreiheit, jeden beliebigen Ort aufzusuchen oder zu meiden; nach wohl h. M. auch die negative Bewegungsfreiheit dann, wenn unmittelbarer Zwang hinzutritt.

Von der körperlichen Fortbewegungsfreiheit ist die **Freizügigkeit des Art. 11 Abs. 1 GG** zu unterscheiden; sie setzt eine gewisse Dauer voraus, wie auch aus der Intention der Vorschrift, jedem Deutschen die Freiheit zu garantieren, Wohnsitz und Aufenthalt im gesamten Geltungsbereich zu wählen, hervorgeht.

b) Eingriff

Ein Eingriff in den Schutzbereich des Art. 2 Abs. 2 Satz 2 GG liegt dann vor, wenn jemand durch öffentlichen Zwang gehindert wird, einen bestimmten Ort aufzusuchen, oder wenn der Betroffene an einem bestimmten Ort festgehalten wird; entscheidend ist nur der Erfolg, während das Mittel, mit dem der Eingriff vorgenommen wird, ebenso wie der hiermit verfolgte Zweck ohne Bedeutung ist.

Derartige Eingriffe sind somit Freiheitsbeschränkungen und Freiheitsentziehungen jeglicher Art, unabhängig von ihrer Dauer, sodass sie von kurzfristiger Festnahme bis zur Freiheitsentziehung, worunter das Festhalten an einem eng umgrenzten Ort zu verstehen ist, und bis zu möglicher lebenslanger Freiheitsstrafe reichen können.

c) Schranken

Im Rahmen der verfassungsmäßigen Rechtfertigung ist hinsichtlich des Gesetzesvorbehaltes des Art. 104 GG zwischen den Freiheitsbeschränkungen und Freiheitsentziehungen zu unterscheiden. Für Freiheitsbeschränkungen gilt Art. 104 Abs. 1 Satz 1 GG, wonach zum einen ein förmliches Gesetz vorliegen und zum anderen die Formvorschriften dieses Gesetzes gewahrt sein müssen.

Für Freiheitsentziehungen bilden Art. 104 Abs. 2 bis 4 GG die gesetzliche Grundlage; in diesem Rahmen sind vor allem die Entscheidungsbefugnis des Richters (mit der Ausnahme des Art. 104 Abs. 2 Satz 2 und 3 GG) sowie die Benachrichtigungspflicht gem. Abs. 4 zu beachten.

Ein Problem stellt sich schließlich noch im Hinblick auf die Verfassungsmäßigkeit der lebenslangen Freiheitsstrafe. Diese darf nach allgemeiner Ansicht und ständiger Rechtsprechung des Bundesverfassungsgerichts nur dann verhängt werden, wenn sie auch nach einer besonders strengen Prüfung am Maßstab des Verhältnismäßigkeitsgrundsatzes zu verantworten ist.

d) Abschließender Fall zu Art. 2 Abs. 2 Satz 2 GG

FALL

Sachverhalt

Der D nimmt an einem Friedensmarsch gegen die Castor-Transporte teil, der von einem großen Polizeiaufgebot begleitet wird. Als die Kundgebung bereits im Begriff ist, sich aufzulösen, wird D von einem Polizisten versehentlich für den gesuchten Schwerverbrecher A gehalten, überwältigt und auf die örtliche Polizeistation gefahren, wo er in eine Zelle verbracht wird. Trotz seiner

Proteste und Versuche, seine wahre Identität zu beweisen, bleibt D für den Rest des Tages und die darauf folgende Nacht dort eingesperrt.

Lösung

In Betracht kommt ein Verstoß gegen Art. 2 Abs. 2 Satz 1 GG. Der Schutzbereich ist betroffen, da D durch seine Unterbringung in der Zelle daran gehindert wird, seinen Aufenthaltsort zu verlassen und so seine Bewegungsfreiheit auszuüben. Dieser Eingriff könnte jedoch aufgrund einer gesetzlichen Regelung gerechtfertigt sein; Möglichkeiten bieten die Vorschriften über die Festnahme in der Strafprozessordnung oder die jeweiligen landesrechtlichen Polizei- und Ordnungsgesetze. Zu beachten bleibt aber, dass D keinem Richter vorgeführt wurde, insoweit auch keine Gefahr im Verzug war und die Polizeibeamten ihrer Benachrichtigungspflicht nicht nachgekommen sind. Im Ergebnis war der Eingriff daher nicht verfassungsmäßig gerechtfertigt. Mithin liegt eine Verletzung des Grundrechts vor.

III. Art. 3 GG – Gleichheitssätze

LITERATUR

Hufen, Staatsrecht II, 2. Aufl., 2009, § 39; *Katz*, Staatsrecht, 17. Aufl., 2007, § 30 Abs. 4; *Lepa*, Der Inhalt der Grundrechte, 6. Aufl., 1996, S. 72 ff.; *Manssen*, Staatsrecht II, 6. Aufl., 2009, §§ 32 ff.; *Pieroth/Schlink*, Staatsrecht II, 25. Aufl., 2009, § 11; *Schmidt*, Grundrechte, 10. Aufl., 2008, 2. Teil Abschn. E; *Schwarz*, Grundfälle zu Art. 3 GG, JuS 2009, S. 315.

1. Grundlegende Vorbemerkungen

Die im Grundgesetz niedergelegten Gleichheitsgrundsätze stellen nach h. M. Gebote zur Verwirklichung formaler Gerechtigkeit dar.

Dabei werden im Wesentlichen unterschieden:

- **Rechtsanwendungsgleichheit** – Gleichheit vor dem Gesetz
- **Rechtsetzungsgleichheit** – Gleichheit des Gesetzes (Art. 1 Abs. 3 GG i. V. mit Art. 3 Abs. 1 GG)

Nach dem Wortlaut des Art. 3 Abs. 1 GG sind alle Menschen vor dem Gesetz gleich. Somit ist auch Art. 3 Abs. 1 GG ein Grundrecht, das jedermann Schutz gewährt; aufgrund seiner weitreichenden Formulierung wird er anerkannterweise als **allgemeiner Gleichheitsgrundsatz** angesehen.

Die **besonderen Gleichheitsgrundsätze** als spezielle Ausprägungen des Art. 3 Abs. 1 GG hingegen finden sich in Art. 3 Abs. 2 und 3, Art. 6 Abs. 5, Art. 33 Abs. 1 bis 3 sowie Art. 38 Abs. 1 Satz 1 GG; sie erfassen lediglich einen bestimmten Teil- bzw. Personenbereich und sind auch außerhalb des Grundrechtskatalogs angesiedelt. Auf sie wird unten im Rahmen eines Exkurses noch eingegangen.

Auch bei den Gleichheitsgrundrechten gilt wiederum das Spezialitätsverhältnis zwischen allgemeinem Gleichheitsgrundsatz und seinen besonderen Ausprägungen, ähnlich den Freiheitsgrundrechten; erst, wenn kein besonderer Gleichheitssatz anwendbar ist, besteht Raum für die Anwendung des Art. 3 Abs. 1 GG.

Zu beachten ist allerdings, dass Gleichheitsrechte im Gegensatz zu den Freiheitsgrundrechten aufgrund ihrer Systematik keinen unmittelbar eingrenzbaren Schutzbereich haben, in den von staatlicher Seite eingegriffen werden kann, sondern eine Verletzung in Gestalt einer willkürlichen (Un-)Gleichbehandlung nur anhand von Vergleichsgruppen im jeweiligen Einzelfall festgestellt werden kann (vgl. näher dazu unter § 10 III.2.a), bb)).

2. Art. 3 Abs. 1 GG – Allgemeiner Gleichheitssatz

Art. 3 Abs. 1 GG schützt den Einzelnen vor Ungleichbehandlung durch alle drei Staatsgewalten; er wird als sog. **Gleichheitsgebot für jedermann** oder **Willkürverbot für den Staat** nach einhelliger Ansicht als **allgemeines Gleichheitsgrundrecht** angesehen. In dieser Funktion ist er vergleichbar mit Art. 2 GG und dessen Stellung im Rahmen der Freiheitsrechte als **allgemeines Freiheitsgrundrecht**.

Deshalb ist Art. 3 Abs. 1 GG nach der Rechtsprechung des Bundesverfassungsgerichts seiner Intention gem. so zu verstehen, dass wesentlich Gleiches gleich und wesentlich Ungleiches ungleich behandelt werden muss. Hingegen lässt sich aus Art. 3 Abs. 1 GG kein Anspruch auf rechtswidrige Gleichbehandlung herleiten; vielmehr gilt der Grundsatz, dass es „eine Gleichberechtigung im Unrecht" geben kann.

a) Verstoß gegen das allgemeine Gleichheitsgebot

Art. 3 Abs. 1 GG ist immer dann verletzt, wenn eine **Ungleichbehandlung** eines Einzelnen gegenüber einer vergleichbaren Gruppe durch dieselbe staatliche Gewalt und damit ein Verstoß gegen das Willkürverbot gegeben ist. Ein solcher Verstoß liegt immer dann vor, wenn sich ein vernünftiger, aus der Natur der Sache ergebender oder sonst wie sachlich einleuchtender Grund für eine Differenzierung oder eine Gleichbehandlung nicht finden lässt.

aa) Der Begriff der Gleichheit in Art. 3 Abs. 1 GG

Der Oberbegriff der Gleichheit ist im Rahmen des Art. 3 Abs. 1 GG in Rechtsanwendungsgleichheit (im Hinblick auf die Recht sprechende und vollziehende Gewalt) und Rechtsetzungsgleichheit (im Hinblick auf die gesetzgebende Gewalt) zu unterteilen.

(1) Rechtsanwendungsgleichheit

Rechtsanwendungsgleichheit („Gleichheit vor dem Gesetz") ist die Gleichheit aller bei der Anwendung von Gesetzen durch die rechtsprechende und vollziehende Staatsgewalt.

Diesbezüglich ist zwischen gebundener Gesetzesanwendung auf der einen und dem Ermessensspielraum des Rechtsanwenders auf der anderen Seite zu differenzieren. Im ersten Fall hat der Anwender keine Wahlmöglichkeiten hinsichtlich seiner Entscheidung, da die Voraussetzungen der gesetzlichen Norm eindeutig vorgegeben sind. Eine Verletzung des Gleichheitsgrundsatzes kann daher dann nicht vorliegen, wenn ein verfassungsmäßiges Gesetz seinen Voraussetzungen entsprechend angewendet wird. Entscheidungsspielraum für den Rechtsanwender ist hingegen dann gegeben, wenn im Rahmen der anzuwendenden Vorschrift eine Ermessensmöglichkeit oder ein unbestimmter Rechtsbegriff enthalten ist. Jedoch kann es auch hier zu der Situation kommen, dass im konkreten Fall nur eine einzige Entscheidung rechtmäßig ist; man spricht dann von einer Ermessensreduzierung auf Null.

BEACHTE

Gebundene Entscheidung: Anhand der tatbestandlichen Voraussetzungen der Norm ist nur eine Entscheidung zu treffen; ist dies der Fall, so kann keine Verletzung erfolgt sein.

Ermessensspielraum: Dem Rechtsanwender stehen aufgrund der Tatsache, dass die Norm unbestimmte Rechtsbegriffe oder Raum für Ermessen enthält, mehrere Entscheidungsmöglichkeiten zu; **Ausnahme**: Ermessensreduzierung auf Null.

In diesen Fällen findet der Gleichheitsgrundsatz im Rahmen der **Selbstbindung der (Leistungs-)Verwaltung** besondere Berücksichtigung; hat diese in der Vergangenheit gleich gelagerte Fälle in bestimmter Weise entschieden, so hat sie dies auch weiterhin in diesem Rahmen zu tun (auch Rechtsgestaltungsgleichheit genannt, da die Exekutive hier hauptsächlich individuell-konkret gegenüber dem einzelnen Bürger tätig wird).

BEISPIEL ▸ Verbot der Einzelfallgesetzgebung generell; Entscheidungspraxis der Verwaltung bei der Erteilung von Genehmigungen und der Vergabe von Aufträgen z. B. im baurechtlichen Bereich.

(2) Rechtsetzungsgleichheit

Die Rechtsetzungsgleichheit („Gleichheit des Gesetzes") hingegen wird aus Art. 3 Abs. 1 i.V. mit Art. 1 Abs. 3 GG hergeleitet, der die Staatsgewalten – und damit auch die Legislative – unmittelbar an die Grundrechte bindet.

Ein Verstoß gegen die Rechtsetzungsgleichheit liegt dann vor, wenn der Gesetzgeber beim Erlass von Normen (Gesetzen) eine Gruppe von Normadressaten im Vergleich zu einer anderen Gruppe von Normadressaten unterschiedlich behandelt, obwohl zwischen den beiden Gruppen keine diese ungleiche Behandlung rechtfertigenden Gründe erkennbar sind.

bb) Ungleichbehandlung

Eine Ungleichbehandlung liegt nach der bisherigen ständigen Rechtsprechung des Bundesverfassungsgerichts (BVerfGE 49, S. 148, 165; 86, 81, 87) und den obigen Ausführungen grundsätzlich dann vor, wenn wesentlich Gleiches ungleich und wesentlich Ungleiches gleich behandelt wird.

In der neueren Rechtsprechung des Bundesverfassungsgerichts wurden Bestrebungen deutlich, den Begriff der Ungleichbehandlung zu verdeutlichen. Dies zeigt sich in der sog. neuen Formel, nach der der Gleichheitssatz dann verletzt ist, wenn der Staat eine Gruppe von Normadressaten im Vergleich zu anderen Normadressaten anders behandelt, obwohl zwischen beiden Gruppen keine Unterschiede von solcher Art und solchem Gewicht bestehen, dass sie die ungleiche Behandlung rechtfertigen könnten (BVerfGE 55, S. 72, 88). Diese macht jedoch nur insoweit einen Unterschied zur bisherigen Formulierung, als nunmehr von Normadressaten gesprochen wird, die aber lediglich die üblichen Vergleichsgruppen darstellen, die bereits nach der ursprünglichen Rechtsprechung zur Feststellung einer Ungleichbehandlung notwendig sind; im Übrigen sind die Kriterien dieselben.

BEACHTE

Ungleichbehandlung: Wesentlich Gleiches wird ungleich und wesentlich Ungleiches gleich behandelt (so die **ständige Rechtsprechung des Bundesverfassungsgerichts**; nach der sog. **Neuen Formel** liegt nun aber dann eine Ungleichbehandlung vor, „wenn der Staat eine Gruppe von Normadressaten im Vergleich zu anderen Normadressaten anders behandelt, obwohl zwischen beiden Gruppen keine Unterschiede von solcher Art und solchem Gewicht bestehen, dass sie die ungleiche Behandlung rechtfertigen könnten").

Da im wirklichen Leben so gut wie niemals zwei Sachverhalte völlig identisch sind, kann eine solche Ungleichbehandlung jedoch nur dann festgestellt werden, wenn Vergleichsgruppen vorhanden sind, die zwar nicht genau gleich, aber vergleich**bar** sind. Diese Vergleichsgruppen müssen in ihren **wesentlichen Zügen** gleich sein und die eine Gruppe durch die in Frage kommende Maßnahme gegenüber der bzw. den anderen unangemessen benachteiligt werden.

Aufgrund der oben erläuterten Systematik der Gleichheitsrechte haben diese keinen speziellen Schutzbereich; die Prüfung, ob eine ungerechtfertigte Ungleichbehandlung – und damit eine Verletzung des Art. 3 Abs. 1 GG – vorliegt, findet vielmehr in einem zweistufigen Verfahren statt:

Prüfung der Verletzung von Art. 3 Abs. 1 GG

I. Ungleichbehandlung

1. Vergleichbarkeit von Personen, Personengruppen und/oder Situationen (= Vergleichsgruppen)
   - ► Bezugspunkt für Vergleichbarkeit: gemeinsamer Oberbegriff, unter den die oben genannten Vergleichsgruppen abschließend und vollständig fallen
2. Ungleichbehandlung trotz dieses gemeinsamen Bezugspunkts der verschiedenen Gruppen durch dieselbe Staatsgewalt

II. Ungleichbehandlung verfassungsrechtlich gerechtfertigt?

b) Verfassungsmäßige Rechtfertigung

aa) Festlegung der Kontrolldichte nach der neuen Rechtsprechung des Bundesverfassungsgerichts

Ein Verstoß gegen Art. 3 Abs. 1 GG liegt vor, wenn eine Gruppe von Normadressaten im Vergleich zu einer anderen Gruppe von Normadressaten anders behandelt wird, obwohl zwischen beiden Gruppen keine Unterschiede von solcher Art und solchem Gewicht bestehen, dass diese eine ungleiche Behandlung rechtfertigen könnten. Die Ungleichbehandlung und der diese rechtfertigende Grund müssen dabei nach neuer Rechtsprechung des Bundesverfassungsgerichts in einem angemessenen Verhältnis zueinander stehen, wobei die **Dichte der vorzunehmenden**

Kontrolle unterschiedlich sein kann (BVerfGE 55, S. 72, 88; E 82, S. 126, 146; E 84, S. 133, 157; E 87, S. 234, 255; E 88, S. 5, 12; E 90, S. 46, 56).

Bei den Anforderungen an die verfassungsrechtliche Rechtfertigung der Ungleichbehandlung differenziert das Bundesverfassungsgericht nunmehr nach der **Intensität**, mit **der** die **Ungleichbehandlung** die Betroffenen beeinträchtigt (BVerfGE 88, S. 87, 96; E 91, S. 389, 401).

Aus dem **allgemeinen Gleichheitssatz** ergeben sich damit für den Gesetzgeber unterschiedliche Grenzen für die Kontrolldichte. Diese Grenzen reichen vom **einfachen Willkürverbot** bis hin zu einer strengen Bindung an den **Verhältnismäßigkeitsgrundsatz** (BVerfGE 88, S. 87, 96; E 89, S. 15, 22; E 89, S. 365, 375).

Nach Ansicht der Rechtsprechung sind dabei dem Gesetzgeber umso engere Grenzen gesetzt, je stärker sich die Ungleichbehandlung von Personen oder Sachverhalten auf die Ausübung grundrechtlich geschützter Freiheiten auswirken kann (BVerfGE 91, S. 346, 363).

So werden im Rahmen der unterschiedlichen Prüfungsintensität Regelungen auf der einen Seite bereits als unzulässig eingestuft, „wenn ihre Unsachlichkeit evident ist" (BVerfGE 55, S. 72, 90; E 89, S. 132, 142). Demgegenüber wurde in anderen Fällen überprüft, ob die Regelung „angemessen" ist (BVerfGE 81, S. 208, 224; E 82, S. 126, 146) bzw. einer strengen Bindung an den Verhältnismäßigkeitsgrundsatz unterliegt (BVerfGE 88, S. 87, 96; E 89, S. 15, 22).

bb) Großzügiger Prüfungsspielraum

Schematisch lassen sich die **großzügigere Prüfung** und damit einhergehend auch ein **weiterer Gestaltungsspielraum des Gesetzgebers** dort anbringen, wo lediglich Sachverhalte und nicht Personengruppen ungleich behandelt werden. Durch eigenes Verhalten können betroffene Personengruppen nachteiligen Auswirkungen entgegentreten.

DEFINITION

Derartige Ungleichbehandlungen sind gerechtfertigt, wenn sich nur irgendein sachlicher Grund zur Rechtfertigung anführen lässt.

Einzelfälle der großzügigen Prüfung sind z. B.:

- Subventionierung
- Leistungsverwaltung
- Schaffung von Übergangsregelungen durch den Gesetzgeber
- technische Regelungen ohne unmittelbar menschlichen Bezug
- Wirtschaftslenkung

c) Strenger Prüfungsspielraum

Die Beurteilung anhand eines **strengeren Maßstabes** ist dort angezeigt, wo nicht lediglich Sachverhalte, sondern vielmehr Personengruppen aufgrund personengebundener Merkmale ungleich behandelt werden und sich das Differenzierungskriterium den in Art. 3 Abs. 3 GG genannten Merkmalen annähert (BVerfGE 88, S. 87, 96). In derartigen Fällen ist eine Rechtfertigung nur in Betracht zu ziehen, wenn Unterschiede von solcher Art und solchem Gewicht bestehen, dass sie die ungleiche Behandlung rechtfertigen (BVerfGE 85, S. 238, 244; E 87, S. 234, 255).

BEACHTE

Derartige Ungleichbehandlungen sind nur durch einen schwerwiegenden sachlichen Grund zu rechtfertigen, der einen legitimen Zweck verfolgt, zur Erreichung dieses Zwecks erforderlich, geeignet und angemessen ist (Verhältnismäßigkeitsprüfung).

Dem Gestaltungsspielraum des Gesetzgebers sind zudem umso engere Grenzen gezogen, je mehr die nach Art. 3 Abs. 1 GG zu beurteilende Regelung zugleich andere grundrechtlich verbürgte Positionen spezieller Freiheitsrechte berührt (BVerfGE 74, S. 9, 24; E 88, S. 87, 96; E 89, S. 69, 89).

(1) Verfassungsrechtliche Rechtfertigung nach strengem Maßstab

(a) Zulässigkeit einer Differenzierung

Die Ungleichbehandlung ist verfassungsmäßig gerechtfertigt, wenn zwischen den Vergleichsgruppen Unterschiede bestehen, die eine Ungleichbehandlung rechtfertigen können.

(b) Zulässiges Differenzierungsziel

Das verlangt, dass die handelnde Staatsgewalt bei der Ungleichbehandlung ein verfassungsrechtlich zulässiges Ziel angestrebt hat.

(c) Geeignetheit der Differenzierung

Durch die Ungleichbehandlung unterschiedlicher Personengruppen müsste die abstrakte Möglichkeit der Erreichung des mit der Differenzierung verfolgten Zwecks überhaupt bestehen.

(d) Erforderlichkeit der Differenzierung

Die Differenzierung ist zudem auch erforderlich, wenn es kein ebenso effektives, aber gleichzeitig weniger belastendes Mittel gibt, das vom Gesetzgeber verfolgte Ziel zu erreichen.

(e) Angemessenheit der Differenzierung

Die Ungleichbehandlung darf nicht völlig außer Verhältnis zu dem mit ihr verfolgten Zweck stehen. Die Ungleichbehandlung und der sie rechtfertigende Grund müssen in einem angemessenen Verhältnis zueinander stehen.

(2) Ergebnis

Voraussetzungen für die Rechtfertigung der Ungleichbehandlung:

1. **Festlegung der Kontrolldichte**
   einfaches Willkürverbot (Sachverhalte) bis strenge Bindung an den Verhältnismäßigkeitsgrundsatz (Personengruppen) je nach konkreter Sachlage:

Strenger Maßstab:

2. **Verfassungsrechtliche Rechtfertigung bei der strengen (VHMK-)Prüfung**
   a) Zulässigkeit einer Differenzierung
   b) Zulässiges, legitimes Differenzierungsziel
   c) Geeignetheit der Differenzierung
   d) Erforderlichkeit der Differenzierung
   e) Angemessenheit der Differenzierung
   (Abwägung: Sind die Unterschiede zwischen den Vergleichsgruppen so gewichtig, dass sie eine Ungleichbehandlung rechtfertigen?)

Weiter Maßstab:

2. **Sachlicher Grund für die Ungleichbehandlung**

BEISPIEL

- Ungleichbehandlung verneint – BVerfGE 74, S. 9 (genereller Ausschluss der Studenten vom Arbeitslosengeld); E 82, S. 126 (kürzere Kündigungsfristen für Arbeiter als für Angestellte);
- Ungleichbehandlung bejaht – BVerfGE 38, S. 312 (Nichterstreckung des Zeugnisverweigerungsrechts gem. § 53 Abs. 1 wie auf Sozialarbeiter und Tierärzte); E 87, S. 1 (Stichtagsregelungen).

3. Exkurs: Besondere Gleichheitssätze

In diesem Abschnitt werden die besonderen Gleichheitssätze kurz behandelt und erläutert. Sie stellen bestimmte, tatbestandliche Kriterien auf, die eine entsprechende Unterscheidung nach ihren Maßstäben verbieten; somit besteht hier eine strengere Bindung als bei Art. 3 Abs. 1 GG.

a) Art. 3 Abs. 2 und 3 GG

In Art. 3 Abs. 2 und 3 GG werden hinsichtlich der dort genannten Kriterien **Diskriminierungs-** und **Privilegierungsverbote** normiert, wobei Abs. 2 gleichzeitig ein Gleichheitsgebot normiert.

Ziel des Abs. 2 ist die volle gesellschaftliche Gleichberechtigung der Frau. Die Vorschrift stellt ein **absolutes Differenzierungsgebot** dar; sie findet in den einfachgesetzlichen Regelungen ihren Niederschlag, so z. B. in den arbeitsrechtlichen Regelungen der §§ 611a, 611b, 612 Abs. 3 BGB. Ausnahmen gelten nur dann, wenn im Hinblick auf die objektiven biologischen oder funktionalen Unterschiede zwischen Mann und Frau eine besondere Regelung geboten ist oder wenn zur Kompensation erlittener Nachteile für ein Geschlecht Begünstigungen vorgesehen werden; zunehmend wird jedoch nur noch auf die objektiven biologischen Unterschiede abgestellt.

Die festen Grenzen der Ermessens- und Gestaltungsfreiheit des Gesetzgebers, die Art. 3 Abs. 2 und 3 GG vorgibt, werden teilweise durch die Rechtsprechung aufgelockert (BVerfGE 75, S. 40, 70).

Zu beachten ist die problematische Diskussion um die Zulässigkeit von Quotenregelungen im Berufsleben, bei Einstellungen im öffentlichen Dienst und bei der Besetzung von Ämtern.

Abs. 3 ist nach h. M. nur dann verletzt, wenn die Ungleichbehandlung gerade oder nur wegen der einzelnen Gründe und Kriterien erfolgt.

BEISPIEL

- **Verletzung von Art. 3 Abs. 2 GG bejaht** – Rentenbenachteiligung für Frauen, Hausarbeitstag für Männer, Bestimmung des Ehenamens.
- **Verletzung von Art. 3 Abs. 2 und 3 GG bejaht** – keine Kosmetika für männliche Strafgefangene (BVerfG vom 7. 11. 2008, 2 BvR 1870/07).
- **Verletzung von Art. 3 Abs. 2 und 3 GG verneint** – nur Frauen als Hebammen, Mutterschaftsurlaub.

b) Art. 6 Abs. 5 GG

Art. 6 Abs. 5 GG gewährt unehelichen (in Bundesgesetzen: nichtehelichen) Kindern die gesellschaftliche und bildungsmäßige Gleichstellung mit ehelichen und stellt insoweit einen bindenden Verfassungsauftrag an die Legislative dar. Dieser ist nach h. M. jedoch nicht identisch mit absoluter Gleichheit, da in der tatsächlichen Ausgangslage der Kinder ein Unterschied dahingehend besteht, dass die Ehe die einzige staatlich legitimierte Form des Zusammenlebens von Mann und Frau ist; Gleiches gilt für das Namensrecht. Eine begriffliche Darstellung variiert hier, doch scheint die geeignetste Formulierung wohl in der „Vergleichbarkeit der Lebensbedingungen" zu existieren.

c) Art. 33 Abs. 1 bis 3 GG

Art. 33 Abs. 1 bis 3 GG beschränkt den allgemeinen Gleichheitssatz auf die sog. staatsbürgerlichen Rechte, die – im Gegensatz zu den „Jedermann-Grundrechten" allein den Deutschen i. S. des Art. 116 Abs. 1 GG zustehen; er ergänzt insoweit Art. 3 Abs. 2 und 3 GG, da neben dessen Begründungs- und Rechtfertigungsverbote weitere hinzutreten.

BEISPIEL Die Entscheidung zwischen Wehr- und Ersatzdienst, das Wahlrecht oder der Zugang zum öffentlichen Dienst.

Hierbei ist allerdings zu beachten, dass die Zugehörigkeit eines Landeskindes zu einem bestimmten Bundesland nicht dazu führen darf, ihn in einem anderen Bundesland im Verhältnis zu dessen Landeskindern aufgrund seiner „Landeszugehörigkeit" anders zu behandeln.

Gleiches gilt für Art. 33 Abs. 2 GG für den Zugang zu öffentlichen Ämtern, der hierfür das alleinige Auswahlkriterium – nach den dort genannten Voraussetzungen Eignung, Befähigung und fachliche Leistung – darstellt.

Art. 33 Abs. 3 GG schließlich ist für die ihm vorangehenden Absätze praktisch unerheblich; sein Regelungsinhalt findet hier nur noch einmal ausdrückliche Erwähnung, wobei dieser bereits in Art. 4 GG geregelt und Art. 33 Abs. 1 und 2 GG zu entnehmen ist.

d) Art. 38 Abs. 1 Satz 1 GG

Art. 38 Abs. 1 Satz 1 GG normiert die fünf Grundsätze des bundesdeutschen Wahlrechts – allgemein, unmittelbar, frei, gleich und geheim.

Die Wahlrechtsgrundsätze garantieren allen wahlberechtigten Deutschen die Gleichwertigkeit ihrer persönlichen Stimme im Hinblick auf ihren Zähl- und Erfolgswert. Ausnahmen zu Abs. 1 finden sich in Art. 38 Abs. 2 GG, der Wahlberechtigungs- und Wählbarkeitsregelungen trifft, sowie in Art. 137 Abs. 1 GG, der die Wählbarkeit von Beamten aufgrund gesetzlicher Regelung beschränkt.

Art. 38 Abs. 1 Satz 1 GG wird auch der Grundsatz der Chancengleichheit der Parteien entnommen, wobei die proportionale Gleichheit der Parteien, d. h. eine abgestufte, dem Verhältnis der Parteien entsprechende Gleichheit, nach der Rechtsprechung des Bundesverfassungsgerichts ausreichend ist (siehe hierzu auch § 5 Abs. 1 PartG).

4. Abschließender Fall zu Art. 3 Abs. 1 GG (nach BVerfGE 103, S. 225 ff.)

FALL

Sachverhalt

A ist aufgrund eines im Kindesalter erlittenen Unfalls geistig und körperlich behindert. Bis zu seinem 27. Lebensjahr war er in der gesetzlichen Krankenversicherung als Familienangehöriger mitversichert; seitdem war er jedoch weder gesetzlich noch privat krankenversichert. Nun beantragt er, Mitglied bei der Pflegekasse der AOK zu werden. Diese lehnt jedoch ab, da die Vorschriften des Sozialgesetzbuchs (SGB) die Versicherungspflicht in der Pflegeversicherung an einen bestehenden Krankenversicherungs- und Krankenversorgungsschutz anknüpfen. A fühlt sich in seinem Recht aus Art. 3 Abs. 1 GG verletzt, da z. B. ein Beamter, der neben seinem Beihilfeanspruch keinen zusätzlichen Krankenversicherungsschutz hat, in die Pflegeversicherung einbezogen wird. Aber auch sonst müsse der Zugang zur Pflegeversicherung allen eröffnet werden.

Lösung

Prüfungsmaßstab ist der allgemeine Gleichheitssatz des Art. 3 Abs. 1 GG. Je nach Regelungsgegenstand und Differenzierungsmerkmalen ergeben sich aus ihm unterschiedliche Grenzen für den Gesetzgeber, die vom bloßen Willkürverbot bis hin zu einer strengen Bindung an den Verhältnismäßigkeitsgrundsatz reichen. Bei einer Ungleichbehandlung von Personengruppen unterliegt der Gesetzgeber dabei einer strengen Bindung an den Verhältnismäßigkeitsgrundsatz.

Zunächst müsste eine grundrechtlich relevante Ungleichbehandlung vorliegen. Hier werden Personen, die gesetzlich krankenversichert sind und Beamte, die neben der Beihilfe keinen Krankenversicherungsschutz aufweisen, in der Pflegekasse pflichtversichert. Dagegen werden Personen ohne Krankenversicherungsschutz nicht versichert. Zwar begründet die Stellung als Versicherter auch eine Beitragslast; diese tritt jedoch hinter dem Vorteil zurück, der sich aus dem Zugang zur gesetzlichen Pflegeversicherung insbesondere für ältere Menschen ergibt. Damit liegt eine grundrechtlich relevante Ungleichbehandlung von Personengruppen vor.

Möglicherweise ist die Ungleichbehandlung verfassungsrechtlich gerechtfertigt. Nach der sog. Neuen Formel ist eine Ungleichbehandlung nur gerechtfertigt, wenn zwischen den Normadressaten Unterschiede von solcher Art und solchem Gewicht bestehen, dass sie eine Ungleichbehandlung rechtfertigen. Deshalb ist eine strenge Prüfung der Verhältnismäßigkeit geboten.

Ziel der Differenzierung war eine möglichst praktikable Umsetzung des Anliegens, die gesamte Bevölkerung gegen das Risiko der Pflegebedürftigkeit abzusichern. Dieses Ziel ist verfassungsmäßig nicht zu beanstanden. Außerdem muss das Differenzierungskriterium zulässig sein. Dabei muss der Gesetzgeber nur die unmittelbar aus der Verfassung abzuleitenden Differenzierungsverbote beachten. Dies ist hier der Fall. Differenzierungskriterium und Differenzierungsziel müssen darüber hinaus in einem angemessenen Verhältnis stehen. Die Anknüpfung an die Krankenversicherung erleichtert es die Personen zu erfassen, die auch gegen die Pflegebedürftigkeit abzusichern sind. Damit ist die Differenzierung geeignet. Ein für die benachteiligte Gruppe weniger belastendes, aber genauso effektives Mittel, die Versicherungspflicht zu bestimmen war nicht vorhanden. Die Differenzierung war also auch erforderlich. Nach Ansicht des Bundesverfassungsgerichts war der Gesetzgeber auch nicht verpflichtet, alle bisher nicht erfassten Personen zu ermitteln und eine lückenlose Versicherungspflicht zu schaffen, so dass die Differenzierung auch angemessen ist. Ein Verstoß gegen Art. 3 Abs. 1 GG liegt also nicht deshalb vor, weil der Gesetzgeber die Versicherungspflicht an einen bestehenden Krankenversicherungsschutz geknüpft hat.

Allerdings liegt eine ungerechtfertigte Ungleichbehandlung dadurch vor, dass der Gesetzgeber den nicht von der Versicherungspflicht erfassten Personen keinen anderen Zugang zur Pflegeversicherung geschaffen hat. Denn nach Auffassung des Gesetzgebers war die gesamte Bevölkerung wegen des Pflegerisikos schutzbedürftig. Der Gesetzgeber hätte deshalb den nicht erfassten Personen z. B. ein freiwilliges Beitrittsrecht einräumen können. Dem steht auch nicht die Verwaltungspraktikabilität entgegen, weil sich die Betroffenen selbst melden müssen, um ihre Anträge zu stellen.

Prüfung der Verletzung von Art. 3 Abs. 1 GG

I. Ungleichbehandlung

1. Vergleichbarkeit von Personen, Personengruppen und/oder Situationen (= Vergleichsgruppen)
   Bezugspunkt für Vergleichbarkeit: gemeinsamer Oberbegriff, unter den die o. g. Vergleichsgruppen abschließend und vollständig fallen.
2. Ungleichbehandlung trotz dieses gemeinsamen Bezugspunkts der verschiedenen Gruppen durch dieselbe Staatsgewalt.

II. Ungleichbehandlung verfassungsrechtlich gerechtfertigt?

Voraussetzungen für einen sachlichen Grund zur Rechtfertigung der Ungleichbehandlung:

1. Festlegung der Kontrolldichte

► je nach konkreter Sachlage:

Einfaches Willkürverbot: Ungleichbehandlungen sind gerechtfertigt, wenn sich nur irgendein sachlicher Grund zur Rechtfertigung anführen lässt.

Strenge Bindung an den Verhältnismäßigkeitsgrundsatz: Ungleichbehandlungen sind nur durch einen schwerwiegenden sachlichen Grund zu rechtfertigen, der einen legitimen Zweck verfolgt, zur Erreichung dieses Zwecks erforderlich, geeignet und angemessen ist (Verhältnismäßigkeitsprüfung).

2. Verfassungsrechtliche Rechtfertigung

a) **Zulässigkeit einer Differenzierung**

b) **Zulässiges, legitimes Differenzierungsziel**

c) **Geeignetheit der Differenzierung**

d) **Erforderlichkeit der Differenzierung**

e) **Angemessenheit der Differenzierung** (Abwägung: sind die Unterschiede zwischen den Vergleichsgruppen so gewichtig, dass sie eine Ungleichbehandlung rechtfertigen?)

IV. Art. 4 GG – Religions-, Weltanschauungs-, Gewissensfreiheit, Recht auf Kriegsdienstverweigerung

LITERATUR

Frenz, Die Religionsfreiheit, JA 2009, S. 493; *Hufen*, Staatsrecht II, 2. Aufl., 2009, § 22; *Katz*, Staatsrecht, 17. Aufl., 2007, § 30 Abs. 5; *Lepa*, Der Inhalt der Grundrechte, 6. Aufl., 1996, zu Art. 4 GG; *Pieroth/Schlink*, Staatsrecht II, 25. Aufl., 2009, § 12; *Schmidt*, Grundrechte, 10. Aufl., 2008, 2. Teil Abschn. F.

1. Grundlegende Vorbemerkungen

a) Gegenstand der Vorschrift

Nach Art. 4 GG sind verschiedene Freiheiten geschützt, nämlich die Glaubensfreiheit, die Gewissensfreiheit, die Freiheit des religiösen und weltanschaulichen Bekenntnisses, die Freiheit der Religionsausübung und das Recht auf Kriegsdienstverweigerung. Nach der Rechtsprechung des Bundesverfassungsgerichts enthält Art. 4 Abs. 1 und Art. 4 Abs. 2 GG ein einheitliches Grundrecht der Glaubensfreiheit und der Freiheit des weltanschaulichen Bekenntnisses, da die Grenze zwischen beiden Freiheiten fließend und damit eine Trennung nicht möglich ist (BVerfGE 12, S. 1, 3; E 24, S. 236, 245). Daneben steht die selbständige Grundrechtsverbürgung der Gewissensfreiheit, die in Art. 4 Abs. 1 GG als eigenständiges Grundrecht aufzufassen ist. Hinzukommt das Recht auf Kriegsdienstverweigerung nach Art. 4 Abs. 3 GG.

b) Grundrechtskonkurrenzen

Art. 4 Abs. 1, Abs. 2 GG steht im Zusammenhang mit Art. 140 GG, der die sog. Kirchenrechtsartikel der Weimarer Reichsverfassung (Art. 136 bis 139 und Art. 141 Weimarer Reichsverfassung) inkorporiert. Die Normen der Weimarer Reichsverfassung regeln das Verhältnis von Kirche und Staat. Für Art. 4 Abs. 1 und 2 GG stellen sie eine Auslegungsmaxime dar.

Zu Art. 3 Abs. 3 GG und Art. 33 Abs. 3 GG besteht ebenfalls eine Verbindung, und zwar dergestalt, dass über die vorgenannten Artikel dem Staat die Verpflichtung auferlegt wird, in weltanschaulicher und religiöser Hinsicht Neutralität zu wahren und bestimmte Bekenntnisse ohne sachlichen Grund nicht ungleich zu behandeln oder zu privilegieren.

2. Art. 4 Abs. 1 und 2 GG – Einheitliches Grundrecht der Glaubens- und Weltanschauungsfreiheit

a) Schutzbereich

aa) Persönlicher Schutzbereich

Art. 4 GG gewährleistet ein jedermann zustehendes Menschenrecht. Damit kommen als Grundrechtsträger auch Kinder in Betracht, sofern sie religionsmündig sind. Die Frage der Religionsmündigkeit ist mit Blick auf Art. 6 Abs. 2 GG und Art. 7 Abs. 2 GG zu lösen. Ebenfalls vom persönlichen Schutzbereich erfasst sind die Religionsgesellschaften einschließlich ihrer Untergliederungen, auch wenn letztere rechtlich verselbständigt sind. Juristische Personen fallen unter den persönlichen Schutzbereich, wenn ihr Zweck die Pflege oder Förderung eines Bekenntnisses oder die Erfüllung karitativer Aufgaben in Verwirklichung einer Grundforderung des religiösen Bekenntnisses ist. Eine Gemeinschaft, deren Ziel es ist, ausschließlich wirtschaftliche Zwecke zu verfolgen, unterfällt dagegen nicht dem persönlichen Schutzbereich. Dies ist z. B. bei sog. Sekten der Fall, für die die religiösen und weltanschaulichen Lehren nur als Vorwand für die Verfolgung wirtschaftlicher Zwecke dienen.

bb) Sachlicher Schutzbereich

Der sachliche Schutzbereich beinhaltet die innere Freiheit, einen bestimmten Glauben zu haben oder nicht zu haben und die äußere Freiheit, diesen Glauben nach außen zu zeigen und nach diesem Glauben zu handeln (Glaubensverwirklichungsfreiheit). Gegenständlich bezieht sich die Religions- und Glaubensfreiheit – vereinfacht gesprochen – auf das Verständnis des Einzelnen von „Gott und der Welt", also auf das Rollenverständnis des Einzelnen in der Welt und sein Verhältnis zu höheren Seinsebenen.

b) Eingriff

Ein Eingriff in den Schutzbereich ist gegeben, wenn der Staat die geschützten Tätigkeiten regelt oder in anderer Weise faktisch und in erheblicher Weise beeinträchtigt, beispielsweise dadurch, dass er vor einer Religionsgemeinschaft warnt (BVerfGE 105, S. 279). Ebenfalls Eingriffscharakter hat die staatliche Förderung von Vereinigungen, deren Ziel darin besteht, bestimmte Religionsgesellschaften zu bekämpfen (BVerwGE 90, S. 112, 119).

BEISPIEL Nach BVerfG vom 1. 12. 2009 (1 BvR 2857/07 und 1 BvR 2858/07):

Im Berliner Ladenschlussgesetz war vorgesehen, dass alle vier Adventssonntage ohne Ausnahme – und darüber hinaus noch zahlreiche andere Sonntage im Jahr – verkaufsoffen sein dürften. Die Möglichkeit der Ladenöffnung an allen vier Adventssonntagen ist jedoch mit den Schutzpflichtanforderungen aus Art. 4 Abs. 1 und 2 GG i.V. mit Art. 140 GG und Art. 139 WRV nicht mehr in Einklang zu bringen. Das gesetzliche Schutzkonzept für die Gewährleistung der Sonn- und Feiertagsruhe erfordert, dass es der Regelfall sein muss, diese Tage als solche der Arbeitsruhe zu erheben. Allein aus Art. 4 Abs. 1 und 2 GG lässt sich keine staatliche Verpflichtung herleiten, die religiös-christlichen Feiertage und den Sonntag unter den Schutz einer näher auszugestaltenden generellen Arbeitsruhe zu stellen und für sich für die Auswahl dieser Tage an den Grundsätzen bestimmter Religionsgemeinschaften zu orientieren. Das Grundrecht aus Art. 4 Abs. 1 und 2 GG erfährt allerdings eine Konkretisierung durch die Sonn- und Feiertagsgarantie nach Art. 140 GG i.V. mit Art. 139 WRV. Diese Garantie wirkt ihrerseits als in der Verfassung getroffene Wertung auf die Auslegung und Bestimmung des Schutzgehalts von Art. 4 Abs. 1 und 2 GG ein und ist deshalb auch bei der Konkretisierung der grundrechtlichen Schutzpflicht des Gesetzgebers zu beachten.

c) Schranken

Aus dem Wortlaut von Art. 4 Abs. 1 und Abs. 2 GG ergeben sich keine geschriebenen Grundrechtvorbehalte. Gleichwohl ist das Grundrecht nicht schrankenlos gewährleistet. Es gelten sog. verfassungsimmanente Schranken. Zu nennen sind einerseits kollidierende Grundrechte Dritter (z. B. aus Art. 2 GG oder aus Art. 4 GG selbst) und andere mit Verfassungsrang ausgestaltete Werte. Zu den Werten mit Verfassungsrang zählt unter anderem der Tierschutz aus Art. 20a GG, der z. B. im Rahmen einer Abwägung für die Erteilung einer Erlaubnis für das sog. Schächten im Islam eine Rolle spielen kann. Ob darüber hinaus auch aus den Art. 136 Abs. 1, Abs. 3 Satz 2 und aus Art. 137 Abs. 3 Satz 1 Weimarer Reichsverfassung Schranken abzuleiten sind, ist streitig; vgl. dazu *Pieroth/Schlink*, 2009, § 12 Abs. IV, Rz. 536 bis 539.

BEISPIEL Nach BVerfG vom 20. 6. 2006 (2 BvR 1693/04):

Es ist nicht mit Art. 4 Abs. 1 GG vereinbar, wenn Eltern ihre Kinder aus religiösen Gründen nicht in eine Schule schicken und sie dafür nach den Grundsätzen der Bibel zu Hause unterrichten wollen. Auch wenn dieses Grundrecht keinem ausdrücklichen Gesetzesvorbehalt unterliegt, ist es Einschränkungen zugänglich, die sich aus der Verfassung selbst ergeben (sog. immanente Schranke). Hierzu gehört der dem Staat in Art. 7 Abs. 1 GG erteilte Erziehungsauftrag Die allgemeine Schulpflicht dient dem legitimen Ziel der Durchsetzung des staatlichen Erziehungsauftrags. Dieser richtet sich nicht nur auf die Vermittlung von Wissen und die Erziehung zu einer selbstverantwortlichen Persönlichkeit, sondern auch auf die Heranbildung verantwortlicher Staatsbürger, die verantwortungsbewusst an den demokratischen Prozessen in einer pluralistischen Gesellschaft teilhaben.

3. Art. 4 Abs. 1 GG – Gewissensfreiheit

Die Gewissensfreiheit ist ebenfalls ein Menschenrecht. In sachlicher Hinsicht schützt das Grundrecht die Freiheit eines Menschen, eine eigene, ernstliche und sittliche Entscheidung zu treffen, die ausgerichtet ist an den Kategorien von „Gut" und „Böse", die der einzelne für sich als bindend und verpflichtend innerlich erfährt, sodass er gegen sie nicht ohne ernste Gewissensnot handeln könnte (BVerfGE 12, S. 271 f.). Die Gewissensfreiheit schützt zum einen den inneren Prozess der Gewissensbildung und -entscheidung und zu anderen die durch die Gewissensentscheidung ausgelösten Verhaltensweisen.

Ein Eingriff in das Grundrecht liegt vor, wenn der Staat die geschützte Tätigkeit regelt oder faktisch erheblich beeinträchtigt.

Die Gewissensfreiheit enthält keinen Grundrechtsvorbehalt. Schranken der Gewissensfreiheit ergeben sich daher aus Grundrechten Dritter und aus anderen Verfassungswerten.

4. Art. 4 Abs. 3 GG – Recht auf Kriegsdienstverweigerung

Als Sonderfall der Glaubens- und Gewissensfreiheit gewährleistet Art. 4 Abs. 3 GG als Menschenrecht das Recht auf Kriegsdienstverweigerung. Sachlich schützt das Grundrecht die Verweigerung des Kriegsdienstes mit der Waffe. Hierunter zu verstehen sind Tätigkeiten, bei einer Kriegshandlung einen anderen mit Waffen zu töten oder sich an der Waffenanwendung anderer unmittelbar zu beteiligen (z. B. durch logistische Unterstützung kämpfender Einheiten). Das Grundrecht gilt nicht nur für den Kriegsfall, sondern auch für die Ableistung des Wehrdienstes in Friedenszeiten. Die Gewissensentscheidung, die nach Art. 4 Abs. 3 GG vom Betroffenen gefordert wird, muss sich darauf beziehen, den Kriegsdienst prinzipiell abzulehnen. Eine nur situationsbedingte Entscheidung ist vom Grundrecht nicht gedeckt (z. B. die Ablehnung der Teilnahme an Kriegen gegen bestimmte Gegner).

Ein Eingriff in das Grundrecht liegt vor, wenn der Betroffene gegen seine Gewissensentscheidung dazu gezwungen wird, Kriegsdienst mit der Waffe auszuüben.

Das Recht auf Kriegsdienstverweigerung unterliegt keinem Gesetzesvorbehalt. Die Formulierung in Art. 4 Abs. 3 Satz 2 GG ermächtigt nicht zu Eingriffen, sondern darf nur Grenzen offen legen, die in Art. 4 Abs. 3 GG schon enthalten sind. Dies bedeutet, dass ein Gesetz allenfalls in deklaratorischer Hinsicht den Schutzbereich des Grundrechts skizzieren darf. Ob das Grundrecht über sog. immanente Schranken einer Einschränkung unterliegt, ist streitig, wird allerdings überwiegend verneint (BVerfGE 48, S. 127, 163). Insbesondere ergibt sich aus Art. 12a GG keine Grundrechtsschranke. Wie sich aus der Norm ergibt, hat ein Mann, der den Kriegsdienst verweigert, die Pflicht, einen Ersatzdienst zu leisten. Hierbei handelt es sich nicht um eine Schranke von Art. 4 Abs. 3 GG, da die Norm keine Einschränkung des Rechts auf Verweigerung des Kriegsdienstes beinhaltet.

Prüfungsschema zu Art. 4 Abs. 1 und Abs. 2 GG (Religions- und Weltanschauungsfreiheit)

I. Eingriff in den Schutzbereich

1. Schutzbereich
   a) Persönlicher Schutzbereich: Jedermannrecht, d. h. jede Person kann sich auf das Grundrecht berufen.
   b) Sachlicher Schutzbereich: Überzeugungen eines Einzelnen, von seiner Stellung in der Welt und seinen Beziehungen zu höheren Seinsebenen. Geschützt ist die innere und äußere Überzeugungsbildung.
2. Eingriff: Jede staatliche Maßnahme, die die geschützten Tätigkeiten regelt oder in anderer Weise faktisch und in erheblicher Weise beeinträchtigt.

II. Verfassungsrechtliche Rechtfertigung

Ausschließlich immanente Schranken aus kollidierenden Grundrechten Dritter oder aus anderen mit Verfassungsrang versehenen Werten können das Grundrecht einschränken.

V. Art. 5 GG – Meinungsfreiheit, Presse- und Rundfunkfreiheit, Kunstfreiheit, Wissenschaftsfreiheit

LITERATUR

Hufen, Staatsrecht II, 2. Aufl., 2009, §§ 25 bis 29; *Katz*, Staatsrecht, 17. Aufl., 2007, § 30 Abs. 6 und 7; *Lepa*, Der Inhalt der Grundrechte, 6. Aufl., 1996, zu Art. 5 GG; *Manssen*, Staatsrecht II, 6. Aufl., 2005, § 16; *Nolte/Tams*, Grundfälle zu Art. 5 Abs. 1 Satz 1 GG, JuS 2004, S. 111 ff., 119 ff., 294 ff.; *Pieroth/Schlink*, Staatsrecht II, 25. Aufl., 2009, §§ 13, 14; *Schmidt*, Grundrechte, 10. Aufl., 2008, 2. Teil Abschn. G und H.

1. Grundlegende Vorbemerkungen

a) Gegenstand der Vorschrift

Art. 5 GG schützt verschiedene Grundrechte. Zum einen schützt Art. 5 Abs. 1 Satz 1 1. Alt. GG die Meinungsfreiheit des Einzelnen, d. h. das Recht, seine Meinung in Wort, Schrift und Bild frei zu äußern und zu verbreiten. Zum anderen wird über Art. 5 Abs. 1 Satz 1 2. Alt. GG die Informationsfreiheit, also die Freiheit, sich aus allgemein zugänglichen Quellen zu bedienen, geschützt.

Nach Art. 5 Abs. 1 Satz 2 1. Alt. GG wird die Freiheit der Presse gewährleistet und nach Art. 5 Abs. 1 Satz 2 2. Alt. GG die Freiheit der Berichterstattung in Rundfunk und Film.

Nach Art. 5 Abs. 2 GG sind diese Grundrechte beschränkbar. Schranken sind die Vorschriften der allgemeinen Gesetze, die gesetzlichen Bestimmungen zum Schutze der Jugend und das Recht der persönlichen Ehre. Die Aussage in Art. 5 Abs. 1 Satz 3 GG, wonach eine Zensur nicht stattfindet, ist kein Grundrecht, sondern eine Schranken-Schranke.

Schließlich enthält Art. 5 Abs. 3 GG zwei weitere Grundrechte, die keine unmittelbaren Schranken enthalten. Einmal ist nach Art. 5 Abs. 3 Satz 1 1. Alt. GG die Freiheit der Kunst garantiert. Art. 5 Abs. 3 Satz 1 2. Alt. Schützt überdies die Freiheit von Wissenschaft, Forschung und Lehre.

ABB. 12: Grundrechte nach Art. 5 GG

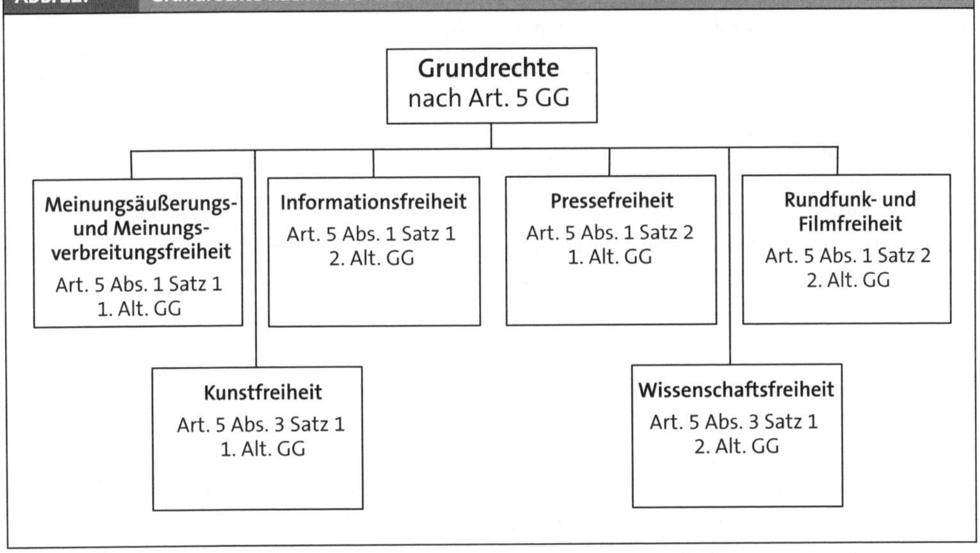

b) Grundrechtskonkurrenzen

Zu Art. 2 Abs. 1 GG (allgemeine Handlungsfreiheit) ist Art. 5 Abs. 1 GG *lex specialis*. Zu Art. 4 GG (Religionsfreiheit) ist Art. 5 Abs. 1 GG dagegen *lex generalis*. Gleiches gilt im Verhältnis zu Art. 5 Abs. 3 GG und zu Art. 9 Abs. 3 GG (Koalitionsfreiheit).

Im Verhältnis zu Art. 8 Abs. 1 GG gilt, dass beide Grundrechte nebeneinander gelten können (vgl. hierzu auch die Ausführungen zu Art. 8).

2. Art. 5 Abs. 1 Satz 1 1. Alt. GG – Meinungsfreiheit

a) Schutzbereich

aa) Persönlicher Schutzbereich

Dem Wortlaut der Vorschrift nach hat jeder das Recht, seine Meinung in Wort, Schrift und Bild frei zu äußern und zu verbreiten. „Jeder" bedeutet jeder Mensch, der unter den räumlichen Geltungsbereich des Grundgesetzes fällt. Folglich handelt es sich bei der Vorschrift um ein Menschenrecht. Über Art. 19 Abs. 3 GG gilt der personale Schutz auch für private inländische juristische Personen, zu denen auch Parteien gehören.

bb) Sachlicher Schutzbereich

(1) Begriff der Meinung

Die durch Art. 5 GG geschützte Meinungsfreiheit dient nicht nur der Persönlichkeitsentfaltung des Einzelnen, sondern dient auch der für ein demokratisches Gemeinwesen notwendigen Vielschichtigkeit der Meinungen und damit dem demokratischen Prozess.

Gegenstand des Schutzbereichs sind Meinungen. Auf sie bezieht sich die Freiheit der Äußerung und Verbreitung mittels der in der Vorschrift genannten Medien.

DEFINITION

Meinungen sind durch die subjektive Beziehung des Einzelnen zum Inhalt seiner Aussage geprägt. Für sie ist das Element der Stellungnahme und des Dafürhaltens kennzeichnend. Insofern lassen sie sich auch nicht als wahr oder unwahr erweisen.

Typischerweise ist ein Werturteil, also eine wertende Betrachtung von Tatsachen, Verhaltensweisen oder Verhältnissen, eine Meinung. Abzugrenzen von der Meinung ist die Tatsachenbehauptung. Sie ist für sich gesehen keine Meinungsäußerung. Im Unterschied zu den Meinungsäußerungen steht bei der Tatsachenbehauptung die objektive Beziehung zwischen der Äußerung und der Realität im Vordergrund. Insofern sind auch sie einer Überprüfung auf ihren Wahrheitsgehalt hin zugänglich. Reine Tatsachenbehauptungen fallen nicht unter den Schutzbereich der Norm.

BEISPIEL Im Rahmen des Volkszählungsurteils hat das Bundesverfassungsgericht (E 65, S. 1 ff.) es nicht als Verletzung des Schutzbereichs der Meinungsfreiheit angesehen, wenn ein Bürger Angaben über Größe der Wohnung, der Miethöhe u. Ä. machen musste. Zwar hat ein Bürger über die grundrechtlich geschützte Meinungsfreiheit nach Art. 5 GG auch das Recht, eine bestimmte Meinung für sich zu behalten (sog. negative Meinungsfreiheit). Bei den verlangten Angaben handelt es sich aber um reine Tatsachenbehauptungen, die nicht dem Schutzbereich unterfallen.

Gleichwohl können Tatsachenbehauptungen dazu dienen, bestimmte Meinungen zu stützen. Deshalb sind auch solche Tatsachenbehauptungen als eine Art Annex mitgeschützt, die in einem untrennbaren Zusammenhang mit einer Meinungsäußerung stehen. Erwiesen oder bewusst unwahre Tatsachen werden allerdings nie von Art. 5 Abs. 1 Satz 1 GG erfasst, weil sie als unrichtige Informationen kein schützenswertes Gut darstellen (BverGE 85, S. 1, 15, E 99, S. 185, 187).

BEISPIEL (nach BVerfGE 61, S. 1 ff.)

Auf einer Wahlkampfkundgebung zur Europawahl bezeichnete ein Kandidat der SPD die CSU als die „NPD von Europa".

Diese Äußerung war vom Schutzbereich der Vorschrift umfasst. Zwar ist die Tatsachenbehauptung, die CSU sei eine rechtsextremistische Partei, mit der Realität nicht vereinbar. Diese Tatsachenbehauptung steht aber in einem untrennbaren Zusammenhang mit der Meinung, dass die politischen Ansichten der Partei aus der Sicht der SPD nicht tragbar seien.

BEISPIEL (nach BVerfG-Beschluss vom 26. 8. 2003; BvR 2243/02)

Der Bundeskanzler wehrt sich gegen die wiederholte Meldung einer Presseagentur. Diese veröffentlichte mehrmals folgendes Zitat der Imageberaterin des Bundeskanzlers: „Sein dunkles Haar wirkt unglaubwürdig. Es käme seiner Überzeugungskraft zugute, wenn er sich die grauen Schläfen nicht wegtönen würde."

Die Meldung war vom Schutzbereich der Vorschrift umfasst. Die Tatsachenbehauptung, dass der Kanzler sich die Haare töne, steht in Zusammenhang mit der Meinung, dass sein dunkles Haar dadurch unglaubwürdig wirke. Tatsachenbehauptungen, deren Unwahrheit nicht von vorneherein feststeht, fallen nicht aus dem Schutzbereich der Meinungsfreiheit heraus. Ihnen kommt aber in der Abwägung ein geringeres Gewicht zu, so das Bundesverfassungsgericht.

(2) Formen der Meinungskundgabe

Das Äußern in Wort, Schrift und Bild zählt zu den geschützten Formen der Meinungskundgabe. Hierbei handelt es sich nach allgemeiner Meinung allerdings nur um eine beispielhafte Aufzählung der Formen einer Meinungskundgabe. Geschützt ist jede Form der Meinungskundgabe.

BEISPIEL Das Tragen von Symbolen oder eine Geste kann ebenso wie ein ganzes Kleidungsstück, z. B. eine Uniform, zur Kundgabe einer Meinung dienen.

b) Eingriff

Ein Eingriff in den Schutzbereich der Vorschrift wird durch jede Form staatlicher Gewalt vorgenommen, die die Meinungsäußerung oder die Meinungsverbreitung verbietet, verhindert oder aber gebietet.

BEISPIEL Das Verbot, vor einer größeren Menschenmenge mit einem Megaphon zu sprechen, ist ebenso ein Eingriff in den Schutzbereich wie das Übertönen der Meinungsäußerung oder das Abreißen einer politischen Plakette, die ein Schüler trägt, durch den Schulleiter.

3. Art. 5 Abs. 1 Satz 1 2. Alt. GG – Informationsfreiheit

Die Informationsfreiheit ist das jedermann zustehende Recht, sich aus allgemein zugänglichen Quellen ungehindert zu unterrichten. Die Bedeutung dieses Grundrechts liegt darin, dass es jedem ermöglicht werden soll, sich umfassend und ungefiltert Informationen zu beschaffen, um sich eine Meinung bilden zu können und ggf. i. S. von Art. 5 Abs. 1 Satz 1 1. Alt. GG zu äußern oder zu verbreiten.

Geschützt ist das Recht, sich aus allgemein zugänglichen Quellen ungehindert zu unterrichten. Eine allgemein zugängliche Quelle ist dann gegeben, wenn sie technisch geeignet und bestimmt ist, der Allgemeinheit, d. h. einem individuell nicht bestimmbaren Personenkreis, Informationen zu verschaffen.

BEISPIELE

1. Nach BVerfG vom 27.11.2008 (1 BvR 46/08)

A betreibt einen privaten Rundfunksender und beabsichtigt, die im Zusammenhang mit wierer Berichterstattung über ein am Landgericht anhängiges Strafverfahren gefertigten Fernsehaufnahmen von dem Angeklagten in nicht anonymisierter Form zu veröffentlichen. Der Angeklagte in einem Strafverfahren muss sich jedoch unfreiwillig der Verhandlung und damit der Öffentlichkeit stellen und verdient daher einen erhöhten Persönlichkeitsschutz. Anders als ein rechtskräftig verurteilter Täter muss der Angeklagte nicht dulden, dass das öffentliche Informationsinteresse auch auf dem Weg der Bildberichterstattung befriedigt wird. Die Informationsfreiheit des Art. 5 Abs. 1 Satz 1 GG muss also hinter das Allgemeine Persönlichkeitsrecht des Angeklagten zurücktreten.

2. Nach BVerfGE 103, S. 44

Eine Tageszeitung ist eine allgemein zugängliche Quelle; ebenso Rundfunksendungen oder Filmbeiträge der Rundfunkanstalten. Auch das Gericht ist in öffentlichen Verfahren eine allgemein zugängliche Quelle; allerdings darf der Gesetzgeber die Modalitäten des Zugangs festlegen und somit Fernsehaufnahmen im Gericht verbieten (BVerfGE 103, S. 44). Keine allgemein zugängliche Quelle sind die Unterlagen der Staatsanwaltschaft z. B. zu einem Mordprozess. Gleichwohl können auch solche Erkenntnisse zu allgemein zugänglichen Quellen werden, wenn z. B. einem Nachrichtenblatt aus den Ermittlungsunterlagen Kopien zugespielt werden, die sodann in einer Folgeauflage veröffentlicht werden. Auch der Polizeifunk ist, obwohl er mit einfachen Mitteln abgehört werden kann, keine allgemein zugängliche Quelle.

4. Art. 5 Abs. 1 Satz 2 1. Alt. GG – Pressefreiheit

a) Schutzbereich

aa) Persönlicher Schutzbereich

Grundrechtsträger der Pressefreiheit sind alle im Pressewesen tätigen Personen und Unternehmen. Hierzu zählen neben Redakteuren letztlich auch die Angestellten des Verwaltungsbereichs eines Presseunternehmens. Der Autor eines Werkes dagegen wird nicht durch die Pressefreiheit geschützt, da diese erst nach Ablieferung des Manuskripts an das Presseunternehmen greift. Geschützt ist ein Autor aber über die Meinungsfreiheit nach Art. 5 Abs. 1 Satz 1 1. Alt. GG.

bb) Sachlicher Schutzbereich

Art. 5 Abs. 1 Satz 2 1. Alt. GG umfasst den Grundsatz der Pressefreiheit. Eine frei von staatlichen Zensurmaßnahmen funktionierende Presse ist ein Wesenselement des freiheitlichen Staates und für eine moderne Demokratie unentbehrlich. Ihre Aufgabe ist es, umfassend Informationen zu ermöglichen, die Vielfalt der bestehenden Meinungen wiederzugeben und selbst Meinungen zu bilden und zu vertreten. Das setzt die Existenz einer relativ großen Anzahl selbständiger und vom Staat unabhängiger sowie ihrer Tendenz, politischen Färbung oder weltanschaulichen Grundhaltung nach miteinander konkurrierender Presseerzeugnisse voraus.

Die Pressefreiheit ist ihrer Funktion nach kein bloßes Abwehrrecht gegenüber staatlichen Eingriffsmaßnahmen. Sie ist gleichzeitig eine institutionelle Garantie.

DEFINITION

Der Begriff der Presse umfasst alle zur Verbreitung an die Allgemeinheit bestimmten Druckerzeugnisse.

Damit fallen nicht nur Zeitungen und Zeitschriften unter den Schutzbereich, sondern auch Bücher, Flugblätter oder Handzettel. Darüber hinaus definieren die Landespressegesetze auch Ton- und Bildträger als Druckwerke, so dass z. B. auch Videokassetten, CDs oder DVDs vom Schutzbereich erfasst sind.

b) Eingriff

Die Pressefreiheit wird durch jede staatliche Maßnahme beeinträchtigt, die eine Unterbindung oder Verhinderung der Tätigkeit eines Presseorgans nach sich zieht. Die Beschlagnahme von Zeitungsausgaben zählt ebenso hierzu wie das Verbot einer Berufsausübung gegenüber einem Redakteur.

BEISPIEL (nach BVerfG vom 27. 2. 2007, 1 BvR 538/06 und 1 BvR 2045/06)

Bei der Durchsuchung der Redaktionsräume des Politmagazins CICERO werden verschiedene Datenträger sichergestellt sowie eine Datenkopie der Festplatte des Computers erstellt, mit welchem der seinerzeit für den Artikel zuständige Redaktionsmitarbeiter gearbeitet hatte.

Die Durchsuchung von Presseräumen stellt wegen der damit verbundenen Störung der redaktionellen Arbeit eine Beeinträchtigung der Pressefreiheit dar. Durch die Anordnung der Beschlagnahme von Datenträgern zum Zwecke der Auswertung ist den Ermittlungsbehörden darüber hinaus die Möglichkeit des Zugangs zu redaktionellem Datenmaterial eröffnet worden. Dies greift in besonderem Maße in die vom Grundrecht der Pressefreiheit umfasste Vertraulichkeit der Redaktionsarbeit ein, aber auch in ein etwaiges Vertrauensverhältnis zu Informanten.

5. Art. 5 Abs. 1 Satz 2 2. Alt. GG – Rundfunk- und Filmfreiheit

a) Schutzbereich

aa) Persönlicher Schutzbereich

Träger der Rundfunkfreiheit ist jede natürliche bzw. juristische Person oder Personenvereinigung, die in eigener Verantwortung Rundfunksendungen veranstaltet oder verbreitet. Gleiches gilt für Filmdarbietungen. Dabei ist entscheidend, dass es sich um vom Staat unabhängige öffentlich-rechtliche oder privatrechtliche Rundfunkanstalten (wie z. B. RTL oder SAT 1) handelt. Ansonsten ist es nicht möglich, sich auf ein Abwehrrecht zu berufen, das gegen den Staat gerichtet ist. Allein eine Beteiligung des Staates am Rundfunk – wie z. B. bei ARD und ZDF – reicht allerdings nicht aus, von einem staatlichen Rundfunk zu sprechen.

bb) Sachlicher Schutzbereich

Nach Art. 5 Abs. 1 Satz 2 2. Alt. GG ist die Rundfunk- und Filmfreiheit geschützt. Diese Freiheiten dienen der Gewährleistung freier individueller und öffentlicher Meinungsbildung.

DEFINITION

Als **Rundfunk** ist jede Form der Veranstaltung und Verbreitung von Darbietungen für die Allgemeinheit zu verstehen, die durch physikalische, insbesondere elektromagnetische Wellen verbreitet wird (Hörfunk und Fernsehen). Es ist unerheblich, ob die Übertragung drahtlos oder über Leitungen erfolgt.

Damit unterscheidet sich der technische Verbreitungsweg des Rundfunks von dem der Presseerzeugnisse ganz wesentlich.

An die Allgemeinheit richtet sich eine Rundfunkübertragung schon dann, wenn sie ihrer Intention nach nicht von vornherein an einen bestimmten Personenkreis gerichtet war. Auch Pay-TV oder Kommunikationsdienste wie Bildschirmtext fallen unter den Schutzbereich der Rundfunkfreiheit.

Ob die Tätigkeit von Internetanbietern ebenfalls unter den Rundfunkbegriff fällt, ist nicht abschließend geklärt. Der Rundfunkbegriff nach seinem derzeitigen Verständnis beinhaltet die Verbreitung von Darbietungen zur freien intellektuellen und öffentlichen Meinungsbildung. An diesem Merkmal werden die meisten Darbietungen im Internet scheitern.

Die Filmfreiheit ist ebenfalls geschützt. Der Begriff „Film" wird folgendermaßen definiert:

DEFINITION

Film ist ein Massenmedium, bei dem ein Bildträger in der Öffentlichkeit vorgeführt wird.

Eine Ausstrahlung eines Films im Fernsehen führt zur Zuordnung zum „Rundfunk". Sachlich geschützt ist damit jede Darbietung eines **Films** als Medium, die nicht an das Medium Rundfunk geknüpft ist.

Die Vorschrift schützt die **Berichterstattung** mit dem Medium des Rundfunks und des Films. Hierunter sind ausschließlich **Tatsachenmeldungen oder Meinungsäußerungen** zu verstehen. Meinungsäußerung kann dabei auch in Hörspielen, musikalischen Darbietungen, Übertragungen kabarettistischer Programme bis hinein in die szenische Gestaltung einer Darbietung erfolgen. Nicht unter den Schutzbereich fällt z. B. die Filmvorführung eines Actionfilms im Kino. Filmdarbietungen dieser Art können allerdings unter den Kunstbegriff fallen und somit durch die Kunstfreiheit geschützt sein.

b) Eingriff

Ein Eingriff in die Rundfunkfreiheit bzw. Filmfreiheit liegt vor, wenn der Staat durch eine Handlung die Rundfunkanstalten oder die Grundrechtsträger der Filmfreiheit in ihrer grundrechtlich geschützten Tätigkeit behindert.

6. Schranken nach Art. 5 Abs. 2 GG

Die Grundrechte nach Art. 5 Abs. 1 GG stehen unter einem Schrankenvorbehalt, der sich aus Art. 5 Abs. 2 GG ergibt (sog. Schrankentrias). Danach findet das Grundrecht seine Schranken in den Vorschriften der allgemeinen Gesetze, den gesetzlichen Bestimmungen zum Schutze der Jugend und dem Recht der persönlichen Ehre.

a) 1. Schranke: Allgemeine Gesetze

Nach Ansicht des Bundesverfassungsgerichts (E 7, S. 198, 209 f.) ist ein allgemeines Gesetz eine Vorschrift, die nicht gezielt eine Meinung als solche verbietet, die sich nicht gegen die Äußerung der Meinung als solche richtet (also kein Sonderrecht ist), sondern allgemein dem Schutz eines anderen Rechtsguts oder eines Gemeinschaftswerts dient, der gegenüber der Betätigung der Meinungsfreiheit den Vorrang hat.

BEISPIEL (nach BverwG NVwZ 1990, S. 762)

Nach § 10 Abs. 6 Soldatengesetz haben sich Offiziere und Unteroffiziere außerhalb des Dienstes zurückhaltend zu äußern. Hierbei handelt es sich um einen Eingriff in den Schutzbereich der Meinungsfreiheit, der durch § 10 Abs. 6 Soldatengesetz als Form eines allgemeinen Gesetzes verfassungsgemäß beschränkt wurde. Der Charakter eines allgemeinen Gesetzes ergibt sich daraus, dass nicht eine bestimmte Meinung wegen ihres Inhalts unterbunden wird. Ziel der Regelung ist es, Offiziere und Unteroffiziere zur Disziplin anzuhalten, um das Vertrauen als Vorgesetzte zu erhalten und damit auch das innere Gefüge der Armee stabil zu halten.

b) 2. Schranke: Gesetzliche Bestimmungen zum Schutze der Jugend

Diese Schranke zielt darauf ab, eine ungestörte Entwicklung der Jugend zu gewährleisten. Auf diese Weise sollen der Jugend drohende Gefahren präventiv abgewehrt werden. Ein wichtiges einschränkendes Gesetz ist in diesem Zusammenhang das Jugendschutzgesetz, welches 2003 das „Gesetz über die Verbreitung jugendgefährdender Schriften und Medieninhalte" und „Gesetz zum Schutze der Jugend in der Öffentlichkeit" ersetzt hat. Dieses sieht vor allem schärfere Regelungen für gewaltverherrlichende Videofilme und Computerspiele vor. Daneben ist der Jugendschutz auch für die Rundfunkgesetzgebung ein tragendes Thema.

c) 3. Schranke: Das Recht der persönlichen Ehre

Aus Gründen des persönlichen Ehrschutzes darf in den Schutzbereich des Grundrechts aus Art. 5 Abs. 1 GG eingegriffen werden. Allerdings werden insoweit nur solche Ehrschutzvorschriften als legitime Schranke angesehen, die gesetzlich normiert sind. Der Begriff „**Recht** der persönlichen Ehre" ist daher i. S. einer gesetzlichen Normierung des Ehrschutzes zu verstehen.

Gesetzliche Normierungen des Ehrschutzes finden sich in den §§ 185 ff. StGB i.V. mit §§ 374 ff. wie, im Zivilrecht als Bestandteil des allgemeinen Persönlichkeitsrechts in den §§ 823 und 1004 BGB.

d) Schranken-Schranke: Zensurverbot

In Art. 5 Abs. 1 Satz 3 GG ist geregelt, dass eine Zensur nicht stattfindet. Diese Regelung wird als sog. Schranken-Schranke verstanden. Sie begrenzt also die Möglichkeit einer Grundrechtseinschränkung über die Schrankentrias. Ein beschränkendes Gesetz darf also keine Zensurwirkung haben.

Unter Zensur ist allerdings nicht jede Form der Zensur zu verstehen, sondern nur die Vorzensur. Eine Vorzensur ist als ein Eingriff vor Herstellung oder Verbreitung eines Geisteswerkes zu verstehen. Damit ist z. B. **jede vorherige behördliche Prüfung** und Genehmigung des Werkes nicht gestattet. Eine Nachzensur ist dagegen im Rahmen der Schrankenregelungen nach Art. 5 Abs. 2 GG möglich.

ABB. 13: Schranken der Grundrechte

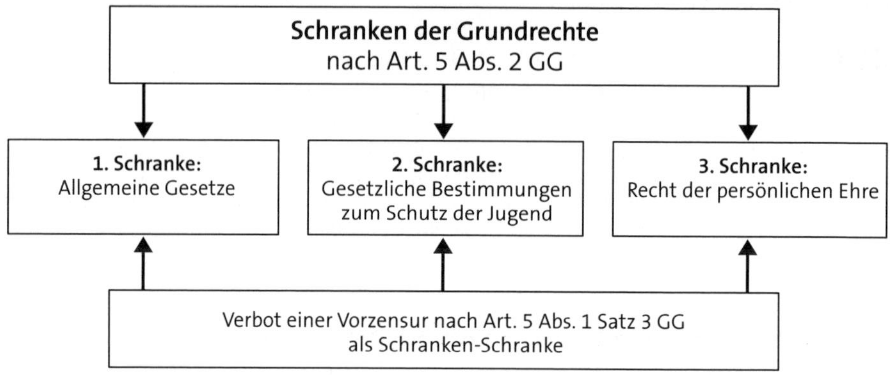

7. Art. 5 Abs. 3 GG – Kunst- und Wissenschaftsfreiheit

Nach Art. 5 Abs. 3 Satz 1 GG sind Kunst und Wissenschaft, Forschung und Lehre frei. Allerdings sieht Satz 2 der Vorschrift vor, dass die Freiheit der Lehre nicht von der Treue zur Verfassung entbindet.

a) Schutzbereich der Kunstfreiheit

Was unter dem Begriff „Kunst" zu verstehen ist, ist weder im Grundgesetz noch in anderen Vorschriften definiert. Letztendlich dürfte es auch kaum zu leisten sein, eine allgemein gültige Definition des Kunstbegriffs zu finden.

Zur Begriffsbestimmung wird auf Abgrenzungskriterien bzw. Aspekte künstlerischer Tätigkeit zurückgegriffen.

DEFINITION

Kunst ist/sind:

- Tätigkeiten und Objekte, die herkömmlich zu den Gegenständen der Kunst gerechnet werden, wie z. B. Musikdarbietungen, Theaterstücke, Malerei, Bildhauerei, Dichtung (formaler Begriffsansatz).
- Jeder Ausdruck in der Formensprache, der das Ergebnis einer freien schöpferischen Gestaltung ist, in der der Gestaltende seine Eindrücke, Erfahrungen und Erlebnisse unmittelbar zur Anschauung bringt (sog. materieller Kunstbegriff).
- Jede vielschichtige interpretationsfähige Darbietung (sog. offener Kunstbegriff).

Geschützt ist nicht nur der Bereich der künstlerischen Betätigung selbst, der sog. Werkbereich. Darüber hinaus ist ebenfalls die Darbietung und Verbreitung des Kunstwerkes, der sog. **Wirkbereich**, vom Schutz der Vorschrift umfasst.

Die Kunstfreiheit unterliegt keinen unmittelbaren Schranken. Dies bedeutet aber nicht, dass die Kunstfreiheit keinerlei Einschränkungen unterliegt. Auch hierbei sind die sog. mittelbaren oder verfassungsimmanenten Schranken, also die Grundrechte Dritter und andere Rechtsgüter von Verfassungsrang, zu beachten. Insoweit kommt auch hier dem Kinder- und Jugendschutz eine große Bedeutung zu. Nach Art. 2 Abs. 1 GG haben Kinder und Jugendliche einen Anspruch auf eine ungestörte Entwicklung ihrer Persönlichkeit.

BEISPIEL Ein Filmproduzent, der für pornographische Filme auf Litfaßsäulen wirbt, kann sich nicht auf die Kunstfreiheit berufen, da insoweit der Kinder- und Jugendschutz als verfassungsimmanente Schranke diese Form der Darbietung beschränkt.

b) Schutzbereich der Wissenschaftsfreiheit

Art. 5 Abs. 3 Satz 1 2. Alt. GG schützt die Freiheit von Wissenschaft, Forschung, und Lehre. Diese drei Freiheitsbereiche werden unter dem Begriff „Wissenschaftsfreiheit" zusammengefasst. Der Begriff „Wissenschaft" bildet zudem den Oberbegriff zu den Begriffen Forschung und Lehre. Letzte sind also nur Teilaspekte der Wissenschaft.

DEFINITION

Wissenschaft ist definiert als:
Jede Tätigkeit, die nach Inhalt und Form als ernsthafter, planmäßiger Versuch zur Ermittlung der Wahrheit anzusehen ist (BVerfGE 35, S. 79 ff.).

Die Wissenschaftsfreiheit gibt dem einzelnen Wissenschaftler, aber auch einer wissenschaftlichen Einrichtung – als Träger des Grundrechts – das Recht, jede staatliche Einflussnahme abzuwehren.

Obwohl auch die Wissenschaftsfreiheit keinem unmittelbaren Gesetzesvorbehalt unterliegt, ist auch die Wissenschaftsfreiheit nicht grenzenlos. Insofern gelten wiederum die mittelbaren oder verfassungsimmanenten Schranken. Grundrechte Dritter bzw. andere Rechtsgüter von Verfassungsrang sind von jedem Forscher zu berücksichtigen. Daher kann er sich bei seiner Tätigkeit, insbesondere bei etwaigen Versuchen, nicht über die Rechte der Mitmenschen auf Leben, Gesundheit oder Eigentum hinwegsetzen.

BEISPIEL (nach BVerfG vom 28. 10. 2008, 1 BvR 462/06)

Vorlesungen eines Hochschullehrers für Theologie, der sich öffentlich vom christlichen Glauben lossagt, können von der Ausbildung für den theologischen Nachwuchs ausgeschlossen werden. Der Eingriff in Art. 5 Abs. 3 GG ist mit Rücksicht auf das kirchliche Selbstbestimmungsrecht (Art. 140 GG i.V. mit Art. 137 Abs. 3 WRV) und auf die ihrerseits durch Art. 5 Abs. 3 GG geschützten Rechte der Fakultät gerechtfertigt.

8. Abschließender Fall zu *Benetton*-Schockwerbung (BVerfG, Beschluss vom 11. 3. 2003; 1 BvR 426/02 und BVerfGE 102, S. 347 ff.)

FALL

Sachverhalt

Der *Stern* veröffentlicht Werbeanzeigen der Firma *Benetton*. Eine Anzeige besteht aus dem Foto eines nackten menschlichen Gesäßes, auf das die Worte „H. I.V. POSITIVE" aufgestempelt sind. Der BGH sieht in der Anzeige sittenwidriges Handeln im Wettbewerb gem. § 1 UWG a. F. Die Menschenwürde H. I.V.-Infizierter setze der Meinungsfreiheit im Wettbewerbsrecht eine absolute Grenze. Diese sei hier überschritten; AIDS-Kranke würden als stigmatisiert und ausgegrenzt dargestellt. Deshalb gibt der BGH dem *Stern* auf, die Anzeige nicht mehr zu veröffentlichen. Die Illustrierte beruft sich auf die Presse- und Meinungsfreiheit.

Lösung

Die Werbeanzeige unterfällt dem Schutzbereich der Pressefreiheit. Der Schutzbereich umfasst auch fremde Meinungsäußerungen, die in Werbeanzeigen enthalten sind. Ein Eingriff liegt in der Entscheidung des BGH, die Veröffentlichung der Anzeige zu unterlassen. Der Eingriff könnte aber durch Schranken gerechtfertigt sein. In Betracht kommt § 1 UWG als allgemeines Gesetz i. S. von Art. 5 Abs. 2 GG. Bei der Auslegung der „Sittenwidrigkeit" i. S. von § 1 UWG a. F. müssen die Grundrechte, hier insbesondere Art. 1 Abs. 1 GG berücksichtigt werden. Allein der Umstand, dass Benetton selbst von der Anzeige zu profitieren versucht, rechtfertigt den Vorwurf einer Menschenwürdeverletzung nicht. Die Anzeige benennt das Elend der Aidskranken, überlässt aber die Interpretation aber dem Betrachter. Sofern der Inhalt die Grenzen der Menschenwürde beachtet, kann nicht allein der Werbekontext dazu führen, dass eine ansonsten zulässige Meinungsäußerung die Menschenwürde verletzt.

Prüfungsschema zu Art. 5 Abs. 1 Satz 1 1. Alt. GG (Meinungsfreiheit)

I. Eingriff in den Schutzbereich

1. Schutzbereich

a) Persönlicher Schutzbereich: „Jedermann", d. h. jede Person (Menschenrecht), auch inländische juristische Personen.

b) Sachlicher Schutzbereich: Meinungen, d. h. subjektive Überzeugungen, insbesondere Werturteile und Tatsachenbehauptungen als Grundlage der Werturteile.

Geschützt ist das Äußern und Verbreiten der Meinung.

2. Eingriff

Jede staatliche Maßnahme, die die Meinungsäußerung oder die Meinungsverbreitung verbietet, behindert oder erzwingt.

II. Verfassungsrechtliche Rechtfertigung des Eingriffs, Art. 5 Abs. 2 GG

Schrankentrias: Allgemeine Gesetze (solche, die nicht speziell eine Meinung verbieten), Gesetze zum Schutz der Jugend, Recht der persönlichen Ehre können den Schutzbereich einschränken (ebenfalls Art. 17a Abs. 1 GG bei Dienstverpflichteten). Zu beachten ist das (Vor-)Zensurverbot nach Art. 5 Abs. 1 Satz 3 GG als Schranken-Schranke.

VI. Art. 8 GG – Versammlungsfreiheit

LITERATUR

Dietel/Gintzel/Kniesel, Demonstrations- und Versammlungsfreiheit, 14. Aufl., 2005; *Hufen*, Staatsrecht II, 2. Aufl., 2009, § 30; *Katz*, Staatsrecht, 17. Aufl., 2007, § 30 Abs. 10; *Lembke*, Grundfälle zu Art. 8 GG, JuS 2005, S. 984 ff., 1081 ff.; *Lepa*, Der Inhalt der Grundrechte, 6. Aufl., 1996, zu Art. 8 GG; *Manssen*, Staatsrecht II, 6. Aufl., 2009, § 21; *Pieroth/Schlink*, Staatsrecht II, 25. Aufl., 2009, § 17; *Schmidt*, Grundrechte, 10. Aufl., 2008, 2. Teil Abschn. K.

1. Grundlegende Vorbemerkungen

a) Gegenstand der Vorschrift

Nach Art. 8 Abs. 1 GG haben alle Deutschen das Recht, sich ohne Anmeldung und Erlaubnis friedlich und ohne Waffen zu versammeln. Eine Einschränkung dieses Grundrechts sieht Abs. 2 der Vorschrift nur für den Fall vor, dass die Versammlung unter freiem Himmel stattfindet. Im Übrigen, also in geschlossenen Räumen, ist das Grundrecht folglich – von immanenten Schranken abgesehen – vorbehaltlos gewährleistet.

Das Versammlungsgrundrecht verfolgt die Intention, das „Sich-Versammeln" als eine Form der Kommunikation zu gewährleisten. Von daher wird dieses Grundrecht gemeinsam mit Art. 5 GG als sog. Kommunikationsgrundrecht bezeichnet. Eine Versammlung verfolgt häufig den Zweck, eine kollektive Meinung zu demonstrieren. Aus diesem Blickwinkel heraus wird Art. 8 GG auch als Demonstrationsgrundrecht angesehen. Diese Klassifizierung trifft aber nur einen Teilbereich des Grundrechtsschutzes. Daher sollte Art. 8 GG nicht plakativ als Demonstrationsgrundrecht betitelt werden.

b) Grundrechtskonkurrenzen: Abgrenzung zu Art. 5 Abs. 1 GG

Art. 8 Abs. 1 GG schützt das **„Sich-Versammeln" zum Zwecke kollektiver Meinungsäußerung**. Dagegen geht der Schutzzweck von Art. 5 Abs. 1 GG dahin, bestimmte Äußerungen und Meinungsinhalte vor staatlicher Einflussnahme zu schützen. So gesehen schützt Art. 8 Abs. 1 GG die **Versammlung** als **Organisationsform** von Meinungsäußerung, während Art. 5 Abs. 1 GG die **Meinungsinhalte** selbst schützt. Da bei einer Versammlung regelmäßig Meinungen kundgetan werden, stehen Art. 5 Abs. 1 GG und Art. 8 Abs. 1 GG in einem komplementären Verhältnis zueinander (vgl. den abschließenden Beispielsfall nach BVerfGE 90, S. 261 ff.). Folglich ist jede staatliche Maßnahme, die auf die Meinungsäußerung dahingehend einwirkt, dass die gesamte Versammlung aufgelöst wird, nicht nur ein Eingriff in den Schutzbereich des Art. 5 Abs. 1 GG, sondern auch in den der Versammlungsfreiheit nach Art. 8 Abs. 1 GG.

2. Schutzbereich

a) Persönlicher Schutzbereich

Art. 8 Abs. 1 GG besagt, dass **alle Deutschen** das Recht haben, sich friedlich und waffenlos zu versammeln. Träger des Grundrechts sind daher Deutsche i. S. von Art. 116 GG. Die Beschränkung des persönlichen Schutzbereichs zieht es nach sich, dass ausländischen Mitbürgern das Grundrecht der Versammlungsfreiheit nach Art. 8 Abs. 1 GG grundsätzlich nicht als Abwehrrecht gegen staatliche Einflussnahme zusteht. Dies heißt allerdings nicht, dass Nichtdeutschen kein freies Versammlungsrecht gewährt würde, denn über die in Art. 2 Abs. 1 GG geschützte allgemeine Handlungsfreiheit ist die Versammlungsfreiheit dieser Personengruppe ebenfalls unter Schutz gestellt. Hinzu kommt, dass § 1 Abs. 1 VersammlG als einfaches Gesetzesrecht auch Ausländern ein Versammlungsrecht einräumt.

b) Sachlicher Schutzbereich

aa) Versammlungsbegriff

Was unter einer Versammlung zu verstehen ist, wird unterschiedlich beurteilt. Die nachfolgende Definition gibt die h. M. zu dieser Frage wieder, die sich auf die Rechtsprechung des Bundesverfassungsgerichts (BVerfGE 69, S. 315, 342 ff.) hierzu stützt.

DEFINITION

Eine Versammlung ist eine Zusammenkunft von mehreren, mindestens drei Personen, die einen gemeinsamen Zweck verfolgen, der der gemeinsamen Meinungsbildung und -äußerung dient. Der Schutz umfasst vielfältige Formen gemeinsamen Verhaltens bis hin zu nicht verbalen Ausdrucksformen und ist nicht auf Versammlungen beschränkt auf denen argumentiert und gestritten wird.

Dadurch, dass der gemeinsame Zweck auf Meinungsbildung bzw. Meinungsäußerung gerichtet sein muss, fällt eine zufällige Ansammlung von Personen – z. B. ein Menschenauflauf bei einem Brand – nicht unter den Versammlungsbegriff. Aber auch aus einer solchen Ansammlung kann eine Versammlung werden, wenn sich eine solche nämlich spontan bildet, weil der Brandfall z. B. durch einen extremistischen Anschlag herbeigeführt wurde und sich deshalb eine Demonstration gegen Hass und Gewalt entwickelt.

Ob die Versammlung unter freiem Himmel oder in geschlossenen Räumen stattfindet bzw. ob es sich um eine geschlossene oder öffentliche Versammlung handelt, ist dem Grunde nach unerheblich. Geschützt ist jede dieser Versammlungsformen. Die Unterscheidung zwischen Versammlungen unter freiem Himmel und in geschlossenen Räumen hat erst bei der Frage der Beschränkbarkeit des Grundrechts nach Art. 8 Abs. 2 GG Bedeutung. Unerheblich ist auch, ob die Versammlung ortsfest ist oder aber ortsungebunden abgehalten wird. Daher fallen auch sog. Demonstrationsumzüge unter den Schutzbereich von Art. 8 Abs. 1 GG.

bb) Begrenzung des Schutzbereichs

Wie sich aus dem Wortlaut von Art. 8 Abs. 1 GG entnehmen lässt, sind nur solche Versammlungen geschützt, die friedlich und ohne Waffen abgehalten werden.

(1) 1. Begrenzung: Friedlichkeit

Eine Versammlung ist friedlich, wenn sie keinen gewalttätigen Verlauf nimmt oder anstrebt (gleich lautende Begriffsbestimmung findet sich in § 5 Nr. 3 VersammlG). Dabei ist zu bemerken, dass das aggressiv gewalttätige Verhalten eines Versammlungsteilnehmers oder einzelner Versammlungsteilnehmer nicht geeignet ist, die Versammlung insgesamt als unfriedlich zu beurteilen. Eine Versammlung wird erst dann unfriedlich, wenn die Mehrzahl ihrer Teilnehmer sich gewaltsam präsentiert. Dabei wiederum reicht es aus, wenn sich einzelne Versammlungsteilnehmer unfriedlich verhalten und die Mehrzahl der übrigen sich mit diesem Verhalten solidarisch zeigt.

Ob eine Versammlung gewalttätig ist, lässt sich nur im Einzelfall entscheiden. Physische Ausschreitungen gegen Personen oder Sachen, mögen sie auch erst bevorstehen, sind jedenfalls als Gewalttätigkeit anzusehen.

Eine Sitzblockade ist als Form passiven Widerstands keine Gewalttätigkeit und fällt somit unter den von Art. 8 Abs. 1 GG gewährten Versammlungsschutz.

(2) 2. Begrenzung: Waffenlos

Waffen i. S. von Art. 8 Abs. 1 GG sind Gegenstände, die unter den Anwendungsbereich von § 1 WaffenG fallen, wie Pistolen, Schlagringe, chemische Kampfstoffe, aber auch solche Gegenstände, die geeignet sind, Verletzung von Personen herbeizuführen oder Sachen zu beschädigen, sofern sie zu diesem Zweck mitgeführt werden (vgl. auch § 2 Abs. 3 VersammlG), wie z. B. ein Spazierstock oder Flaschen.

Nicht unter den Waffenbegriff fallen Gegenstände, die nur dem Schutz eines Versammlungsteilnehmers dienen. Daher gehört ein Helm oder eine Gasmaske nicht zu den Waffen i. S. der Vorschrift. Allerdings können diese Gegenstände Indiz für einen beabsichtigten gewaltsamen Verlauf der Versammlung sein. Jedenfalls ist hinsichtlich vorgenannter Gegenstände § 17a VersammlG zu beachten, der solche Gegenstände als Vermummungsgegenstände verbietet (sog. Vermummungsverbot).

DEFINITION

Schutzbereich von Art. 8 Abs. 1 GG:

Grundrechtsträger sind Deutsche nach Art. 116 GG und Art. 19 Abs. 3 GG.

Versammlung ist eine Zusammenkunft von mindestens drei Personen, die einen gemeinsamen Zweck verfolgen.

Geschützt ist nur die friedliche und waffenlose Versammlung.

Friedlich ist eine Versammlung, die nicht gewalttätig ist oder Gewalttätigkeiten anstrebt.

Waffenlos ist eine Versammlung, sofern keine Waffen i. S. von § 1 WaffenG mitgeführt werden oder andere Gegenstände, die Verletzungen von Menschen oder Beschädigungen von Sachen verursachen können und zu diesem Zweck mitgeführt werden.

3. Eingriff

Ein Eingriff in den Schutzbereich liegt in jedem Verhalten, das die Versammlungsfreiheit beeinträchtigt. Hierzu zählen die Auflösung oder das Verbot einer Versammlung ebenso wie auch eine Behinderung der Teilnahme an einer Versammlung. Selbst die Anmelde- und Erlaubnispflichten gem. §§ 14, 15 VersammlG für Versammlungen, die unter freiem Himmel stattfinden, sind – für sich gesehen – ein Eingriff in den Schutzbereich. Wie im Folgenden noch aufgezeigt wird, sind Eingriffe dieser Art über Art. 8 Abs. 2 GG allerdings gerechtfertigt.

4. Schranken

Die Versammlungsfreiheit ist nicht schrankenlos gewährleistet. Die Schranken des Grundrechts ergeben sich aus Art. 8 Abs. 2 GG. Danach können durch Gesetz oder aufgrund eines Gesetzes Versammlungen unter freiem Himmel beschränkt werden.

a) Vorbehalt bei Versammlung unter freiem Himmel

Der Schrankenvorbehalt gilt bei Versammlungen unter freiem Himmel. Eine Versammlung findet unter freiem Himmel statt, wenn sie nicht in geschlossenen, d. h. zumindest nach den Seiten hin abgeschlossenen Räumen veranstaltet wird.

Beschränkungen der Versammlungsfreiheit enthalten verschiedene gesetzliche Vorschriften. Einschränkungen durch Gesetz als wesentlichstem Anwendungsbereich des Grundrechtsvorbehalts enthalten das Versammlungsgesetz, das Bannmeilengesetz, die Polizei- und Ordnungsgesetze der Länder, aber auch Vorschriften, wie das Sonn- und Feiertagsgesetz, Straßen- und Wegegesetze und das Straßenverkehrsrecht.

Soweit es um die Beschränkung einer Versammlung unter freiem Himmel geht, ist das Versammlungsgesetz in der Praxis von erheblicher Bedeutung. Nach § 14 VersammlG ist eine Versammlung unter freiem Himmel mindestens 48 Stunden vor deren Beginn anzumelden (Ausnahme: sog. Spontanversammlungen, die aus aktuellem Anlass stattfinden und sog. Eilversammlungen, bei denen die Frist zur Anmeldung verkürzt wird). Eine weitere Vorschrift von Bedeutung ist § 15 VersammlG. Danach kann (= Ermessen) eine Versammlung unter den festgelegten Voraussetzungen aufgelöst werden. Bei der Ausübung des Ermessens hat die vollziehende Behörde das einschränkende Gesetz stets im Lichte der besonderen Bedeutung des Art. 8 Abs. 1 GG auszulegen. Mit anderen Worten: Die Auflösung einer Versammlung als Eingriff in die grundrechtlich geschützte Versammlungsfreiheit ist daher nur zum Schutz gleichgewichtiger oder höhergewichtiger anderer Rechtsgüter möglich, sofern keine anderen Möglichkeiten offen stehen.

BEISPIEL Auf einer Versammlung beginnen die Versammlungsteilnehmer Gegenstände zu verbrennen. Infolge des böigen Windes werden die brennenden Gegenstände in Richtung eines Fachwerkhauses geweht. Es besteht die Gefahr, dass das Fachwerk in Brand gerät. Die Polizei löst daraufhin die Versammlung auf.

§ 15 VersammlG deckt das Vorgehen der Polizei nicht. Bei der Auslegung der Voraussetzungen des § 15 VersammlG hat die Vollzugsbehörde das Grundrecht der Versammlungsfreiheit zu berücksichtigen und ihm einen höheren Stellenwert einzuräumen. Zwar ist das Schutzgut Eigentum und ggf. die körperliche Unversehrtheit der Bewohner des Fachwerkhauses ebenfalls ein hohes Schutzgut. Es wäre aber möglich, diese Rechtsgüter dadurch zu schützen, dass der Versammlung zur Auflage gemacht würde, das Abbrennen von Gegenständen zu unterlassen. Erst wenn die Auflage nicht befolgt würde, wäre eine Auflösung rechtmäßig.

b) Versammlung in geschlossenen Räumen

Der Wortlaut von Art. 8 Abs. 2 GG stellt klar, dass Versammlungen in geschlossenen Räumen nicht eingeschränkt werden können. Dass in diesem Fall das Grundrecht nicht eingeschränkt werden soll, wird mit dem verhältnismäßig geringen Gefahrenpotential begründet, das von solchen Versammlungen ausgeht. Dabei darf nicht außer Acht gelassen werden, dass auch eine Versammlung in geschlossenen Räumen nur dann grundrechtlichen Schutz genießt, wenn sie friedlich und ohne Waffen abgehalten wird. Dies ist jedoch keine Schranke für den Fall der Versammlung in geschlossenen Räumen, sondern eine allgemeine tatbestandliche Eingrenzung des Schutzbereichs von Art. 8 Abs. 1 GG.

BEISPIEL Führen Versammlungsteilnehmer, die sich in einer Gaststätte eingefunden haben, Waffen mit sich, um sie zur Schau zu stellen, ist diese Versammlung nicht mehr vom Schutzbereich des Art. 8 Abs. 1 GG gedeckt. Eine Auflösung der Versammlung wäre mithin rechtmäßig.

Allerdings kann sich eine Einschränkung aus verfassungsimmanenten Schranken ergeben, also aus Grundrechten Dritter oder anderen Werten mit Verfassungsrang. Aus diesem Grund kann eine Versammlung in geschlossenen Räumen nach § 13 Abs. 1 Nr. 2 2. Alt. VersammlG aufgelöst werden, wenn eine Verletzung von Personen auf der Versammlung droht.

BEISPIEL In einem Nachbargebäude ist ein Brand ausgebrochen, der auf den Versammlungssaal überzugreifen droht. Insoweit ist die körperliche Unversehrtheit von Versammlungsteilnehmern kollidierendes Verfassungsrecht nach Art. 2 Abs. 2 Satz 2 GG, das der Versammlungsfreiheit vorgeht.

Aber auch kollidierende Verfassungsrechte Dritter können eine immanente Grundrechtsschranke bilden.

BEISPIEL In Rage geratene Versammlungsteilnehmer beginnen den Versammlungssaal zu demolieren. Das Recht des Eigentümers des Veranstaltungssaals aus Art. 14 GG kollidiert mit dem Versammlungsrecht. Dem Eigentumsschutz nach Art. 14 GG kommt in diesem Fall höheres Gewicht zu, sodass der Schutzbereich von Art. 8 Abs. 1 GG immanent eingeschränkt ist.

5. Abschließender Fall zur Auflösung einer extremistischen Versammlung in geschlossenen Räumen (abgewandelt nach BVerfGE 90, S. 261 ff.)

FALL

Sachverhalt

Eine Versammlung findet in einer Gaststätte statt. Zu der Versammlung hat die „Vereinigung zur Pflege des deutschen Brauchtums" aufgerufen. Auf der Versammlung wird ein Vortrag zum Thema „Deutschlands Zukunft im Schatten politischer Erpressung" gehalten, in dem u. a. die Verfolgung der Juden in Deutschland geleugnet wird. Als es während der Versammlung zudem zum Absingen nationalsozialistischer Lieder kommt, ruft der Gastwirt die Polizei. Da der Redner der Aufforderung der Polizei, die Aussagen richtig zu stellen, nicht Folge leistet und die übrigen Versammlungsteilnehmer fortwährend rechtsradikale Parolen skandieren, wird die Versammlung aufgelöst.

Lösung

► **Verletzung von Art. 5 Abs. 1 GG**

Der Schutzbereich von Art. 5 Abs. 1 GG schützt nur Meinungen, nicht dagegen unwahre Tatsachenbehauptungen. Gleichwohl wird man noch von einer Meinungsäußerung sprechen können, da die Leugnung der Judenverfolgung in einer untrennbaren Verbindung zum Vortragsthema steht, das reine Meinungsäußerung ist. In den Schutzbereich wurde durch die Auflösung der Versammlung eingegriffen. Der Eingriff ist allerdings über Art. 5 Abs. 2 GG gerechtfertigt, wenn eine verfassungsrechtliche Rechtfertigung in Form einer Grundrechtsschranke vorliegt. Als Schranke kommt die Auflösung der Versammlung nach § 13 Abs. 1 Nr. 4 VersammlG in Betracht, da durch den Verlauf der Versammlung gegen Strafgesetze, nämlich die §§ 130, 185, 189, 194 StGB verstoßen wurde. Folglich ist Art. 5 GG nicht verletzt.

► **Verletzung von Art. 8 Abs. 1 GG**

Die Auflösung der Versammlung ist ein Eingriff in den Schutzbereich von Art. 8 Abs. 1 GG, auch wenn es das zentrale Anliegen der Vollzugsbehörde war, nur eine bestimmte Meinungsäußerung zu unterbinden. Der Eingriff in die Versammlungsfreiheit ist in diesem Fall eine zwangsläufige Folge des Eingriffs in Art. 5 Abs. 1 GG. Nach Art. 8 Abs. 2 GG steht eine Versammlung in geschlossenen Räumen unter keinem Gesetzesvorbehalt, jedenfalls nicht unter einem ausdrücklichen. Bei schrankenlosen Grundrechten könnten aber immanente Schranken ebenfalls zur Beschränkung des Grundrechts führen. Die Leugnung der Judenverfolgung kollidiert mit dem nach Art. 2 Abs. 1 GG verankerten Ehrschutz von Menschen jüdischen Glaubens. Aufgrund dessen ist die Polizei ebenfalls nach § 13 Abs. 1 Nr. 4 VersammlG als immanente Schranke von Art. 8 Abs. 1 GG berechtigt gewesen, die Versammlung aufzulösen. Mithin liegt auch in diesem Fall keine Verletzung von Art. 8 Abs. 1 GG vor.

Prüfungsschema zu Art. 8 GG

Art. 8 GG ist verletzt, wenn ein Eingriff in den Schutzbereich vorliegt, der nicht durch Grundrechtsschranken verfassungsrechtlich gerechtfertigt ist.

I. Eingriff in den Schutzbereich

1. Schutzbereich

a) Versammlung: Zusammentreffen von mindestens drei Personen zum Zwecke der Meinungsbildung oder –äußerung

b) Friedlich und ohne Waffen:

Friedlich bedeutet ohne aktive Gewalttätigkeiten gegen Personen oder Sachen.

Waffen sind Gegenstände, die dem Waffengesetz unterfallen, oder Gegenstände, die zu Angriffszwecken eingesetzt werden sollen.

2. Eingriff

Eingriff ist jede Maßnahme, die das grundrechtlich geschützte Verhalten regelt, z. B. Anmeldepflichten nach dem VersammlG.

II. Verfassungsrechtliche Rechtfertigung des Eingriffs

Gesetzesvorbehalt bei Versammlungen unter freiem Himmel. Wesentlichstes Vorbehaltsgesetz ist das VersammlG. Nach §§ 14, 15 VersammlG: Anmeldepflicht, Verbot und Auflagen aus Gründen der öffentlichen Sicherheit oder Ordnung, Auflösung nicht angemeldeter oder verbotener Versammlungen.

Bei Versammlungen in geschlossenen Räumen nur immanente Grundrechtseinschränkung.

VII. Art. 9 GG – Vereinigungs- und Koalitionsfreiheit

LITERATUR

Günther/Franz, Grundfälle zu Art. 9 GG, JuS 2006; S. 788 ff., 873 ff.; *Hufen*, Staatsrecht II, 2. Aufl., 2009, § 31; Katz, Staatsrecht, 17. Aufl., 2007, § 30 Abs. 11; *Lepa*, Der Inhalt der Grundrechte, 6. Aufl., 1996, zu Art. 9 GG; *Manssen*, Staatsrecht II, 6. Aufl., 2009, §§ 22, 23; *Pieroth/Schlink*, Staatsrecht II, 25. Aufl., 2009, § 18; *Schmidt*, Grundrechte, 10. Aufl., 2008, 2. Teil Abschn. L.

1. Grundlegende Vorbemerkungen

a) Gegenstand der Vorschrift

Nach Art. 9 Abs. 1 GG haben alle Deutschen das Recht, Vereine und Gesellschaften zu bilden. Neben dieser Vereinigungsfreiheit schützt Art. 9 Abs. 3 GG auch die sog. Koalitionsfreiheit, also das Recht, Vereinigungen zu gründen, deren Zweck es ist, die Arbeits- und Wirtschaftsbedingungen zu wahren und zu fördern. Diese spezielle Form der Vereinigungsfreiheit wird wegen ihres besonderen Zwecks auch Koalitionsfreiheit genannt. Sie ist für das gesamte Arbeitsrecht von herausragender Bedeutung, insbesondere aber für den Bereich des sog. kollektiven Arbeitsrechts, da hierdurch Gewerkschaften wie auch Arbeitgeberverbände ihre verfassungsrechtliche Institutsgarantie erfahren.

b) Grundrechtskonkurrenzen

Im Verhältnis zur allgemeinen Handlungsfreiheit nach Art. 2 Abs. 1 GG ist Art. 9 GG ein spezielles Freiheitsrecht und geht von daher in seinem Anwendungsbereich vor.

Wird ein Streik zusammen mit einem Aufzug und einer Kundgebung gekoppelt, ist der Streik nach Art. 9 Abs. 3 GG zu beurteilen, der Aufzug dagegen nach Maßgabe der Versammlungsfreiheit nach Art. 8 GG und die Kundgebung nach Art. 5 Abs. 1 GG. Auf diese Weise kann eine einheitliche Arbeitskampfmaßnahme verfassungsrechtlich verschiedene Standbeine haben.

2. Art. 9 Abs. 1 GG – Allgemeine Vereinigungsfreiheit

a) Schutzbereich

aa) Persönlicher Schutzbereich

Dem persönlichen Schutzbereich der Vorschrift unterliegen Deutsche i. S. von Art. 116 GG. Über Art. 19 Abs. 3 GG gilt das Grundrecht auch für inländische juristische Personen des Privatrechts. Die Vereinigungsfreiheit von Ausländern, einschließlich ausländischer juristischer Personen, ist nur durch einfaches Bundesgesetz geschützt (vgl. § 1 VereinsG).

bb) Sachlicher Schutzbereich

In sachlicher Hinsicht schützt Art. 9 Abs. 1 GG Vereine, Verbände und Assoziationen aller Art (BVerfGE 38, S. 281, 303). Ein Verein ist jede Personenvereinigung, zu der sich eine Mehrheit natürlicher oder juristischer Personen für längere Zeit zu einem gemeinsamen Zweck freiwillig zusammengeschlossen und einer organisierten Willensbildung unterworfen haben. Geschützt ist zum einen das Recht, Vereinigungen frei zu gründen und diesbezüglich das Vereinigungsziel und die Rechtsform eigenständig zu wählen (Gründungsfreiheit). Darüber hinaus schützt die allgemeine Vereinigungsfreiheit das Recht, sich einer Vereinigung anzuschließen (positive Vereinigungsfreiheit) bzw. dieser fernzubleiben oder auszutreten (negative Vereinigungsfreiheit).

BEISPIEL (nach BVerfG vom 13. 12. 2006; 1 BvR 2084/05)

K hat eine Fläche von 15 ha im Außenbereich der Gemeinde G geerbt. Einige Monate später erfährt er, dass er auf diese Weise Zwangsmitglied in der Jagdgenossenschaft geworden ist. Das Grundrecht aus Art. 9 GG wird durch die Zwangsmitgliedschaft jedoch nicht berührt. Art. 9 Abs. 1 GG schützt nur das Recht privatrechtliche Vereinigungen zu gründen, ihnen beizutreten oder fernzubleiben. Eine Anwendung auf öffentlich-rechtliche Zwangszusammenschlüsse wie die Jagdgenossenschaft ist daher nicht möglich.

b) Eingriff

Ein Eingriff liegt in jeder belastenden Regelung bzw. jeder tatsächlichen Beeinträchtigung vom Schutzbereich umfasster Verhaltensweisen.

3. Art. 9 Abs. 3 GG – Koalitionsfreiheit

a) Schutzbereich

aa) Persönlicher Schutzbereich

Das Grundrecht der Koalitionsfreiheit ist ein Jedermann-Grundrecht, d. h. es gilt gleichermaßen für Deutsche wie für Ausländer. Ebenfalls unter den personellen Schutzbereich fallen alle öffentlich-rechtlichen und privatrechtlichen Personenvereinigungen, die sich i. S. von Art. 9 Abs. 3 GG koalitionsmäßig betätigen. Damit würde auch die Bundesrepublik Deutschland als juristische Person des öffentlichen Rechts und Arbeitgeber der im öffentlichen Dienst Beschäftigten bei koalitionsmäßiger Betätigung unter den Schutzbereich der Norm fallen, z. B. wenn der Bundesinnenminister Tarifgespräche über Lohnrunden für Angestellte im öffentlichen Dienst führt.

Im Übrigen gilt die Koalitionsfreiheit übergreifend für alle Berufsgruppen und Wirtschaftszweige. Daher haben auch Beamte das Recht, Koalitionen zu gründen (z. B. den Deutschen Beamtenbund). Das Recht zu streiken steht ihnen aber nicht zu; dies ergibt sich aus den sog. hergebrachten Grundsätzen des Berufsbeamtentums nach Art. 33 Abs. 5 GG.

bb) Sachlicher Schutzbereich

Für jedermann und für alle Berufe ist das Recht gewährleistet, zur Wahrung und Förderung der Arbeits- und Wirtschaftsbedingungen Vereinigungen zu bilden. Jede Abrede, die dieses Recht einschränkt oder behindert, ist nichtig.

Eine Vereinigung i. S. von Art. 9 Abs. 3 GG muss also zum Ziel haben, die Arbeits- und Wirtschaftsbedingungen zu fördern. Eine solche Vereinigung wird Koalition genannt, die auf Arbeitgeberseite Arbeitgeberverband und auf Arbeitnehmerseite als Gewerkschaft bezeichnet wird.

DEFINITION

Eine **Vereinigung** hat das Ziel, die Arbeits- und Wirtschaftsbedingungen zu fördern, wenn sie die Interessen ihrer Mitglieder als Arbeitgeber oder Arbeitnehmer, insbesondere durch Tarifverträge, im Hinblick auf die Gestaltung der Löhne und Arbeitsbedingungen mit einiger Durchsetzungskraft vertreten kann. Voraussetzung für das Vorliegen einer solchen Koalition ist überdies, dass eine gegnerfreie und unabhängige Vereinigung besteht, die frei gebildet wurde.

Der Schutzbereich der Koalitionsfreiheit hat eine Doppelfunktion. Einerseits gewährt er das Recht, überhaupt Koalitionen zu gründen und sich koalitionsmäßig zu betätigen. Andererseits schützt er auch den Einzelnen, der nämlich über Art. 9 Abs. 3 GG sowohl das Recht, sich einer Koalition anzuschließen (positive Koalitionsfreiheit), als auch das Recht, dieser Koalition fernzubleiben (negative Koalitionsfreiheit) hat.

Das von Art. 9 Abs. 3 GG als Institutsgarantie geschützte Recht, sich koalitionsmäßig zu betätigen, findet seine Ausprägung namentlich im Abschluss von Tarifverträgen. Die sog. Tarifautonomie ist also über Art. 9 Abs. 3 GG als ein Kernbereich der Koalitionsfreiheit gewährleistet. Aber auch Arbeitskampfmaßnahmen, wie Streik und Aussperrung, die einem Tarifvertrag regelmäßig vorausgehen, unterfallen dem Schutzbereich der Vorschrift.

DEFINITION

Streik ist eine planmäßige kollektive Arbeitsniederlegung durch eine größere Anzahl von Arbeitnehmern zur Verfolgung eines bestimmten Arbeitskampfziels.

Aussperrungen sind planmäßige Maßnahmen der Arbeitgeberseite, wodurch eine größere Zahl von Arbeitnehmern von der Arbeitsaufnahme ausgeschlossen wird. Wenn die Aussperrung Antwort auf einen Streik ist, wird sie *Abwehraussperrung* genannt.

Das Grundrecht der Koalitionsfreiheit bindet nicht nur jede Form der staatlichen Gewalt. Über Art. 9 Abs. 3 Satz 2 GG entfaltet die Koalitionsfreiheit im privatrechtlichen Rechtsverkehr allgemeine Bindungswirkung, die unmittelbare Drittwirkung genannt werden. „Abreden", die das Koalitionsrecht einschränken oder behindern, sind danach nichtig. „Maßnahmen", die auf die Koalitionsfreiheit gerichtet sind, sind rechtswidrig. Hierauf ist die Drittwirkung aber nicht beschränkt.

BEISPIEL Unzulässig wäre eine arbeitsvertragliche Vereinbarung, wonach der Arbeitnehmer nicht in eine Gewerkschaft eintreten dürfte oder zu einem Gewerkschaftsaustritt veranlasst würde. Ebenfalls rechtswidrig sind Maßnahmen wie das Führen einer „schwarzen Liste", auf der die Namen missliebiger Gewerkschaftsmitglieder verzeichnet sind.

b) Eingriff

Jede Maßnahme, die entweder das Recht, Koalitionen zu gründen und sich koalitionsmäßig zu betätigen, beschränkt, ist ein Eingriff. Ebenfalls Eingriffscharakter hat eine Maßnahme, die die positive bzw. negative Koalitionsfreiheit einschränkt. Eingriffscharakter haben dabei nicht nur staatliche Beeinträchtigungen. Auch Dritten ist es nach Art. 9 Abs. 3 Satz 2 GG ausdrücklich verboten, in die Koalitionsfreiheit einzugreifen.

4. Schranken nach Art. 9 Abs. 2 GG

Die Vereinigungsfreiheit nach Art. 9 Abs. 1 GG unterliegt den Schranken nach Art. 9 Abs. 2 GG. Ob dies auch für die Koalitionsfreiheit nach Art. 9 Abs. 3 GG gilt, wird unterschiedlich beurteilt. Verneint wird die Anwendbarkeit der Schrankenregelung unter Hinweis auf die systematische Stellung des Abs. 2 vor Art. 9 Abs. 3 GG. Nach h. M. gelten die Schranken des Art. 9 Abs. 2 GG allerdings ebenfalls für die Koalitionsfreiheit. Begründet wird dies mit der Entstehungsgeschichte der Norm und mit dem systematischen Zusammenhang zwischen Art. 9 und Art. 21 GG. Der Schutz der Koalitionsfreiheit soll nicht weitergehen als der Schutz der Parteienfreiheit nach Art. 21 GG.

Nach Art. 9 Abs. 2 GG sind Vereinigungen/Koalitionen, deren Zweck oder deren Tätigkeit den Strafgesetzen zuwiderläuft oder sich gegen die verfassungsmäßige Ordnung oder gegen den Gedanken der Völkerverständigung richtet, verboten.

Zu den Strafgesetzen i. S. von Art. 9 Abs. 2 GG sind nicht die Vorschriften nach dem Recht der Ordnungswidrigkeiten zu rechnen. Spezielle Strafgesetze, die sich gegen die Koalitionsfreiheit als solche richten, zählen ebenfalls nicht hierzu. Denn sonst hätte es der Gesetzgeber in der Hand, über die Schranke „Strafgesetze" die Koalitionsfreiheit auszuhöhlen.

Zur verfassungsmäßigen Ordnung i. S. von Art. 9 Abs. 2 GG gehören nur die elementaren Grundsätze der Verfassung. Damit ist jeder Verstoß gegen die freiheitlich demokratische Grundordnung i. S. von Art. 18 Satz 1 GG und Art. 21 Abs. 2 Satz 1 GG gleichzeitig ein Verstoß gegen Art. 9 Abs. 2 GG.

Gegen den Gedanken der Völkerverständigung richtet sich eine Koalition dann, wenn sie darauf abzielt, den Frieden unter den Völkern und Staaten zu stören.

DEFINITION

Schranken der Vereinigungsfreiheit/Koalitionsfreiheit nach Art. 9 Abs. 2 GG:

Verboten sind:

- Vereinigungen/Koalitionen, deren Zweck oder Tätigkeit den Strafgesetzen zuwiderläuft.
- Vereinigungen/Koalitionen, die sich gegen die verfassungsmäßige Ordnung richten.
- Vereinigungen/Koalitionen, die sich gegen den Gedanken der Völkerverständigung richten.

5. Abschließender Fall zu Art. 9 Abs. 3 GG: Kandidatur auf konkurrierender Liste (nach BVerfGE 100, S. 214 ff.)

FALL

Sachverhalt

A und B sind Betriebsräte in einer Automobilfabrik. Nachdem sie sich mit den anderen Betriebsräten über deren Politik gegenüber dem Arbeitgeber gestritten haben, wollen sie nicht noch einmal auf der Liste für den Betriebsrat kandidieren. Stattdessen gründen sie die konkurrierende Liste „Alternative Metaller", für die sie mit Plakaten und Flugblättern werben. Daraufhin werden A und B vom Vorstand aus der Gewerkschaft ausgeschlossen. Gegen diesen Ausschluss setzen sich A und B mit Erfolg vor Gericht durch. Durch dieses Urteil fühlt sich wiederum der Vorstand in seiner Koalitionsfreiheit aus Art. 9 Abs. 3 GG verletzt.

Lösung

Zunächst müsste ein Eingriff in den Schutzbereich vorliegen. Art. 9 Abs. 3 GG gewährleistet jedem das Recht, zur Förderung der Arbeits- und Wirtschaftsbedingungen Koalitionen zu bilden. Geschützt sind der Bestand, die Organisation, das Verfahren der Willensbildung und die Führung der Geschäfte. Der Schutz erstreckt sich dabei auf alle koalitionsspezifischen Verhaltensweisen und nicht nur auf einen Kernbereich. Das Verbot Mitglieder, die bei Betriebswahlen auf anderen Listen wiedidieren, nicht maßregeln zu dürfen, stellt einen Eingriff dar.

Ein geschlossenes Auftreten der Koalition nach außen ist Voraussetzung, um die Arbeits- und Wirtschaftsbedingungen der Mitglieder wirksam zu fördern. Insbesondere muss die Koalition gegnerfrei sein. Zwar sind A und B selber durch ihre individuelle Koalitionsfreiheit geschützt. Allerdings muss diese zurücktreten, da A und B mit dem Beitritt zur Gewerkschaft die Verbindlichkeit ordnungsgemäß zustande gekommener Beschlüsse anerkannt haben.

Aufbauschema zu Art. 9 Abs. 3 GG

I. Eingriff in den Schutzbereich

1. Schutzbereich

a) Personeller Schutzbereich: Jedermann, einschließlich der Koalitionen, die sich i. S. von Art. 9 Abs. 3 GG betätigen; keine Beschränkung auf Berufsgruppen oder Wirtschaftszweige.

b) Sachlicher Schutzbereich: Der Schutzbereich der Koalitionsfreiheit hat eine Doppelfunktion. Einerseits gewährt er das Recht, überhaupt Koalitionen zu gründen und sich koalitionsmäßig zu betätigen. Andererseits schützt er auch den Einzelnen, der über Art. 9 Abs. 3 GG nämlich das Recht hat, sich einer Koalition anzuschließen (positive Koalitionsfreiheit), aber auch das Recht hat, dieser Koalition fernzubleiben (negative Koalitionsfreiheit).

2. Eingriff:

Jede Maßnahme, die dem Einzelnen ein Verhalten, das in den Schutzbereich fällt, rechtlich oder tatsächlich erschwert oder unmöglich macht. Als Maßnahmen kommen staatliche Beeinträchtigungen und solche Dritter in Betracht.

II. Verfassungsrechtliche Rechtfertigung

Die Koalitionsfreiheit unterliegt nach h. M. den Schranken nach Art. 9 Abs. 2 GG. Danach sind verboten:

- Koalitionen, deren Zweck oder Tätigkeit den Strafgesetzen zuwiderläuft,
- Koalitionen, die sich gegen die verfassungsmäßige Ordnung richten,
- Koalitionen, die sich gegen den Gedanken der Völkerverständigung richten.

VIII. Art. 12 GG – Berufsfreiheit

LITERATUR

Frenz, Die Berufsfreiheit – Nichtraucherschutz, Sportwetten, Studiengebühren, JA 2009, S. 252; *Gusy*, Die Freiheit der Berufswahl, JA 1992, S. 257; *Hufen*, Staatsrecht II, 2. Aufl., 2009, § 35; *Katz*, Staatsrecht, 17. Aufl., 2007, § 30 Abs. 14; *Lepa*, Der Inhalt der Grundrechte, 6. Aufl., 1996, zu Art. 12 GG; *Manssen*, Staatsrecht II, 6. Aufl., 2009, § 26; *Pieroth/Schlink*, Staatsrecht II, 25. Aufl., 2009, § 21; *Schmidt*, Grundrechte, 10. Aufl., 2008, 2. Teil Abschn. O.

1. Grundlegende Vorbemerkungen

a) Gegenstand der Vorschrift

Art. 12 GG enthält verschiedene Grundrechte. In Abs. 1 der Vorschrift wird das Recht garantiert, Beruf, Arbeitsplatz und Ausbildungsstätte frei zu wählen. Bereits Art. 12 Abs. 1 GG enthält verschiedene Schutzbereiche, die den einzelnen Abschnitten eines beruflichen Wegs entsprechen.

Art. 12 Abs. 2 und Abs. 3 GG enthalten darüber hinaus weitere Grundrechte. Nach Abs. 2 der Vorschrift darf niemand zu einer bestimmten Arbeit gezwungen werden, außer im Rahmen einer herkömmlichen allgemeinen, für alle gleichen öffentlichen Dienstpflicht.

Art. 12 Abs. 3 GG regelt, dass Zwangsarbeit nur bei einem gerichtlich angeordneten Freiheitsentzug zulässig ist.

b) Grundrechtskonkurrenzen

Zu Art. 2 Abs. 1 GG ist das Grundrecht nach Art. 12 GG das speziellere. Im Verhältnis zu Art. 12 Abs. 2 GG ist Art. 12 Abs. 1 GG ebenfalls *lex specialis*, wenn es um den Zwang einer beruflichen Tätigkeit innerhalb eines frei gewählten Berufs geht.

Von besonderer Bedeutung ist das Verhältnis von Art. 12 Abs. 1 GG zu Art. 14 Abs. 1 GG. Differenziert wird insoweit danach, dass Art. 12 Abs. 1 GG den **Erwerb**, also die Betätigung zum Erwerb einer Position nach Art. 14 Abs. 1 GG schützt, derweil Art. 14 Abs. 1 GG das **Erworbene** unter grundrechtlichen Schutz stellt (Erwerbsschutz ↔ Bestandsschutz).

Für die Berufe des öffentlichen Dienstes eröffnet Art. 33 GG die Möglichkeit zu Sonderregelungen, die darauf beruhen, dass in diesen Berufen staatliche Aufgaben wahrgenommen werden. Dabei verdrängt Art. 33 GG das Grundrecht der Berufsfreiheit nicht, sondern gibt die Möglichkeit, Regelungen zu schaffen, die wegen der Besonderheiten des öffentlichen Dienstrechts notwendig sind.

BEISPIEL Über Art. 33 Abs. 2 GG ist der Staat in der Lage, die Berufsfreiheit der Bewerber auf das Recht des gleichen Zugangs zum öffentlichen Amt nach Maßgabe der verfügbaren Stellen zu reduzieren.

c) Exkurs: Art. 12 Abs. 2 und 3 GG

Nicht näher behandelt werden sollen die Grundrechte nach Art. 12 Abs. 2 und Abs. 3 GG. Der nachfolgende Exkurs soll nur einen Überblick über die Grundrechtsproblematik hinsichtlich der betreffenden Regelungen geben.

Art. 12 Abs. 2 GG verbietet den **Arbeitszwang**.

DEFINITION

Arbeitszwang ist eine hoheitlich auferlegte Tätigkeit geistiger oder körperlicher Art, die nicht bloß unbedeutenden Umfang hat.

Kein Arbeitszwang ist mangels bedeutenden Umfangs die Streupflicht auf Gehwegen oder die Meldepflicht.

Der Arbeitszwang ist nach Art. 12 Abs. 2 GG nur zulässig, wenn er im Rahmen einer herkömmlichen, für alle gleichen Dienstpflicht zu leisten ist, z. B. Nothilfepflicht bei Unfällen, Feuerwehrpflicht.

Art. 12 Abs. 3 GG verbietet die **Zwangsarbeit**.

DEFINITION

Zwangsarbeit ist die zwangsweise Inanspruchnahme einer Person zu grundsätzlich unbegrenzten Tätigkeiten.

Der Umstand „Heranziehung zu **unbegrenzten** Tätigkeiten" unterscheidet die Zwangsarbeit vom Arbeitszwang, da dieser die zwangsweise Heranziehung zu einer bestimmten Tätigkeit ist.

Die Zwangsarbeit ist nur bei gerichtlich angeordneter Freiheitsentziehung zulässig.

2. Schutzbereich Art. 12 Abs. 1 GG

a) Persönlicher Schutzbereich

Nach dem Wortlaut von Art. 12 Abs. 1 GG steht das Recht der Berufsfreiheit allen **Deutschen** zu. Damit ist diese Vorschrift ein Bürgerrecht, das voraussetzt, dass derjenige, der sich auf das Grundrecht beruft, Deutscher i. S. von Art. 116 GG ist.

Darüber hinaus schützt Art. 12 Abs. 1 GG auch inländische privatrechtliche juristische Personen. Denn auch die juristischen Personen verfolgen Einzelinteressen, die auf den Erwerb gerichtet sind. Es ist daher sachgerecht, das Grundrecht auch auf diese juristischen Personen auszudehnen.

b) Sachlicher Schutzbereich

Entgegen dem Wortlaut des Art. 12 Abs. 1 GG, der sowohl die **Berufswahl** (Satz 1) als auch die **Berufsausübung** (Satz 2) schützt, bildet Art. 12 GG nach allgemeiner Auffassung ein **einheitliches Grundrecht der Berufsfreiheit**, wobei hierunter auch bereits die Ausbildungsfreiheit fällt. Die Annahme eines einheitlichen Grundrechts begründet sich daraus, dass beide Bereiche zwar theoretisch, nicht aber praktisch voneinander getrennt werden können und die Grenzen häufig fließend sind. Die Unterscheidung zwischen der Berufswahlfreiheit (also dem „Ob") und der Berufsausübungsfreiheit (also der Frage nach dem „Wie") spielt allerdings bei der Rechtfertigung von Eingriffen in die Berufsfreiheit eine Rolle.

Der Schutzbereich umfasst demzufolge alle – und auch nur solche – berufs- und ausbildungsbezogenen Handlungen, worauf im Rahmen des Eingriffs noch näher eingegangen wird.

Der **Berufsbegriff** wird allgemein sehr weit formuliert; er umfasst jede auf eine gewisse Dauer angelegte, zur Schaffung und Erhaltung der Lebensgrundlage dienende Tätigkeit, die nicht sozial- oder gemeinschaftsschädlich ist; geschützt sind daher auch untypische berufliche Betätigungen, selbständige und unselbständige sowie Doppel- und Nebenberufe.

Die Tätigkeit gilt auch als auf Dauer angelegt, wenn sie nur einen kürzeren Zeitraum umfasst. Damit fällt also ein Gelegenheitsjob ebenso unter den Schutzbereich der Norm wie ein Probearbeitsverhältnis. Allerdings darf sich die Tätigkeit nicht auf einen einmaligen Erwerbsakt beschränken.

Die Tätigkeit darf nicht sozial- oder gemeinschaftsschädlich sein. Dieses Merkmal ist allerdings in jüngster Zeit vermehrt in die Kritik geraten. Dadurch wird es nämlich dem Gesetzgeber möglich, aufgrund einfacher gesetzlicher Grundlage eine Aushöhlung der Berufsfreiheit zu schaffen. Diese Kritik ist durchaus nicht von der Hand zu weisen. Gleichwohl wird im Folgenden in Anlehnung an die höchstrichterliche Rechtsprechung dieses Merkmal beibehalten.

Sozial- oder gemeinschaftsschädlich ist eine Tätigkeit, wenn sie von der Gemeinschaft als nicht hinnehmbar angesehen wird. Damit ist aber nicht gemeint, dass die Tätigkeit eine besondere soziale Wertigkeit aufweisen muss.

BEISPIEL Auch ein Astrologe übt einen Beruf aus, obwohl dieser Beruf in der Bevölkerung sicherlich nicht hoch eingeschätzt wird. Gemeinschaftsschädlich ist dagegen die Tätigkeit von gewerbsmäßigen Schmugglern oder Rauschgifthändlern. Die Prostitution ist nach Ansicht des Verwaltungsgerichts Berlin (VG Berlin, NJW 2001, S. 983 ff.) nicht mehr als sittenwidrig einzustufen.

Das wesentlichste Merkmal bei der Bestimmung der Berufsqualität ist, dass die Tätigkeit der Schaffung und Erhaltung der Lebensgrundlage dienen muss. Das ist der Fall, wenn die Tätigkeit rein objektiv zur Gewinnerzielung geeignet ist. Es spielt daher keine Rolle, wenn der Ausübende tatsächlich kein Geld verdient, z. B. wegen schlechter Konjunkturlage. Nur die Möglichkeit der Gewinnerzielung ist entscheidend.

DEFINITION

Beruf ist jede auf eine gewisse Dauer angelegte, zur Schaffung und Erhaltung der Lebensgrundlage dienende Tätigkeit, die nicht sozial- oder gemeinschaftschädlich ist.

Die Berufsfreiheit umfasst auch die Freiheit zum Wettbewerb, die sich aus dem System der bestehenden Wirtschaftsordnung ergibt, die Gewerbefreiheit sowie die negative Berufsfreiheit, worunter die Freiheit zur Entscheidung, keinen Beruf zu wählen und von eigenem Vermögen zu leben, zu verstehen ist. In diesem Zusammenhang kann auch Art. 12 Abs. 3 GG gesehen werden, der aufgrund des Verbots der Zwangsarbeit eine Pflicht zum Arbeiten überhaupt verneint.

Neben dem Arbeitsplatz sind auch Ausbildungsstätten geschützt; solche sind z. B. Universitäten, weiterführende Schulen, Fachhochschulen oder Referendariatsstellen. Sind die Ausbildungsstätten öffentlich, so besteht für den einzelnen Bürger ein subjektiv-öffentliches Recht auf Aufnahme, welches allerdings durch die bereitstehende Kapazität beschränkt ist.

3. Eingriff

Ein Eingriff in Art. 12 Abs. 1 GG liegt grundsätzlich dann vor, wenn eine staatliche Maßnahme auf eine Berufsregelung abzielt oder sich unmittelbar auf eine berufliche Tätigkeit auswirkt bzw. wenn sie mittelbare Folgen mit erheblichem Gewicht hat und dabei einen konkreten Personenkreis in ihrer Berufsfreiheit betrifft.

BEISPIEL Die Regelung, wonach eine Person, die ein Einzelhandelsgeschäft betreiben will, einen Sachkundenachweis erbringen muss, ist unzweifelhaft ein Eingriff. Ebenfalls Eingriffscharakter hat die Verpackungsverordnung, die eine Pfanderhebungspflicht für Einweggetränke vorsieht.

4. Schranken

Nach dem Gesetzesvorbehalt des Art. 12 Abs. 1 Satz 2 GG kann die Berufsausübung durch Gesetz oder aufgrund eines Gesetzes geregelt werden. Da Art. 12 Abs. 1 GG als **einheitliches Grundrecht** verstanden wird, ist der Gesetzesvorbehalt auch auf die Berufswahlfreiheit auszudehnen. Die Unterscheidung zwischen der Berufswahl- und der Berufsausübungsfreiheit ist hinsichtlich der Schrankenproblematik jedoch nicht ohne Bedeutung. Allgemein gilt, dass Eingriffe in die Berufswahlfreiheit strengeren Anforderungen unterworfen sind als Eingriffe in die Berufsausübung.

Zu diesem Zweck wurde vom Bundesverfassungsgericht die sog. **Drei-Stufen-Theorie** (nach BVerfGE 7, S. 377) entwickelt, die auch auf die Ausbildungsfreiheit und die Freiheit der Wahl des Arbeitsplatzes übertragen werden kann.

Die **Drei-Stufen-Theorie** sieht folgende Differenzierung vor:

1. Stufe: Berufsausübungsregelungen

Eine Berufsausübungsregelung liegt vor, wenn das „Wie" der Tätigkeit, d. h. die Art und Wiese der Berufsausübung geregelt wird.

Ein Eingriff in die **Berufsausübung** ist verfassungsrechtlich gerechtfertigt, soweit **vernünftige Gründe des Allgemeinwohls** es zweckmäßig erscheinen lassen.

BEISPIELE

1. Die Vorschriften über den Ladenschluss, die Heranziehung der Banken zur Einbehaltung und Abführung der Kapitalertragsteuer, Verpflichtung für Rechtsanwälte, vor Gericht in Robe zu erscheinen, Verbot der Verteidigung mehrerer Beschuldigter, Vertriebsverbote für jugendgefährdende Schriften.
2. Nach BVerfG vom 30. 7. 2008 (1 BvR 3262/07):

   Seit 2007 besteht im Bundesland L ein Nichtraucherschutzgesetz, dass das Rauchen in Gaststätten grundsätzlich verboten ist. Das Gesetz wurde eingeführt, um die Bevölkerung umfassend vor den Gefahren des Passivrauchens zu schützen. Die Regelung des Nichtraucherschutzgesetzes stellt für Gastwirte einen schwerwiegenden, unmittelbaren Eingriff in Art. 12 Abs. 1 GG dar. Es wird ihnen untersagt, ihre Leistungen und Dienste den Rauchern unter ihren Gästen anzubieten. Der Eingriff kann jedoch durch den Vorrang überragend wichtiger Interessen wir Gesundheit und Leben der Bevölkerung gerechtfertigt werden.
3. Nach BVerfG vom 31. 8. 2009 (1 BvR 3275/07):

   Die Entscheidung, einen Flugplatz nicht als sog. Zolllandeplatz zuzulassen, ist jedenfalls als eingriffsgleiche Regelung in die Berufsausübungsfreiheit des Flugplatzbetreibers anzusehen. Der Betrieb eines Flughafens ist die erwerbswirtschaftliche Tätigkeit und damit die eigentliche Berufstätigkeit des Flugplatzbetreibers. Ein Eingriff liegt darin, dass die Rahmenbedingungen der Berufsausübung betroffen sind (keine Abfertigung von Drittlandflügen), die objektiv berufsregelende Tendenzen haben (sog. eingriffsgleiche Regelung).

2. Stufe: Subjektive Berufswahlregelungen

Berufswahlregelungen regeln das „Ob" der Tätigkeit. Begrifflich sind Berufswahlregelungen also solche Vorschriften, die die **Aufnahme des Berufs zum Gegenstand** haben. Hinsichtlich solcher Berufswahlregelungen wird zwischen subjektiven (2. Stufe) und objektiven (3. Stufe) Berufswahlregelungen unterschieden.

Subjektive Berufswahlregelungen knüpfen an die Person des Berufsbewerbers an, wie z. B. persönliche Eigenschaften oder Fähigkeiten. Auf der 2. Stufe sind subjektive Berufswahlregelungen zulässig, wenn sie dem **Schutz wichtiger Gemeinschaftsgüter** dienen.

BEISPIEL Regelungen über Altersgrenzen für Hebammen, die Überprüfung der Zuverlässigkeit einer Person, die ein Gewerbe betreiben will, das Erfordernis des Sachkundenachweises für den Betrieb eines Einzelhandelsgeschäfts, ebenso die Ablegung zweier Staatsexamina als Voraussetzung für bestimmte Berufsfelder. Diesen Regelungen ist gemeinsam, dass sie aus Gemeinwohlaspekten heraus motiviert sind.

3. Stufe: Objektive Berufswahlregelungen

Eine objektive Berufswahlregelung liegt vor, wenn die Berufswahl an Voraussetzungen geknüpft ist, die nicht in der Person des Bewerbers liegen.

Objektive Berufswahlregelungen sind verfassungsrechtlich nur zum **Schutz überragend wichtiger Gemeinschaftsgüter** gegen nachweisbare höchstwahrscheinlich schwere Gefahren zulässig.

Auf der 3. Stufe sind demnach die höchsten Anforderungen an die Zulässigkeit einer den Schutzbereich der Berufsfreiheit einschränkenden Regelung zu stellen.

BEISPIEL Ebenfalls eine objektive Berufswahlregelung ist eine Regelung, die ein staatliches Monopol zum Betrieb von Spielbanken vorsieht, um das illegale Glücksspiel einzudämmen und die natürliche Spielleidenschaft vor strafbarer Ausbeutung zu schützen (BVerfGE 102, S. 197 ff.). Gleiches gilt, wenn die Veranstaltung von Sportwetten auf staatliche Einrichtungen beschränkt ist (BVerwGE 114, S. 92 ff.). Ist das staatliche Wettmonopol derart ausgestaltet, dass es eine effektive Suchtbekämpfung, die den Ausschluss privater Veranstalter rechtfertigen könnte, nicht sicherstellt, ist das Monopol mit dem Grundrecht der Berufsfreiheit unvereinbar (BVerfGE 115, S. 276).

Verfassungswidrig ist dagegen die Regelung in § 7 Nr. 3 BRAO, wonach ein Rechtsanwalt, der durch ein ehrengerichtliches Urteil aus der Anwaltschaft ausgeschlossen wurde, einem lebenslangen Anwaltsverbot ausgesetzt ist (BVerfGE 72, S. 51 ff.). Die Regelung wurde mittlerweile aus der Bundesrechtsanwaltsordnung gestrichen.

ABB. 14: Drei-Stufen-Theorie

1. Stufe:

Berufsausübungsregelungen

Zulässig, wenn vernünftige Gründe des Gemeinwohls es zweckmäßig erschließen lassen.

Z. B. Ladenschlusszeitenregelung

2. Stufe:

Subjektive Berufswahlregelungen

Zulässig, wenn sie zum Schutz wichtiger Gemeinschaftsgüter dienen.

Z. B.: Bestehen der Meisterprüfung, um ein Handwerk selbständig zu führen

3. Stufe:

Objektive Berufswahlregelungen

Zulässig, wenn eine schwere Gefahr für ein überragend wichtiges Gemeinschaftsgut vorliegt oder höchst wahrscheinlich ist.

Z. B.: Bedürfnisklausel für die Zulassung von Taxen gem. § 13 Abs. 4 Personenbeförderungsgesetz

5. Abschließender Fall zu Art. 12 GG: Altersgrenze für Kassenärzte (nach BVerfGE 103, S. 172)

FALL

Sachverhalt

A ist Arzt für Innere Medizin an einer Universitätsklinik. Nachdem es zwischen ihm und seinem Arbeitgeber wiederholt zu Spannungen kommt, kündigt A und möchte als Vertragsarzt zugelassen werden. Der Antrag des A wird jedoch unter Hinweis auf § 98 Abs. 2 Nr. 12 SGB i. V. mit § 25 Ärzte-ZV abgelehnt. Nach diesen Vorschriften ist nach Vollendung des 55. Lebensjahres eine erstmalige Zulassung als Vertragsarzt ausgeschlossen. A rügt eine Verletzung aus Art. 12 GG.

Lösung

Die Tätigkeit eines Kassenarztes ist auf Dauer angelegt und dient der Schaffung und Erhaltung der Lebensgrundlage, wobei die Tätigkeit nicht gemeinschädlich ist. Damit ist der Schutzbereich von Art. 12 GG betroffen. Die Regelung des § 98 Abs. 2 Nr. 12 SGB i. V. mit § 25 Ärzte-ZV beeinträchtigt die Berufsfreiheit, ist also ein Eingriff in Art. 12 GG. Der Eingriff könnte allerdings verfassungsrechtlich gerechtfertigt sein. Die Berufsfreiheit steht insgesamt unter einem Gesetzesvorbehalt. Ob § 98 Abs. 2 Nr. 12 SGB i. V. mit § 25 Ärzte-ZV diesem Gesetzesvorbehalt entspricht, beurteilt sich nach Maßgabe der Drei-Stufen-Theorie.

Fraglich ist, ob hier eine Berufsausübungsregelung (1. Stufe) vorliegt, oder das Recht auf freie Berufswahl durch eine objektive Zulassungsgrenze (3. Stufe) betroffen ist. Gegen die Einordnung als objektive Zulassungsgrenze spricht, dass den Ärzten durch die Regelung nur eine Grenze gesetzt wird, sich als Vertragsarzt niederzulassen, nicht aber als Arzt schlechthin. Für die Einordnung als objektive Zulassungsgrenze spricht jedoch, dass der Großteil der Bevölkerung gesetzlich krankenversichert ist, die Zulassung als Kassenarzt also von großer wirtschaftlicher Bedeutung für die Ärzte ist.

Die Einordnung muss jedoch nicht entschieden werden, wenn der Gesetzgeber Gründe hatte, die auch einen Eingriff durch eine objektive Berufswahlregelung rechtfertigen. Auf der 3. Stufe ist ein Eingriff zum Schutz überragend wichtiger Gemeinschaftsgüter zulässig. Zweck der Regelung ist es, zur finanziellen Stabilität der gesetzlichen Krankenversicherung beizutragen. Die Finanzierbarkeit der Gesundheitsversorgung stellt einen überragend wichtigen Gemeinwohlbelang dar. Die Zulassungsregelung kann zur Gewährung der Finanzierbarkeit beitragen, da die Ausgaben der Krankenkassen je Versicherten i. d. R. umso höher liegen, je höher die Versorgungsdichte mit Ärzten ist. Die Regelung ist damit verfassungskonform.

Prüfungsschema zu Art. 12 GG

I. Eingriff in den Schutzbereich

1. Schutzbereich

   a) Personeller Schutzbereich:

   Deutsche i. S. von Art. 116 Abs. 1 GG und inländische juristische Personen des Privatrechts.

   b) Sachlicher Schutzbereich:

   Geschützt ist die Berufsfreiheit. **Beruf** ist jede auf eine gewisse Dauer angelegte, zur Schaffung und Erhaltung der Lebensgrundlage dienende Tätigkeit, die nicht sozial- oder gemeinschaftsschädlich ist.

2. Eingriff

   Ein Eingriff in Art. 12 Abs. 1 GG liegt grundsätzlich dann vor, wenn eine staatliche Maßnahme auf eine Berufsregelung abzielt oder sich unmittelbar auf eine berufliche Tätigkeit auswirkt bzw. mittelbare Folgen mit erheblichem Gewicht hat.

II. Verfassungsrechtliche Rechtfertigung

Die Berufswahl- und die Berufsausübungsfreiheit unterliegen dem Gesetzesvorbehalt nach Art. 12 Abs. 1 Satz 2 GG, allerdings in Anlehnung an die Drei-Stufen-Theorie in unterschiedlicher Intensität. Je intensiver der Eingriff ist, desto strenger müssen die Anforderungen an die Rechtfertigung sein.

1. Stufe: Berufsausübungsregelungen:

Ein Eingriff in die Berufsausübung ist verfassungsrechtlich gerechtfertigt, soweit vernünftige Gründe des Allgemeinwohls es zweckmäßig erscheinen lassen.

2. Stufe: Subjektive Berufswahlregelungen

Subjektive Berufswahlregelungen knüpfen an die Person des Berufsbewerbers an, wie z. B. persönliche Eigenschaften oder Fähigkeiten. Auf der 2. Stufe sind subjektive Berufswahlregelungen zulässig, wenn sie zum Schutz wichtiger Gemeinschaftsgüter dienen.

3. Stufe: Objektive Berufswahlregelungen

Objektive Berufswahlregelungen sind verfassungsrechtlich nur zum Schutz überragend wichtiger Gemeinschaftsgüter gegen nachweisbare, höchstwahrscheinlich schwere Gefahren zulässig.

Merke:

Innerhalb der einzelnen und zwischen den unterschiedlichen Stufen gilt der Verhältnismäßigkeitsgrundsatz als zusätzliche Rechtfertigungsvoraussetzung. D. h. jeder Eingriff in die Berufsfreiheit muss zur Erreichung des jeweiligen Zwecks geeignet, erforderlich und angemessen sein.

IX. Art. 14 GG – Eigentums- und Erbrechtsfreiheit

LITERATUR

Hufen, Staatsrecht II, 2. Aufl., 2009; § 38; *Jochum/Durner*, Grundfälle zu Art. 9 GG, JuS 2005, S. 220 ff., 320 ff., 412 ff.; *Katz*, Staatsrecht, 17. Aufl., 2007, § 30 Abs. 16; *Lepa*, Der Inhalt der Grundrechte, 6. Aufl., 1996, zu Art. 14 GG; *Manssen*, Staatsrecht II, 6. Aufl., 2009, § 28; *Pieroth/Schlink*, Staatsrecht II, 25. Aufl., 2009, § 23; *Schmidt*, Grundrechte, 10. Aufl., 2010, 2. Teil Abschn. Q.

1. Grundlegende Vorbemerkungen

a) Gegenstand der Vorschrift

Art. 14 Abs. 1 Satz 1 GG gewährleistet ausdrücklich das Eigentum und das Erbrecht. Damit stellt das Grundgesetz das Eigentum an einer Sache und das Erbrecht als sog. **Institutsgarantie** unter Schutz. Aber dieses Recht ist nicht uferlos. Nach Art. 14 Abs. 1 Satz 2 GG werden sowohl der Inhalt der gewährleisteten Institute als auch die Schranken durch Gesetz bestimmt. Die weitere Abhandlung wird sich nur mit dem Eigentum als geschützte Rechtsposition befassen.

Art. 14 Abs. 2 GG regelt kurz, aber präzise: „Eigentum verpflichtet. Sein Gebrauch soll zugleich dem Wohle der Allgemeinheit dienen." Damit ist zum Ausdruck gebracht, dass Eigentum auch einen sozialförderlichen Zweck erfüllen soll, z. B. ist hierdurch ein Waldeigentümer verpflichtet, eben zum Wohle der Allgemeinheit, seinen Wald Spaziergängern frei zu halten (sog. Sozialpflichtigkeit/Sozialbindung des Eigentums).

Die Frage, wann und unter welchen Voraussetzungen der Staat einem Bürger das Eigentum entziehen kann, also die **Enteignung**, ist in Art. 14 Abs. 3 GG geregelt.

b) Grundrechtskonkurrenzen

Ein Konkurrenzverhältnis kann sich insbesondere zu Art. 12 GG ergeben. Wenn ein Beschwerdeführer geltend macht, dass durch eine staatliche Maßnahme das Recht am eingerichteten und ausgeübten Gewerbebetrieb beeinträchtigt ist, stellt sich die Frage, ob die Berufsfreiheit nach Art. 12 GG oder die Eigentumsgarantie nach Art. 14 GG betroffen ist. Nach der Rechtsprechung des Bundesverfassungsgerichts schützt Art. 14 GG das Erworbene und Art. 12 GG den Erwerb. Aus dieser Sichtweise heraus ist der eingerichtete und ausgeübte Gewerbebetrieb über Art. 14 GG geschützt, soweit es um das Ergebnis der beruflichen Betätigung geht. Über Art. 12 GG ergibt sich ein Schutz, soweit es um die Betätigung selbst geht.

2. Schutzbereich

Der Eigentumsbegriff nach Art. 14 GG ist nicht mit dem bürgerlich-rechtlichen Eigentumsbegriff identisch.

DEFINITION

Eigentum i. S. von Art. 14 GG sind alle vermögenswerten Rechte, die dem Berechtigten von der Rechtsordnung in der Weise zugeordnet werden, dass er die damit verbundenen Befugnisse nach eigenverantwortlicher Entscheidung zu seinem privaten Nutzen ausüben darf.

Ein vermögenswertes Recht in diesem Sinne ist das Sacheigentum an beweglichen Sachen oder Grundstücken nach bürgerlich-rechtlichem Rechtsverständnis. Ebenfalls als vermögenswerte Rechte werden angesehen:

- dingliche Rechte wie Hypotheken, Grundschulden oder Pfandrechte;
- Rechte eines Mieters oder Pächters auf Nutzung;
- Warenzeichen-, Urheber-, Patent- oder Markenrechte;
- die Rechte nach § 823 BGB;
- privatrechtliche Forderungen, soweit sie Vermögensrechte beinhalten; hierzu zählen auch Mitgliedschaftsrechte, z. B. an einer Aktiengesellschaft;
- auch subjektiv öffentlich-rechtliche Forderungsrechte, die Äquivalent eigener Leistung sind, wie z. B. Rentenzahlungen aus der Sozialversicherung, Ansprüche auf Arbeitslosengeld oder Kindergeldleistungen. Das Bundesverfassungsgericht hat auch den Anspruch auf Erstattung zu viel gezahlter Steuern als vermögenswertes Recht i. S. von Art. 14 GG angesehen;
- das Recht am eingerichteten und ausgeübten Gewerbebetrieb, soweit es um den Schutz des Bestehenden geht.

Nicht zum Eigentum i. S. von Art. 14 GG zu rechnen sind das Vermögen als solches, Erwerbserwartungen oder Aussichten auf einen geschützten Vermögenswert nach Art. 14 GG.

3. Eingriff

Ein Eingriff in den Schutzbereich liegt vor, wenn eine staatliche Maßnahme dazu führt, dass der Schutzbereich der Norm berührt wird. Damit führt grundsätzlich jede Beschränkung von Nutzungs- und Verfügungsbefugnissen einer vermögenswerten Rechtsposition zu einem Eingriff in den Schutzbereich.

Rechtstechnisch können Eingriffe in den Schutzbereich entweder durch eine Inhalts- bzw. Schrankenbestimmung nach Art. 14 Abs. 1 Satz 2 GG, also durch eine Beschränkung des Eigentums, oder durch eine Enteignung nach Art. 14 Abs. 3 GG, also durch eine Entziehung des Eigentums, erfolgen.

HINWEIS

Eingriffe können erfolgen durch:

- Inhalts- und Schrankenbestimmungen oder
- durch Enteignung.

4. Schranken

a) Inhalts- und Schrankenbestimmungen

Eine **Inhalts- bzw. Schrankenbestimmung** i. S. von Art. 14 Abs. 1 Satz 2 GG liegt vor, wenn eine **abstrakt generelle Regelung** die Rechte und die Pflichten eines Eigentümers i. S. von Art. 14 Abs. 1 Satz 1 GG festlegt. Auf diese Weise kann der Gesetzgeber die Befugnisse eines Eigentümers rechtlich ausformen. Regelmäßig sind Inhalts- und Schrankenbestimmungen zugleich die Festlegung der nach Art. 14 Abs. 2 GG geregelten Sozialpflichtigkeit des Eigentums.

Ein Gesetz, das Inhalt und Schranken des Eigentums regelt, darf allerdings nicht so weit gehen, dass der Wesensgehalt der verfassungsrechtlich garantierten Wertentscheidung ausgehöhlt wird. Letztlich dürfen die Existenz und die Funktionsfähigkeit des Eigentums nicht zum bloßen Lippenbekenntnis verkommen. Daher ist insbesondere auch der Grundsatz der Verhältnismäßigkeit zu wahren. Sofern eine Inhalts- und Schrankenbestimmung im Einzelfall eine unzumutbare Härte für den Betroffenen bedeutet, kann deshalb eine staatliche Entschädigungsleistung erforderlich sein (BVerfGE 58, S. 300 ff.; BVerfGE 100, S. 226, 245).

b) Enteignung

Die grundsätzliche Zulässigkeit der Enteignung ist in Art. 14 Abs. 3 GG geregelt.

DEFINITION

Eine **Enteignung** ist die zielgerichtete teilweise oder vollständige Entziehung konkret subjektiver Rechtspositionen, die durch Art. 14 Abs. 1 Satz 1 GG geschützt sind.

Da dies ein erheblicher, um nicht zu sagen der schwerwiegendste Eingriff in den Schutzbereich ist, wird die Enteignung an enge Voraussetzungen geknüpft, die in Art. 14 Abs. 3 GG niedergeschrieben sind.

Die Enteignung kann entweder durch Gesetz einem bestimmten Personenkreis eine nach Art. 14 GG geschützte Rechtsposition entziehen. Diese Form der Enteignung wird **Legalenteignung** genannt. Daneben kann die Enteignung aber auch aufgrund eines Gesetzes erfolgen. In diesem Fall, der auch **Administrativenteignung** genannt wird, ist ein behördlicher Vollzugsakt (Verwaltungsakt) erforderlich, der sich auf eine gesetzliche Grundlage zurückführen lassen muss.

Die Junktimklausel nach Art. 14 Abs. 3 Satz 2 G verlangt, dass das Gesetz, durch das oder aufgrund dessen die Enteignung vorgenommen wird, eine Klausel enthält, in der die Entschädigung für den Rechtsverlust normiert ist. Eine Enteignung ohne eine solche **Junktimklausel** ist verfassungswidrig. Die Junktimklausel muss insbesondere vorsehen, in welcher Art (Geld oder andere Leistung) und in welchem Umfang die Entschädigung zu leisten ist.

Die einschneidende Einschränkung der Zulässigkeit einer Enteignung ergibt sich aus Art. 14 Abs. 3 Satz 1 GG. Danach darf eine Enteignung nur zum Wohle der Allgemeinheit erfolgen. Unzulässig und damit verfassungswidrig ist also eine Enteignung, mit der ausschließlich fiskalische

Interessen verfolgt werden. Auch eine Enteignung zugunsten Privater ist grundsätzlich verfassungswidrig. Dies gilt aber nicht ausnahmslos.

BEISPIEL Die Enteignung zugunsten eines Privaten ist zulässig, sofern dieser öffentliche Aufgaben wahrnimmt. Die Enteignung eines Grundstückseigentümers zugunsten der Stadtwerke GmbH wäre damit zulässig, sofern die Stadtwerke GmbH das Grundstück benötigt, um ein Heizkraftwerk zu erweitern, sofern dies aus Gründen geschieht, die mit einer geschlossenen Versorgung der Bevölkerung zusammenhängen.

Ebenso kann eine Enteignung, die aus strukturpolitischen Gemeinwohlaspekten heraus motiviert ist, zulässig sein. Insoweit sind aber hohe Anforderungen an die gesetzliche Regelung zu stellen, die im Falle BVerfGE 74, S. 264 ff. („Teststrecke Boxberg") nicht gegeben waren.

5. Abschließender Fall zu Art. 14 GG (nach BVerfGE 104, S. 1)

FALL

Sachverhalt

Die Stadt S hat in ihrem Bebauungsplan neue Wohngebiete ausgewiesen, um dem gestiegenen Wohnraumbedarf nachzukommen. Allerdings sind Größe, Form und Parzellenverlauf der Grundstücke, auf denen das Wohngebiet entstehen soll, nicht ideal. Die Eigentümer können sich aber nicht über eine Neuordnung der Grundstücksverhältnisse einigen, welche die Nutzung als Wohngebiet ermöglichen würde. Um den Bebauungsplan durchzusetzen, regelt die Gemeinde unter Berufung auf § 45 BauGB die Eigentumsverhältnisse neu. Nach der Vorschrift können Grundstücke neu geordnet werden, so dass für die bauliche Nutzung zweckmäßig gestaltete Grundstücke entstehen. Die Eigentümer sehen darin eine unzulässige Enteignung.

Lösung

Der Schutzbereich von Art. 14 Abs. 1 GG ist betroffen. Die Eigentumsgarantie gewährleistet auch die grundsätzliche Verfügungsbefugnis des Eigentümers über sein Eigentum. Die Neuordnung der Eigentumsverhältnisse beeinträchtigt dieses Recht, so dass ein Eingriff vorliegt.

Der Eingriff könnte verfassungsrechtlich gerechtfertigt sein. Fraglich ist, ob eine Enteignung gem. Art. 14 Abs. 3 GG oder eine Inhalts- und Schrankenbestimmung gem. Art. 14 Abs. 1 Satz 2 GG vorliegt. Eine Enteignung ist die vollständige oder teilweise Entziehung konkreter subjektiver Rechtspositionen. Die Eigentümer haben ihr Eigentum verloren. Allerdings liegt eine Enteignung nur dann vor, wenn Güter hoheitlich beschafft werden sollen, die der Erfüllung öffentlicher Aufgaben dienen. Sofern aber private Interessen ausgeglichen werden sollen, liegt eine Inhalts- und Schrankenbestimmung vor.

Die Baulandumlegung nach § 45 BauGB will die privaten Interessen ausgleichen, indem sie die bauliche Nutzung der Grundstücke ermöglichen will, wenn sich die Eigentümer nicht untereinander über eine Neuordnung einigen können. Damit liegt eine Inhalts- und Schrankenbestimmung vor. Eine solche ist zulässig, wenn sie die Interessen der Eigentümer in einen gerechten Ausgleich bringt. Die Regelung des § 45 BauGB ermöglicht erst, dass bestimmte Grundeigentümer ihre Grundstücke baulich nutzen können. Für den Verlust ihrer Grundstücke erhalten die bisherigen Eigentümer außerdem wertgleiches Grundeigentum. Die Baulandumlegung ist demnach verfassungsgemäß.

Aufbauschema zu Art. 14 GG

I. Eingriff in den Schutzbereich

1. Schutzbereich

a) *Eigentum* i. S. von Art. 14 GG sind alle vermögenswerten Rechte, die dem Berechtigten von der Rechtsordnung in der Weise zugeordnet werden, dass er die damit verbundenen Befugnisse nach eigenverantwortlicher Entscheidung zu seinem privaten Nutzen ausüben darf.

b) *Erbrecht* umfasst das Recht der Testierfreiheit und das Recht, testamentarisch oder aufgrund gesetzlicher Erbfolge erben zu können und Eigentum am Ererbten zu erwerben.

2. Eingriff (nur Eigentum)

Ein *Eingriff* in den Schutzbereich liegt vor, wenn eine staatliche Maßnahme dazu führt, dass der Schutzbereich der Norm beeinträchtigt wird. Damit führt grundsätzlich jede Beschränkung von Nutzungs- und Verfügungsbefugnissen einer vermögenswerten Rechtsposition aufgrund einer Inhalts- oder Schrankenbestimmung zu einem Eingriff in den Schutzbereich.

II. Verfassungsrechtliche Rechtfertigung

Inhalt und Ausmaß des Rechts können durch Inhalts- und Schrankenbestimmungen nach Art. 14 Abs. 1 Satz 1 GG festgelegt werden.

Eine Enteignung ist nach Art. 14 Abs. 3 GG durch oder aufgrund Gesetzes und nur zum Wohl der Allgemeinheit und bei Bestehen einer Junktimklausel verfassungsrechtlich nicht zu beanstanden.

§ 11 Verfassungsrechtsschutz nach dem Grundgesetz und dem Bundesverfassungsgerichtsgesetz

LITERATUR

Degenhart, Staatsrecht I, 25. Aufl., 2009, § 11; *Ipsen*, Staatsrecht I, 21. Aufl., 2009, § 18; *Pieroth/Schlink*, Staatsrecht II, 25. Aufl., 2009, § 34 ff.; *Schmidt*, Grundrechte, 10. Aufl., 2008, 3. Teil.

Der verfassungsgerichtliche Rechtsschutz wird in der Bundesrepublik Deutschland durch das Bundesverfassungsgericht gewährleistet (Art. 92, 93 GG). Die Entscheidungszuständigkeiten des Bundesverfassungsgerichts sind im Wesentlichen in Art. 93 Abs. 1 GG aufgezählt. Daneben finden sich an anderen Stellen im Grundgesetz weitere Zuständigkeiten. Insgesamt zusammengefasst sind die Zuständigkeiten des Bundesverfassungsgerichts in insgesamt 15 Nummern in § 13 BVerfGG. In dem mit „Einzelne Verfahrensarten" überschriebenen Teil des BVerfGG (§§ 36 bis 95 BVerfGG) sind die einzelnen verfahrensrechtlichen Voraussetzungen der in § 13 BVerfGG genannten Fällen geregelt.

I. Organstreitverfahren

1. Anwendungsbereich

Das Organstreitverfahren ist geregelt in Art. 93 Abs. 1 Nr. 1 GG, §§ 13 Nr. 5, 63 ff. BVerfGG. Gegenstand der Prüfung ist ein eventueller Verstoß eines obersten Bundesorgans gegen durch das Grundgesetz übertragene Rechte und Pflichten.

BEISPIEL Der Bundesrat ist der Meinung, dass es sich bei einem an ihn weitergeleiteten Gesetzesbeschluss um ein Zustimmungsgesetz handele, und verweigert die Zustimmung zum Gesetz. Der Bundestag, der das Gesetz nur für ein Einspruchsgesetz hält, überstimmt den Bundesrat daraufhin nach Art. 77 Abs. 4 GG. Nach Gegenzeichnung fertigt der Bundespräsident das Gesetz aus und verkündet es im Bundesgesetzblatt. Der Bundesrat hält das Gesetz für formell verfassungswidrig und beabsichtigt, gegen das Gesetz im Wege des Organstreitverfahrens gegen den Bundestag vorzugehen.

Im Wege des Organstreitverfahrens kann vom Bundesverfassungsgericht überprüft werden, ob der Bundesrat als Antragsteller in einem ihm zustehenden verfassungsmäßigen Recht verletzt ist. Dies wäre dann der Fall, wenn es sich tatsächlich um ein zustimmmungspflichtiges Gesetz handeln würde. Denn dann hätte die verweigerte Zustimmung des Bundesrates zur Folge, dass das Gesetz endgültig gescheitert wäre (Art. 78 GG). Antragsgegner ist derjenige, der durch eine Maßnahme die verfassungsmäßigen Rechte des Antragstellers verletzt ist (§ 64 BVerfGG). Das Zustimmungserfordernis des Bundesrates wird durch den Bundestag umgangen. Folglich ist der Bundestag Antragsgegner. Denkbar wäre es auch, den Bundespräsidenten als Antragsgegner anzusehen, da er durch seine Handlung die Zustimmungsbedürftigkeit des Gesetzes ignoriert und damit in die verfassungsmäßigen Rechte des Bundesrates eingegriffen hat. Die Entscheidung des Bundesverfassungsgerichts lautet auf Feststellung der Verletzung des verfassungsmäßig garantierten Rechts (§ 67 BVerfGG).

2. Prüfungsaufbau

A. Zulässigkeit

I. **Zuständigkeit** des Bundesverfassungsgerichts nach Art. 93 Abs. 1 Nr. 1 GG, §§ 13 Nr. 5, 63 bis 67 BVerfGG.

II. **Beteiligtenfähigkeit** von Antragsteller und Antragsgegner nach § 63 BVerfGG: Beteiligtenfähig sind die obersten Bundesorgane sowie die im Grundgesetz oder der Geschäftsordnung des Bundestages bzw. des Bundesrates mit eigenen Rechten ausgestatteten Teile dieser Organe (z. B. Ausschüsse und Fraktionen).

III. **Streitgegenstand**: Streitigkeiten über den Umfang der Rechte und Pflichten eines Beteiligten nach dem Grundgesetz.

IV. **Antragsbefugnis**: Geltendmachung (substantiierte Behauptung) der Verletzung oder unmittelbaren Gefährdung verfassungsrechtlicher Rechte oder Pflichten des Antragstellers, durch eine Maßnahme oder ein Unterlassen des Antragsgegners (§ 64 BVerfGG).

V. **Ordnungsgemäßheit des Antrags**: Form nach § 23 Abs. 1, § 64 Abs. 1 und 2 BVerfGG, und Frist nach § 64 Abs. 3 und 4 BVerfGG.

B. Begründetheit

Der Antrag ist begründet bei tatsächlicher Verletzung oder unmittelbarer Gefährdung eines verfassungsmäßigen Rechts des Antragstellers.

II. Abstrakte Normenkontrolle

1. Anwendungsbereich

Die abstrakte Normenkontrolle ist in Art. 93 Abs. 1 Nr. 2 GG, §§ 13 Nr. 6, 76 ff. BVerfGG geregelt.

Überprüft wird eine von der Bundesregierung, einer Landesregierung oder eines Drittels der Mitglieder des Bundestages gerügte Unvereinbarkeit von Bundes- oder Landesrecht mit höherrangigem Recht, insbesondere der Verfassung. Die stattgebende Entscheidung des Bundesverfassungsgerichts erklärt das entsprechende Gesetz für nichtig.

BEISPIEL Eine Landesregierung hält ein Bundesgesetz für unvereinbar mit dem Grundgesetz, z. B. weil es einen Verstoß gegen Art. 3 GG aufweist. Es erhebt vor dem Bundesverfassungsgericht abstrakte Normenkontrollklage.

Das Bundesverfassungsgericht überprüft im Verfahren der abstrakten Normenkontrolle, ob die Auffassung des Landes zutreffend ist. Ist dies der Fall, erklärt das Gericht das betreffende Gesetz für nichtig (§ 78 BVerfGG).

2. Prüfungsaufbau

A. Zulässigkeit

I. **Zuständigkeit** des Bundesverfassungsgerichts nach Art. 93 Abs. 1 Nr. 2 GG, § 13 Nr. 6, § 76 ff. BVerfGG.

II. **Antragsberechtigung** nach Art. 93 Abs. 1 Nr. 2 GG i.V. mit § 76 BVerfGG: Bundesregierung, Landesregierung, 1/3 der Mitglieder des Bundestages. Einen Antragsgegner kennt dieses Verfahren nicht.

III. **Prüfungsgegenstand**: Meinungsverschiedenheiten oder Zweifel über die Vereinbarkeit von Bundes- oder Landesrecht mit dem Grundgesetz oder von Landesrecht mit sonstigem Bundesrecht. Recht in diesem Sinne ist jede Rechtsnorm.

IV. **Antragsbefugnis**: Nach § 76 BVerfGG gegeben, wenn der Antragsteller das Recht für nichtig oder für gültig hält, nachdem ein Gericht, eine Verwaltungsbehörde oder ein Organ des Bundes oder eines Landes das Recht als unvereinbar mit dem Grundgesetz oder sonstigem Bundesrecht nicht angewendet hat.

V. **Ordnungsgemäßheit des Antrags**: § 23 Abs. 1 BVerfGG.

B. Begründetheit

Der Antrag ist begründet, wenn die Norm verfassungswidrig ist, also tatsächlich eine Unvereinbarkeit der Norm mit höherrangigem Recht – entweder in formeller oder in materieller Hinsicht – vorliegt.

III. Konkrete Normenkontrolle

1. Anwendungsbereich

Die konkrete Normenkontrolle ist in Art. 100 Abs. 1 GG, § 13 Nr. 11, §§ 80 ff. BVerfGG geregelt.

In diesem Verfahren, das auch Richtervorlage genannt wird, können Gerichte die Unvereinbarkeit eines in einem Rechtsstreit entscheidungserheblichen Gesetzes mit dem Grundgesetz überprüfen lassen. Voraussetzung ist, dass es sich um ein formelles Gesetz handelt (also keine Rechtsverordnung oder Satzung) und dass die Vorschrift nachkonstitutionell ist. Nachkonstitutionell ist ein Gesetz, das nach Inkrafttreten des Grundgesetzes erlassen wurde. Ist der Antrag begründet, erklärt das Bundesverfassungsgericht nach § 82 Abs. 1, § 78 BVerfGG das Gesetz für nichtig.

BEISPIEL Ein Gericht hat in einem Rechtsstreit über eine (nachkonstitutionelle) Norm zu entscheiden, die den Ausgang des Rechtsstreits maßgeblich beeinflusst. In der Sache geht es um unterschiedliche Kündigungsfristen für Arbeiter und Angestellte. Diese Norm hält das Gericht wegen Verstoßes gegen den Gleichheitssatz (Art. 3 GG) für verfassungswidrig. Es legt die Entscheidung dieser Frage dem Bundesverfassungsgericht im Verfahren der konkreten Normenkontrolle zur Entscheidung vor.

2. Prüfungsaufbau

A. **Zulässigkeit**

I. **Zuständigkeit** des Bundesverfassungsgerichts nach Art. 100 Abs. 1 GG, § 13 Nr. 11, §§ 80 ff. BVerfGG.

II. **Vorlageberechtigung**: alle Gerichte (gleich welcher Instanz) nach Art. 100 Abs. 1 GG, § 80 BVerfGG.

III. **Vorlagegrund**

1. Anhängigkeit eines konkreten Gerichtsverfahrens
2. Anwendung formellen nachkonstitutionellen Rechts
3. Gericht hält Gesetz für verfassungswidrig
4. Entscheidungserheblichkeit des Gesetzes

IV. **Ordnungsgemäßheit des Antrags** nach § 23 Abs. 1 und § 80 Abs. 2 BVerfGG

B. **Begründetheit**

Der Antrag ist begründet, wenn das betreffende Gesetz verfassungswidrig ist.

IV. Bund-Länder-Streit

1. Anwendungsbereich

Der Bund-Länder-Streit ist in Art. 93 Abs. 1 Nr. 3 GG, §§ 13 Nr. 7, 68 ff. BVerfGG geregelt. Das Verfahren des Bund-Länder-Streits kann der Bund oder ein Land anstrengen, sofern Meinungsverschiedenheiten über Rechte und Pflichten, insbesondere die Ausführung von Bundesrecht durch die Länder und bei der Ausübung der Aufsicht des Bundes bestehen. Die Entscheidung des Bundesverfassungsgerichts lautet gem. §§ 69, 67 BVerfGG auf Feststellung der Verletzung des verfassungsmäßigen Rechts oder der entsprechenden Pflicht.

BEISPIEL Die Bundesregierung und ein Land streiten über Weisungsrechte im Rahmen der Bundesaufsicht bei der Ausführung der Bundesgesetze durch die Länder nach Art. 84 GG. Hier kann das Bundesverfassungsgericht im Rahmen des Bund-Länder-Streits feststellen, ob die Auffassung der Bundesregierung oder die des Landes rechtens ist.

2. Prüfungsaufbau

A. **Zulässigkeit**

I. **Zuständigkeit** des Bundesverfassungsgerichts nach Art. 93 Abs. 1 Nr. 3, § 13 Nr. 7, §§ 68 ff. BVerfGG.

II. **Beteiligtenfähigkeit** von Antragsteller und Antragsgegner nach § 68 BVerfGG.

III. **Streitgegenstand**: Meinungsverschiedenheiten über die verfassungsrechtlichen Rechte und Pflichten des Bundes und des Landes nach Art. 93 Abs. 1 Nr. 3 GG.

IV. **Antragsbefugnis** nach §§ 69, 64 BVerfGG, wenn Antragsteller substantiiert geltend macht, dass Antragsgegner ihn in seinen Rechten oder Pflichten verletzt hat oder aber eine Gefährdung der Rechte bzw. Pflichten unmittelbar bevorsteht.

V. **Ggf. Vorverfahren** im Falle der Ausführung der Bundesgesetze durch die Länder als eigene Angelegenheiten nach Art. 84 Abs. 4 Satz 2 GG: Beschluss des Bundesrates.

VI. **Ordnungsgemäßheit des Antrags** bzgl. Form nach § 23 Abs. 1, § 69, § 64 Abs. 1 und 2 BVerfGG und Frist nach § 69, § 64 Abs. 3 und 4, § 70 BVerfGG.

B. **Begründetheit**

Der Antrag ist begründet, wenn die Maßnahme oder das Unterlassen des Antraggegners den Antragsteller in seinen Rechten oder Pflichten nach dem Grundgesetz verletzt.

V. Verfassungsbeschwerde

1. Anwendungsbereich

Die Verfassungsbeschwerde ist in Art. 93 Abs. 1 Nr. 4a GG, § 13 Nr. 8a, § 90, §§ 92 ff. BVerfGG geregelt.

In diesem Verfahren kann jedermann überprüfen lassen, ob er durch einen Akt der öffentlichen Gewalt in seinen Grundrechten oder anderen in Art. 93 Abs. 1 Nr. 4a GG genannten Rechten verletzt ist.

BEISPIEL Bürger B hält die ablehnende Entscheidung des Verwaltungsgerichts auf eine von ihm beantragte Baugenehmigung für einen Verstoß gegen Art. 14 GG. Hiergegen kann er sich, nachdem er den Rechtsweg ausgeschöpft hat, ggf. mit der Verfassungsbeschwerde wehren.

Wird der Verfassungsbeschwerde stattgeben, ist nach § 95 BVerfGG festzustellen, welche Vorschrift des Grundgesetzes durch den Akt der hoheitlichen Gewalt verletzt wurde. Nach § 95 Abs. 2 BVerfGG ist im Fall einer verfassungswidrigen Entscheidung diese aufzuheben und, soweit eine gerichtliche Entscheidung vorliegt, an das zuständige Gericht zurückzuverweisen. Bei verfassungswidrigen Gesetzen ist nach § 95 Abs. 3 BVerfGG deren Nichtigkeit auszusprechen.

2. Prüfungsaufbau

A. **Zulässigkeit**

I. **Zuständigkeit** des Bundesverfassungsgerichts nach Art. 93 Abs. 1 Nr. 4a, § 13 Nr. 8a, § 90, §§ 92 ff. BVerfGG.

II. **Beteiligtenfähigkeit**: „Jedermann“ nach Art. 93 Abs. 1 Nr. 4a GG, § 90 BVerfGG, sofern er grundrechtsfähig ist.

III. **Prozessfähigkeit** liegt vor, wenn der Beschwerdeführer als reif anzusehen ist, in dem vom Grundrecht geschützten Freiheitsbereich eigenverantwortlich zu handeln.

IV. **Beschwerdegegenstand** nach § 90 BVerfGG sind alle deutschen Hoheitsakte, d. h. Handlungen oder Unterlassungen der drei Gewalten.

V. **Beschwerdebefugnis** setzt nach § 90 BVerfGG voraus:

1. Grundrechtsverletzung muss nach dem Vortrag des Beschwerdeführers **möglich** sein,
2. Beschwerdeführer muss selbst, gegenwärtig und unmittelbar betroffen sein.
   a) Selbst: Beschwerdeführer muss vortragen, in eigenen Grundrechten verletzt zu sein.
   b) Gegenwärtig: Stellt klar, dass die Belastung im Zeitpunkt der Verfassungsbeschwerde bestehen muss. Zukünftige Grundrechtsbeeinträchtigungen berechtigen dagegen grundsätzlich nicht zur Erhebung einer Verfassungsbeschwerde.
   c) Unmittelbar: An einer Unmittelbarkeit fehlt es, wenn der Beschwerdeführer nur mittelbar faktisch, nicht aber rechtlich betroffen ist. Eine unmittelbar rechtliche Betroffenheit liegt dagegen stets vor, wenn der Beschwerdeführer selbst Adressat der hoheitlichen Maßnahme ist.

VI. **Erschöpfung des Rechtswegs** nach § 90 Abs. 2 Satz 1 BVerfGG: Kennzeichnet den Grundsatz der Subsidiarität der Verfassungsbeschwerde. Zunächst muss der Beschwerdeführer alle ihm zur Verfügung stehenden Rechtsmittel ausschöpfen. Ausnahme: Nach § 90 Abs. 2 Satz 2 BVerfGG bei allgemeiner Bedeutung oder schweren Nachteilen.

VII. **Ordnungsgemäßheit** der Erhebung der Verfassungsbeschwerde: Form **nach § 23 Abs. 1, § 90 BVerfGG und** Frist **nach § 93 BVerfGG zu beachten.**

VIII. Annahme zur Entscheidung nach § 93a BVerfGG (regelmäßig zu unterstellen).

B. **Begründetheit**

Die Verfassungsbeschwerde ist begründet, wenn der Beschwerdeführer in einem seiner Grundrechte oder grundrechtsgleichen Rechte verletzt ist (§ 95 Abs. 1 BVerfGG).

Bei Gesetzen:
Überprüfung der Vereinbarkeit eines Rechtssatzes mit Grundrechten oder grundrechtsgleichen Rechten.

Bei Verwaltungsakten:
Überprüfung, ob verfassungswidriges Gesetz angewandt wurde oder grundrechtswidrige Anwendung eines verfassungsmäßigen Gesetzes erfolgte.

Bei gerichtlichen Entscheidungen:
Überprüfung, ob Judikativakt eine spezifische Verfassungsverletzung beinhaltet, d. h. es wird geprüft, ob das Gericht verfassungsmäßige Rechte des Beschwerdeführers nicht ausreichend berücksichtigt hat. Die korrekte Anwendung des einfachen Rechts wird nicht untersucht (Bundesverfassungsgericht ist keine „Superrevisionsinstanz“).

Prüfung im Einzelnen:

I. **Beeinträchtigung des Schutzbereichs eines Grundrechts**

II. **Schranken**

1. **Verfassungsunmittelbare Schranken**, z. B. nach Art. 9 Abs. 2, Art. 12 Abs. 2 2. Alt., Art. 13 Abs. 3 GG
2. **Schranke durch Gesetzesvorbehalt**
   Gesetz muss verfassungskonform sein. Zuständigkeit des Gesetzgebers, Einhaltung des Gesetzgebungsverfahrens sowie Voraussetzungen nach Art. 19 Abs. 2 GG (Wesensgehalt) sind zu prüfen.
3. **Immanente Schranken**
4. **Bei Verwaltungsakten/gerichtlichen Entscheidungen: Spezifische Verfassungswidrigkeit des Eingriffs/der Maßnahme**
   Wird eine Entscheidung unmittelbar auf Grundrechte gestützt und wird dabei ein Grundrecht verkannt, obwohl es vom Schutzbereich her anwendbar ist, liegt einerseits eine spezifische Verfassungsverletzung vor.
   Daneben liegt eine spezifische Verfassungsverletzung ebenfalls vor, wenn im Rahmen der Anwendung einfachen Rechts (eines Gesetzesvorbehalts) fehlerhafte Rechtsausführungen im Hinblick auf Auslegung und Anwendung eines Grundrechts erkennbar sind oder die Auswirkungen eines Grundrechts auf die Auslegung einfachen Rechts nicht beachtet wurden (sog. Wechselwirkung).

§ 12 Verfassungsgerichtliche Verfahren im Überblick

ABB. 15: Verfassungsgerichtliche Verfahren im Überblick

Verfahren	Zuweisungsnorm	Verfahrensgegenstand	Entscheidung
Organstreit	Art. 93 Abs. 1 Nr. 1 GG, § 13 Nr. 5, §§ 63 bis 67 BVerfGG	Verstoß gegen Rechte und Pflichten, die einem Organ nach dem Grundgesetz obliegen.	§ 76 BVerfGG: Feststellung, ob die Maßnahme oder Unterlassung eines Organs gegen das Grundgesetz verstößt.
Abstrakte Normenkontrolle	Art. 93 Abs. 1 Nr. 2 GG, § 13 Nr. 6, §§ 76 bis 79 BVerfGG	Bundes-, Landesregierung oder 1/3 der Mitglieder des Bundestages halten Bundes- oder Landesrecht mit dem Grundgesetz oder dem sonstigen Bundesrecht für unvereinbar.	§ 78 BVerfGG: Norm wird für nichtig erklärt.
Konkrete Normenkontrolle	Art. 100 Abs. 1 GG, § 13 Nr. 11, §§ 80 bis 82 BVerfGG	Gericht hält ein in einem Rechtsstreit entscheidungserhebliches (nachkonstitutionelles) Gesetz für unvereinbar mit dem Grundgesetz.	§ 82 Abs. 1 i.V. mit § 78 BVerfGG: Norm wird für nichtig erklärt.
Bund-Länder-Streit	Art. 93 Abs. 1 Nr. 3 GG, § 13 Nr. 7, §§ 68 bis 70 BVerfGG	Bundes- oder Landesregierung streiten um Rechte und Pflichten des Bundes und der Länder.	§ 69 i.V. mit § 67 BVerfGG: Feststellung, ob die Maßnahme oder das Unterlassen gegen das Grundgesetz verstößt.
Verfassungsbeschwerde	Art. 93 Abs. 1 Nr. 4a GG, § 13 Nr. 8a, §§ 90 bis 96 BVerfGG	„Jedermann" kann die Verletzung von Grundrechten durch die öffentliche Gewalt rügen.	§ 95 BVerfGG: Feststellung, welche Vorschrift des Grundgesetzes durch welchen Hoheitsakt verletzt wurde.

Teil 3: Recht der Europäischen Union

Einleitung

Seit dem Inkrafttreten des Vertrags von Maastricht am 1. 1. 1993 hat es zahlreiche Versuche gegeben, die auf der Grundlage der Europäischen Gemeinschaften gegründete Europäische Union in politischer und institutioneller Weise weiter zu entwickeln. Neben verschiedenen kleineren Schritten und Anpassungen der Strukturen durch den Vertrag von Amsterdam und den Vertrag von Nizza wurde eine große Vision wieder belebt: Europa sollte noch enger zusammen rücken und auf dem Weg zu einer Art „Vereinigte Staaten von Europa“ eine eigenen Verfassung erhalten. Zur Umsetzung beschlossen die Staats- und Regierungschefs der Europäischen Union in der Erklärung von *Laeken* zur Zukunft der Europäischen Union vom 15. 12. 2001 (Bulletin Europäische Union 12-2001, I.27, Anlage I), dass ein Konvent eingesetzt werden sollte, der auf der Basis verschiedener Vorgaben einen Verfassungstext ausarbeiten sollte.

Der vom Konvent entworfene und von der Regierungskonferenz überarbeitete Verfassungsvertrag beinhaltete zwar weitreichende Änderungen, behielt aber die Grundstruktur der Europäischen Union bei. So war zwar vorgesehen, den Vertrag über die Europäische Union und den Vertrag zur Gründung der Europäischen Gemeinschaft in einem einheitlichen Vertrag zusammenzufassen, die Säulenstruktur aufzulösen und die Europäische Union mit eigener Rechtspersönlichkeit auszustatten. Eine staatliche Struktur, die Gründung der „Vereinigten Staaten von Europa“ hätte aber auch diese Verfassung nicht nach sich gezogen.

Dennoch scheiterte die Verfassungsreform 2005 aufgrund der negativen Referenden in Frankreich und den Niederlanden. Auch wenn die Ernüchterung groß war, so stand eines trotz dieses Scheiterns recht schnell fest: An der Grundidee einer nachhaltigen Reform wollte und musste man festhalten. Nach einer „Reflexionsphase“, in der die Ursachen des gescheiterten Verfassungsvorhabens analysiert und Lösungsmöglichkeiten herausgearbeitet wurden, wurde daher ein neuer Anlauf genommen.

Als Ergebnis der Bemühungen unterzeichneten die Vertreter der 27 Mitgliedstaaten am 13. 12. 2007 den „Vertrag von Lissabon zur Änderung des Vertrags über die Europäische Union und des Vertrags zur Gründung der Europäischen Gemeinschaft (Vertrag von Lissabon)“. Nach dessen Inkrafttreten bilden der Vertrag über die Europäische Union (EUV) und der Vertrag über die Arbeitsweise der Europäischen Union (AEUV) die Basis des gemeinschaftlichen europäischen Rechts (**Europarecht im engeren Sinne**). Dieses wird nachstehend eingehend erläutert und dargestellt. Zusätzlich werden die Bereiche kurz dargestellt, die zwar nicht dem eben beschriebenen Kernbereich europäischen Handelns zugeschrieben werden können, aber auf die gesamteuropäische Rechts- und Handlungsstruktur erhebliche Auswirkungen haben (**Europarecht im weiteren Sinne**).

§ 13 Entwicklung des europäischen Rechts

LITERATUR

Eichholz, Europarecht, 2010; Teil A; *Huber*, Europarecht, 4. Aufl., 2009; 1. Teil; *Jäkel*, Das Recht des Austritts aus der Europäischen Union – Zugleich zur Neuregelung des Austrittsrechts gem. Art. 50 EUV in der Fassung des Vertrags von Lissabon, Jura 2010, S. 87 ff.; *Oppermann/Classen/Nettesheim*, Europarecht, 4. Aufl., 2009, 1. Teil; *Schroeder*, Grundkurs Europarecht, 2009, 1. Teil; *Streinz*, Europarecht, 8. Aufl., § 1 und § 2.

I. Allgemeines

Bereits seit dem 14. Jahrhundert haben sich verschiedene Philosophen und Staatsmänner mit dem Gedanken eines vereinigten Europas beschäftigt (z. B. *Pierre Dubois*, 1305/07; später *Immanuel Kant*, 1795, „Zum ewigen Frieden"). Ausgangspunkt hierfür war dabei zumeist der Gedanke der Friedenssicherung und der Abwehr von Gefahren, die von außen an das sog. Abendland herangetragen wurden (z. B. Türkengefahr im 14. und 15. Jahrhundert).

Zu den ersten klaren Ansätzen einer europäischen Integration kam es aber erst nach dem Ersten Weltkrieg. Aufgrund der durch ihn bewirkten Erschütterungen der alten nationalen Strukturen entwickelten sich Modelle freiwilliger und friedlicher Zusammenführung gleichberechtigter Partner. So forderte die Paneuropa-Bewegung, 1923 vom österreichischen Grafen *Coudenhove-Kalergi* gegründet, die Schaffung eines echten Bundesstaates Vereinigte Staaten von Europa. Dieser sollte – ohne Großbritannien und Russland – neben die großen Machtblöcke Amerikas, Großbritanniens, Russlands und Ostasiens treten.

Über diese rein ideellen Ansätze hinaus entwickelte sich die ernsthafte Möglichkeit einer politischen Realisierung aufgrund der vorsichtigen deutsch-französischen Annäherung unter *Aristide Briand* und *Gustav Stresemann*. Diese gipfelte nach Abschluss des deutsch-französischen Nichtangriffsvertrags von Locarno 1925 – und dem Eintritt Deutschlands in den Völkerbund 1926 – in dem von dem damaligen französischen Außenminister *Briand* 1929 vorgelegten Plan für eine Europäische Föderation innerhalb des Völkerbundes. Dass dieser Gedanke eines europäischen Staatenbundes sich letztlich doch nicht verwirklichen ließ, hing mit vielen Faktoren, u. a. dem Tode *Stresemanns*, der Weltwirtschaftskrise (1929) und dem aufkeimenden Nationalsozialismus in Deutschland und Italien, zusammen.

Unter dem Einfluss der Gräueltaten des Zweiten Weltkriegs und vor den Trümmern der europäischen Nationalstaaten wuchs die Erkenntnis in die Notwendigkeit einer europäischen Einigung. Denn nur so schien es möglich, den Frieden dauerhaft zu sichern und der durch *Stalin* bewirkten Teilung des Kontinents in einen kommunistischen und einen nichtkommunistischen Teil wirksam entgegentreten zu können. Außerdem forderte der wirtschaftliche Niedergang von Siegern und Besiegten eine globale und vorausschauende gesamteuropäische Wirtschaftspolitik, um die Armut und das Elend in Europa so schnell wie möglich zu beseitigen.

Diese Gedanken bestimmten eine von *Winston Churchill* am 19. 9. 1946 in Zürich gehaltene Rede. In dieser forderte er die Bildung einer Art Vereinigter Staaten von Europa, deren maßgeblicher Ausgangspunkt ein Zusammengehen von Deutschland und Frankreich sein müsse, eine Idee, die er auch in der Folgezeit, u. a. im Rahmen des 1948 einberufenen Europakongresses in Haag, weiterverfolgte.

II. Die Entwicklung des Europarechts im weiteren Sinne

Rein praktisch zeigten sich die Auswirkungen dieser Überlegungen nach dem Zweiten Weltkrieg durch die Gründung mehrerer internationaler Organisationen im wirtschaftlichen, militärischen und politischen Bereich.

DEFINITION

Internationale Organisationen: Völkerrechtliche Verbände oder Zusammenschlüsse, denen Aufgaben zur Erfüllung regionaler, kontinentaler oder globaler Probleme übertragen werden, welche nicht von einzelnen Staaten allein, sondern wegen der grenzüberschreitenden Auswirkungen nur zusammen mit anderen Völkerrechtspartnern bewältigt werden können. Zu den internationalen Organisationen gehören z. B. die UNO, die NATO und der Europarat. Auch die Europäische Gemeinschaft (EG) gehörte zu den Internationalen Organisationen. Aufgrund der Änderungen durch den Vertrag von Lissabon gibt es die Europäische Gemeinschaft begrifflich nicht mehr. Nunmehr werden die entsprechenden Aufgaben allein durch die Europäische Union (EU) wahrgenommen.

Als eine der wichtigsten Organisationen ist der am 5. 5. 1949 gegründete Europarat besonders zu erwähnen. Dem Europarat gehörten im Jahre 2010 insgesamt 47 Mitglieder an (ausführliche Informationen unter www.coe.int). Sein Sitz liegt in Straßburg (Art. 11 der Satzung des Europarates, i. w.: EuRatS). Organe sind das Ministerkomitee und die Beratende Versammlung (Art. 10 EuRatS), wobei Entscheidungsinstanz das Ministerkomitee ist (Art. 13 EuRatS). Jedes Mitglied hat im Ministerkomitee einen Vertreter, den jeweiligen Außenminister oder dessen Beauftragten (Art. 14 EuRatS). Die Beratende Versammlung, deren Mitglieder von den nationalen Parlamenten ernannt werden, hat Beratungsfunktion (Art. 22 ff. EuRatS).

DEFINITION

Aufgabe des Europarates ist es, „eine engere Verbindung zwischen seinen Mitgliedern zum Schutze und zur Förderung der Ideale und Grundsätze, die ihr gemeinsames Erbe bilden, herzustellen und ihren wirtschaftlichen und sozialen Fortschritt zu fördern", Art. 1 Abs. 1 EuRatS.

In Erfüllung dieser Aufgaben bemüht sich der Europarat in den verschiedensten Bereichen um den Abschluss von vertraglich bindenden Konventionen. Als wichtigster Erfolg seiner Arbeit dürfte wohl die am 4. 11. 1950 in Rom unterzeichnete und am 3. 9. 1953 in Kraft getretene „**Europäische Konvention zum Schutz der Menschenrechte und Grundfreiheiten**" (EMRK) zu sehen sein. Mit dieser Konvention wurden eine Reihe von Menschenrechten und Grundfreiheiten (z. B. Recht auf Leben, Recht auf Freiheit und Sicherheit, Religionsfreiheit, Presse- und Meinungsfreiheit) garantiert und ein besonderes Rechtsschutzverfahren geschaffen. Organe dieses Rechtsschutzverfahrens sind die Europäische Kommission für Menschenrechte und der Europäische Gerichtshof für Menschenrechte. Die besondere Bedeutung der Europäischen Menschenrechtskonvention für die Europäische Union lässt sich u. a. daraus ablesen, dass sie in dem Art. 6 Abs. 2 des EUV ausdrücklich erwähnt ist.

Weitergehende Ideen entwickelte der Franzose ***Jean Monnet***, indem er dem Gedanken, dass Europa Stein für Stein auf der Grundlage begrenzter, aber konkreter Projekte errichtet werden und im Rahmen dieser Projekte immer weiter zusammenwachsen sollte, Ausdruck verlieh. Auf dieser Basis entwarf der französische Außenminister ***Robert Schuman*** den nach ihm benannten Plan zur Zusammenlegung der französischen und deutschen Kohle- und Stahlproduktion (***Schuman*-Plan**). Diesen verlas er zur Vorbereitung einer auf den 12. 5. 1950 angesetzten Regierungskonferenz der französischen, amerikanischen und englischen Außenminister am 9. 5. 1950 in Form einer Regierungserklärung. Er schlug vor, zur Schaffung eines dauerhaften Friedens und einer dauerhaften Grundlage der wirtschaftlichen Entwicklung als erste Etappe einer europäischen Föderation die deutsche und französische Kohle- und Stahlproduktion zusammenzulegen. In der maßgebenden Passage seiner Erklärung heißt es hierzu:

***Schuman*-Plan (Auszug)**:

„. . .Die Zusammenlegung der Kohle- und Stahlproduktion wird unmittelbar die Grundlage gemeinsamer wirtschaftlicher Entwicklung schaffen als erste Etappe der europäischen Föderation.

Die Solidarität der Produktion, die so entstehen wird, wird offenbaren, dass jeder Krieg zwischen Frankreich und Deutschland nicht nur undenkbar, sondern materiell unmöglich sein wird. . .

Durch die Zusammenlegung der Grundproduktionen und die Errichtung einer neuen Hohen Behörde, an deren Entscheidung Frankreich, Deutschland und die Länder, die ihr angehören, gebunden sein werden, wird dieser Vorschlag die erste konkrete Grundlage bilden für eine europäische Föderation, die unerlässlich ist zur Bewahrung des Friedens. . ."

Das Besondere an dieser Erkenntnis ist die Einsicht, dass anders als bei den bisherigen Internationalen Organisationen von der zu gründenden Gemeinschaft unmittelbar bindende Entscheidungen erlassen werden sollten. Er stellte sich somit eine internationale Organisationsform mit einer überstaatlichen Komponente, eine supranationale internationale Organisation vor. Die Entwicklung der Organisation zielte und zielt auf eine immer weitere Integration der verschiedenen Wirtschaftsbereiche ab.

DEFINITION

Integration: Ein Prozess, in welchem eine Vielheit allmählich zu einer Einheit zusammenschmilzt. Hierzu haben die Einzelstaaten der Europäischen Union sowohl legislative als auch exekutive Rechte auf gemeinsame Einrichtungen (Organe) übertragen. Die von diesen vorgenommenen Handlungen bewirken z. B., dass die nationalen Wirtschaftsbereiche durch Vereinheitlichung der Rechtsgrundlagen zu einem einzigen gemeinsamen Markt zusammenwachsen.

III. Die Geschichte Europas im engeren Sinne

Mit dem *Schuman*-Plan war der Weg frei für die Entwicklung der Europäischen Gemeinschaften (EWG, EAG und EGKS). Nachstehend werden die wichtigsten Stationen der europäischen Geschichte bis zum Inkrafttreten des Vertrags von Lissabon aufgelistet und kurz erläutert.

► 18.4.1951

Ein Jahr, nachdem der französische Außenminister *Schuman* seine Regierungserklärung abgegeben hatte, wurde die Europäische Gemeinschaft für Kohle und Stahl (EGKS), kurz Montanunion, gegründet. Gründerstaaten waren neben Frankreich und Deutschland noch Italien und die Benelux-Staaten (Niederlande, Belgien, Luxemburg).

► 1.6.1955

Die Vertragsstaaten der Montanunion strebten als ersten Schritt zur Liberalisierung des Handels untereinander die Einführung einer Zollunion an.

DEFINITION

Zollunion: Die Ersetzung von zwei oder mehr Zollgebieten durch ein einziges Zollgebiet, wobei zwischen diesen Gebieten die Zölle und beschränkenden Handelsvorschriften für annähernd den gesamten Handel beseitigt werden. Gegenüber sog.n Drittländern, d. h. solchen, die nicht an der Zollunion teilnehmen, wenden die Mitglieder der Zollunion im Wesentlichen dieselben Zölle und Handelsvorschriften an. In geringem Umfang sind aus besonderen Gründen Ausnahmen von diesen Grundsätzen zulässig.

Im Juni 1955 kam es daher zu einer Konferenz der sechs Außenminister der EGKS-Staaten unter der Leitung des belgischen Außenministers *Paul Henri Spaak* in Messina (**Konferenz von Messina**). Es wurde eine Kommission eingesetzt, die eine Regierungskonferenz für eine Zollunion und eine Organisation zur Nutzung der Nuklearenergie vorbereiten sollte.

► 25.3.1957

Der Vertrag über eine Europäische Wirtschaftsgemeinschaft (EWG) und einer Europäischen Atomgemeinschaft (EAG) wurde durch die sechs Mitgliedstaaten, die bereits den EGKSV abgeschlossen hatten, in Rom abgeschlossen („Römische Verträge").

► 1.7.1968

Bereits 1968 konnte mit der Vollendung der Zollunion für alle gewerblichen Waren eine ganz wesentliche Etappe auf dem Weg zur Verwirklichung eines gemeinsamen Marktes verwirklicht werden. Voraussetzung dafür war die Einführung eines gemeinsamen Zolltarifs (GZT) gegenüber Drittstaaten. Für Agrarprodukte wurde die Zollunion zum 1. 7. 1970 erreicht. Den später der Europäischen Gemeinschaft beigetretenen Mitgliedstaaten wurden – je nach Bedürfnis – zur vollständigen Verwirklichung der durch die Zollunion bedingten Vorgaben Übergangsfristen eingeräumt (z. B. wurden die 1986 beigetretenen Länder Spanien und Portugal nach Ablauf einer Übergangsfrist erst zum 1. 1. 1993 voll in die Zollunion einbezogen).

► **21. 4. 1970**

Vor Einführung des EG-Eigenmittelsystems durch den „Beschluss über Eigenmittel der EG" vom 21. 4. 1970 wurde der EG-Haushalt über Finanzbeiträge der Mitgliedstaaten finanziert. Die Abkehr von diesem Grundsatz und die Zubilligung von Eigenmitteln, die originär und ausschließlich der Europäischen Gemeinschaft zustehen, begründete deren finanzielle Eigenständigkeit. Damit war ein ganz wesentlicher Schritt auf dem Weg zu einer größeren Unabhängigkeit gegenüber den Mitgliedstaaten getan.

► **1. 1. 1973**

Im Rahmen der sog. Norderweiterung traten 1973 die Länder Dänemark, Irland und Großbritannien der heutigen Europäische Gemeinschaft bei. Der letztgenannte Mitgliedstaat hatte zuvor bereits zwei Versuche unternommen, Mitglied der Europäischen Gemeinschaft zu werden. Diese scheiterten aber jedes Mal am Widerstand Frankreichs. Erst nach Beendigung der Ära *de Gaulle* gelang der Beitritt.

Bundeskanzler *Helmut Schmidt* und der französische Staatspräsidenten *Giscard d'Estaing* initiierten die Einführung des **Europäischen Währungssystems (EWS)**. Kernelement dieses Systems ist ein Wechselkursmechanismus mit festen, aber anpassungsfähigen Kursen der Währungen der Teilnehmerländer. Als Bezugsgröße des EWS wurde am 1. 1. 1979 die **ECU (European Currency Unit)** eingeführt.

► **7. bis 10. 6. 1979**

Bis zur ersten Direktwahl des Europäischen Parlaments, die in diesem Zeitraum stattfand, wurden die Abgeordneten des Europäischen Parlaments nach einem von jedem Mitgliedstaat bestimmten Verfahren von den nationalen Parlamenten benannt. Gemeinschaftsrechtliche Voraussetzung für die Eigenschaft eines Europaparlamentariers war also nur die Zugehörigkeit zu einem nationalen Parlament. In Deutschland wurden die zuletzt (vor Einführung der unmittelbaren Wahlen) 36 Abgeordneten nur vom Bundestag gewählt, wobei eine Aufteilung der Mandate auf die im Bundestag vertretenen Parteien nach dem Verhältnis ihrer Sitze erfolgte. Dieses Verfahren wurde trotz ausdrücklicher Missbilligung durch den insoweit nicht beteiligten Bundesrat bis zuletzt eingehalten. Den ersten unmittelbaren Wahlen war ein Ministerratsbeschluss über die allgemeine unmittelbare Wahl der Mitglieder des Europäischen Parlaments vom 20. 9. 1976 vorausgegangen.

► **1. 1. 1981**

Als zehnter Staat trat zum 1. 1. 1981 Griechenland der Europäischen Gemeinschaft bei.

► **1. 1. 1986**

Durch den Beitritt Spaniens und Portugals wird die Europäische Gemeinschaft in Richtung Süden erweitert und zur Gemeinschaft der Zwölf.

► **Februar 1986 bis Juli 1987**

Die Einheitliche Europäische Akte stellt die erste grundlegende Reform der Römischen Verträge, vor allem des damaligen EWGV, dar. Ausgangspunkt für dieses Reformwerk waren eine vom Europäischen Rat am 19. 6. 1983 in Stuttgart unterzeichnete Erklärung zur Europäischen Union und der Entwurf zur Gründung einer Europäischen Union, den das Europäische Parlament 1984 vorlegte. Besonders in der erstgenannten Erklärung wurden weitere Schritte zur Stärkung und zum Ausbau der Europäischen Gemeinschaft gefordert. Nachdem die zwei zu diesem Zweck gegründeten Ausschüsse (Dooge- und Adonninio-Ausschuss) ihre Ausschussberichte vorgelegt hatten, konnte im Sommer 1985 gegen den Willen einiger Staaten eine Regierungskonferenz zur Änderung der Verträge eingesetzt werden. Deren in der Folgezeit erarbeitetes Vertragswerk, die Einheitliche Europäische Akte, wurde im Februar 1986 unterzeichnet. Sie trat nach Durchführung der einzelstaatlichen Ratifizierungsverfahren in den Mitgliedstaaten am 1. 7. 1987 in Kraft. Hauptpunkte waren: Einführung von Vorschriften über den wirtschaftlichen und sozialen Zusammenhalt, über Forschung, Technologie und Umweltschutz, Einführung des Verfahrens der Zusammenarbeit bei der Gesetzgebung und die Betonung der Bedeutung des Binnenmarktes.

► **7. 2. 1992**

Als eine konsequente Fortsetzung des Integrationsprozesses wurde am 7. 2. 1992 in dem beschaulichen Ort Maastricht (Niederlande) von den damals zwölf Mitgliedstaaten der Europäischen Gemeinschaft der **Vertrag über die Europäische Union** (**EUV**) unterzeichnet. Damit fanden die Arbeiten zur Schaffung einer Wirtschafts- und Währungsunion sowie einer Politischen Union ihren vorläufigen Höhepunkt. Durch den Vertrag wurde eine Europäische Union auf der Grundlage der bestehenden Verträge (EGV, EAGV und EGKSV) gebildet. Die Unterzeichnung der Verträge von Maastricht stellt die bis zum heutigen Tage umfassendste Weiterentwicklung des Gemeinschaftsrechts dar.

► **2. 6. 1992**

Der Abschluss des EUV führte in der Folgezeit zu einer lebhaften und sehr kontroversen Diskussion über das Für und Wider einer weitergehenden Entwicklung des Gemeinschaftsrechts. In der Bevölkerung verschiedener Mitgliedstaaten machte sich Skepsis gegenüber der geplanten Wirtschafts- und Währungsunion und den mit der Europäischen Union verbundenen Zielen breit, eine Tendenz, die angesichts der Tatsache, dass in Dänemark, Frankreich und Irland für das Inkrafttreten des Vertrages eine Volksbefragung (Referendum) erforderlich war, das gesamte Projekt Europäische Union in Frage stellen konnte. Und tatsächlich kam es zu der von den Befürwortern der europäischen Einigung befürchteten Ablehnung des Vertragswerkes durch die dänische Bevölkerung am **2. 6. 1992**. In der Folgezeit unternahmen die Mitgliedstaaten erhebliche Anstrengungen, um die durch Informationsdefizite geförderten Ängste und Bedenken in den übrigen Mitgliedstaaten auszuräumen. Nach dem positiven Referendum in Irland (18. 6. 1992) und dem knappen „Ja" Frankreichs zur Europäische Union (Zustimmung von 51,05 % der Wähler) brachte die Bundesregierung in Deutschland das Vertragsgesetz zum EUV am 8.10.1992 auf den Weg. Aufgrund eines breiten Konsenses zwischen Regierung und Opposition wurde das Gesetz in namentlicher Abstimmung am 2.12.1992 mit 543 zu 16 Stimmen angenommen. Das parlamentarische Verfahren fand mit der Zustimmung des Bundesrates am 18.12.1992 seinen Abschluss. Allerdings war damit das Inkrafttreten des Vertrags noch nicht sichergestellt, da noch im selben Monat mehrere Verfassungsbeschwerden gegen das Zustimmungsgesetz erhoben wurden und das Bundesverfassungsgericht (BVerfG) somit berufen war, über die Verfassungsmäßigkeit des Zustimmungsgesetzes zu befinden.

► 1.1.1993

Das Datum steht für die Vollendung des Binnenmarktes. Der Ausdruck Binnenmarkt wurde durch die Einheitliche Europäische Akte in den EGV eingefügt. Er findet sich in Art. 14 und 95 EGV und dient in diesem Zusammenhang als Grundlage einer Kompetenzzuweisung für den Erlass der notwendigen Rechtsvorschriften. Die Einführung eines Binnenmarktes in der Form, wie er in Art. 14 Abs. 2 EGV definiert ist, war nach Ansicht verschiedener Experten und der Kommission notwendig, um Europa gegenüber anderen Nationen (z. B. den USA und Japan) wettbewerbsfähig zu machen. Mit der Schaffung einer Zollunion im Rahmen des EGV und der damit verbundenen Beseitigung von Zöllen und mengenmäßigen Beschränkungen zwischen den Mitgliedstaaten war nur ein Teil der notwendigen Schritte vollzogen, um den Handel untereinander ohne Hemmnisse zu gewährleisten. Vor diesem Hintergrund legte die Kommission 1985 ihr „Weißbuch zur Vollendung des Binnenmarktes" vor. Hierbei handelte es sich um einen detaillierten und mit genauen Zeitvorgaben versehenen Plan zur Verwirklichung des Binnenmarktes. Das Weißbuch gliedert sich in einen beschreibenden Teil, der die Ziele und Maßnahmen erläutert und einen Anhang, in dem insgesamt 279 konkrete Rechtsakte zur Verwirklichung des Binnenmarktes mit dem jeweiligen Zeitpunkt ihrer Umsetzung in das Gemeinschaftsrecht festgelegt sind. Auch wenn der Prozess bis zum heutigen Tag noch nicht endgültig abgeschlossen ist, so waren doch die maßgeblichen Regelungen zeitgerecht zum 1.1.1993 umgesetzt.

► 18.5.1993

Nachdem Dänemark einige Ausnahmeregelungen zum EUV zugestanden worden waren, sprachen sich in einem zweiten Referendum 56,8 % der abgegebenen Stimmen für den EUV aus.

► 12.10.1993

Nach der positiven Entscheidung Dänemarks standen nunmehr allein noch die Umsetzung des Vertrags und die Hinterlegung der deutschen Ratifizierungsurkunde aus. Dies wurde möglich, nachdem am 12.10.1993 das Bundesverfassungsgericht die Verfassungsbeschwerden gegen das Zustimmungsgesetz zurückwies und es für verfassungsgemäß erklärte. Das Gesetz wurde durch den Bundespräsidenten unterzeichnet und die Ratifizierungsurkunde bei der Regierung der Italienischen Republik hinterlegt. Der Vertrag trat am 1.11.1993 in Kraft.

► 1.1.1995

Nachdem Finnland, Österreich und Schweden erfolgreiche Beitrittsverhandlungen mit der Europäischen Union geführt hatten, konnte auch Norwegen am 16.3.1994 den Beitrittsvertrag abschließen. Allerdings war in allen diesen Staaten zum wirksamen Beitritt eine Volksabstimmung notwendig. Diese führte nur in Österreich (Referendum am 12.6.1994: 66,4 % der Stimmen für einen Beitritt zur Europäischen Union), Finnland (16.10.94: 57 % für einen Beitritt) und Schweden (13.11.1994: 52,2 % Ja-Stimmen) zum Erfolg. Das Referendum in Norwegen hingegen ging negativ aus: 52,2 % der norwegischen Wähler entschieden sich gegen den Beitritt zur Europäischen Union. Aus der geplanten Erweiterung um vier neue Mitgliedstaaten wurde daher nichts. Seit dem 1.1.1995 gibt es das „Europa der 15“.

► 29.3.1996

An diesem Tag wird die Regierungskonferenz in Turin eröffnet. Hauptziel dieser Konferenz war eine grundlegende Reform der europäischen Verträge. Als Ergebnis wurde am 16.6.1997 dem Rat der Europäischen Gemeinschaft ein Vertragsentwurf vorgelegt, der am 2.10.1997 in Amsterdam angenommen und unterzeichnet wurde. Nach dem notwendigen Ratifizierungsverfahren in allen 15 Mitgliedstaaten ist der sog Vertrag von Amsterdam (AV) am 1.5.1999 in Kraft getreten. Die abschließende Lesung zur Ratifizierung mit überwiegender Zustimmung des deutschen Bundestags fand bereits am 5.3.1998 statt. Das zur Umsetzung notwendige Gesetz wurde am 8.4.1998 ausgefertigt und im Bundesgesetzblatt (BGBl 1998 II S. 386) verkündet. Der Vertrag von Amsterdam besteht aus drei Teilen und einem Anhang. Anlagen zum Vertrag sind 13 Protokolle sowie die Schlussakte mit insgesamt 59 Erklärungen, die von der Regierungskonferenz in Amsterdam angenommen (51 Erklärungen) bzw. zur Kenntnis genommen worden sind und die zur Auslegung des Vertrags und zur Anwendung desselben von erheblicher Bedeutung sind. Die mit dem Vertrag von Amsterdam einhergehenden materiellen Änderungen der europäischen Verträge (EUV, EGV, EGKSV und EAGV) finden sich zu großen Teilen noch heute und werden im Zusammenhang mit dem jeweiligen Thema erörtert.

► 1.1.1999

Unter der deutschen Ratspräsidentschaft startet der Euro als gemeinsame europäische Währung in elf Mitgliedstaaten.

► 15.12.2001

An diesem Tag stellte der Europäische Rat auf seiner Tagung in Laeken (Belgien) fest, dass sich die Europäische Union an einem entscheidenden Wendepunkt ihrer Geschichte befinde. Diese auf den ersten Blick unspektakuläre Äußerung führte zur Einberufung des Europäischen Konvents zur Zukunft Europas. Dieser Konvent erhielt den Auftrag, Vorschläge zu drei Anliegen zu unterbreiten: den Bürgern das europäische Projekt und die europäischen Organe näher zu bringen, das politische Leben und den europäischen politischen Raum in einer erweiterten Union zu strukturieren und die Union zu einem Stabilitätsfaktor und zu einem Vorbild in der neuen Weltordnung zu machen. Letztlich lief und läuft die Einberufung des Konvents auf die Festlegung einer „Europäischen Verfassung“ hinaus, ein lange überfälliger Schritt.

Der Konvent unter Vorsitz des ehemaligen französischen Staatspräsidenten *Giscard d'Estaing* übergab am 18.3.2003 einen Entwurf für einen „Vertrag über eine Verfassung für Europa“ (VVE) an die italienische Ratspräsidentschaft.

► **1. 1. 2002**

Die einheitliche Währung, der Euro, wurde am 1. 1. 2002 eingeführt. Euro-Banknoten und -Münzen ersetzten die nationalen Währungen in zwölf der fünfzehn Mitgliedstaaten der Europäischen Union (Belgien, Deutschland, Griechenland, Spanien, Frankreich, Irland, Italien, Luxemburg, den Niederlanden, Österreich, Portugal und Finnland).

► **23. 7. 2002**

Der Europäische Vertrag über Kohle und Stahl (EGKSV) läuft aus. Durch das Protokoll über die finanziellen Folgen des Ablaufs des EGKS-Vertrags und über den Forschungsfonds für Kohle und Stahl wurden das gesamte Vermögen und die Verbindlichkeiten der EGKS zum Stand vom 23. 7. 2002 mit Wirkung vom 24. 7. 2002 auf die Europäische Gemeinschaft übertragen.

► **1. 2. 2003**

Der Vertrag von Amsterdam konnte einige der grundlegenden Fragen und Probleme nicht lösen. Daher wurde bereits in diesem Vertragswerk die Einberufung einer dann elf Monate dauernden Regierungskonferenz (RK) vorgesehen. Die Aufgabe der Regierungskonferenz wurde auf der Tagung des Europäischen Rates in Helsinki im Dezember 1999 dahingehend präzisiert, dass sich die Regierungskonferenz mit der Größe und Zusammensetzung der Kommission, Stimmengewichtung, Ausweitung der Abstimmung mit qualifizierter Mehrheit sowie jede weitere Änderung der Vertragsbestimmungen über die Organe der Union im Zusammenhang mit der bevorstehenden Erweiterung der Europäischen Union beschäftigen sollte.

Der Vertragesentwurf, den die Regierungskonferenz vorlegte, wurde am 26. 2. 2001 von den Staats- und Regierungschefs unterzeichnet und am 11. 12. 2003 auf der Tagung des Europäischen Rats in Nizza für die Europäische Union angenommen. In Kraft getreten ist er nach Ratifizierung durch die Mitgliedstaaten am 1. 2. 2003.

Der Vertrag von Nizza stand und steht ganz unter dem Vorzeichen der damals bereits eingeleiteten und erwarteten Erweiterung der Europäischen Union. Da zum damaligen Zeitpunkt allerdings noch nicht endgültig abzusehen war, welche Staaten wirklich pünktlich beitreten würden, sieht er Bestimmungen vor, die an damals denkbare mögliche Entwicklungen angepasst werden konnten. Insofern ist der Vertrag von Nizza in gewisser Art und Weise offen. Die sich hierdurch ergebenden Probleme des „offenen Vertrags" wurden durch den Vertrag von Lissabon weitgehend beseitigt.

► **1. 5. 2004**

Durch die sog. Osterweiterung vergrößert sich die Anzahl der Mitgliedstaaten von 15 auf 25. Als neue Mitgliedstaaten werden die **Tschechische Republik, Estland, Zypern, Lettland, Litauen, Ungarn, Malta, Polen, Slowenien** und die **Slowakei aufgenommen**.

► **29. 10. 2004**

In einer feierlichen Zeremonie unterzeichnen die Mitgliedstaaten in Rom den Vertrag über eine Verfassung für Europa (VVE). Der Vertrag besteht aus vier Teilen mit einer Präambel, 448 Artikeln, 36 Protokollen und zwei Anhängen sowie einer Schlussakte, der 50 Erklärungen zu einzelnen Bestimmungen des Vertrags bzw. zu einzelne Protokollen beigefügt sind.

Teil I enthält in 60 Artikeln die grundlegenden Definitionen, Werte und Ziele der Union sowie Grundregeln über Zuständigkeiten, Institutionen und Rechtsinstrumente.

Teil II übernimmt weitgehend unverändert die bereits 2000 in Nizza in einer feierlichen Erklärung verkündete Charta der Grundrechte.

Teil III des Vertrags einer Verfassung für Europa enthält die wesentlichen Regelungen und Rechtsgrundlagen des EGV. Außerdem werden die bisher in den Teilen V und VI des EUV enthaltenen Bestimmungen über die gemeinsame Außen- und Sicherheitspolitik (GASP) sowie über die polizeiliche und justizielle Zusammenarbeit in Strafsachen (ZPJS) neu gefasst und in diesen Teil des VVE aufgenommen.

Teil IV enthält die notwendigen Übergangs- und Schlussbestimmungen.

Inhaltlich sollte der Vertrag über eine Verfassung für Europa eine neue Europäische Union mit Rechtspersönlichkeit begründen, die Verträge über die Europäische Union sowie die Europäische Gemeinschaft unter Fortgeltung des bisherigen Besitzstands aufheben. Die „neue Europäische Union“ sollte die Rechtsnachfolge der früheren Europäischen Union antreten und somit die Rechte und Verpflichtungen dieser beiden Organisationen übernehmen.

Der Vertrag bedurfte zum Inkrafttreten – wie üblich – der Ratifizierung durch die Mitgliedstaaten nach deren nationalen Verfassungsvorgaben.

► **29. 5. 2005/1. 6. 2005**

Der in zahlreichen Mitgliedstaaten eingeleitete Ratifizierungsprozess erleidet einen schweren Rückschlag. Aufgrund eines negativen Referendums in Frankreich am 29.5. und in den Niederlanden am 1. 6. 2005 mit anschließender Ablehnung des Vertrags einer Verfassung für Europa durch das niederländische Parlament steht – auch wenn dies offiziell nicht zugegeben wird – faktisch fest, dass die Einführung des Vertrags einer Verfassung für Europa gescheitert ist. Der Europäische Rat beschließt, in eine Reflexionsphase mit ausführlicher Diskussion über die Zukunft Europas einzutreten.

► **Januar 2007**

Durch den Beitritt von Rumänien und Bulgarien am 1. 1. 2007 (fünfte Erweiterung der Europäischen Union) steigt die Zahl der Mitgliedstaaten der Union auf 27 und ihre Einwohnerzahl auf 492,8 Millionen.

Die Europäische Union hat jetzt 23 Amtssprachen, nachdem Bulgarisch, Rumänisch und Irisch hinzugekommen sind.

► **25. 3. 2007**

In der von der deutschen EU-Ratspräsidentschaft formulierten „Berliner Erklärung“, welche anlässlich des fünfzigsten Jahrestags des Abschlusses der Römischen Verträge auf einem informellen Gipfel der 27 Staats- und Regierungschefs im Berliner Zeughaus feierlich unterzeichnet wurde, wird – juristisch unverbindlich – der Wille bekundet, bis zu den Wahlen zum Europäischen Parlament 2009 die Europäische Union auf eine erneuerte gemeinsame Grundlage zu stellen.

► **22. 6. 2007**

Der Europäische Rat von Brüssel erteilt einer Regierungskonferenz das Mandat, einen sog. Reformvertrag zur Änderung der bestehenden Verträge auszuarbeiten (Schlussfolgerungen des Vorsitzes des Europäischen Rates vom 21. und 22. 6. 2007 in Brüssel, Bulletin Europäische Union 6-2007, I.37). Das Mandat für die Regierungskonferenz unterscheidet sich von früheren Aufträgen dadurch, dass der Europäische Rat die Gestalt und den Inhalt des neuen Vertragstextes weitgehend vorgibt. Die Vorgaben sind weitgehend dem Verfassungsvertrag entnommen, dessen inhaltliche Substanz so weit wie möglich in den neuen Reformvertrag übernommen werden soll.

► **13. 12. 2007**

Nach zähen Verhandlungen wird am 13. 12. 2007 unter portugiesischer Ratspräsidentschaft der „Vertrag von Lissabon“ unterzeichnet. Der Vertrag besteht aus sieben Artikeln, denen – wie in gemeinschaftsrechtlichen Vertrags- und Gesetzestexten üblich – eine ausführliche Präambel vorangestellt ist. Er sieht u. a. vor, durch Zusammenführung von Europäische Gemeinschaft und Europäische Union die bis dahin gültige sog. Säulenstruktur der Europäischen Union aufzugeben.

Auch der Vertrag von Lissabon bedurfte zum Wirksamwerden der Ratifizierung durch alle Mitgliedstaaten. Anders als beim Vertrag einer Verfassung der Europäischen Union machten Frankreich und die Niederlande den Vertrag von Lissabon nicht zum Gegenstand eines Referendums. Der Vertrag von Lissabon und die damit verbundenen Änderungen werden eingehend unter § 15 „Aufbau der Europäischen Union“ dargestellt.

► **24. 4. 2008/23. 5. 2008**

Das Ratifizierungsverfahren in Deutschland richtet sich nach Art. 23 Abs. 1 i.V. mit Art. 79 Abs. 2 des Grundgesetzes. Durch den Vertrag von Lissabon kommt es zu einer weit reichenden Übertragung von Hoheitsrechten, die das Grundgesetz (GG) seinem Inhalt nach ändern. Die Zustimmung zur Ratifikation des Vertrags von Lissabon war daher sowohl im Bundestag als auch im Bundesrat von einer verfassungsändernden Zweidrittelmehrheit abhängig. Bei einer Abstimmung am 24. 4. 2008 stimmte der Bundestag mit der erforderlichen Zweidrittelmehrheit (515 zu 58 Stimmen bei einer Enthaltung) zu. Auch im Bundesrat konnte sich das Gesetz am 20. 5. 2008 durchsetzen. Der Bundestagsabgeordnete *Dr. Peter Gauweiler* sowie die Bundestagsfraktion *Die Linke* erhoben u. a. gegen das Zustimmungsgesetz Verfassungsbeschwerde. Wegen der ausstehenden Entscheidung des Bundesverfassungsgerichts wurde das Gesetz von dem damaligen Bundespräsidenten *Horst Köhler* zunächst nicht unterzeichnet.

► **12. 6. 2008**

An diesem Tag sprechen sich die Iren mit 53,4 % (Wahlbeteiligung: 53 %) gegen den Vertrag von Lissabon aus – ein weiterer schwerer Rückschlag bei der Reform der EU. Dennoch vereinbaren die Staats- und Regierungschefs der Mitgliedstaaten eine Fortsetzung des Ratifizierungsprozesses. Neben den Problemen in Irland verzögert sich die Ratifizierung in Tschechien wegen der Weigerung des Staatspräsidenten *Klaus*, das Zustimmungsgesetz zu unterzeichnen.

► **18./19. 6. 2009/3. 10. 2009**

Die Europäische Union macht erhebliche Zugeständnisse an Irland, die sich in verschiedenen Protokollen (vgl. nur Protokoll Nr. 20 über die Anwendung verschiedener Aspekte des Art. 26 des Vertrags über die Arbeitsweise der Europäischen Union auf das Vereinigte Königreich und Irland sowie Protokoll Nr. 35 über Art. 40.3.3 der Verfassung Irlands) niederschlagen. Bei einem erneuten Referendum am 3. 10. 2010 stimmt die Irische Bevölkerung nunmehr mit 67,1 % der Stimmen (Beteiligung 58 %) für den Vertrag. Die Präsidentin *Mary McAleese* unterzeichnete die für die Ratifikation notwendige Verfassungsänderung am 15. 10. 2009. Am 21. und 22. 10. 2009 verabschiedeten die beiden Kammern des Parlaments die Begleitgesetze, und am 23. 10. 2009 wurde die Ratifikationsurkunde in Rom hinterlegt.

► **30. 6. 2009**

Mit Urteil vom 30. 6. 2009 weist der 2. Senat des Bundesverfassungsgerichts die Verfassungsbeschwerden gegen das Zustimmungsgesetz zurück, verpflichtet die Bundesrepublik allerdings dazu, die gesetzliche Ausgestaltung der Beteiligungsrechte von Bundestag und Bundesrat in Angelegenheiten der Europäischen Union zu überarbeiten. Am 23. 9. 2009 unterzeichnete der Bundespräsident alle notwendigen Gesetze. Unverzüglich nach der Verkündung der Gesetze im Bundesgesetzblatt, fertigte *Köhler* die Ratifikationsurkunde aus, die noch am gleichen Tag in Rom hinterlegt wurde. Damit war der Ratifikationsprozess in Deutschland erfolgreich abgeschlossen.

► **3. 11. 2009**

Nur in Tschechien war das Ratifizierungsverfahren bis zu diesem Zeitpunkt noch nicht beendet. Die Staats- und Regierungschefs der anderen Mitgliedstaaten stellten – um die Vorbehalte Tschechiens zu entkräften – durch eine Erklärung zum Anwendungsbereich des Protokolls Nr. 30 über die Anwendung der Charta der Grundrechte der Europäischen Union auf Polen und das Vereinigte Königreich klar, dass die Grundrechte-Charta des Lissabon-Vertrags nicht zu Regressforderungen von nach dem Zweiten Weltkrieg enteigneten Sudetendeutschen und Ungarn führen kann. Am 3. 11. 2009 stellte das tschechische Verfassungsgericht fest, dass der Vertrag von Lissabon nicht verfassungswidrig ist. Noch am selben Tag gab Staatspräsident *Klaus* seine Blockadehaltung auf und unterzeichnete die Ratifizierungsurkunde, die nun am 13. 11. 2009 als letzte in Rom hinterlegt werden konnte.

► **Dezember 2009**

Der Vertrag von Lissabon tritt nach Art. 6 Abs. 2 am 1. 12. 2009 in Kraft.

§ 14 Die Europäische Union nach dem Vertrag von Lissabon

LITERATUR

Hakenberg, Europarecht, 5. Aufl., 2010, 1. und 2. Teil; *Hellmann*, Der Vertrag von Lissabon, 2009; *Fischer*, Der Vertrag von Lissabon, 2008; *Magiera*, Die Grundgesetzänderung von 1992 und die Europäische Union, Jura 1994, S. 1 ff.; *Oppermann/Classen/Nettesheim*, Europarecht, 4. Aufl., 2009, 1. Teil; *Schröder*, Grundkurs Europarecht, 2009; § 1 und § 2; *Streinz*, Europarecht, 8. Aufl., 2003, § 3; *Theato*, Der Europäische Rat von Nizza, EuZW 2001, S. 129; *Wichard*, Wer ist Herr im Europäischen Haus?, EuR 1999, S. 170 ff.; *Zuleeg*, Die föderativen Grundsätze der Europäischen Union, NJW 2000, S. 2846 ff.

I. Allgemeines

Anders als der Verfassungsvertrag, der die bestehenden Verträge vollständig ersetzen sollte, sieht der Vertrag von Lissabon lediglich eine Änderung der vorhandenen Verträge vor. So gibt Art. 1 des Vertrags Änderungen des EU-Vertrags vor und Art. 2 ändert den Vertrag über die Europäische Gemeinschaft (EGV), der nunmehr „Vertrag über die Arbeitsweise der Europäischen Union“ (VAEU) heißt. Dies entspricht der Zusammenführung der Europäischen Gemeinschaft und der Europäischen Union zu einer einheitlichen Europäischen Union, der künftig ausdrücklich Rechtspersönlichkeit zukommt, vgl. Art. 47 EUV. Diese beiden Verträge bilden nunmehr die Grundlage der Europäischen Union. Faktisch löst der Vertrag von Lissabon durch Änderung und Zusammenführung des (alten) EUV und des EGV die komplexe Säulenstruktur der Europäischen Union auf.

Die Europäische Atomgemeinschaft wird – wie es das Bundesverfassungsgericht in dem Urteil zur Verfassungsmäßigkeit des Zustimmungsgesetzes ausdrückt – „aus dem ehemaligen Dachverband der Europäischen Union ausgegliedert und besteht – abgesehen von einer institutionellen Verbundenheit mit der Europäischen Union – als unabhängige internationale Organisation fort“ (BVerfG, Urteil v. 30. 6. 2009, Az. 2 BvR 1010/1022/1059/08, 182/09 (Lissabon-Urteil), Rn. 34).

II. Der Vertrag über die Europäische Union im Überblick

Der Vertrag über die Europäische Union beinhaltet nach den Änderungen des Vertrags von Lissabon insgesamt 51 Artikel, die in fünf Titel gegliedert sind. Außerdem enthält er die im Gemeinschaftsrecht übliche Präambel.

Die Präambel des EU-Vertrags bleibt im Wesentlichen unverändert. Es wird lediglich ein weiterer Erwägungsgrund (Erwägungsgrund Nr. 2: „Schöpfend aus dem kulturellen, religiösen und humanistischen Erbe Europas, aus dem sich die unverletzlichen und unveräußerlichen Rechte des Menschen sowie Freiheit, Demokratie, Gleichheit und Rechtsstaatlichkeit als universelle Werte entwickelt haben) eingefügt und eine sprachliche Anpassung durch die Verwendung der neuen Bezeichnung „Vertrag über die Arbeitsweise der Europäischen Union" in den Erwägungsgründen Nr. 8 und 12 vorgenommen. Titel 1 des EUV beinhaltet die sog. gemeinsamen Bestimmungen (Art. 1 bis 8 EUV). Ausgangspunkt ist Art. 1 EUV, wonach eine europäische Union gegründet wird, deren Werte und Ziele in den Art. 2 und 3 beschrieben und vorgegeben werden.

Die Ziele der Union werden durch den Vertrag von Lissabon um „Frieden, Wahrung des Reichtums der kulturellen und sprachlichen Vielfalt und die Sorge für den Schutz und die Entwicklung des kulturellen Erbes Europas" erweitert. Konkrete Handlungsaufträge für die Organe der Union ergeben sich aber aus den Zielen der Union nicht. Ausdrücklich festgehalten wird, dass die Ziele für sich betrachtet keine Unionszuständigkeit zu begründen vermögen, vgl. Art. 3 Abs. 6 EUV.

Für die Abgrenzung der Zuständigkeiten zwischen Union und Mitgliedstaaten wird der Grundsatz der begrenzten Einzelermächtigung ausdrücklich in Art. 5 Abs. 1 und 2 EUV festgeschrieben. Durch die Übernahme des bisherigen Art. 5 des EGV in den Regelungsbereich des Unionsvertrags und der inhaltlichen Erweiterung und Präzisierung wird die besondere Bedeutung der dort zu findenden Vorgaben für das Verhältnis zwischen Europäische Union und Mitgliedstaaten betont. Die Norm legt fest, dass für die Abgrenzung der Zuständigkeiten zwischen Union und Mitgliedstaaten der Grundsatz der begrenzten Ermächtigung zu gelten hat, während bei der Ausübung der Zuständigkeiten die Union die Grundsätze der Subsidiarität und der Verhältnismäßigkeit einzuhalten hat. Und obwohl sich aus dem Grundsatz der begrenzten Einzelermächtigung bereits ergibt, dass die Mitgliedstaaten nur Teile ihrer Regelungsgewalt abgeben, wird in Art. 5 Abs. 2 Satz 2 EUV nochmals ausdrücklich festgeschrieben, dass alle der Union in den Verträgen nicht ausdrücklich übertragenen Zuständigkeiten bei den Mitgliedstaaten verbleiben. Ergänzt werden diese allgemeinen Bestimmungen durch Art. 2 bis 6 des AEUV.

Der neu gefasste Art. 6 EUV nimmt Bezug auf die Charta der Grundrechte der Europäischen Union vom 7. 12. 2000. Diese wurde nicht direkt in den Vertrag aufgenommen, aber durch die Formulierung in Art. 6 Abs. 1 2. Halbsatz wonach die Charta der Grundrechte und die Verträge rechtlich gleichrangig sind, werden diese indirekt in das Gemeinschaftsrecht inkorporiert.

Neu ist die Verpflichtung der Union, der Europäischen Konvention zum Schutz der Menschenrechte und Grundfreiheiten beizutreten. Darüber hinaus werden die Grundrechte der Europäischen Konvention zum Schutz der Menschenrechte in Art. 6 Abs. 3 den gemeinsamen Überlieferungen der Mitgliedstaaten und den allgemeinen Grundsätzen der Union gleichgestellt.

Der Europäischen Konvention für Menschenrechte können nach bisheriger Rechtslage ausschließlich Staaten beitreten. Auch wenn die Europäische Union durch den geänderten EUV Rechtspersönlichkeit erlangt, ist und bleibt sie allenfalls eine Staatengemeinschaft, aber kein eigenständiger Staat. Damit sie beitreten kann, bedarf es zunächst einer Änderung der Konvention selbst sowie der Satzung des Europarates. Das 14. Zusatzprotokoll zur Europäischen Konvention für Menschenrechte sieht eine Änderung des Art. 59 EMRK vor, mit der ausdrücklich der Europäischen Union das Recht zum Beitritt eingeräumt wird. Das Änderungsprotokoll ist von nahezu allen Vertragsstaaten der Europäischen Konvention für Menschenrechte ratifiziert. Derzeit steht allein die Zustimmung Russlands aus.

Im Wesentlichen unverändert übernommen hat Art. 7 EUV die Bestimmungen, die bereits im (alten) Art. 7 EU-Vertrag zu finden waren. Inhaltlich kann nach wie vor gegen einen Mitgliedstaat vorgegangen werden, dem eine schwerwiegende Verletzung der Werte des Art. 2 EUV vorgeworfen wird. Lediglich verfahrensrechtlich haben sich einige Änderungen ergeben. So ist beispielsweise die Möglichkeit, unabhängige Persönlichkeiten um einen Bericht zur Lage in dem betreffenden Mitgliedstaat zu ersuchen, entfallen. Außerdem werden tatsächliche Verletzungen künftig ausschließlich durch den Europäischen Rat festgestellt, vgl. Art. 7 Abs. 2 EUV.

Neu ist Art. 8 EUV, der die Beziehung der Union zu „Ländern in ihrer Nachbarschaft" regelt.

Der Titel II des EUV heißt nunmehr kurz und knapp „Bestimmungen über die demokratischen Grundsätze" und umfasst die Art. 9 bis 12 EUV. Der neu in den EUV eingeführte Art. 9 schreibt den Grundsatz der Gleichheit der Bürgerinnen und Bürger ausdrücklich fest. Außerdem enthält er die Bestimmung der Unionsbürgerschaft (Unionsbürger ist, wer die Staatsangehörigkeit eines Mitgliedstaates besitzt) und regelt das Verhältnis der Unionsbürgerschaft zur nationalen Staatsangehörigkeit (die Unionsbürgerschaft tritt zur Nationalstaatlichkeit hinzu).

Interessant ist die Regelung des Art. 10 Abs. 1 EUV. Danach soll die Arbeitsweise der Europäischen Union auf der repräsentativen Demokratie beruhen. Damit erhebt die Europäische Union – indirekt – den Anspruch direkter parlamentarischer Legitimation durch die EU-Bürger. Indes hat das Bundesverfassungsgericht im bereits zitierten Lissabon-Urteil schon deutlich klargemacht, dass der in Art. 10 Abs. 1 EUV erhobenen Anspruch so ohne Weiteres nicht mit der (Rechts-)Wirklichkeit in Einklang steht:

„Gemessen an verfassungsstaatlichen Erfordernissen fehlt es der Europäischen Union auch nach Inkrafttreten des Vertrags von Lissabon an einem durch gleiche Wahl aller Unionsbürger zustande gekommenen politischen Entscheidungsorgan mit der Fähigkeit zur einheitlichen Repräsentation des Volkswillens. Es fehlt, damit zusammenhängend, zudem an einem System der Herrschaftsorganisation, in dem ein europäischer Mehrheitswille die Regierungsbildung so trägt, dass er auf freie und gleiche Wahlentscheidungen zurückreicht und ein echter und für die Bürger transparenter Wettstreit zwischen Regierung und Opposition entstehen kann. Das Europäische Parlament ist auch nach der Neuformulierung in Art. 14 Abs. 2 EUV-Lissabon und entgegen dem Anspruch, den Art. 10 Abs. 1 EUV-Lissabon nach seinem Wortlaut zu erheben scheint, kein Repräsentationsorgan eines souveränen europäischen Volkes." (BVerfG a. a. O., Rn. 280).

Das Bundesverfassungsgericht stellt dann klar, dass und wie der Art. 10 Abs. 1 EUV in diesem Zusammenhang zu verstehen ist: „Repräsentiert i. S. des Art. 10 Abs. 1 EUV-Lissabon wird ... nicht das europäische Volk, sondern die in ihren Staaten organisierten Völker Europas mit ihren jeweiligen durch demokratische gleichheitsgerechte Wahl zustande gekommenen parteipolitisch präformierten Kräfteverhältnissen." (BVerfG, a. a. O., Rn. 286).

Neu im EUV sind ausdrückliche Bestimmungen zur „partizipativen Demokratie", Art. 10 Abs. 3 und 11 EUV. Nach diesen Bestimmungen haben die Bürgerinnen und Bürger der Europäischen Union das Recht, am demokratischen Leben der Union teilzunehmen. Dazu müssen die Entscheidungen der Union so offen und bürgernah wie möglich gestaltet werden. Außerdem wird die Pflicht der Europäischen Union statuiert, den Bürgerinnen und Bürgern sowie den repräsentativen Verbänden die Bekanntgabe ihrer Ansichten und den Austausch in allen Bereichen des Handelns der Union zu ermöglichen, vgl. Art. 11 Abs. 1 EUV. Alle Organe werden zu einem transparenten und regelmäßigen Dialog verpflichtet, Art. 11 Abs. 2 EUV und der Kommission wird auferlegt, zur Realisierung der Vorgaben umfangreiche Anhörungen der durch Akte der Union Betroffenen durchzuführen, Art. 11 Abs. 3 EUV.

Politisch gewollt, in der konkreten Ausgestaltung jedoch erheblich umstritten, ist das neue europäische Bürgerbegehren, Art. 11 Abs. 4 EUV. Mindestens eine Million Bürgerinnen und Bürger aus einer „erheblichen Anzahl" von Mitgliedstaaten können die Kommission danach auffordern, Vorschläge für Rechtsakte zu unterbreiten. Was genau eine erhebliche Anzahl von Mitgliedsstaaten sein wird und wie weit die Forderungen der Bürger gehen können und werden, ist noch offen. Hier wird voraussichtlich erst Ende 2010 eine entsprechende gesetzliche Grundlage auf europäischer Ebene die im Primärrecht gemachte Vorgabe umsetzen.

Einige der genannten Normen geben faktisch lediglich die seit Jahren geübte Praxis der Union bzw. der Europäischen Gemeinschaft wieder. Indes steht dieses Selbstverständnis in erheblichem Widerspruch zu den in den Medien immer wieder geäußerten Vorwürfen der Intransparenz und Bürgerferne. Die Einführung gesetzlicher Vorgaben vermag diese Diskrepanz sicher nicht allein zu überwinden, vermag aber ggf. einen kleinen Baustein zur Annäherung von Anspruch und Wirklichkeit zu liefern.

Neu ist auch der gegen den Widerstand der britischen Delegationen in den EU-Vertrag aufgenommene Art. 12, der erstmals die Rolle der nationalen Parlamente zum Gegenstand des Gemeinschaftsrechts macht. Nach dieser Norm sind die nationalen Parlamente dazu aufgerufen, aktiv zur guten Arbeitsweise der Union beizutragen. Um dies tun zu können, stehen zunächst die Organe in der Pflicht, den nationalen Parlamenten Entwürfe von europäischen Gesetzgebungsakten gem. dem Protokoll über die Rolle der nationalen Parlamente in der Europäischen Union zuzuleiten (Art. 12 Buchst. a) EUV). Als eigene Verpflichtung der nationalen Parlamente sollen sie dafür Sorge tragen, dass der Grundsatz der Subsidiarität gem. den in dem Protokoll über die Anwendung der Grundsätze der Subsidiarität und der Verhältnismäßigkeit vorgesehenen Verfahren beachtet werden. Außerdem sollen sie sich an den Mechanismen zur Bewertung der Durchführung der Unionspolitiken im Bereich nach Art. 70 des AEUV beteiligen und die politische Kontrolle von Europol und die Bewertung der Tätigkeit von Eurojust mitgestalten, Art. 12 Buchst. b) und c) EUV.

Diese sowie die anderen Verpflichtungen in Art. 12 Buchst. d) bis f) EUV sind allerdings nicht justiziabel. Mit Ausnahme der wohl vom Europäischen Gerichtshof überprüfbaren Einhaltung der Unterrichtungsverpflichtung der Organe gem. Art. 12 Buchst. a) EUV kann das Verhalten der nationalen Parlamente wohl nicht Gegenstand europäischer Rechtsprechung sein.

Titel III enthält Bestimmungen über die Organe der Union, Art. 13 bis 19 EUV. Organe der Europäischen Union sind nunmehr

- das Europäische Parlament,
- der Europäische Rat,
- der Rat,
- die Europäische Kommission,
- der Gerichtshof der Europäischen Union,
- die Europäische Zentralbank und
- der Rechnungshof.

Damit übernimmt der EUV im Wesentlichen die Organstruktur des (aufgehobenen) Art. 7 EGV. Neu ist, dass der Europäische Rat, der sich aus den Staats- und Regierungschefs der Mitgliedstaaten, dem als Amt neu geschaffenen Präsidenten des Europäischen Rates (zu dessen Aufgaben und Stellung vgl. nur Art. 15 Abs. 5 und 6 EUV) und dem Präsidenten der Kommission zusammensetzt, und die Europäische Zentralbank (EZB) in den Rang eines Organs gehoben werden. Dieser Schritt war angesichts der neuen Vertragsstruktur und der vertraglich festgelegten Rechtspersönlichkeit der Europäischen Union nur konsequent.

Hauptgesetzgeber ist allerdings nach wie vor der Rat der EU, der aus je einem Vertreter der Mitgliedstaaten auf Ministerebene besteht, Art. 16 Abs. 1 EUV. Der Rat der Europäischen Union ist zusammen mit dem Europäischen Parlament der Hauptgesetzgeber.

Weiter enthält der Titel III die bis zuletzt umstrittenen Bestimmungen zur Definition der qualifizierten Mehrheit im Europäischen Rat und dem Rat, Art. 16 EUV und die neu eingeführten Bestimmungen hinsichtlich des Amtes des „Hohen Vertreters der Union für Außen und Sicherheitspolitik“, Art. 18 EUV. Die ursprünglich vom Verfassungsvertrag vorgesehene Bezeichnung „Außenminister der Union“ wurde nach erheblichem Widerstand einiger Mitgliedstaaten nicht beibehalten. Die allgemeinen Bestimmungen im EUV zu den Organen werden durch die institutionellen Bestimmungen des AEUV konkretisiert, Art. 223 bis 287 AEUV sowie Art. 300 bis 309 AEUV.

Der Titel IV enthält Bestimmungen über eine verstärkte Zusammenarbeit der Mitgliedstaaten, Art. 20 EUV. Die verstärkte Zusammenarbeit ist darauf ausgerichtet, „die Verwirklichung der Ziele der Union zu fördern, ihre Interessen zu schützen und den Integrationsprozess zu stärken.“ Sie soll es möglich machen, dass die Mitgliedstaaten, die ein hohes Interesse an einer schnellen und zügigen Entwicklung eines nicht der ausschließlichen Gesetzgebungskompetenz der Europäischen Union unterliegenden Themas haben, nicht durch andere Mitgliedstaaten in der Entwicklung gebremst werden können. Konsequenterweise sind die von einer solchen Staatengruppe erlassenen Rechtsakte nur für diese gültig, Art. 20 Abs. 4 EUV.

Ursprünglich war nach dem Verfassungsvertrag vorgesehen, dass für die Begründung einer verstärkten Zusammenarbeit ein Drittel der Mitgliedstaaten erforderlich sein sollte. Davon abweichend wird im EUV eine Mindestanzahl von neun Mitgliedstaaten benötigt, Art. 20 Abs. 2 Buchst. a) EUV. Dies ist zwar bei der derzeitigen Situation mit 27 Mitgliedstaaten genau das ursprüngliche Drittel. Bei künftigen Erweiterungen wird die Anzahl jedoch gleich bleiben und nicht automatisch angepasst, so dass die Mehrheitsverhältnisse sich insofern verschieben werden.

Art. 20 EUV wird durch die ausführlicheren Bestimmungen des AEUV über die verstärkte Zusammenarbeit in den Art. 326 bis 334 ausformuliert. Für die verstärkte Zusammenarbeit im Bereich der gemeinsamen Außen- und Sicherheitspolitik gelten die Art. 329 Abs. 2 und Art. 331 Abs. 2 AEUV.

Der Titel V besteht aus den „Allgemeinen Bestimmungen über das auswärtige Handeln der Union“ und den „Besonderen Bestimmungen über die gemeinsame Außen- und Sicherheitspolitik“.

In den allgemeinen Bestimmungen werden u. a. die Ziele der Europäischen Union in diesem Sektor festgelegt und in Art. 21 EUV enumerativ aufgelistet. Hierzu zählen u. a.

- die grundlegenden Interessen der Union und ihre Sicherheit zu gewährleisten;
- Demokratie, Rechtsstaatlichkeit, Menschenrechte und die Grundsätze des Völkerrechts zu festigen und zu fördern;
- die Entwicklungsländer im Hinblick auf Wirtschaft, Gesellschaft und Umwelt zu fördern;

- die Integration aller Länder in die Weltwirtschaft zu fördern, was u. a. durch den schrittweisen Abbau von internationalen Handelshemmnissen geschehen soll und
- verschiedenen Völkern, die von Katastrophen betroffen sind, zu helfen.

Auf der Basis der in Art. 21 EUV genannten Ziele legt der Europäische Rat die Strategie für die Union fest. Die Beschlüsse werden dann auf der Basis der in den Verträgen vorgesehenen Verfahren durchgeführt, vgl. Art. 22 Abs. 1 letzter Satz EUV.

Die besonderen Bestimmungen über die gemeinsame Außen- und Sicherheitspolitik werden wiederum in zwei Abschnitte unterteilt. Die „Gemeinsamen Bestimmungen" in den Art. 23 bis 41 EUV sehen generelle Vorgaben für die Aufgaben und das Zusammenspiel der betroffenen Organe und Institutionen im gesamten Bereich der gemeinsamen Außen- und Sicherheitspolitik vor. Der spezielle Sektor „Sicherheit und Verteidigung" wird im zweiten Abschnitt in den Art. 42 bis 46 EUV nochmals ausdrücklich behandelt.

Wie bisher auch wird die Europäische Union im Rahmen der gemeinsamen Außen- und Sicherheitspolitik keine verbindlichen Rechtsakte erlassen können, vgl. Art. 24 Abs. 1 Satz 3 EUV. Mittel zur Verfolgung der gemeinsamen Außen- und Sicherheitspolitik sind

- der Erlass allgemeiner Leitlinien,
- der Erlass von Beschlüssen zur Durchführung bestimmter Aktionen und Standpunkte sowie
- der Ausbau der systematischen Zusammenarbeit der Mitgliedstaaten bei der Führung ihrer Politik, vgl. Art. 25 EUV.

Eine wichtige Rolle in Bereich der Gemeinsamen Außen- und Sicherheitspolitik soll die neu geschaffene Institution eines „Hohen Vertreters der Union für Außen- und Sicherheitspolitik", vgl. Art. 18 EUV, spielen. Die Aufgaben des Hohen Vertreters bestehen u. a. darin, im Rat „Auswärtige Angelegenheiten" den Vorsitz zu führen und Vorschläge zur Festlegung der gemeinsamen Außen- und Sicherheitspolitik zu machen. Außerdem hat der Hohe Rat sicherzustellen, dass die vom Europäischen Rat und vom Rat erlassenen Beschlüsse durchgeführt werden. Letztlich sollen die Vertretung der Union in den Bereichen der gemeinsamen Außen- und Sicherheitspolitik sowie der politische Dialog mit Dritten durch den Hohen Vertreter durchgeführt werden. Unterstützt wird der Hohe Vertreter durch den europäischen auswärtigen Dienst, der zurzeit mit recht hohem Aufwand in Brüssel aufgebaut wird. Die Regelungen des Art. 5 EUV werden im fünften Teil des AEUV präzisiert.

Der erste Hohe Vertreter der Europäischen Union ist die Britin *Catherine Margaret Ashton, Baroness Ashton of Upholland* (geboren am 20. 3. 1956 in Upholland, Lancashire). Die ehemalige Handelskommissarin der Europäischen Kommission wurde am 19. 11. 2009 vom Europäischen Rat für das Amt des Hohen Vertreters der Europäischen Union für Außen- und Sicherheitspolitik nominiert. Sie übt diese Funktion seit dem Inkrafttreten des Vertrags von Lissabon am 1. 12. 2009 aus.

Die Schlussbestimmungen in Teil VI des EUV beginnen mit der seit Jahren geforderten Einführung einer Rechtspersönlichkeit für die europäische Union, Art. 47 EUV. Damit ist diese nunmehr selbst berechtigt, international aufzutreten, Verträge und Abkommen zu schließen.

Der neu gefasste Art. 48 EUV beschäftigt sich mit dem wichtigen Thema der Änderungen der Verträge. Hier wird nunmehr zwischen einem ordentlichen und einem vereinfachten Änderungsverfahren unterschieden. Dabei wird das bisherige Verfahren zur Änderung der Verträge, nämlich die Verbindung eines gemeinschaftsrechtlichen bzw. unionsrechtlichen mit einem völkerrechtlichen Verfahren, ergänzt um eine sog. Konventsmethode, im Grundsatz beibehalten vgl. Art. 42 Abs. 2 bis Abs. 5 EUV.

Im vereinfachten Änderungsverfahren kann nunmehr anstelle der bisherigen Regierungskonferenz der Europäische Rat zusammen mit dem Europäischen Parlament und den Mitgliedstaaten über Änderungen der Verträge beschließen, Art. 48 Abs. 6 EUV. Allerdings darf dieses Verfahren nicht zu einer Ausdehnung der Union im Rahmen der durch die Verträge übertragen Zuständigkeiten führen.

Im Wesentlichen unverändert wurden die Beitrittsvoraussetzungen für europäische Staaten, die der Europäischen Union beitreten wollen, übernommen, vgl. Art. 49 EUV.

Völlig neu ist das Austrittsrecht gem. Art. 50 EUV. Danach haben die Mitgliedstaaten ausdrücklich das Recht, aus der Union auszutreten. Dabei kommt der Austritt aus der Union durch Mitteilung an den Europäischen Rat mit anschließendem Abschluss eines Austrittsabkommens mit der Union zustande, Art. 50 Abs. 2 EUV. Möglich ist auch, durch einseitige Mitteilung gegenüber dem Europäischen Rat aus der Union auszutreten, Art. 50 Abs. 2 und 3 EUV. Eine Begründung des Austritts ist weder bei Abschluss eines entsprechenden Abkommens, noch bei einseitigem Austritt erforderlich.

Über Art. 51 EUV werden Protokolle und Anhänge der Verträge zu Bestandteilen derselben. Einfacher wird dadurch die Anwendung des europäischen Gemeinschaftsrechts nicht. Denn schließlich sind auf diese Weise die 37 Protokolle und zwei Anhänge bei jeder Rechtsanwendung zu berücksichtigen und die dort getroffenen Sonderregelungen und Sonderbestimmungen für die verschiedenen Mitgliedstaaten der Europäischen Union zu berücksichtigen. Keinen Rechtscharakter haben die Erklärungen zur Schlussakte der Regierungskonferenz, die insofern allenfalls zur Auslegung herangezogen werden können.

III. Der Vertrag über die Arbeitsweise der Europäischen Union (AEUV) im Überblick

Eine der wesentlichen Fortschritte der durch den Vertrag von Lissabon bewirkten Reformen ist die Zusammenführung der Europäischen Gemeinschaft und der Europäischen Union zu einer einheitlichen Europäischen Union, die – wie bereits ausgeführt – Rechtspersönlichkeit hat. Dementsprechend wird der bisherige Vertrag über die Europäische Gemeinschaft nunmehr zum „Vertrag über die Arbeitsweise der Europäischen Union“. Damit besteht künftig das Europarecht im engeren Sinne aus dem EUV und dem AEUV, oder wie es in Art. 1 Abs. 2 AEUV heißt: „Dieser Vertrag und der Vertrag über die Europäische Union bilden die Verträge, auf die sich die Union gründet. Diese beiden Verträge, die rechtlich gleichrangig sind, werden als „die Verträge“ bezeichnet“. Daneben bleibt zwar die Europäische Atomgemeinschaft bestehen. In der Praxis spielt die Europäische Atomgemeinschaft allerdings nur für den ganz speziellen Bereich des Atomrechts eine (untergeordnete) Rolle und wird daher hier nicht weiter dargestellt.

Der AEUV behandelt die einzelnen Politikbereiche der Union, die im Wesentlichen mit denen des bisherigen EGV übereinstimmen. Durch den Vertrag von Lissabon sind jedoch einige Anpassungen und inhaltliche Veränderungen vorgenommen worden. Weiterhin regelt der AEUV die

Abgrenzung der Zuständigkeiten zwischen Union und Mitgliedstaaten (vgl. Art. 2 bis 6 EUV), die allerdings immer unter dem im EUV festgeschriebenen Grundsatz der begrenzten Einzelermächtigung stehen und dementsprechend gelesen werden müssen.

Der AEUV besteht künftig aus sieben Teilen, die insgesamt 358 Artikeln enthalten. Die in europäischen Vertragswerken übliche Präambel ist – abgesehen von einigen redaktionellen Änderungen – diejenige des bisherigen EGV.

Der erste Teil besteht neben einem einleitenden Art. 1 AEUV aus zwei Titeln und ist mit „Grundsätze“ überschrieben. Dabei fasst der Titel 1 in fünf Artikeln (Art. 2 bis 6) die „Arten und Bereiche der Zuständigkeit der Union“ zusammen, während im Titel 2 mit den Art. 7 bis 25 „Allgemein geltende Bestimmungen“ festgelegt werden.

Die allgemeinen Bestimmungen des Art. 2 sind im Verhältnis zur bisherigen Fassung des EGV neu. In Konkretisierung der Vorgaben des Art. 5 EUV regelt diese Norm nunmehr die Fragen der Gesetzeskonkurrenz zwischen EU-Regelungskompetenzen und denjenigen der Mitgliedstaaten. Sofern die Europäische Union auf der Basis der beschränkten Einzelermächtigung eine Zuständigkeit eingeräumt bekommen hat, so kann nur sie gesetzgeberisch tätig werden. Ausnahmsweise dürfen die Mitgliedstaaten tätig werden, wenn sie – was die große Ausnahme sein dürfte – von der Europäischen Union hierzu ermächtigt werden oder wenn sie Rechtsakte der Union durchführen sollen, Art. 2 Abs. 1 AEUV. Bei geteilter Zuständigkeit können nach näherer Ausgestaltung des Art. 2 Abs. 2 AEUV sowohl Union als auch Mitgliedstaaten Gesetze erlassen. Was in den Bereich der geteilten, was in den der ausschließlichen Zuständigkeit fällt, wird in den Art. 3 und 4 AEUV vorgegeben.

Weitere wichtige Vorgaben aus dem ersten Teil sind:

- die Verpflichtung der Union bei Festlegung und Durchführung der Politik und ihrer Maßnahmen, den Erfordernissen im Zusammenhang mit der Förderung eines hohen Beschäftigungsniveaus und mit der Gewährleistung eines angemessenen sozialen Schutzes, der Bekämpfung der sozialen Ausgrenzung und einem hohen Niveau der allgemeinen und beruflichen Bildung des Gesundheitsschutzes Rechnung zu tragen (Art. 9 AEUV),
- die Bekämpfung der Diskriminierung (Art. 10 AEUV),
- die Berücksichtigung der Erfordernisse des Umweltschutzes (Art. 11 AEUV, ehemals Art. 6 EGV),
- die besondere Betonung der Erfordernisse des Wohlergehens der Tiere als fühlende Wesen in Art. 13 AEUV,
- die erneute Betonung (ehemals Art. 255 EGV) der vorgegebenen Verpflichtung der verantwortungsvollen Verwaltung und Verpflichtung zur Transparenz, Art. 15 AEUV,
- die Betonung des Rechts einer jeden Person auf Schutz der sie betreffenden personenbezogenen Daten, Art. 16 AEUV, ehemals Art. 186 EGV sowie
- das ausdrückliche Bekenntnis der Union zur Achtung des Status, von Kirchen und religiösen Vereinigungen oder Gemeinschaften, die diese in den Mitgliedstaaten nach deren Rechtsvorschriften erhalten. Gleichgestellt sind weltanschauliche Gemeinschaften nach einzelstaatlichen Rechtsvorschriften.

Der zweite Teil trägt die Überschrift „Nichtdiskriminierung und Unionsbürgerschaft“ und umfasst die Art. 18 bis 25 AEUV. Schwerpunktmäßig konkretisiert dieser Teil die bereits in Art. 10

AEUV genannte Bekämpfung von Diskriminierungen. Außerdem werden im Teil II die Regelungen über die Unionsbürgerschaft, die zuvor in Art. 17 ff. EGV niedergeschrieben waren, aufgenommen. Nach wie vor gehört zu den Rechten aus der Unionsbürgerschaft das Recht, Petitionen an das europäische Parlament zu richten und sich an den europäischen Bürgerbeauftragten sowie an die Organe und beratenden Einrichtungen der Union wenden zu können, Art. 20 Abs. 2 Buchst. d) AEUV. Eine Frist für Petitionen ist ebenso wenig vorgesehen wie eine Bearbeitungszeit Damit sind Klagen wegen überlanger Dauer oder Untätigkeit eines Organs – wie auch in der Vergangenheit – nicht möglich.

Vom Umfang her ist der dritte Teil einer der bedeutsamsten des AEUV. Die „Internen Politiken und Maßnahmen der Union" umfassen 172 Artikel. In 24 Titeln sind die wesentlichen Tätigkeitsschwerpunkte der Europäischen Union und die in diesem Zusammenhang zustehenden Rechte und Pflichten niedergeschrieben.

- Titel I: Binnenmarkt
- Titel II: Freier Warenverkehr
- Titel III: Landwirtschaft und Fischerei
- Titel IV: Freizügigkeit, freier Dienstleistungs- und Kapitalverkehr
- Titel V: Raum der Freiheit, Sicherheit und des Rechts
- Titel VI: Verkehr
- Titel VII: Wettbewerb, Steuerfragen, Angleichung von Rechtsvorschriften
- Titel VIII: Wirtschafts- und Währungspolitik
- Titel IX: Beschäftigung
- Titel X: Sozialpolitik
- Titel XI: Europäischer Sozialfonds
- Titel XII: Allgemeine und berufliche Bildung
- Titel XIII: Kultur
- Titel XIV: Gesundheitswesen
- Titel XV: Verbraucherschutz
- Titel XVI: Transeuropäische Netze
- Titel XVII: Industrie
- Titel XVIII: Wirtschaftlicher, sozialer und territorialer Zusammenhalt
- Titel XIX: Forschung, Technologische Entwicklung und Raumfahrt
- Titel XX: Umwelt

Viele der Politiken waren bereits im EGV genauso oder doch weitgehend unverändert angelegt. Neu ist beispielsweise die Übernahme der bisher im EUV verbliebenen Teile der Innenpolitik bzw. der polizeilichen und justiziellen Zusammenarbeit in Strafsachen. Dies entspricht der bereits beschriebenen Auflösung der Säulenstrukturen in der neu gegründeten Europäischen Union.

Der kurz gehaltene vierte Teil regelt die Bestimmungen über die Assoziierung der überseeischen Länder und Hoheitsgebiete und entspricht im Wesentlichen den Bestimmungen des EGV.

Im fünften Teil werden mit den Bestimmungen über das auswärtige Handeln der Union die im EUV niedergelegten Grundsätze zum auswärtigen Handeln (Titel V Kapitel 1 EUV) mit den Politiken im AEUV verknüpft, vgl. Art. 205 AEUV.

Zu den Politikbereichen des auswärtigen Handelns zählen nach wie vor die gemeinsame Handelspolitik, die Zusammenarbeit mit Drittländern in verschiedenen Bereichen und die Beziehungen der Union zu internationalen Organisationen. Während sich in diesen Sektoren keine wesentlichen inhaltlichen Veränderungen gegenüber dem EGV ergeben, musste jedoch vor dem Hintergrund der (neuen) Rechtspersönlichkeit der Union die Frage der Zuständigkeit in einigen Bereichen (vgl. z. B. Art. 216 AEUV, Art. 221 AEUV) neu gefasst werden.

Neu ist weiter die Solidaritätsklausel in Art. 222 AEUV. Diese ermöglicht ein gemeinsames Handeln der Union und ihrer Mitgliedstaaten, wenn ein Mitgliedstaat von einem Terroranschlag, einer Naturkatastrophe oder einer vom Menschen verursachten Katastrophe betroffen ist. Die Einzelheiten für die Anwendung dieser Klausel werden durch Beschluss des Rates festgelegt, wobei das Europäische Parlament diesbezüglich keine Entscheidungsbefugnis hat und lediglich unterrichtet wird, vgl. Art. 222 Abs. 3 AEUV.

Ähnlich umfangreich wie der Teil 3 ist Teil 6 mit den institutionellen Bestimmungen und Finanzvorschriften, Art. 223 bis 1034 AEUV.

In diesem Teil werden zunächst die einzelnen Organe der Europäischen Union aufgelistet und deren konkrete Funktion bestimmt. Wie bereits dargestellt, sind die Organe das Europäische Parlament, der Europäische Rat, der Rat, die Kommission, der Gerichtshof der Europäischen Union, die Europäische Zentralbank und der Rechnungshof. Neu ist, dass nunmehr auch der Europäische Rat sowie die Europäische Zentralbank zum formalen Organ der Europäischen Union aufgestiegen sind.

Nach den Organen finden sich Bestimmungen über die „Rechtsakte der Union, das Annahmeverfahren und sonstige Vorschriften".

Was die Rechtsakte des Sekundärrechts betrifft, so gibt es keine wesentlichen Veränderungen. So ist der neue Art. 288 AEUV an den Wortlaut des Art. 249 EGV angelehnt. Weiterhin stehen den Organen der Europäischen Union als Handlungsmöglichkeiten Verordnungen, Richtlinien, Beschlüsse, Empfehlungen und Stellungnahmen zur Verfügung. Dabei entsprechen die Beschlüsse den Entscheidungen nach dem EGV. Auch die Unverbindlichkeit von Empfehlungen und Stellungnahmen im AEUV entspricht der der Vorgängerregelung im EGV.

Neu ist das in den Art. 289 ff. AEUV ausformulierte Gesetzgebungsverfahren. So bestimmt Art. 289 AEUV, dass „das ordentliche Gesetzgebungsverfahren in der gemeinsamen Annahme einer Verordnung, einer Richtlinie oder eines Beschlusses durch das Europäische Parlament und den Rat auf Vorschlag der Kommission" besteht. Dieses Verfahren wird in Art. 294 ff. AEUV näher ausgestaltet. Vorgesehen sind je nach Verfahrensgang bis zu drei Lesungen. Damit ist das bisher in Art. 251 Abs. 1 EGV zu findende Mitentscheidungsverfahren von Parlament und Rat nunmehr die Regel, was die demokratische Legitimation des Unionshandeln stärken soll.

Darüber hinaus sieht Art. 289 Abs. 2 AEUV in wenigen im Unionsrecht ausdrücklich vorgesehenen Fällen ein besonderes Gesetzgebungsverfahren vor.

Wichtig ist zukünftig auch die sich aus Art. 289 f. AEUV ergebende Differenzierung zwischen Gesetzgebungsakten und (einfachen) Rechtsakten. Alle Rechtsakte, die in einem Gesetzgebungsverfahren angenommen worden sind, sind nach der Definition in Art. 289 AEUV Gesetzgebungsakte. Keine Gesetzgebungsakte, aber Rechtsakte mit Gesetzesgeltung können gem. Art. 290 EGV durch die Kommission als delegierte Rechtsakte bzw. im Rahmen des Art. 291 als „Durchführungsrechtsakte" erlassen werden.

Für die Delegation von Rechtsakten nach Art. 290 AEUV ist erforderlich, dass eine Befugnis der Kommission zum Erlass dieser Rechtsakte in einem Gesetzgebungsakt vorgesehen ist, der Ziele, Inhalt, Geltungsbereich und Dauer der Befugnisübertragung ausdrücklich regelt. Faktisch entspricht diese Regelung in etwa der einer Verordnungsermächtigung im nationalen Recht.

Grundsätzlich sind die Mitgliedstaaten zur Durchführung der verbindlichen Rechtsakte der Union zuständig, Art. 291 AEUV. Sofern ein Bedürfnis nach Vereinheitlichung besteht kann die Kommission in den Rechtsakten mit dem Erlass von „Durchführungsrechtsakten" beauftragt werden, Art. 291 Abs. 2 AEUV. Zur Kontrolle der Wahrnehmung der Durchführungsbefugnisse sind wiederum die Mitgliedstaaten nach Maßgabe des Art. 291 Abs. 3 AEUV berufen. Diese Art der Kontrolle ist nicht neu und entspricht den auf der Grundlage des Art. 202 EGV entwickelten „Komitologieverfahren". Wie genau diese Verfahren künftig gestaltet sein werden, lässt sich im Moment noch nicht abschließend beurteilen. Auch in Zukunft wird es aber dabei bleiben, dass die Kommission die inhaltliche Präzisierung der Rechtsakte des Europäischen Parlaments und des Rates durch sog. Durchführungsverordnungen wahrnehmen wird.

Als beratende Einrichtungen der Union kennt der AEUV den Wirtschafts- und Sozialausschuss sowie den Ausschuss der Regionen. Einen besonderen Bereich nimmt die Europäische Investitionsbank ein.

Die Finanzvorschriften im sechsten Teil geben den groben Rahmen der finanziellen Ausstattung der Europäischen Union wieder. Neben den Bestimmungen über deren Eigenmittel sind Vorgaben zu mehrjährigen Finanzrahmen und dem Jahreshaushaltsplan der Union im Titel II des sechsten Teils zu finden. Abgerundet wird der sechste Teil des AEUV durch Normen betreffend die Betrugsbekämpfung und einen Titel über die verstärkte Zusammenarbeit von Mitgliedstaaten.

Der siebte Teil schließlich beschäftigt sich mit den allgemeinen und Schlussbestimmungen.

Entsprechend der der Union eingeräumten Rechtsfähigkeit wird in Art. 335 EUV ihr – als Nachfolger der Europäischen Gemeinschaft – nunmehr in jedem Mitgliedstaat die weitestgehende Rechts- und Geschäftsfähigkeit zuerkannt. Die Union wird ermächtigt, bewegliches und unbewegliches Vermögen zu erwerben. Ihr wird die aktive und passive Prozessfähigkeit zuerkannt. Vertreten wird die Union von der Kommission, Art. 335 AEUV. Neben einigen Aufträgen zum Erlass von wichtigen Einzelregelungen (Beamtenstatut, Maßnahmen zur Erstellung von Statistiken etc) enthält der siebte Teil die aus dem EGV übernommenen Haftungsnormen. Diese bestimmen sich wie bisher auch nach dem Recht, das auf den betreffenden Vertrag anzuwenden ist.

Keine Einigung hat es bezüglich der endgültigen Festlegung des Sitzes der Organe gegeben. So bleibt alles beim Alten, d. h. der Sitz der Organe wird im Einvernehmen mit den Regierungen der Mitgliedstaaten bestimmt, vgl. Art. 341 AEUV.

Art. 350 AEUV präzisiert den Geltungsbereich der Verträge nach Art. 52 AEUV.

Der AEUV gilt gem. Art. 356 auf unbegrenzte Zeit.

§ 15 Grundlagen der Europäischen Union

LITERATUR

Eichholz, Europarecht, 2010, 2.Teil; *Hellmann*, Der Vertrag von Lissabon, 2009; *Fischer*, Der Vertrag von Lissabon, 2008; *Magiera*, Die Grundgesetzänderung von 1992 und die Europäische Union, Jura 1994, S. 1 ff.; *Oppermann/Classen*, Die Europäische Gemeinschaft vor der Europäischen Union, NJW 1993, S. 5 ff.; *Ress*, Die Europäische Union und die neue juristische Qualität der Beziehungen zu den Europäischen Gemeinschaften, JuS 1992, S. 905 ff. *Schröder*, Grundkurs Europarecht, 2009; § 2; *Streinz*, Europarecht, 8. Aufl., 2008, § 3; EuGH, Urteil v. 4.10.1991, Rs. C 70/88, „*Tschernobyl*", Slg. 1990, I-2041; BVerfGE 58, S. 1 ff., 73, 339 ff.

I. Allgemeines

Auch nach der Änderung der Verträge durch den Vertrag von Lissabon bleibt es dabei, dass die Europäische Union eine im Prozess fortschreitender Integration befindliche Rechtsgemeinschaft ist, der die Mitgliedstaaten einzelne Hoheitsrechte zur selbständigen Ausübung übertragen haben. Diese Hoheitsrechte werden von der Europäischen Union durch den Erlass von Rechtsakten, die in den einzelnen Mitgliedstaaten unmittelbare Wirkung entfalten können, ausgeübt. Die Befugnis zur Rechtsetzung erfordert, dass das Recht nicht willkürlich entwickelt, niedergelegt oder gefunden werden kann. Es ist vielmehr – ebenso wie im nationalen Bereich – aus Gründen der Rechtsstaatlichkeit zu fordern, dass die einzelnen Rechtsnormen in überprüf- und nachvollziehbaren Verfahren zustande kommen. Hierfür ist regelmäßig ein Gesetzgebungsverfahren erforderlich, in dem bestimmte, verfassungsmäßig eingerichtete Organe unter Wahrung eines vorgegebenen Weges über den Erlass der jeweiligen Norm zu beschließen haben. Darüber hinaus kann es noch andere Sätze mit Normcharakter geben, die aus verfassungsmäßig anzuerkennenden Gründen Rechtsqualität beanspruchen, ohne ein solches Verfahren durchlaufen zu haben.

II. Das Verhältnis des nationalen Rechts zum Gemeinschaftsrecht

LITERATUR

Röper, Der Souveränitäts- und Volksbegriff des Bundesverfassungsgerichts, DÖV 2010, S. 285 ff.; *Daiber*, Die Umsetzung des Lissabon-Urteils des Bundesverfassungsgerichts durch Bundestag und Bundesrat, DÖV 2010, S. 293 ff. *Ipsen*, Europäische Verfassung – Nationale Verfassung, EuR 1987, S. 195; *Streinz*, Das Maastricht-Urteil des Bundesverfassungsgerichts, EuZW 1994, S. 329 ff.; *Wittkowski*, Das Maastricht-Urteil des Bundesverfassungsgerichts vom 12.10.1993 als "Solange III" – Entscheidung?, BayVBl 1994, S. 359 ff.; BVerfGE 89, S. 155 = NJW 1993, S. 3047 (Maastricht-Urteil).

1. Das Gemeinschaftsrecht* als eigenständige Rechtsordnung

* Im Folgenden wird weiter von Gemeinschaftsrecht gesprochen, auch wenn inhaltlich der Begriff „Unionsrecht" eigentlich treffender wäre. Indes ist die Einteilung in nationales Recht und Gemeinschaftsrecht immer noch gebräuchlich, so dass an dieser Begrifflichkeit im Rahmen der vorliegenden Bearbeitung zunächst festgehalten wird.

Auf der Grundlage der Rechtsprechung des Europäischen Gerichtshofes ist das Verhältnis des Gemeinschaftsrechts zum nationalen Recht dem Grunde nach einfach zu bestimmen. So hat der Gerichtshof schon eine seiner ersten Entscheidungen zum Anlass genommen, die Besonderheit des Gemeinschaftsrechts und die Eigenständigkeit desselben zu betonen. Ausgangspunkt war folgender Fall:

FALL

In einem Gesetz aus dem Jahre 1962 hatte die Italienische Republik die Erzeugung und Verteilung elektrischen Stroms verstaatlicht und die juristische Person *E.N.E.L.* gegründet. Dieser wurden die Betriebsanlagen der Energieerzeugungsunternehmen übereignet. Der italienische Anwalt *Costa*, zugleich Aktionär der von der Verstaatlichung betroffenen Gesellschaft *Edisonvolta*, sah in der erfolgten Verstaatlichung einen Verstoß gegen Art. 102, 93, 53 und 37 des EGV (damals EWGV). Das italienische Gericht legte den Rechtsstreit gem. Art. 177 EGV (Art. 177 EGV entspricht Art. 234 VvA) dem Europäischen Gerichtshof zur Auslegung einiger im Zusammenhang mit diesen Normen stehenden Fragen vor. Die italienische Regierung bestritt vehement die Berechtigung des Europäischen Gerichtshofes, in dieser Vorlagefrage zu entscheiden. Der Gerichtshof hingegen sah seine Kompetenz als gegeben an und nahm den Rechtsstreit zum Anlass, das grundsätzliche Verhältnis zwischen Europäische Gemeinschaft und nationalem Recht zu definieren: „Zum Unterschied von gewöhnlichen internationalen Verträgen hat der EWG-Vertrag eine eigene Rechtsordnung geschaffen, die bei seinem Inkrafttreten in die Rechtsordnungen der Mitgliedstaaten aufgenommen worden und von ihren Gerichten anzuwenden ist. Denn durch die Gründung einer Gemeinschaft für unbegrenzte Zeit, die mit eigenen Organen, mit der Rechts- und Geschäftsfähigkeit, mit internationaler Handlungsfähigkeit und insbesondere mit echten, aus der Beschränkung der Zuständigkeit der Mitgliedstaaten oder der Übertragung von Hoheitsrechten auf die Mitgliedstaaten herrührenden Hoheitsrechten ausgestattet ist, haben die Mitgliedstaaten, wenn auch auf einem begrenzten Gebiet, ihre Souveränitätsrechte beschränkt und so einen Rechtskörper geschaffen, der für ihre Angehörigen und sie selbst verbindlich ist" (EuGH, Urteil v. 15. 7. 1964, Rs. 6/64, *Costa/E.N.E.L.*, Slg. 1964, S. 1251 ff., 1269).

Eine Rechtsfolge aus dieser besonderen Rechtsordnung ist u. a. die, dass es Rechtsakte gibt, die unmittelbar, d. h. ohne Umsetzung durch die Mitgliedstaaten, gelten. Dies ist ein Novum in dem Bereich der internationalen Organisationen. Denn diese haben zwar i. d. R. Organe, die von den Mitgliedstaaten unabhängige Entscheidungen treffen können. An die getroffenen Regelungen sind einzelne Bürger der Mitgliedstaaten aber erst dann gebunden, wenn die Akte der internationalen Organisation nach den vom nationalen Verfassungsrecht vorgesehenen Verfahren ordnungsgemäß in das nationale Recht umgesetzt worden sind.

Da es sich bei dem Gemeinschaftsrecht um eine echte, eigenständige Rechtsordnung handelt, ist das gesamte im Rahmen dieser Ordnung bestehende und kreierte Recht für alle diejenigen verbindlich, die dem Rechtsanwendungsbefehl unterworfen sind. Durch die Übertragung der Hoheitsrechte in Teilbereichen ist neben die Nationalstaaten ein weiterer Gesetzgeber getreten, der im Rahmen des primären Gemeinschaftsrechts durch die hierfür vorgesehenen Organe und Gesetzgebungsmechanismen unmittelbar verbindlich festlegt, was für die Betroffenen Recht und Gesetz ist.

DEFINITION

Hoheitsrechte sind diejenigen Befugnisse, die jedem Staat kraft seiner Souveränität zur Erfüllung seiner nationalen Belange zustehen. Hierzu zählen u. a. das Recht, Gesetze zu erlassen, das Recht, Verstöße gegen Gesetze zu verfolgen und zu bestrafen, das Recht, sich gegen Angriffe von außen zu verteidigen, und das Recht, zur Finanzierung von Staatsausgaben Steuern zu erheben. Diese Hoheitsrechte stehen den Staaten grundsätzlich unbeschränkt zu, d. h., dass im Rahmen der Verfassung grundsätzlich jeder Bereich durch die zuständigen Staatsorgane geregelt werden kann.

Dies betrifft – und auch das ist eine Besonderheit des Gemeinschaftsrechts – auch die direkt in den Verträgen verbürgten Rechte. Dies verdeutlicht folgender Fall:

FALL

Im Jahre 1960 führte die niederländische Firma *van Gend & Loos* Harnstoff-Formaldehyd aus Deutschland in die Niederlande ein. Aufgrund eines im März 1960 in Kraft getretenen Gesetzes erhob die niederländische Finanzverwaltung bei der Einfuhr einen Wertzoll von 8 %. Die betroffene Firma *van Gend & Loos* sah hierin einen Verstoß gegen den E(W)GV. Das zur Entscheidung berufene nationale Gericht legte dem Europäischen Gerichtshof im Vorabentscheidungsverfahren u. a. die Frage vor, ob Art. 12 E(W)GV, der das Verbot zwischen den Mitgliedstaaten statuierte, neue Ein- oder Ausfuhrzölle und/oder Abgaben gleicher Wirkung zu erheben (entspricht weitgehend Art. 25 AEUV), unmittelbare Wirkung haben kann. In seinem Urteil entschied der Gerichtshof, dass der Art. 12 E(W)GV unmittelbar anwendbares Recht ist, aus dem die einzelnen Marktbürger berechtigt werden (EuGH, Urteil v. 5. 2. 1963, Rs. 26/62, *van Gend & Loos*, Slg. 1963, S. 1 ff.).

Allerdings kommen nicht allen Normen des EGV unmittelbare Wirkung zu. So hat der Gerichtshof eine unmittelbare Wirkung z. B. der Art. 102 und 93 E(W)GV in der bereits angesprochenen Rechtssache *Costa/E.N.E.L.* ausdrücklich abgelehnt.

Zur rechtlichen Ableitung führt der Europäische Gerichtshof aus, dass sich aus dem in Art. 2 EGV (im Wesentlichen ersetzt durch Art. 3 EUV) angesprochenen Ziel der Schaffung eines gemeinsamen Marktes und aus anderen Passagen des E(W)GV, z. B. der Präambel, schließen lasse, dass der Vertrag mehr als ein Abkommen mit wechselseitigen Verpflichtungen zwischen den vertragsschließenden Staaten sei. Vielmehr handele es sich bei der Gemeinschaft um „eine neue Rechtsordnung des Völkerrechts ..., zu deren Gunsten die Staaten, wenn auch in begrenztem

Rahmen, ihre Souveränitätsrechte eingeschränkt haben, eine Rechtsordnung, deren Rechtssubjekte nicht nur die Mitgliedstaaten, sondern auch die Einzelnen sind. Das von der Gesetzgebung der Mitgliedstaaten unabhängige Gemeinschaftsrecht soll daher den Einzelnen, ebenso wie es ihnen auch Pflichten auferlegt, Rechte verleihen."

2. Die Übertragung der Kompetenzen auf die Europäische Union

Wenn wir von Übertragung von Hoheitsbefugnissen sprechen, so stellt sich sogleich die praktische Frage, wie diese Übertragung faktisch von statten gehen kann. Wie wir noch sehen werden, kann jeder Staat aufgrund seiner „Kompetenzkompetenz" zwar grundsätzlich jeden Sachverhalt nach seiner politischen Einschätzung regeln (oder nicht regeln). Aber auch der Gesetzgeber hat rechtliche Vorgaben, bedarf einer verfassungsrechtlichen Legitimation zur Aufgabe seiner Befugnisse.

Dies gilt in ganz besonderem Maße für die Fälle, in denen Hoheitsrechte auf zwischenstaatliche Einrichtungen übertragen werden, da hiermit erhebliche Einwirkungen auf das nationale Verfassungsgefüge bewirkt werden. Ganz allgemein kann man sagen, dass der Abschluss völkerrechtlicher Verträge einer verfassungsrechtlichen Ermächtigung bedarf. Und dieses Problem ist nicht etwa ein rein national deutsches, sondern stellte und stellt sich in allen Mitgliedstaaten. Im Folgenden soll kurz die verfassungsrechtliche Situation in der Bundesrepublik erläutert werden.

a) Die Übertragung von Hoheitsrechten in der Bundesrepublik

Für die Gründung sog. Integrationsgemeinschaften ist der Abschluss von völkerrechtlichen Verträgen notwendig. Die Befugnis hierfür hat gem. Art. 59 Abs. 1 GG der Bundespräsident. Indes kann dieser nicht etwa nach seinem Gutdünken Verträge mit anderen Staaten schließen. Die Frage, ob ein völkerrechtlicher Vertrag geschlossen wird und mit welchem Inhalt, ist grundsätzlich in einem förmlichen Gesetzgebungsverfahren zu klären, wie sich aus Art. 59 Abs. 2 GG ergibt. Denn dort wird verlangt, dass Verträge, welche die politischen Beziehungen des Bundes regeln oder sich auf Gegenstände der Bundesgesetzgebung beziehen, der Zustimmung bzw. Mitwirkung der für die Bundesgesetzgebung zuständigen Körperschaften in Form eines Bundesgesetzes bedürfen. Hierzu gehören sowohl die Gründungsverträge der Europäischen Gemeinschaften als auch die späteren Verträge, wie z. B. die Einheitliche Europäische Akte und der Unionsvertrag. Ein solches formal ordnungsgemäß zustande gekommenes Vertragsgesetz gibt dann dem Bundespräsidenten die Befugnis, es in völkerrechtlich verbindlicher Form abschließend zu zeichnen, zu ratifizieren.

Neben dieser grundsätzlichen Norm, nach der die Übertragung von Kompetenzen auf zwischenstaatliche Einrichtungen möglich ist, findet sich eine (inhaltliche) Ermächtigung hierfür in Art. 24 Abs. 1 GG.

DEFINITION

Art. 24 Abs. 1 GG: „Der Bund kann durch Gesetz Hoheitsrechte auf zwischenstaatliche Einrichtungen übertragen."

Diese auch als „Integrationshebel" bezeichnete Norm gestattet es also, im Wege eines einfachen Gesetzes Kompetenzen auf zwischenstaatliche Einrichtungen, wie sie z. B. die Europäische Union darstellt, zu übertragen. Das Verhältnis von Art. 59 GG zu Art. 24 GG ist nicht endgültig geklärt; jedenfalls ist auch bei Verträgen, die inhaltlich unter Art. 24 GG fallen, die Vorschrift des Art. 59 GG zu beachten, d. h. dass es auch insoweit eines durch den Bundespräsidenten zu ratifizierenden Gesetzes bedurfte und bedarf.

Das Problem der möglichen Übertragung von Hoheitsrechten auf zwischenstaatliche Einrichtungen besteht nun u. a. darin, dass hierdurch rein faktisch – quasi durch die Hintertür – auch die Verfassung geändert werden kann.

BEISPIEL Gem. Art. 73 Nr. 5 GG hat der Bund die ausschließliche Gesetzgebungsbefugnis im Bereich der Einheit des Zoll- und Handelsgebiets sowie der Freizügigkeit des Warenverkehrs. Wenn also gesetzliche Regelungen in diesen Rechtsgebieten getroffen werden, dann müsste dies nach der Ordnung des Grundgesetzes durch den Bund erfolgen. Gerade für das Zollwesen ist aber durch den EGV die Kompetenz auf die Europäische Gemeinschaft übertragen worden, wie sich aus Art. 23 ff. EGV ergibt. Es handelt dann aber ein nicht im Grundgesetz vorgesehener „Gesetzgeber".

Verständlicherweise sah man daher die in Art. 24 GG enthaltene Legitimation recht kritisch. Immer wieder wurde die Frage gestellt, ob denn tatsächlich alle Hoheitsrechte übertragbar sein können oder ob es einen Grundbestand geben müsse, der stets bei den Mitgliedstaaten zu verbleiben habe. Und auch das höchste deutsche Gericht, das Bundesverfassungsgericht, sprach sich in dem letztgenannten Sinne aus. Zwar konnte es sich nicht zu einer positiven Festlegung der Grenzen durchringen, sah aber eine negative Schranke des Art. 24 Abs. 1 GG insoweit, als dass diese Vorschrift die Übertragung von Hoheitsrechten nicht schrankenlos zulasse.

Es war daher nur konsequent, dass bei der im Rahmen des Vertrags von Maastricht beabsichtigten Ausweitung der Kompetenzen der (damaligen) Europäische Gemeinschaft – man denke z. B. an die Einführung einer Unionsbürgerschaft und die einer Wirtschafts- und Währungsunion – ernsthafte Zweifel daran laut wurden, dass Art. 24 Abs. 1 GG insoweit als Ermächtigungsgrundlage ausreichend sein könne. Um hier Rechtsklarheit zu schaffen, wurde mit der erforderlichen 2/3-Mehrheit (vgl. Art. 79 Abs. 2 GG) das Grundgesetz geändert und ein neuer Art. 23 GG eingefügt.

b) Die Regelung des Art. 23 GG

Art. 23 GG bezieht sich ausschließlich auf die Übertragung von Hoheitsrechten auf die EU. Bei der durch den Vertrag von Maastricht angelegten Säulenstruktur, die der damals gegründeten Union nur die Funktion einer Art Dachorganisation zubilligte, war Art. 23 GG auch dann anzuwenden, wenn die Übertragung nicht von Hoheitsrechten nicht auf die Union selbst, sondern auf eine der Säulen, verfolgte. Denn indirekt wirkte sich jede Übertragung von Hoheitsrechten auf eine der Säulen der Europäischen Union auch auf die Europäische Union selbst aus Damit waren nicht nur neue Übertragung von Kompetenzen auf die Europäische Union durch Änderung des EUV, sondern auch eine solche im Rahmen des EGV (oder EAGV) ist nach Art. 23 GG vorzunehmen. Nach der Einführung der Rechtsfähigkeit der Europäischen Union in Art. 47 EUV und der Aufgabe des Säulenstruktur ist Art. 23 GG vom schon vom Wortlaut her ohne Weiteres auf alle Fälle der Kompetenzübertragung anwendbar.

Im Gegensatz zu Art. 24 GG enthält der neue Art. 23 GG zahlreiche direkte Vorgaben, die eine Übertragung von Hoheitsrechten auf die Europäische Union begrenzen. Er legt Verfahren und

Inhalt fest, die nunmehr aufgrund der Verfassung bei der Übertragung von Hoheitsrechten auf die Europäische Union einzuhalten sind.

Von besonderer Bedeutung ist zunächst Art. 23 Abs. 1 Satz 1 1. Halbsatz GG. Danach wirkt die Bundesrepublik Deutschland zur Verwirklichung eines vereinten Europas an der Entwicklung der Europäischen Union mit. Die Bundesrepublik ist somit von der Verfassung in gewissem Umfang zu einer Mitwirkung an der Europäischen Union verpflichtet. Der Umstand wird im Lissabon-Urteil des Bundesverfassungsgericht zur sog. Europarechtsfreundlichkeit weiter entwickelt: „Der aus Art. 23 Abs. 1 GG und der Präambel folgende Verfassungsauftrag zur Verwirklichung eines vereinten Europas ...bedeutet insbesondere für die deutschen Verfassungsorgane, dass es nicht in ihrem politischen Belieben steht, sich an der europäischen Integration zu beteiligen oder nicht. Das Grundgesetz will eine europäische Integration und eine internationale Friedensordnung: Es gilt deshalb nicht nur der Grundsatz der Völkerrechtsfreundlichkeit, sondern auch der Grundsatz der Europarechtsfreundlichkeit.“ (Lissabon-Entscheidung, BVerfG, Urteil v. 30. 6. 2009, a. a. O, Rn. 225).

Strukturelle Anforderungen stellt demgegenüber Art. 23 Abs. 1 Satz 1 2. Halbsatz GG auf. Danach muss die Europäische Union den wesentlichen Staatszielbestimmungen des Grundgesetzes, insbesondere des Art. 20 GG, Rechnung tragen (demokratischen, rechtsstaatlichen, sozialen und föderativen Grundsätzen). Außerdem muss die Europäische Union einen dem Grundgesetz vergleichbaren Grundrechtsschutz gewährleisten und dem Grundsatz der Subsidiarität verpflichtet sein.

Ob die Verpflichtung zur Mitwirkung an der Entwicklung der Europäischen Union durch die inhaltlichen Vorgaben des zweiten Halbsatzes beschränkt wird oder ob es sich insoweit nur um die Aufzählung von inhaltlichen Vorgaben an die Struktur einer Europäische Union handelt, mag dahingestellt sein. Jedenfalls aber wird die Bundesrepublik dazu verpflichtet sein, auf die Einhaltung der in Art. 23 GG genannten Vorgaben durch die Europäische Union hinzuarbeiten.

Hervorzuheben sind weiter die Regelungen in Art. 23 Abs. 4 bis 6 GG. In diesen wird nunmehr verfassungsrechtlich eine Beteiligung der Ländervertretung (Bundesrat) in bestimmten Angelegenheiten festgeschrieben. Hierdurch wird der föderative Charakter des Grundgesetzes betont und dem mangelnden Einfluss der Länder bei Maßnahmen im Rahmen der Europäischen Union begegnet.

c) Das Maastricht-Urteil des Bundesverfassungsgerichts

Nach Abschluss des Vertrags von Maastricht wurden in der Rechtsliteratur Stimmen laut, die die Vereinbarkeit des Vertrags mit den Vorgaben des Art. 23 GG bezweifelten. Durch die weitgehende Übertragung von Kompetenzen auf die Europäische Union werde das Demokratiegebot verletzt, da der auf Bundesebene allein demokratisch legitimierte Bundestag letztlich keine wesentlichen Kompetenzen mehr habe. Damit laufe das zur Verwirklichung des Demokratieprinzips bestehende Wahlrecht des Art. 38 GG leer. Auch sei das Gewaltenteilungsprinzip verletzt. Denn die wesentlichen legislativen Aufgaben in der Europäischen Union würden nicht etwa von einem demokratisch legitimierten Parlament, sondern von Kommission und Rat ausgeübt, die beide nicht der Legislative zuzurechnen sind. Darüber hinaus sei das Bundesstaatsprinzip verletzt. Denn im Rahmen der Europäischen Union würden die Länder nicht die ihnen nach dem Grundgesetz zustehende Rolle wahrnehmen.

Unter Berücksichtigung dieser Argumente wurde daher Verfassungsbeschwerde gegen die deutsche Mitwirkung an der Gründung der Europäischen Union durch das Gesetz zur Änderung des Grundgesetzes vom 21. 12. 1992 (Einführung des Art. 23 GG; BGBl 1992 I S. 2086) und das Gesetz vom 28. 12. 1992 zum Vertrag vom 7. 2. 1992 über die Europäische Union (BGBl 1992 II S. 1251) erhoben. Das Bundesverfassungsgericht hat in einer richtungweisenden Entscheidung festgestellt, dass der Vertrag von Maastricht sich innerhalb der vom Grundgesetz gezogenen Grenzen halte und die Verfassungsbeschwerden daher zurückgewiesen.

Zur Begründung führt das Bundesverfassungsgericht u. a. aus, dass im Anwendungsbereich des Art. 23 GG eine Übertragung von Hoheitsrechten nicht unbeschränkt zulässig sei. So schließe es Art. 38 GG aus, dass die durch die Wahl bewirkte Legitimation durch Verlagerung von Aufgaben und Befugnissen so entleert werde, dass das demokratische Prinzip, so wie es in Art. 79 Abs. 3 i.V. mit Art. 20 Abs. 1 und Abs. 2 GG für unantastbar erklärt wird, verletzt werde. Dies hindere die Bundesrepublik zwar nicht an einer Mitgliedschaft in einer supranationalen Gemeinschaft. Voraussetzung sei aber, dass „eine vom Volk ausgehende Legitimation und Einflussnahme auch innerhalb des Staatenverbundes gesichert ist".

Diese Einflussnahme sieht das Bundesverfassungsgericht derzeit allerdings durch die Rückkopplung zwischen den europäischen Organen und den nationalen Parlamenten als gegeben an. Bezogen auf den Rat der Europäischen Gemeinschaft lässt sich diese (vereinfacht) wie folgt darstellen: Die im Rahmen des Organs handelnden Vertreter der nationalen (deutschen) Regierung müssen im Rahmen der nationalen Verfassung dem Bundestag Rechenschaft über ihre Tätigkeiten ablegen. Handeln sie daher auf EG-Ebene als Rechtsetzungsorgan, so sind sie dazu zwar nicht unmittelbar aufgrund der Wahlen legitimiert. Durch die Verpflichtung gegenüber dem Parlament ist aber die demokratische Legitimationskette wiederhergestellt. Zu dieser besonderen Art der demokratischen Legitimation trete „im Maße des Zusammenwachsens der europäischen Nationen zunehmend – innerhalb des institutionellen Gefüges der Europäischen Union – die Vermittlung demokratischer Legitimation durch das von den Bürgern der Mitgliedstaaten gewählte Europäische Parlament".

Das Bundesverfassungsgericht geht aber von einer notwendigen Unterscheidung zwischen einer mittelbaren und unmittelbaren demokratischen Legitimation aus und erklärt die erste Form für nur beschränkt zulässig: Solange wie die Staatsvölker über die nationalen Parlamente demokratische Legitimation vermitteln, seien der Ausdehnung der Aufgaben und Befugnisse der Europäischen Gemeinschaften vom demokratischen Prinzip her Grenzen gesetzt: Dem deutschen Bundestag müssten Aufgaben und Befugnisse von substantiellem Gewicht verbleiben.

Auch den letzteren Tatbestand sieht das höchste deutsche Gericht aber auch nach Abschluss des EUV und den damit verbundenen Kompetenzerweiterungen weiter als gegeben an. So bleibe es bei dem Prinzip der begrenzten Einzelermächtigung (siehe hierzu ausführlich unten), welches durch das in Art. 3b Abs. 2 EGV (nach dem Lissaboner Vertrag jetzt Art. 5 AEUV; das dort beschriebene Subsidiaritätsprinzip wird nunmehr in Protokoll Nr. 2 zu den Verträgen näher präzisiert) eingeführte Subsidiaritätsprinzip weiter verdeutlicht und begrenzt werde. So gebe es trotz der in dem Vertrag angelegten Dynamik einer weiteren Integration eine hinreichend verlässliche und klare Grenze zwischen den Kompetenzen der Gemeinschaften einerseits und den Mitgliedstaaten andererseits. Außerdem sichere das Subsidiaritätsprinzip, dessen Einhaltung der Europäische Gerichtshof zu überwachen habe, die nationale Identität der Mitgliedstaaten.

An dieser Stelle soll abschließend lediglich eine weitere Aussage des Bundesverfassungsgerichts von allgemeiner Bedeutung ausgeführt werden. So stellt das Bundesverfassungsgericht fest, dass das „Bundesverfassungsgericht seine Rechtsprechung über die Anwendbarkeit von abgeleitetem Gemeinschaftsrecht in Deutschland in einem Kooperationsverhältnis zum Europäischen Gerichtshof" ausübt. Damit hat das Bundesverfassungsgericht das bereits in früheren Urteilen in diesem Sinne bestimmte Verhältnis zum Europäischen Gerichtshof nochmals bekräftigt und seine bisherige Rechtsprechung zur Frage des Rangverhältnisses der Gerichte zueinander grundsätzlich bestätigt.

d) Die Lissabon-Entscheidung des Bundesverfassungsgerichts

In der bereits angesprochenen Lissabon-Entscheidung musste sich das höchste deutsche Gericht erneut mit der Auslegung des Art. 23 GG beschäftigen und der Frage nachgehen, welche Rolle die nationalen Parlamente im Rahmen des Europäischen Integrationsprozesses einnehmen. Ausgehend von Art. 38 GG werden in der Entscheidung grundlegende Aussagen zum derzeitigen und auch künftigen Verhältnis von nationalem und Gemeinschaftsrecht getroffen. Dabei betont das Bundesverfassungsgericht die Souveränität und Selbständigkeit der Mitgliedstaaten und die Bindung der Europäischen Union an das Prinzip der begrenzten Einzelermächtigung. Die Leitsätze des Urteils geben einige der Kernaussagen in diesem Zusammenhang prägnant wieder:

1) Das Grundgesetz ermächtigt mit Art. 23 GG zur Beteiligung und Entwicklung einer als Staatenverbund konzipierten Europäischen Union. Der Begriff des Verbundes erfasst eine enge, auf Dauer angelegte Verbindung souverän bleibender Staaten, die auf vertraglicher Grundlage öffentliche Gewalt ausübt, deren Grundordnung jedoch allein der Verfügung der Mitgliedstaaten unterliegt und in der die Völker – d. h. die staatsangehörigen Bürger – der Mitgliedstaaten die Subjekte demokratischer Legitimation bleiben.

2a) Sofern die Mitgliedstaaten das Vertragsrecht so ausgestalten, dass unter grundsätzlicher Fortgeltung des Prinzips der begrenzten Einzelermächtigung eine Veränderung des Vertragsrechts ohne Ratifikationsverfahren herbeigeführt werden kann, obliegt neben der Bundesregierung den gesetzgebenden Körperschaften eine besondere Verantwortung im Rahmen der Mitwirkung, die in Deutschland innerstaatlich den Anforderungen des Art. 23 Abs. 1 GG genügen muss (Integrationsverantwortung) und ggf. in einem verfassungsgerichtlichen Verfahren eingefordert werden kann.

2b) Ein Gesetz i. S. des Art. 23 Abs. 1 Satz 2 GG ist nicht erforderlich, soweit spezielle Brückenklauseln sich auf Sachbereiche beschränken, die durch den Vertrag von Lissabon bereits hinreichend bestimmt sind. Auch in diesen Fällen obliegt es allerdings dem Bundestag und – soweit die Gesetzgebungsbefugnisse der Länder betroffen sind, dem Bundesrat – seine Integrationsverantwortung in anderer geeigneter Weise wahrzunehmen.

3) Die europäische Vereinigung auf der Grundlage einer Vertragsunion souveräner Staaten darf nicht so verwirklicht werden, dass in den Mitgliedstaaten kein ausreichender Raum zur politischen Gestaltung der wirtschaftlichen, kulturellen und sozialen Lebensverhältnisse mehr bleibt. Dies gilt insbesondere für Sachbereiche, die die Lebensumstände der Bürger, vor allem ihren von den Grundrechten geschützten privaten Raum der Eigenverantwortung und der persönlichen und sozialen Sicherheit prägen, sowie für solche politischen Entscheidungen, die in besonderer Weise auf kulturelle, historische und sprachliche Vorverständnisse ange-

wiesen sind, und die sich im parteipolitisch und parlamentarisch organisierten Raum einer politischen Öffentlichkeit diskursiv entfalten.

4) Das Bundesverfassungsgericht prüft, ob Rechtsakte der europäischen Organe und Einrichtungen sich unter Wahrung des gemeinschafts- und unionsrechtlichen Subsidiaritätsprinzips (Art. 5 Abs. 2 EGV; Art. 5 Abs. 1 Satz 2 und Abs. 3 des Vertrags über die Europäische Union in der Fassung des Vertrags von Lissabon <EUV-Lissabon>) in den Grenzen der ihnen im Wege der begrenzten Einzelermächtigung eingeräumten Hoheitsrechte halten (vgl. BVerfGE 58, S. 1 <30 f.>; 75, 223 <235, 242>; 89, 155 <188>: dort zum ausbrechenden Rechtsakt). Darüber hinaus prüft das Bundesverfassungsgericht, ob der unantastbare Kerngehalt der Verfassungsidentität des Grundgesetzes nach Art. 23 Abs. 1 Satz 3 i. V. mit Art. 79 Abs. 3 GG gewahrt ist (vgl. BVerfGE 113, S. 273 <296>). Die Ausübung dieser verfassungsrechtlich radizierten Prüfungskompetenz folgt dem Grundsatz der Europarechtsfreundlichkeit des Grundgesetzes, und sie widerspricht deshalb auch nicht dem Grundsatz der loyalen Zusammenarbeit (Art. 4 Abs. 3 EUV-Lissabon); anders können die von Art. 4 Abs. 2 Satz 1 EUV-Lissabon anerkannten grundlegenden politischen und verfassungsmäßigen Strukturen souveräner Mitgliedstaaten bei fortschreitender Integration nicht gewahrt werden. Insoweit gehen die verfassungs- und die unionsrechtliche Gewährleistung der nationalen Verfassungsidentität im europäischen Rechtsraum Hand in Hand.

Ohne das Urteil hier im Detail analysieren zu können, bleibt doch festzuhalten, dass das Bundesverfassungsgericht der eingangs dargestellten Integration, dem Zusammenwachsen der Mitgliedstaaten, klare Grenzten setzt. Einen Staat „Europäische Union", die „Vereinigten Staaten von Europa" wird es auf der gegebenen verfassungsrechtlichen Basis angesichts der Vorgaben in dem Lissabon-Urteil wohl nicht geben.

3. Umfang der Gemeinschaftsrechtsordnung

a) Allgemeines

Wie bereits mehrmals betont, ist es durch die Übertragung von Hoheitsrechten gelungen, eine mit eigenen Kompetenzen ausgestattete supranationale Einheit zu schaffen. Im Folgenden soll nun geklärt werden, was dies im Einzelnen bedeutet und in welchem Umfang eine Übertragung stattgefunden hat. Dabei ist ein Begriff von zentraler Bedeutung, der auch in den angesprochenen Urteilen des Bundesverfassungsgericht wieder zu finden ist: Der Begriff der begrenzten Einzelermächtigung. Dieser lässt sich nur unter Berücksichtigung der grundlegenden Unterschiede zwischen einem Staat und der Europäischen Union verstehen.

b) Unterschiede zwischen Staaten und der Europäischen Union

Wie wir bereits gesehen haben, gehört es zu den sog. Hoheitsrechten eines Staates, dass dieser kraft seiner Souveränität das Recht hat, Gesetze in allen notwendig erscheinenden Bereichen zu erlassen. Die Hoheitsrechte stehen den Staaten grundsätzlich unbeschränkt zu, d. h. im Rahmen der jeweiligen Verfassung (weitere Beschränkungen können sich theoretisch aus allgemein anerkannten Menschenrechten etc. ergeben; hierauf soll nicht weiter eingegangen werden) kann jeder Bereich durch die zuständigen Staatsorgane geregelt werden.

Mit anderen Worten: die staatlichen Legislativorgane können grundsätzlich jede Materie gesetzlich regeln und die Folgen eines Rechtsaktes festsetzen. Der nationale Gesetzgeber ist es, dem im Rahmen der verfassungsrechtlichen Vorgaben die alleinige Kompetenz zukommt zu entscheiden, in welchen Bereichen er tätig werden will und in welchen nicht (sog. „Kompetenzkompetenz"). Jeder Teilbereich staatlichen Handelns kann, wenn dies der Wille des nationalen Gesetzgebers ist, zum Gegenstand einer gesetzlichen Regelung gemacht werden.

Aber: Nur selbständige, souveräne Staaten verfügen über solch umfassende, von keiner fremden Macht eingeschränkte Hoheitsrechte.

Wäre die Europäische Union in einem verfassungsrechtlichen Sinne staatlich, so könnte dieser ebenfalls diese umfassende Machtfülle zustehen.

Nach Art. 47 EUV besitzt die Union Rechtspersönlichkeit. Damit ist sie – wie alle Staaten und ein großer Teil der völkerrechtlichen Organisationen – Völkerrechtssubjekt. Sie hat die Fähigkeit, Träger von völkerrechtlichen Rechten und Pflichten zu sein, und kann nach Maßgabe der ihr eingeräumten Befugnisse völkerrechtliche Verträge und Abkommen schließen. Diese Rechtsfähigkeit bedeutet aber keinesfalls, dass die Union zu einem Staat im völkerrechtlichen Sinne wird. .

Daran hat auch die durch den Vertrag von Maastricht eingeführte Unionsbürgerschaft nichts geändert. Wie sich aus den nunmehr in Art. 20 AEUV ergebenden Bestimmungen ergibt, stellt diese lediglich einige wenige grundlegende Rechte heraus, die mit der Unionsbürgerschaft einhergehen.

DEFINITION

Die Rechte der Unionsbürgerschaft:

- das aktive und passive Wahlrecht bei Kommunalwahlen Art. 21 Abs. 1 AEUV,
- die besondere Freizügigkeit nach Art. 21 AEUV,
- der durch Art. 23 AEUV gewährte diplomatische und konsularische Schutz,
- das Petitionsrecht gem. Art. 24 AEUV und
- das Wahlrecht zum Europäischen Parlament nach Maßgabe des Art. 22 Abs. 2 AEUV.

Nicht ganz klar ist, ob das Recht zur Bürgerinitiative in Art. 24 UA 1 AEUV auch an die Unionsbürgerschaft anknüpft oder ob insoweit andere Kriterien als die in Art. 20 Abs. 1 AEUV genannten angelegt werden sollen. Der Wortlaut, der nur von „Bürgerinnen und Bürger" spricht, ist insoweit nicht eindeutig.

Unstreitig vermögen aber auch diese Bestimmungen kein einheitliches Staatsvolk zu schaffen. Die unmittelbare Ausübung der Staatsgewalt obliegt – wie das Bundesverfassungsgericht in der Lissabon-Entscheidung ausdrücklich betont hat – weiterhin den Mitgliedstaaten, denen somit die alleinige Personalhoheit zukommt. Dies lässt sich schon der Formulierung des Art. 20 Abs. 1 EGV entnehmen, der das Vorliegen der Unionsbürgerschaft an das Bestehen einer nationalen Staatsangehörigkeit knüpft. Die Europäische Union ist daher kein eigener Bundesstaat, wie es z. B. die Vereinigten Staaten von Amerika darstellen, sondern letztlich ein Staatenbund,

d. h. ein auf Dauer angelegter Verbund souveräner Staaten, dem es für eine echte Staatlichkeit an einem einheitlichen Staatsgebiet und der ausschließlichen Personalhoheit fehlt.

In den Schlussanträgen zum Urteil des Europäischen Gerichtshofes vom 2. 3. 2020, C-135/08, *Rottmann/Freistaat Bayern*, hat Generalanwalt *Maduro* das Verhältnis zwischen Unionsbürgerschaft und Staatsbürgerschaft wie folgt gekennzeichnet:

„Der Versuch einer Beantwortung dieser Frage setzt das Verständnis des Verhältnisses zwischen der Staatsangehörigkeit eines Mitgliedstaates und der Unionsbürgerschaft voraus. Hierbei handelt es sich um zwei Begriffe, die zugleich untrennbar miteinander verbunden und autonom sind. Die Unionsbürgerschaft setzt die Staatsangehörigkeit eines Mitgliedstaates voraus, stellt jedoch auch ein im Verhältnis zu dem der Staatsangehörigkeit autonomes rechtliches und politisches Konzept dar. Die Staatsangehörigkeit eines Mitgliedstaates eröffnet nicht nur den Zugang zu den vom Gemeinschaftsrecht verliehenen Rechten, sie macht uns zu Bürgern der Union. Die Europabürgerschaft stellt mehr dar als ein Bündel von Rechten, die als solche auch denjenigen verliehen werden könnten, die die Unionsbürgerschaft nicht besitzen. Sie setzt das Bestehen eines Bandes politischer Natur zwischen den Bürgern Europas voraus, obwohl es sich nicht um ein Band der Zugehörigkeit zu einem Volk handelt. Dieses politische Band eint vielmehr die Völker Europas. Es beruht auf der von ihnen eingegangenen gegenseitigen Verpflichtung, ihr jeweiliges politisches Gemeinwesen den anderen europäischen Bürgern zu öffnen und eine neue Form der bürgerschaftlichen und politischen Verbundenheit auf europäischer Ebene zu schaffen. Es setzt nicht ein bestehendes Volk voraus, sondern beruht auf dem Vorhandensein eines europäischen politischen Raums, aus dem Rechte und Pflichten erwachsen. Dadurch, dass sie nicht das Bestehen eines europäischen Volkes voraussetzt, löst sich die Bürgerschaft konzeptionell von der Staatsangehörigkeit. Wie ein Autor angemerkt hat, liegt der radikal innovative Charakter des Konzepts der Europabürgerschaft in dem Umstand begründet, dass „die Union für und aus Bürgern besteht, die per definitionem nicht dieselbe Staatsangehörigkeit besitzen". Die Mitgliedstaaten wollten im Gegenteil dadurch, dass sie die Staatsangehörigkeit eines Mitgliedstaates als Voraussetzung für den Erwerb der Unionsbürgerschaft festlegten, deutlich machen, dass diese neue Form der Bürgerschaft die ursprüngliche Verbundenheit mit unserem nationalen politischen Gemeinwesen nicht in Frage stellt. So wird durch die Verknüpfung mit der Staatsangehörigkeit der verschiedenen Mitgliedstaaten anerkannt, dass es eine Bürgerschaft geben kann (und tatsächlich gibt), die nicht durch die Staatsangehörigkeit vermittelt wird. Darin liegt das Wunder der Unionsbürgerschaft: Sie verstärkt die Bindungen an unsere Staaten (soweit wir eben deshalb Unionsbürger sind, weil wir Angehörige unserer Staaten sind), und zugleich emanzipiert sie uns von ihnen (soweit wir nunmehr Bürger über unsere Staaten hinaus sind). Der Zugang zur Europabürgerschaft wird durch die Staatsangehörigkeit eines Mitgliedstaates vermittelt, die durch das nationale Recht geregelt wird, aber, wie jede Form der Bürgerschaft, bildet sie die Grundlage für einen neuen politischen Raum, aus dem Rechte und Pflichten erwachsen, die durch das Gemeinschaftsrecht festgelegt werden und nicht vom Staat abhängen. Dies ist es, was im Gegenzug die Autonomie und die Autorität der Gemeinschaftsrechtsordnung legitimiert. Wenn es zutrifft, dass die Staatsangehörigkeit eines Mitgliedstaates den Zugang zur Unionsbürgerschaft bedingt, dann ist es demnach ebenso richtig, dass die mit Letzterer verbundenen Rechte und Pflichten durch Erstere nicht in ungerechtfertigter Weise beschränkt werden dürfen. Mit anderen Worten: Erwerb und Verlust der Staatsangehörigkeit (und damit der Unionsbürgerschaft) werden nicht als solche vom Gemeinschaftsrecht geregelt, doch müssen die Voraussetzungen dafür mit den Regeln der Gemeinschaft vereinbar sein und die Rechte der Unionsbürger beachten." (Schlussanträge Abs. 23).

Konsequenterweise kann damit der Europäischen Union auch eine so weitgehende Ordnungskompetenz, wie sie den einzelnen Mitgliedstaaten zusteht, nicht zukommen. Es fehlt die soeben erläuterte Kompetenzkompetenz, die Rechtsmacht beschränkt sich auf das, was von den einzelnen Mitgliedstaaten quasi abgetreten worden ist.

Es gilt daher im Bereich der Europäischen Gemeinschaften das Prinzip der „begrenzten Einzelermächtigung".

c) Das Prinzip der begrenzten Einzelermächtigung

Ausprägungen des Prinzips der begrenzten Einzelermächtigung waren bis zum Inkrafttreten der durch den Vertrag von Lissabon bewirkten Änderungen in verschiedenen Normen des (alten) EGV zu finden, aber nirgendwo ausdrücklich genannt. Nunmehr bestimmt Art. 5 Abs. 1 EUV ausdrücklich, dass „für die Abgrenzung der Zuständigkeiten der Union das Prinzip der begrenzten Einzelermächtigung" gilt. Und anders als im bisherigen Gemeinschaftsrecht wird ausdrücklich die Bedeutung dieses Grundsatzes im Primärrecht umschrieben: „Nach dem Grundsatz der begrenzten Einzelermächtigung wird die Union nur innerhalb der Grenzen der Zuständigkeiten tätig, die die Mitgliedstaaten ihr in den Verträgen zur Verwirklichung der darin niedergelegten Ziele übertragen haben. Alle der Union nicht in den Verträgen übertragenen Zuständigkeiten erbleiben bei den Mitgliedstaaten", Art. 5 Abs. 2 EUV. Präzisiert wird der Grundsatz weiter durch die Regelungen zur Gesetzgebungskompetenz in Art. 2 ff. AEUV.

BEISPIEL Wenn der Rat eine gemeinschaftliche Verkehrspolitik einführen will, so bedarf dies einer Ermächtigungsgrundlage im AEUV. Diese regelt dann auch, welcher Rechtsakt (Verordnung oder Richtlinie) zu erlassen ist. Rat und Kommission können also nur in den Fällen tätig werden, die die Verträge ausdrücklich vorsehen.

Das Prinzip besagt mit anderen Worten, dass die Europäische Union nur auf den in den Verträgen genannten genau beschriebenen Gebieten wie z. B. Landwirtschaft, Fischerei, Verkehr, Wettbewerb und Außenhandel durch ihre Organe selbständig Entscheidungen treffen und Regelungen herbeiführen kann.

DEFINITION

Prinzip der begrenzten Einzelermächtigung:

Nach dem Prinzip der begrenzten Einzelermächtigung ist die Europäische Union nicht berechtigt, verbindlich über ihre Zuständigkeiten selbst zu entscheiden. Sie bedarf zur Begründung verbindlicher Rechtsakte einer in dem primären Gemeinschaftsrecht anzusiedelnden Ermächtigungsnorm.

Die notwendige Verknüpfung zu den Nationalstaaten wird dabei über die Vertreter im Rat hergestellt.

Auf der Grundlage der Rechtsprechung des Europäischen Gerichtshofes zu Art. 308 EGV (jetzt Art. 352 AEUV) werden die ausdrücklichen Kompetenzen im Gemeinschaftsrecht durch diese

Norm sowie die Lehre von den *implied powers* ergänzt. Die *implied powers*-Lehre ist vergleichbar mit der im deutschen Recht bekannten Bundeszuständigkeit kraft Sachzusammenhangs. Sie besagt, dass die Gemeinschaftskompetenzen gleichzeitig die notwendigerweise mitzuregelnden Tatbestände erfassen, ohne die die Kompetenznorm nicht in sinnvoller und zweckmäßiger Form zur Anwendung gelangen könnte. Einzelheiten zu Art und Umfang der *implied powers*-Lehre sind in der Literatur erheblich umstritten.

Nicht zu verwechseln mit der Lehre von den *implied powers* ist die Kompetenz der Europäischen Gemeinschaft aufgrund des Art. 352 AEUV. Bei dieser handelt es sich um eine Art Abrundungskompetenz, die aber ebenfalls keine umfassende Kompetenzzuweisung beinhaltet. So ist eine Anwendung dieser Rechtsgrundlage nach der Fassung durch den Lissaboner Vertrag nur dann zulässig, wenn

- eine ausdrückliche Ermächtigungsnorm im Vertrag nicht vorhanden ist,
- ein Tätigwerden der Union im Rahmen der in den Verträgen festgelegten Politikbereiche erforderlich ist, um eines der Ziele der Verträge zu erreichen (vgl. hierzu. Art. 3 EUV),
- die Kommission zuvor das Verfahren des Art. 352 Abs. 2 AEUV eingehalten hat,
- die Maßnahmen keine über die in den Verträgen vorgesehenen Harmonisierungen der Rechtsvorschriften in den Mitgliedstaaten bewirkt und
- die nach Art. 352 AEUV zu erlassenden Rechtsakte sich nicht auf die Ziele der Gemeinsamen Außen- und Sicherheitspolitik beziehen.

Durch die Bezugnahme auf die Ziele der Verträge ist sichergestellt, dass auch über Art. 352 AEUV keine von dem Regelungsbereich der Union losgelöste Materie geregelt werden kann. Ob eine Gemeinschaftszuständigkeit in diesem Sinne vorliegt, kann vom Europäischen Gerichtshof umfassend nachgeprüft werden (EuGHE 1973, S. 897, 907).

4. Rechtsquellen

Wenn wir von Rechtsordnung sprechen, so ist zu klären, was zu dieser Ordnung gehört, was also geeignete Rechtsquellen sind und wie deren Verhältnis zueinander ist. Denn durch das Recht werden bestimmte Ge- und Verbote aufgestellt, Ansprüche begründet und Verpflichtungen auferlegt. Das, was Recht ist, ist stets auf einen bestimmten Rechtssatz zurückzuführen, eine bestimmte „Rechtsquelle“. Rechtsquellen können in Verfassungen, Gesetzen, Rechtsverordnungen etc. zu finden sein, aber auch in (ungeschriebenem) Gewohnheits- oder Richterrecht.

a) Primäres Gemeinschaftsrecht

Auch nach der Neufassung des Unionsrechts durch den Vertrag von Lissabon lässt sich das Primärrecht der Europäischen Union nicht in wenigen Sätzen bestimmen. Aufgrund der besonderen „supranationalen“ Dimension des Gemeinschaftsrechts geht es thematisch bei der Festlegung des Primärrechts darum, den Rahmen zu bestimmen, der die allgemeingültigen Vorgaben für das (einfachrechtliche) Handeln der Europäischen Union enthält. Im nationalen Recht geschieht dies durch die Vorgaben des Grundgesetzes: Das gesamte Handeln des Staates muss sich an dessen Vorgaben messen lassen. Verstößt eine Handlung der öffentlichen Gewalt gegen den dort gezogenen Rahmen, so ist die Handlung rechtswidrig und ggf. sogar nichtig. Im Europäischen Rahmen ist diese Schranke das gültige Primärrecht.

Wichtigster Bestandteil des primären Unionsrechts sind die Verträge, d. h der EUV und der AEUV (auch der EAGV ist nach wie vor dem Primärrecht zuzuordnen) einschließlich der Protokolle und Anhänge, Art. 51 EUV. Dabei enthalten die Protokolle Ausnahmen von vertraglichen Regelungen für einzelne Mitgliedstaaten und Konkretisierungen des Vertragstextes. In den beiden Anhängen sind bestimmte Waren aufgeführt, die zur Auslegung des Art. 38 AEUV notwendig sind (Anhang I) und verschiedene Länder gelistet, auf die der AEUV Anwendung findet (Anhang II).

Teilweise werden auch sog. Erklärungen dem Primärrecht zugeordnet. Diese sind – anders als Protokolle und Anhänge – rechtlich nicht bindend und stellen inhaltlich Interpretationen bzw. Interpretationshilfen zu bestimmten Regelungen des EUV bzw. AEUV dar.

Neben diesen das geltende Recht verkörpernden Verträgen zählen auch die (weiteren) Gründungsverträge, also der Vertrag über die Gründung der Europäischen Wirtschaftsgemeinschaft und der Europäischen Atomgemeinschaft, die Einheitliche Europäische Akte sowie die Verträge von Maastricht, Amsterdam, Nizza und Lissabon sowie die Beitrittsverträge neu aufgenommener Mitgliedstaaten zum Primärrecht. Deren Bedeutung im Hinblick auf die eingangs genannte Funktion des primären Gemeinschaftsrechts ist aber eher gering.

Bei den wesentlichen Normen des primären Gemeinschaftsrechts, dem EUV und dem AEUV, kann man inhaltlich sog. Grundsatzvorschriften und sachgebietsbezogene Vorschriften unterscheiden. Dabei benennen die Grundsatznormen die allgemeinen Zielsetzungen der Union (z. B. in Art. 2 EUV) und die daraus abgeleiteten grundsätzlichen Aufgaben. Darüber hinaus enthalten die Grundsatznormen Gebote und Verbote. Die Vorschriften beanspruchen Gültigkeit für den gesamten Anwendungsbereich der Verträge. Zu diesen zählen auch die institutionellen Regelungen und Prinzipien wie das Subsidiaritätsgebot. Die Grundsatznormen stellen i. S. des materiellen Verfassungsrechts die eigentliche EU-Verfassung dar. Dass die Europäische Union durch das Primärrecht eine Art Verfassung besitzt, ist auch nach dem Scheitern des Verfassungsvertrags von Lissabon und der Aufgabe des Begriffs „Verfassung“ in den Verträgen wohl unstreitig.

Die sachgebietsbezogenen Vorschriften bestimmen in erster Linie die Politik in der Europäischen Union in den einzelnen Bereichen (so z. B. im Bereich des Binnenmarktes und des Freien Warenverkehrs, Art. 26 ff. AEUV, der Landwirtschaft und Fischerei usw.). Sie grenzen i. S. des Prinzips der begrenzten Einzelermächtigung die Gemeinschaftskompetenz von den Zuständigkeiten ab, die den Mitgliedstaaten verbleiben. Sie stellen faktisch formelles Verfassungsrecht dar. Durch die Aufnahme der sachgebietsbezogenen Vertragsvorschriften wird für die Mitgliedstaaten sichergestellt, dass Änderungen und Erweiterungen der Zuständigkeiten, Änderungen der Europäischen Union Kompetenzordnung und der inhaltlichen Programmatik nur unter den erschwerten Bedingungen einer Vertragsänderung möglich sind.

Neben diesem geschriebenen Recht können auch sog. allgemeine Rechtsgrundsätze sowie Gewohnheitsrecht eine Quelle des Primärrechts darstellen (siehe sogleich).

b) Sekundäres Gemeinschaftsrecht

Unter sekundärem Gemeinschaftsrecht versteht man das Recht, welches durch die Organe der Gemeinschaft geschaffen wurde und wird. Die insoweit möglichen Handlungsformen listet Art. 288 AEUV auf, wonach „die Organe Verordnungen, Richtlinien, Beschlüsse, Empfehlungen und Stellungnahmen“ annehmen.

Was mit den in Art. 288 AEUV genannten Handlungsformen im Einzelnen gemeint ist, wie sie zustande kommen und welche Bedeutung ihnen im Gemeinschaftsrecht zukommt, ist in § 18 Rechtsetzung eingehend dargestellt. Hier ist es wichtig festzustellen, dass das sekundäre Gemeinschaftsrecht abgeleitetes Recht ist, d. h. Recht, welches aufgrund einer im primären Gemeinschaftsrecht enthaltenen Ermächtigung geschaffen wurde. Dies bedeutet zweierlei: Materiell geht das primäre Recht dem (abgeleiteten) sekundären Recht im Range vor, d. h. es können nur solche Verordnungen, Richtlinien etc. rechtmäßig sein, die inhaltlich den Vorgaben des primären Gemeinschaftsrechts entsprechen. Und zweitens sind beim Erlass einer jeden Norm des sekundären Gemeinschaftsrechts die Verfahrensvorschriften des primären Gemeinschaftsrechts einzuhalten.

BEISPIEL ▸ Eine Verordnung, in der das in Art. 18 AEUV genannte Diskriminierungsverbot für einen Teilbereich der Wirtschaft aufgehoben werden sollte, wäre – auch wenn sie formal ordnungsgemäß erlassen worden wäre – wegen des Verstoßes gegen das primäre Gemeinschaftsrecht, also gegen die genannten Art. 18 ff. AEUV, unwirksam (materieller Verstoß).

Selten beachtet, aber u. E. auch dem sekundären Gemeinschaftsrecht zuzuordnen, sind die zahlreichen Verfahrensordnungen, die sich einzelne Organe der Europäischen Gemeinschaft gegeben haben. So ist zwar die EuGH-Satzung als Protokoll ausgestaltet (Protokoll Nr. 3) und damit über Art. 51 EUV dem primären Gemeinschaftsrecht zuzuordnen. Die Verfahrensordnung hingegen, die von dem Gerichtshof selbst erlassen wird und (lediglich) der Genehmigung des Rates bedarf, ist hingegen sekundäres Gemeinschaftsrecht.

c) Allgemeine Rechtsgrundsätze

Nicht immer gelingt es dem Gesetzgeber, alle wesentlichen Normen und Handlungsregelungen ausdrücklich niederzuschreiben und in positiven Bestimmungen auszudrücken. In allen Rechtsbereichen, sei es im allgemeinen Völkerrecht, im Recht der Europäischen Union oder sei es im nationalen Recht sind daher zumeist ungeschriebene Rechtsbestimmungen enthalten. Diese werden im Bereich der Europäischen Union unter dem Begriff der „allgemeinen Rechtsgrundsätze" zusammengefasst. Besondere Bedeutung haben diese im Bereich des vom Europäischen Gerichtshof entwickelten Grundrechtsschutzes.

Auch wenn man sich über die Bedeutung derselben im Klaren ist, so bestehen doch über Begründung und Rechtsnatur erhebliche Meinungsunterschiede. Die Existenz von allgemeinen Rechtsgrundsätzen im Gemeinschaftsrecht wird allerdings nicht ernsthaft bestritten und findet auch in Art. 340 AEUV seinen Niederschlag. Sie stellen – stark vereinfacht – eine Art europäischen *„Common sense"* dar, der darauf fußt, dass die Staaten im Rahmen ihrer Beziehungen zueinander das als Recht ansehen, was sie in ihrem eigenen Hoheitsbereich, also innerstaatlich, übereinstimmend als Recht betrachten.

Zur Begründung kann auf den bereits angesprochenen Art. 340 AEUV, der der die Bestimmung des Art. 288 EGV übernimmt, verwiesen werden. Die dortige Erwähnung der allgemeinen Rechtsgrundsätze ist unstreitig nur beispielhaft, d. h. auch in anderen Bereichen können allgemeine Rechtsgrundsätze bestehen und zu beachten sein.

Grundsätzlich können sich alle Organe der Gemeinschaft und auch der Marktbürger selbst auf die allgemeinen Rechtsgrundsätze berufen, da diese als Bestandteil der gemeinschaftsrechtlichen Rechtsordnung von jedermann zu beachten und für jedermann verbindlich sind. Allerdings kommt dem Europäischen Gerichtshof nach dem AEUV – wie bisher auch – die Funktion zu, die gemeinschaftsrechtliche Auslegung und Anwendung des Gemeinschaftsrechts zu sichern. Da die allgemeinen Rechtsgrundsätze zum Gemeinschaftsrecht zählen, ist er gehalten, diese bei seinen Urteilen zu finden und ggf. auszugestalten. Seiner Verpflichtung in diesem Bereich ist er umfassend nachgekommen, indem er in fast allen Bereichen des Europäischen Gemeinschaftsrechts allgemeine Rechtsgrundsätze entwickelt und begründet hat, wobei die Schwerpunkte, wie bereits erwähnt, sicherlich in der Ausgestaltung europäischer Grundrechte und Staatszielbestimmungen zu sehen sein werden.

Als allgemeine Rechtsgrundsätze des Unionsrechts hat der Europäische Gerichtshof beispielsweise bestimmte rechtsstaatliche Prinzipien wie den Gedanken der Verhältnismäßigkeit (EuGH, Rs. C 359/92), die Rechtsklarheit (EuGH, Rs. 32/79), die Rechtssicherheit (EuGH, Rs. 265/78) oder das Recht des einzelnen auf wirksamen gerichtlichen Rechtsschutz (EuGH, Rs. 222/84) anerkannt. Außerdem zählt der Europäische Gerichtshof die allgemeinen Grundsätze ordentlicher Verwaltung (EuGH, Rs. 33 und 75/79) und das Prinzip des Vertrauensschutzes (EuGH, Rs. 403/98), den Grundsatz „ne bis in idem (EuGH, Rs. 14/68) und den des rechtlichen Gehörs (EuGH, Rs. 32/62) zu den allgemeinen Rechtsgrundsätzen.

Allerdings hat der Europäische Gerichtshof nicht nur das Verhältnis von Bürgern zur Union durch allgemeine Rechtsgrundsätze ausgestaltet. Er hat auch den Grundsatz der loyalen Zusammenarbeit unter den Mitgliedstaaten und zwischen ihnen und der Europäischen Union betont und daraus konkrete Mitwirkungspflichten im Verhältnis zur Europäischen Union abgeleitet. Auf diese Weise hat der Gerichtshof beispielsweise das Prinzip der gegenseitigen Treue und Loyalität (EuGH, Rs. 804/79) entwickelt.

Allgemeine Rechtsgrundsätze nehmen den Rang ein, den sie innerhalb der Normenhierarchie haben. So sind allgemeine Rechtsgrundsätze verfassungsrechtlicher Natur auf der Ebene des Primärrechts anzusiedeln und nehmen am Vorrang des Primärrechts vor dem Sekundärrecht teil. Damit wird beispielsweise das Gebot des effektiven Rechtsschutzes der Disposition von Gesetzgebungsakten der Union entzogen. Des Weiteren sind allgemeine Rechtsgrundsätze i. d. R. unmittelbar anwendbar. Sie können ihrem Inhalt nach darauf abzielen, den Bürgern Ansprüche an die Hand zu geben.

d) Europäisches Gewohnheitsrecht

Letztlich ist als weitere Rechtsquelle das Europäische Gewohnheitsrecht zu nennen. Gewohnheitsrecht kann sich durch ständige und lang anhaltende Übung der zuständigen Organe und der generellen Billigung der betroffenen Rechtskreise bilden. Es ist Ausfluss der Rechtssicherheit und des Vertrauensschutzes: Der Bürger, die Mitgliedstaaten und die europäischen Organe müssen sich auf eine beständige Praxis der europäischen Organe und Mitgliedstaaten verlassen können. Anders als im allgemeinen Völkerrecht, das überwiegend aus Rechtssätzen des Gewohnheitsrechts besteht, wird im Rahmen des Europäischen Gemeinschaftsrechts nur selten hierauf Bezug genommen.

BEISPIEL Nach Art. 203 EGV (jetzt Art. 16 Abs. 2 EUV) besteht der Rat der Europäischen Gemeinschaft aus je einem Vertreter jedes Mitgliedstaates auf Ministerebene. Nicht zu den Mitgliedern der Regierung gehören aber nach nationalem (deutschem) Verfassungsrecht die parlamentarischen und beamteten Staatssekretäre. In anderen Mitgliedstaaten hingegen kommt ihnen diese Funktion zu. Um hier eine einheitliche Handhabung zu gewährleisten, hat man den Art. 203 EGV gewohnheitsrechtlich dahin ausgelegt, dass die Staatssekretäre auch dann dem Ministerrat angehören, wenn sie nach nationalem Verfassungsrecht nicht dieser Ebene zuzurechnen sind.

Je nach der betreffenden Materie ist das Gewohnheitsrecht dem primären oder dem sekundären Gemeinschaftsrecht zuzuordnen. Insgesamt ist die Bedeutung des Gewohnheitsrechts im Bereich der Europäischen Gemeinschaft allerdings sehr gering.

5. Das Kompetenzgefüge

Die einzelnen Rechtsquellen und Materien des nationalen und des Gemeinschaftsrechts stehen nicht isoliert nebeneinander, sondern sind in vielfältiger Weise miteinander verwoben. Grundsätzlich geht dabei eine gemeinschaftsrechtliche Regelung dem nationalen Recht, auch dem nationalen Verfassungsrecht, vor. Das bedeutet, dass – sofern dies eine gemeinschaftsrechtliche Regelung erforderlich macht – ggf. sogar die Verfassung eines Mitgliedstaates geändert werden muss, um dem Anwendungsvorrang Geltung zu verleihen.

Eine grundsätzliche Ausgestaltung des Kompetenzgefüges findet sich nach dem Vertrag von Lissabon in Art. 5 EUV. Dort sind die Bestimmungen des (alten) Art. 5 EGV im Kern übernommen, inhaltlich aber nunmehr präziser und ausführlicher bestimmt. So wird der Begriff der begrenzten Einzelermächtigung erläutert, das Subsidiaritätsprinzip festgeschrieben und vom Inhalt her bestimmt. Die besondere Bedeutung des Subsidiaritätsprinzips und die besondere Brisanz, die die Anwendung dieses Grundsatzes für die Mitgliedstaaten hat, wird auch daran deutlich, dass über Art. 5 Abs. 3 UA 2 EUV das Subsidiarität über die Bestimmungen des Protokolls Nr. 2 eingehend ausgestaltet wird.

Sofern aufgrund des angesprochenen Prinzips der begrenzten Einzelermächtigung nicht überall gemeinschaftsrechtliche Regelungen möglich sind – in anderen Bereichen sind diese zwar möglich, aber noch nicht erlassen – gilt für die Verteilung der Kompetenzen zwischen Union und Mitgliedstaaten Folgendes: Ist die Gemeinschaft unzuständig, liegt die Zuständigkeit bei den Mitgliedstaaten. Dies wird nunmehr in Art. 5 Abs. 2 Satz 2 EUV ausdrücklich geregelt. Eine dennoch als gesetzlicher Rechtsakt ergangene Maßnahme ist – ggf. im Rahmen einer Klage nach Art. 253 AEUV oder im Verfahren nach Art. 267 AEUV– für nichtig bzw. ungültig zu erklären.

Hat ein Mitgliedstaat ein Gesetz auf einem Gebiet erlassen, auf dem die Gemeinschaft zuständig ist, setzt sich das Gemeinschaftsrecht aufgrund des Anwendungsvorrangs durch. Dabei ist je nach der Stärke des übertragenen Rechts zu differenzieren. Hier enthalten nunmehr die Art. 2 ff. AEUV eine differenzierte Ausgestaltung des Kompetenzgefüges.

- Ausschließlich zuständig ist die Union in den Bereichen Zollunion, Festlegung der für das Funktionieren des Binnenmarktes erforderlichen Wettbewerbsregeln, die Währungspolitik für die Mitgliedstaaten, deren Währung der Euro ist, die Erhaltung der biologischen Meeresschätze im Rahmen der gemeinsamen Fischereipolitik und für die gemeinsame Handelspolitik, Art. 3 AEUV. Hier haben die Mitgliedstaaten lediglich die Möglichkeit, bei ausdrücklicher Ermächtigung durch die Union oder zur Durchführung von Rechtsakten der Union tätig zu werden. Letzteres ist beispielsweise dann der Fall, wenn die Mitgliedstaaten organisatorische Regelungen im Zollrecht (z. B. Bestimmung der Öffnungszeiten von Zollstellen, Festlegen sog. Zollstraßen etc.) treffen. Die materiell relevanten Normen hingegen werden von der Europäischen Union getroffen. Die Zuständigkeit ist endgültig auf die Europäische Union übergegangen.

- In den Hauptbereichen Binnenmarkt, Sozialpolitik hinsichtlich der im AEUV genannten Aspekte, wirtschaftlicher, sozialer und territorialer Zusammenhalt, der Landwirtschaft und Ernährung (mit Ausnahme der Erhaltung der biologischen Meeresschätze), der Umwelt, dem Verbraucherschutz, dem Verkehr, der transeuropäischen Netze, der Energie des Raums der Freiheit, der Sicherheit und des Rechts sowie gemeinsame Sicherheitsanliegen im Bereich der öffentlichen Gesundheit sowie in den Bereichen des Art. 4 Abs. 3 und 4 AEUV besteht ein geteilte Zuständigkeit. In diesen Bereichen können sowohl Europäische Union als auch Mitgliedstaaten tätig werden. Wie bisher auch gilt, dass sobald die Europäische Union eine Materie regelt, es den Mitgliedstaaten verwehrt ist, in diesem Bereich tätig zu werden, vgl. Art. 2 Abs. 2 AEUV.
- Eine besondere Form der Kompetenzzuordnung stellt das teilweise als „unterstützende Rechtssetzungskompetenz" bezeichnete Verfahren nach Art. 2 Abs. 5 AEUV dar. Danach hat die Union eine Kompetenz, Rechtsakte zu erlassen, die der Unterstützung, Koordinierung oder Ergänzung der Maßnahmen der Mitgliedstaaten dienen. Ein entsprechendes Handeln bedingt aber keinen Übergang der bei den Mitgliedstaaten liegenden Kompetenz auf die EU. Die Bereiche, in denen die Europäische Union eine unterstützende Kompetenz hat, sind in Art. 5 AEUV aufgelistet.

6. Das Subsidiaritätsprinzip

Das Kompetenzgefüge wird ergänzt durch das sog. Subsidiaritätsprinzip. Dies soll die Selbständigkeit der Mitgliedstaaten stärken und in den Fällen, in denen eine ausschließliche Zuständigkeit der Gemeinschaft nicht besteht, verhindern, dass die Europäische Union Rechtsbereiche an sich zieht, die eigentlich auch von den Mitgliedstaaten in eigener Zuständigkeit erledigt werden könnten.

DEFINITION

Subsidiaritätsprinzip:

Das durch den Vertrag von Maastricht erstmals ausdrücklich in das primäre Gemeinschaftsrecht eingeführte Subsidiaritätsprinzip wird nunmehr in Art. 5 Abs. 3 EUV und dem Protokoll Nr. 2 inhaltlich ausgestaltet. Es besagt, dass in den Bereichen, die nicht in die ausschließliche Zuständigkeit der Europäischen Union fallen, diese nur tätig wird, „sofern und soweit die Ziele der in Betracht gezogenen Maßnahmen von den Mitgliedstaaten weder auf zentraler noch auf regionaler oder lokaler Ebene ausreichend verwirklicht werden können, sondern vielmehr wegen ihres Umfangs oder ihrer Wirkungen auf Unionsebene besser zu verwirklichen sind ... Die nationalen Parlamente achten auf die Einhaltung des Subsidiaritätsprinzips nach dem in jenem Protokoll vorgesehenen Verfahren".

Neu ist die durch den Vertrag von Lissabon eingeführte Beteiligung der nationalen Parlamente über Art. 4 des Protokolls Nr. 2. Danach hat die Kommission alle Entwürfe für Gesetzgebungsakte den nationalen Parlamenten und den Unionsgesetzgebern mit einer Begründung zu Subsidiarität und Verhältnismäßigkeit (Art. 5 des Protokolls Nr. 2) gleichzeitig zuzuleiten. Ähnliche Verpflichtungen haben Parlament und Rat, Art. 4 UA 2 und 3 des Protokolls Nr. 2. Die nationalen Parlamente haben dann acht Wochen Zeit, um eine Stellungnahme abzugeben (Art. 6 des Protokolls Nr. 2). Je nach Anzahl der rügenden Parlamente ist ein komplexes Verfahren einzuhalten, um die Einwendungen zu prüfen und ggf. auszuräumen. Eine gerichtliche Überprüfung der Einhaltung des Subsidiaritätsprinzips ist über den Europäischen Gerichtshof möglich, Art. 8 des Protokolls Nr. 2.

7. Sachlicher und räumlicher Geltungsbereich

Der Geltungsbereich der Verträge ergibt sich aus Art. 52 EUV i.V. mit Art. 355 AEUV. Damit gelten die noch näher darzustellenden Grundfreiheiten grundsätzlich nur dort, wo auch der EUV und der AEUV Anwendung finden; wobei es allerdings als zulässig angesehen wird, die Anwendung des gesamten Gemeinschaftsrechts oder Teile davon direkt oder indirekt durch zwischenstaatliche Vereinbarung abzusprechen.

Bei dem durch Art. 355 AEUV definierten räumlichen Anwendungsbereich ist zu berücksichtigen, dass z. B. die französischen überseeischen Departements dazugehören, nicht aber die überseeischen Territorien, vgl. Art. 355 Abs. 2 AEUV, Anh. II AEUV. Ausgenommen sind außerdem gewisse Teile der Vertragsstaaten, z. B. die Färöer Inseln, die Isle of Man etc., vgl. Art. 355 Abs. 5 AEUV. Es ist somit im Grundsatz zwar richtig, dass der EGV grundsätzlich in allen Teilen der Mitgliedstaaten Gültigkeit beansprucht, dass aber einige Landesteile der Mitgliedstaaten ausgenommen sein können, einen Sonderstatus beanspruchen. Hier ist im Zweifelsfalle Vorsicht geboten.

Einfacher ist die Frage zu beantworten, welcher Raum insoweit zum Gemeinschaftsgebiet gehört. So bezieht sich der Anwendungsbereich auch auf das Land, das Gebiet unter der Erde und den Luftraum darüber sowie die nach dem allgemeinen Völkerrecht dazugehörigen Meeresgebiete. Gerade im Zusammenhang mit dem Luftraum darf daher nicht vergessen werden, dass ein Sachverhalt mit gemeinschaftsrechtlichem Bezug bereits beim Überfliegen der Europäischen Union gegeben sein kann.

Von der Bestimmung dieses rein räumlichen Geltungsbereichs ist die Frage des sachlichen Geltungsbereichs zu trennen. Dieser ist bei allen Fallgestaltungen berührt, die sich innerhalb der Union als Rechtsnachfolger der Europäischen Gemeinschaft (vgl. Art. 1 UA 3 EUV) auswirken (EuGHE 1988, S. 5193, Rs. 89 u. a./85). Das bedeutet, dass all diejenigen Geschehnisse mit Bezug zum Gemeinschaftsrecht auf der Grundlage des Gemeinschaftsrechts gelöst werden können. Geht es hingegen um Fallgestaltungen, die die Mitgliedstaaten rein intern betreffen, so kann das Gemeinschaftsrecht grundsätzlich nicht angewendet werden.

§ 16 Die Organe der Europäischen Union

LITERATUR

Hirsch, Europäischer Gerichtshof und Bundesverfassungsgericht – Kooperation oder Konfrontation?, NJW 1996, S. 2457 ff.; *Huber*, Europarecht, 4. Aufl., 2009, 2. Teil; *Klinke*, Der Gerichtshof der Europäischen Gemeinschaften, 1989; *Kutscher*, Der Gerichtshof der Europäischen Gemeinschaften, EuGRZ 1978, S. 503 ff.; *Meutler*, Der Ausschuss der Ständigen Vertreter bei den Europäischen Gemeinschaften, 1996; *Nemitz*, Europäische Kommission: Vom Kollegialprinzip zum Präsidialregime, EuR 1999, S. 678 ff.; *Oppermann/Classen/Nettesheim*, Europarecht, 4. Aufl., 2009, 3. Teil; *Schmidt/Schünemann*, Europäische Union – Eine Einführung, 2009, 4. Kap.; *Streinz*, Europarecht, 8. Aufl., 2008, § 4; EuGH, Urteil v. 12.11.69, RS. 29/69, *„Stauder"*, Slg. 1969, S. 419; EuGH, Urteil v. 22. 5. 1990, C 70/88, *„Tschernobyl"*, Slg. 1990, I-2067.

I. Allgemeines

Genau wie alle anderen juristischen Personen des öffentlichen oder des Privatrechts benötigt auch die Europäische Union Organe, um die ihr übertragenen Aufgaben erfüllen zu können. Diese Organe sind es, die für die Europäische Union die notwendigen Handlungen vornehmen und die im Vertrag vorgesehenen Befugnisse ausüben. Sie machen die Europäische Union auf diese Art und Weise handlungsfähig.

Die Organe der Europäischen Union sind in Art. 13 EUV abschließend aufgezählt.

Neben den Organen werden in Art. 13 Abs. 4 der **Wirtschafts- und Sozialausschuss** sowie der **Ausschuss der Regionen** benannt. Die beiden Ausschüsse haben Parlament, Rat und Kommission mit beratender Aufgabe zu unterstützen. Gelegentlich wird im Zusammenhang mit dem Wirtschafts- und Sozialausschuss sowie dem Ausschuss der Regionen von sog. Nebenorganen gesprochen.

Die in Art. 13 EUV genannten Organe haben auch nach dem Vertrag von Lissabon durchaus unterschiedliches Gewicht und eine unterschiedliche Bedeutung. Dem Organ, dem faktisch die größte Bedeutung zukommt, ist der aus den Vertretern der Mitgliedstaaten auf Ministerebene bestehende Rat. Dass andererseits das Europäische Parlament bei der Aufzählung in Art. 13 Abs. 2 EUV an Platz 1 genannt ist, soll die demokratische Komponente der Europäischen Union betonen.

Auch im Zusammenhang mit dem Vertrag von Lissabon konnte das Problem des Sitzes der Organe keiner zufriedenstellenden Lösung zugeführt werden. Nach wie vor wird der Sitz der Organe im Einvernehmen zwischen den Regierungen der Mitgliedstaaten bestimmt, Art. 341 AEUV (ex Art. 289 EGV). Geeinigt hat man sich im Protokoll Nr. 6 auf ähnlich kostenintensive, unwirtschaftliche und ineffiziente Regelungen, wie sie schon unter Anwendung des EGV galten.

II. Die wesentlichen Änderungen durch den Vertrag von Lissabon im Überblick

Bis zum Vertrag von Lissabon gab es keine Organe der Europäischen Union, nur solche der Europäischen Gemeinschaft. Sofern die Europäische Union rechtsverbindlich handeln wollte, musste sie sich des institutionellen Rahmens der Europäischen Gemeinschaft und dessen Organe bedienen.

Dieser missliche Zustand wird durch die Aufnahme der Organe in Art. 13 EUV beseitigt. Diese sind für das gesamte Handeln der Europäischen Union zuständig.

Durch die Aufnahme des Europäischen Rates und der Europäischen Zentralbank in den Katalog des Art. 13 EUV verfügt die Union über sieben Organe. Dabei war die formale Aufwertung des Europäischen Rates konsequente Folge von dessen eminenter politischer Bedeutung. Denn nach der ausdrücklichen Anordnung in Art. 15 Abs. 2 EUV wird der Europäische Rat – wie bisher auch – nicht gesetzgeberisch tätig. Gesetzgebung ist nach wie vor Hauptaufgabe des Rates. Er gibt aber die politischen Linien vor und ist letztendlich das Gremium, welches darüber entscheidet, wohin es mit der Europäischen Union gehen soll und wird.

Die Europäische Zentralbank wurde aufgrund der besonderen Stellung im Zusammenhang mit währungspolitischen Fragen zum Organ gemacht. Die Aufnahme von Europäische Zentralbank und Europäischem Rat hat die interessante Folge, dass deren Akte nunmehr über Art. 263 AEUV und Art. 265 AEUV direkt zum Gegenstand gerichtlicher Überprüfung gemacht werden können.

Die Stellung des Europäischen Parlaments wurde erneut gestärkt. So wird das Europäische Parlament in Art. 14 Abs. 1 EUV gleichberechtigt mit dem Rat als Gesetzgeber genannt, was zumindest auch den Grund hat, die immer wieder erhobenen Vorwürfe der fehlenden demokratischen Legitimation zumindest abzuschwächen. Außerdem wird das Verfahren der Mitentscheidung zum Regelverfahren, vgl. Art. 289 Abs. 1, Art. 294 AEUV.

Der Europäische Rat erhält einen ständigen Präsidenten, der für eine Amtszeit von zweieinhalb Jahren gewählt wird, Art. 15 Abs. 5 EUV. Sinn und Zweck dieser Maßnahme war es, der Arbeit im Rat eine gewisse Kontinuität und höhere Effektivität zu verleihen.

Die Stellung des Rates als Hauptgesetzgeber wird bestätigt, Art. 14 Abs. 1 EUV. Das neu geregelte Verfahren der Abstimmung und Stimmenwägung bei Entschließungen im Rat ist allerdings an Komplexität und Unübersichtlichkeit kaum zu überbieten.

Das Initiativrecht ist nach wie vor ausschließlich bei der Kommission, Art. 17 Abs. 2 EUV. Sie besteht bis 31. 10. 2014 weiterhin aus einem Staatsangehörigen pro Mitgliedstaat, Art. 17 Abs. 4 EUV. Ab dem 1. 11. 2014 soll sie aus einer Anzahl von Mitgliedern bestehen, die zwei Dritteln der Zahl der Mitgliedstaaten entspricht (Art. 17 Abs. 5 EUV), in einer Union der 27 also aus nur 18 Kommissaren. Diese eigentlich zu begrüßende Verschlankung wird aber bedauerlicherweise wohl nicht greifen, da der Europäische Rat sich gegenüber der Irischen Regierung zu einer Änderung der Anzahl verpflichtet hat. Die damit verbundenen Mehrkosten und Effizienzverluste scheinen auch in Zeiten der größten Finanzkrise keinen zu interessieren.

Kein Organ, aber als Mitglied der Kommission wesentlicher Bestandteil eines solchen, ist der Hohe Vertreter für Außen- und Sicherheitspolitik, Art. 18 EUV. Er – bzw. sie (zur Zeit ist dies *Catherine Ashton*, s. o.) wird vom Europäischen Rat ernannt und leitet die Gemeinsame Außen- und Sicherheitspolitik der Union (GASP). Zu diesem Bereich zählt auch die Gemeinsame Verteidigungspolitik der Union, Art. 42 Abs 1 EUV. Der Hohe Vertreter führt den Vorsitz im Rat „Auswärtige Angelegenheiten" (Art. 18 und Art. 27 Abs. 1 EUV), dem – nach dem Rat „Allgemeine Angelegenheiten" – faktisch zweithöchsten Entscheidungsgremium des Rates. Er soll für die Kohärenz des auswärtigen Handelns der Union sorgen und zur Festigung der Gemeinsamen Außen- und Sicherheitspolitik beitragen.

III. Das Europäische Parlament

Das Europäische Parlament wurde durch den Vertrag von Lissabon zwar erheblich aufgewertet, hat aber immer noch nicht die Stellung und die Befugnisse, die einem demokratisch legitimierten Parlament auf nationaler Ebene zukommen. Zwar steht es nominell in Art. 14 EUV als Gesetzgeber gleichberechtigt neben dem Rat. Inhaltlich werden die Gesetzgebungsaufgaben nach wie vor schwerpunktmäßig vom Rat erfüllt. Darüber hinaus fehlt dem Europäischen Parlament auch aus verschiedenen Gründen die erforderliche demokratische Legitimation. Hierzu hat das Bundesverfassungsgericht in der Lissabon-Entscheidung umfangreiche Ausführungen gemacht und u. a. geurteilt:

„Gemessen an verfassungsstaatlichen Erfordernissen fehlt es der Europäischen Union auch nach Inkrafttreten des Vertrags von Lissabon an einem durch gleiche Wahl aller Unionsbürger zustande gekommenen politischen Entscheidungsorgan mit der Fähigkeit zur einheitlichen Repräsentation des Volkswillens. Es fehlt, damit zusammenhängend, zudem an einem System der Herrschaftsorganisation, in dem ein europäischer Mehrheitswille die Regierungsbildung so trägt, dass er auf freie und gleiche Wahlentscheidungen zurückreicht und ein echter und für die Bürger transparenter Wettstreit zwischen Regierung und Opposition entstehen kann. Das Europäische Parlament ist auch nach der Neuformulierung in Art. 14 Abs. 2 EUV-Lissabon und entgegen dem Anspruch, den Art. 10 Abs. 1 EUV-Lissabon nach seinem Wortlaut zu erheben scheint, kein Repräsentationsorgan eines souveränen europäischen Volkes."

Dennoch verfügt die Europäische Union im derzeitigen Stand insgesamt über eine ausreichende demokratische Legitimation: „Das Legitimationsniveau der Europäischen Union entspricht im Hinblick auf den Umfang der übertragenen Zuständigkeiten und den erreichten Grad von Verselbständigung der Entscheidungsverfahren noch verfassungsrechtlichen Anforderungen, sofern das Prinzip der begrenzten Einzelermächtigung verfahrensrechtlich über das in den Verträgen vorgesehene Maß hinaus gesichert wird."

Zusammensetzung, Wahl und Organisation des Europäischen Parlaments sind in den Art. 223 bis 234 AEUV geregelt. Darüber hinaus finden sich einzelne Normen über die Stellung und Befugnisse des Europäischen Parlaments verteilt im EUV und AEUV.

1. Wahlverfahren, Zusammensetzung und Amtszeit

Bis in das Jahr 1979 setzte sich das Parlament aus insgesamt 198 Mitgliedern der nationalen Parlamente zusammen. Nach einem im ehemaligen Art. 138 Abs. 2 EWGV festgelegten Schlüssel entsandten die Mitgliedsländer eine bestimmte Anzahl nationaler Abgeordneter. In der Bundesrepublik Deutschland waren dies Abgeordnete aus dem Bundestag, wobei die Mandate auf die dort vertretenen Parteien nach dem Verhältnis der Sitze verteilt wurden.

Bereits 1960 hatte das Europäische Parlament damit begonnen, Entwürfe für allgemeine unmittelbare Wahlen nach einem einheitlichen Verfahren in den Mitgliedstaaten auszuarbeiten. Es dauerte jedoch bis zum 20. 9. 1976, bis der Rat einen Beschluss über die Einführung allgemeiner unmittelbarer Wahlen der Abgeordneten der Versammlung fassen konnte. Die erste Direktwahl fand daraufhin in der Zeit vom 7. bis zum 10. 7. 1979 statt, wobei sich das Wahlverfahren nach den jeweiligen einzelstaatlichen Wahlgesetzen (damals in der Bundesrepublik: Europawahlgesetz vom 16. 6. 1978, BGBl 1978 I S. 709 ff.; jetzt gültig ist das Europawahlgesetz i. d. F. der Bekanntmachung vom 8. 3. 1994 (BGBl 1994 I S. 423, 555), zuletzt durch Art. 2G vom 17. 3. 2008 (BGBl 2008 I S. 394) geändert) richtete und heute noch richtet. Erste Präsidentin des europäischen Parlaments war Frau *Simon Veil* aus Frankreich.

Seit dem Jahre 1995 umfasste das Parlament 626 Abgeordnete. Die Höchstzahl war durch Art. 189 EGV (seit dem Vertrag von Nizza) auf 732 begrenzt. Nunmehr wird die Anzahl der Parlamentarier durch den Vertrag von Lissabon auf 750 begrenzt, Art. 14 Abs. 2 EUV. Der Präsident kommt noch hinzu, so dass es maximal 751 Vertreter der Unionsbürgerinnen und -bürger geben wird.

Die Unionsbürger sind im Parlament degressiv proportional vertreten, Art. 14 Abs. 2 EUV. Jeder Mitgliedstaat, auch die Kleinsten wie Malta und Luxemburg mit ca. 400.000 Einwohnern, entsendet mindestens sechs Mitglieder, kein Staat aber mehr als 96 Delegierte. Das bedeutet faktisch, dass die Verteilung auf die Parlamentssitze auf die Mitgliedstaaten nicht proportional zur Bevölkerungszahl ist. Damit haben die Stimmen, die bei den Wahlen zum Europäischen Parlament abgegeben werden, unterschiedliches Gewicht: Während ein Parlamentarier aus Deutschland etwa 858.333 Deutsche vertritt, hat der maltesische Europaparlamentarier etwa 66.666 Malteser hinter sich.

Die Stellung der Parlamentarier ist für die deutschen Vertreter im Gesetz über die Rechtsverhältnisse der Mitglieder des Europäischen Parlaments (Europaabgeordnetengesetz) vom 6. 4. 1979 i. d. F. vom 28. 5. 1994, BGBl 1994 I S. 1059, zuletzt geändert durch Art. 1 des Gesetzes vom 23. 10. 2008 (BGBl 2008 I S. 2020) geregelt. § 2 des Europaabgeordnetengesetzes garantiert z. B. das freie Mandat; Indemnität und Immunität werden durch § 5 des Europaabgeordnetengesetzes garantiert.

Die Abgeordneten werden für die Dauer von fünf Jahren gewählt (Art. 14 Abs. 3 EUV) und üben ihre Aufgaben nach dem Grundsatz des freien Mandats (vgl. § 2 Europaabgeordnetengesetz) aus. Zulässig ist es, dass sie auch Mitglieder des jeweiligen mitgliedstaatlichen Parlaments sind. Sie dürfen jedoch nicht Mitglieder der Regierung eines Mitgliedstaates sein oder eine Tätigkeit in den EG-Organen und Institutionen ausüben.

Die Dauer des Abgeordnetenmandats korrespondiert mit der nunmehr fünfjährigen Amtszeit der Kommission. Die Legislaturperiode beginnt mit der Eröffnungssitzung des neu gewählten Parlaments, d. h. am ersten Dienstag im Juli, der auf die üblicherweise im Juni stattfindenden Europawahlen folgt.

2. Fraktionen im Europäischen Parlament

Die Mitglieder des europäischen Parlaments haben sich nicht etwa nach einzelstaatlichen Gruppierungen geordnet zusammengeschlossen, sondern in überstaatlichen Fraktionen. Seit der Europawahl 2009 gibt es sieben dieser Fraktionen. Die größte Fraktion ist die Fraktion der Europäischen Volkspartei mit 265 Mitgliedern, gefolgt von der Fraktion der Sozialdemokratischen Partei Europas (184 Sitze). Außerdem gehören 28 fraktionslose dem Europäischen Parlament an.

Der Zusammenschluss in Fraktionen soll die europäische und damit von den Mitgliedstaaten unabhängige Bedeutung des Parlaments herausstellen.

Einzelheiten zum Zusammentreten des Parlaments, zur Veranstaltung von außerordentlichen Sitzungen und zur Zusammensetzung des Präsidiums ergeben sich aus der Geschäftsordnung des Europäischen Parlaments.

3. Die Kompetenzen des Europäischen Parlaments

Die Befugnis des Europäischen Parlaments, Recht zu setzen oder an der Rechtsetzung zumindest zu partizipieren, ist durch den Vertrag von Lissabon erheblich gestärkt worden. Dies ergibt sich formal aus der Regelung des Art. 14 Abs. 1 EUV, die das Europäische Parlament zum (Mit-)Gesetzgeber erhebt und formal aus der Tatsache, dass das sog. Mitentscheidungsverfahren nach Art. 294 AEUV jetzt zum ordentlichen Gesetzgebungsverfahren, d. h. zum Regelverfahren gemacht wurde. Nach näherer Maßgabe des Art. 289 Abs. 1, Art. 294 AEUV kann das Europäische Parlament das Zustandekommen von Rechtsakten verhindern.

Kontrollfunktionen übt das Europäische Parlament gegenüber der Kommission aus. Ihm stehen bereits bei der Berufung der Kommission erhebliche Eingriffsmöglichkeiten zu. So bedürfen die Ernennung der Kommission als Ganzes, des Präsidenten sowie die des Hohen Vertreters der Union für Außen- und Sicherheitspolitik gem. Art. 17 Abs. 7 EUV der Wahl (so Art. 17 Abs. 7 UA 1 EUV) bzw. der Zustimmung (Art. 17 Abs. 7 UA 3 EUV) des Europäischen Parlaments. Die Kommission ist dem Europäischen Parlament als Kollegium verantwortlich (Art. 17 Abs. 8 EUV) und kann von dieser mittels Misstrauensvotum gem. Art. 234 AEUV als Ganzes abgelöst werden.

Zu den Kontrollrechten des Europäischen Parlaments gehört es auch, dass dieses gem. Art. 226 AEUV die Einsetzung eines Untersuchungsausschusses beschließen kann. Ein Viertel der Mitglieder des Parlaments muss diesen Beschluss treffen. Im Rahmen des Untersuchungsausschusses können behauptete Verstöße gegen das Unionsrecht oder Missstände bei dessen Anwendung untersucht werden. Die Arbeit im Untersuchungsausschuss ist losgelöst von den Befugnissen, die anderen Organen oder Institutionen durch die Verträge übertragen sind. Die Arbeit des Untersuchungsausschusses ist ausgesetzt, solange ein Gericht mit den behaupteten Missständen bzw. Sachverhalten befasst ist. Der Untersuchungsausschuss endet mit der Vorlage eines Berichts.

Des Weiteren ist das Europäische Parlament an der Haushaltsaufstellung beteiligt. Nach den Änderungen durch den Vertrag von Lissabon ist der Jahreshaushaltsplan der Union im Rahmen eines besonderen Rechtsetzungsverfahrens vom Europäischen Parlament und dem Rat festzulegen. Das Haushaltsverfahren ist in den Art. 313 ff. AEUV geregelt. Das Haushaltsjahr beginnt am 1. 1. und endet am 31. 12. Jedes Organ mit Ausnahme der Europäischen Zentralbank muss vor dem 1. 7. einen Haushaltsvorschlag für seine Ausgaben für das folgende Haushaltsjahr aufstellen. Das Ganze wird in einem Entwurf für den Haushaltsplan von der Kommission zusammengefasst. Den Entwurf legt die Kommission sodann dem Parlament und dem Rat vor, woraufhin der Rat seine Standpunkte zum Entwurf festlegt und dem Europäischen Parlament zuleitet. Erlassen ist der Haushaltsplan, wenn das Parlament binnen 42 Tagen entweder den Standpunkt des Rates gebilligt oder selbst keinen Beschluss erlassen hat. Vorgesehen ist nunmehr auch ein Vermittlungsverfahren gem. Art. 314 AEUV für den Fall, dass der Rat den vom Parlament eventuell vorgeschlagenen Änderungen nicht zustimmt. Wenn auch im Vermittlungsverfahren keine Einigung erzielt werden kann, setzt sich das Europäische Parlament gem. Art. 314 Abs. 7 Buchst. d) AEUV gegenüber dem Rat durch. Insgesamt ist die parlamentarische Beteiligung bei der Haushaltsaufstellung nach Inkrafttreten des Vertrags von Lissabon deutlich gestärkt.

Klagebefugt ist das Europäische Parlament gem. Art. 163 AEUV (Nichtigkeitsklagen wegen nichtige Handlungen des Rates, der Kommission, des Europäischen Rates und der Europäischen Zentralbank) und gem. Art. 165 AEUV (Untätigkeitsklagen bei Rechtswegen unterlassen einer Beschlussfassung durch ein anderes Organ).

Die besondere Nähe und Bedeutung für den Unionsbürger soll das gem. Art. 24 EUV eingeräumte Petitionsrecht beim Europäischen Parlament bieten. Darüber hinaus kann sich jeder Unionsbürger an den vom Europäischen Parlament ernannten Bürgerbeauftragten wenden. Zu den Einzelheiten vgl. Art. 227 f. AEUV.

4. Beschlussfassung und Abstimmungsverfahren im Europäischen Parlament

Das Europäische Parlament beschließt grundsätzlich mit der Mehrheit der abgegebenen Stimmen, soweit die Verträge nichts anderes vorsehen, Art. 231 AEUV. Einzelheiten zur Beschlussfähigkeit und zur Abstimmung enthalten die Art. 155 ff. der Geschäftsordnung des Europäischen Parlaments. Dieses „kleine" Regelwerk mit insgesamt 216 Artikeln und 16 Anlagen wird regelmäßig als Broschüre neu aufgelegt und im Amtsblatt der Europäischen Gemeinschaften veröffentlicht (Reihe L). Sie kann über die Vertriebsstellen des Amts für amtliche Veröffentlichungen der Europäischen Gemeinschaften bezogen werden. Die jeweils geltende Fassung befindet sich auf der Website des Europäischen Parlaments (http://www.europarl.europa.eu).

IV. Der Europäische Rat

1. Entwicklung des Europäischen Rates und Abgrenzung

Schon in den ersten Jahren der Europäischen Gemeinschaft sahen die Staats- und Regierungschefs der Mitgliedstaaten die Notwendigkeit, auf der höchsten politischen Ebene Leitlinien für die EG-Politik festzulegen. Daher trafen sie sich zunächst in unregelmäßigen Abständen (sog. Gipfeltreffen oder Gipfelkonferenzen). Diese Treffen wurden mit steigender Bedeutung der Europäischen Gemeinschaft immer häufiger notwendig, so dass man anlässlich einer Gipfelkonferenz im Jahre 1974 beschloss, sich jährlich zweimal zu treffen. Damit war der „Europäische Rat" der Europäischen Gemeinschaft geboren. Eine vertragliche Grundlage erhielt er erst durch die Einheitliche Europäische Akte vom 1. 7. 1987, in deren Art. 2 EGV das zweimal jährliche Zusammentreffen der Staats- und Regierungschefs festgeschrieben wurde. In dem Unionsvertrag nach dem Vertrag von Maastricht erhielt er gem. Art. 4 die Aufgabe, der Union die für die Entwicklung erforderlichen Impulse zu geben und die allgemeinen politischen Zielvorstellungen festzulegen. Einen Organstatus erhielt er aber nicht.

Durch den Vertrag von Lissabon ist dieser Zustand dahingehend geändert, dass der Europäische Rat gem. Art. 13 Abs. 1 2. Anstrich EUV zum Organ aufgestiegen ist. Damit erfährt diese Einrichtung die notwendige Einbindung in das institutionelle Gefüge der Verträge.

Nach wie vor muss der Europäische Rat streng von dem Rat der Europäischen Gemeinschaft (in dem die einzelnen Vertreter der Mitgliedstaaten auf Ministerebene vertreten sind) und dem Europarat (eine internationale Organisation, die nichts mit den Organen der Europäischen Union zu tun hat) unterschieden werden.

2. Zusammensetzung und Zuständigkeiten

Der Europäische Rat besteht gem. Art. 15 aus den Staats- und Regierungschefs sowie den Präsidenten des Europäischen Rates und dem Präsidenten der Kommission. Der Hohe Vertreter der Union für Außen- und Sicherheitspolitik nimmt an der Arbeit des Europäischen Rates teil. Er ist selbst nicht Mitglied, kann aber im Rahmen der Teilnahme Einfluss auf die Arbeit im Europäischen Rat nehmen.

Wie bisher auch tagt der Europäische Rat mindestens zweimal pro Halbjahr, Art. 15 Abs. 3 EUV. Möglich ist es allerdings auch, dass Sondergipfel zu besonderen Themen einberufen werden. Der Europäische Rat hat gem. Art. 15 Abs. 5 EUV einen Präsidenten, den er mit qualifizierter Mehrheit für eine Amtszeit von zweieinhalb Jahren wählt. Dieser soll – wie bereits dargelegt – die Kontinuität der Arbeit dieses Organs sicher stellen und die Effektivität steigern. Eine Wiederwahl ist nur einmal zulässig. Sofern der Präsident sich schweren Verfehlungen schuldig gemacht hat oder verhindert ist, das Amt auszuüben, kann der Europäische Rat ihm im Wege des gleichen Verfahrens wie die Ernennung von seinem Amt entbinden, Art. 15 Abs. 3 EUV. Die Aufgaben des Präsidenten des Europäischen Rates sind in Art. 15 Abs. 6 konkretisiert.

Bei einem Gipfeltreffen der EU-Staats- und Regierungschefs am 19. 11. 2009 wurde der belgische Premierminister *Herman van Rompuy* für das Präsidentenamt nominiert. Er trat sein Amt am 1. 12. 2009 an.

Der Europäische Rat trifft sich regelmäßig in Brüssel. Die Tagungen sind nicht öffentlich.

Der Europäische Rat war und ist das oberste politische Gremium der EU. Ihm obliegt es, Leitlinien, Ziele und Schwerpunkte der Politiken festzulegen. Trotz seiner Stellung als Organ darf und kann der Europäische Rat nicht gesetzgeberisch tätig werden, Art. 15 Abs. 1 EUV. Dennoch sind die Einflussnahmen, die er auf die Gesetzgebung hat, von großer Bedeutung. So ist beispielsweise der jeweilige Vertreter auf Ministerebene im Rat regelmäßig (in Deutschland durch die sog. Richtlinienkompetenz) an die von seinem jeweiligen Staats- und Regierungschefs gemachten Vorgaben gebunden. Damit werden die Rahmenbedingungen der gesetzgeberischen Akte der Europäischen Union durch den Europäischen Rat vorgegeben. Faktisch bestimmt daher der Europäische Rat, wo es hingeht.

Besonders ausgestaltet sind die Kompetenzen des Europäischen Rates im Rahmen der gemeinsamen Außen- und Sicherheitspolitik. Hier hat er gem. Art. 26 EUV die strategischen Interessen der Union zu bestimmen und die Ziele und Leitlinien der Gemeinsamen Außen- und Sicherheitspolitik festzulegen. Dies gilt auch bei Fragen mit verteidigungspolitischen Bezügen. Sofern internationale Entwicklungen es erfordern, beruft der Präsident des Europäischen Rates eine außerordentliche Tagung ein, um strategische Vorgaben für die Politik der Union festzulegen. Auch hier gilt, dass die vom Europäischen Rat gemachten Zielvorgaben vom Rat gem. Art. 26 Abs. 2 EUV in konkrete Maßnahmen zu fassen und mittels Festlegung und Durchführung von geeigneten Rechtsakten zu realisieren sind.Eine weitere Hauptaufgabe kommt dem Rat im Zusammenwirken mit dem Europäischen Parlament bei bestimmten Änderungen der Verträge (beim vereinfachten Verfahren) zu, vgl. hierzu Art. 48 Abs. 6 und 7 AEUV. Der Europäische Rat hat das Vorschlagsrecht für den Kandidaten für das Amt des Kommissionspräsidenten, ernennt die Mitglieder des Direktoriums der Europäischen Zentralbank gem. Art. 283 AEUV und den hohen Vertreter der Union für Außen- und Sicherheitspolitik gem. Art. 18 EUV.

Schließlich ist der Europäische Rat dafür zuständig, festzustellen, dass eine schwerwiegende oder anhaltende Verletzung der in Art der in Art. 6 Abs. 1 genannten Grundsätze durch einen Mitgliedstaat vorliegt, nachdem dieser Mitgliedstaat vergeblich zu einer Stellungnahme aufgefordert wurde.

Das „Abstimmungsverhalten“ im Europäischen Rat ist grundsätzlich anders, als das in anderen Organen. Es wird grundsätzlich nicht nach bestimmten Regeln ein Beschluss verabschiedet, sondern ein sog. Konsens hergestellt, vgl. Art. 15 Abs. 4 EUV. Diese Konsenspflicht führt häufig zu nicht unbedingt zielführenden Beschlüssen und Vorgaben.

V. Der Rat

1. Allgemeines

Der Rat ist nach wie vor das entscheidende Rechtssetzungsorgan. Er übt diese Kompetenz in Kooperation mit dem Europäischen Parlament aus, Art. 14 Abs. 1 EUV.

Auch wenn es nur ein Organ „Rat“ gibt, so ist die Zusammensetzung dieser Institution doch immer wieder eine andere. Denn der Rag tagt nach Art. 16 Abs. 4 EUV in verschiedenen Zusammensetzungen. Gem. der über Art. 236 AEUV angenommenen Liste sind dies:

- Allgemeiner Rat und Auswärtige Beziehungen,
- Wirtschaft und Finanzen (ECOFIN),
- Justiz und Inneres,
- Beschäftigung. Sozialpolitik, Gesundheit und Verbraucherfragen,
- Wettbewerb,
- Umwelt,
- Erziehung, Jugend und Kultur,
- Transport, Telekommunikation und Energie und
- Landwirtschaft und Fischerei.

Eine besondere Stellung kommen gem. Art. 16 Abs. 6 EUV dem Rat „Allgemeine Angelegenheiten“ (Allgemeiner Rat) zu, der für die Kohärenz der Ratsarbeit sorgen soll und die Tagungen des Europäischen Rates vorbereitet, sowie dem Rat „Auswärtige Angelegenheiten“ (Auswärtige Beziehungen), der das auswärtige Handeln der Union gestaltet. Der Rat tagt öffentlich, wenn er über Gesetzgebungsakte berät oder abstimmt, Art. 16 Abs. 8 EUV.

2. Zusammensetzung und innere Struktur

Gem. Art. 16 EUV besteht der Rat aus je einer vertretungsberechtigten Person jedes Mitgliedstaates auf Ministerebene, hat derzeit also 27 Mitglieder. Dabei muss es sich nicht notwendig um Minister der Zentralregierung handeln, sondern in den Rat können auch Minister der Länder entsandt werden. Dies entspricht der gesteigerten Bedeutung, die dem föderalen Prinzip im Rahmen der Fortentwicklung der Europäischen Gemeinschaft zukommt (vgl. Art. 23 GG).

Keine Mitglieder der Regierung sind nach nationalem Recht die parlamentarischen und beamteten Staatssekretäre (vgl. Art. 62 GG). Diese haben aber in den vergangenen Jahren regelmäßig an den Beschlussfassungen des Rates teilnehmen dürfen, so dass heute von einer gewohnheitsrechtlichen Anerkennung gesprochen werden kann. Demgegenüber sind andere mitgliedstaatliche Beamte einschließlich der ständigen Vertreter der Mitgliedstaaten nicht bei der Abstimmung zugelassen.

Der Rat tagt in der jeweiligen Zusammensetzung mit Fachministern, so dass er je nach Bereich als Agrarministerrat, Umweltministerrat, Finanzministerrat usw. zusammentritt. Einen Europaminister gibt es, zumindest in Deutschland, nicht. Einer der Gründe dafür dürfte sein, dass es für nur einen Minister eine kaum zu leistende Aufgabe darstellen würde, die Abstimmung mit allen von europarechtlichen Maßnahmen betroffenen Ressorts vorzunehmen.

3. Aufgaben

Die Aufgaben des Rates sind in den Gründungsverträgen allgemein umschrieben. Die dort im Wesentlichen umrissenen Betätigungsfelder lassen sich wie folgt zusammenfassen:

- Der Rat ist in Kooperation mit dem Europäischen Parlament Hauptrechtsetzungsorgan der Union. Es gilt das Prinzip der begrenzten Einzelermächtigung, Art. 5 EUV.
- Der Rat ist zentrales Organ bei dem Verfahren zum Abschluss internationaler Übereinkünfte, vgl. Art. 218 AEUV.
- Der Rat ernennt die Mitglieder des Wirtschafts- und Sozialausschusses, des Ausschusses der Regionen (Art. 306 AEUV) sowie die Mitglieder des Rechnungshofes (vgl. Art. 301 f. AEUV, Art. 286 Abs. 2 AEUV). Während bei der Ernennung der Mitglieder des Rechnungshofes das Europäische Parlament anzuhören ist, ist eine Beteiligung bei der Ernennung des Wirtschafts- und Sozialausschusses und dem Ausschuss der Regionen eine Beteiligung des Europäischen Parlaments nicht vorgesehen.
- Zur Befugnis des Rates im Haushaltsverfahren vgl. Art. 314 AEUV.
- Gem. Art. 290 AEUV kann der Rat – zusammen mit dem Europäischen Parlament – die Entscheidungsbefugnisse über Maßnahmen zur Durchführung seiner Rechtsakte auf die Kommission übertragen.

Der Rat trifft zusammen mit dem Europäischen Parlament (im Regelfall im ordentlichen Gesetzgebungsverfahren gem. Art. 289 AEUV) alle grundlegenden Entscheidungen im Bereich der Union. Zur Regelung von Einzelheiten kann künftig in den Gesetzgebungsakten der Kommission die Befugnis übertragen werden, „Rechtsakte ohne Gesetzescharakter mit allgemeiner Geltung zur Ergänzung oder Änderung bestimmter nicht wesentlicher Vorschriften des betreffenden Gesetzgebungsaktes zu erlassen“. Ohne Gesetzescharakter ist dabei missverständlich: Die Regelungen der Kommission sind – je nach Wahl des Rechtsaktes gem. Art. 188 AEUV – materiell Gesetze. Sie sind nur nicht im formellen Gesetzgebungsverfahren nach Art. 289 AEUV zustande gekommen. Hier zeigt sich wieder die bereits angesprochene Ähnlichkeit zum nationalen Verordnungsrecht.

Was die Durchführung von Rechtsakten betrifft, so wird das Verfahren von Grund- und Durchführungsrechtsakten über Art. 291 AEUV im Kern beibehalten.

BEISPIEL Gestützt auf Art. 26, 95 und 133 EGV, hat der Rat den Zollkodex der Europäischen Gemeinschaft erlassen (VO-EWG Nr. 2913/92 vom 12. 10. 1992, ABl. EG Nr. L 302/1 vom 19. 10. 1992). Diese Grundverordnung umfasst lediglich 253 Artikel und kann nicht alle Einzelfragen des grenzüberschreitenden Warenverkehrs regeln. Der Rat hat daher in Art. 249 ZK die Kommission damit beauftragt, die erforderlichen Durchführungsvorschriften unter Einhaltung eines bestimmten Verfahrens zu erlassen. Gestützt auf diese Verordnungsermächtigung hat die Kommission eine mehr als 900 Artikel und über 100 Anhänge umfassende Durchführungsverordnung geschaffen, die die notwendigen Detailregelungen enthält (VO EWG Nr. 2454/93 der Kommission vom 2. 7. 1993, ABl. EG Nr. L 253/1 vom 11. 10. 1993).

4. Arbeitsweise des Rates

Eine der Hauptaufgaben des Rates besteht darin, Entscheidungen zu treffen. Diese können ggf. darin bestehen, dass der Rat eine Verordnung, mithin eine in den Mitgliedstaaten unmittelbar wirkende Rechtsnorm (vgl. Art. 288 AEUV) erlässt. Dennoch lässt sich das Verfahren der Entscheidungsfindung nicht direkt mit dem eines Gesetzgebungsverfahrens nach nationalem Recht vergleichen. Hieran hat sich auch nach dem Vertrag von Lissabon nichts geändert.

Nach wie vor wird die Entscheidungsfindung im Rat stark durch die Arbeit in Ausschüssen und Arbeitsgruppen beeinflusst. Die Arbeitsgruppen bearbeiten die technischen Fragen, während die politischen Bereiche in dem zentralen und wichtigsten Ausschuss, dem Ausschuss der ständigen Vertreter bzw. dem Rat selbst behandelt werden.

a) Der Ausschuss der Ständigen Vertreter (COREPER)

Die Mitgliedstaaten entsenden unter Federführung des Außenministeriums nationale Beamte im Rang eines Botschafters als ständige Vertreter zu den Europäischen Gemeinschaften. Diese ständige Vertretung soll als das Bindeglied zwischen den nationalen Ministerien, der Kommission und dem Rat dienen. Sie gewährleistet den notwendigen Informationsfluss und die erforderliche Verzahnung der nationalen und europäischen Belange. Rechtlich sind Einrichtung und Aufgaben des Ausschusses der ständigen Vertreter in Art. 16 Abs. 7 EUV festgeschrieben.

Die ständigen Vertreter kommen auf Unions-Ebene im Rahmen des COREPER (*Commission des représentants permanents*), dem „Ausschuss der ständigen Vertreter", zusammen. Dieser Ausschuss ist eine Art internes Hilfsorgan des Rates. Seine Aufgabe ist es, die Arbeit des Rates vorzubereiten und die zu treffenden Maßnahmen bis zur Entscheidungsreife voranzutreiben.

Die meisten Maßnahmen werden bereits im COREPER bis zur Abschlussreife vorangetrieben. Da dem COREPER aber keinerlei eigenständige Entscheidungsbefugnis nach dem primären Gemeinschaftsrecht zukommt, ist es ihm allerdings verwehrt, die getroffenen Vereinbarungen förmlich zu beschließen. Insoweit verbleibt es bei der alleinigen Zuständigkeit des Rates, der die Entscheidungsvorlagen beschließt oder ablehnt.

b) Das Generalsekretariat

Der Rat wird bei seiner Arbeit weiter durch ein ihm unterstehendes Sekretariat unterstützt. Das Sekretariat bereitet die Sitzungen des Rates und des COREPER sowie der eingesetzten Arbeitsgruppen vor. Es stellt die technischen Dienste (Protokollführer, Dolmetscher) zur Verfügung und schlägt redaktionell aufgearbeitete Formulierungen für die Beschlüsse der Gremien vor. Besondere Bedeutung kommt dem juristischen Dienst des Sekretariats zu. Dieser gibt in den verschiedenen Rechtsangelegenheiten Stellungnahmen ab und vertritt den Rat vor dem Europäischen Gerichtshof.

5. Beschlussfassung

Für die zu treffenden Beschlüsse des Rates sind je nach der zu regelnden Materie verschiedene Mehrheiten notwendig. Diese werden durch die jeweilige Ermächtigungsnorm und/oder das einzuhaltende Rechtsetzungsverfahren vorgegeben.

Sofern nach Art. 16 Abs. 3 AEUV – abweichend vom EGV, der als Grundsatz eine einfache Mehrheit vorsah – nichts anderes vorgesehen ist, ist für die Beschlussfassung die qualifizierte Mehrheit erforderlich.

Wann die qualifizierte Mehrheit erreicht ist, ist über Art. 16 Abs. 3 und 5 EUV mehr oder weniger kryptisch geregelt. Dabei ist es u. a. entscheidend, ob der Rat auf Vorschlag der Kommission oder des Hohen Vertreters der Union handelt, vgl. Art. 238 AEUV. Hintergrund ist, dass die Mitgliedstaaten gerade über den Rat die größten Einflussmöglichkeiten haben und daher erbittert um jeden vermeintlichen Vorteil feilschen.

Ohne auf alle Details hier eingehen zu wollen, gilt im Regelfall das Prinzip der doppelt-qualifizierten Mehrheit. Danach muss eine Mehrheit der Mitglieder des Rates vorliegen und diese Mehrheit muss einen bestimmten Anteil an der Gesamtbevölkerung der Europäischen Union repräsentieren.

Ergänzt wird das Prinzip der doppelt-qualifizierten Mehrheit durch die Vorschrift des Art. 16 Abs. 4 EUV über die sog. Sperrminorität.

VI. Die Kommission

1. Allgemeines

Unter der EU-Kommission wird üblicherweise der gesamte für die europäischen Geschicke verantwortliche Beamtenapparat verstanden. Man assoziiert mit diesem Begriff häufig die negativen Aspekte der Europäischen Integration, verbindet mit ihm die Vorstellung von einer technokratisch arbeitenden, regelungswütigen „Superbehörde“ (Stichwort: Eurokraten). Das als Kommission bezeichnete eigentliche Organ hingegen ist eine nur kleine Verwaltungseinheit mit je einem Staatsangehörigen jedes Mitgliedstaates, mithin aus 27 Mitgliedern.

Als Behörde verfügte die Kommission im Jahr 2008 über einen genehmigten Personalbestand von etwas mehr als 26.000 Personen. Eine auf den ersten Blick riesige Zahl, die sich aber relativiert, wenn man bedenkt, dass die Kommission die zentrale europäische Einrichtung für nunmehr fast 500 Mio. Einwohner ist.

2. Zusammensetzung und innere Struktur

Größe und Zusammensetzung der Kommission wurden durch den Vertrag von Nizza erheblich verändert. Während bis zu dessen Inkrafttreten die sog. großen Mitgliedstaaten (Deutschland, Vereinigtes Königreich, Spanien, Frankreich und Italien) je zwei Vertreter entsenden durften, wurde dieses Privileg zum November 2004 aufgehoben, so dass die Kommission ab 2004 auf der Basis der damaligen Anzahl von Mitgliedstaaten 25 Personen aufwies. Diese Zahl erhöhte sich aufgrund des erfolgten Beitritts von Rumänien und Bulgarien zwischenzeitlich auf 27.

Gem. Art. 17 Abs. 4 des EU-Vertrags gehören der 2009 gewählten und derzeit im Amt befindlichen Kommission bis zu deren Amtsende zum 31. 10. 2014 neben dem Präsidenten und dem Hohen Vertreter der Union ein Kommissar aus jedem Mitgliedstaat an. Die somit gegebene Zahl von 27 Mitgliedern soll allerdings gem. Art. 17 Abs. 5 EUV ab dem 1. 11. 2014 auf zwei Drittel der bisherigen Anzahl reduziert werden. Auch hier gibt der Vertragstext allerdings eine Ausnahmeregelung vor, Art. 17 Abs. 5 a. E. EUV: Der Europäische Rat kann eine Änderung dieser Reduzierung einstimmig beschließen, welche er im Hinblick auf die notwendige Zustimmung der irischen Bevölkerung im Jahre 2008 der irischen Regierung bereits zugesichert hat. Damit steht zu befürchten, dass die Kommission sich sukzessive zu einem riesigen Ballon mit teilweise mikroskopisch kleinen Verwaltungseinheiten und ineffizienten Strukturen aufblähen wird. Sollte es wider Erwarten doch einmal zu einer Verkleinerung der Kommission kommen, so wird ein System der strikt gleichberechtigten Rotation zwischen den Mitgliedstaaten eingeführt, welches dazu führen soll, dass alle Mitgliedstaaten in gleicher Art und Weise zum Zuge kommen werden. Hierbei sollen demographische und geographische Verhältnisse eine Rolle spielen.

Die Kommissionsmitglieder verpflichten sich, ihre Aufgabe völlig unabhängig von nationalen Regierungen, Parteien und Interessenverbänden allein im europäischen Interesse auszuüben. Sie dürfen daher Weisungen bei der Erfüllung ihrer Pflichten nicht entgegennehmen und müssen alles unterlassen, was ihrer an den Gemeinschaftszielen orientierten Aufgabe zuwiderlaufen könnte, Art. 17 Abs. 3 EUV. Indes darf diese gesetzlich angeordnete Trennung nicht darüber hinwegtäuschen, dass selbst bei größtem Bemühen keines der Kommissionsmitglieder seine nationale Herkunft verleugnen kann.

Die Arbeit der Kommission nach außen und innen kann stark von der Person des jeweiligen Präsidenten abhängig sein. Dieser hat es in der Hand, durch Bildung von Schwerpunkten in der Kommissionsarbeit die europäische Entwicklung maßgeblich zu prägen. So nahm sie unter ihrem ersten Präsidenten *Walter Hallstein* ihre Kompetenzen in expansiver Weise wahr und entwickelte sich auf diese Weise zu einem echten Motor der Gemeinschaft. Allerdings konnten nur wenige Präsidenten an solch dynamische Prozesse unter ihrer Präsidentschaft anknüpfen.

Die Präsidenten der Kommission:

- 1958-1967: *Walter Hallstein* (D)
- 1967-1970: *Jean Rey* (B)
- 1970-1972: *Franco Maria Malfatti* (I)
- 1972-1973: *Sicco Mansholt* (NL)
- 1973-1977: *François-Xavier Ortoli* (F)
- 1977-1981: *Roy Jenkins* (UK)
- 1981-1985: *Gaston Thorn* (L)
- 1985-1995: *Jacques Delors* (F)
- 1995-1999: *Jacques Santer* (L)
- 1999-2004: *Romano Prodi (I)*
- 2004-heute: *José Manuel Barroso (P)*

Ist die Kommission einmal ernannt, können die Mitglieder nicht mehr durch die nationalen Regierungen abberufen werden. Das Europäische Parlament ist mit zwei Drittel Mehrheit gem. Art. 234 AEUV in der Lage, die Kommission insgesamt zur Niederlegung des Amtes zu zwingen. Darüber hinaus können einzelne Mitglieder der Kommission, die die Voraussetzungen für die Ausübung seines Amtes nicht mehr erfüllen oder schwere Verfehlungen begangen haben, auf Antrag des Rates oder der Kommission durch den Gerichtshof ihres Amtes enthoben werden, Art. 247 AEUV.

3. Aufgaben und Befugnisse

Die Aufgaben der Kommission sind nunmehr in Art. 17 Abs. 1 EUV zusammengefasst. Welcher Kommissar für welche Bereiche zuständig ist, wird vom Kommissionspräsidenten festgelegt, vgl. Art. 248 AEUV. Der Präsident kann diese Aufgabenverteilung jederzeit verändern. Die Kommission gibt sich gem. Art. 249 AEUV eine Geschäftsordnung, in der Regelungen für den ordnungsgemäßen Ablauf der Kommissionsarbeit enthalten sind.

Die Kommission ist zentraler Akteur bei der Vorbereitung, Herstellung, Durchführung und Kontrolle von verbindlichen Entscheidungen der Union. Von besonderer Bedeutung sind dabei ihr Initiativmonopol und ihre Aufgabe als „**Hüterin der Verträge**".

a) Initiativmonopol

Das vor Inkrafttreten der durch den Vertrag von Lissabon bedingten Änderungen des EUV nicht ausdrücklich festgeschriebene, aber aus mehreren Normen des (alten) EG-Vertrags sich ergebende Initiativmonopol findet sich jetzt ausdrücklich in Art. 17 Abs. 2 EUV: „Soweit in den Verträgen nichts anderes festgelegt ist, darf ein Gesetzgebungsakt der Union nur auf Vorschlag der Kommission erlassen werden. Andere Rechtsakte werden auf der Grundlage eines Kommissionsvorschlags erlassen, wenn dies in den Verträgen vorgesehen ist." Dabei handelt es sich um die Berechtigung und Verpflichtung der Kommission, die nach dem Gemeinschaftsrecht notwendigen

Gesetzesvorhaben einzuleiten, zu initiieren. Sie besitzt das Initiativmonopol, d. h. anders als im nationalen Recht geht jede gesetzgeberische Maßnahme des Gemeinschaftsrechts auf einen entsprechenden Vorschlag der Kommission zurück.

DEFINITION

Initiativmonopol: In der Europäischen Gemeinschaft liegt die Gesetzesinitiative allein bei der EG-Kommission. Jede Rechtsnorm hat daher einen Vorschlag der EG-Kommission zum Ausgangspunkt. Damit unterscheidet sich die Rechtslage erheblich von der Situation in Deutschland, wo das Recht zur Gesetzesinitiative verschiedenen Gremien zusteht.

Wie bisher auch hat die Kommission damit indirekt eine starke Stellung im Gesetzgebungsverfahren, ohne selbst Gesetzgeber zu sein. Kommt die Kommission einmal ihrer Verpflichtung insoweit nicht nach, so kann sie allerdings zur Initiative über Art. 265 AEUV gezwungen werden. Es ist nicht möglich, einen notwendigen Vorschlag durch den Akt eines anderen Gemeinschaftsorgans zu ersetzen.

Natürlich können die Kommissare nicht jeden einzelnen Rechtsakt selbst vorbereiten und selbst entwickeln. Man bedient sich daher spezieller Studien- und Arbeitsgruppen, die die Kommission bei Erfüllung dieser Aufgabe unterstützen. In diesen sind neben den Kommissionsbeamten auch solche aus den Mitgliedstaaten, Verbandsvertreter und unabhängige Sachverständige vertreten. Die Kommission ist nicht gehindert, einen dem Rat formell übermittelten Gesetzesvorschlag wieder abzuändern oder gar zurückzuziehen.

Neben den formellen Gesetzesvorschlägen kann die Kommission – soweit es der Vertrag vorsieht oder sie es für notwendig erachtet – Empfehlungen und Stellungnahmen abgeben. Von dieser Möglichkeit macht sie, teilweise in Form von sog. Weiß- und Grünbüchern, in erheblichem Umfang Gebrauch. Zwar sind diese Handlungen lediglich unverbindliche Positionsdarlegungen, sie haben aber oftmals ganz erheblichen Einfluss auf die weitere Politik und Entscheidungsfindung im Rat.

b) Kontrolle der Einhaltung des Gemeinschaftsrechts

Eine weitere besonders wichtige Aufgabe ist die der Kommission als „**Hüterin der Verträge**". Während nach traditionellem nationalem Verständnis das Bundesverfassungsgericht über die Einhaltung der Verfassung wacht, ist im Gemeinschaftsrecht kraft der ausdrücklichen Anordnung in Art. 17 Abs. 1 EUV die Kommission aufgerufen, für „die Anwendung der Verträge sowie der von den Organen kraft der Verträge erlassenen Maßnahmen und für die Überwachung der Anwendung des Unionsrechts unter der Kontrolle des Gerichtshofes der Europäischen Union zu sorgen". Damit ist es die Kommission, die für die Einhaltung des primären und sekundären Gemeinschaftsrechts Sorge zu tragen hat. Zur Erfüllung dieser wichtigen Aufgabe sind ihr eine Reihe von Kontroll- und Eingriffsbefugnisse (so hat die Kommission auf der Basis verschiedener Rechtsgrundlagen im Einzelfall die Möglichkeit, gegen natürliche und juristische Personen Geldbußen oder Zwangsgelder zu verhängen) eingeräumt.

Besonders ausgeprägt sind dabei die Möglichkeiten der Kommission im Bereich des wettbewerbswidrigen Verhaltens von Unternehmen. Gem. Art. 101 und 102 AEUV sind wettbewerbswidrige Vereinbarung oder Beschlüsse von Unternehmen bzw. Vereinigungen und der Missbrauch einer marktbeherrschenden Stellung verboten. Diese Regelungen sollen jedem Unternehmen grundsätzlich die gleichen Marktbedingungen wie seinen Mitbewerbern garantieren. Bei Verstößen kann die Kommission gem. Art. 105 AEUV, von Amts wegen oder auf Beschwerde einer natürlichen oder juristischen Person hin, die betroffenen Unternehmen zu Beendigung des Verstoßes auffordern und dann in einem gestuften Verfahren Geldbußen bzw. Zwangsgelder festsetzen. Zur Umsetzung dieser Verbote sind der Kommission im Sekundärrecht (VO EG Nr. 1/2003 vom 16. 12. 2002 zur Durchführung der in den Art. 81 und 82 des Vertrags niedergelegten Wettbewerbsregeln, ABl. 1/1 vom 4. 1. 2003 (jetzt Art. 101 f. AEUV) umfassende Ermittlungs- und Durchsetzungsbefugnisse eingeräumt. Als besonders hartnäckig hat sich dabei die Kommission in den letzten Jahren beim Vorgehen gegen die Firma Microsoft gezeigt. Wegen der Ausnutzung einer marktbeherrschenden Stellung im Bereich der PC-Betriebssysteme wurde 2004 einer Geldbuße von 497 Mio. €, im Jahr 2008 eine weitere von 899 Mio. € festgesetzt.

Aber auch gegen Mitgliedstaaten vermag die Kommission effektiv vorzugehen. Insoweit steht ihr als eines der wichtigsten Mittel die Möglichkeit offen, Vertragsverletzungsklage zum Gerichtshof gem. Art. 258 AEUV zu erheben und im Verfahren die Verhängung eines Zwangsgeldes gem. Art. 260 Abs. 2 EUV zu initiieren.

BEISPIEL Im Jahre 1998 (Rs. C-301/95) verurteilte der Europäische Gerichtshof die Bundesrepublik Deutschland aufgrund der Feststellung, dass Deutschland seinen Verpflichtungen aus der UVP-Richtlinie nicht nachgekommen sei. Da die deutschen Umsetzungsvorschriften aber auch nach diesem Urteil ganze Klassen von Projekten des Anhangs II der EU-Richtlinie von der UVP-Pflicht ausgenommen hatten, reichte die Europäische Kommission beim Europäischen Gerichtshof erneut Klage gegen Deutschland wegen mangelnder Umsetzung der Richtlinie über Umweltverträglichkeitsprüfungen (UVP-Richtlinie 85/337/EWG) ein (Abl. 2001 C 28, S. 13). Für den Fall einer erneuten Verurteilung drohte die Kommission mit der Erhebung eines täglichen Zwangsgeldes von 237.600 €. Zur Zulässigkeit eines solchen Verfahrens vgl. Art. 228 EGV (jetzt Art. 260 AEUV).

Vereinzelt ist versucht worden, aus der sich aus Art. 211 2. Anstrich EGV (im Wesentlichen ersetzt durch Art. 17 Abs. 1 EUV) ergebenden Aufgabe eine Verpflichtung der Kommission zum Einschreiten abzuleiten.

FALL

Ein belgischer Bananengroßhändler versuchte, die Kommission mittels einer Klage vor dem Europäischen Gerichtshof dazu zu zwingen, gegen eine seiner Ansicht nach mit dem Gemeinschaftsrecht unvereinbare Regelung des französischen Marktes mit Bananen zu erheben. Der Europäische Gerichtshof lehnte eine solche Verpflichtung der Kommission ab. Er betonte, dass Art. 211 EGV (Art. 17 EUV) nur ein Recht, nicht aber eine Pflicht der Kommission zum Einschreiten statuiere (Fall nach EuGH, RS. 247/87, *Star Fruit Company/Kommission*, Slg. 1989, S. 291 ff.).

Das Ergebnis des Europäischen Gerichtshofes wird angesichts der Tatsache, dass auch Art. 258 AEUV als das maßgebliche Durchsetzungsinstrument lediglich davon spricht, dass die Kommission nach Ablauf der den Mitgliedstaaten gesetzten Frist zur Stellungnahme klagen kann – nicht etwa muss – weitgehend akzeptiert. Ernsthaft strittig ist hingegen, ob die Kommission zumindest nach pflichtgemäßem Ermessen entscheiden muss oder ob eine Verpflichtung zum

Handeln grundsätzlich nicht besteht. Die Unterschiede zwischen den beiden Ansichten sind, da es bei unterstellter Verpflichtung der Kommission zur pflichtgemäßen Ausübung des Ermessens i. d. R. an einem geeigneten Instrumentarium fehlt, sie zu ordnungsgemäßem Ermessensgebrauch zu zwingen, gering.

---

4. Beschlussfassung und Arbeitsweise

Die Kommission ist ein Kollegialorgan, d. h. die einzelnen Mitglieder haben das gleiche Stimmrecht, Entscheidungen und Beschlüsse werden gemeinsam beraten und beschlossen. Der Kommissionspräsident ist *„primus inter pares"*, seine Stimme zählt wie die der Übrigen, nicht mehr, nicht weniger. Eine Stimmenwägung wie im Ministerrat gibt es nicht. Einzelheiten regelt die Geschäftsordnung der Kommission, vgl. Art. 250 AEUV (als PDF-Dokument aufrufbar über www.europa.eu). Dem Umstand der ständig wachsenden Arbeitsbelastung wird durch verschiedene Delegationsmöglichkeiten Rechnung getragen, wobei allerdings immer betont wird, dass die Kollegialverantwortung der Kommission hierdurch nicht beeinträchtigt werden darf, vgl. Art. 13 ff. der Geschäftsordnung.

Die Aufgaben, die der Kommission nach dem Gemeinschaftsrecht zukommen, können von den Kommissaren allein nicht erledigt werden. Daher gehört zu der Kommission in weiterem Sinne ein Beamtenapparat, gegliedert in mehr als 40 Generaldirektionen und sonstigen speziellen Diensten.

Außerdem unterstehen der Kommission ein Generalsekretariat, ein juristischer Dienst, ein Übersetzungsdienst, ein Dolmetscher-Konferenzdienst, das Statistische Amt, das Amt für Veröffentlichungen, Informationsbüros in den Mitgliedstaaten, Vertretungen in Drittländern usw.

Auch im Wirkungsfeld der Kommission gibt es Expertenausschüsse, die die Arbeit unterstützen und fördern sollen.

VII. Der Gerichtshof

1. Allgemeines

Der Gerichtshof der Europäischen Union ist eines der in Art. 13 EUV genannten Hauptorgane der Gemeinschaft. Er umfasst gem. Art. 19 EUV den Gerichtshof, dass Gericht und die Fachgerichte.

Nach der Auflösung der Säulenstruktur durch den Vertrag von Lissabon erstreckt sich die Zuständigkeit des Gerichtshofes auf fast alle Politikbereiche der Union. Allerdings gibt es immer noch einige Einschränkungen. So hat der Gerichtshof gem. Art. 276 AEUV im Bereich der Freiheit, Sicherheit und des Rechts auch weiterhin nicht die Befugnis, die Überprüfung der Gültigkeit oder Verhältnismäßigkeit von nationalen Maßnahmen der Polizei oder anderen Strafverfolgungsbehörden vorzunehmen.

Eine eingeschränkte Überprüfungskompetenz für den Gerichtshof besteht auch im Bereich der gemeinsamen Außen- und Sicherheitspolitik, vgl. Art. 275 Abs. 2 AEUV. Hier sind die Bestimmungen, die die Gemeinsamen Außen- und Sicherheitspolitik betreffen, von der Überprüfungskompetenz mit Ausnahme der in Art. 275 UA 2 AEUV genannten Fälle ausgenommen.

Schon seit Gründung der Europäischen Wirtschaftsgemeinschaft hat sich der Gerichtshof durch eine auf die dynamische Entwicklung der europäischen Integration ausgerichtete Rechtsprechung ausgezeichnet. Dabei half die Tatsache, dass der Gerichtshof die Entscheidungen nach dem Mehrheitsprinzip fällt und dabei allein seiner im Laufe des Rechtsstreits gewonnenen Überzeugung von Recht und Gerechtigkeit folgt. In Erfüllung seiner Aufgabe, „die Wahrung des Rechts bei der Auslegung und Anwendung" der Verträge zu gewährleisten (vgl. Art. 19 Abs. 1 EGV alt, nunmehr leicht modifiziert Art. 19 Abs. 1 EUV), ist er allerdings stets dem Spannungsverhältnis zwischen seiner Stellung als echtem, überstaatlichem Organ, welches frei von den Interessen der Mitgliedstaaten entscheidet, und den nationalen Interessen ausgesetzt gewesen. Hinzu kommen zahlreiche verfassungsrechtlich gebotene Abgrenzungs- und Kompetenzprobleme, die immer wieder Gegenstand nationaler Verfassungsstreitigkeiten waren und sind. Trotz dieser Schwierigkeiten kann die Bedeutung des Gerichtshofes für die Effektivität der gemeinschaftsrechtlichen Ordnung nicht hoch genug eingeschätzt werden.

2. Zusammensetzung und innere Struktur

a) Der Gerichtshof

Der Gerichtshof der Europäischen Union besteht nach wie vor gem. Art. 19 Abs. 2 EUV aus einem Richter je Mitgliedstaat. Diese werden nicht etwa gewählt, sondern von den Regierungen der Mitgliedstaaten im gegenseitigen Einvernehmen für die Dauer von sechs Jahren ernannt, Art. 253 AEUV.

Die Voraussetzungen, welche die auszuwählenden Personen zu erfüllen haben, sind in Art. 253 AEUV nur unvollkommen genannt. Dieser Norm ist aber bereits zu entnehmen, dass die Richter

- jede Gewähr für ihre Unabhängigkeit bieten müssen und
- die in ihren Mitgliedstaaten erforderlichen Voraussetzungen für die höchsten richterlichen Ämter haben oder Juristen von anerkannt hervorragender Befähigung sein müssen.

Während der zweite Punkt nicht weiter spezifiziert ist, gibt es in Bezug auf die Unabhängigkeit der Richter in dem Protokoll Nr. 3 über die die Satzung des Europäischen Gerichtshofes einige ergänzende Bestimmungen. So ist in Art. 3 die Immunität der Richter in der Weise sichergestellt, dass diese keiner Gerichtsbarkeit unterworfen sind. Dies gilt für amtliche Handlungen auch nach Abschluss der Amtstätigkeit. Nur der Gerichtshof selbst ist gem. Art. 3 UA 2 der Satzung befugt, die Befreiung von der Immunität durch Plenarentscheidung herbeizuführen. Weiter verbietet Art. 4 der Satzung den Richtern jede Übernahme eines politischen Amtes oder eines solchen in der Verwaltung. Die entgeltliche oder unentgeltliche Berufstätigkeit ist ebenfalls grundsätzlich (der Rat kann Ausnahmen von dieser Vorschrift erteilen) untersagt.

Die besondere Ausprägung der richterlichen Unabhängigkeit entspricht der im nationalen Bereich anzutreffenden Verbürgung des Art. 97 GG. Die Vorschriften des Protokolls über die Satzung des Europäischen Gerichtshofes machten für das Bundesverfassungsgericht den Weg dafür frei, den Gerichtshof als gesetzlichen Richter i. S. von Art. 101 Abs. 1 Satz 2 GG anerkennen zu können.

Unterstützt wird der Gerichtshof gem. Art. 252 AEUV von acht Generalanwälten. Deren Qualifikation und Ernennung entspricht der der Richter. Die eben angeführten Vorschriften zur Unabhängigkeit gelten für die Generalanwälte gem. Art. 8 der Satzung entsprechend. Hauptaufgabe der Generalanwälte ist es, die Entscheidung des Gerichtshofes vorzubereiten, indem sie in völliger Unparteilichkeit und Unabhängigkeit begründete Schlussanträge zu den anhängigen Rechtsstreitigkeiten abgeben. Der Europäische Gerichtshof folgt in den allermeisten Fällen diesen Schlussanträgen. Die dort zu findenden rechtlichen Ausführungen sind regelmäßig geeignet, die oftmals sehr knapp gehaltene Entscheidung des Europäischen Gerichtshofes verständlicher zu machen.

Eine weitere wichtige Institution beim Europäischen Gerichtshof ist der in Art. 253 AEUV, Art. 254 AEUV genannte Kanzler. Dieser erfüllt im Rahmen eines Verfahrens wichtige Aufgaben und Funktionen. So sind an ihn gem. Art. 19 der EuGH-Satzung die Klageschriften einzureichen. Dies geschieht mit einem Schriftsatz, der zumindest

- den Namen und Wohnsitz des Klägers,
- die Stellung des Unterzeichnenden,
- die beklagte Partei,
- den Streitgegenstand,
- die Anträge und
- eine kurze Darstellung der Klagegründe enthalten muss.

b) Das Gericht und die Fachgerichte

Aufgrund der gestiegenen Arbeitsbelastung, hervorgerufen durch eine immer weiter ansteigende Zahl von Verfahren vor dem Europäischen Gerichtshof, ergab sich die Notwendigkeit, dem Gerichtshof in angemessenem Umfang Entlastung zuteil werden zu lassen. Daher ordnete der Rat auf der durch die Einheitliche Europäische Akte eingefügten Grundlage des damaligen Art. 168a EWGV durch Beschluss vom 24. 10. 1988 die Errichtung eines Gerichts erster Instanz an. Das Gericht erster Instanz wurde durch den Vertrag von Nizza weiter aufgewertet und stand gleichberechtigt neben dem Gerichtshof in Art. 220 EGV als zur „Wahrung des Rechts bei Auslegung und Anwendung des Vertrags“ berufen.

Die nunmehr einfach als Gericht bezeichnete Einrichtung besteht aus 27 Mitgliedern, vgl. Art. 254 AEUV i.V. mit Art. 48 des Protokolls Nr. 3 über die Satzung des Gerichtshofes Es gibt einen Präsidenten. Das Gericht besteht aus Kammern mit drei oder fünf Richtern sowie einer großen Kammer. Die Kompetenzen des Gerichts ergeben sich aus Art. 256 AEUV. Es ist grundsätzlich für Nichtigkeitsklagen gem. Art. 263 AEUV und für Untätigkeitsklagen gem. Art. 267 AEUV zuständig.

Das Gericht für den öffentlichen Dienst der Europäischen Union ist im Jahr 2005 als erste gerichtliche Kammer errichtet worden. Damit war das erste Fachgericht gegründet, weitere können nach dem Verfahren des Art. 257 AEUV eingerichtet werden. Das Fachgericht ist im ersten Rechtszug für die Streitsachen zwischen den Gemeinschaften und deren Bediensteten gem. Art. 270 AEUV einschließlich der Streitsachen zwischen den Einrichtungen sowie Ämtern und Agenturen und deren Bediensteten zuständig. Das Verfahren vor dem Fachgericht bestimmt sich grundsätzlich nach Art. 3 der Satzung des Gerichtshofes.

Die Urteile des Europäischen Gerichtshofes werden durch ein dem Aktenzeichen vorangestelltes „C“ (für *Cour*), die des Gerichts erster Instanz durch ein „T“ (für *Tribunal*) gekennzeichnet.

3. Aufgaben

Die Aufgaben des Gerichtshofes sind in Art. 19 Abs. 1 AEUV allgemein umschrieben. Danach hat er für „die Wahrung des Rechts bei der **Auslegung und Anwendung** dieses Vertrags" zu sorgen.

Auslegung bedeutet vom Begriffsinhalt her die abstrakte Bestimmung dessen, was in den einzelnen Rechtsnormen tatsächlich an verbindlicher Festlegung enthalten ist, mithin eine Art Inhaltsermittlung dessen, was Recht sein soll. Bei der Auslegung bedient sich der Gerichtshof verschiedener Methoden, wobei er aber nicht immer eine strenge Reihenfolge einhält. Ausgangspunkt ist i. d. R. zunächst der Text der einschlägigen Bestimmung, wobei die Worte nicht isoliert, sondern in ihrem Zusammenhang mit dem jeweiligen Satz, dem ganzen Absatz und dem ganzen Artikel gesehen werden (**grammatikalische Auslegung**). Darüber hinaus zieht der Gerichtshof oftmals den im Zusammenhang mit dem auszulegenden Text stehenden Kontext, d. h. die übrigen Absätze und Artikel zur Auslegung heran (**systematische Auslegung**). Besondere Bedeutung misst er der sog. **teleologischen Auslegung** zu. Bei dieser werden die Vertragsziele erforscht und der Bestimmung des Rechts zugrunde gelegt. Abgestellt wird nicht etwa auf die subjektiven Ziele der Vertragsparteien, sondern auf die im Vertrag festgelegten objektiven Ziele.

Die von dem Gerichtshof im Wege der Auslegung gefundenen und geprägten Begriffe sind i. d. R. eigenständige gemeinschaftsrechtliche Begriffe, die sich teilweise erheblich von nationalen Vorstellungen unterscheiden. Seiner Verpflichtung zur Auslegung des Rechts kommt der Gerichtshof auch nach, indem er in einer dynamischen (und von manchen als zu weitgehend bezeichneten) Weise das vorhandene Recht richterrechtlich fortbildet.

Unter **Anwendung** ist hingegen das Übertragen des (ausgelegten) Rechts auf den konkreten Fall zu verstehen. Diese Unterscheidung ist deswegen von Bedeutung, weil in einigen der speziellen Vorschriften über die verschiedenen Klagemöglichkeiten dem Gerichtshof teilweise nur eine der in Art. 19 Abs. 1 AEUV zur Verfügung gestellten Möglichkeiten zukommen soll.

BEISPIEL ▸ Nach Art. 267 AEUV ist der Gerichtshof im Vorabentscheidungsverfahren nur berechtigt, die dort angesprochenen Normen auszulegen oder aber über die Gültigkeit bestimmter Handlungen der Organe und der Europäischen Zentralbank zu befinden. Zur Anwendung des gefundenen Auslegungsergebnisses ist er hingegen nicht berechtigt. Dies ist angesichts der Tatsache, dass die Entscheidung des dem Gerichtshof vorgelegten konkreten Rechtsstreits im Vorabentscheidungsverfahren des Art. 267 AEUV weiter dem vorlegenden nationalen Gericht obliegt, auch nur konsequent und richtig.

Da Ausgangspunkt für die Auslegung normalerweise ein konkret zur Entscheidung anstehender Fall sein wird, lassen sich Überschneidungen nicht immer vermeiden.

Die eben angesprochenen Vorschriften über die verschiedenen Verfahrensarten ergänzen den Art. 19 EUV, d. h. sie legen fest, in welchen Bereichen und welchen Verfahren der Gerichtshof durch Auslegung und Anwendung die Wahrung des Rechts zu sichern hat. Nach ihren Zielen kann man drei Hauptgruppen gerichtlicher Entscheidungskompetenz ausmachen:

DEFINITION

Entscheidungskompetenzen des Gerichtshofes:

1. Kontrolle vertragskonformen Verhaltens der Mitgliedstaaten im Vertragsverletzungsverfahren.
2. Rechtskontrolle der Organtätigkeiten durch
   - Nichtigkeitsklage (Art. 263 ff. AEUV),
   - Untätigkeitsklage (Art. 2265 AEUV),
   - Amtshaftungsklage (Art. 256 , 340 AEUV),
   - präventive Gutachten (Art. 218 Abs. 11 AEUV) und
   - Beamtenklage (Art. 270 AEUV).
3. Auslegung des Gemeinschaftsrechts im Rahmen eines Vorabentscheidungsverfahrens (Art. 267AEUV).

4. Die Funktionen des Gerichtshofes

Als einzigem rechtlichen Kontrollorgan im Rahmen der Europäischen Union sind dem Gerichtshof zahlreiche Aufgaben übertragen, die über die reine Streitentscheidung hinausgehen. So ist er z. B. im Rahmen des Art. 218 Abs. 11 AEUV dazu berufen, in bestimmten Rechtsfragen Gutachten zu erstellen. Diese Gutachten, die zwar keine verbindliche Rechtsentscheidung beinhalten, aber als maßgebliche Einschätzung der Rechtslage ganz erheblichen Einfluss auf die weiteren Handlungen der betroffenen Organe haben können, gehen über das, was gemeinhin als Rechtswahrungstätigkeit verstanden werden könnte, hinaus.

Außerdem ist er bei der Wahrung des Rechts dazu aufgerufen, bestehende Lücken des Gemeinschaftsrechts zu erkennen und ggf. durch ergänzende Auslegung zu schließen. Der Begriff „Wahrung des Rechts" ist daher nicht etwa statisch zu verstehen, sondern beinhaltet alle Maßnahmen und Vorgänge, die zum Erhalt und zur Fortentwicklung des gesamten Gemeinschaftsrechts notwendig sind. Zum Gemeinschaftsrecht gehören dabei neben dem primären und sekundären Gemeinschaftsrecht auch die allgemeinen Rechtsgrundsätze.

Der Sache nach lässt sich daher sagen, dass der Gerichtshof unterschiedliche Funktionen erfüllt:

- Er ist Verfassungsgericht, soweit es um die Klärung von Rechten und Pflichten der Organe untereinander sowie um die Rechtsverhältnisse zwischen den Mitgliedstaaten und der Europäischen Union geht. Hierzu ist auch der Bereich der Normenkontrolle zu rechnen, d. h. die Verfahren, in denen der Gerichtshof die Vereinbarkeit der Rechtsakte des Rates und der Kommission mit dem primären Gemeinschaftsrecht überprüft. Außerdem wird man den Bereich, in welchem der Gerichtshof über die nach dem Gemeinschaftsrecht gegebenen Grundrechtsgewährleistungen zu entscheiden hat, ebenfalls dem verfassungsrechtlichen Gebiet zuordnen können.

- Er ist Verwaltungsgericht, wenn er über Klagen von natürlichen oder juristischen Personen gegen die sie betreffenden Maßnahmen der Europäischen Union sowie Klagen der europäischen Bediensteten aus dem Dienstverhältnis zu entscheiden hat.
- Er ist Zivilgericht, wenn es um die Feststellung einer außervertraglichen Haftung und die Prüfung von Ansprüchen auf Schadensersatz, z. B. aus Amtspflichtverletzungen, geht.
- Letztlich ist der Gerichtshof dazu berufen, in einzelnen Streitigkeiten kraft Vereinbarung der Parteien als Schiedsgericht zu fungieren.

5. Grundrechtsschutz durch den Gerichtshof

Einen der wichtigsten Anwendungsfälle richterlicher Rechtsfortbildung stellt die Entwicklung und Gewährleistung gemeinschaftseigener Grundrechte durch den Gerichtshof dar. Ausgangspunkt dieser Form der Rechtsentwicklung war und ist die Tatsache, dass das Primärrecht der jetzigen Europäischen Union zwar einerseits Verfassungscharakter hat, andererseits aber keinen geschriebenen Grundrechtskatalog enthielt. Dies hat sich erst durch den Vertrag von Lissabon durch die Einbeziehung der Charta der Grundrechte in den Rechtsbestand der Europäischen Union durch Art. 6 EUV und deren Gleichstellung mit den Verträgen – zumindest indirekt – geändert.

Vor diesem Hintergrund stand der Europäische Gerichtshof bis in das Jahr 1969 daher auf dem Standpunkt, dass grundrechtliche Einwendungen Gegenstand des nationalen Verfassungsrechts seien und daher nicht vom ihm entschieden werden müssten. Diese Vorstellung stand jedoch in einem unlösbaren Widerspruch zu dem andererseits vom Europäischen Gerichtshof beanspruchten und propagierten Vorrang des Gemeinschaftsrechts. Solange wie man den nationalen Grundrechtsstandard zur Beschränkung des Gemeinschaftsrechts heranziehen konnte, bestand die Gefahr, dass sich dieser Vorrang relativieren und nationalen Rechtsvorstellungen weichen würde. Es ergab sich aus diesem Grund die Notwendigkeit, einen von einzelstaatlichen Vorstellungen völlig losgelösten, autonomen Standard zu finden.

Den Ausgangspunkt hierfür legte der Gerichtshof in der Rechtssache „*Stauder*". In dieser hat er ausgeführt, dass die Beachtung der Grundrechte zu den allgemeinen Rechtsgrundsätzen gehört, deren Wahrung der Gerichtshof zu sichern habe.

Angesichts des bereits angesprochenen Fehlens eines Grundrechtskatalogs war die rechtliche Begründung der gemeinschaftsrechtlichen Grundrechte nicht gerade einfach. Faktisch erfolgte die Entwicklung über die Anerkennung der bereits angesprochenen allgemeinen Rechtsgrundsätze. Zur inhaltlichen Ausgestaltung, d. h. zur Beantwortung der Frage, was zu den allgemeinen Rechtsgrundsätzen zu rechnen ist, hat der Gerichtshof sich zum einen der gemeinsamen Verfassungsüberlieferungen der Mitgliedstaaten und zum anderen der Hilfe internationaler Verträge über den Schutz der Menschenrechte, an deren Abschluss die Mitgliedstaaten beteiligt sind, bedient. Besondere Bedeutung hat er dabei der Europäischen Menschenrechtskonvention beigemessen. Deren Gewährleistungen werden erst mit dem als Verpflichtung in den Unionsvertrag aufgenommenen Beitritt der Europäischen Union zur Europäischen Menschenrechtskonvention unmittelbar bindend sein. In der Rechtsprechung hat der Gerichtshof aber auch bisher immer wieder die besondere Bedeutung der Europäischen Menschenrechtskonvention als gemeinsamer Grundrechtsstandard für die Mitgliedstaaten betont.

VIII. Die Europäische Zentralbank

Die Europäische Zentralbank gehört erstmals seit dem Inkrafttreten des Vertrags von Lissabon zu den Organen. Die Europäische Zentralbank besitzt Rechtspersönlichkeit. Sie wird vom Rat und dem Direktorium geleitet.

Der EZB-Rat besteht gem. Art. 183 AEUV aus den Mitgliedern des Direktoriums der Europäischen Zentralbank und den Präsidenten der nationalen Zentralbanken, deren Währung der Euro ist. Der Präsident des Rates und einer Kommissionsmitglied können an den Sitzungen des EZB-Rates teilnehmen, haben aber kein Stimmrecht, vgl. Art. 284 Abs. 1 AEUV. Wichtigste Aufgabe des EZB-Rates ist es, die Geldpolitik der Union festzulegen und über die internationale Zusammenarbeit zu entscheiden. Er hat das ausschließliche Recht, die Ausgabe von Banknoten innerhalb der Union zu genehmigen.

Das EZB-Direktorium besteht gem. Art. 183 Abs. 2 AEUV aus dem Präsidenten, dem Vizepräsidenten und vier weiteren Mitgliedern, die von den Regierungen der Mitgliedstaaten auf der Ebene der Staats- und Regierungschefs in Zusammenarbeit mit Rat und Europäischen Parlament aus dem Kreis der von Experten einvernehmlich ausgewählt und für acht Jahre ernannt werden. Das Direktorium führt die Geldpolitik gem. den Richtlinien und Entscheidungen des EZB-Rates aus und erteilt hierzu den nationalen Zentralbanken die erforderlichen Weisungen.

Eigentlich soll die Europäische Zentralbank für die Sicherheit und Stabilität des Euro im Euroraum sorgen. Hierzu ist sie mit einer umfassenden Unabhängigkeit ausgestattet.

Zur Unabhängigkeit der Europäischen Zentralbank:

- Die Europäische Zentralbank ist von Weisungen politischer Instanzen unabhängig (vgl. Art. 108 AEUV). Dazu ist bzw. war es in den Mitgliedstaaten, die keine unabhängige Notenbank kennen, erforderlich, dass die nationalen Notenbanken (die Bestandteil der Europäischen Zentralbank werden) von ihren Regierungen unabhängig werden.
- Hauptziel der Europäischen Zentralbank ist die Preisstabilität. Alle anderen Ziele müssen vor dieser Aufgabe zurückstehen (Art. 127 Abs. 1 AEUV).
- Keine Regierung kann Beschlüsse der Europäischen Zentralbank aufschieben.
- Notenbankkredite zur Finanzierung öffentlicher Defizite sind ausdrücklich verboten, d. h. Haushaltslöcher dürfen nicht durch schlichte Erhöhung der Geldmenge (Nachdrucken von Geld) gestopft werden (siehe Art. 123 AEUV). Jeder Kredit muss am Kapitalmarkt aufgenommen und dort zu üblichen Bedingungen bedient werden.
- Die Europäische Zentralbank hat das ausschließliche Recht, die Ausgabe von Banknoten zu genehmigen. Die von ihr und (aufgrund Genehmigung) durch die nationalen Zentralbanken ausgegebenen Banknoten sind die einzigen Banknoten, die in der Gemeinschaft gesetzliches Zahlungsmittel sein dürfen (Art. 128 AEUV).

Indes hat sich in der Krise um die Zahlungsfähigkeit des griechischen Staates gezeigt, dass der faktische Druck aus dem Markt heraus so groß werden kann, dass es mit der auf dem Papier stehenden Unabhängigkeit nicht mehr weit her ist. So hat sich die Europäische Zentralbank Mitte 2010 im Rahmen der genannten Krise entschlossen, in großem Stile sog. Schrott-Anleihen anzukaufen – eindeutig entgegen den Vorgaben des AEUV.

IX. Der Rechnungshof

Der Rechnungshof ist erstmals durch die im Rahmen des Unionsvertrags vorgenommene Änderung des Art. 7 EGV in den Rang eines Gemeinschaftsorgans gehoben worden. Auf diese Weise sollte der besonderen Bedeutung der bereits seit 1975 bestehenden Institution Rechnung getragen werden. Art. 13 EUV sieht den Rechnungshof ebenfalls als Organ vor.

Der Rechnungshof setzt sich gem. Art. 286 Abs. 1 AEUV aus einem Staatsangehörigen je Mitgliedstaat zusammen. Die Mitglieder werden vom Rat nach Anhörung des Europäischen Parlaments einstimmig ernannt. Die Amtszeit beträgt grundsätzlich sechs Jahre, vgl. Art. 86 Abs. 2 AEUV. Wiederwahl ist zulässig. Aus dem Kreis der Mitglieder wird ein Präsident gewählt.

Die Tätigkeit hat unter Wahrung der vollen Unabhängigkeit allein zum Wohle der Gemeinschaft zu erfolgen.

Die Aufgabe des Rechnungshofes ist in Art. 285 AEUV allgemein umschrieben. Danach hat er – ähnlich wie im nationalen Recht der Bundesrechnungshof und die Landesrechnungshöfe – die Rechnungsprüfung der Union durchzuführen. Dies geschieht durch Aufstellung eines Jahresberichts über die Verwendung der Gemeinschaftsmittel. Dabei nimmt der Bericht u. a. zu den Fragen Stellung, ob die Mittel rechtmäßig und ordnungsgemäß verwendet wurden und ob diese Verwendungen auch wirtschaftlich waren, Art. 287 AEUV. Er hat die Verpflichtung, über alle Fälle von Unregelmäßigkeiten zu berichten. Der Bericht wird jeweils zum 30.11. des jeweiligen Folgejahres erstellt, mit der Mehrheit der Mitglieder verabschiedet und muss im Amtsblatt der Europäischen Union veröffentlicht werden.

Um diese Aufgaben wahrnehmen zu können, sind alle Organe und Institutionen der Europäischen Union unter Einbeziehung der Mitgliedstaaten dazu verpflichtet, den Rechnungshof zu unterstützen.

Wie bereits erwähnt, steht dem Rechnungshof aufgrund der Tatsache, dass er Organ i. S. von Art. 13 AEUV ist, das Klagerecht aus Art. 265 AEUV zu.

X. Der Wirtschafts- und Sozialausschuss

Der Wirtschafts- und Sozialausschuss (WSA) ist, wie sich aus der abschließenden Aufzählung in Art. 13 Abs. 1 EUV ergibt, zwar kein Organ des Gemeinschaftsrecht. Aufgrund der in Art. 13 Abs. 4 EUV genannten Aufgabe, Parlament, Rat und Kommission mit beratender Stimme zu unterstützen, wird er oft als ein Neben- oder Hilfsorgan bezeichnet. Als solches hat er keine Klagebefugnis und unterliegt auch nicht der Haftung des Art. 340 AEUV.

Die Aufgabe des WSA besteht, wie sich aus Art. 13 Abs. 4 EUV und Art. 304 AEUV ergibt, darin zu beraten. Er setzt sich aus höchstens 350 Vertretern verschiedener in Art. 300 Abs. 2 AEUV beispielhaft genannter Gesellschafts- und Wirtschaftsgruppen zusammen. Die Zusammensetzung des WSA wird durch einen Beschluss des Rates festgelegt, Art. 301 AEUV.

Die Bedeutung des WSA wird ersichtlich, wenn man sich vor Augen führt, dass in fast allen Gesetzgebungsverfahren des Gemeinschaftsrechts eine Stellungnahme des WSA einzuholen ist. Auf diese Weise soll der Sachverstand der im WSA beteiligten Wirtschafts- und Gesellschaftsgruppen in das Gesetzgebungsverfahren einfließen können, wobei die Ansicht, die der WSA äußert, für die EG-Organe nicht bindend ist. In der Praxis wird den abgegebenen Äußerungen aber sehr große Bedeutung beigemessen. Wird ein Rechtsakt erlassen, ohne die nach dem Vertrag vorgesehene Anhörung durchzuführen, so ist er wegen eines wesentlichen Verfahrensfehlers i. d. R. nichtig.

XI. Der Ausschuss der Regionen

Der Ausschuss der Regionen ist durch den Vertrag über die Europäische Union neu in den EGV eingeführt worden. Durch ihn sollen die Interessen der Bundesländer und Regionen durch Einbeziehung in den Entscheidungsfindungsprozess der rechtsetzenden Organe Berücksichtigung finden. Allerdings sind die Bereiche, in denen der Ausschuss der Regionen zu beteiligen ist, nicht so zahlreich wie die beim WSA. Denn Art. 307 AEUV spricht zwar genau wie der für den WSA maßgebliche Art. 304 AEUV davon, dass der Ausschuss der Regionen in den nach dem Vertrag vorgesehenen Fällen anzuhören ist. Dies sind allerdings nur solche Gebiete, bei denen Regionalinteressen betroffen sind.

BEISPIEL Durchführungsbeschlüsse bezüglich der Regional- und Strukturfonds der Gemeinschaft gem. Art. 175 ff. AEUV oder Strukturfragen der Transeuropäischen Netze.

Darüber hinaus kann der Ausschuss der Regionen von Europäischem Parlament, Rat oder Kommission gehört werden, wenn diese es für zweckmäßig erachten.

Auch der Ausschuss der Regionen hat höchstens 350 Mitglieder, Art. 305 AEUV. Eine weitere Parallele zum WSA zeigt sich darin, dass die Stellungnahmen für die Organe der Gemeinschaft ebenfalls nicht bindend sind und eine vorgeschriebene, aber unterbliebene Anhörung zur Unwirksamkeit des Rechtsaktes führt.

§ 17 Rechtsetzung

LITERATUR

Frenz/Götzkes, Das ordentliche Gesetzgebungsverfahren nach dem Vertrag von Lissabon, Zeitschrift für Gesetzgebung 2010, S. 34 ff.; *Luttermann*, Die „mangelhafte" Umsetzung europäischer Richtlinien, EuZW 1998, S. 264 ff.; *Odendahl*, Das „Kooperationsverhältnis" zwischen BVerfG und EuGH, JA 2000, S. 219 ff.; *Scherzberg*, Innerstaatliche Wirkungen von EG-Richtlinien, Jura 1993, S. 225 ff.; *Schröder*, Grundkurs Europarecht, 2009, § 7; *Siegel*, Das Gleichgewicht der Gewalten in der Bundesrepublik Deutschland und in der Europäischen Gemeinschaft, DÖV 2010, S. 1 ff.; *Streinz*, Europarecht, 9. Aufl., 2010, § 6; EuGH, Urteil v. 26. 2. 1986, Rs. 152/84, „*Marshall*", Slg. 1986, S. 723 f.; EuGH, Urteil v. 30. 10. 1975, Rs. 23/75, „*ReySoda*", Slg. 1975, S. 1279; EuGH, Urteil v. 1. 7. 1965, Rs. 106, 107, „*Töpfer/Kommission*", Slg. 1965, S. 554; EuGH, Urteil v. 5. 5. 1977, Rs. 101/76, „*Scholten/Honig* gg. Rat", Slg. 1977, S. 797; EuGH, Urteil v. 15. 5. 1984, Rs. 181/83, „*Zuckerfabrik Franken/HZA Würzburg*", Slg. 1984, S. 2039, 2058; EuGH, Urteil v. 11. 6. 1987, Rs. 14/86, „*Pretore di Salo/X*", Slg. 1987, S. 2545, 2570.

I. Allgemeine Grundsätze

Die Handlungsformen der Europäischen Gemeinschaft sind in Art. 288 AEUV genannt. Danach nehmen die Organe der Union für die Ausübung der Zuständigkeiten Verordnungen, Richtlinien, Beschlüsse, Empfehlungen und Stellungnahmen an.

II. Verordnungen

1. Zuständigkeit für den Erlass einer Verordnung

Nach der Neuregelung der Bestimmungen über die Rechtsetzung durch den Vertrag von Lissabon wird eine Verordnung entweder im ordentlichen oder besonderen Gesetzgebungsverfahren erlassen. Hinzu tritt die Möglichkeit der Kommission, eine Verordnung als Rechtsakt ohne Gesetzescharakter (z. B. eine Durchführungsverordnung) zu erlassen. Nach dem Grundsatz des Art. 14 EUV sind nunmehr Europäisches Parlament und Rat die alleinigen Gesetzgeber (die aber i. d. R. auf einen Vorschlag der Kommission angewiesen sind).

2. Die Wirkungsweise einer Verordnung

Verordnungen sind mit den nationalen Gesetzen zu vergleichen. Sie richten sich an eine Vielzahl von Personen und haben normativen Charakter: die Verordnung (VO) legt verbindlich fest, was für eine nicht näher begrenzte Zahl von Adressaten Recht sein soll. Dabei wird nicht ein einzelner konkreter Sachverhalt geregelt, sondern der Normbefehl wird abstrakt tatbestandlich umschrieben. Es handelt sich somit um abstrakt generelle Normen.

BEACHTE

Verordnungen richten sich an eine Vielzahl von Personen und haben normativen Charakter. Sie sind abstrakt generell und in allen Teilen verbindlich.

Die Abgrenzung zu Beschlüssen (vormals: Entscheidungen) lässt sich in der Praxis nicht immer einfach vornehmen. Zwar richtet sich ein Beschluss – anders als die Verordnung – regelmäßig an eine oder mehrere Personen, d. h. an einen bestimmten (zahlenmäßig begrenzten) Adressatenkreis. Theoretisch kann man also immer dann von einem Beschluss sprechen, wenn bei Erlass des Rechtsaktes die davon betroffenen Personen abschließend feststehen (individueller Akt), während bei einem generell angegebenen Adressatenkreis eine Verordnung anzunehmen ist. Andererseits steht nach der Rechtsprechung des Europäischen Gerichtshofes der Einstufung eines Rechtsaktes als Verordnung nicht die Tatsache entgegen, dass sich die vom Rechtsakt betroffenen Personen nach Art und Anzahl bestimmen lassen oder sogar namentlich mit mehr oder weniger großer Wahrscheinlichkeit bestimmen lassen. Es ist daher je nach Sachlage nicht immer einfach zu beurteilen, ob nun ein individueller (dann Beschluss) oder hingegen ein genereller Akt (dann Verordnung) gegeben ist. Hier bedarf es stets einer genauen Einzelfallprüfung.

Kraft der ausdrücklichen Anordnung in Art. 288 AEUV beansprucht die Verordnung ohne weiteren Umsetzungsakt in den Mitgliedstaaten unmittelbar Geltung. Das bedeutet, dass es keines weiteren Tätigwerdens der nationalen Parlamente oder sonstiger nationaler Gesetzgebungsorgane bedarf. Die Verordnung selbst regelt, was Recht sein soll. Dies rechtfertigt sich daraus, dass die Mitgliedstaaten die Rechtsetzungskompetenz abgegeben und auf die Gemeinschaft übertragen haben. Aufgrund dieser Stellung der Verordnung ist es nicht zulässig, dass sich Mitgliedstaaten unter Hinweis auf nationale Probleme bei Anwendung oder Umsetzung der Verpflichtung zur Anwendung entziehen. Vorbehalte gegen eine rechtliche Bestimmung können nur im Rahmen der Gemeinschaftsgesetzgebung geltend gemacht werden. Dringt ein Mitgliedstaat mit seinen Bedenken nicht durch, ist er nach Erlass der Verordnung nicht befugt, seine Einwendungen zum Anlass zu nehmen, die Verordnung nicht oder nur teilweise anzuwenden.

FALL

Durch die Verordnung (EWG) Nr. 1975/69 des Rates wurden die Mitgliedstaaten verpflichtet, innerhalb bestimmter Fristen Maßnahmen im Zusammenhang mit der Einführung einer Schlachtprämienregelung zu treffen. Italien hatte diese Fristen verstreichen lassen. Die Kommission klagte gegen dieses Verhalten im Vertragsverletzungsverfahren. Der Europäische Gerichtshof hatte in dem Verhalten der Italienischen Republik einen Verstoß gegen die Anwendung des EGV gesehen und im Hinblick auf die Wirkung der Verordnung ausgeführt: „Verordnungen gelten als solche unmittelbar in jedem Mitgliedstaat und treten allein aufgrund ihrer Veröffentlichung im Amtsblatt der Gemeinschaften zu dem in ihnen oder andernfalls in dem im Vertrage genannten Zeitpunkt in Kraft. Es geht nicht an, dass ein Mitgliedstaat die Bestimmungen einer Verordnung der Gemeinschaft unvollständig anwendet..., gegen die er im Rechtsetzungsverfahren Vorbehalte angemeldet oder Einwände vorgebracht hat oder die nach seiner Auffassung gewissen nationalen Interessen zuwiderlaufen. Auch berechtigte Schwierigkeiten beim Vollzug eines Rechtsaktes der Gemeinschaft ermächtigen einen Mitgliedstaat nicht dazu, sich einseitig von der Beachtung seiner Verpflichtungen loszusagen..." (EuGH, Urteil v. 7.2.1973, Rs. 39/72, Slg. 1973, S. 101 ff.).

Manchmal ist es – trotz unmittelbarer Geltung einer Verordnung – erforderlich, dass die Mitgliedstaaten zum Erlass bestimmter Durchführungsakte verpflichtet sind. In diesen Fällen ist es nicht zulässig, wenn die Mitgliedstaaten Maßnahmen erlassen, die eine Änderung der Tragweite der Verordnung oder eine Ergänzung ihrer Inhalte zum Gegenstand haben.

III. Richtlinien

1. Zuständigkeit für den Erlass einer Richtlinie

Zuständig für den Erlass von Richtlinien sind wiederum das Europäische Parlament und der Rat, ihnen obliegt die Rechtsetzungsgewalt.

Ob das zuständige Organ mittels Richtlinie oder Verordnung handeln muss, ergibt sich i. d. R. aus der Ermächtigungsnorm, wobei oftmals ein Wahlrecht eingeräumt wird. So können zur Erfüllung der in den Art. 101 und 102 AEUV niedergelegten Grundsätze (Wettbewerbsrecht) sowohl Verordnung als auch Richtlinien erlassen werden. Das Wahlrecht ist nicht eingeschränkt und kann daher nach mehr oder weniger freiem Ermessen ausgeübt werden. Allerdings dürften sich insoweit Einschränkungen aus allgemeinen Gemeinschaftsprinzipien ergeben. Zu denken ist etwa an das Subsidiaritätsprinzip, was u. U. den Erlass einer Richtlinie als für die Mitgliedstaaten weniger einschneidende Handlungsform notwendig machen kann.

2. Die Wirkungsweise einer Richtlinie

a) Allgemeines

Die Richtlinie ist nach dem ausdrücklichen Wortlaut des Art. 288 AEUV nicht an die einzelnen EG-Bürger, sondern immer an die Mitgliedstaaten gerichtet. Zulässig ist es auch, als Adressaten einer Richtlinie nur einige oder gar nur einen bestimmten Mitgliedstaat vorzusehen. Diesem oder diesen obliegt es dann, die in der Richtlinie festgelegten Ziele in der dort genannten Frist durch geeignete Maßnahmen zu erreichen. Wie die Mitgliedstaaten dies anstellen, bleibt grundsätzlich ihnen überlassen, wobei aber ein bestimmter Mindeststandard einzuhalten ist (dazu sogleich mehr). Im nationalen Recht findet sich ein den Richtlinien vergleichbares Rechtsinstrumentarium nicht. Allenfalls in den (allerdings nicht als Rechtsakt zu qualifizierenden) Verwaltungsvorschriften kann man einige dieser Grundsätze wiederentdecken.

Auch wenn die Mitgliedstaaten grundsätzlich bei der Wahl der Mittel, die sie zur Erreichung des durch die Richtlinie festgelegten Zieles ergreifen, frei sind, gibt es einige von allen zu beachtende Grundsätze. So ist immer dann, wenn die Richtlinie Rechte und Pflichten Einzelner begründet, die Umsetzung so vorzunehmen, dass der Einzelne aufgrund zwingender Vorschriften des nationalen Rechts in der Lage ist, diese ggf. vor den nationalen Gerichten einzuklagen. Eine bloße Anpassung der Verwaltungsvorschriften oder ein Rundschreiben an die zuständigen Verwaltungen ist nicht ausreichend, da sie jederzeit abänderbar und nicht geeignet sind, den Betroffenen die erforderliche Rechtssicherheit zu geben. Die Umsetzung mittels einer Verwaltungsvorschrift, wie z. B. der TA-Luft, ist nach Ansicht des Europäischen Gerichtshofes nur dann genügend, wenn der Nachweis gebracht wird, dass diese Vorschriften unmittelbare Außenwirkung zu entfalten vermögen.

b) Abgrenzung zur Verordnung

Auf der Grundlage des Vorstehenden lässt sich die Richtlinie eigentlich ohne Weiteres von der Verordnung abgrenzen.

BEACHTE

Richtlinien richten sich an alle oder an bestimmte Mitgliedstaaten. Sie sind nur hinsichtlich des vorgegebenen Ziels verbindlich.

Allerdings gibt es einzelne Richtlinien, die so detailliert und genau sind, dass von dem nach der Grundkonzeption vorgesehenen Umsetzungsspielraum faktisch nichts mehr bei den Mitgliedstaaten verbleibt.

BEISPIEL Die Richtlinie des Rates vom 23. 10. 1962, ABl. v. 11. 11. 1962 L 115, S. 2645, zur Angleichung von Rechtsvorschriften der Mitgliedstaaten über färbende und konservierende Stoffe die in Lebensmitteln verwendet werden dürfen, zählt sowohl die zugelassenen Stoffe als auch die Reinheitskriterien und Analysemethoden genau auf. Hier gab und gibt es für die Mitgliedstaaten keinen Spielraum, der für die Umsetzung ins nationale Recht von Bedeutung sein könnte.

Die Zulässigkeit solch detaillierter Richtlinien ist in der Literatur umstritten. Auf der Grundlage der Rechtsprechung des Europäischen Gerichtshofes, der die Regelungsdichte einer Richtlinie unter dem Gesichtspunkt der Bindung der Mitgliedstaaten an die Wahl der Mittel und die Form (soweit ersichtlich) noch nicht gerügt hat, geht die wohl übereinstimmende Auffassung aber von der Zulässigkeit solcher in allen Einzelheiten festgelegter Richtlinien aus. Die Mitwirkung der Mitgliedstaaten kann sich daher im Einzelfall darauf beschränken, den Richtlinientext „abzuschreiben", um ihn auf diese Weise ganz oder nahezu unverändert in das nationale Recht zu übernehmen.

c) Die unmittelbare Wirkung von Richtlinien

Einzelne Richtlinien können für die betroffenen Mitgliedstaaten durchaus erhebliche (finanzielle) Auswirkungen haben. Es kann somit nicht verwundern, dass zahlreiche Richtlinien einfach nicht umgesetzt wurden und werden. Die Mitgliedstaaten lassen die vorgegebenen klaren Umsetzungsfristen verstreichen und unternehmen nichts.

BEISPIEL Mit der 1980 vom Rat verabschiedeten Trinkwasserrichtlinie wurden zur Gewährleistung der Qualität von Wasser für den menschlichen Gebrauch Grenzwerte für Nitrate und Pestizide festgelegt, die nur mit erheblichem technischen Aufwand eingehalten werden können. So dürfen in einem Liter Trinkwasser nur noch 0,1 Mikrogramm eines einzelnen und 0,5 Mikrogramm sämtlicher möglicher Rückstände von Pflanzenbehandlungsmitteln enthalten sein. Die Richtlinie wurde von der Bundesrepublik nicht rechtzeitig umgesetzt, weswegen sie von der Kommission im Vertragsverletzungsverfahren verklagt und vom Europäischen Gerichtshof verurteilt wurde. Hintergrund für die nicht rechtzeitige und ordnungsgemäße Umsetzung waren die mit der notwendigen Umrüstung der Klärwerke verbundenen Kosten.

Es liegt auf der Hand, dass auf diese Art und Weise eine effektive Umsetzung des Gemeinschaftsrechts gefährdet wird. Dieser möglichen Entwicklung ist der Gerichtshof mit seiner Rechtsprechung zur unmittelbaren Wirkung von Richtlinien entgegengetreten. Danach können einzelne Richtlinienvorschriften ausnahmsweise unmittelbare Wirkung haben, mit anderen Worten: Unter bestimmten vom Europäischen Gerichtshofes näher festgelegten Voraussetzungen vermag eine Richtlinie Rechte des einzelnen EG-Bürgers zu begründen. Sie ist dann im Ergebnis einer Verordnung ähnlich. Dies mag folgender Fall verdeutlichen:

FALL

Frau Marshall, Mitarbeiterin einer staatlichen Gesellschaft in Großbritannien, musste aufgrund einer in der Betriebsordnung dieser Einrichtung enthaltenen Klausel mit Erreichen der Altersgrenze, die zum Bezug einer Rente berechtigte, in den Ruhestand treten. Sie musste daher bereits mit 62 Jahren aus dem Erwerbsleben ausscheiden, obwohl sie aus finanziellen und persönlichen Gründen lieber bis zum 65. Lebensjahr gearbeitet hätte. Ihre männlichen Kollegen hingegen bezogen regelmäßig erst ab dem 65. Lebensjahr eine Rente. Diese Ungleichbehandlung widersprach dem Art. 5 Abs. 1 der Richtlinie zur „Verwirklichung des Grundsatzes der Gleichbehandlung von Männern und Frauen hinsichtlich des Zugangs der Beschäftigung...“ aus dem Jahre 1976 (RL 76/207, ABl. 1976 L 39, S. 40). Diese Richtlinie war aber zum fraglichen Zeitpunkt noch nicht in das britische Recht umgesetzt. Somit schien die Entlassung in den Ruhestand von Frau Marshall nach dem nationalen britischen Recht in Ordnung zu sein, obwohl die (nichtumgesetzte) Richtlinie eine solche Ungleichbehandlung verbot.

Der Europäische Gerichtshof stellte unter Hinweis auf seine ständige Rechtsprechung klar, dass sich die Klägerin in diesem Fall ausnahmsweise direkt auf die nichtumgesetzte Richtlinie berufen könne und gab ihrer Klage statt: „Art. 5 Abs. 1 der Richtlinie 76/207 des Rates vom 9. 2. 1976... kann gegenüber einer als Arbeitgeber handelnden staatlichen Stelle in Anspruch genommen werden, um die Anwendung jeder nationalen Bestimmung, die nicht diesem Art. 5 Abs. 1 entspricht, auszuschließen“ (EuGH, Urteil v. 26. 2. 1986, Rs. 152/84, *„Marshall/Southampton“*, Slg. 1986, S. 723 ff.).

Der Gerichtshof stützt seine Rechtsprechung auf die Erwägung, dass es mit der durch Art. 249 EGV (jetzt Art. 288 AEUV) zuerkannten verbindlichen Wirkung der Richtlinie unvereinbar sei, es grundsätzlich auszuschließen, dass sich der Einzelne auf die durch die Richtlinie auferlegte Verpflichtung berufen könnte. Es soll durch die unmittelbare Anwendung vermieden werden, dass der einzelne Staat durch Nichtbeachtung des Gemeinschaftsrechts Nutzen ziehen kann. Dadurch soll eine effektive und einheitliche Anwendung des Gemeinschaftsrechts sichergestellt werden.

Nach ständiger Rechtsprechung des Europäischen Gerichtshofes hat eine unmittelbare Wirkung von Richtlinien folgende Voraussetzungen:

Voraussetzungen für die unmittelbare Anwendbarkeit einer Richtlinie:

- Die in der Richtlinie gesetzte Frist zur Umsetzung muss abgelaufen sein; vor Fristablauf entfaltet die Richtlinie keine unmittelbare Wirkung. Die Frist muss abgelaufen sein, ohne dass der betreffende Staat die Richtlinie in ordnungsgemäßer Form umgesetzt hat. Dabei ist es unerheblich, aus welchem Grund die Umsetzung unterblieben oder unzureichend ist. Die Mitgliedstaaten können sich nicht darauf berufen, dass auch andere Mitgliedstaaten die Frist haben verstreichen lassen. Unbeachtlich ist es weiter, wenn nationale Bestimmungen (selbst des Verfassungsrechts) der Umsetzung im Wege stehen. Ggf. ist das nationale Recht anzupassen.
- Die Richtlinie muss inhaltlich unbedingt sein. Dies ist dann der Fall, wenn die Richtlinie weder mit einem Vorbehalt noch mit einer Bedingung versehen ist und ihrem Wesen nach keiner weiteren Maßnahme der Gemeinschaftsorgane oder der Mitgliedstaaten bedarf. Soweit den Mitgliedstaaten ein Ermessens- oder Gestaltungsspielraum verbleibt, scheidet eine unmittelbare Anwendung somit aus.
- Die Richtlinie muss hinreichend genaue Regelungen enthalten. Davon ist dann auszugehen, wenn der Inhalt der Regelungen und der von ihr betroffene Personenkreis unzweideutig umschrieben sind. Die Verwendung unbestimmter Rechtsbegriffe schadet dabei nicht.

Folge einer unmittelbaren Wirkung ist, dass sich der Einzelne gegenüber mitgliedstaatlichen Behörden und Gerichten ausnahmsweise direkt auf die Richtlinie berufen und aus ihr Rechte ableiten kann. Dabei bedeutet „berufen" nicht etwa, dass es sich insoweit um eine Art Einrede handelt, die dem Einzelnen erst Rechte verleiht, wenn er sein Recht einfordert. Vielmehr ist die unmittelbar anwendbare Richtlinie faktisch ein Stück der von Amtes wegen zu beachtenden Rechtsordnung.

Zwei weitere Probleme bedürfen in diesem Zusammenhang der kurzen Erörterung: Wenn einerseits sich der Einzelne auf die Richtlinie unter gewissen Voraussetzungen berufen kann, obwohl sie nicht von den Mitgliedstaaten umgesetzt wurde, ist es dann andererseits nicht konsequent, wenn er auch bei Nichtumsetzung aus dieser Richtlinie verpflichtet wird? Und gibt es so etwas wie eine horizontale Wirkung von Richtlinien zwischen den einzelnen EG-Bürgern?

Der erste Punkt war und ist in der Literatur heftig umstritten. Teilweise wird argumentiert, dass dann, wenn die Zweistufigkeit Richtlinie/nationale Umsetzung aufgrund der unmittelbaren Geltung entfallen sei, es auch keinen Grund geben könne, den betroffenen Unionsbürger nur zu begünstigen. Rechte und Pflichten ließen sich nicht trennen, so dass die nicht umgesetzte Richtlinie im Ergebnis wie unmittelbar geltendes Recht angewendet werden müsse. Diese Auffassung hat zur Folge, dass die Richtlinie auch ohne Umsetzung Verpflichtungen entfaltet.

Es können hier nicht alle Argumente für und gegen diese Auffassung gegeneinander abgewogen werden. Sieht man allerdings den Grund für die unmittelbare Wirkung von Richtlinien darin, dass der einzelne Mitgliedstaat aus seinem vertragswidrigen Verhalten keine Vorteile ziehen soll, so ist es nicht zwingend, auch eine Verpflichtung der Betroffenen anzunehmen. Als eine Art Anreiz zu vertragsgemäßem Verhalten ist es sicherlich ausreichend, wenn den betroffenen Mitgliedstaaten nur die Rechte entgegengehalten werden können. Andernfalls besteht die Gefahr, dass der Mitgliedstaat keinen Anlass sieht, den rechtswidrigen Zustand zu beseitigen. Dieser würde durch die Anerkennung der Pflichten aus der nicht umgesetzten Richtlinie festgeschrieben, ein Ergebnis, das sicherlich nicht mit den ursprünglichen Zielen der Rechtsprechung zur unmittelbaren Anwendung in Einklang zu bringen ist.

Auch der Europäische Gerichtshof ist in seiner Rechtsprechung dieser Theorie bisher nicht gefolgt und hat eine unmittelbare Anwendung von nicht umgesetzten Richtlinien zu Lasten der Unionsbürger abgelehnt. Regelmäßig ist daher davon auszugehen, dass im Falle einer nicht umgesetzten Richtlinie keine Verpflichtungen des Einzelnen entstehen. Dies mag der folgende Beispielsfall verdeutlichen:

FALL

Eine niederländische Firma vertrieb im August 1984 ein als „Mineralwasser" bezeichnetes Getränk, welches aus Leitungswasser und Kohlensäure bestand. Dies stand im Widerspruch zu der Richtlinie 80/777 zur Angleichung der Rechtsvorschriften der Mitgliedstaaten über die Gewinnung von und den Handel mit natürlichen Mineralwässern. Danach durfte nur besonderes, aus dem Boden gewonnenes und von den Behörden als Mineralwasser anerkanntes unbehandeltes Wasser unter dieser Bezeichnung in den Verkehr gebracht werden. Der in der Richtlinie enthaltenen Verpflichtung zur Umsetzung bis zum Juli 1984 kamen die Niederlande erst 1985 nach. Dennoch nahmen die nationalen Behörden den Verstoß gegen die genannte Richtlinie zum Anlass, ein Strafverfahren gegen die das Mineralwasser vertreibende Firma einzuleiten. Auf Vorlage gem. Art. 234 EGV (jetzt Art. 267 AEUV) entschied der Europäische Gerichtshof unter Bezug auf seine vorherige Rechtsprechung, dass „nach Art. 189 EWG-Vertrag (Art. 249 EGV/AV) der verbindliche Charakter einer Richtlinie, auf dem die Möglichkeit beruht, sich vor einem nationalen Gericht auf die Richtlinie zu berufen, nur für jeden Mitgliedstaat, an den sie gerichtet wird, besteht. Daraus folgt, dass eine Richtlinie nicht selbst Verpflichtungen für einen Einzelnen begründen kann und dass die Richtlinienbestimmungen daher als solche vor einem innerstaatlichen Gericht nicht gegenüber einer derartigen Person in Anspruch genommen werden kann". Daher könne „eine innerstaatliche Behörde sich nicht zu Lasten eines Einzelnen auf eine Bestimmung einer Richtlinie berufen, deren Umsetzung in innerstaatliches Recht noch nicht erfolgt ist" (EuGH, Urteil v. 8. 10. 1987, *„Kolpinghuis Nijmegen BV"*, Rs. 80/86, Slg. 1987, S. 3969).

Die rechtliche Entwicklung zu diesem Themenbereich ist allerdings noch im Fluss, so dass sich eine Änderung der Rechtsprechung nicht ausschließen lässt. Außerdem ist zu berücksichtigen, dass die nationalen Gerichte das anzuwendende Recht im Lichte des Wortlauts und des Zwecks der Richtlinie auszulegen haben, was im Einzelfall zu einer indirekten Anwendung auch zu Lasten des Bürgers führen kann.

Manchmal fehlt es an den Voraussetzungen für eine unmittelbare Anwendung von Richtlinien, so z. B., wenn nach den Vorgaben der Richtlinie sich der Personenkreis nicht bestimmen lässt, auf den sich die darin getroffenen Regelungen beziehen. In diesen Fällen ist es nach der Rechtsprechung des Gerichtshofes möglich, dass der Einzelne einen gemeinschaftsrechtlichen Schadensersatzanspruch gegen den Mitgliedstaat, der die Richtlinie nicht umgesetzt hat, geltend machen kann.

IV. Beschlüsse

Durch den Vertrag von Lissabon wurde der Begriff der „Entscheidungen" durch den der Beschlüsse ersetzt. Inhaltliche Änderungen ergeben sich soweit erkennbar nicht.

Beschlüsse sind als Mittel zur Regelung von Einzelfällen am ehesten mit den Verwaltungsakten des nationalen Rechts vergleichbar. Zuständig zum Erlass sind wiederum Europäisches Parlament und Rat, wobei auch hier der Kommission die Durchführung der Rechtsakte der Kommission nach Art. 291 AEUV übertragen werden kann.

Der Beschluss kann sich an Einzelne oder eine begrenzte Anzahl von Personen richten. Dies können namentlich benannte oder ausreichend deutlich in der Entscheidung bezeichnete private oder juristische Personen sein, wobei es sich nicht selten um einzelne oder um alle Mitgliedstaaten handelt. In Abgrenzung zu unverbindlichen Äußerungen wie z. B. Empfehlungen und Stellungnahmen müssen die Beschlüsse erkennbar geeignet sein, Rechtswirkungen zu erzeugen. Maßgeblich zur Abgrenzung einer unverbindlichen Äußerung von einem Beschluss ist die Frage, ob die erlassende Behörde, das erlassende Organ sich endgültig festlegen will.

BEACHTE

Beschlüsse sind an bestimmte Personen oder Mitgliedstaaten gerichtet. Sie sind in allen Teilen verbindlich.

Auch in den Fällen, in denen sich ein Beschluss formal ausschließlich an die Mitgliedstaaten richtet, hat der Europäische Gerichtshof eine gewisse unmittelbare Wirkung zugunsten der Bürger zugelassen. Unter Berufung darauf, dass die praktische Wirkung einer Entscheidung gegenüber einem Mitgliedstaat abgeschwächt würde, wenn sich dessen Angehörige nicht darauf berufen könnten, hat der Gerichtshof festgestellt, dass es zumindest denjenigen, die ein Interesse an der Erfüllung der Beschlüsse durch den Mitgliedstaat haben, möglich sein muss, sich unmittelbar auf diese zu berufen.

V. Empfehlungen und Stellungnahmen

Beide Handlungsformen können verwendet werden, um einzelnen Rechtssubjekten oder den Mitgliedstaaten ein bestimmtes Verhalten nahe zu legen. Sie haben zwar keine verbindliche Wirkung, ihre Bedeutung darf gleichwohl nicht unterschätzt werden.

So gibt es verschiedene Verfahren (vgl. z. B. Art. 11 AEUV), bei denen die Abgabe einer Empfehlung oder Stellungnahme zu dem gesetzlich vorgeschriebenen Ablauf gehört. Außerdem sind die Mitgliedstaaten über den in Art. 4 Abs. 3 festgelegten Grundsatz der loyalen Zusammenarbeit (entspricht weitgehend der in Art. 10 EGV niedergelegte Gemeinschaftstreue) gehalten, ihr Handeln soweit wie möglich an diesen unverbindlichen Äußerungen zu orientieren. Letztlich ist es möglich, dass auf Seiten des die Empfehlung oder Stellungnahme aussprechenden Organs eine gewisse Selbstbindung in dem Sinne eintritt, dass das Organ von der einmal geäußerten Ansicht nicht ohne sachlichen Grund wieder abweichen kann.

Es mag auf den ersten Blick etwas verwunderlich sein, dass in das Gemeinschaftsrecht neben den rechtlichen Handlungsformen auch solche mit rechtlich nicht bindender Qualität aufgenommen worden sind. Indes ist dies unter Berücksichtigung der doch nicht unerheblichen Wirkung, die diesen im Einzelfall zukommen kann, unter Berücksichtigung des Prinzips der begrenzten Einzelermächtigung nur konsequent, sie auch im Katalog der möglichen Handlungsformen zu nennen.

VI. Das Verhältnis der Rechtsakte zueinander

Weder dem Art. 288 AEUV noch einer anderen Norm des Unionsrechts lässt sich eine Normenhierarchie, eine Rangordnung der einzelnen Gemeinschaftsakte entnehmen. Es gibt daher keinen Vorrang eines bestimmten Rechtsaktes, der z. B. auf der Tatsache beruhen könnte, dass er von einem bestimmten Organ erlassen wurde. Auch sind die verschiedenen rechtsverbindlichen Äußerungsformen (VO, Richtlinie und Entscheidung) im Verhältnis zueinander gleichrangig.

BEISPIEL Eine Ratsverordnung ist nicht von vornherein mit einer stärkeren Wirkungskraft versehen als eine Kommissionsverordnung. Auch geht die Verordnung nicht zwingend einer Richtlinie vor. Jedoch ist wegen der mangelnden Rechtsverbindlichkeit stets ein Vorrang von VO, Richtlinie und Entscheidung vor Empfehlungen und Stellungnahmen anzunehmen.

Durch die Unterscheidung in Gesetzgebungsakten und Rechtsakten ohne Gesetzescharakter in Art. 290 AEUV sowie aus allgemeinen Überlegungen lässt sich zumindest indirekt ein gewisses Rangverhältnis ableiten. So sind die Normen des primären Gemeinschaftsrechts für alle Normen des sekundären Gemeinschaftsrechts Prüfungsmaßstab, d. h. jede Norm des sekundären Rechts muss mit den Vorschriften des primären Gemeinschaftsrechts übereinstimmen. Außerdem muss eine delegierte Norm nach Art. 290 AEUV dem vorgegebenen Rahmen, eine Durchführungsverordnung nach Art. 291 AEUV regelmäßig den Vorgaben in der Grundverordnung entsprechen, andernfalls sind sie im Regelfall nichtig.

Widersprechen sich unabhängig von den eben genannten Prinzipien zwei Rechtsakte des sekundären Rechts, so kann eine Auflösung dieses Problems allenfalls unter Anwendung allgemeiner Auslegungsgrundsätze erfolgen. So ist aufgrund des auch im Gemeinschaftsrecht gültigen „lex-posterior"-Grundsatzes regelmäßig davon auszugehen, dass eine später erlassene Verordnung mit dem gleichen Regelungsgegenstand wie eine zuvor ergangene Verordnung dieser vorgeht. Indes wird es schon schwieriger, diesen Grundsatz auch dann anzuwenden, wenn die Verordnung durch eine spätere Richtlinie verändert wird. Wegen des eben genannten Gleichrangs erscheint es aber nur konsequent, dass auch insoweit die (spätere) Richtlinie die (frühere) Verordnung verdrängt. Allerdings ist hier noch vieles umstritten; Rechtsprechung des Europäischen Gerichtshofes zu diesem Themenbereich findet sich nur vereinzelt.

VII. Verfahren der Rechtsetzung

Das Rechtsetzungsverfahren der Europäischen Union ist nicht mit dem des nationalen Rechts zu vergleichen, was u. a. an der unterschiedlichen Funktion der in den Entscheidungsfindungsprozess eingebundenen Organe liegt.

Nach dem Vertrag von Lissabon unterscheidet das Unionsrecht im Wesentlichen zwischen dem ordentlichen Gesetzgebungsverfahren und dem besonderen Gesetzgebungsverfahren, vgl. Art. 289 Abs. 1 und Abs. 2 AEUV.

Zu den einzelnen Rechtsetzungsbefugnissen vgl. Art. 4 und 5 AEUV sowie die Ausführungen zum Kompetenzgefüge.

1. Das ordentliche und das besondere Gesetzgebungsverfahren

Das ordentliche Gesetzgebungsverfahren nach Art. 289 Abs. 1 AEUV und Art. 294 AEUV entspricht dem früheren Mitentscheidungsverfahren, welches erstmalig durch den Vertrag von Maastricht eingeführt wurde. Es ist seit dem Vertrag von Lissabon das Regelverfahren zur allgemeinen Rechtsetzung in der Union. Das frühere Verfahren der Zusammenarbeit (Art. 252 EG) wurde nicht in den AEUV übernommen. Das sog. besondere Gesetzgebungsverfahren kommt lediglich in Ausnahmefällen in Betracht, die gem. Art. 289 Abs. 2 AEUV ausdrücklich in den Verträgen vorgesehen sein müssen.

2. Das ordentliche Gesetzgebungsverfahren im Überblick

Das ordentliche Gesetzgebungsverfahren lässt sich in drei Lesungen (aber unter Berücksichtigung des zwischen 2. und 3. Lesung erfolgenden Vermittlungsverfahrens in vier Phasen) unterteilen:

Ausgangspunkt der Gesetzgebung ist – wie bisher auch – ein Vorschlag der Kommission. Dieser wird gleichzeitig dem Rat und dem Europäischen Parlament vorgelegt. Durch den Vorschlag wird der Inhalt des Gesetzgebungsverfahrens festgelegt; er muss inhaltlich so genau sein, dass er direkt angenommen werden kann. Der Text wird im Amtsblatt der EU, Serie C, veröffentlicht.

Der Vorschlag wird in einer ersten Lesung (Phase) umfassend durch Parlament und Rat beraten. Sofern sich Rat und Parlament diesem Vorschlag anschließen oder der Rat eventuelle Änderungsvorschläge des Parlaments billigt, ist gem. Art. 294 Abs. 4 AEUV der Rechtsakt bereits in dieser Phase erlassen.

Andernfalls legt der Rat gem. Art. 294 Abs. 5 AEUV einen Standpunkt fest, der Gegenstand der Beratungen in der 2. Phase ist. Bei Änderungsvorschlägen kommt es zur 2. Lesung in Parlament und Rat. Sofern Änderungsvorschläge des Parlaments nicht vom Rat gebilligt werden, kommt es zu einer Zwischenphase zwischen 2. und 3. Lesung, dem Vermittlungsverfahren. Wenn es dort zu einer Einigung auf einen gemeinsamen Entwurf kommt, folgt eine 3. Lesung in Rat und Parlament, andernfalls, d. h. beim Scheitern des Vermittlungsverfahrens, gilt der vorgeschlagene Rechtsakt als nicht erlassen, Art. 294 Abs. 12 AEUV.

Einzelheiten zu den Phasen sind den Geschäftsordnungen der einzelnen Organe zu entnehmen. Entsprechend dem Transparenzgebot sind die Beratungen des Rates über die Rechtsakte, die im ordentlichen Gesetzgebungsverfahren zu erlassen sind, öffentlich, vgl. Art. 16 Abs. 8 EUV, Art. 7 GeschORat.

3. Das besondere Gesetzgebungsverfahren

Das besondere Rechtsetzungsverfahren ist in Art. 289 Abs. 2 AEUV geregelt. Es ist nur zulässig, wenn und soweit die Verträge dies ausdrücklich vorsehen. Die in diesem Verfahren angenommenen Rechtsakte werden vom Präsidenten des Organs unterzeichnet, welches sie erlassen hat, Art. 297 AEUV.

4. Begründungspflicht

Die Rechtsakte der Union sind nicht nur in einem besonderen Verfahren zu verabschieden, sie sind darüber hinaus in einer bestimmten (äußeren) Form zu erlassen. Hierzu enthält Art. 296 AEUV (ehemals Art. 253 EGV) die Bestimmung, dass die Rechtsakte zu begründen sind. In diesen Begründungen muss auf die Vorschläge und Stellungnahmen Bezug genommen werden, die nach den Verträgen vorgesehen sind.

Die Begründungen finden sich regelmäßig am Anfang des Rechtsaktes und leiten die sich daran anschließenden Normen ein. Der Sinn und Zweck des Art. 296 AEUV besteht zunächst darin, die Beteiligungsbefugnisse der einzelnen Organe an der Entscheidung zu gewährleisten. Außerdem soll das erlassende Organ sich über die tragenden Gründe der erlassenen Maßnahme noch einmal Gedanken machen, um sie kritisch überprüfen zu können. Das Hauptmotiv aber besteht darin, dass die Begründungspflicht im Interesse eines effektiven Rechtsschutzes die gerichtliche Kontrolle durch den Europäischen Gerichtshof erleichtert. Dabei hängen Art und Umfang der Begründungspflicht von der Art des zu erlassenden Rechtsaktes ab. Generell hat der Europäische Gerichtshof in seiner Rechtsprechung verlangt, dass die Begründung die wichtigsten tatsächlichen und rechtlichen Erwägungen darlegen muss, die für das Verständnis des Gedankengangs notwendig sind. Anzugeben sind alle Tatsachen, von denen die Rechtmäßigkeit der Maßnahme abhängen kann, und die wesentlichen Erwägungen, die das betreffende Organ zum Erlass des Rechtsaktes veranlasst hat.

Sowohl eine fehlende oder fehlerhafte Begründung als auch die fehlende Bezugnahme auf Vorschläge und Stellungnahmen können als Verletzung wesentlicher Formvorschriften Gründe für eine Nichtigkeitsklage sein.

§ 18 Grundfreiheiten in der Europäischen Union

LITERATUR

Streinz, Europarecht, 9. Aufl., 2008, § 12; *Thiele*, Das Rechtsschutzsystem nach dem Vertrag von Lissabon – (K)ein Schritt nach vorn?, EuR 2010, S. 30 ff.; *Zimmermann*, Die Freiheit des Warenverkehrs und nationaler Verbraucherschutz – Zum Urteil des EuGH vom 6. 6. 1995, Rs. 470/93, *„Mars“*, AW-Prax 1996, S. 96 ff.; EuGH, verb. Rs. C 267/91 und C 268/91, *„Keck“* und *„Mithouard“*, EuZW 1993, S. 700 ff.; EuGH, Urteil v. 1. 7. 1969, Rs. 2 und 3/69, *„Sociaal Fonds voor de Diamantarbeiders“*, Slg. 1969, S. 211 ff.; EuGH, Urteil v. 11. 4. 1974, *„Dassonville“*, Slg. 74, S. 837; EuGH, Urteil v. 20. 2. 1979, Rs. 120/78, *„Cassis de Dijon“*, Slg. 1979, S. 1766; EuGH, Urteil v. 9. 12. 1992, Rs. C 2/90, *„Kommission/Belgien“*, Slg. 1992, I-4431; EuGH, Urteil v. 27. 10. 1982, Rs. 35 und 36/82, *„Morson/Niederländischer Staat“*, Slg. 1982, S. 3723 ff.; EuGH, Urteil v. 26. 2. 1975, Rs. 67/74, *„Bonsignore/Oberstadtdirektor der Stadt Köln“*, Slg. 1975, S. 297 ff.; EuGH, Urteil v. 15. 12. 1995, Rs. C-415/93, *„Bosman“*, EuZW 1996, S. 82 ff.; EuGH, Urteil v. 6. 6. 1996, Rs. 101/94, *„Kommission/Italien“*, EuZW 1996, S. 571 f.; EuGH, Urteil v. 12. 7. 1984, Rs. 107/83, *„Klopp“*, Slg. 1984, S. 2971; EuGH, Urteil v. 2. 7. 1996, *„Kommission/Griechische Republik“*, Rs. C-290/94.

I. Allgemeines zu den Grundfreiheiten

Die Grundfreiheiten sind im AEUV nicht von anderen Politiken abgesetzt. Sie finden sich ebenso wie z. B. die Regelungen über die Landwirtschaft und den Verkehr ohne Unterscheidung im 3. Teil des AEUV mit der Überschrift „ Die internen Politiken und Maßnahmen der Union“. Gleichwohl besteht ein sachlicher Unterschied zwischen den hier zu besprechenden Grundfreiheiten und den später zu behandelnden Politiken. Die Grundfreiheiten sind das Gerüst des Binnenmarktes und haben daher bei der Errichtung desselben eine besondere Bedeutung. Sie sind nicht nur Programm, nicht nur Verhaltensschema, sondern grundrechtsähnlich ausgestaltete Rechte, auf die sich die einzelnen Bürger nach der mittlerweile abgelaufenen Übergangszeit unmittelbar berufen können.

BEISPIEL In dem oben genannten Fall der Firma *van Gend & Loos* ließ es der Europäische Gerichtshof zu, dass sich die Firma direkt auf Art. 12 EGV (Art. 30 AEUV) berufen konnte: „Art. 12 des Vertrags zur Gründung der Europäischen Wirtschaftsgemeinschaft erzeugt unmittelbare Wirkungen und begründet individuelle Rechte der Einzelnen, welche die staatlichen Gerichte zu beachten haben“.

Demgegenüber sind die Regelungen im Bereich der übrigen Politiken zumeist allgemeiner gehalten. Konkrete Ansprüche der EG-Bürger ergeben sich i. d. R. erst aus dem zu erlassenden Sekundärrecht.

Die besondere Stellung der vier Grundfreiheiten lässt sich auch dem EUV entnehmen. Danach errichtet die Union einen Binnenmarkt (Art. 3 Abs. 3 EUV), der einen Raum ohne Binnengrenzen umfasst, in dem „der freie Verkehr von Waren, Personen, Dienstleistungen und Kapital“ gewährleistet ist, Art. 26 Abs. 2 AEUV.

II. Die Warenverkehrsfreiheit

1. Allgemeines

Unter den Begriff der Warenverkehrsfreiheit sind zahlreiche Regelungen zu fassen, die dem ungestörten Güteraustausch innerhalb der Union dienen. Hier ist der Grad der Regelungsdichte auf Gemeinschaftsebene wohl am höchsten, was angesichts der angesprochenen Aufgabe, einen gemeinsamen Markt zu schaffen, ohne Weiteres aus sich heraus verständlich ist.

Es war angesichts der zahlreichen direkten und indirekten Handelsbeschränkungen zwischen den Mitgliedstaaten nicht gerade einfach, ein schlüssiges Gesamtkonzept zu deren Beseitigung zu erstellen. Bei der Suche nach Möglichkeiten, Regelungen zu finden und zu installieren, die einen möglichst ungehinderten Austausch von Waren zwischen den Mitgliedstaaten gewährleisten konnten, wurde der E(W)GV und die ihm folgenden Verträge maßgeblich von internationalen Abkommen, so z. B. des GATT (*General Agreement on Tarifs and Trade*, heutige WTO), beeinflusst. Zentraler Begriff war und ist dabei die in Art. 28 AEUV ausdrücklich angesprochene Zollunion.

Art. 28 AEUV legt fest, dass die Union eine Zollunion umfasst, und leitet als maßgebliche Norm den Titel II des 3. Teils des AEUV „Der freie Warenverkehr" ein. Einzelne Regelungen zur Einrichtung der Zollunion finden sich dann in dem Kapitel 1 „Die Zollunion" und in Kapitel 2 über das „Verbot von mengenmäßigen Beschränkungen zwischen den Mitgliedstaaten". Die dort zu findenden Artikel stehen in einem engen Zusammenhang mit der Errichtung einer Zollunion und der Gewährleistung der Freiheit des Warenverkehrs.

2. Die Zollunion

Der Gedanke, der der Errichtung einer Zollunion zugrunde liegt, ist der, dass die Belastung der Warenverkehrsströme mit Abgaben und die Durchführung von Kontrollen Handelshemmnisse darstellen, welche den freien Warenaustausch, den freien Handel beeinträchtigen und erschweren. Im Rahmen einer Zollunion ist es daher, wie sich auch aus dem Wortlaut des Art. 28 AEUV ergibt, zwischen den Mitgliedstaaten unzulässig, Ein- und Ausfuhrzölle und Abgaben gleicher Wirkung zu erheben. Außerdem ist ein gemeinsamer Zolltarif gegenüber dritten Ländern, also solchen, die nicht an der Zollunion partizipieren, notwendig.

DEFINITION

Zollunion: Sie besteht aus zwei Elementen:

- dem Verbot der Ein- und Ausfuhrzölle und Abgaben gleicher Wirkung zwischen den Mitgliedstaaten sowie
- dem Gebot der Einführung eines gemeinsamen Zolltarifs.

Das letzte Element fehlt bei der sog. Freihandelszone, die nur das Verbot des Erhebens von Ein- und Ausfuhrzöllen zwischen den Mitgliedstaaten umfasst. Damit erheben Staaten, die sich zu einer Freihandelszone zusammengeschlossen haben, zwar bei dem Warenaustausch untereinander keine Abgaben; gegenüber Drittländern besteht aber ein unterschiedlich hoher Zollsatz.

BEISPIEL Länder A, B und C haben eine Freihandelszone eingerichtet. Waren aus A können nun ohne Abgabenbelastung nach B, Waren aus dem Land B ohne Abgabenbelastung in das Land C usw. exportiert werden. Wird aber Ware aus einem Land außerhalb der Freihandelszone (Land X) in das Land A eingeführt, so kann es sein, dass hierfür keine Abgabe zu erheben ist, während die gleiche Einfuhr in das Land B zur Erhebung eines Zolls von z. B. 5 % des aus abgabenrechtlicher Sicht relevanten Werts führen würde. Die Probleme, die sich aus Wettbewerbsgesichtspunkten bei der Freihandelszone ergeben, werden bei der Zollunion durch Einführung des gemeinsamen Zolltarifs nach außen vermieden. Gleichgültig in welches Land die Ware aus dem Land X eingeführt wird (in A, B oder C), es ist stets ein und derselbe Zoll zu entrichten, also z. B. von 5 % eines bestimmten Werts.

Sinn und Zweck des gemeinsamen Außentarifs gegenüber Ländern, die nicht der Zollunion (hier der EG) angehören, ist es, Wettbewerbsverzerrungen innerhalb der Zollunion zu vermeiden. Denn der gemeinsame Zolltarif gegenüber den sog. Drittländern führt dazu, dass es für Wirtschaftsbeteiligte innerhalb der Zollunion völlig gleichgültig ist, über welches Land eine Wareneinfuhr erfolgt. Anders als bei einer Freihandelszone sind die Einfuhrbedingungen aus einem Drittland in jeden Mitgliedstaat der Zollunion aus zollrechtlicher Sicht gleich, so dass weder Vor- noch Nachteile bei der Einfuhr über ein bestimmtes Land bestehen.

Die Zollunion ist schon seit 1968 verwirklicht, das gesamte Zollrecht gemeinschaftsrechtlich kodifiziert und geregelt. Neben einem gemeinsamen Zolltarif gibt es gemeinsame und einheitliche zollrechtliche Vorschriften. Diese sind in zwei grundlegenden Gemeinschaftsvorschriften, dem bereits angesprochenen Zollkodex und der hierzu ergangenen Durchführungsverordnung, niedergelegt. Diese Rechtsnormen gelten unmittelbar nach deren Beitritt auch für alle neuen Mitgliedstaaten. Indes sind in einzelnen besonders sensiblen Bereichen über den Beitrittsvertrag Sonderregelungen zulässig.

3. Abschaffung der Zölle und Abgaben gleicher Wirkung

Der Vertrag selbst enthält mit den Art. 30 ff, AEUV (ehemals Art. 25 ff. EGV) das Kerninstrumentarium, welches zur Schaffung der in Art. 28 AEUV verlangten bzw. vorausgesetzten Zollunion erforderlich war und zur Schaffung eines gemeinsamen Marktes weiterhin ist. So ist es aufgrund des in Art. 30 AEUV enthaltenen Verbots unzulässig, neue Ein- und/oder Ausfuhrzölle einzuführen oder bestehende zu erhöhen. Trotz dieser auf den ersten Blick eindeutigen Vorgabe ist der Anwendungsbereich des Art. 30 AEUV nicht allein aus dieser Norm heraus zu bestimmen. Aus dem Zusammenspiel des Art. 30 AEUV mit Art. 28 AEUV ergibt sich aber ebenso wie aus der Stellung im Titel II „Freier Warenverkehr", dass sich die dort enthaltenen Ge- und Verbote nur auf die Freiheit des Warenverkehrs beziehen können. Allerdings lässt sich weder dem Art. 30 AEUV noch der Regelung des Art. 28 AEUV entnehmen, was genau unter Warenverkehr zu verstehen ist. Der Bestimmung des Begriffs Ware bedarf es aber u. a., um die Abgrenzung zu den anderen Freiheiten des Unionsrechts (z. B. der Dienstleistungsfreiheit) mit zum Teil anderen Inhalten und Gewährleistungen vornehmen zu können. Ausgehend von der Überlegung, dass es zur effektiven und wirksamen Umsetzung der Warenverkehrsfreiheit notwendig ist, den Begriff weit zu fassen, hat der Europäische Gerichtshof den Begriff der Ware wie folgt definiert:

DEFINITION

Waren sind körperliche Gegenstände, die über eine Grenze verbracht werden und daher Gegenstand von Handelsgeschäften sein können. Hierzu gehören – trotz fehlender Verkörperung – auch der elektrische Strom und Gas. Nicht unter den Warenbegriff fallen hingegen gesetzliche Zahlungsmittel, die den Vorschriften über den Kapital- und Zahlungsverkehr unterliegen.

Anhand dieser Definition zeigt sich ein grundlegendes Problem nicht nur der Rechtsprechung des Europäischen Gerichtshofes: Eine an sich klare Aussage wird durch Erweiterungen, Einschränkungen und/oder Ausnahmen verwässert und unübersichtlich gemacht. Allerdings ist es sachlich nicht zu beanstanden, den elektrischen Strom den Vorschriften über den Warenverkehr zu unterwerfen, da er faktisch wie eine Ware gehandelt und verkauft wird. Noch deutlicher wird dies beim Gas, welches durch den Transport in Behältern oder Leitungen eine gewisse räumliche Abgrenzbarkeit, d. h. Körperlichkeit erhält. Und im Übrigen ist diese Art der Definition mit zahlreichen Ausnahmen auch in der nationalen Rechtsprechung vertraut.

Einer Erläuterung bedarf der Begriff der Ware noch: Nur handelbare Waren unterliegen der Freiheit des Warenverkehrs. Umgekehrt heißt das, dass Gegenstände, die nicht (legal) ge- und verkauft werden dürfen (sog. *„res extra commercium“*, z. B. Falschgeld und illegal eingeführte Drogen), zwar Waren sind und als solche den entsprechenden Überwachungsvorschriften (z. B. Art. 37 ff. ZK) unterliegen. Die nach den Verträgen vorgesehenen Freiheiten können für diese allerdings nicht in Anspruch genommen werden.

Weiter erläutern weder Art. 28 noch Art. 30 AEUV, was unter Zöllen und Abgaben gleicher Wirkung zu verstehen ist. Herkömmlicherweise wird der Begriff Zoll dabei wie folgt bestimmt:

DEFINITION

Zölle sind Abgaben, die als solche bezeichnet sind und mit denen die Waren bei der Einfuhr oder der Ausfuhr belastet werden, ohne dass eine Abgabe für gleichartige inländische Waren besteht.

Die meisten Schwierigkeiten ergaben und ergeben sich allerdings bei der Bestimmung des Begriffs der Abgaben gleicher Wirkung. Denn nach der eben gebrachten Definition liegt ein Zoll bereits dann nicht vor, wenn dieser nicht als solcher bezeichnet wird oder wenn eine Abgabe unterschiedslos auch für inländische Produkte erhoben wird. Wegen des relativ unbestimmten Begriffs der Maßnahmen gleicher Wirkung sahen einige Mitgliedstaaten Spielraum für die Einführung von Abgaben, die faktisch wie Zölle wirkten, jedoch anders bezeichnet wurden. Solchen Versuchen, die Effektivität der Regelungen über die Zollunion zu beeinträchtigen, ist der Europäische Gerichtshof mit einer entschiedenen Rechtsprechung entgegengetreten. Dabei definierte er den Begriff der „Abgaben mit gleicher Wirkung“ in einem umfassenden und allgemeinverbindlichen Sinne.

DEFINITION

Abgaben gleicher Wirkung: Alle auch geringfügige finanzielle Belastungen, die den in- oder ausländischen Waren wegen ihres Grenzübertritts einseitig auferlegt werden, stellen, wenn sie kein Zoll im eigentlichen Sinne sind, eine Abgabe gleicher Wirkung dar. Die tatsächliche Bezeichnung ist dabei gleichgültig. Es kommt auch nicht darauf an, ob die Abgabe zugunsten des Staates erhoben wird und keine diskriminierende oder protektionistische Wirkung hat.

Danach steht fest, dass es für die Anwendung des Art. 30 AEUV nicht auf die Bezeichnung oder die Art der Abgabe ankommen kann. In Teilbereichen musste in der Folgezeit allerdings eine Konkretisierung vorgenommen werden.

BEISPIEL ► Die Mitgliedstaaten waren aufgrund einer Richtlinie (EWG 81/389) dazu verpflichtet, bei der Ein- und Ausfuhr lebender Tiere bestimmte Gesundheitskontrollen durchzuführen. Dies galt auch für den innergemeinschaftlichen Handel. Die Bundesrepublik Deutschland hatte die dafür entstehenden Gebühren den Importeuren in Rechnung gestellt. Bei Anwendung der o. a. Definition hätten auch diese Gebühren als Abgaben gleicher Wirkung bezeichnet werden müssen, wären also mit dem Gemeinschaftsrecht nicht vereinbar gewesen. Hier hat der Europäische Gerichtshof aber eine Einschränkung aus dem Sinn und Zweck der Art. 23, 25 ff. EGV (jetzt Art. 28, 30 AEUV) hergeleitet und die Gebühren für zulässig erachtet.

Danach greifen die Art. 23, 25 EGV (Art. 28, 30 AEUV) dann nicht, wenn

- die Gebühren nicht die tatsächlichen Kosten für die Kontrollen übersteigen,
- die Kontrollen für alle betroffenen Erzeugnisse der Gemeinschaft einheitlich gelten,
- sie den Warenverkehr (zumindest indirekt) begünstigen, da sie die Wirkung weitergehender Maßnahmen, die u. U. nach Art. 36 ff. AEUV zulässig wären, verhindern bzw. aufheben.

Diese Kriterien hat der Europäische Gerichtshof in zahlreichen Fällen entwickelt und bestätigt.

FALL

Nach belgischen Bestimmungen musste für Geflügelfleisch, welches zur Einfuhr aus anderen Mitgliedstaaten vorgesehen war, neben dem Zeugnis eines aus diesem Mitgliedstaat stammenden und dort anerkannten und zugelassenen Tierarztes eine obligatorische Gesundheitskontrolle bei der Einfuhr des Geflügelfleischs treten. Die Kosten für diese Untersuchung wurden den Importeuren und/oder Eigentümern auferlegt. Demgegenüber bestand für belgische Produzenten nur die Verpflichtung zur Durchführung einer behördlichen Untersuchung. Die Kommission sah hierin einen Verstoß gegen den EGV und erhob Klage.

Der Europäische Gerichtshof gab dem Vorbringen der Kommission grundsätzlich Recht. Das Verbot des Art. 23 EGV, zwischen den Mitgliedstaaten Zölle und Abgaben gleicher Wirkung zu erheben, lasse keine Unterscheidung nach dem Zweck der finanziellen Belastungen zu, deren Beseitigung es vorsieht, und umfasse daher auch die Gebühren für gesundheitliche Kontrollen bei der Wareneinfuhr. Etwas anderes könne nur dann gelten, wenn die finanziellen Belastungen Teil einer allgemeinen inländischen Gebührenregelung wären, die systematisch einheimische und eingeführte Erzeugnisse nach denselben Merkmalen erfassen oder das Entgelt für einen dem Importeur tatsächlich geleisteten Dienst darstellen würden. Dies sei hier nicht der Fall. (EuGH, Urteil v. 9. 12. 1992, Rs. C 2/90, „*Kommission/Belgien*“, Slg. 1992, I-4431)

4. Beseitigung mengenmäßiger Beschränkungen

Die durch Art. 28, 30 AEUV bewirkte Beseitigung von Handelsschranken, die auf der Belastung von Waren mit Abgaben gleich welcher Art fußen, deckt aber nur einen wesentlichen Teilaspekt möglicher Handelshemmnisse ab. Ein weiterer ganz wichtiger Bereich ist der der mengenmäßigen Beschränkungen und Maßnahmen gleicher Wirkung. Denn es liegt auf der Hand, dass die Freiheit des Warenverkehrs auch dadurch beeinträchtigt werden kann, dass man die Einfuhr bestimmter Waren aus anderen Mitgliedstaaten kontingentiert oder gar ganz verbietet. Art. 34 AEUV enthält daher das grundsätzliche Verbot mengenmäßiger Beschränkungen sowie Maßnahmen gleicher Wirkung. Damit korrespondiert auf der Ausfuhrseite das in Art. 35 AEUV angeordnete Verbot von Ausfuhrbeschränkungen. Flankierend greift Art. 37 AEUV, der als speziellere Norm zu Art. 34 und 35 AEUV staatliche Handelsmonopole mit diskriminierender Wirkung verbietet.

Genau wie Art. 30 AEUV beziehen sich die genannten Vorschriften lediglich auf den innergemeinschaftlichen Warenverkehr, zu dem aber auch derjenige mit Waren gehört, die zwar aus einem Drittland stammen, die sich aber nach Erfüllung der erforderlichen Förmlichkeiten gem. Art. 29 AEUV im sog. freien Verkehr befinden.

Eingeschränkt werden die grundsätzlichen Verbote der Art. 34 und 35 AEUV durch Art. 36 AEUV. Diese Ausnahmenorm war notwendig, um den Mitgliedstaaten auch weiterhin die Möglichkeit zu erhalten, aus bestimmten, in Art. 36 AEUV näher angesprochenen Gründen Beschränkungen des Warenverkehrs vorzunehmen. Stets dürfen die Ausnahmen nach Art. 36 AEUV nicht dazu missbraucht werden, verschleierte Hemmnisse des Warenverkehrs zu begründen.

a) Anwendungsbereich des Art. 34 AEUV

Der Wortlaut der Art. 34, 35 AEUV verbietet alle klassischen Kontingentierungen. Das sind solche staatlichen Maßnahmen, die mittels einer Rechtsvorschrift das Verbringen von Waren aus oder in einen Mitgliedstaat der Menge nach begrenzen (Kontingent). Nicht ausdrücklich genannt, aber von Art. 34, 35 AEUV als noch deutlich weitergehende Maßnahme mit umfasst, sind alle staatlichen Regelungen, die das Verbringen von Waren völlig untersagen. Letztlich sind auch alle Durchfuhrverbote und Beschränkungen hierunter zu zählen. Den mangels gesetzlicher Vorgaben auszulegenden Begriff der „Maßnahmen gleicher Wirkung“ hat der Europäische Gerichtshof in der bekannten *Dassonville*-Formel wie folgt konkretisiert:

DEFINITION

Maßnahmen gleicher Wirkung wie mengenmäßige Einfuhrbeschränkungen sind alle Maßnahmen der Mitgliedstaaten, die geeignet sind, den innergemeinschaftlichen Handel unmittelbar oder mittelbar, tatsächlich oder potenziell zu behindern.

Wiederum war der Grundgedanke der, dass das Verbot der mengenmäßigen Beschränkungen leicht umgangen werden könnte, wenn die Mitgliedstaaten andere Regelungen mit faktisch gleicher Wirkung beibehalten oder einführen dürften.

FALL

In einem Rechtsstreit aus dem Jahre 2000 hatte der Europäische Gerichtshof im Rahmen einer Klage nach Art. 226 EGV (Art. 258 AEUV) über die Rechtmäßigkeit des in Deutschland vergebenen CMA-Gütesiegels zu entscheiden. Durch das „Gesetz über die Errichtung eines zentralen Fonds zur Absatzförderung der deutschen Land- und Ernährungswirtschaft (Absatzfondsgesetz)" vom 26. 6. 1969 wurde ein Fonds errichtet, der u. a. die Aufgabe hatte, den Absatz und die Verwertung von Erzeugnissen der deutschen Land- und Ernährungswirtschaft durch Erschließung und Pflege von Märkten im In- und Ausland zu fördern. Hierzu wurde über eine Centrale-Marketinggesellschaft ein Gütezeichen für bestimmte deutsche Produkte vergeben (CMA-Gütezeichen). Der Europäische Gerichtshof stellt in seinem Urteil fest, dass „Art. 30 EGV das Verbot, jede Regelung oder sonstige Maßnahme der Mitgliedstaaten, die geeignet ist, den innergemeinschaftlichen Handel unmittelbar oder mittelbar, tatsächlich oder potentiell zu behindern", bezweckt. In dem CMA-Gütezeichen sah er eine potenzielle Beschränkung des freien Warenverkehrs. Diese Einschätzung werde auch nicht durch den Umstand relativiert, dass die Verwendung des CMA-Gütezeichens fakultativ war. Aus diesem Grunde stellte der Gerichtshof fest, dass Deutschland durch die Vergabe des Gütezeichens gegen die Verpflichtung aus Art. 30 EGV (jetzt Art. 34 AEUV) verstoßen habe (EuGH, Urteil v. 5. 11. 2002, Rs. C-325/00, Slg. 2002, I-9993).

Zwar ist auch unter Berücksichtigung der eben angeführten Definition eine klare Abgrenzung zwischen mengenmäßigen Beschränkungen und Maßnahmen gleicher Wirkung nicht immer möglich, angesichts der im Wesentlichen gleichen Rechtsfolge bei einem Verstoß aber auch nicht notwendig.

Eine mengenmäßige Beschränkung des Art. 34 AEUV kann nach der Rechtsprechung des Europäischen Gerichtshofes auch dann vorliegen, wenn die Maßnahme unterschiedslos auf inländische und eingeführte Waren Anwendung findet. Dies rechtfertigt sich daraus, dass nicht etwa der Diskriminierungsgedanke, sondern der der Beschränkung des Handels im Vordergrund steht.

Eingeschränkt wird die Anwendung der „*Dassonville*"-Formel aufgrund eines Urteils des Europäischen Gerichtshofes in der Rechtsache „*Keck*" dahingehend, dass nationale Verkaufsmodalitäten weiterhin zulässig bleiben, obwohl sie im Einzelfall aus Sicht der Händler Verkaufsbeschränkungen darstellen können. Voraussetzung ist allerdings, dass die Verkaufsmodalitäten für alle betroffenen Wirtschaftsteilnehmer gelten und den Absatz der inländischen wie ausländischen Erzeugnisse in gleicher Weise berühren.

Die in Art. 34, 35 AEUV genannten Maßnahmen erfassen nach überwiegender Ansicht nur staatliche Maßnahmen, während bei privaten Verboten ggf. die Art. 101 und 192 AEUV einschlägig sind. Ausreichend ist es allerdings, wenn die Maßnahme einem Träger öffentlicher Gewalt zuzuordnen ist.

BEISPIEL ▸ Ein Unternehmen macht Urheber- oder Warenzeichenrechte geltend. Diese sind als solche zwar private Rechte. Der durch die Gerichte gewährte Schutz und die sich daraus ergebenden Beschränkungen des Handels können aber gegen die Art. 34 ff. AEUV verstoßen.

Zu den möglicherweise zu beanstandenden Maßnahmen gehören alle Gesetze, Verordnungen und Satzungen. Ausreichend sind aber auch verbindliche Auflagen und Weisungen zuständiger Behörden, Aufforderungen der zuständigen Ministerien sowie Verwaltungsvorschriften und eine benachteiligende Verwaltungspraxis. Unter den Bereich der staatlichen Maßnahme fällt auch eine staatlich organisierte Werbekampagne, die zum Kauf inländischer Erzeugnisse aufruft.

b) Der Regelungsbereich des Art. 36 AEUV

Das grundsätzliche Verbot des Art. 34 AEUV unterliegt den Einschränkungen des Art. 36 AEUV, d. h. mengenmäßige Einfuhrbeschränkungen und Maßnahmen gleicher Wirkung sind dann zulässig, wenn einer der dort genannten Ausnahmetatbestände greift. Die Tatbestandsmerkmale des Art. 36 AEUV (bzw. der identischen Vorgängernorm des Art. 30 EGV) hat der Europäische Gerichtshof gemeinschaftsrechtlich definiert und durch eine recht enge Interpretation den Anwendungsbereich der Norm erheblich eingeschränkt. So soll z. B. der Bereich „Öffentliche Sicherheit“ nur dann berührt sein, wenn grundlegende Interessen des Staates, wie z. B. die Aufrechterhaltung wesentlicher öffentlicher Dienstleistungen oder das sichere und wirksame Funktionieren des Staates, in Frage stehen. Der Bereich der „Öffentlichen Ordnung“ soll dann betroffen sein, wenn hoheitlich festgelegte Grundregeln, die wesentliche Interessen des Staates berühren, berührt werden. Als „Öffentliche Sittlichkeit“ ist der Inbegriff der Moralvorstellungen einer bestimmten Gesellschaft zu einer bestimmten Zeit zu verstehen.

Als weitere Rechtfertigungsgründe nennt Art. 30 EGV die Maßnahmen zum „Schutz der Gesundheit und des Lebens von Menschen, Tieren und Pflanzen“. Viele nationale Regelungen, die den freien Warenverkehr beeinträchtigen, werden auf dieses Tatbestandsmerkmal gestützt. Zu denken ist hier an gesundheits- und tierseuchenrechtliche Regelungen und an Maßnahmen der Produktsicherheit.

Eine Ausnahme nach Art. 36 AEUV darf nicht wirtschaftlich motiviert sein, so dass z. B. die derzeit in vielen Mitgliedstaaten bestehende hohe Arbeitslosigkeit für sich allein eine Beschränkung der Warenverkehrsfreiheit nicht zu rechtfertigen vermag.

Würde man ohne weitere Prüfung alle nach Art. 36 AEUV möglichen Einschränkungen der Warenverkehrsfreiheit zulassen, so wäre der Schutz des Art. 34 AEUV nicht sehr viel wert. So könnten z. B. gegenüber Waren, die aus anderen Mitgliedstaaten stammen, andere Maßstäbe angelegt werden als an solche, die im Inland produziert wurden.

BEISPIEL ▸ Der Import und Verkauf von pornographischen Schriften, welche aus anderen Mitgliedstaaten stammen, wird unter Berufung auf die öffentliche Sittlichkeit versagt. Solche Schriften seien anstößig und unsittlich. Gleichzeitig aber dürfen in dem betreffenden Mitgliedstaat selbst solche Schriften unter Hinweis auf die Pressefreiheit produziert und vertrieben werden.

Um solche Konsequenzen zu vermeiden, enthält Art. 36 AEUV selbst zwei wichtige Beschränkungen: Die auf die dort genannten Umstände gestützten Einfuhrverbote und -beschränkungen sind nur unter der Voraussetzung zulässig, dass sie weder ein Mittel zur willkürlichen Diskriminierung noch eine verschleierte Beschränkung des Handels zwischen den Mitgliedstaaten darstellen.

Während die erste Einschränkung (kein Mittel der willkürlichen Diskriminierung) das hier gebrachte Beispiel betrifft und die angeführte Beschränkung der Einfuhr pornographischer Schriften unzulässig macht, bezieht sich das zweite Merkmal – zusammen mit der Tatsache, dass nach dem Wortlaut des Art. 36 AEUV nur die aus den dort genannten Gründen „gerechtfertigten" Maßnahmen zulässig sind – auf den Verhältnismäßigkeitsgrundsatz.

BEACHTE

Nach dem **Verhältnismäßigkeitsgrundsatz** sind nur solche Maßnahmen nach Art. 30 EGV (Art. 36 AEUV) zulässig, die eines der dort genannten Ziele verfolgen und die zur Erreichung dieses Ziels geeignet, erforderlich und angemessen sind.

c) Die immanenten Schranken des Art. 34 AEUV

Der Europäische Gerichtshof musste allerdings erkennen, dass aufgrund der restriktiven Auslegung des Art. 30 EGV (Art. 36 AEUV) anerkennenswerte Gründe für nationale Regelungen, die sich faktisch auf die Freiheit des Warenverkehrs auswirken, bei der weiten Auslegung des Begriffs der unzulässigen Maßnahmen gleicher Wirkung in Art. 28 EGV (Art. 34 AEUV), unberücksichtigt bleiben müssten. Dieses nicht gewollte Ergebnis hat er dadurch umgangen, dass er in ständiger Rechtsprechung den Begriff der unzulässigen Maßnahmen einschränkte. Ausgangspunkt war folgender:

FALL

Eine deutsche Firma beantragte bei der zuständigen Behörde die Genehmigung, aus Frankreich den Likör *„Cassis de Dijon"* einführen zu dürfen. Dieser wurde in Frankreich mit einem Alkoholgehalt von 15 bis 20 % hergestellt. Die Genehmigung wurde verweigert, weil dieser Likör nach den damals geltenden Bestimmungen nicht verkehrsfähig war, weil nach deutschem Recht ein Likör mindestens 25 % Alkohol aufweisen musste. Der Europäische Gerichtshof erkannte an, dass grundsätzlich auch andere Gründe wie die in Art. 30 EGV (Art. 36 AEUV) genannten, z. B. solche des Verbraucherschutzes, eine nationale Regelung rechtfertigen können. So könne aufgrund der bestehenden Gesetzeslage der deutsche Konsument durchaus die Erwartung haben, dass das Likörgetränk mindestens 25 % Alkohol aufweise. Dennoch hat er die Verweigerung der Genehmigung als rechtswidrig eingestuft, weil es zur Erreichung des Ziels, die Verbraucher vor einer irreführenden Bezeichnung zu schützen, ausreichend sei, die Ware deutlich zu etikettieren (EuGH, Urteil v. 20. 2. 1979, Rs. 120/78, *„Cassis de Dijon"*, Slg. 1979, S. 1766).

Die im Zusammenhang mit dem (stark verkürzt wiedergegebenen) Fall vom Europäischen Gerichtshof getroffenen Ausführungen sind für die Warenverkehrsfreiheit prägend und lassen sich in der sog. „*Cassis*-Formel“ wie folgt zusammenfassen:

***Cassis*-Formel:**

Solange es keine gemeinschaftsrechtliche Regelung über die Herstellung und Vermarktung von bestimmten Waren gibt, ist es Sache der Mitgliedstaaten, solche Vorschriften zu erlassen. Hemmnisse für den Binnenhandel in der Gemeinschaft müssen insoweit hingenommen werden. Dies aber nur, soweit diese Bestimmungen notwendig sind, um zwingenden Erfordernissen z. B. aus Gründen einer wirksamen steuerlichen Kontrolle, des Schutzes der öffentlichen Gesundheit, der Lauterkeit des Handelsverkehrs und des Verbraucherschutzes gerecht zu werden.

FALL

Mit königlichen Erlassen (*Real Decreto*) Nr. 823/1990 und 822/1990 legte die spanische Regierung u. a. fest, dass Schokolade, die andere pflanzliche Fette als Kakaobutter enthält, im Hoheitsgebiet Spaniens nur unter dem Namen *„Schokoladenersatz“* vermarktet werden durfte. In anderen Staaten, so Dänemark, Irland, Portugal, Schweden, Finnland und Großbritannien fanden sich entsprechende Beschränkungen allerdings nicht. Die Kommission war der Ansicht, dass dies eine Beschränkung des Warenverkehrs von in anderen Mitgliedstaaten rechtmäßig hergestellten Kakao- und Schokoladenerzeugnissen darstelle. Nach erfolglos durchgeführtem Vorverfahren erhob die Kommission Klage vor dem Europäischen Gerichtshof mit dem Antrag festzustellen, dass „das Königreich Spanien dadurch gegen seine Verpflichtungen aus Art. 30 EGV (Art. 34 AEUV) verstoßen hat, dass es verboten hat, Kakao- und Schokoladenerzeugnisse, denen andere pflanzliche Fette als Kakaobutter zugesetzt wurden und die in den Mitgliedstaaten, in denen der Zusatz dieser Stoffe zulässig ist, rechtmäßig hergestellt werden, in Spanien unter der Bezeichnung in den Verkehr zu bringen, unter der sie in ihrem Herkunftsmitgliedstaat in den Verkehr gebracht werden (EuGH, Urteil v. 16. 1. 2003, Rs. C-12/00, Slg. 2003-1 (A), S. 480 ff.).

Der Europäische Gerichtshof gab der Klage statt und führte u. a. aus: „In Ermangelung einer Harmonisierung der innerstaatlichen Rechtsvorschriften verbietet Art. 30 EGV (Art. 34 AEUV nach dem Urteil *Cassis de Dijon* namentlich Behinderungen des freien Warenverkehrs, die sich daraus ergeben, dass Waren aus anderen Mitgliedstaaten, die dort rechtmäßig hergestellt und in den Verkehr gebracht worden sind, bestimmten Vorschriften entsprechen müssen (wie etwa hinsichtlich ihrer Bezeichnung, ihrer Form, ihrer Abmessungen, ihres Gewichts, ihrer Zusammensetzung, ihrer Aufmachung, ihrer Kennzeichnung und ihrer Verpackung), selbst wenn diese unterschiedslos für einheimische und eingeführte Erzeugnisse gelten (Rn. 72, S. 504).“

Der Europäische Gerichtshof führt im weiteren Verlauf des Urteils aus, dass die nach anderen Entscheidungen (u. a. Urteil *Keck* und *Mithouard*, Urteil v. 6. 7. 1995, Rs. C 470/93) des Gerichtshofes zu berücksichtigenden Einschränkungen dieser Grundsätze nicht greifen würden und verurteilte die spanische Regierung antragsgemäß. Dabei lässt der Europäische Gerichtshof es ausreichend sein, dass „das Verbot wie das spanische die Einfuhr aus anderen Mitgliedstaaten stammender Erzeugnisse zwar nicht absolut aus(schließt); es kann aber deren Vermarktung erschweren und daher den Handel zwischen den Mitgliedstaaten behindern" (Rn. 29, S. 506).

III. Personenverkehrsfreiheit

1. Allgemeines

Die Personenverkehrsfreiheit im weiteren Sinne umfasst eigentlich drei Bereiche: Die Freizügigkeit der Arbeitnehmer (Art. 45 bis 48 AEUV), die Niederlassungsfreiheit (Art. 48 bis 55 AEUV) und die Dienstleistungsfreiheit (Art. 56 bis 62 AEUV). Zwischen diesen besteht ein gewisser Zusammenhang, sodass es sich eigentlich anbietet, sie auch zusammen zu behandeln. Zur besseren Verdeutlichung soll dennoch unter dem Punkt der Personenverkehrsfreiheit sowohl auf die Freizügigkeit der Arbeitnehmer als auch auf die Niederlassungsfreiheit eingegangen und der Dienstleistungsfreiheit ein besonderer Abschnitt gewidmet werden.

2. Bedeutung der Regelungen über Arbeitnehmerfreizügigkeit und Niederlassungsfreiheit

Die Freiheit des Personenverkehrs gehört zu den vier grundlegenden Freiheiten, die ein Binnenmarkt beinhaltet (vgl. Art. 26 Abs. 2 AEUV) und gehört zum Kernbereich der Unionsbürgerschaft, Art. 21 AEUV. Durch die Personenverkehrsfreiheit sollen alle Bereiche der Arbeitstätigkeit erfasst und der freie Austausch von Arbeitsleistungen gewährleistet werden. Die Umsetzung dieser Freiheit bringt unter dem Gesichtspunkt, dass der Arbeit auch eine soziale Komponente innewohnt, die in den Mitgliedstaaten unterschiedlich stark ausgeprägt ist, erhebliche Probleme mit sich. Hier versucht man auf der Grundlage des sekundären Gemeinschaftsrechts eine Angleichung zu erzielen.

3. Die Abgrenzung der beiden Freiheiten voneinander

Die Freizügigkeit der Arbeitnehmer beschränkt sich auf den Bereich von Personen, die in einem weisungsgebundenen Abhängigkeitsverhältnis stehen. Sie betrifft daher all diejenigen, die für einen anderen Arbeit verrichten und dafür Lohn oder Gehalt beziehen. Mit dieser Definition der betroffenen Zielgruppe ist auch gleichzeitig die Trennung zu der anders ausgestalteten Niederlassungsfreiheit möglich, die sich auf den Bereich der selbständig Erwerbstätigen bezieht, d. h. also auf jene Personen, die auf eigene Kosten und auf eigenes (unternehmerisches) Risiko hin handeln. Die Unterscheidung rechtfertigt sich daraus, dass nicht nur in Deutschland die Rechtsverhältnisse der Arbeitnehmer anders geregelt sind als die der Arbeitgeber.

4. Anwendungsbereich der Freiheiten

Der persönliche Anwendungsbereich erstreckt sich grundsätzlich auf alle Staatsangehörigen eines Mitgliedstaates und in gewissem Umfang auf deren Familienmitglieder. Dies auch dann, wenn der Staatsangehörige in einem Gebiet wohnt, welches nicht zum Hoheitsgebiet der Europäischen Gemeinschaft gehört.

BEISPIEL Ein französischer Staatsangehöriger, der in einem der überseeischen Departements wohnt und lebt, kann sich auf die Freizügigkeit der Arbeitnehmer berufen, wenn er z. B. in Berlin oder Madrid arbeiten möchte. Angehörige von Drittstaaten können sich demgegenüber nicht auf die Freiheiten berufen, selbst wenn sie schon längere Zeit in der Europäischen Union gelebt haben.

Sachlich gelten die Regelungen der Art. 45 ff. AEUV nur für „Arbeitnehmer". Dieser Begriff kann nach den einzelnen Rechtsansichten in den Mitgliedstaaten durchaus unterschiedlich zu interpretieren sein. Um hier die notwendige Rechtsvereinheitlichung herzustellen, war es notwendig, eine gemeinschaftsrechtliche Definition zu finden. Der Europäische Gerichtshof hat hierzu folgende Grundregeln herausgebildet: Handelt es sich um eine Tätigkeit, die in einem Lohn- oder Gehaltsverhältnis erbracht wird, so liegt selbst dann eine Arbeitnehmertätigkeit vor, wenn die Tätigkeit wegen ihres künstlerischen oder sportlichen Charakters grundsätzlich nicht dem Bereich der Wirtschaft zugeordnet wird. Auch kommt es nicht darauf an, ob und ggf. welches Mindest- oder Höchsteinkommen erzielt wird.

BEISPIEL In der Rechtssache *Bosman* hatte der Europäische Gerichtshof über die Zulässigkeit der Transferregelungen und der Ausländerklauseln zu entscheiden. Er betonte dabei unter Bezug auf seine frühere Rechtsprechung ausdrücklich, dass Art. 39 ff. EGV (Art. 45 ff. AEUV) auf Betätigungen im Rahmen des Profifußballsports anzuwenden sind, soweit dieser eine wirtschaftliche Betätigung darstellt und die Fußballprofis oder Halbprofis eine unselbständige Tätigkeit ausüben oder entgeltliche Dienstleistungen erbringen (EuGH, Urteil v. 15. 12. 1995, Rs. C-415/93, *Bosman*).

Liegt hingegen ein Lohn- oder Gehaltsverhältnis nicht vor, trägt also die betreffende juristische oder natürliche Person das unternehmerische Risiko, so ist eine selbständige Tätigkeit gegeben, die unter die Art. 9 ff. AEUV fällt.

5. Die Inländerdiskriminierung

Grundsätzlich sind alle Grundfreiheiten der Art. 45 ff. AEUV nur auf Sachverhalte anwendbar, die in den Anwendungsbereich des Gemeinschaftsrechts fallen. Diese Schlussfolgerung ergibt sich nicht nur aus der Fassung dieser Artikel, sondern entspricht auch der Zielsetzung, nämlich zur Beseitigung aller Hindernisse für die Errichtung eines gemeinsamen Marktes beizutragen, in dem die Staatsangehörigen der Mitgliedstaaten die Möglichkeit haben, sich zum Zwecke einer wirtschaftlichen Betätigung im Hoheitsgebiet dieser Staaten frei bewegen zu können. Der erforderliche räumliche Bezug zum Rechtsgebiet der Europäischen Gemeinschaft besteht allerdings bereits dann, wenn der Sachverhalt sich irgendwo in der Europäischen Gemeinschaft abspielt. Es ist daher schon versucht worden, gemeinschaftsrechtliche Regelungen auch dann anzuwenden, wenn sich der Fall ohne grenzüberschreitenden Bezug ausschließlich in einem Mitgliedstaat abgespielt hat.

FALL

Eine aus Surinam stammende Familie will sich bei ihrem in den Niederlanden wohnenden Sohn niederlassen. Die Aufenthaltserlaubnis wird ihr unter Hinweis auf das nationale Recht verweigert. Die Familie will sich auf den dieser Regelung entgegenstehenden Art. 10 der zur Freizügigkeit der Arbeitnehmer erlassenen VO (Nr. 1612/68) berufen. Dies ist nicht möglich, da keinerlei

Sachverhalt berührt ist, den das Gemeinschaftsrecht regeln will. Es fehlt der Bezug zu einem grenzübergreifenden Ereignis.

Aus diesen Überlegungen heraus ergibt sich die auf den ersten Blick etwas merkwürdig anmutende Konsequenz, dass die Staatsangehörigen eines Mitgliedstaates bei Sachverhalten ohne Bezug zum Gemeinschaftsrecht in dem o. a. Sinne schlechter dastehen als dann, wenn ein solcher Bezug vorliegt. Diese Ungleichbehandlung, die sich aus der allein auf die Ziele des Unionsrechts ausgerichteten Rechtsprechung des Europäischen Gerichtshofes rechtfertigen mag, fasst man unter den Begriff der „Inländerdiskriminierung". Und an diesem Grundsatz hat der Europäische Gerichtshof trotz erhobener und m. E. teilweise berechtigter Kritik bis zum heutigen Tage in allen Bereichen der Grundfreiheiten festgehalten.

BEACHTE

Inländerdiskriminierung: Bei Sachverhalten, die sich ausschließlich innerhalb eines Mitgliedstaates abspielen, wie etwa im Fall eines Angehörigen eines Mitgliedstaates, der niemals in einem anderen Mitgliedstaat gewohnt oder gearbeitet hat, greifen die Verbürgungen der Personenverkehrsfreiheit grundsätzlich nicht.

Die Haltung des Europäischen Gerichtshofes steht in einem nicht unproblematischen Spannungsverhältnis zu den gemeinschaftsrechtlich entwickelten Grundrechten. Denn diese müssen einerseits als generelle Gewährleistungen für alle Marktbürger gelten. Andererseits sind Teile der Gemeinschaftsgrundrechte zumindest im Kern in den Grundfreiheiten angelegt. Es kommt daher zu der merkwürdigen Konsequenz, dass die Grundfreiheiten einerseits die Grundrechtsverbürgungen mitbestimmen, anderseits aber in der Wirkung hinter diesen zurückbleiben.

6. Inhalt der Personenverkehrsfreiheit

Die Freizügigkeit der Arbeitnehmer und die Niederlassungsfreiheit sind von der jeweiligen Zielsetzung her unterschiedlich ausgestaltet. Dies drückt sich in den konkreten Verbürgungen der Freiheiten aus, die in beiden Bereichen durch zahlreiche sekundärrechtliche Vorschriften näher konkretisiert worden sind.

a) Die Freizügigkeit der Arbeitnehmer

Das Kernrecht der Arbeitnehmer enthält Art. 45 Abs. 2 AEUV und beinhaltet „die Abschaffung jeder auf der Staatsangehörigkeit beruhenden unterschiedlichen Behandlung der Arbeitnehmer der Mitgliedstaaten in Bezug auf Beschäftigung, Entlohnung und sonstige Arbeitsbedingungen". Schon der Wortlaut des Artikels stellt klar, dass es sich um ein klassisches Diskriminierungsverbot handelt, um ein Verbot der Besser- oder Schlechterstellung bestimmter Arbeitnehmer.

FALL

Ein Fußballtrainer, der die italienische Staatsangehörigkeit besitzt, will als Trainer einer französischen Profifußballmannschaft arbeiten. Die erforderliche Lizenz hat er ordnungsgemäß in Italien erworben. Die französische Regierung weigert sich, ihn als Fußballtrainer anzuerkennen und in Frankreich arbeiten zu lassen. Sie begründet dies damit, dass es hierfür des Besitzes einer französischen Lizenz oder eines als gleichwertig anerkannten ausländischen Diploms bedürfe. Eine italienische Lizenz sei zwar vergleichbar, könne aber in diesem Fall nicht anerkannt werden, da es in Frankreich eine ausreichende Anzahl qualifizierter Fußballtrainer gebe. Die Verweigerung der Anerkennung des in Italien erworbenen Diploms und die darauf beruhende Verweigerung der Arbeitserlaubnis verstößt gegen das Diskriminierungsverbot des Art. 39 Abs. 2 EGV (Art. 45 AEUV). Denn der Grund für die Nichtanerkennung des Diploms liegt allein in der Staatsangehörigkeit des italienischen Trainers begründet. Er wird gegenüber inländischen Trainern ungleich behandelt. Eine Rechtfertigung nach Art. 39 Abs. 3 EGV (Art. 45 Abs. 3 AEUV) aus Gründen der öffentlichen Ordnung, Sicherheit und Gesundheit ist nicht ersichtlich. Die Maßnahme ist rechtswidrig (vgl. EuGH, Urteil v. 15. 10. 1987, Rs. 222/86, Slg. 87, S. 4097 ff.).

Ergänzt wird das Diskriminierungsverbot durch Art. 45 Abs. 3 AEUV, der die Möglichkeit des freien Zugangs zum Arbeitsmarkt innerhalb der Europäischen Gemeinschaft und die ungestörte Ausübung des Berufs (unter dem Vorbehalt der aus Gründen der öffentlichen Ordnung, Sicherheit und Gesundheit gerechtfertigten Bedingungen) gewährleisten soll. Art. 45 Abs. 3 AEUV ist, so wie die gesamte Regelung des Art. 45 AEUV, seit Ablauf der Übergangszeit unmittelbar geltendes Recht. Auch der Arbeitgeber kann sich nach neuer Rechtsprechung des Europäischen Gerichtshofes (Rs. C-350/96, Slg. 1998, I-2521) auf die unmittelbare Anwendung des Artikels berufen.

BEACHTE

Art. 45 AEUV gewährleistet, dass

- jeder Arbeitnehmer sich um tatsächlich angebotene Stellen bewerben,
- sich zu diesem Zwecke im Hoheitsgebiet der Mitgliedstaaten frei bewegen,
- sich in diesen nach den dort geltenden Bestimmungen aufhalten,
- nach den dort geltenden Bestimmungen eine Beschäftigung ausüben und
- unter bestimmten (im Sekundärrecht näher geregelten) Bedingungen auch nach Ablauf des Arbeitsverhältnisses weiter dort bleiben darf.

Das Recht der Freizügigkeit beinhaltet somit eine Komponente, wonach ein gesichertes Aufenthaltsrecht für den EG-Arbeitnehmer und dessen Familienangehörige besteht. Allerdings gewährt das Aufenthaltsrecht derzeit noch nicht in jedem Fall Schutz vor Maßnahmen des jeweiligen Gastlandes, die den Aufenthalt beenden können. In Deutschland ist es somit auch gegen EG-Angehörige derzeit noch denkbar, dass Maßnahmen nach dem Ausländergesetz (z. B. die Anordnung einer Ausweisung) ergriffen werden. Allerdings sind die Anforderungen, die an eine rechtmäßige Beendigung des Aufenthalts durch die Behörden zu stellen sind, durch EG-Recht modifiziert. Danach können z. B. strafrechtliche Verurteilungen allein – anders als im sonstigen Ausländerrecht – keinen Grund dafür darstellen, die Anwesenheit eines Unionsbürgers in einem Mitgliedstaat zu beenden. M. E. ist es angesichts der Unionsbürgerschaft und der Freizügigkeit an der Zeit, auch die letzten Beschränkungen aus ausländerrechtlicher Sicht in absehbarer Zeit abzuschaffen.

Besondere Probleme bestanden lange Zeit im Zusammenhang mit Ausbildungsverhältnissen. Wenn diese einen konkreten Bezug zu einem bestimmten Arbeitsverhältnis aufwiesen (z. B. ein deutscher Tischlergeselle in Frankreich), konnten die Freiheiten des Art. 39 EGV (Art. 45 AEUV) unzweifelhaft Anwendung finden. Problematisch waren aber die reinen Ausbildungslehrgänge, z. B. ein Universitätsstudium. Hier fehlt auf den ersten Blick zur Anwendung des Art. 45 AEUV ein ganz wesentliches Tatbestandsmerkmal: Es handelt sich nicht direkt um eine Tätigkeit eines Arbeitnehmers. Allerdings ist das Recht auf Freizügigkeit möglichst weit zu verstehen und umfasst alle im Zusammenhang mit einer möglichen (abhängigen) Tätigkeit stehenden Bereiche.

FALL

Ein deutscher Abiturient will in Belgien Zahnmedizin studieren. Er wird zum Studium zugelassen, muss aber besonders hohe Studiengebühren zahlen, die nur für Ausländer gelten. Er wendet sich gegen den Zahlungsbescheid. Der Europäische Gerichtshof hat ihm Recht gegeben und ausgeführt, dass auch der (gesamte) Bereich der Berufsausbildung vom Anwendungsbereich der EG-Freizügigkeit erfasst wird und daher Art. 39 EGV (jetzt Art. 45 AEUV) Anwendung findet. Da die unterschiedliche Behandlung nur an die Staatsangehörigkeit anknüpft, verstößt die Maßnahme gegen die Freizügigkeit der Arbeitnehmer. Der Bescheid war aus diesem Grunde rechtswidrig.

b) Die Niederlassungsfreiheit

Auch die Niederlassungsfreiheit gehört zu den grundlegenden Vorschriften des EGV. Art. 49 AEUV soll garantieren, dass hinsichtlich der Niederlassung die Vergünstigung der Inländerbehandlung allen Staatsangehörigen zukommt, die sich in einem anderen Mitgliedstaat niederlassen möchten, um dort eine selbständige Erwerbstätigkeit auszuüben. Dies gilt auch dann, wenn er dort nur eine Nebenstelle eröffnen möchte.

Während die Verwirklichung der Regelungen über die Freizügigkeit durch die Verabschiedung wesentlicher sekundärrechtlicher Normen schon früh voranschreiten konnte, bereitete die Verwirklichung der Niederlassungsfreiheit erheblich größere Probleme. Grund hierfür waren u. a. zahlreiche nationale Vorbehalte gegenüber den in anderen Staaten erworbenen Diplomen und Befähigungsnachweisen. Immer wieder wurde auf die großen Unterschiede in den mitgliedstaatlichen Ausbildungs- und Studiengängen sowie den einzelnen berufsständischen Ordnungen hingewiesen. Ein erster Durchbruch in diesem Bereich gelang 1988 mit der Verabschiedung der Hochschuldiplom-Richtlinie (RL EWG 89/48, ergänzt durch RL EWG 92/51, ABl. 1992

Nr. L 209, S. 25 ff.). Die Umsetzung dieser Richtlinie ist in Deutschland u. a. in den Bereichen der Rechtsanwaltschaft und Lehrämter an öffentlichen Schulen erfolgt.

Die Niederlassungsfreiheit unterliegt grundsätzlich den Bestimmungen des Aufnahmestaates für seine eigenen Staatsangehörigen, vgl. Art. 49 AEUV. Das bedeutet, dass die Aufnahme und Ausübung selbständiger Tätigkeiten durch solche Rechts- und Verwaltungsvorschriften zur Organisation, Befähigung, zu Standespflichten, Verantwortlichkeit, Haftung etc. näher ausgestaltet werden, die im Allgemeininteresse gerechtfertigt sind. Wenn die Aufnahme oder Ausübung einer spezifischen Tätigkeit im Mitgliedstaat derartigen Bestimmungen unterliegt, muss der Angehörige eines anderen Mitgliedstaates, der diese Tätigkeit ausüben will, die Voraussetzungen grundsätzlich ebenso erfüllen.

BEISPIEL Nach nationalem (deutschem) Recht ist das Führen einer Gaststätte vom Erhalt einer Genehmigung nach dem Gaststättengesetz abhängig. Wenn ein EU-Ausländer in Deutschland eine Gaststätte eröffnen will, muss er eine solche Erlaubnis einholen.

Grundsätzlich darf aber eine Beschränkung nicht zu einer Diskriminierung führen. Dies ist immer dann der Fall, wenn sich aus den nationalen Rechtsvorschriften eine Benachteiligung der Staatsangehörigen anderer Mitgliedstaaten, die sich niederlassen wollen, ergibt.

FALL

Nach dem italienischen Recht ist die Tätigkeit eines Wertpapiermaklers besonders zugelassenen Gesellschaften vorbehalten. Diese müssen ihren Sitz zwingend in Italien haben. Die Kommission sah hierin einen Verstoß gegen Art. 43 EGV und erhob nach erfolgloser Durchführung des Vorverfahrens Vertragsverletzungsklage. Der Gerichtshof hat der Klage stattgegeben und u. a. ausgeführt, dass Art. 43 EGV (Art. 49 AEUV) jede Diskriminierung der Staatsangehörigen, die sich aus nationalen Rechtsvorschriften ergeben, verbietet. Dies seien insbesondere all diejenigen Normen, die die Staatsangehörigen der anderen Mitgliedstaaten tatsächlich oder rechtlich gegenüber einem Staatsangehörigen des Niederlassungsmitgliedstaates benachteiligen, der sich in derselben Lage befindet. Eine solche Benachteiligung sei aber durch die italienische Regelung gegeben. So seien die Makler anderer Mitgliedstaaten gehindert, sich der Niederlassungsformen wie Zweigniederlassung oder Geschäftsstelle zu bedienen. Da sie insoweit die Kosten einer Firmenneugründung in Italien tragen müssten, die für italienische Makler nicht entstehen würden, seien sie benachteiligt (vgl. EuGH, Urteil v. 6. 6. 1996, Rs. C-101/94, Slg. 1996, S. 691).

Letztendlich ist allerdings der durch die Niederlassungsfreiheit gewährleistete Schutz auch unter Berücksichtigung der Inländergleichbehandlung dann nicht ausreichend, wenn nationale Regelungen zulässig bleiben, die diese faktisch leer laufen lassen.

BEISPIEL Ein bei einem deutschen Gericht zugelassener Rechtsanwalt, der sich im Besitz der erforderlichen französischen Diplome befindet, beantragt seine Zulassung als Rechtsanwalt bei der Rechtsanwaltskammer Paris. Seine deutsche Kanzlei möchte er beibehalten. Wenn nun die nationalen französischen Regelungen vorschreiben, dass Zulassungsvoraussetzung für aus- wie inländische Rechtsanwälte ist, dass diese nur eine Kanzlei (im Bereich des jeweiligen Gerichts, hier in Paris) betreiben dürfen, so hilft auch das Verbot der Inländerdiskriminierung nicht weiter. Da die Rechtsanwälte aus anderen Mitgliedstaaten ebenso von dieser Regelung betroffen sind wie französische, liegt ein Verstoß gegen den Grundsatz der Inländergleichbehandlung nicht vor.

Der Gerichtshof hat in dem Fall, dem das Beispiel nachgebildet ist, festgestellt, dass die Niederlassungsfreiheit sich nicht auf das Recht beschränke, nur eine Niederlassung zu gründen. Nach dem Wortlaut des Art. 43 EGV (Art. 49 AEUV), der selbst von Agenturen, Zweigniederlassungen und Tochtergesellschaften spreche, sei es nicht zulässig, indirekt die Bildung von Zweigniederlassungen zu unterbinden: „Die Vorschrift muss als besonderer Ausdruck eines allgemeinen Grundsatzes verstanden werden, der auch für freie Berufe gilt, wonach das Niederlassungsrecht auch die Möglichkeit umfasst, unter Beachtung der jeweiligen Berufsausübungsregelungen im Gebiet der Gemeinschaft mehr als eine Stätte für die Ausübung einer Tätigkeit einzurichten und beizubehalten." (Rs. *Klopp*, Slg. 1984, S. 2971).

7. Schranken der Personenverkehrsfreiheit

a) Beschränkungen der Arbeitnehmerfreizügigkeit gem. Art. 45 Abs. 3 AEUV

Die Freiheit des Personenverkehrs kann, wenn dies aus Gründen der öffentlichen Ordnung, Sicherheit und Gesundheit gerechtfertigt ist, beschränkt werden. Um zu verhindern, dass die Mitgliedstaaten hierin ein willkommenes Instrumentarium sehen, die durch Art. 45 AEUV gewährleisteten Freiheiten faktisch auszuschließen, hat der Europäische Gerichtshof stets betont, dass die in den Schrankenbestimmungen verwendeten Begriffe gemeinschaftsrechtlich zu interpretieren sind. Es ist daher nicht in das Belieben der Mitgliedstaaten gestellt, wie weit sie den durch Art. 45 Abs. 3 AEUV gesteckten Rahmen ziehen wollen. Darüber hinaus ist der Begriff der „öffentlichen Ordnung" sekundärrechtlich durch eine Richtlinie (RL 64/221, ABl. 1964, S. 850) dahingehend konkretisiert, dass bestimmte Rechtfertigungsgründe, z. B. wirtschaftlich motivierte, nicht unter diesen Begriff fallen.

Allgemein lässt sich zu Art. 45 Abs. 3 AEUV anmerken, dass die Berechtigungen der Personenverkehrsfreiheit regelmäßig weit, die Beschränkungen hingegen eng auszulegen sind.

FALL

Ein italienischer Staatsangehöriger wird wegen eines Verstoßes gegen das Waffengesetz in Deutschland verurteilt. Im Anschluss an seine Verurteilung verfügt die zuständige Behörde auf der Grundlage des Ausländergesetzes die Ausweisung. Begründet wird diese Maßnahme damit, dass andere Ausländer vor solchen Taten abgeschreckt werden sollen.

Die Anwendung des Ausländergesetzes ist gegenüber den Staatsangehörigen anderer Mitgliedstaaten durch das AufenthG/EWG grundsätzlich beschränkt. Die Ausweisung wäre nur zulässig, wenn neben dem durch die strafrechtliche Verurteilung i. d. R. gegebenen schwerwiegenden Grund für die Ausweisung der Betroffene durch sein persönliches Verhalten zur Ausweisung Anlass bietet. Anders als das BVerwG sah der Europäische Gerichtshof dieses Tatbestandsmerkmal nicht allein durch die „persönlich" begangene Straftat als erfüllt an. Der Begriff des persönlichen Verhaltens sei dahingehend eng auszulegen, dass die Gefahr von der Person selbst ausgehen müsse. Daraus folgert er, dass generalpräventive Zwecke grundsätzlich nicht geeignet sind, die

Ausweisung eines EG-Angehörigen zu rechtfertigen (nach EuGH, Rs. *Bonsignore/Oberstadtdirektor der Stadt Köln*, Slg. 1975, S. 297 ff.).

---

b) Beschäftigte in der öffentlichen Verwaltung

Gem. Art. 45 Abs. 4 AEUV finden die Vorschriften des Art. 45 AEUV keine Anwendung auf die Beschäftigung in der öffentlichen Verwaltung. Damit sind diejenigen Stellen vom Anwendungsbereich der ersten drei Absätze des Art. 45 AEUV auszunehmen, die eine unmittelbare oder mittelbare Teilnahme an der Ausübung hoheitlicher Befugnisse und an der Wahrung solcher Aufgaben mit sich bringen, die auf die Wahrung der allgemeinen Belange des Staates oder anderer Körperschaften gerichtet sind. Denn nach der Rechtsprechung des Europäischen Gerichtshofes setzt die Beschäftigung auf derartigen Stellen ein Verhältnis besonderer Verbundenheit des jeweiligen Stelleninhabers zum Staat sowie eine auf der Staatsangehörigkeit beruhende Gegenseitigkeit von Rechten und Pflichten voraus.

Mit der o. a. Auslegung des Art. 45 Abs. 4 AEUV hat der Europäische Gerichtshof ein besonderes Verhältnis zwischen dem jeweiligen Arbeitgeber und dem Staat verlangt, dem in Deutschland das sog. besondere Dienst- und Treueverhältnis zwischen Beamten und Staat entspricht. Dennoch lässt sich die Tragweite der Vorschrift nicht ohne Weiteres ermitteln. Denn es kann angesichts der verschiedenen Rechtskulturen und der unterschiedlichen Verfassungs- und Verwaltungsstrukturen der Mitgliedstaaten nicht verwundern, dass der Bereich der „öffentlichen Verwaltung" von Staat zu Staat anders definiert wird.

BEISPIEL In Griechenland gehören zum öffentlichen Dienst u. a. die Beschäftigten in der Einrichtung der griechischen Eisenbahn, das wissenschaftliche und nichtwissenschaftliche Personal in den öffentlichen Einrichtungen für die zivile Forschung, die Musiker in der Oper Athen und in den städtischen und kommunalen Orchestern. Aus diesem Grunde hat Griechenland noch 1996 die Zugehörigkeit zu diesen Berufsgruppen von der griechischen Staatsangehörigkeit abhängig gemacht.

Um eine einheitliche Anwendung der Regelungen über die Freizügigkeit dennoch gewährleisten zu können, hat der Europäische Gerichtshof den Begriff der öffentlichen Verwaltung gemeinschaftsrechtlich definiert.

FALL

Eine britische Staatsangehörige, die nach Abschluss ihres Studiums (Lehramt Sekundarstufe II) in Freiburg im Frühjahr 1979 erfolgreich die erste Staatsprüfung für das Lehramt abgelegt hatte, beantragte bei dem zuständigen Amt die Übernahme in den Referendardienst des Landes Baden-Württemberg. Dies wurde ihr im Hinblick auf § 6 LBG BW verweigert, wonach grundsätzlich nur deutsche Staatsangehörige i. S. von Art. 116 GG in ein Beamtenverhältnis treten dürfen.

Auf Vorlage durch das Bundesverwaltungsgericht im Vorabentscheidungsverfahren hat der Europäische Gerichtshof entschieden, dass ein Referendar Arbeitnehmer i. S. des Art. 39 EGV (Art. 45 AEUV) ist. Das Argument der Bundesrepublik Deutschland, dass es sich insoweit um „öffentliche Verwaltung" handele, hat er damit zurückgewiesen, dass es auf den Inhalt der Tätigkeit, nicht aber auf die formale Ausgestaltung derselben ankomme: Die Freizügigkeit der Arbeitnehmer sei eines der Grundprinzipien der Gemeinschaft. Dies verbiete es, dass der Begriff des

Arbeitnehmers i. S. von Art. 39 EGV (Art. 45 AEUV) nach dem nationalen Recht unterschiedlich ausgelegt werden könne. Daher müsse der Begriff gemeinschaftsrechtlich definiert werden, wobei eine weite Auslegung erforderlich sei. Dabei komme es für die Bestimmung, ob eine Tätigkeit der öffentlichen Verwaltung zuzurechnen ist, nicht darauf an, ob ein Arbeits- oder vielleicht ein Beamtenverhältnis (faktisch) begründet wird. Ausgenommen von Art. 39 Abs. 4 (Art. 45 Abs. 4 AEUV) sind vielmehr nur diejenigen Stellen, „die eine unmittelbare oder mittelbare Teilnahme an der Ausübung hoheitlicher Befugnisse und an der Wahrnehmung solcher Aufgaben mit sich bringen, die auf die Wahrung der allgemeinen Belange des Staates oder anderer öffentlicher Körperschaften gerichtet sind...“. Diese Voraussetzungen seien bei einer Referendarin nicht erfüllt, so dass die Nichtzulassung der Klägerin zum Referendardienst gegen das Gemeinschaftsrecht verstoßen hat (EuGH, Urteil v. 3. 7. 1986, Rs. 66/85, Slg. 1986, S. 121).

BEACHTE

Öffentliche Verwaltung: Für die Frage, was unter „öffentlicher Verwaltung“ zu verstehen ist, ist allein auf die Art der ausgeübten Beschäftigung, nicht aber auf die Rechtsnatur des Beschäftigungsverhältnisses (z. B. Beamter/Angestellter) abzustellen. Der Begriff betrifft daher nur die Kernbereiche hoheitlichen Handelns, z. B. die Polizei, die Rechtspflege, die Steuerverwaltung etc.

Aus diesem Grunde hat der Gerichtshof in Bezug auf Griechenland (vgl. das o. a. Beispiel) auf Klage der Kommission im Vertragsverletzungsverfahren festgestellt, dass die Beibehaltung des Staatsangehörigenerfordernisses gegen Art. 39 EGV (Art. 45 AEUV) verstößt.

Die Rechtsprechung des Europäischen Gerichtshofes zur Auslegung des Begriffs der öffentlichen Verwaltung führte dazu, dass der für die Einstellung eines Beamten in den Bundesdienst einschlägige § 7 des Bundesbeamtengesetzes (BBG) neu gefasst werden musste. Er lautet nun in Abs. 1:

> „In das Beamtenverhältnis darf nur berufen werden, wer
>
> 1. Deutscher i. S. des Art. 116 GG ist oder die Staatsangehörigkeit eines anderen Mitgliedstaates der Europäischen Gemeinschaften besitzt...“

Und in Abs. 2 heißt es:

> „Wenn die Aufgaben es erfordern, darf nur ein Deutscher ... in ein Beamtenverhältnis berufen werden.“

Hier zeigen sich die Auswirkungen, die das Gemeinschaftsrecht auch indirekt auf das nationale Recht zu entfalten vermag.

c) Schranken der Niederlassungsfreiheit

Auch die Niederlassungsfreiheit wird durch zahlreiche Vorschriften und Normen eingeschränkt. So berühren gem. Art. 52 AEUV die dort zu findenden Normen nicht „die Rechts- und Verwaltungsvorschriften, die eine Sonderregelung für Ausländer vorsehen und aus Gründen der öffentlichen Ordnung, Sicherheit und Gesundheit gerechtfertigt sind“. Darüber hinaus bestimmt

Art. 51 AEUV, dass die Niederlassungsfreiheit auf Tätigkeiten, die dauernd oder zeitweise mit der Ausübung öffentlicher Gewalt verbunden sind, keine Anwendung findet.

Die Probleme in diesem Zusammenhang sind ähnliche wie die bei der Freizügigkeit. So bedurfte und bedarf es auch in diesem Bereich der gemeinschaftsrechtlichen Definition der öffentlichen Gewalt, auch in diesem Bereich dürfen die getroffenen Maßnahmen keine versteckte Diskriminierung beinhalten.

IV. Dienstleistungsfreiheit

1. Allgemeines

Nach Art. 56 Abs. 1 Satz 1 AEUV betrifft die Dienstleistungsfreiheit den „freien Dienstleistungsverkehr innerhalb der Union für Angehörige der Mitgliedstaaten, die in einem anderen Staat der Gemeinschaft als demjenigen des Dienstleistungsempfängers ansässig sind". Damit ergänzt diese die Niederlassungsfreiheit und Freizügigkeit der Arbeitnehmer dahingehend, dass eine erwerbswirtschaftliche Tätigkeit auch ohne Wohnsitzverlagerung nach dem Grundsatz der Inländergleichbehandlung (vgl. Art. 57 AEUV) ermöglicht wird.

Vereinfacht ausgedrückt soll durch die Dienstleistungsfreiheit, die gem. Art. 62 AEUV i.V. mit Art. 54 AEUV auch auf Gesellschaften Anwendung findet, erreicht werden, dass der einzelne Marktbürger in seinem Mitgliedstaat die Angebote aller Dienstleistungsunternehmen in der Gemeinschaft zu den (rechtlichen) Bedingungen seines Staates erhält. Dadurch wird die Wettbewerbssituation zugunsten der Verbraucher ausgeweitet.

2. Umfang

Die Dienstleistungsfreiheit erfasst all diejenigen Fälle, in denen sich der Leistende zum Zwecke der Leistungserbringung in einen anderen Mitgliedstaat begibt.

BEISPIEL ▸ Die Firma X mit Sitz in Deutschland montiert in Frankreich für die dort ansässige Gesellschaft Y einen Messestand.

In dem vorgenannten Beispiel wird durch die Dienstleistungsfreiheit u. a. sichergestellt, dass die deutsche Firma ihr eigenes Personal nach Frankreich mitnehmen und die Arbeit dort durch ihre Beschäftigten durchführen darf. Neben dieser sog. positiven Dienstleistungsfreiheit gibt es nach der Rechtsprechung auch die ebenfalls dem Schutz der Art. 49 ff. AEUV unterliegende negative Dienstleistungsfreiheit. Diese ist immer dann betroffen, wenn sich ein Leistungsempfänger zum Leistungserbringer begibt und dabei eine mitgliedstaatliche Grenze überschreitet.

BEISPIEL ▸ Ein niederländischer Staatsangehöriger begibt sich nach Aachen zu einem deutschen Arzt in Behandlung.

BEACHTE

Zum Schutzbereich der Dienstleistungsfreiheit gehören die sog. positive und negative Dienstleistungsfreiheit. Bei der erstgenannten, die in Art. 50 AEUV ausdrücklich angesprochen wird, begibt der Leistende sich in den Staat, in dem der Empfänger ansässig ist. Demgegenüber wird durch die sog. negative Dienstleistungsfreiheit der Schutzbereich auf die Fallgestaltungen ausgedehnt, in denen der Leistungsempfänger sich aus dem Staat, in dem er ansässig ist, zu einem in einem anderen Mitgliedstaat ansässigen Dienstleistungserbringer begibt.

Kennzeichnend für die Dienstleistungsfreiheit ist die Gleichbehandlung von In- und Ausländern in einem materiell verstandenen Sinn. Denn auch hier sind nationale gesetzliche Regelungen denkbar, die sich formal zwar in gleicher Weise an inländische wie ausländische Dienstleistungserbringer wenden, den ausländischen Anbietern es aber faktisch unmöglich machen, sich auf dem heimischen nationalen Markt zu etablieren. Darüber hinaus sollen Regelungen verboten werden, die die zu erbringenden Dienstleistungen tatsächlich unmöglich machen.

FALL

Durch die RL 77/249 wurde die tatsächliche Ausübung des Dienstleistungsverkehrs für Rechtsanwälte erleichtert. Der darin enthaltene Art. 5 der RL sieht vor, dass ein Mitgliedstaat es den dienstleistungserbringenden Rechtsanwälten zur Auflage machen darf, dass sie nur im Einvernehmen mit einem bei dem angerufenen Gericht zugelassenen Rechtsanwalt handeln dürfen. Deutschland setzte diese Richtlinie in der Weise um, dass ein Einvernehmen auch in Verfahren vor den Gerichten herbeizuführen war, in denen ansonsten kein Anwaltszwang besteht (z. B. bei den Verfahren vor den Amts- oder Verwaltungsgerichten). Der Europäische Gerichtshof sah in dieser Maßnahme einen Verstoß gegen die Dienstleistungsfreiheit und begründete dies damit, dass Art. 5 der Richtlinie i. S. des Art. 50 Abs. 3 EGV (Art. 57 AEUV) dahingehend auszulegen sei, dass nur solche Maßnahmen, die im Allgemeininteresse liegen würden, zulässig seien. Eine Erstreckung auf die Fälle, in denen nach deutschem Recht kein Anwaltszwang bestehe, sei nicht durch das Allgemeininteresse gedeckt. Weiter kann man auch dahin argumentieren, dass die hierdurch regelmäßig notwendige Beauftragung zweier Anwälte auch bei Angelegenheiten mit geringem Streitwert die Dienstleistungsfreiheit ausgehöhlt hätte (EuGH, Urteil v. 25. 2. 1988, Rs. 427/85, Slg. 1988, S. 1123).

3. Abgrenzung zur Niederlassungsfreiheit

Dienstleistungs- und Niederlassungsfreiheit schließen sich nach der Rechtsprechung des Europäischen Gerichtshofes gegenseitig aus, Erstere ist gegenüber der Letzteren subsidiär. Der Umfang der Freiheiten lässt sich vereinfachend wie folgt bestimmen: Im Gegensatz zur Dienstleistung bezieht sich der Begriff der Niederlassung im Kern auf eine dauerhafte wirtschaftliche Integration im Aufnahmestaat, während die Dienstleistungsfreiheit von ihrem vorübergehenden grenzüberschreitenden Charakter geprägt ist. Ob die Niederlassungsfreiheit oder das Dienstleistungsrecht betroffen ist, muss anhand einer Gesamtschau der gesamten Umstände, insbesondere der Tätigkeit des oder der Betroffenen beurteilt werden.

4. Besondere Ausnahmetatbestände

Die Dienstleistungsfreiheit steht – ebenso wie die Niederlassungsfreiheit – unter einigen Vorbehalten. So bestimmt der bereits erwähnte Art. 62 AEUV, dass die für die Niederlassungsfreiheit geltenden Normen der Art. 51 bis 54 AEUV auf die Dienstleistungsfreiheit entsprechend anzuwenden sind. Somit sind gem. Art. 62 AEUV i.V. mit Art. 51 AEUV alle Tätigkeiten ausgenommen, die dauernd oder zeitweise mit der Ausübung öffentlicher Gewalt verbunden sind. Dies ist in Deutschland z. B. das dem öffentlichen Recht zuzuordnende Beurkundungsrecht des Notars. Außerdem lässt Art. 52 AEUV Sonderregeln für Ausländer zu, die „aus Gründen der öffentlichen Ordnung, Sicherheit oder Gesundheit gerechtfertigt sind" und den freien Dienstleistungsverkehr reglementieren.

Weitere Beschränkungen werden in Art. 67 AEUV ausdrücklich genannt. Art. 48 AEUV dient dazu, Wanderarbeitnehmer vor Nachteilen zu schützen, die durch ihre Wanderungsbereitschaft im Bereich der sozialen Sicherung möglich sind. Innerstaatliche Regelungen, die zur Folge haben, dass Wanderarbeitnehmer, die von ihrem Recht auf Freizügigkeit Gebrauch machen, Vergünstigungen der sozialen Sicherheit verlieren, verstoßen gegen Art. 45 bis 48 AEUV und sind daher grundsätzlich unwirksam. Wegen der stark voneinander abweichenden Sozialsicherungssysteme in den einzelnen Mitgliedstaaten ist die Umsetzung der in Art. 48 AEUV niedergelegten Grundsätze ein nicht gerade einfaches Unterfangen.

V. Kapital- und Zahlungsverkehrsfreiheit

LITERATUR

Lenz, EG-Handbuch, Recht im Binnenmarkt, 2. Aufl. 1994, Teil 5 (*Pfisterer/Troberg*); *Streinz*, Europarecht, 6. Aufl. 2003, § 12.

1. Allgemeines

Ein gemeinsamer Markt kann dann nicht realisiert werden, wenn nationale Beschränkungen des Geldverkehrs die tatsächliche Abwicklung der geschäftlichen Transaktionen erschweren oder gar unmöglich machen. Denn regelmäßig werden die Waren gegen ein gewisses Entgelt veräußert oder überlassen, so dass ein hohes Interesse der beteiligten Parteien daran besteht, die geschuldeten Beträge sicher, einfach und möglichst kostengünstig transferieren zu können. Auch die Freiheit des Kapital- und Zahlungsverkehrs gehört daher zu den grundlegenden Verbürgungen des EGV.

2. Inhalt der Kapital- und Zahlungsverkehrsfreiheit

Nach Art. 63 Abs. 1 AEUV sind grundsätzlich (d. h. im Rahmen der Bestimmungen des Kapitels 4 des Titels 4 EGV) „alle Beschränkungen des Zahlungsverkehrs zwischen den Mitgliedstaaten sowie zwischen den Mitgliedstaaten und dritten Ländern verboten". Eine gleich lautende Bestimmung findet sich in Art. 63 Abs. 2 AEUV für den Zahlungsverkehr.

Die Unterscheidung Kapitalverkehr und Zahlungsverkehr lässt sich wie folgt treffen:

Die Freiheit des Kapitalverkehrs ist bei einer einseitigen Geldverschiebung betroffen, wohingegen die Freiheit des Zahlungsverkehrs berührt wird, wenn die Leistung um der Gegenleistung willen erbracht wird.

BEISPIEL ▸ Ein Geldanleger schafft 500.000 € zu Anlagezwecken in die Schweiz (Kapitalverkehr); ein deutscher Unternehmer zahlt seine Rechnung an einen französischen Konzern (Zahlungsverkehr).

DEFINITION

Die **Unterscheidung zwischen Kapital- und Zahlungsverkehr** besteht in der Einseitigkeit der Geldtransaktion: Kapitalverkehr ist die einseitige Wertübertragung von einem Staat in den anderen, während Zahlungsverkehr ein Gegenseitigkeitsverhältnis voraussetzt.

Art. 63 AEUV ist ähnlich dem Art. 34 AEUV formuliert und genau wie diese Norm ebenfalls unmittelbar anwendbar. Anders als diese Vorschrift stellt die Freiheit des Kapitalverkehrs aber nicht auf die Ansässigkeit der Person in der Gemeinschaft ab. Da es allein darauf ankommt, der Wirtschaft das notwendige Kapital in ausreichender Menge zur Verfügung zu stellen, ist die Ansässigkeit kein geeignetes Differenzierungskriterium oder anders ausgedrückt: Eigentlich ist es egal, woher (d. h. aus welchem Land und von wem; nicht gemeint ist ein möglicherweise krimineller Ursprung) das notwendige Kapital stammt, sofern es nur in ausreichender Menge vorhanden ist.

3. Beschränkungen

Die Art. 64 ff. AEUV enthalten Beschränkungen des grundsätzlichen Verbots des Art. 63 AEUV. So sind gem. Art. 65 AEUV einzelstaatliche Bestimmungen zulässig, die gewisse Bereiche des Steuerrechts betreffen. Außerdem sind Meldeverfahren für den Kapitalverkehr „zwecks administrativer oder statistischer Informationen" zulässig, sofern diese unerlässlich sind.

Allerdings stellt Art. 65 AEUV ausdrücklich klar, dass diese Maßnahmen und Verfahren „weder ein Mittel zur willkürlichen Diskriminierung noch eine verschleierte Beschränkung des freien Kapital- und Zahlungsverkehrs" sein darf. Damit soll – wie bei den anderen Freiheiten auch – den sonst vielleicht zu erwartenden Versuchen einiger Mitgliedstaaten, protektionistische Tendenzen über den Ausnahmetatbestand des Art. 65 AEUV zu realisieren, von vornherein der Boden entzogen werden.

Die Beschränkungen der Art. 64 ff. AEUV werden auch mit Einführung einer Wirtschafts- und Währungsunion nicht obsolet. Möglicherweise wird sich durch eine einheitliche Währung die Notwendigkeit statistischer Datenerhebungen des Zahlungsverkehrs oder gewisser Schutzmaßnahmen aus steuerlichen Gründen sogar noch erhöhen.

§ 19 Gemeinschaftsrechtlicher Grundrechtsschutz

LITERATUR

Augsberg, Von der Solange – zur Soweit-Rechtsprechung: Zum Prüfungsumfang des Bundesverfassungsgerichts bei richtlinienumsetzenden Gesetzten, DÖV 2010, S. 153 ff.; *Beutler*, Die Erklärung des Europäischen Parlaments über Grundrechte und Grundfreiheiten vom 12. 4. 1989, EuGRZ 1987, S. 185 ff.; *Cremer*, Zum Rechtsschutz des Einzelnen gegen abgeleitetes Unionsrecht nach dem Vertrag von Lissabon, DÖV 2010, S. 58 ff.; *Feger*, Die Normsetzung auf dem Gebiet der Grundrechte in den Europäischen Gemeinschaften – Der Europäische Gerichtshof (EuGH) als Rechtsetzungsorgan, DÖV 1987, S. 322 f.; *Herdegen*, Europäisches Gemeinschaftsrecht und die Bindung deutscher Verfassungsorgane an das Grundgesetz, Bemerkungen zu neueren Entwicklungen nach dem „Solange II-Beschluss", EuGRZ 1989, S. 305 f.; *Ress/Ukrow*, Neue Aspekte des Grundrechtsschutzes in der Europäischen Gemeinschaft, EuZW 1990, S. 499 f.; *Philippi*, Die Charta der Grundrechte der Europäischen Union, 2002; *Streinz*, Europarecht, 9. Aufl., 2010, § 11; EuGH, Urteil v. 12. 11. 1969, Rs. 29/69, *„Stauder/Stadt Ulm"*, Slg. 1969, S. 419 f.; EuGH, Urteil v. 17. 12. 1970, Rs. 11/70, *„Internationale Handelsgesellschaft/Einfuhr und Vorratsstelle für Getreide"*, Slg. 1970, S. 1125; EuGH, Urteil v. 14. 5. 1974, Rs. 4/73, *„Nold/Kommission"*, Slg. 1974, S. 491 ff.; EuGH, Urteil v. 13. 12. 1979, Rs. 44/79, *„Hauer/Land Rheinland-Pfalz"*, Slg. 1979, S. 3727; EuGH, Urteil v. 26. 6. 1980, Rs. 136/79, *„National Panasonic/Kommission"*, Slg. 1980, S. 2033; EuGH, Urteil v. 23. 4. 1986, Rs. 294/83, *„Les Verts/Parlament"*, Slg. 1986, S. 1339; EuGH, Urteil v. 21. 9. 1989, verb. Rs. 46/87 und 227/88, *„Hoechst"*, Slg. 1989, S. 2859 f.; BVerfG, Beschluss v. 22. 10. 1986, BVerfGE 73, S. 339 ff.

I. Allgemeines

Es entspricht den nationalen Vorstellungen eines modernen Rechtsstaates, dass der Einzelne gegenüber dem sonst übermächtigen Staat Freiheiten genießt, die verfassungsrechtlich garantiert sind. Die Bedeutung dieser Grundrechte, die je nach Regelungsgegenstand neben ihrer Funktion als Abwehrrechte im Laufe der Zeit auch die Funktion erhalten haben, Ansprüche zu verbürgen und sich so zu Teilhaberechten gewandelt haben, lässt sich schon an ihrer Stellung im ersten Teil des Grundgesetzes ablesen. Umso mehr muss es verwundern, dass es einen vergleichbaren geschriebenen Grundrechtskatalog im Europäischen Gemeinschaftsrecht lange Zeit nicht gab und auch durch den Vertrag von Lissabon lediglich mittelbar – durch Bezug auf die Charta der Grundrechte und der Europäischen Menschenrechtskonvention in Art. 6 EUV – ein Katalog existiert.

Der Europäische Gerichtshof hat nach anfänglichem Zögern seit 1969 (seit der Entscheidung in der Rechtssache *Stauder*), eine Vielzahl europäischer eigenständiger Grundrechte im Wege der wertenden Rechtsvergleichung aus den gemeinsamen Tradition der Mitgliedstaaten und aus den gemeinsamen internationalen Verpflichtungen der Mitgliedstaaten, insbesondere aus Europäischen Menschenrechtskonvention, hergeleitet und als Gemeinschaftsgrundrechte anerkannt. Zu dem mittlerweile beachtlichen, umfassenden Katalog von Gemeinschaftsgrundrechten zählen neben wirtschaftlichen Freiheitsrechten auch die Unverletzlichkeit der Wohnung, die Meinungs- und Informationsfreiheit, die Vereinigungs- und Religionsfreiheit, die Achtung des Familienlebens sowie weitreichende Verfahrensrechte, z. B. der Anspruch auf rechtliches Gehör und auf effektiven Rechtsschutz. Die Grundrechte galten und gelten als allgemeine Grundsätze des Gemeinschaftsrechts mit Gemeinschaftsverfassungsrang. Diese Grundrechte erkennt der Vertrag von Lissabon in Art. 6 Abs. 3 EUV ausdrücklich an.

Die Europäische Grundrechtecharta, die ursprünglich die gemeinsamen Grundrechte und Grundwerte der Europäischen Union sichtbar machen sollte, die Mitgliedstaaten und die Völker der zu mehr Rechtsklarheit führen sollte, hatte vor diesem Hintergrund im Wesentlichen deklarativen, weniger konstitutiven Charakter. Sie sollte vor allem auch zum Ausdruck bringen, dass die Europäische Union ganz wesentlich eine Wertegemeinschaft ist, ein Zusammenschluss von Staaten und Völkern mit gemeinsamen Grundüberzeugungen und Grundwerten, die europäische Identität prägen und zugleich legitimierende Wirkung für das Handeln der Europäischen Union entfalten können. Insoweit war der Charta eine Identifikationsfunktion für den Bürger und eine Symbolwirkung nach außen zugedacht.

Die unmittelbare Integration der Charta in den Vertragstext des EUV ist allerdings unterblieben. Durch die ausdrückliche Erklärung der Bindung der Union an die Rechte, Freiheiten und Grundsätze der Grundrechtecharta und den damit verbundenen direkten Verweis auf die künftig rechtverbindliche Grundrechtecharta im Bereich des primären Rechts wird Art. 6 EUV zum Grundrechtsanerkennungstitel, der zugleich Aussagen zur zukünftigen Rechtsnatur und Stellung der Charta der Grundrechte in der Union trifft. Auf diese Weise wird die Grundrechtecharta als integraler Bestandteil primär in die europäische Rechtsordnung der Europäischen Union eingeordnet. Sie wird zukünftig nicht nur inhaltlich, sondern auch normenhierarchisch einen ganz wesentlichen sichtbaren Teil der materiellen Unionsverfassung darstellen. Aufgrund der nunmehr gesicherten Rechtsverbindlichkeit wird die Charta der Grundrechte von einer zur Unterstützung herangezogenen Rechtserkenntnisquelle zur unmittelbaren Rechtsquelle für den europäischen Grundrechtsschutz. Indes verändert die künftige rechtsverbindliche Geltung der Europäischen Grundrechtecharta ebenso wie der anstehende Beitritt der Europäischen Union zur Europäischen Menschenrechtskonvention die Grundrechtslage materiell-inhaltlich allenfalls partiell. Bis auf den Bereich der sozialen Gewährleistungen, die bisher nur begrenzt Gegenstand der Betrachtung des Gerichtshofes waren, hat die Rechtsprechung des Gerichtshofes die wesentlichen Grundrechte bereits umfassend aus den allgemeinen Rechtsgrundsätzen abgeleitet.

Die nachstehende Darstellung wird daher gemeinschaftlichen Grundrechtsschutz auf der Basis des Gerichtshofes in der hier gebotenen Kürze anhand einiger wesentlicher Verbürgungen nachzeichnen.

II. Die Anerkennung des gemeinschaftsrechtlichen Grundrechtsschutzes durch das Bundesverfassungsgericht

Das Bundesverfassungsgericht hat in der vielzitierten und grundlegenden *Solange II*-Entscheidung ausgeführt, dass im Hoheitsbereich der Europäischen Gemeinschaften ein Maß an Grundrechtsschutz erwachsen sei, der nach Konzeption, Inhalt und Wirkungsweise dem Grundrechtsstandard des Grundgesetzes im Wesentlichen gleich zu achten ist. Daraus hat es den Schluss gezogen, dass es die Gerichtsbarkeit über abgeleitetes Gemeinschaftsrecht, das als Rechtsgrundlage für ein Handeln deutscher Behörden oder Gerichte dient, nicht mehr ausüben und dieses Recht nicht mehr am Maßstab der Grundrechte messen wird. Dies soll aber nur gelten, „solange die Europäischen Gemeinschaften, insbesondere die Rechtsprechung des Gerichtshofes der Europäischen Gemeinschaften, einen wirksamen Schutz der Grundrechte gegenüber der Hoheitsgewalt der Gemeinschaften generell gewährleisten, der dem vom Grundgesetz als unabdingbar gebotenen Grundrechtsschutz im Wesentlichen gleich zu achten ist" (BVerfG, Beschluss v. 22.10.1986, BVerfGE 73, S. 339 ff.).

Diese Rechtsprechung, die sich auf den Bereich der unmittelbar geltenden Verordnungen bezog, gilt im Wesentlichen fort. Faktisch bedeutet das Urteil, dass die Rüge einer Verletzung nationaler Grundrechte durch eine Verordnung den substantiierten Vortrag enthalten muss, dass der Grundrechtsschutz auf Unionsebene unter den nach Ansicht des Bundesverfassungsgerichts erforderlichen Grundrechtsstandard abgesunken ist. Dieser Nachweis dürfte kaum gelingen.

Problematisch ist allerdings nach wie vor, ob und inwieweit diese Haltung auch auf die nationalen Gesetze gilt, die europäische Richtlinien in nationales Recht umsetzen sollen. Auch insoweit übt das Bundesverfassungsgericht Zurückhaltung und will eine Anwendung der deutschen Grundrechte erst dann annehmen, wenn dargelegt wird, dass die als verfassungswidrig gerügten nationalen Bestimmungen von Regelungsfreiräumen innerhalb der Richtlinienvorgaben machen. Zu dieser Problematik insgesamt vgl. *Augsberg*, DÖV 2010, S. 156 ff.

BEACHTE

Das Bundesverfassungsgericht prüft nicht, ob abgeleitetes Gemeinschaftsrecht, welches Grundlage für ein nationales Handeln ist, gegen die Grundrechtsverbürgungen des Grundgesetzes verstößt. Hierauf gerichtete Verfassungsbeschwerden sind unzulässig. Insoweit ist es Aufgabe des Gerichtshofes, den Grundrechtsschutz sicherzustellen.

III. Materiellrechtliche Ableitung

Das Fehlen eines Grundrechtskatalogs zwang den Europäischen Gerichtshof dazu, eine anders geartete materiellrechtliche Ableitung zu suchen. Durch das Urteil vom 12.11.1969 in der Rechtssache *Stauder* hat der Gerichtshof grundsätzliche Feststellungen zum Grundrechtsschutz im Gemeinschaftsrecht getroffen. In der maßgeblichen Passage des Urteils heißt es, dass die damals strittige Vorschrift bei richtiger Auslegung nichts enthalte, „was die in den allgemeinen Grundsätzen der Gemeinschaftsrechtsordnung, deren Wahrung der Gerichtshof zu sichern hat, enthaltenen Grundrechte der Person in Frage stellen könnte".

Diese Feststellung enthält bei näherer Betrachtung drei für die Frage der rechtlichen Ableitung des Grundrechtsschutzes bedeutsame Aussagen, nämlich

- dass die Grundrechte der Person zu den allgemeinen Rechtsgrundsätzen gehören, die integrierender Bestandteil der Gemeinschaftsrechtsordnung sind,
- dass diese allgemeinen Grundsätze im Rang den Verträgen gleichstehen, jedenfalls aber höheren Rang haben als das abgeleitete Gemeinschaftsrecht und

- dass der Gerichtshof diese allgemeinen Rechtsgrundsätze, also die Grundrechte, zu wahren hat.

In späteren Entscheidungen hat der Gerichtshof die in dieser Entscheidung gefundenen Prinzipien bestätigt und über den Bereich der Verhältnismäßigkeit (um den es zunächst allein ging) ausgedehnt. Außerdem hat er immer wieder die autonome, d. h. die von nationalen Standards losgelöste Rechtsnatur der gemeinschaftsrechtlichen Grundrechte betont: Zwar seien die gemeinschaftsrechtlichen Grundrechte von den nationalen Verfassungsüberlieferungen der Mitgliedstaaten getragen, sie müssten aber andererseits in die Struktur und die Ziele der Gemeinschaft eingepasst werden. Auf diese Art und Weise hat er die eingangs angesprochene notwendige Absicherung und Abrundung des Vorrangs des Gemeinschaftsrechts vollzogen.

1. Die allgemeinen Rechtsgrundsätze

Wie sich der o. a. Passage des Urteils in der Rechtssache *Stauder* entnehmen lässt, gehören die Grundrechte zu den „allgemeinen Rechtsgrundsätzen“. Diese stellen eine besondere Verbindung zwischen nationalem Verfassungsrecht der Mitgliedstaaten und dem Gemeinschaftsrecht dar.

Allerdings hat der Gerichtshof auch ohne (ausdrückliche) Bezugnahme auf die allgemeinen Rechtsgrundsätze eine besondere Verknüpfung zwischen nationalem Verfassungsrecht und gemeinschaftsrechtlichem Grundrechtsschutz angenommen. So hat er immer wieder betont und ausgeführt, dass er bei der Gewährleistung dieser Rechte von den allgemeinen Verfassungsüberlieferungen der Mitgliedstaaten auszugehen habe und er keine Maßnahmen als rechtens anerkennen könne, die unvereinbar sind mit den von den Verfassungen dieser Staaten anerkannten und geschützten Grundrechten. Auch wenn hier nicht direkt von den allgemeinen Rechtsgrundsätzen die Rede ist, so wird man doch auch die Bezugnahme auf die nationalen Verfassungen als Hinweis auf diese annehmen können. Denn nur dann, wenn über die Anwendung und Auslegung in einem Mitgliedstaat hinaus sich gemeinschaftsweit eine Art „*common sense*“ gebildet hat, ist es zulässig, eine Anwendung auf der Ebene des Gemeinschaftsrechts vorzunehmen. Wenn daher in der Rechtsprechung des Gerichtshofes ein gemeinschaftsrechtliches Grundrecht unter Hinweis auf die nationalen Verfassungstraditionen herausgearbeitet wird, so ist rein faktisch ein allgemeiner Rechtsgrundsatz gefunden.

Zusammenfassend ist festzuhalten, dass der Gerichtshof – vereinfacht ausgedrückt – von einer Art Mindestbestand an Grundrechten in den Mitgliedstaaten ausgeht. Dieser Mindeststandard, der von ihm durch Findung sog. allgemeiner Rechtsgrundsätze konkretisiert wird, soll und muss auch in dem Gemeinschaftsrecht gelten. Zuständig zur Bestimmung des Inhalts auf der Ebene des Gemeinschaftsrechts ist der Gerichtshof, der auch zu prüfen hat, ob die fraglichen Gemeinschaftsrechtshandlungen diesen Standard auch eingehalten haben. I. d. R. sind es also allgemeine Rechtsgrundsätze, die der Gerichtshof zur Begründung seiner Grundrechtsprechung herangezogen hat und noch heranzieht.

2. Andere Ansatzpunkte im Gemeinschaftsrecht

Auch wenn die Verankerung der Grundrechte erst seit Inkrafttreten des Vertrags von Lissabon durch die Anerkennung der Grundrechtecharta einen direkten Aufhänger im primären Gemeinschaftsrecht aufweist, so fanden sich doch auch vorher verschiedene Normen, die den Charakter eines Grundrechts aufweisen. Besonders hervorzuheben ist hier das allgemeine Gebot der Nichtdiskriminierung, welches sich in Art. 12 EGV fand und in Art. 18 AEUV immer noch findet. Das Gebot der Nichtdiskriminierung (Diskriminierungsverbot) verbietet jegliche auf die Staatsangehörigkeit zurückzuführende Ungleichbehandlung. Es kann daher vom Anwendungsbereich her am ehesten mit dem Gleichheitssatz des Art. 3 GG verglichen werden. Ähnliche Regelungen finden sich z. B. in Art. 34 Abs. 2 EGV (Art. 40 AEUV, Diskriminierungsverbot zwischen Erzeugern und Verbrauchern im Agrarmarkt) und Art. 39 Abs. 2 EGV (Art. 45 AEUV, Gebot der Abschaffung jeder auf der Staatsangehörigkeit der Arbeitnehmer beruhenden Ungleichbehandlung).

BEISPIEL Die italienische Regierung beabsichtigte, Museen und kulturelle Attraktionen des Landes dadurch zu fördern, dass alle italienischen Museumsbesucher unter 18 und über 60 Jahren kostenlosen Eintritt bei bestimmten Einrichtungen erhalten sollten. Da die Personen der gleichen Altersgruppe aus anderen Mitgliedstaaten von dieser Vergünstigung nicht profitierten, lag ein Verstoß gegen das Diskriminierungsverbot aus Art. 12 Abs. 1 EGV vor.

Auch die Grundfreiheiten haben – wie bereits dargelegt – den Charakter von Grundrechtsverbürgungen, da sie dem Einzelnen Abwehr- und Schutzrechte gewähren, die ggf. unmittelbar wirken und vor dem Gerichtshof geltend gemacht werden können.

Indirekte Ansatzpunkte für den Grundrechtsschutz im Rahmen des Gemeinschaftsrechts bot auch die Präambel des EUV, in der ausdrücklich auf die „Achtung der Menschenrechte und Grundfreiheiten und der Rechtsstaatlichkeit" Bezug genommen wird. Zwar handelt es sich bei der Präambel nicht um verbindliches Recht; die dort angesprochenen Ziele und Grundsätze sind jedoch maßgebliche Leitlinien und Auslegungskriterien für alle nachfolgenden Vorschriften und darüber hinaus für das gesamte primäre Gemeinschaftsrecht.

Auch vor der nunmehr über Art. 6 Abs. 3 EUV erfolgten Anerkennung der Grundrechte der Europäischen Menschenrechtskonvention als allgemeine Rechtsgrundsätze in Art. 6 Abs. 3 EUV, spielte die Europäische Menschenrechtskonvention eine erhebliche Rolle bei der Frage der Grundrechtsfindung. Hintergrund hierfür war die Tatsache, dass alle Mitgliedstaaten die Europäische Menschenrechtskonvention ratifiziert haben, was den Gerichtshof auch schon in der Vergangenheit dazu bewogen hat, die gemeinschaftsrechtlichen Grundrechte im Einzelfall unter Bezug auf die Europäische Menschenrechtskonvention abzuleiten.

3. Umfang des Grundrechtsschutzes

a) Allgemeines

Aufgrund der Methode der rechtlichen Ableitung des Grundrechtsschutzes ist bis zum heutigen Tage nicht endgültig geklärt, was alles zu dem Bestand der geschützten Grundrechte gehört und wie weit der Grundrechtsschutz geht. Allgemein lässt sich sagen, dass der Gerichtshof von einem möglichst umfassenden Rechtsschutzsystem der Europäischen Gemeinschaft ausgeht. In diesem sollen weder die Mitgliedstaaten noch die Gemeinschaftsorgane der Kontrolle darüber entzogen sein, ob ihre Handlungen im Einklang mit dem primären Gemeinschaftsrecht stehen. Als Anknüpfungspunkt für diese Einschätzung sieht er u. a. die durch den EGV eingeräumten Klagemöglichkeiten, so z. B. die der Art. 230, 234 und 241 EGV (jetzt Art. 263, 267 und 277 AEUV). Dies biete dem Gerichtshof die Möglichkeit der Überprüfung der Rechtmäßigkeit der Handlungen aller Organe, so dass natürliche und juristische Personen so gegen die Anwendung von Handlungen mit allgemeiner Geltung auf sie geschützt seien.

In dem Bestreben, einen möglichst umfassenden, lückenlosen Individualrechtsschutz zu gewährleisten, hat er in zahlreichen Einzelfällen Grundrechtsgewährleistungen bestimmt, präzisiert und angewandt.

b) Einzelfälle

Es ist hier nicht möglich, aber auch nicht notwendig, die gesamte Grundrechtsrechtsprechung des Europäischen Gerichtshofes darzustellen und zu erläutern. Zur Verdeutlichung der oben angeführten Grundsätze ist es ausreichend, anhand einiger ausgewählter Fälle den Inhalt und die rechtliche Ableitung der wesentlichsten Rechte zu beleuchten.

aa) Das Eigentumsrecht

Angesichts der Tatsache, dass es sich bei der jetzigen Europäische Gemeinschaft um eine ursprünglich rein auf wirtschaftliche Integration angelegte supranationale Organisation handelte, kann es nicht verwundern, dass gerade die Frage des Eigentumsschutzes eine eingehende Behandlung in der Rechtsprechung des Gerichtshofes gefunden hat. Ausgangspunkt für die noch heute vertretene Position ist ein Rechtsstreit aus dem Jahre 1979. In der damals getroffenen Entscheidung hat der Europäische Gerichtshof das Eigentumsrecht als ein Gemeinschaftsgrundrecht bezeichnet und ausgeführt, dass das Eigentumsrecht in der Gemeinschaftsrechtsordnung gem. den gemeinsamen Verfassungstraditionen der Mitgliedstaaten gewährleistet werde. Dies spiegele sich auch in dem Zusatzprotokoll der Europäischen Menschenrechtskonvention wider.

Die rechtliche Ableitung sieht er damit in den gemeinsamen Verfassungstraditionen und damit in den allgemeinen Grundsätzen des Gemeinschaftsrechts (s. o.). Darüber hinaus stützt er sich auf das Zusatzprotokoll Nr. 1 der Europäischen Menschenrechtskonvention.

BEACHTE

Eigentumsrecht in der Europäischen Menschenrechtskonvention: Das Recht auf Achtung des Eigentums zählt zu den „klassischen" Menschenrechten und ist in den Mitgliedstaaten des Europarates fast ausnahmslos auf verfassungsrechtlicher Ebene gewährleistet. Dass sich die Regelung des Eigentumsschutzes dennoch nicht in der Europäischen Menschenrechtskonvention selbst, sondern im ersten Zusatzprotokoll findet, hängt damit zusammen, dass trotz grundsätzlicher Gemeinsamkeiten der Mitgliedstaaten auf diesem Gebiet bei der Ausarbeitung der Europäischen Menschenrechtskonvention ganz erhebliche, im Wesentlichen politisch und weltanschaulich motivierte Schwierigkeiten bestanden. Diese ließen eine Einigung bei den Beratungen im Europarat bereits zum Zeitpunkt der Verabschiedung der Europäischen Menschenrechtskonvention nicht zu, obwohl dem Ministerkomitee des Europarates vor Verabschiedung der Menschenrechtskonvention ein von der beratenden Versammlung gebilligter Textvorschlag vorlag. Die dann endlich gefundene Lösung stellte einen Kompromiss zwischen Vertretern der Ansicht dar, welche im Fall einer Eigentumsentziehung grundsätzlich eine Entschädigungspflicht vorsehen wollten, und den britischen Vertretern im Europarat, die einer solch weitgehenden Formulierung grundsätzlich ablehnend gegenüberstanden.

Das Eigentumsrecht auf Gemeinschaftsebene zeigt erhebliche Übereinstimmungen mit den national-deutschen Gewährleistungen. So umfasst der Schutzbereich sowohl der gemeinschaftsrechtlichen als auch der deutschen Eigentumsgarantie alle vermögenswerten Rechte. Auch differenziert der Europäische Gerichtshof zwischen dem vollständigen Rechtsentzug (Enteignung) und der Beschränkung einer Rechtsausübung (Sozialbindung des Eigentums), wobei er in Bezug auf das letztgenannte Merkmal überprüft, ob die Maßnahme dem allgemeinen Wohl der Gemeinschaft entspricht und im Hinblick auf den verfolgten Zweck verhältnismäßig ist.

FALL

Eine rheinland-pfälzische Winzerin beantragte bei den zuständigen nationalen Behörden die Neuanpflanzung von Weinreben. Der Antrag wurde unter Hinweis auf eine entgegenstehende EG-Verordnung abgelehnt, die ein vorübergehendes Anpflanzungsverbot bestimmter Rebsorten statuierte. Das nach erfolglosem Widerspruchsverfahren angerufene Verwaltungsgericht hatte u. a. im Hinblick auf den grundgesetzlich gewährten Eigentumsschutz Zweifel an der Rechtmäßigkeit dieser Verordnung und setzte daher den Rechtsstreit aus. Das Verwaltungsgericht legte gem. Art. 234 EGV (Art. 267 AEUV) die Frage nach der Vereinbarkeit der Verordnung mit den Grundrechten dem Europäischen Gerichtshof zur Entscheidung vor.

Der Europäische Gerichtshof stellte zunächst einmal fest, dass das Anpflanzungsverbot nicht als Maßnahme zur Entziehung des Eigentums angesehen werden könne. Es handele sich lediglich um eine Beschränkung des Eigentums, die aus Gründen des Gemeinwohlinteresses grundsätzlich hingenommen werden müsse. Dies sehe schon Art. 1 des Zusatzprotokolls der Europäischen Menschenrechtskonvention so vor und sei in den entsprechenden Verfassungsartikeln der Mitgliedstaaten in ähnlicher Form realisiert. Ausdrücklich nennt er Art. 14 GG, Art. 42 der italienischen sowie Art. 43.2.1 und 2 der irischen Verfassung.

Das Gemeinwohlinteresse sieht er durch das von der fraglichen Verordnung beabsichtigte Ziel, ein quantitatives Gleichgewicht unter gleichzeitiger Steigerung der Qualität auf dem Weinmarkt zu erreichen, betroffen. Um dieses Ziel zu erreichen, sei die Anbaubeschränkung ein geeignetes Mittel, da sie weitere Überproduktion verhindere. Aufgrund der zeitlichen Beschränkung der Verordnung sei auch der Grundsatz der Verhältnismäßigkeit nicht verletzt (EuGH, Urteil v. 13. 12. 1979, Rs. 44/79, Slg. 1979, S. 3727).

bb) Unverletzlichkeit der Wohnung

Nicht immer entspricht der gemeinschaftsrechtliche Grundrechtsstandard dem der nationalen Verbürgungen. Dies lässt sich anhand des Grundrechts der Unverletzlichkeit der Wohnung verdeutlichen. So umfasst der Schutzbereich des (nationalen) Art. 13 GG nach ständiger Rechtsprechung des Bundesverfassungsgerichts auch Unternehmen, d. h. also betrieblich genutzte Räumlichkeiten wie z. B. Büroräume. Auf der Ebene des Gemeinschaftsrechts hat der Europäische Gerichtshof zwar ebenfalls die Unverletzlichkeit der Wohnung als ein gemeinschaftsrechtliches Grundrecht anerkannt, den Schutzbereich aber ausdrücklich auf Privaträume beschränkt.

FALL

Die EG-Kommission erhielt Ende 1986 Informationen darüber, dass zwischen Unternehmen aus Deutschland (*BASF* und *Hoechst*), Frankreich, Belgien und Spanien Absprachen über Preise und Lieferquoten für bestimmte Produkte (PVC und Polyäthylen) getroffen worden seien. Im Januar des darauffolgenden Jahres versuchten zwei Inspektoren der Kommission im Rahmen des eingeleiteten Kartellrechtsverfahrens Zutritt bei der Firma *Hoechst* zu erlangen, um dort eine Betriebsprüfung durchzuführen. Der Zutritt wurde ihnen verweigert.

Daraufhin ordnete die EG-Kommission auf der Grundlage der einschlägigen Kartellverordnung an, dass ihren Beamten während der üblichen Geschäftszeiten der Zutritt zu den Räumen zu gestatten und die erforderlichen Geschäftsunterlagen vorzulegen seien. Für jeden Tag der Verweigerung verhängte sie darüber hinaus ein Zwangsgeld i. H. von 1.000 ECU. Nach mehreren juristischen Zwischenschritten fand eine Durchsuchung statt, die den Kartellrechtsverstoß bestätigte. Außerdem wurde das angedrohte Zwangsgeld auf 55.000 ECU festgesetzt. Die Firma *Hoechst* beantragte daraufhin beim Europäischen Gerichtshof u. a. die Festsetzung des Zwangsgeldes aufzuheben. Sie habe die Durchsuchung nicht dulden müssen, da eine Durchsuchung ohne entsprechende richterliche Anordnung aufgrund des Grundrechts der Unverletzlichkeit der Wohnung nicht zulässig gewesen sei. Daher sei es auch nicht gerechtfertigt gewesen, dieses Verhalten mit einem Zwangsgeld zu versehen.

Der Gerichtshof stellte in seiner Entscheidung fest, dass die gem. Art. 14 der Kartell-Verordnung Nr. 17 angeordnete Durchsuchung (ohne Beschluss eines nationalen Richters) keinen Grundrechtsverstoß beinhalte. Denn die Kommission habe zwar bei der Entscheidung über die Durchsuchung die Grundrechte des Gemeinschaftsrechts, die als allgemeine Rechtsgrundsätze aus dem übereinstimmenden Verfassungsrecht der Mitgliedstaaten und der Europäischen Menschenrechtskonvention abzuleiten wären, zu beachten. Übereinstimmend würden die Mitgliedstaaten allerdings die Unverletzlichkeit der Wohnungen nur für Privaträume gewährleisten, während ein solcher Schutz auch für Betriebsräume nicht auszumachen sei. Es bestünden zwischen den nationalen Rechtsordnungen der Mitgliedstaaten in dieser Frage ganz erhebliche Unterschiede, so dass ein gemeinschaftsrechtlicher Grundrechtsschutz auch der Geschäftsräume nicht festgestellt werden könne. Allerdings gebe es ein gemeinschaftsrechtliches Grundrecht auf Schutz der „Sphäre der privaten Betätigung jeder natürlichen und juristischen Person". Daher seien hoheitliche Eingriffe nur dann zulässig, wenn sie aus vorgesehenen gesetzlichen Gründen gerechtfertigt und nicht unverhältnismäßig oder willkürlich seien. Diese allgemeinen rechtsstaatlichen Grundsätze sah der Europäische Gerichtshof aber als nicht verletzt an, so dass er die Festsetzung des Zwangsgeldes im Ergebnis als gerechtfertigt bezeichnete (EuGH, Urteil v. 21. 9. 1989, Rs. 46/87 und 227/88, Slg. 1989, S. 2859).

Wie dieses Urteil anschaulich darlegt, führt der Europäische Gerichtshof die Grundrechtsverbürgung gelegentlich auf den feststellbaren gemeinsamen Nenner des Grundrechtsstandards in den Mitgliedstaaten zurück. Dabei mag ihm im konkreten Fall die Tatsache geholfen haben, dass grundsätzlich jeder Mitgliedstaat im Gerichtshof durch einen Richter vertreten ist. Dies reicht aber nicht immer aus, so dass der Europäische Gerichtshof gelegentlich auf eingeholte

Rechtsgutachten zurückgreift. Dabei zieht er oftmals nur das Recht repräsentativer Rechtskreise (z. B. des anglo-amerikanischen) heran. Einige Grundsätze, so z. B. den Grundsatz des rechtlichen Gehörs, sah er hingegen als so selbstverständlich an, dass er auf eine ausdrückliche Begründung für deren Ableitung verzichtete.

cc) Weitere Verbürgungen

Besonders bedeutsam sind die vom Europäischen Gerichtshof anerkannten allgemeinen Prinzipien der Rechtsstaatlichkeit. So hat er u. a. die folgenden Grundsätze und Verbürgungen als auch für das Gemeinschaftsrecht verbindlich anerkannt:

- Grundsatz der Gesetzmäßigkeit der Verwaltung,
- Grundsatz der Rechtssicherheit,
- Bestimmtheitsgrundsatz,
- Vertrauensschutz,
- Grundsätzliches Rückwirkungsverbot,
- Grundsatz der Verhältnismäßigkeit.

Darüber hinaus hat er in seinen Entscheidungen die folgenden Grundrechte als dem Gemeinschaftsrecht immanent festgestellt:

- Achtung der Menschenwürde,
- Achtung der Privatsphäre,
- Unverletzlichkeit der Wohnung und des Briefverkehrs,
- Gleichheitsgrundsatz,
- Religionsfreiheit,
- Vereinigungsfreiheit,
- Handelsfreiheit,
- Berufsfreiheit,
- Eigentumsrecht,
- Meinungs- und Veröffentlichungsfreiheit,
- das Verbot der Rückwirkung von Strafgesetzen,
- Anspruch auf effektiven Rechtsschutz und auf einen fairen Prozess.

§ 20 Politiken der Europäischen Union

LITERATUR

Oppermann/Classen/Nettesheim, Europarecht, 4. Aufl., 2009; *Schröder*, Grundkurs Europarecht, 2009, § 12, § 14: Grundfreiheiten; *Streinz*, Europarecht, 9. Aufl., 2010, § 12, § 15, § 17, § 18 und § 19.

Wie wir bereits gesehen haben, enthalten die vier Grundfreiheiten die Kernregelungen und Verbürgungen, die zur Verwirklichung eines gemeinsamen Marktes notwendig sind. Ohne Angleichung der Rechtsvorschriften, ohne Harmonisierung der Rechtsstandards in anderen wichtigen Lebensbereichen wären sie aber weitgehend wertlos. Sie sind daher nur ein – wenn auch sehr wichtiger – Teil der im 3. Teil des AEUV zu findenden „Internen Politiken und Maßnahmen der Union“. Weitere Politikfelder sind u. a. die Landwirtschaft, der Verkehr usw. Exemplarisch sollen einige besonders wichtige Politikfelder dargestellt werden.

I. Agrarpolitik

Die Gemeinsame Agrarpolitik (GAP) war und ist eines der Sorgenkinder der Union. Sie war Ausgangspunkt für eine erste tief greifende Krise in der Europäischen Wirtschaftsgemeinschaft und ist immer wieder Gegenstand heftiger Auseinandersetzungen zwischen den Betroffenen.

Trotz zahlreicher Versuche, diesen Bereich transparenter, effizienter und vor allen Dingen kostengünstiger für die Europäische Union zu gestalten, ist es bis heute nicht gelungen, die Gesamtbelastung des Haushalts durch die Aufwendungen im Agrarsektor deutlich spürbar zu verringern. So macht auch heute noch der Anteil der Ausgaben im Bereich Landwirtschaft und Fischerei nahezu die Hälfte des Gesamthaushalts der Europäischen Union aus. Dazu kommt, dass gerade im Agrarsektor vielfältige Möglichkeiten des Betrugs bestehen, welche von den zuständigen EU-Organen allenfalls eingedämmt, wohl aber nie endgültig beseitigt werden können. Dies führt dazu, dass eine beträchtliche Summe der zur Erreichung der Ziele der Gemeinsamen Agrarpolitik eingesetzten Gelder den angestrebten Effekt nicht zu erzielen vermögen.

1. Die Bedeutung der Gemeinsamen Agrarpolitik im Rahmen der Union

Angesichts des Zieles der Europäischen Union, die Warenverkehrsfreiheit zwischen den Mitgliedstaaten einzuführen und möglichst alle Handelshemmnisse im Warenverkehr abzubauen, müssen die Regelungen, die im Rahmen der Gemeinsamen Agrarpolitik getroffen worden sind, verwundern. Denn die in vielen Bereichen anzutreffenden sog. „Marktordnungen“ haben ein gemeinschaftsweites, kompliziertes und nicht immer durchschaubares System von Handelsregeln aufgestellt, die auf den ersten Blick mit dem Begriff einer freien Marktwirtschaft nichts zu tun haben. Indes ist zu berücksichtigen, dass die Begriffe der freien Marktwirtschaft und der des freien Warenverkehrs nicht gleichgesetzt werden können. Die durch die Marktordnungen aufgestellten Lenkungsmechanismen beeinträchtigen den Grundgedanken der Warenverkehrsfreiheit an sich nicht: Grundsätzlich können alle Agrarprodukte in allen EU-Mitgliedstaaten in gleicher Weise vermarktet werden. Allerdings darf der einzelne Produzent nicht nach seinem Belieben produzieren, anbieten und verkaufen. Auch der Preis der Waren wird i. d. R. nicht allein von Angebot und Nachfrage bestimmt.

Die Gründe für dieses komplizierte Instrumentarium liegen nicht ohne Weiteres auf der Hand. Sie lassen sich nur verstehen, wenn man sich die Ziele der Gemeinsamen Agrarpolitik vor Augen führt und die unterschiedliche Bedeutung der Gemeinsamen Agrarpolitik für einzelne Mitgliedstaaten beleuchtet.

2. Die Ziele der Gemeinsamen Agrarpolitik

Die Ziele der Gemeinsamen Agrarpolitik sind in Art. 39 AEUV benannt.

DEFINITION

Ziele der Gemeinsamen Agrarpolitik:

- Steigerung der Produktivität der Landwirtschaft
- Gewährleistung einer angemessenen Lebenshaltung der landwirtschaftlichen Bevölkerung
- Stabilisierung der Märkte
- Sicherung der Versorgung
- Versorgung der Verbraucher zu angemessenen Preisen

Es ist unschwer zu erkennen, dass einige dieser Ziele teilweise gegenläufigen Charakter aufweisen. So ist die angemessene Lebenshaltung der Landwirte durch die Preisgestaltung für die erzeugten Produkte zu regeln, wobei dann andererseits auf die Interessen der Verbraucher Rücksicht genommen werden muss.

Darüber hinaus müssen die unterschiedlichen Standortfaktoren der einzelnen Mitgliedstaaten berücksichtigt werden. So variieren die klimatischen Gegebenheiten von Mitgliedstaat zu Mitgliedstaat ebenso wie die Produktionstechniken, die in traditionell agrarorientierten Staaten regelmäßig anders sind als in den Industrienationen. Und letztlich ist der Anteil der im Agrarsektor beschäftigten Personen stark unterschiedlich.

3. Die eingesetzten Mittel

Es war daher kein leichtes Unterfangen, die o. g. Ziele miteinander in Einklang zu bringen und zu einer harmonischen Gemeinschaftspolitik zu verbinden. Und ohne übertrieben kritisch sein zu wollen, lässt sich doch mit Fug und Recht sagen, dass dies bis heute nicht gelungen ist.

Die Mittel, die der EGV zur Verfügung hält, finden sich im Wesentlichen in Art. 40 AEUV. Danach ist eine Gemeinsame Organisation der Agrarmärkte möglich, die je nach dem Produkt

- über gemeinsame Wettbewerbsregeln,
- über eine bindende Koordinierung der verschiedenen einzelstaatlichen Marktordnungen oder durch

- die Errichtung Europäischer Marktordnungen

erfolgen kann.

Mittlerweile ist die dritte Form die absolut vorherrschende, d. h. weit über 90 % der landwirtschaftlichen Produkte werden über Gemeinsame Marktordnungen (GMO) abgewickelt.

Darüber hinaus ist es über Art. 39 Abs. 1 Buchst. a) und b), Art. 41 Buchst. a) und Art. 42 AEUV, eine Art Agrarstrukturpolitik zu betreiben. Diese zielt auf die Einstellung unrentabler und die Förderung entwicklungsfähiger Betriebe ab. Außerdem werden die Stilllegung von bestimmten Nutzflächen und die Senkung der Anzahl der in der Landwirtschaft Beschäftigten angepeilt.

Eine Wettbewerbskontrolle ermöglicht Art. 42 AEUV.

Wie bereits erwähnt, ist das am gebräuchlichsten verwendete Mittel im Bereich der Gemeinsamen Agrarpolitik die Einführung von Marktordnungen für verschiedene Produkte. Dabei wurden in dem Bestreben, die vom Vertrag vorgegebenen Ziele zu erreichen, seit dem Jahre 1962 verschiedene Märkte bestimmter landwirtschaftlicher Erzeugnisse geplant und organisiert. Diese Marktordnungen sollten und sollen sich an drei maßgeblichen Grundsätzen orientieren:

DEFINITION

Grundsätze der Marktordnungen:

- Grundsatz der Markteinheit: Dieser Grundsatz beruht auf dem bereits angesprochenen Gedanken des freien Warenverkehrs. Letztlich ist es tatsächlich so, dass auch im Marktordnungssektor Zölle an den Binnengrenzen der Mitgliedstaaten nicht erhoben werden und gegenüber Drittländern ein einheitlicher Zolltarif gilt. Letzterer ist allerdings auf die besonderen Bedürfnisse des Agrarmarktes angepasst und berücksichtigt z. B. die in manchen Sparten zu verzeichnenden starken Marktpreisschwankungen. Hinzu kommen gemeinsame Preise und Wettbewerbsregelungen im Agrarsektor.
- Grundsatz der Gemeinschaftspräferenz: Er besagt, dass der Absatz von in der Gemeinschaft produzierten Produkten der Vorrang vor der Versorgung mit drittländischen Produkten einzuräumen ist. Außerdem soll der Binnenmarkt vor Schwankungen der Weltmarktpreise gewahrt bleiben.
- Grundsatz der finanziellen Solidarität: Alle Einnahmen und Ausgaben der Gemeinsamen Agrarpolitik werden direkt in den Haushaltsplan der Europäischen Union eingestellt.

4. Ausblick

Die Gemeinsame Agrarpolitik hat – bei aller Kritik – sicherlich auch positive Entwicklungen hervorgerufen. Hierzu zählt u. a., dass

- durch einen erheblichen Produktionszuwachs die Versorgung sichergestellt werden konnte. Dies ist im Wesentlichen auf die im Rahmen der Gemeinsamen Agrarpolitik erzielte Produktivitätssteigerung zurückzuführen. So wurde ein in manchen Bereichen Ende der 60er Jahre noch bestehender Versorgungsrückstand mittlerweile behoben, teilweise sogar in einen Versorgungsüberschuss umgewandelt;

- bei den meisten Erzeugnissen sich die Verbraucher über stabile und i. d. R. angemessene Preise freuen konnten und
- lange Zeit die Einkommen der Landwirte mit der normalen Entwicklung der privaten Einkommen Schritt halten konnten.

Indes haben die o. a. positiven Aspekte auf der anderen Seite stets zu konkreten neuen Problemen geführt. So ist der Versorgungsüberschuss in manchen Bereichen bereits so groß, dass Vorräte zur Stützung der Preise aufgekauft und landwirtschaftliche Produkte (z. B. Tomaten oder Butter) vernichtet oder zu verbilligten Preisen auf den Markt gebracht werden mussten. Auch ist das Niveau der Einkommen von bäuerlichen Betrieben im Großen und Ganzen eher gesunken, während es bei einigen landwirtschaftlichen Großbetrieben hingegen teilweise überproportional gestiegen ist. Ob und in welchem Umfang sich dieser Zustand trotz der im Hinblick auf die EU-Osterweiterung vorgenommenen Reformansätze bessern wird, ist noch nicht sicher. Angesichts der Tatsache, dass viele der osteuropäischen Beitrittsländer ihren wirtschaftlichen Schwerpunkt immer noch im Agrarsektor haben, ist hier allerdings eine gewisse Skepsis angebracht.

II. Sozialpolitik

Eines der Ziele des EGV besteht darin, die Arbeits- und Lebensbedingungen innerhalb der Gemeinschaft zu verbessern. Hierzu sollen der Europäische Sozialfonds und eine Abstimmung und Zusammenarbeit der Mitgliedstaaten beitragen. Indes war es im Bereich der Sozialpolitik aus mehreren Gründen schwer, einen Konsens über notwendige Aktionen und Programme zu erzielen: Zum einen gibt es in den Mitgliedstaaten bei der Frage der sozialen Mindeststandards ganz erhebliche Meinungsverschiedenheiten, die auf verschiedenen Traditionen und Wirtschaftsvorstellungen basieren. Zum anderen ist gerade die Sozialpolitik ein Bereich, der erhebliche finanzielle Aufwendungen beansprucht, so dass Änderungen des sozialen Standards angesichts der unterschiedlichen ökonomischen Begebenheiten für die einzelnen Staaten unterschiedliche Wirkungen haben können. Dass es in diesem Bereich einen langsamen, mühseligen Anpassungsprozess gibt, ist vor diesem Hintergrund nur zu verständlich.

Die derzeit bestehenden Regelungen stehen in engem Zusammenhang mit bestimmten Programmen und den sog. Strukturfonds.

DEFINITION

Strukturfonds:

Gem. der strukturpolitischen Generalklausel des Art. 174 AEUV ist die Gemeinschaft verpflichtet, durch Stärkung des wirtschaftlichen und sozialen Zusammenhalts eine harmonische Entwicklung der Gemeinschaft als Ganzes zu erreichen. Dies erfordert die Erstellung eines wirtschaftlichen Gesamtkonzepts sowie den Erlass und die Anwendung konkreter Rechtsnormen. Die wichtigsten Instrumentarien zur Unterstützung dieser Aufgabe sind die sog. Strukturfonds.

Dies sind

- der Europäische Fonds für regionale Entwicklung (EFRE), eingerichtet mit dem Ziel, die regionalen Unterschiede in der Europäischen Gemeinschaft abbauen zu helfen,
- der Europäische Sozialfonds (ESF) mit dem Ziel der Verbesserung der Arbeitsmöglichkeiten und der geographischen und beruflichen Mobilität der Arbeitnehmer sowie
- der Kohäsionsfonds.

Der globale Finanzrahmen für die Strukturfonds im Zeitraum 2007 bis 2013 beläuft sich auf 308,041 Mrd. € (zu Preisen von 2004) oder 347,410 Mrd. € (zu jeweiligen Preisen):

- 81,5 % für das Ziel „Konvergenz";
- 16 % für das Ziel „Regionale Wettbewerbsfähigkeit und Beschäftigung";
- 2,5 % für das Ziel „Europäische territoriale Zusammenarbeit". Für Deutschland sind Mittel i. H. von 26.340 Mio. € vorgesehen.

Für die Verwaltung der Mittel wurde eine komplexe Infrastruktur geschaffen worden. Diese besteht aus

- einer Verwaltungsbehörde, die für die effiziente und korrekte Verwaltung und Durchführung eines operationellen Programms verantwortlich ist. Sie legt der Kommission jeweils spätestens bis zum 30.6. den jährlichen Durchführungsbericht vor. Ein abschließender Bericht ist ebenfalls bis spätestens zum 31. 3. 2017 vorzulegen.
- einer Bescheinigungsbehörde, die bescheinigte Ausgabenerklärungen und Zahlungsanträge erstellt und der Kommission übermittelt. Sie muss außerdem bescheinigen, dass die Ausgaben korrekt sind und mit den einzelstaatlichen und gemeinschaftlichen Rechtsvorschriften in Einklang stehen. Sie ist für die Buchführung zuständig und gewährleistet die Wiedereinziehung der Gemeinschaftsmittel bei Unregelmäßigkeiten.
- einer Prüfbehörde. Hierbei handelt es sich um eine vom Mitgliedstaat für jedes operationelle Programm benannte, funktionell unabhängige Stelle. Sie ist für die Prüfung anhand geeigneter Stichproben zuständig, verfasst die jährlichen Kontrollberichte und eine Stellungnahme zu den durchgeführten Prüfungen. Eine Behörde kann für mehrere operationelle Programme zuständig sein.
- einem Begleitausschuss, der vom Mitgliedstaat für jedes operationelle Programm eingesetzt wird. Den Vorsitz führt ein Vertreter des Mitgliedstaates oder der Verwaltungsbehörde. Der Ausschuss setzt sich nach den Wünschen des Mitgliedstaates zusammen und besteht aus den Wirtschafts-, Sozial- und Regionalpartnern. Der Ausschuss vergewissert sich, dass das operationelle Programm effektiv und ordnungsgemäß durchgeführt wird.

Die Ziele des Europäischen Sozialfonds sind in Art. 162 AEUV allgemein umschrieben, während die Ausgestaltung der konkreten Aufgaben durch den Rat gem. Art. 164 AEUV festzulegen sind. Der Europäische Sozialfond besteht bereits seit dem Jahre 1958 und diente anfangs vorwiegend der Finanzierung von Umsiedlungs- und Umschulungsmaßnahmen. Im Zusammenhang mit der Vollendung des Binnenmarktes erfolgte eine grundsätzliche Reform der Strukturfonds, mithin auch des Europäischen Sozialfonds (VO EWG Nr. 2081/93 des Rates v. 20. 7. 1993 zur Änderung der VO EWG Nr. 2052/88 über die Aufgaben und Effizienz der Strukturfonds..., ABl. EG 1993 L 193/5). Dadurch sollte der Tatsache Rechnung getragen werden, dass diese nach den Bestimmungen der Einheitlichen Europäischen Akte nunmehr „zum wirtschaftlichen und sozialen Zusammenhalt“ beitragen sollten. Außerdem sollte durch die genannte Verordnung die Arbeit der Strukturfonds effektiver und wirtschaftlicher gestaltet werden.

III. Umweltpolitik

1. Allgemeines

Die Zuständigkeit für die Umweltpolitik war in den Gründungsverträgen nicht vorgesehen. Damals waren Gedanken des Umweltschutzes, des sorgsamen Umgangs mit Ressourcen und der Gedanke der Notwendigkeit der Erhaltung des menschlichen Lebensraums keine Bestandteile der gemeinschaftlichen Politik. Im Laufe der Zeit zeigte sich für die Mitgliedstaaten immer mehr das Problem, dass Umweltverschmutzungen an der Grenze nicht Halt machen und nationale Lösungen daher ersichtlich zu kurz oder gar nicht griffen. Darüber hinaus stellte sich Sorge über die mit den unterschiedlichen Umweltstandards in den Mitgliedstaaten einhergehenden Wettbewerbsverzerrungen ein. Nach der ersten Konferenz der Vereinten Nationen über die Umwelt des Menschen im Juni 1972 forderte daher der EG-Gipfel in Paris die Kommission auf, ein umweltpolitisches Aktionsprogramm auszuarbeiten. Die Legitimation im Vertrag sah man dabei in Art. 2 EGV (damals EWGV), in dem eine harmonische und ausgewogene Entwicklung des Wirtschaftslebens sowie eine beständige und ausgewogene Wirtschaftsausweitung durch die Gemeinschaft gefordert wurde. Diese Ziele seien nur unter Berücksichtigung des Umweltschutzes zu erreichen. Damit war die grundsätzliche Legitimation und Notwendigkeit eines gemeinsamen Umweltschutzes anerkannt.

In der Folgezeit wurden mehr als 200 Rechtsakte zum Bereich der Umwelt erlassen. Dabei griff man auf verschiedene allgemeine Rechtsgrundlagen zurück. So wurde beispielsweise das Wettbewerbsrecht bemüht mit der Begründung, dass unterschiedliche Umweltvorschriften der Mitgliedstaaten die Wettbewerbssituation beeinflussen und sich damit unmittelbar auf das Errichten und Funktionieren des gemeinsamen Marktes auswirken könnten. In allen Bereichen, in denen eine Bezugnahme hierauf nicht möglich war, griff man die bereits erörterte Abrundungskompetenz des Art. 308 EGV (jetzt Art. 352 AEUV) zurück. Die auf diese Weise getroffenen Regelungen bezogen sich auf die Bereiche Gewässerschutz, Luftreinhaltung, Chemikalien, Schutz der Pflanzen- und Tierwelt, Lärmbelästigung und Abfallentsorgung. Allerdings war die fehlende ausdrückliche Ermächtigung im EGV angesichts der Bedeutung des Umweltschutzes und der erzielten Regelungsdichte in diesem Bereich auf Dauer nicht hinnehmbar, so dass der Ruf nach einer entsprechenden Änderung des EGV immer lauter wurde.

2. Die Umweltpolitik nach der Einheitlichen Europäischen Akte

Eine ausdrückliche Erwähnung fand der Umweltschutz dann durch die Änderungen im Zuge der Einheitlichen Europäischen Akte. Diese führte mit dem Titel VII (Art. 130 Buchst. r) bis t) EGV) einen eigenen Abschnitt über den Umweltschutz in den EGV ein. Die Bestimmungen wurden durch den Vertrag von Maastricht in den Titel XIX des EGV mit den Art. 174 bis 176 übernommen. Die Regelungen finden sich nach dem Vertrag von Lissabon jetzt nahezu unverändert in den Art. 191 ff. AEUV.

DEFINITION

Die **Ziele des Umweltschutzes** gem. Art. 191 Abs. 1 AEUV sind:

- die Erhaltung und der Schutz der Umwelt sowie die Verbesserung ihrer Qualität,
- der Schutz der menschlichen Gesundheit,
- die umsichtige und rationelle Verwendung der natürlichen Ressourcen,
- die Förderung von Maßnahmen auf internationaler Ebene zur Bewältigung regionaler oder globaler Umweltprobleme und insbesondere zur Bekämpfung des Klimawandels.

Was das erste Ziel betrifft, so ist mit der dort gebrachten Wendung klargestellt, dass nicht nur der Schutz des Bestands „Umwelt" Aufgabe des Gemeinschaftsrechts ist, sondern dass auch ein Auftrag zur Veränderung (Verbesserung) der gegebenen Situation besteht. Dabei ist – auch wenn eine ausdrückliche Definition im primären Gemeinschaftsrecht nicht zu finden ist – für den Begriff der Umwelt ein weiter Ansatz zu wählen: hierzu zählt all das, was die natürliche und die vom Menschen geschaffene gegenständliche Umwelt (Umgebung) betrifft. Der Erreichung dieser Ziele dienen u. a. Maßnahmen zur Bekämpfung oder Beseitigung eingetretener Umweltbelastungen und zur Verhinderung von Belastungen.

Der Begriff der Gesundheit, der in Art. 191 Abs. 1 2. Anstrich AEUV gebraucht wird, umfasst alle körperlichen und seelischen Lebensvorgänge. Damit ist ein umfassender Schutz der menschlichen Existenz verbunden. Aufgrund der ausdrücklichen Nennung in Art. 191 AEUV ist die menschliche Gesundheit im Rahmen der Umweltpolitik eine eigenständige Komponente.

Zu den Ressourcen, die in Art. 191 Abs. 1 3. Anstrich AEUV gemeint sind, zählen sowohl die erneuerbaren (Fauna, Wasser, Luft) als auch die nicht erneuerbaren (z. B. Erdöl, Erdgas etc.). Unter umsichtiger und rationeller Verwendung ist dabei eine schonende Nutzung zu verstehen, die jede Verschwendung und kurzfristige Bedarfsdeckung vermeidet. Der Widerspruch, der in einer (zwar schonenden) Verwendung, d. h. Nutzung der Umweltressourcen, und der Erhaltung der Umwelt insgesamt besteht, liegt auf der Hand. Denn es kann nicht bezweifelt werden, dass die Ressourcen Bestandteil der Umwelt sind und jede Nutzung tief greifende Einschnitte in diese darstellt. Dies wird am Beispiel des Braunkohlebergbaus (Übertage) anschaulich deutlich, betrifft aber auch andere Zweige (Holzschlag zur Zellulosegewinnung). Insoweit muss versucht werden, einen Einklang zwischen den Bedürfnissen der modernen Industriegesellschaft und dem notwendigen Erhalt einer menschenwürdigen (Gesamt-)Umwelt zu erzielen. Gerade in diesem Bereich gibt es auf Unions-Ebene noch erheblichen Anpassungs- und Handlungsbedarf.

Was die Förderung internationaler Maßnahmen betrifft, die Art. 191 Abs. 1 letzter Anstrich AEUV anspricht, so ist dies einerseits Ausfluss der Tatsache, dass sich die Europäische Gemeinschaft wohl ihrer besonderen Verantwortung für regionale und globale Umweltprobleme bewusst ist. Dann darf sich die Förderung von Maßnahmen aber nicht allein auf den europäischen Raum beschränken, sondern muss darüber hinaus auch die Entwicklungsländer umfassen. Denn ein Teil der dort existierenden Umweltprobleme sind mittelbar (z. B. durch Abbau von Bodenschätzen, Anbau von Monokulturen, um mit der Union wettbewerbsfähig zu bleiben etc.) oder unmittelbar (man denke an den sog. Mülltourismus; richtigerweise wurde dieses Problem – zumindest rechtlich – durch ein grundsätzliches Exportverbot von Müll in andere Länder als die der Europäischen Gemeinschaft entschärft) zumindest auch durch den Europäischen Wirtschaftsraum hervorgerufen oder gefördert worden.

Darüber hinaus ist diese Wendung sicherlich Ausfluss der Erkenntnis, dass die Umweltprobleme der Zukunft nur grenzüberschreitend wirksam gelöst werden können und es daher im eigenen vitalen Interesse der Gemeinschaft liegt, wenn sich in anderen Ländern die Fehler der Vergangenheit nicht wiederholen oder existierende Fehlentwicklungen korrigiert werden. Die Neuaufnahme des Ziels der Bekämpfung des Klimawandels durch die Union ist angesichts der internationalen Bemühungen um die Reduzierung des Kohlendioxidausstoßes und anderer Klimakiller (z. B. FCKW) nur konsequent.

Tragende Grundsätze der Umweltpolitik sind das Vorsorgeprinzip, das Prinzip der Bekämpfung am Ursprung und das Verursacherprinzip (Art. 191 Abs. 2 Satz 2 AEUV). Dabei ist ein hohes Schutzniveau einzuhalten.

Das Vorsorgeprinzip setzt unter der Gefahrenschwelle an, so dass umweltpolitisches Handeln nicht erst zur Abwehr einer konkret bestehenden Gefahr möglich und gefordert ist. Das bedeutet nach überwiegender Meinung, dass umweltpolitisches Handeln nicht das Vorliegen einer konkreten Gefahr voraussetzt, sondern auf Risikovermeidung abzielen muss. Daraus kann man dann folgern, dass bereits eine auf tatsächlichen Anhaltspunkten beruhende Besorgnis einer möglichen Umweltbeeinträchtigung genügen muss, um ein Einschreiten zu rechtfertigen.

BEISPIEL Verbot bestimmter Stoffe, die mit einer gewissen Wahrscheinlichkeit Krebs erregend sind; Verbot der Einfuhr von Rindern aus England, da diese u. U. BSE-geschädigt sein können und eine gewisse Wahrscheinlichkeit dafür spricht, dass BSE auf den Menschen in Form der Creutzfeldt-Jakob-Krankheit übertragen werden kann.

Ob das in Art. 191 Abs. 2 Satz 2 AEUV selbständig genannte Vorbeugeprinzip eine eigenständige Bedeutung hat und erst zu einem späteren Zeitpunkt, nämlich bei Vorliegen einer konkret eingetretenen Gefahr, greift, mag dahingestellt bleiben. Denn zum einen können und werden sich diese Bereiche oftmals überschneiden. Zum anderen ist über den bereits erläuterten Begriff der Vorsorge jedenfalls der frühstmögliche Eingriffszeitpunkt abgedeckt.

Nach dem Ursprungsprinzip sind alle eingetretenen Umweltbeeinträchtigungen an ihrer Quelle zu bekämpfen. Dies kann man zunächst in dem Sinne verstehen, dass Schwerpunkt der gemeinschaftlichen Umweltpolitik emissionsbezogene Maßnahmen sein müssen, d. h. solche, die die Abgabe von Schadstoffen an die Umwelt vermeiden oder begrenzen. Hierunter soll auch die umweltgerechte Beschaffenheit von Produkten mit Hinblick auf die spätere Entsorgung fallen. Ganz allgemein wird man darüber hinaus davon ausgehen können, dass der Schwerpunkt des umweltpolitischen Handelns der Gemeinschaft auf der „Heilung“, nicht auf dem Bekämpfen der Symptome liegt oder zumindest liegen sollte.

Das schließlich noch zu nennende Verursacherprinzip enthält einen Kostentragungsgrundsatz und entspricht allgemeinen Gerechtigkeitsgrundsätzen: Es besagt, dass die Kosten zur Vermeidung, Beseitigung und zum Ausgleich von Umweltbelastungen grundsätzlich den treffen, der sie verursacht hat.

BEISPIEL ▸ In der Abfallverbringungsverordnung hat derjenige die Kosten für die Beseitigung des Abfalls zu tragen, bei dem er angefallen ist. Darüber hinaus gibt es für den Fall, dass dieser nicht ermittelt werden kann, einen Solidarfonds der (potenziellen) Abfallverursacher.

Das angesprochene hohe Schutzniveau wird dadurch erheblich eingeschränkt, dass es die „unterschiedlichen Gegebenheiten in den einzelnen Regionen der Gemeinschaft" zu berücksichtigen hat. Fasst man unter diese regionalen Begebenheiten auch die ökonomische Leistungsfähigkeit, so lässt dies je nach betroffenem Gebiet unterschiedliche Standards, Normen und Politiken zu. Es ist daher zu befürchten, dass der angestrebte hohe Standard – wie in vielen Bereichen der Gemeinschaft – oftmals der kleinste gemeinsame Nenner sein wird.

IV. Wettbewerbspolitik

In den neu in Art. 3 EUV aufgelisteten Zielen ist der Wettbewerbsgedanke zwar ausdrücklich genannt, Art. 3 Abs. 3 Satz 2 EUV. Das dort genannte Ziel bezieht sich aber auf die Wettbewerbssituation der Union im internationalen Vergleich, nicht auf den ungehinderten Wettbewerb im Binnenmarkt ab. Indes wird die Notwendigkeit eines fairen Wettbewerbs innerhalb der Union in den Vorschriften über die Zollunion, insbesondere in Art. 32 Buchst. b) AEUV, als als zu berücksichtigender Gesichtspunkt angeführt.

Auch hier liegt der Kerngedanken zugrunde, dass das freie Spiel der Kräfte, wie es in einer Marktwirtschaft vorausgesetzt und durchgeführt wird, dem Wohle von Verbrauchern und Produzenten dient. Der Wettbewerb ist es, der ein gleichmäßiges Angebot von Waren zu vertretbaren Preisen ermöglichen soll. Es soll daher ein möglichst großer Raum geschaffen werden, in dem die Unternehmen und andere wirtschaftlich tätige Personen ihre unternehmerischen Entscheidungen nach den unverfälschten Bedürfnissen des Marktes richten können.

Als wichtiges Element zur Gewährleistung eines freien Spiels der Kräfte ist es erforderlich, dafür Sorge zu tragen, dass die Vorteile eines Binnenmarktes nicht durch Absprachen der Unternehmer untereinander beseitigt werden.

BEISPIEL ▸ Unzulässige Preisabsprachen im Pharmabereich können dazu führen, dass die Produkte mit deutlich größeren Gewinnspannen vertrieben werden, als dies bei einem echten Wettbewerb der Fall wäre. Die Produkte verteuern sich dadurch zulasten der Verbraucher.

Die Regelungen über den Wettbewerb finden sich in den Art. 101 bis 106 AEUV. Dabei enthalten die Art. 101 bis 106 AEUV Vorschriften für die Unternehmen, während Art. 107 bis 109 AEUV Regelungen über staatliche Beihilfen aufstellen.

V. Steuerharmonisierung

LITERATUR

Friedrich, Das neue Verbrauchsteuerrecht ab 1993, DB 1992, S. 2000 ff.; *Lenz*, EG-Handbuch, Recht im Binnenmarkt, 2. Aufl., 1994, Teil 9 (*Thömmes*); *Lenz/Klein/Wolffgang*, EU- und EG-Vertrag, 3. Aufl., 2003, vor Art. 95-99; *Walkenhorst*, Ursprungsland- und Bestimmungslandprinzip, SteuerStud 1997, S. 11 ff.

1. Allgemeines

Im Bereich der Steuerharmonisierung wird regelmäßig zwischen direkten und indirekten Steuern unterschieden. Bei den direkten Steuern handelt es sich um solche, die unmittelbar auf das Einkommen oder Vermögen einer Person erhoben werden. Steuerträger und Steuerschuldner sind identisch.

BEISPIEL Körperschaftsteuer, Einkommensteuer, Schenkungsteuer etc.

Bei den indirekten Steuern hingegen fallen Steuerträger und Steuerschuldner auseinander. Sie werden mittelbar, z. B. durch den Aufschlag auf den Preis eines zu konsumierenden Gegenstands, erhoben.

BEISPIEL Beim Kauf eines Pkw vom Händler werden derzeit 19 % Mehrwertsteuer erhoben. Diese Mehrwertsteuer muss nicht der Endabnehmer, sondern der Verkäufer an den Staat abführen. Der Verkäufer (Händler) ist Steuerschuldner. Da er aber den zu entrichtenden Betrag auf den Käufer (Endabnehmer) abwälzt, ist dieser Steuerträger, d. h. diejenige Person, die letztendlich die Steuer aus seinem Vermögen aufbringen muss.

Was die direkten Steuern betrifft, so gibt es in der Europäischen Union eine Fülle verschiedener Steuerarten und -sätze. Lediglich die wichtigsten direkten Steuern, wie Einkommen- und Körperschaftsteuer, kommen in allen Mitgliedstaaten vor. Die Höhe der Steuersätze differiert aber auch in diesen Bereichen ebenso erheblich wie die Bedeutung der aus diesen Steuerquellen fließenden Einnahmen für die nationalen Haushalte.

Lediglich die indirekten Steuern haben eine ausdrückliche Regelung in Art. 110 bis 113 AEUV gefunden.

Der Schwerpunkt der rechtlichen Regelungen zur Steuerharmonisierung liegt daher bei den indirekten Steuern. Auch hier ist der Harmonisierungsstand recht unterschiedlich.

2. Die indirekten Steuern

Zu den indirekten Steuern zählen die Umsatzsteuer und die sog. Verbrauchsteuern. Zeitweise waren in der Europäischen Gemeinschaft der Zwölf mehr als 40 Verbrauchsteuerarten auszumachen. In Deutschland hat man sich erfreulicherweise von einigen wenig ergiebigen Verbrauchsteuern (z. B. der Salzsteuer) getrennt und nur die großen und finanziell lukrativen Bereiche weiter der Steuer unterworfen. In Deutschland gibt es an Verbrauchsteuern z. B. die Tabaksteuer, die Mineralölsteuer, die Kaffeesteuer, die Bier- und die Schaumweinsteuer. In anderen Mitgliedstaaten hingegen hat man teilweise völlig andere Verbrauchsgüter (z. B. Bananen in Italien) mit Verbrauchsteuern belegt. Auch war man aus traditionellen oder wirtschaftspolitisch bedingten Gründen teilweise nicht bereit, bestehende Minimalsteuern abzuschaffen. Dies sind einige der Gründe, weswegen die Harmonisierung im Bereich der Verbrauchsteuern noch nicht so weit fortgeschritten ist, wie es vor dem Ziel eines gemeinsamen Marktes vielleicht wünschenswert wäre. Allerdings konnte man sich bei den meisten der Verbrauchsteuern auf bestimmte Mindest- bzw. Höchstsätze einigen.

BEISPIEL Nach der Richtlinie des Rates 92/79 EWG vom 19. 10. 1992 hat man sich auf bestimmte Mindeststeuersätze bei Verbrauchsteuern auf Zigaretten und in der Richtlinie 92/80 EWG vom selben Tage auf bestimmte Mindeststeuersätze für andere Tabakwaren als Zigaretten geeinigt.

Außer einer Annäherung im Bereich der Mindeststeuersätze hat man einen bestimmten Standard bezüglich des Systems, den Besitz, die Beförderung und die Kontrolle verbrauchsteuerpflichtiger Waren geschaffen. Diese gemeinschaftlichen Regelungen hat die Bundesrepublik mit dem Verbrauchsteuer-Binnenmarktgesetz umgesetzt.

Da alle Mitgliedstaaten die Umsatzsteuer als indirekte Steuer erheben, sind die Versuche, eine harmonisierte Regelung zu finden, in diesem Bereich am weitesten gediehen. Im Folgenden sollen daher am Stand der Harmonisierung der Umsatzsteuer einige der bestehenden Probleme angerissen werden.

3. Die Umsatzsteuer

a) Umsatzsteuer und Ursprungslandprinzip

Ausgangspunkt der weitgehenden Harmonisierung war eine Richtlinie des Rates (Richtlinie 91/680/EWG vom 16. 12. 1991), durch welche die bis zu diesem Zeitpunkt geltenden Regelungen erheblich ergänzt und vereinheitlicht wurden. Die Richtlinie verpflichtete die Mitgliedstaaten dazu, ab dem 1. 1. 1993 die steuerlichen Grenzen im Bereich der Umsatzsteuer zu beseitigen, was letztlich die Einfuhrumsatzsteuer für den innergemeinschaftlichen Warenverkehr entfallen ließ. Die Umsetzung in das deutsche Recht erfolgte durch das Umsatzsteuer-Binnenmarktgesetz vom 25. 8. 1992 (BGBl. I, S. 1548). Das (noch nicht erreichte) Endziel der Umsatzsteuerharmonisierung war und ist es, EU-weit das sog. Ursprungslandprinzip einzuführen.

BEACHTE

Ursprungslandprinzip: Die Besteuerung der umsatzsteuerrechtlich relevanten Tatbestände erfolgt grundsätzlich in dem Land, in dem die Waren hergestellt werden, oder zugunsten des Landes, in dem das Unternehmen seinen Sitz hat.

Die Besteuerung nach dem Ursprungslandprinzip soll die Europäische Union einem einheitlichen Markt näher bringen. So wie es für jeden Bundesbürger selbstverständlich ist, dass die von ihm erworbenen Waren im Inland der Umsatzsteuer unterworfen und diese an den nationalen

Haushalt abgeführt werden, so muss dieses Prinzip – denkt man sich die Europäische Union als einen großen Markt – eigentlich überall in gleicher Weise Gültigkeit haben.

Indes krankt diese schöne Theorie an zwei Problemen: Zunächst ist zu berücksichtigen, dass das Umsatzsteueraufkommen von Mitgliedstaat zu Mitgliedstaat einen unterschiedlichen Stellenwert für den nationalen Haushalt hat. Zum anderen ist die Umsatzsteuer ihrer Rechtsnatur nach eine sog. Verkehrsteuer. Sie soll grundsätzlich dem Staat zugute kommen, in dem die Ware auch tatsächlich genutzt oder verbraucht wird. Daher wäre es notwendig, für den Fall der Verwirklichung des Ursprungslandprinzips ein Clearingverfahren einzuführen, welches eine Verteilung des Aufkommens nach dem Verbrauch innerhalb der Europäischen Union ermöglichen würde.

b) Umsatzsteuer und Bestimmungslandprinzip

Es liegt auf der Hand, dass ein solches Verteilungsverfahren auf nicht unerhebliche theoretische und vor allen Dingen praktische Probleme stößt. Denn es müsste eine Messmethode oder ein bestimmter Schlüssel gefunden werden, anhand dessen die Umsatzsteuer entsprechend den Anteilen der Mitgliedstaaten am Verbrauch der Güter und Leistungen verteilt werden könnte. Solche Schwierigkeiten gibt es bei dem sog. Bestimmungslandprinzip hingegen nicht.

BEACHTE

Bestimmungslandprinzip: Die umsatzsteuerliche Besteuerung von innergemeinschaftlichen Lieferungen erfolgt grundsätzlich im Bestimmungsland, d. h. dort, wo die Ware ankommt und ge- oder verbraucht wird. Im Ursprungsland erfolgt keine Besteuerung.

Bei diesem Verfahren ist eine Verteilung auf die Mitgliedstaaten nicht notwendig, da die Steuer dort erhoben wird, wo die Waren letztlich – in welcher Form auch immer – konsumiert werden.

c) Derzeitiger Rechtsstand

Das von der Kommission präferierte Ursprungslandprinzip ist bisher nur im Bereich des privaten Reiseverkehrs umgesetzt. Hier kann der private Endverbraucher – mit Ausnahme von neuen Fahrzeugen – in jedem einzelnen Mitgliedstaat ohne jede mengenmäßige Beschränkung zum Eigenverbrauch einkaufen, ohne die Waren in seinem Mitgliedstaat einer Besteuerung unterziehen zu müssen.

BEISPIEL ▸ Der Weinliebhaber Müller fährt nach Frankreich und deckt sich dort mit seinem Jahresbedarf an Wein (25 Kisten à sechs Flaschen) ein. Er kann diese ohne Weiteres mit nach Deutschland nehmen und dort konsumieren. Es reicht aus, dass die Umsatzsteuer im Ursprungsland (Frankreich) erhoben wurde.

Hingegen wurde für den gewerblichen Bereich eine Regelung geschaffen, bei der die umsatzsteuerliche Belastung erst im Bestimmungsland erfolgt. An die Stelle der bisherigen Besteuerung der Einfuhr (Einfuhrumsatzsteuer) tritt im innergemeinschaftlichen Verkehr eine Besteuerung des innergemeinschaftlichen Erwerbs. Grundlage der in diesem Bereich geltenden Regelungen ist § 1 Abs. 1 Nr. 5 UStG, wonach eine Erwerbsbesteuerung vorliegt, wenn

- ein innergemeinschaftlicher Erwerb i. S. des § 1a UStG vorliegt,
- der Ort des innergemeinschaftlichen Erwerbs im Inland (vgl. § 3d UStG) liegt und
- der innergemeinschaftliche Erwerb gegen Entgelt erfolgt.

Die Kontrolle der Besteuerung erfolgt durch die zwingende Angabe einer für jedes Unternehmen vergebenen Umsatzsteuer-Identifikationsnummer.

BEISPIEL Die Firma Metallspan GmbH kauft unter Verwendung ihrer Umsatzsteuer-Identifikationsnummer für ihr Unternehmen eine Maschine für 230.000 € bei der niederländischen Firma Roost. Die Firma Metallspan holt die Maschine in den Niederlanden ab und transportiert sie mit eigenem Lkw nach Deutschland.

Hier sind die o. a. Voraussetzungen des § 1a UStG gegeben, d. h. die Firma Metallspan muss die Maschine in Deutschland versteuern. Das gesamte System der derzeit geltenden Bestimmungslandversteuerung bei der Umsatzsteuer ist allerdings viel komplexer und komplizierter, als die kurze Darstellung hier vermuten lässt. Zahlreiche Spezialfälle und Ausnahmebestimmungen machen die Gesamtmaterie einigermaßen kompliziert.

d) Ausblick

In der genannten Richtlinie ist vorgegeben, dass das derzeit geltende „Mischsystem" nur vorübergehend sein kann und letztendlich das angesprochene Ursprungslandprinzip verwirklicht werden soll. Wegen doch erheblicher Differenzen zwischen den Mitgliedstaaten insbesondere zu dem einzuführenden Clearingsystem ist eine grundlegende Änderung des derzeitigen Zustands in absehbarer Zeit aber wohl nicht zu erwarten. Dies umso mehr, weil man es auch bei den Änderungen durch den Vertrag von Lissabon nicht geschafft hat, von dem Grundsatz der Einstimmigkeit abzugehen. So bestimmt Art. 113 AEUV, dass die Rechtsvorschriften im besonderen Gesetzgebungsverfahren einstimmig zu erlassen sind. Die Einstimmigkeit führt aber zu einem trägen und sehr schleppenden Verfahren.

§ 21 Rechtsschutz in der Europäischen Union

LITERATUR

Erichsen/Weiß, System des europäischen Rechtsschutzes, Jura 1990, S. 528 ff., S. 586 ff.; *Krämer*, Zum Rechtsschutz des einzelnen gegen abgeleitetes Union nach dem Vertrag von Lissabon, ÖTV 2010, S. 58; *Thiele*, Das Rechtsschutzsystem nach dem Vertrag von Lissabon – (K)ein Schritt nach vorn?, EUR 2010, S. 30 ff; *Rengeling/Middeke/Gellermann*, Rechtsschutz in der Europäischen Union, 1994; *Streinz*, Europarecht, 9. Aufl., 2010, § 8; *Zuleeg*, Die Rolle der rechtsprechenden Gewalt in der europäischen Integration, JZ 1994, S. 1 ff.; EuGH, Urteil v. 19. 12. 1961, Rs. 7/61, *„Kommission/Italien"*, Slg. 1961, S. 693; EuGH, Urteil v. 9. 7. 1970, Rs. 26/ 69, *„Kommission/Frankreich"*, Slg. 1970, S. 565 ff.; EuGH, Urteil v. 14. 12. 1995, verb. Rs. 430 und 431/93, *„van Schijndel/Stichting"*, EuZW 1996, S. 542 ff.

I. Allgemeines

Die Verträge verfügen über ein differenziertes Rechtsschutzsystem, dessen Bedeutung nicht hoch genug eingeschätzt werden kann. Denn anders als bei anderen internationalen Organisationen (ohne supranationalen Charakter) besteht auf diese Art und Weise für Mitgliedstaaten, Organe, Unions-Unternehmen oder Marktbürger die Möglichkeit, Rechte gerichtlich zu verfolgen und Rechtsverstöße gerichtlich feststellen zu lassen. Allerdings kann die positiv zu bewertende Tatsache, dass überhaupt eine Rechtsschutzmöglichkeit besteht, nicht darüber hinwegtäuschen, dass andererseits verfahrensrechtlich noch einiges verbessert werden könnte und müsste. So sind die tatsächlich gegebenen Möglichkeiten gerade der Individuen, sich gegen Gemeinschaftsrechtsakte oder fehlerhaftes Gemeinschaftshandeln zur Wehr zu setzen, aufgrund der Art und Weise der vom Union vorgesehenen Klageverfahren noch eingeschränkt.

BEISPIEL Nach Art. 93 Abs. 1 Nr. 4a GG kann „jedermann" direkt Verfassungsbeschwerde mit der Begründung erheben, in seinen Grundrechten verletzt zu sein. Eine entsprechende Norm fehlt bei gerügten Grundrechtsverstößen im Gemeinschaftsrecht.

Auch die Änderungen des bisherigen Art. 230 EGV (jetzt Art. 263 AEUV) gehen m. E. noch nicht weit genug. Zwar senkt Art. 263 Abs. 4 AEUV auf den ersten Blick die Schwelle der Klagebefugnis natürlicher und juristischer Personen gegen Rechtsakte mit Verordnungscharakter, so dass auf den ersten Blick auch ohne das kritische Tatbestandsmerkmal der persönlichen und individuellen Betroffenheit von „jedermann" geklagt werden kann. Indes greift diese Vereinfachung schon vom Wortlaut her nur, wenn Rechtsakte mit Verordnungscharakter ohne Durchführungsmaßnahmen den potenziellen Kläger unmittelbar betreffen. Dies bietet zum einen viel Auslegungsspielraum; zum anderen bleibt es bei den problematischen Fällen der Richtlinien beim Alten mit der Folge, dass die hohen Hürden für eine Klage nach wie vor bestehen.

Neben den wesentlichen Verfahren der Verträge sollen im Folgenden auch einige grundlegende Fragen des Prozessablaufs (Gang des Verfahrens, Verfahrensgrundsätze etc.) erläutert werden, um Bezüge zum nationalen Recht anzustellen und hieraus Rückschlüsse für das Rechtsschutzsystem insgesamt ziehen zu können. Die anhand des Vertragsverletzungsverfahrens exemplarisch dargestellten Grundsätze gelten grundsätzlich für alle Verfahren vor dem Gerichtshof.

II. Klage der Kommission im Vertragsverletzungsverfahren

Wie bereits erläutert, gehört es zu den Kernaufgaben der Kommission, das ordnungsgemäße Funktionieren des Gemeinsamen Marktes zu gewährleisten. Es ist also eine ihrer wesentlichen Pflichten, für die Anwendung der Verträge und für die von den Organen getroffenen Bestimmungen Sorge zu tragen. Sie ist es, die die Einhaltung des primären und sekundären Gemeinschaftsrechts sowie die Befolgung gerichtlicher Entscheidungen durch den Europäischen Gerichtshof und das Europäische Gericht zu kontrollieren und ggf. durchzusetzen hat. Dies macht sie zur „Hüterin der Verträge". Um ihrer Aufgabe wirkungsvoll nachgehen zu können und ein geeignetes Mittel zur Durchsetzung des Gemeinschaftsrechts gegenüber den Mitgliedstaaten zu haben, weist Art. 258 AEUV der Kommission eine Klagemöglichkeit im sog. Vertragsverletzungsverfahren zu.

Exkurs: Vertragsverletzungsverfahren durch Mitgliedstaaten

Auch wenn es im Wesentlichen die Kommission als originäre Hüterin des Gemeinschaftsinteresses ist, die sich mit der Durchsetzung des Gemeinschaftsrechts beschäftigt, besteht auch auf Seiten der sich vertragsgerecht verhaltenden Mitgliedstaaten i. d. R. ein hohes Interesse an der einheitlichen Anwendung und Befolgung der Regelungen. Um sich hier nicht allein auf den Sachverstand und die effektive Durchführung des Verfahrens durch die Kommission verlassen zu müssen und ihren Standpunkt vorbringen zu können, können diese in einem von der Kommission geführten Verfahren Stellungnahmen zum Streitgegenstand abgeben. Darüber hinaus ist auch den Mitgliedstaaten selbst gem. Art. 259 AEUV wegen angeblicher Vertragsverletzungen eines anderen Mitgliedstaates eine Klagemöglichkeit eröffnet, wodurch sie ebenfalls zur Prozessführung legitimiert sind. Unterschiede zu dem Verfahren der Kommission ergeben sich im Wesentlichen im Rahmen des Vorverfahrens. So muss, bevor die Mitgliedstaaten eine Klage einleiten, als zwingende Prozessvoraussetzung gem. Art. 259 Abs. 2 AEUV sich die Kommission mit dem angeblichen Vertragsverstoß befassen. Sie soll als eine Art Schiedsrichter eine neutrale Stellungnahme abgeben mit dem Ziel, dass die Mitgliedstaaten ihre Position noch einmal kritisch überdenken und ggf. ändern können.

Von diesen Besonderheiten einmal abgesehen, die sich aus der unterschiedlichen Stellung von Kommission und Mitgliedstaaten im Gefüge der Europäischen Gemeinschaft ergeben, sind die beiden Verfahren (Vertragsverletzungsklage der Kommission/Vertragsverletzungsverfahren durch den Mitgliedstaat) im Wesentlichen gleich. Im Folgenden soll daher nur das Vertragsverletzungsverfahren durch die Kommission näher dargestellt werden.

1. Einleitung des Verfahrens

Ausgangspunkt eines Verfahrens kann die Tatsache sein, dass die Kommission im Rahmen ihrer allgemeinen Tätigkeiten auf eine Verletzung gemeinschaftsrechtlicher Verpflichtungen durch einen Mitgliedstaat aufmerksam wird. Dies ist im Zusammenhang mit parlamentarischen Anfragen und Petitionen, aber auch aufgrund von Berichten in den Medien, möglich. Außerdem untersucht die Kommission jedes Vorabentscheidungsverfahren daraufhin, ob ein möglicher Vertragsverstoß vorliegt. Damit wird u. a. sichergestellt, dass die beschränkte Wirkung des Vorabentscheidungsverfahrens dem vertragswidrig handelnden Mitgliedstaat nicht zugute kommen kann. Auch der Einzelne ist berechtigt, sich mit Beschwerden an die Kommission zu wenden, die dann u.U. zum Gegenstand eines Vertragsverletzungsverfahrens vor der Kommission werden können. Hierfür hat die Kommission ein eigenes Formular entwickelt, welches der betroffene Bürger ausfüllen und an die Kommission einsenden kann (veröffentlicht im ABl. 1989, C 26/6). Auch wenn nach dem Vertrag die Kommission nicht verpflichtet ist, diesen Beschwerden nachzukommen, hat sie sich quasi im Wege der Selbstbindung hierzu bereit erklärt. Voraussetzung ist allerdings, dass sich aus dem Vorbringen des Beschwerdeführers mit hinreichender Deutlichkeit ein möglicher objektiver Verstoß gegen das Gemeinschaftsrecht ergibt.

Wenn die Kommission von einem eventuell gegebenen Vertragsverstoß ausgeht, muss sie ein bestimmtes Verfahren einhalten, um die Klage formal ordnungsgemäß einzuleiten. Dieses Verfahren nennt man allgemein „Vorverfahren".

a) Das Vorverfahren

Nach dem AEUV ist das Vertragsverletzungsverfahren grundsätzlich zweistufig aufgebaut: Gelangt die Kommission zu der Auffassung, dass ein Mitgliedstaat seine Verpflichtungen verletzt hat, so ist sie vor der Klageerhebung gem. Art. 258 AEUV verpflichtet, ein Vorverfahren durchzuführen, in dem sie dem Staat Gelegenheit gibt, sich zu dem angeblichen Verstoß zu äußern. Ist die Kommission nach dieser Äußerung immer noch von dem Pflichtenverstoß überzeugt (was selbstverständlich auch dann gilt, wenn der Staat keine Äußerung abgibt), so hat sie eine mit Gründen versehene Stellungnahme zu dem Verstoß zu fertigen und diese dem betreffenden Mitgliedstaat zuzustellen. Darin ist er aufzufordern, binnen einer angemessenen Frist den gerügten Zustand abzustellen. Von dem Vorverfahren kann die Kommission nur in einigen (wenigen) von den Verträgen ausdrücklich vorgesehenen Fällen (z. B. Art. 108 Abs. 2 UA 2 AEUV) absehen. Erst dann, wenn das Vorverfahren nicht zu einer für die Kommission zufrieden stellenden Lösung des Problems führt, ist sie zur Klageerhebung berechtigt.

Sinn und Zweck des Vorverfahrens ist es, dass zunächst auf außergerichtlichem Wege eine Streitbeilegung erzielt werden soll. In der Praxis hat es sich aus diesem Grunde eingebürgert, dass noch vor Einleitung eines förmlichen Verfahrens im Wege bi- oder multilateraler Gespräche eine Lösung des Problems versucht wird.

aa) Das Mahnschreiben

Nach Art. 258 AEUV muss die Kommission dem betreffenden Mitgliedstaat oder Mitgliedstaaten (es ist nicht selten, dass gleich mehrere Mitgliedstaaten ihren Verpflichtungen nicht nachkommen) „Gelegenheit zur Äußerung" geben. Dies ist eine an und für sich selbstverständliche Ausprägung des Grundsatzes des rechtlichen Gehörs. Alle wesentlichen rechtlichen und tatsächlichen Überlegungen der Kommission sind dem oder den betroffenen Staat(en) mitzuteilen. Durch das Mahnschreiben wird der Streitgegenstand des späteren Prozesses in dem Sinne konkretisiert, dass der Kreis der rechtlichen Vorwürfe festgelegt wird. Spätere Erweiterungen sind – anders als notwendige Ergänzungen – grundsätzlich unzulässig. Es liegt angesichts der Bedeutung des Mahnschreibens auf der Hand, dass es aus Gründen der Rechtsklarheit und Rechtssicherheit schriftlich zu fertigen ist, obwohl dies im Vertrag selbst nicht ausdrücklich niedergelegt ist.

In dem Mahnschreiben wird regelmäßig bereits eine erste angemessene Frist zur Stellungnahme (i. d. R. zwei Wochen, manchmal aber auch deutlich kürzer oder länger) gesetzt. Gerichtet ist das Mahnschreiben über die ständige Vertretung an die betreffende Regierung.

bb) Die begründete Stellungnahme

Nach Ablauf der in dem Mahnschreiben gesetzten Frist gibt die Kommission eine „begründete Stellungnahme“ ab, sofern der Mitgliedstaat sich nicht oder aus Sicht der Kommission unzureichend geäußert hat. Die begründete Stellungnahme ist schriftlich zu fertigen und muss eine zusammenhängende detaillierte Begründung des von der Kommission gerügten Vertragsverstoßes enthalten. Dabei darf sie nicht über das in dem Mahnschreiben bereits gerügte Verhalten hinausgehen. Inhaltlich handelt es sich bei der begründeten Stellungnahme um eine auf der Grundlage des Mahnschreibens erstellte, formalisierte Zusammenfassung des Sach- und Streitstands. Die vorigen Ausführungen gelten in Bezug auf die formalen Anforderungen entsprechend.

Fehlt das erste Mahnschreiben oder stützt es sich auf Umstände, die für den betroffenen Mitgliedstaat neu sind, so ist eine eventuell erhobene Klage unzulässig.

Von tragender Bedeutung ist die dem Mitgliedstaat (nochmals) einzuräumende Frist zur Beseitigung des gerügten Zustands, die letztmalig Gelegenheit zum Einlenken geben soll. Eine Mindestdauer besteht nicht. Sie muss aber so bemessen sein, dass der Mitgliedstaat bei gutem Willen und unter Einsatz aller Möglichkeiten in der Lage ist, seine Pflichten vor Fristablauf zu erfüllen. Ist die Frist zu kurz, so kann diese von dem Europäischen Gerichtshof oder aber im Vorfeld der Klage von der Kommission verlängert werden.

b) Die Klageerhebung

Nach Abschluss des Vorverfahrens entscheidet die Kommission sodann unter Berücksichtigung der von dem oder den Mitgliedstaaten abgegebenen Stellungnahme(n), ob sie Klage erheben will. Dies geschieht i. d. R. dann, wenn sie weiterhin von einem Vertragsverstoß ausgeht. Entschließt sie sich zur Klageerhebung, so hat sie eine formal ordnungsgemäße Klageschrift zu fertigen.

Die für eine ordnungsgemäße Klageerhebung einzuhaltenden Formalien ergeben sich nicht aus den Verträgen selbst, sondern sind in der Satzung des Gerichtshofes niedergelegt. Die Klage ist danach mittels eines an den Kanzler des Gerichtshofes zu richtenden Schriftsatzes zu erheben und muss u. a. Name und Wohnsitz des Klägers, die Bezeichnung des Beklagten, eine Darstellung des Sach- und Streitstands sowie die Anträge des Klägers enthalten.

Es kommt vor, dass die Kommission auf der Grundlage der von dem oder den Mitgliedstaaten abgegebenen Stellungnahmen einige der Vorwürfe nicht mehr aufrechterhalten will. Um hier keine Probleme zur Frage des Streitgegenstands aufkommen zu lassen, entscheidet der Gerichtshof nur über Vorwürfe, die sich in der Klageschrift selbst wiederfinden. Rügen, die sich nur im Aufforderungsschreiben oder der begründeten Stellungnahme der Kommission an den Mitgliedstaat wiederfinden, werden ohne Bezugnahme in der Klageschrift nicht zum Streitgegenstand.

BEACHTE

Im Vertragsverletzungsverfahren wird der Streitgegenstand durch das Mahnschreiben konkretisiert. Der Gerichtshof entscheidet nur über Vorwürfe, die sich in der Klageschrift wiederfinden und bereits Gegenstand des Vorverfahrens waren.

2. Das Klageverfahren

a) Allgemeines

Das Verfahren vor dem Gerichtshof bedarf genauso wie ein nationalstaatliches Gerichtsverfahren einer inneren Ordnung. Außerdem sind einige Grundprinzipien eines rechtsstaatlichen Verfahrensablaufs einzuhalten. Die nachstehenden Ausführungen, die sich zunächst an dem Verfahrensablauf einer Vertragsverletzungsklage der Kommission orientieren, gelten daher grundsätzlich auch in allen anderen Klageverfahren (auch in denen vor dem Europäischen Gerichtshof). Gleiches gilt für die zu berücksichtigenden allgemeinen Prozessgrundsätze, die ebenfalls kurz skizziert werden sollen.

Genau wie im nationalen Recht beschäftigt sich auch der Gerichtshof zunächst mit der Frage, ob die konkret eingereichte Klage zulässig ist (Zulässigkeit der Klage), und erst danach darüber, ob die Klage zu Recht erhoben wurde (Begründetheit der Klage). Dabei geht er bei der Vertragsverletzungsklage i. d. R. nach folgendem Schema vor:

A. Zulässigkeit der Klage

I. Rechtsweg zum Gerichtshof

(Es ist zu prüfen, ob ggf. Gericht It. Instanz zu entscheiden hat).

II. Parteifähigkeit

Klagen können im Vertragsverletzungsverfahren nur die Kommission (Art. 258 AEUV) und die Mitgliedstaaten (Art. 259 AEUV). Sie sind somit „aktiv parteifähig“. Verklagt werden können allein die betroffenen Mitgliedstaaten, die „passiv parteifähig“ sind. Aktive und passive Parteifähigkeit lassen sich der jeweiligen Grundnorm des EGV entnehmen.

III. Vorverfahren

Das Vorverfahren muss nach den o. a. Grundsätzen ordnungsgemäß durchgeführt worden sein. Anderenfalls ist die Klage unzulässig. Bei anderen Klagearten als dem Vertragsverletzungsverfahren ist ein Vorverfahren nicht erforderlich.

IV. Klagegegenstand

Es können (nur) Verstöße gegen primäres und sekundäres Gemeinschaftsrecht verfolgt werden. Nationales Recht unterliegt nicht der Beurteilung durch den Gerichtshof.

V. Rechtsschutzinteresse

Dies kann ggf. fehlen, wenn der Mitgliedstaat den Missstand beseitigt hat (s. u.).

B. Begründetheit der Klage

Es muss eine Vertragsverletzung durch den Gerichtshof festgestellt werden können.

b) Rechtsschutzbedürfnis

Gelegentlich kommt es vor, dass der betroffene Mitgliedstaat den beanstandeten Zustand innerhalb der von der Kommission gesetzten Frist im Mahnschreiben oder in der begründeten Stellungnahme beseitigt. Ist dies der Fall, so fehlt es sowohl an einem Bedürfnis zur Klageerhebung als auch an einer nach Art. 258 AEUV zu fordernden wesentlichen Prozessvoraussetzung. Eine Klage ist dann unzulässig.

Wird der Mangel nach Ablauf der von der Kommission in der begründeten Stellungnahme gesetzten Frist, aber vor Klageerhebung beseitigt, so ist nach der Rechtsprechung das Rechtsschutzinteresse grundsätzlich entfallen. Es wird aber ausnahmsweise dann als gegeben angesehen, wenn die Umstände die Vermutung rechtfertigen, dass es zu einer Wiederholung des Vertragsverstoßes durch den Mitgliedstaat kommen kann oder wenn es um die Klärung besonders wichtiger Fragen des Gemeinschaftsrechts geht. Darüber hinaus soll ein besonderes Rechtsschutzinteresse dann bestehen, wenn das Urteil für spätere Schadensersatzklagen von Bedeutung ist.

c) Der Verfahrensablauf

Auf dem Weg zu der Entscheidung des Europäischen Gerichtshofes sind, wie im nationalen Recht auch, ein bestimmter Verfahrensablauf und bestimmte allgemeine Verfahrensgrundsätze einzuhalten.

aa) Anwaltliche Vertretung und Sprachenfrage

Die im Vertragsverletzungsverfahren nach Art. 258 AEUV allein klagebefugte Kommission verfügt – ebenso wie die übrigen Gemeinschaftsorgane – über einen eigenen juristischen Dienst mit zahlreichen hoch qualifizierten Juristen. Es besteht daher gegenüber den auf der Beklagtenseite auftretenden Staaten, die sich ebenfalls von Rechtswissenschaftlern beraten lassen oder solche im Staatsdienst beschäftigt haben, eine Art Waffengleichheit. Einer Übertragung der Angelegenheit auf einen Anwalt bedarf es daher nicht (vgl. Art. 19 Abs. 1 der Satzung des Gerichtshofes). Der einzelne Marktbürger hingegen verfügt regelmäßig nicht über ein in dieser Weise geschultes Personal und ausreichende Kenntnisse im Gemeinschaftsrecht. Zu seinem eigenen Schutz besteht daher für natürliche und juristische Personen in einem Verfahren vor dem Gerichtshof Anwaltszwang (§ 19 Abs. 3 der Satzung des Gerichtshofes). Ähnlich wie im deutschen Recht gibt es dabei die Möglichkeit, im Wege der Prozesskostenhilfe die finanziellen Auswirkungen eines Verfahrens zumindest zu beschränken, so dass es auch dem nichtvermögenden EG-Bürger grundsätzlich möglich ist, für seine Rechte vor dem Europäischen Gerichtshof zu streiten.

Die Verfahrenssprache wird grundsätzlich von der klagenden Partei bestimmt. Etwas anderes gilt, wenn sich die Klage gegen einen Mitgliedstaat oder gegen eine natürliche oder juristische Person richtet. In diesen Fällen ist die Amtssprache dieses Mitgliedstaates Verfahrenssprache, d. h. alle Schriftsätze der Parteien einschließlich aller Anlagen, aller Protokolle etc. sind in dieser Sprache vorzulegen. Der Gerichtshof ist daran allerdings nicht gebunden und kann sich bei seinen internen Beratungen einer anderen Amtssprache bedienen (Art. 29 § 3 Abs. 5 der Verfahrensordnung des Gerichtshofes). Der Generalanwalt hält seinen Schlussantrag regelmäßig in seiner Muttersprache.

bb) Die Verfahrensabschnitte

Jedes Verfahren gliedert sich in einen schriftlichen und einen mündlichen Teil. Der schriftliche Teil beginnt entweder mit der Einreichung einer Klageschrift oder – im Falle des Vorabentscheidungsverfahrens – mit Übersendung des Vorlagebeschlusses des vorlegenden nationalen Gerichts (Art. 20 der Satzung des Gerichtshofes). Eine Klageschrift muss (mit fünf Abschriften) den o. a. Mindestinhalt aufweisen. Stellt der Kanzler des Gerichtshofes nach Überprüfung fest, dass der Schriftsatz inhaltliche Mängel aufweist, so kann er je nach Sachlage eine Nachfrist zur Beseitigung derselben setzen. Der Kanzler ist es auch, der die Rechtssache registriert und mit einer Rechtssachennummer versieht. Diese ist, wie im nationalen Prozess auch, bei jeder weiteren Eingabe anzugeben. Einen wesentlichen Unterschied zum nationalen Bereich stellt der Umstand dar, dass jeder erhobene Rechtsstreit unter Angabe der Nummer der Rechtssache im Amtsblatt C der Europäischen Gemeinschaft zu veröffentlichen ist. Diese Maßnahme sichert die Transparenz des Verfahrens, ermöglicht einen Beitritt anderer zum Verfahren und betont die besondere Bedeutung der Rechtssachen vor dem Gerichtshof für die Rechtsentwicklung.

Nach Erhalt der Klageschrift weist der Präsident des Gerichtshofes den Rechtsstreit einer Kammer zu und bestimmt einen der Richter als Berichterstatter. Der Grundsatz des gesetzlichen Richters wird durch einen (allerdings nicht offen gelegten) internen Verteilungsschlüssel gewahrt. Der zuständige Generalanwalt wird durch den sog. „ersten Generalanwalt" bestimmt.

Nach Zustellung der Klageschrift hat der Beklagte einen Monat Zeit zur Klageerwiderung, eine Fristverlängerung ist unter bestimmten Umständen möglich. Der Kläger kann auf diesen Schriftsatz des Beklagten antworten (Replik), woraufhin der Beklagte noch einmal Gelegenheit zur Stellungnahme erhält (Gegenerwiderung oder Duplik). Neben diesen formalen Einlassungsmöglichkeiten können während des Prozesses noch ergänzende Stellungnahmen angefordert und abgegeben werden. Das schriftliche Verfahren schließt i. d. R. mit der Duplik des Beklagten.

BEACHTE

Das Verfahren vor dem Gerichtshof sieht auf die Klageerhebung eine Klageerwiderung, die Replik und die Duplik, vor. Regelmäßig schließt das schriftliche Verfahren mit der Duplik.

Aufgrund der besonderen Struktur des Vorabentscheidungsverfahrens als eine Art Zwischenverfahren (siehe hierzu unten) ist der Verlauf des schriftlichen Verfahrens insoweit etwas anders. Da es in diesem Verfahren keinen Kläger oder Beklagten und somit keinen Klageschriftsatz gibt (kein kontradiktorisches Verfahren), wird zunächst der Vorlagebeschluss des nationalen Gerichts beim Europäischen Gerichtshof in alle Amtssprachen übersetzt. Sodann wird der Beschluss in der jeweiligen Amtssprache an die Mitgliedstaaten, den Rat, die Kommission und an die Beteiligten des Ausgangsprozesses zur Stellungnahme übersandt. Nur diese können dann innerhalb einer Frist von zwei Monaten zu der Vorlagefrage Stellung nehmen, was durch die Kommission regelmäßig, durch die Mitgliedstaaten nur bei besonderem Interesse am Ausgang des Verfahrens geschieht.

Nach Abschluss des schriftlichen Vorverfahrens bestimmt der Präsident einen Termin zur Abgabe eines Vorberichts durch den für diese Rechtssache vorgesehenen Berichterstatter. Nach Anhörung des Generalanwalts entscheidet der Europäische Gerichtshof sodann, ob und ggf. welche Beweise zu erheben sind und ob schon ein Termin zur mündlichen Verhandlung bestimmt werden kann.

Anders als bei nationalen Rechtsstreitigkeiten z. B. vor den Zivilgerichten kommt der Beweiserhebung bei Verfahren vor dem Gerichtshof keine besondere Bedeutung zu. Dies hängt mit der bereits angesprochenen zentralen Aufgabe des Gerichtshofes zusammen, die Wahrung des Rechts bei der Auslegung und Anwendung zu gewährleisten. Es geht also normalerweise um die Klärung von Rechtsfragen, nicht etwa um das Feststellen eines bestimmten Tatbestands.

Die mündliche Verhandlung beginnt mit der Verlesung des von dem Berichterstatter gefertigten Berichtes, der den zusammengefassten Sach- und Streitstand enthält. Anschließend haben die Vertreter der Parteien Gelegenheit, noch einmal ihre wesentlichen Argumente vorzutragen. Dabei dürfen sie aber keinen neuen Streitpunkt in das Verfahren einführen, sondern lediglich die eigene Position, wie sie sich aus den gewechselten Schriftsätzen ergibt, so überzeugend wie möglich darstellen. Je nach Bedarf können Richter und Generalanwalt Fragen stellen. Über die mündliche Verhandlung fertigt der Kanzler ein Protokoll (Art. 33 Satzung).

Wenn die Umstände es zulassen, hält der Generalanwalt direkt im Anschluss an die mündliche Verhandlung sein Schlussplädoyer, sonst nach Unterbrechung zu einem späteren Zeitpunkt. Zu den Schlussanträgen können die Parteien nicht mehr Stellung nehmen.

Nach den Schlussanträgen schließt der Präsident die mündliche Verhandlung. Daraufhin ziehen sich die Richter zur Beratung zurück. Diese ist nicht öffentlich. In der Beratung wird dann mit einfacher Mehrheit eine Entscheidung (Urteil nach mündlicher Verhandlung; Beschluss ohne mündliche Verhandlung, was ausnahmsweise zulässig ist) gefällt. Der Verlauf der Beratungen sowie das Abstimmungsverhalten der Richter unterliegen dem streng verstandenen Beratungsgeheimnis, welches es auch verbietet, dass außer den Richtern andere Personen an der Entscheidungsfindung teilnehmen dürfen.

Die anschließende Verkündung des Urteils in öffentlicher Sitzung (Art. 64 § 1 der Verfahrensordnung des Europäischen Gerichtshofes) beendet das Verfahren.

Der Kanzler ist dafür verantwortlich, dass das Urteil in einer amtlichen Sammlung veröffentlicht wird. Zu diesem gehört dann allerdings nicht nur das Urteil im eigentlichen Sinne, sondern es werden auch die Schlussanträge des Generalanwalts und die Sitzungsberichte der Berichterstatter mit abgedruckt. Angesichts der Tatsache, dass die eigentlichen Begründungen des Europäischen Gerichtshofes in den zum Urteil im engeren Sinne zählenden Entscheidungsgründen regelmäßig sehr knapp sind, sind Schlussanträge und Sitzungsberichte von erheblichem Wert für das Verständnis und die Nachvollziehbarkeit der Entscheidung.

d) Die Wirkungen des Urteils

Die Urteile des Gerichtshofes sind gem. Art. 280 AEUV nach Maßgabe des Art. 299 AEUV vollstreckbar.

Aufgrund der den Mitgliedstaaten zukommenden Souveränität ist allerdings umstritten, ob und in welchem Umfang die zwangsweise Umsetzung der Urteile auch gegen Mitgliedstaaten zulässig sein soll.

3. Die Verfahrensgrundsätze

Das nationale Prozessrecht ist ohne einige grundlegende Verfahrensgrundsätze nicht denkbar. So muss der rechtsuchende Bürger während des gesamten Prozesses in der Lage sein (notfalls mittels fachkundiger Hilfe) zu erkennen, nach welchen Prinzipien der Prozess abläuft, welche verfahrensmäßigen Schritte er einleiten, was er zur Förderung des Verfahrens unternehmen muss. Die für alle an einem Rechtsstreit Beteiligten geltenden Verfahrensgrundsätze gewährleisten Transparenz und Rechtssicherheit.

BEISPIEL ► Vor den Zivilgerichten gilt grundsätzlich der sog. Beibringungsgrundsatz. Kennt ein Kläger oder Beklagter diesen nicht, so kann es leicht geschehen, dass für die Entscheidung wichtige Tatsachen nicht in den Prozess eingeführt und aus diesem Grunde u. U. eine vielleicht formal richtige, aber inhaltlich falsche Entscheidung getroffen wird.

Nachfolgend sollen daher – ohne Anspruch auf Vollständigkeit – einige der wichtigsten Grundsätze, die bei Verfahren vor dem Gerichtshof gelten, dargestellt werden:

- Der Verfügungsgrundsatz (Dispositionsmaxime) besagt, dass die Parteien als Herren des Verfahrens gelten und frei über Einleitung und Beendigung desselben bestimmen können. Anders als beim sog. Offizialprinzip, welches z. B. im deutschen Strafrecht gilt und wonach das Verfahren grundsätzlich unabhängig vom Willen der Beteiligten angestrengt und durchgeführt wird, ist es danach möglich, dass ein rechtswidriger Zustand aufrechterhalten bleibt, ohne dass es zur Klage kommt (wo kein Kläger, da kein Richter).

Das Gemeinschaftsrecht folgt nach wohl ü. A. dem Verfügungsgrundsatz. Dies ergibt sich zunächst daraus, dass der Gerichtshof ebenso wenig wie die Kommission von sich aus zur Einleitung eines Verfahrens verpflichtet sind. Erst durch das Einreichen einer Klageschrift oder – bei dem Vorabentscheidungsverfahren – durch Vorlage des nationalen Gerichts kommt ein Verfahren zustande. Außerdem wird nach den Verfahrensvorschriften (s. o.) durch die Klageschrift der Klagegegenstand bestimmt. Der Gerichtshof wird daher stets nur und soweit tätig, wie die Parteien es verlangen. Lediglich im Bereich des Vorabentscheidungsverfahrens ergibt sich die Besonderheit, dass nationale Gerichte in gewissem Umfang zur Vorlage an den Gerichtshof verpflichtet sind, was aber nichts an der grundsätzlichen Geltung des Verfügungsgrundsatzes im Gemeinschaftsrecht ändert.

- Verhandlungs- und Untersuchungsgrundsatz bestimmen im Bereich des Klageverfahrens, wer für die Ermittlung des zu entscheidenden Sachverhalts zuständig ist. Nach dem Verhandlungsgrundsatz (auch Parteimaxime oder Beibringungsgrundsatz genannt) ist dies die Aufgabe der Parteien, während nach dem Untersuchungsgrundsatz das Gericht hierfür verantwortlich ist.

BEISPIEL ► Im nationalen Zivilrecht gilt (mit wenigen Ausnahmen z. B. im Familienrecht) der sog. Verhandlungsgrundsatz. Klagt eine Partei gegen die andere, so muss sie den gesamten streitentscheidenden Sachverhalt dem Gericht unterbreiten und alle notwendigen Beweismittel benennen. Unterlässt es der Kläger z. B. einen wichtigen Zeugen zu benennen, so wird dieser im Prozess nicht vernommen, selbst wenn das Gericht die ladungsfähige Anschrift des Zeugen kennt.

In weiten Teilen des Verfahrens vor dem Gerichtshof gilt der Verhandlungsgrundsatz. Die Parteien sind es, die die Beweismittel benennen können und müssen. Nur das, was sie in den Prozess einführen und vortragen, kann Gegenstand der Entscheidung sein.

Bei der Prüfung zwingender Verfahrensvoraussetzungen hingegen soll der Gerichtshof dem Untersuchungsgrundsatz unterworfen sein. Denn in diesem Bereich muss er von Amts wegen prüfen, ob die gemeinschaftsrechtlichen Formerfordernisse und Zuständigkeiten gegeben sind, was selbst für den Fall gilt, dass keine Partei deren Fehlen rügt. Dabei darf aber nicht übersehen werden, dass die Zuständigkeit zur selbständigen Prüfung der Prozessvoraussetzungen noch nicht die Frage beantwortet, welcher Tatsachenstoff auf die Vereinbarkeit mit den Verfahrensvorschriften zu überprüfen ist und auf welche Weise (auf Veranlassung des Gerichts oder der Parteien) er Eingang in den Prozess gefunden hat. Insgesamt wird man unter Berücksichtigung des eben genannten Aspekts wohl sagen können, dass vor dem Europäischen Gerichtshof grundsätzlich der Verhandlungsgrundsatz gilt und dem Untersuchungsgrundsatz nur wenig Bedeutung zukommt.

- Der auch im nationalen Recht sehr wichtige und bedeutsame **Grundsatz der Mündlichkeit** besagt, dass die gerichtliche Entscheidung grundsätzlich aufgrund einer mündlichen Verhandlung ergeht. Dieses Prinzip, welches aus Gründen der Verfahrensvereinfachung immer mehr in den Hintergrund tritt und in weiten Bereichen sog. Entscheidungen im schriftlichen Verfahren weichen muss, soll sicherstellen, dass sich das Gericht einen persönlichen Eindruck von den streitenden Parteien machen und auf eine gütliche Einigung hinwirken kann. Diesem Zweck dient auch der mit dem Mündlichkeitsprinzip in engem Zusammenhang stehende **Unmittelbarkeitsgrundsatz**, wonach nur der Spruchkörper die Entscheidung fällen darf, vor dem auch die Verhandlung stattgefunden hat. Im mündlichen Verfahren lassen sich Zweifel und Unklarheiten besser beheben, was einen schnellen Verfahrensabschluss fördert. Der Grundsatz der Mündlichkeit gilt, wie sich aus der bereits aufgezeigten Zweiteilung zwischen mündlichem und schriftlichem Verfahren ergibt, auch im Gemeinschaftsrecht.
- Als letzter **Verfahrensgrundsatz** soll hier der des **rechtlichen Gehörs** kurz angesprochen werden. Dieser Grundsatz ist nicht nur im nationalen Recht, sondern auch in der Rechtsprechung des Europäischen Gerichtshofes von elementarer Bedeutung: In seinen verschiedenen rechtlichen Ausprägungen kommt er allen am gerichtlichen Verfahren Beteiligten zugute und besagt, vereinfacht ausgedrückt, dass jedem Beteiligten die Möglichkeit gegeben werden muss, seinen rechtlich relevanten Vortrag in einer geeigneten Form umfassend zu unterbreiten. Er soll den Einzelnen vor überraschenden Entscheidungen des Gerichts schützen und umfasst nicht nur die Äußerung von rechtserheblichen Tatsachen, sondern ebenfalls die Kundgabe von Rechtsmeinungen und -auffassungen.

Ein Verstoß gegen den Grundsatz des rechtlichen Gehörs kann zur Unwirksamkeit und Aufhebung eines Gemeinschaftsaktes führen, was ggf. durch den Europäischen Gerichtshof festgestellt und ausgesprochen wird. Bisher noch nicht relevant, dann aber von einigem Interesse dürfte die Frage sein, was geschehen muss, wenn der Europäische Gerichtshof selbst diesen Grundsatz verletzt. Angesichts der Tatsache, dass der Anspruch auf rechtliches Gehör in Art. 103 Abs. 1 GG als grundrechtsgleiches Recht ausgestaltet ist, könnte sich die Frage stellen, ob dann nicht das Bundesverfassungsgericht im Rahmen einer Verfassungsbeschwerde zu entscheiden hätte. Die Antwort hierauf, die unter Berücksichtigung des Verhältnisses der beiden Gerichte zueinander gefunden werden müsste, bedarf einer eingehenden Auseinandersetzung mit diesem Themenkreis, die hier nicht möglich ist.

III. Das Vorabentscheidungsverfahren gem. Art. 267 AEUV

LITERATUR

Clausnitzer, Die Vorlagepflicht an den EuGH – zum (mangelnden) Rechtsschutz gegen Verstöße letztinstanzlicher Gerichte, NJW 1989, S. 641; *Dauses*, Das Vorabentscheidungsverfahren nach Art. 177 EWG-Vertrag. Ein Leitfaden für die Praxis, 2. Aufl., 1995; *Everling*, Das Vorabentscheidungsverfahren vor dem Gerichtshof der Europäischen Gemeinschaften, 1986; EuGH, Urteil v. 22.10.1987, Rs. 314/85, „*Foto Frost*", Slg. 1987, S. 4199.

1. Allgemeines

Grundsätzlich sind es die nationalen Gerichte, die im Rahmen ihrer Zuständigkeit (auch) das Gemeinschaftsrecht in eigener Zuständigkeit und Unabhängigkeit auszulegen und anzuwenden haben. Hierdurch entsteht die Gefahr abweichender oder sich widersprechender Auslegungen des Gemeinschaftsrechts durch die Gerichte der verschiedenen Mitgliedstaaten, was die gemeinschaftsrechtliche Integration erheblich erschweren, wenn nicht sogar unmöglich machen würde. Dieser Gefahr soll das Vorabentscheidungsverfahren des Art. 267 AEUV begegnen. Hierbei handelt es sich um ein Verfahren der unmittelbaren gerichtlichen Zusammenarbeit, in dem der Gerichtshof auf Vorlage der nationalen Gerichte einheitlich und letztverbindlich über die Auslegung und Anwendung des Gemeinschaftsrechts in den Mitgliedstaaten entscheidet.

2. Vorlageberechtigung und Vorlageverpflichtung

Vorlageberechtigt nach Art. 267 AEUV sind nur „Gerichte" der Mitgliedstaaten. Der gemeinschaftsrechtlich zu interpretierende Begriff des Gerichts setzt voraus, dass der Spruchkörper sich aus unabhängigen, nicht weisungsgebundenen Mitgliedern zusammensetzt, nach nationalem Recht als streitentscheidende Institution vorgesehen und ordnungsgemäß gebildet worden ist. Außerdem muss die betreffende Einrichtung rechtsstaatlichen Verfahrensregelungen unterliegen, nach Rechtsnormen und nicht etwa aufgrund von Billigkeitserwägungen entscheiden und Entscheidungen treffen, denen die nationalstaatliche Verfahrensordnung bindende Kraft beimisst.

Die nationalen deutschen Gerichte erfüllen i. d. R. (umstritten: Schiedsgerichte) diese Voraussetzungen. Indes ist Gericht nicht gleich Gericht. So gibt es in Deutschland einen differenzierten Instanzenzug, d. h. es gibt grundsätzlich gegen jedes Urteil die Möglichkeit einer weiteren gerichtlichen Überprüfung. Hier unterscheidet Art. 267 AEUV dahingehend, dass nach dessen Abs. 2 EGV alle nationalen Gerichte gleich welcher Instanz zur Vorlage **berechtigt** sind. Diese Berechtigung darf nicht durch nationale Vorschriften ausgeschlossen oder erschwert werden.

Darüber hinaus begründet Art. 267 Abs. 3 AEUV eine Vorlageverpflichtung für einzelstaatliche Gerichte, deren Entscheidungen selbst nicht mehr mit Rechtsmitteln des innerstaatlichen Rechts angefochten werden können, d. h. diese Gerichte müssen in den in Art. 267 AEUV genannten Fällen den Rechtsstreit dem Gerichtshof vorlegen.

Neu aufgenommen wurde eine besondere Verpflichtung des Gerichtshofes bei der Bearbeitung von Vorlagesachen, die inhaftierte Personen betreffen, vgl. Art. 267 Abs. 4 AEUV.

BEACHTE

Alle nationalen Gerichte können im Rahmen des Art. 267 AEUV dem Europäischen Gerichtshof Verfahren zur Vorabentscheidung vorlegen; zur Vorlage verpflichtet sind diejenigen Gerichte, deren Entscheidungen mit Rechtsmitteln nicht mehr angefochten werden können.

Aber: Wann ist ein nationales Gericht letztinstanzlich in dem von Art. 267 AEUV gemeinten Sinne? Kann es im Einzelfall eine Vorlageverpflichtung auch für ein nicht letztinstanzliches Gericht geben?

Das erste Problem ergibt sich daraus, dass es im deutschen Recht theoretisch zwar gegen jedes erstinstanzliche Urteil die Möglichkeit eines Rechtsmittels gibt, diese theoretische Möglichkeit aber durch eine ganz erhebliche Anzahl von Verfahrensvorschriften eingeschränkt wird.

BEISPIEL Der Zivilrechtsweg ist grundsätzlich dreizügig: Es gibt Amtsgerichte, Landgerichte und den Bundesgerichtshof. Gegen die erstinstanzlichen Urteile der Amtsgerichte ist die Berufung an das Landgericht möglich. Die Zulässigkeit der Berufung ist aber vom Erreichen der Berufungssumme abhängig. Wird diese nicht erreicht, so ist eine Überprüfung des Urteils im Instanzenzug nicht möglich.

Abstrakt betrachtet ist das Amtsgericht beim Nichterreichen der Berufungssumme das erst-, nicht das letztinstanzliche Gericht, da nach § 511 ZPO allgemein gegen die Urteile der Amtsgerichte die Berufung an die Landgerichte möglich ist. Im **konkreten** Einzelfall aber ist für den rechtsuchenden Bürger das Amtsgericht auch die letzte Instanz: Er muss mit der Entscheidung leben, ob er sie für richtig hält oder nicht.

Ob im Rahmen des Art. 267 AEUV die abstrakte oder die konkrete Betrachtungsweise anzuwenden ist, ist m. E. unter Berücksichtigung von Sinn und Zweck des Vorabentscheidungsverfahrens zu beurteilen. Dieses besteht, wie schon erwähnt, in der Sicherung der Einheitlichkeit der Rechtsanwendung, welche nur dann gewährleistet ist, wenn in allen für den Bürger nicht mehr anzufechtenden Entscheidungen, bei denen die Auslegung des Gemeinschaftsrechts von streitentscheidender Bedeutung war oder ist, die gemeinschaftsrechtlichen Vorgaben durch ein und dasselbe Gericht – den Europäischen Gerichtshof – festgelegt werden. Daher ist der konkreten Betrachtungsweise der Vorzug zu geben. Auch bei Nichterreichen der Berufungssumme ist daher ggf. eine Vorlagepflicht des zuständigen Gerichts (in unserem Beispiel des Amtsgerichts) zu bejahen.

Die zweite Frage mag auf den ersten Blick angesichts des klaren Wortlauts des Art. 267 AEUV etwas verwundern, erschließt sich aber ohne Weiteres, wenn man an das besondere Verhältnis des nationalen Rechts zum Gemeinschaftsrecht und an die Rolle, die die nationalen Gerichte in diesem Bereich spielen, denkt: Die nationalen Gerichte sind in eigener Verantwortung berechtigt und verpflichtet, den Rechtsstreit zu entscheiden. Dabei haben sie wegen des Vorrangs des Gemeinschaftsrechts grundsätzlich das primäre und sekundäre Gemeinschaftsrecht zu beachten. Im Einzelfall kann das zur Entscheidung berufene Gericht allerdings zu der Auffassung gelangen, dass sekundäres Gemeinschaftsrecht (z. B. eine Verordnung) nicht mit höherrangigen

Normen des Gemeinschaftsrechts (z. B. den Vorschriften des primären Gemeinschaftsrechts; denkbar ist aber auch, dass sich die Rechtswidrigkeit einer Handlung eines EG-Organs daraus ergibt, dass die im Sekundärrecht enthaltene Ermächtigung zum Erlass einer konkreten Maßnahme nicht beachtet wird) übereinstimmt. In diesem Fall gibt es grundsätzlich zwei Möglichkeiten: Das (nationale) Gericht entscheidet selbst über die Wirksamkeit des infrage stehenden Gemeinschaftsrechts und „verwirft" es für den Fall, dass es die jeweilige Rechtsnorm für unwirksam hält. Faktisch bedeutet dies, dass das nationale Gericht eine Verordnung wegen Verstoßes gegen sonstiges (höherrangiges) Gemeinschaftsrecht nicht anwendet (Verwerfungskompetenz).

Indes bestehen ganz erhebliche Bedenken, das nationale Gericht eine solch wesentliche Frage, die allein anhand des Gemeinschaftsrechts zu beantworten ist, selbst lösen zu lassen. Denn es ist zwar Sache des nationalen Gerichts, das anzuwendende Recht auszulegen und anzuwenden. Außerdem kann man sich auf den Standpunkt stellen, dass, da eine Vorlageverpflichtung in Art. 267 AEUV nur in den dort genannten Fällen vorgesehen ist, auf diese Art eine nicht vom Recht gedeckte Erweiterung einer Vorlageverpflichtung entstehen würde. Aber letztlich ist allein der Europäische Gerichtshof zur Wahrung des Gemeinschaftsrechts berechtigt. Daher kann die Vereinbarkeit einer Norm des Gemeinschaftsrechts mit anderen Vorschriften des Gemeinschaftsrechts auch nur von ihm festgestellt werden. Und in diesem Sinne hat sich der Gerichtshof auch in dem nachstehend aufgeführten Fall – gegen die ü. A. in der nationalen Literatur zu diesem Problem – entschieden.

FALL

Die Firma *Foto Frost* importierte in der ehemaligen DDR hergestellte Ferngläser aus Dänemark und Großbritannien. Es kam mit den deutschen Zollbehörden zum Streit darüber, ob die Ferngläser im Rahmen der damals bestehenden Regelungen über den innerdeutschen Handel abgabenfrei eingeführt werden konnten. Wegen der besonderen Umstände des Falles beantragte das Bundesministerium der Finanzen auf der Grundlage der damals gültigen Verordnung 1573/80 eine Befreiung von der Nacherhebung der Einfuhrabgaben. Dies lehnte die zuständige Kommission ab. Gegen den ergangenen Zollbescheid klagte die Firma *Foto Frost* vor dem FG Hamburg. Das FG hielt die Entscheidung der Kommission für rechtswidrig und mit dem Gemeinschaftsrecht (der Verordnung 1573/80) nicht vereinbar. Es legte dem Europäischen Gerichtshof die Frage vor, ob es selbst befugt sei, die Rechtswidrigkeit der Entscheidung der Kommission festzustellen.

Der Europäische Gerichtshof stellte zunächst fest, dass es bei der vorgelegten Frage nicht etwa um die in Art. 234 EGV (Art. 267 AEUV) geregelte Vorlageverpflichtung gehe. Art. 234 EGV entscheide nicht darüber, ob die Gerichte befugt seien, selbst die Ungültigkeit von Handlungen der Gemeinschaft festzustellen. Die sog. „Verwerfungskompetenz" ist nach Ansicht des Europäischen Gerichtshofes somit nicht in Art. 234 EGV geregelt. Er führt dann weiter aus, dass die Gerichte sich durchaus mit Argumenten für und gegen die Gültigkeit des Gemeinschaftsaktes auseinandersetzen dürfen. Kommen sie dabei zu dem Ergebnis, dass die Handlung wirksam und mit dem übrigen Gemeinschaftsrecht vereinbar ist, so ergebe sich keine Verpflichtung zur Vorlage. Denn für den Fall der Bestätigung der Handlung werde die Existenz der Gemeinschaftsrechtsordnung nicht beeinträchtigt. Anders aber, wenn die Prüfung negativ verläuft. Dann seien die nationalen Gerichte nicht befugt, Handlungen der Gemeinschaftsorgane für ungültig zu erklären. Dieses Ergebnis begründet er im Wesentlichen mit dem Erfordernis der Einheitlichkeit der Rechtsanwendung durch die nationalen Gerichte und der sich aus Art. 230 EGV ergebenden ausschließlichen Befugnis des Europäischen Gerichtshofes für die Nichtigerklärung von Handlungen der Gemeinschaftsorgane. Nach diesen grundsätzlichen Erörterungen stellte der Europäische Gerichtshof sodann die Rechtswidrigkeit der von der Kommission an die Bundesrepublik gerichteten Entscheidung fest. Auf dieser Grundlage konnte das FG Hamburg dann den Rechtsstreit unter Nichtanwendung der Kommissionsentscheidung entscheiden (EuGH, Urteil v. 22. 10. 1987, Rs. 314/85, Slg. 1987, S. 4199).

3. Verfahren

Abweichend von dem bereits eingehend geschilderten Verfahren im Bereich der Vertragsverletzung weist das Vorabentscheidungsverfahren einige Besonderheiten auf. So gelangt der Rechtsstreit nicht etwa durch das Betreiben einer Partei, sondern auf Vorlage des nationalen Gerichts an den Europäischen Gerichtshof. I. d. R. geschieht dies in der Form, dass ein Vorlageersuchen, welches i. d. R. in Form eines Gerichtsbeschlusses ergeht, unmittelbar durch den Richter des Ausgangsrechtsstreits oder durch die Geschäftsstelle des zuständigen Gerichts an den Kanzler des Europäischen Gerichtshofes gesandt wird. Dabei ist die Einschaltung besonderer Dienstwege oder die der diplomatischen Vertretungen – anders als sonst im internationalen Verkehr der Behörden und Gerichte miteinander üblich – nicht notwendig. Der Rechtsstreit wird zugleich mit dem Vorlageersuchen ausgesetzt, d. h. bis zur Entscheidung der Sache durch den Gerichtshof (national) nicht weiter betrieben.

Es folgt nach einigen formalen Schritten (s. o.) ein schriftliches, nicht kontradiktorisches Verfahren. Nicht kontradiktorisch bedeutet in diesem Zusammenhang, dass alle Beteiligten zur gleichen Zeit Gelegenheit erhalten, innerhalb von zwei Monaten Schriftsätze einzureichen oder schriftliche Erklärungen abzugeben. Beteiligte sind die Parteien des Ausgangsverfahrens, die Mitgliedstaaten, Rat und Kommission, wobei allein das letztgenannte EG-Organ sich an allen Vorabentscheidungsersuchen beteiligt. Alle anderen schalten sich je nach Bedarf und eigener Betroffenheit in das Verfahren ein.

Zu den einzelnen weiteren Verfahrensschritten und den Verfahrensmaximen s. o.

Abgeschlossen wird das Verfahren durch ein Urteil, welches sofort rechtskräftig wird.

Das Urteil bindet im Ausgangsverfahren sowohl das vorlegende Gericht als auch alle anderen mit der Sache befassten Gerichte (Wirkung *inter partes*).

BEISPIEL Legt das erstinstanzliche Finanzgericht vor, so ist auch der in zweiter Instanz u. U. zuständige Bundesfinanzhof an die Entscheidung des Europäischen Gerichtshofes gebunden.

Die Bindungswirkung besteht darin, dass das zuständige Gericht bei der Entscheidung des Rechtsstreits die Rechtsauffassungen des Gerichtshofes zu den vorgelegten Streitfragen berücksichtigen muss. Kommt der Gerichtshof z. B. zu dem Ergebnis, dass eine Norm mit dem Gemeinschaftsrecht nicht vereinbar ist, so darf das vorlegende Gericht diese Norm nicht mehr anwenden.

Die Akten werden mit dem Urteil an das Gericht des Ausgangsverfahrens zurückgesandt, welches dann unter Berücksichtigung der Ansicht des Europäischen Gerichtshofes den Rechtsstreit entscheidet.

Eine Bindungswirkung über das konkrete Verfahren hinaus (Wirkung *erga omnes*) wird derzeit noch von der überwiegenden Ansicht in Rechtsprechung und Literatur abgelehnt, wobei sich jedoch eine Tendenz abzeichnet, eine Art faktische Bindungswirkung auch für andere Verfahren anzuerkennen.

§ 22 Ausblick

Die europäische Integration ist noch lange nicht vollendet, viele Probleme sind auch durch den Vertrag von Lissabon nicht gelöst, sondern allenfalls aufgeschoben. M. E. sollte in einer längeren Phase der Konsolidierung nun das Erreichte gefestigt und die Problembereiche nach und nach ernsthaft und nachhaltig gelöst werden. Diese Zeit will sich die Union wohl nicht nehmen. Bevor die drängenden Fragen geklärt sind, werden wohl weitere Staaten als Mitglieder aufgenommen werden. Eigentlich ist dagegen nichts einzuwenden – es steht aber zu befürchten, dass die Union auf diese Weise immer mehr zu dem wird, was viele Bürger schon jetzt (m. E. noch zu Unrecht) annehmen: ein riesiger, ineffizienter Verwaltungskoloss, der langfristig die zahllosen Vorteile und Chancen der europäischen Einigung zunichte machen wird.

Teil 4: Allgemeines Verwaltungsrecht

§ 23 Begriff und Funktionen der Verwaltung

LITERATUR

Ehlers, in: Erichsen (Hrsg.), Allgemeines Verwaltungsrecht, 14. Aufl., 2010, § 1; *Finke/Haurand/Sundermann/Vahle*, Allgemeines Verwaltungsrecht, 10. Aufl., 2006; *Maurer*, Allgemeines Verwaltungsrecht, 17. Aufl., 2009, § 1; *Wolff/Bachof/Stober*, Verwaltungsrecht, Band 1, 12. Aufl., 2007, §§ 2, 3.

I. Begriff

Am Beginn einer Darstellung des Verwaltungsrechts hat eine Beschreibung seines Gegenstands zu stehen. Es muss – soweit möglich – geklärt werden, was mit dem Begriff „Verwaltung" eigentlich gemeint ist. Hierüber ist viel geschrieben worden. Allerdings ist es bis heute nicht gelungen, eine alle Seiten zufrieden stellende Definition zu finden. Dies mag zum einen daran liegen, dass Aufgaben und Funktionen der Verwaltung seit dem 17. Jahrhundert mannigfaltige Änderungen erfahren haben. Es sei nur auf die Entwicklung vom Polizeistaat über den liberalen zum heutigen sozialen Rechtsstaat mit seiner durch die Bindung an die Grundrechte geprägten und gekennzeichneten Verwaltung hingewiesen. Zum anderen liegt es am Gegenstand selbst, der sich, wie *Forsthoff* treffend charakterisiert, zwar beschreiben, nicht aber definieren lässt.

Es würde der Zielsetzung dieses Buches widersprechen, die teilweise kontrovers geführte Diskussion auch nur in den Grundzügen darzustellen. Stattdessen soll eine knappe, auf das Wesentliche beschränkte Eingrenzung vorgenommen werden.

1. Abgrenzung von öffentlicher und privater Verwaltung

Verwaltung umfasst weite Bereiche unseres gesamten Lebens. Sowohl auf öffentlicher als auch auf privater und wirtschaftlicher Ebene wird verwaltet. Wenn im Folgenden der Begriff „Verwaltung" verwendet wird, ist damit allein die sog. **öffentliche Verwaltung** gemeint, also die Tätigkeit, die sich mit der Verwaltung des Staates befasst. Private und wirtschaftliche Verwaltung scheiden somit aus.

BEISPIELE Nicht zur öffentlichen Verwaltung gehören die Verwaltung des eigenen (d. h. privaten) Vermögens, die Verwaltung eines Mietshauses oder die Verwaltung einer Firma.

2. Stellung der öffentlichen Verwaltung im System der Staatsgewalten

Nach Art. 20 Abs. 2 Satz 2 GG unterscheidet man drei Staatsgewalten:

- die Gesetzgebung (= Legislative),
- die vollziehende Gewalt (= Exekutive) und
- die Rechtsprechung (= Judikative).

Die Exekutive wird von der Regierung und der öffentlichen Verwaltung gebildet (s. u. II.2.). Öffentliche Verwaltung lässt sich somit negativ abgrenzen. Sie ist als Teil der vollziehenden Gewalt die Staatstätigkeit, die weder zur Gesetzgebung noch zur Rechtsprechung gehört.

Diese negative Abgrenzung leidet allerdings unter dem Nachteil, keine Vorstellung davon zu vermitteln, wie Verwaltungstätigkeit positiv beschrieben werden kann. Erst eine solche positive Definition macht aber den Begriff „Verwaltung" wirklich verständlich und soll deshalb im Folgenden dargestellt werden.

3. Verwaltung im organisatorischen und im materiellen Sinn

Versucht man eine positive Beschreibung des Gegenstands, muss zunächst zwischen **Verwaltung im organisatorischen Sinn** und **Verwaltung im materiellen Sinn** unterschieden werden.

Ersteres ist das, was umgangssprachlich zumeist gemeint ist, wenn von Verwaltung gesprochen wird. Es handelt sich um die „Verwaltungs**organisation**, die aus der Gesamtheit der Verwaltungsträger, Verwaltungsorgane und sonstigen Verwaltungseinrichtungen besteht". Davon erfasst werden etwa Behörden wie die Ministerien des Bundes und der Länder, die Bezirksregierungen, die Bundesfinanzdirektionen, aber auch eigenständige juristische Personen des öffentlichen Rechts wie die Gemeinden oder berufsständische Körperschaften.

BEISPIEL Wenn die „Verwaltung" die Müllgebühren erhöht, die „Verwaltung" eine Diskothek schließt oder die „Verwaltung" ein neues Schwimmbad baut, wird damit die Organisation (hier: die Körperschaft Gemeinde vertreten durch ihre Behörde – den Bürgermeister) bezeichnet.

Greift man die eingangs gestellte Frage nach einer positiven Begriffsbestimmung auf, lässt sich feststellen, dass auch eine organisatorische Verwaltungsdefinition keine vollständige Antwort liefert. Sie erfasst allein den Apparat, aber nicht das, was er tut. Um diese Lücke zu schließen, wird die Entwicklung einer positiven Definition allgemein unter dem Stichwort „Verwaltung im materiellen Sinn" versucht.

Verwaltung im materiellen Sinn stellt auf die Staatstätigkeit ab, „die die Wahrnehmung der Verwaltungsangelegenheiten zum Gegenstand hat". Es geht also nicht um die Organisation, sondern um eine Beschreibung ihrer Tätigkeitsbereiche. Eine solche Beschreibung fällt nicht leicht. Sie lässt sich in Anlehnung an *Wolff/Bachof/Stober* vielleicht am ehesten definieren als „die gesetzlich gebundene, unmittelbar leistende oder eingreifende, gestaltende oder teilplanende Wahrnehmung von Angelegenheiten des Gemeinwesens durch dafür besonders bestellte Organe".

Diese gerade dem Anfänger schwer zugängliche Definition wird verständlicher, wenn man sie typischen Merkmalen der Verwaltung gegenüberstellt. Verwaltung ist zunächst einmal *Sozialgestaltung*. Sie regelt das soziale Zusammenleben der Menschen im öffentlichen Interesse. Dabei kann die Verwaltung **aktive, in die Zukunft gerichtete Gestaltung** sein. Sie vollzieht die Gesetze und wird außerdem schöpferisch tätig, indem sie aus eigener Initiative und nach eigenen Vorstellungen im Rahmen des rechtlich Zulässigen das (soziale) Zusammenleben im Staat beeinflusst.

BEISPIEL Die Verwaltung kann durch öffentliche Subventionen bestimmte kulturelle Einrichtungen, etwa städtische Theater, fördern. Sie kann aber auch die ihr zur Verfügung stehenden Gelder für den Bau eines Fußballstadions nutzen. Ihre rechtliche Grenze findet diese Form von Gestaltung des öffentlichen Lebens darin, dass es z. B. nicht zu einem vollständigen Niedergang der städtischen Theater kommen darf.

Letztendlich trifft die Verwaltung **konkrete** Maßnahmen zur Regelung von Einzelfällen und zur Verwirklichung bestimmter Vorhaben.

BEISPIELE

- Das Finanzamt (oder das Hauptzollamt) erlässt einen Steuerbescheid.
- Der Bürgermeister schließt einen Gewerbebetrieb wegen Unzuverlässigkeit des Gewerbetreibenden.
- Die zuständigen Behörden erlauben den Bau eines Atomkraftwerks.

Die aufgezeigten typischen Merkmale der Verwaltung finden sich häufig gemeinsam in den Handlungen der Verwaltungsrechtsträger wieder.

BEISPIEL Die zuständige Behörde gewährt Subventionen für mehrere vom Konkurs bedrohte landwirtschaftliche Betriebe.

Es handelt sich um Sozialgestaltung, da den begünstigten Landwirten ein Überleben ermöglicht wird. Dies geschieht im öffentlichen Interesse, weil eine funktionierende Landwirtschaft dem Staat im Gesamten zugute kommt. Dagegen müssen die Individualinteressen von Importeuren landwirtschaftlicher Produkte zurücktreten. Da die landwirtschaftlichen Betriebe auch in Zukunft erhalten bleiben sollen, handelt es sich auch um aktive in die Zukunft gerichtete Gestaltung. Die Auszahlung der Gelder ist letzten Endes für den begünstigten Landwirt eine konkrete Maßnahme zur Regelung seines Einzelfalls.

II. Abgrenzung zu Gesetzgebung, Rechtsprechung und dem Handeln von Regierungsorganen

1. Verwaltung und Gesetzgebung/Rechtsprechung

Wie bereits angesprochen, umfasst die Exekutive alles das, was nicht zu Gesetzgebung oder Rechtsprechung gehört. Während die Gesetzgebung grundsätzlich abstrakt-generelle Regelungen, nämlich die Gesetze, erlässt, ist es wesentliche Aufgabe der öffentlichen Verwaltung, diese in konkret-individuelle Regelungen umzusetzen (s. u. § 27 II.2.). Die Rechtsprechung schließlich befasst sich mit der Kontrolle der Tätigkeiten der anderen Gewalten.

Die scheinbar eindeutige Trennung der drei Gewalten wird immer wieder durchbrochen. Dies ist beispielsweise der Fall, wenn die Verwaltung abstrakt-generelle Regelungen in Form von Rechtsverordnungen erlässt (vgl. Art. 80 GG) und damit Gesetzgebungsaufgaben wahrnimmt.

BEISPIELE

- Die Straßenverkehrsordnung ist vom für den Straßenverkehr zuständigen Bundesministerium mit Zustimmung des Bundesrates erlassen worden, wozu diese durch § 6 Abs. 1 StVG vom Gesetzgeber ermächtigt wurden.
- Den Gemeinden ist es erlaubt, ihre eigenen Angelegenheiten durch Satzungen zu regeln (§ 7 GO NW).

Umgekehrt führen aber auch Gesetzgebungsorgane oder die Rechtsprechung Verwaltungsaufgaben durch.

BEISPIELE

- Der Bundestagspräsident ernennt einen Beamten.
- Der Gerichtspräsident erteilt einem Assessor die Zulassung als Rechtsanwalt.
- Die Gerichte führen das Handels-, Vereins- und Güterrechtsregister sowie das Grundbuch.

Demgegenüber kann die Verwaltung keine Rechtsprechungsaufgaben wahrnehmen, da sich dies angesichts der unabdingbaren Unabhängigkeit der Richter nicht mit einer hierarchisch gegliederten Verwaltung vereinbaren lässt.

2. Verwaltung und Regierung

Eine letzte Abgrenzung ist gegenüber dem Handeln von Regierungsorganen, also dem anderen Teil der Exekutive, vorzunehmen. Regierungshandlungen sind die Maßnahmen der politischen Staatsführung. Die Festlegung der Richtlinien der Politik oder das Handeln gegenüber anderen Staaten gehören damit nicht zur Verwaltung. In diesen Fällen nehmen die Regierungsorgane (z. B. die Bundesminister) Aufgaben der Regierungsgewalt (sog. Gubernative) wahr. Die Entscheidungen der Gubernative sind i. d. R. gerichtsfreie Hoheitsakte. Nur ausnahmsweise ist eine verfassungsgerichtliche Nachprüfung möglich.

Aber auch Regierungsorgane können Verwaltungsaufgaben wahrnehmen. Dies ist etwa der Fall, wenn ein Minister Weisungen an untergeordnete Behörden erteilt.

BEISPIEL Das Bundesministerium der Finanzen erlässt eine Dienstvorschrift an alle Bundesfinanzdirektionen und Hauptzollämter, mittels der die gemeinschaftsrechtlichen Regelungen für die Einfuhr von Waren konkretisiert werden.

III. Tätigkeitsbereiche der Verwaltung

Die Verwaltung nimmt eine unüberschaubare Vielzahl unterschiedlicher Tätigkeitsbereiche wahr, die den materiellen Verwaltungsbegriff weiter konkretisieren. Im Folgenden sollen einige besonders typische Beispiele aufgeführt werden.

1. Ordnungsverwaltung

Zur Ordnungsverwaltung zählt in erster Linie das sog. Polizei- und Ordnungsrecht. Die Ordnungsbehörden haben insbesondere die Aufgabe, Gefahren für die öffentliche Sicherheit oder Ordnung abzuwehren (vgl. § 1 Abs. 1 OBG NW). Schutzgüter der öffentlichen **Sicherheit** sind der Staat und seine Einrichtungen, aber auch Individualrechtsgüter (z. B. Gesundheit, Ehre, Freiheit, Vermögen) sowie das gesamte geschriebene Recht. Dagegen beinhaltet die öffentliche **Ordnung** die Gesamtheit der ungeschriebenen Ordnungsvorstellungen, deren Beachtung nach mehrheitlicher Anschauung unerlässliche Voraussetzung des Zusammenlebens ist. Die öffentliche Ordnung ist gleichsam Auffangtatbestand für Maßnahmen, die nicht unter die öffentliche Sicherheit fallen. Angesichts der bestehenden gesetzlichen Regelungsdichte kommt sie jedoch nur sehr selten zur Anwendung.

BEISPIELE **Öffentliche Sicherheit:** Ein Polizist regelt den Straßenverkehr. Die zuständige Behörde ordnet den Abriss eines einsturzgefährdeten Hauses an. Vom Eigentümer eines bissigen Hundes verlangt sie, dass der Hund außerhalb der Wohnung einen Maulkorb tragen muss.

Öffentliche Ordnung: Gegen Rechtsradikale, die sich in einem Kurort regelmäßig auf einem öffentlichen Platz treffen und dadurch die Inhaber umliegender Geschäfte stören, wird ein Platzverweis ausgesprochen.

An diesen Beispielen wird deutlich, dass Ordnungsverwaltung in den meisten Fällen zugleich **Eingriffsverwaltung** ist. Durch die zum Schutz der Allgemeinheit getroffenen Maßnahmen wird (zulässig) in die Rechte des Einzelnen (insbesondere Grundrechte) eingegriffen.

2. Leistungs- und Lenkungsverwaltung

Die Leistungsverwaltung ist Ausprägung des Sozialstaatsprinzips und sichert bzw. verbessert die Lebensbedingungen der Bürger. Hierzu gehört zunächst die **Daseinsvorsorge**, mittels der die Einrichtungen für die Allgemeinheit geschaffen und unterhalten werden, auf die der Bürger zwingend angewiesen ist. Die Leistungsverwaltung erfasst außerdem den Bereich der **sozialen Sicherung** des Einzelnen.

BEISPIELE **Daseinsvorsorge:** Der Bau von Straßen; die Einrichtung von Schulen, Universitäten, Krankenhäusern und Kindergärten; Umweltschutz durch Immissionsschutz (z. B. Lärmbekämpfung, Luftreinhaltung), Schutz und Pflege der Landschaft, Reinhaltung des Wassers usw.

Soziale Sicherung: Die Gewährung von Sozialhilfe oder Studienbeihilfen, aber auch die Leistungen der Sozialversicherung.

Von der Leistungsverwaltung werden darüber hinaus Förderungen weiterer **gesellschafts-, sozial-, wirtschafts- oder kulturpolitischer Ziele** erfasst.

BEISPIELE Zahlung von Eigenheimzulage an einen Bauherrn, Fördermittel für einen Film, Subventionszahlungen an einen Landwirt.

Von der Leistungsverwaltung zu unterscheiden ist die **Lenkungsverwaltung**, mit der ganze Verwaltungsbereiche gefördert werden sollen (z. B. Wirtschaftslenkung).

BEISPIELE Subventionen für die Landwirtschaft, Maßnahmen der Raumordnung, die Bundesbankverwaltung.

Lenkung kann durch (insbesondere finanzielle) Förderung, aber auch durch Kontrolle betrieben werden.

BEACHTE

Subventionen für die Landwirtschaft stellen als Ganzes Lenkungsverwaltung dar. Die konkrete Auszahlung einer Subvention an den einzelnen Unternehmer gehört dagegen nicht mehr zur Lenkungsverwaltung. Hier handelt es sich vielmehr um Leistungsverwaltung.

3. Abgabenverwaltung

Mittels der Abgabenverwaltung erhalten der Staat und seine Organe die zur Erfüllung ihrer Aufgaben erforderlichen **finanziellen** Mittel. Dies sind in erster Linie Steuern, Gebühren, Beiträge, aber auch Zölle und Sonderabgaben.

BEISPIELE Die Erhebung von Steuern, des Solidaritätsbeitrages, von Kreisumlagen, von Erschließungsbeiträgen.

4. Bedarfsverwaltung

Im Wege der Bedarfsverwaltung werden der Verwaltung die für die Erfüllung ihrer Aufgaben erforderlichen **persönlichen** und **sachlichen** Mittel bereitgestellt.

BEISPIELE Verwaltung der bundeseigenen Liegenschaften durch die Bundesvermögensverwaltung, Einstellung von Beamten, Kauf von Büromaterial.

IV. Abgrenzungen der einzelnen Tätigkeitsbereiche

Die genannten Tätigkeitsbereiche können nicht immer zweifelsfrei auseinander gehalten werden. Vielmehr kommt es in vielen Fällen zu Überschneidungen. So ist die durch einen Steuerbescheid erfolgte Aufforderung, Zoll für eingeführte Waren zu bezahlen, zum einen Abgabenverwaltung, zum anderen aber auch Eingriffsverwaltung. Maßnahmen des Umweltschutzes gehören sowohl zur Gefahrenabwehr (Ordnungsverwaltung), dienen aber auch zur Verbesserung der Lebensbedingungen (Lenkungsverwaltung). Mit ihnen kann außerdem ein Eingriff in die Rechte des einzelnen Bürgers verbunden sein (Eingriffsverwaltung).

§ 24 Rechtsquellen des Verwaltungsrechts

LITERATUR

Finke/Sundermann/Vehle, Allgemeines Verwaltungsrecht, 9. Aufl., 2002; *Maurer*, Allgemeines Verwaltungsrecht, 17. Aufl., 2009, § 4; *Altpeter*, in Schweickhardt/Vondung (Hrsg.), Allgemeines Verwaltungsrecht, 9. Aufl., 2010, Teil I Kapitel 2B; *Wolff/Bachof/Stober*, Verwaltungsrecht, Band 1, 12. Aufl., 2007, §§ 24 bis 28.

Das Handeln der Verwaltung wird von einer Vielzahl unterschiedlicher Rechtsquellen geregelt. Hierzu zählen das geschriebene Recht in Form der Verfassung, der Gesetze, der Rechtsverordnungen, der Satzungen und in gewissen Grenzen auch der (internen) Verwaltungsvorschriften (sog. Rechtserkenntnisquellen). Daneben kommt in seltenen Fällen auch ungeschriebenes Recht in Form des Gewohnheitsrechts zur Anwendung.

I. Verfassungen

Verfassungen regeln die rechtliche Grundordnung unseres Staates. Neben dem Grundgesetz gibt es auf Landesebene weitere (Landes-)Verfassungen. Die Verfassungen regeln den Aufbau und die Organisation der Staatsgewalt, die Kompetenzen der Staatsorgane, allgemeine rechtsstaatliche Grundsätze sowie die individuellen Rechte der Bürger gegen den Staat (Grundrechte).

II. Gesetze

Gesetze sind geschriebene Rechtsquellen. Sie sind die bedeutsamste Rechtsgrundlage des Verwaltungsrechts.

Definiert werden Gesetze allgemein als von den Gesetzgebungsorganen in einem verfassungsrechtlich vorgeschriebenen Verfahren erlassene Rechtsnormen. Es werden allgemein-verbindliche Regelungen getroffen, die sowohl das Verhältnis der Bürger untereinander als auch das Verhältnis Bürger-Staat betreffen.

Mit dem Erlass von Gesetzen ist die Legislative befasst. Sie hat die Möglichkeit, durch die von ihr geschaffenen Gesetze die Tätigkeit der Verwaltung zu regeln. Diese ist an die von der Legislative geschaffenen Gesetzesvorgaben gebunden.

III. Rechtsverordnungen

Die Rechtsverordnungen sind das Rechtsetzungsinstrument der Verwaltung. Sie unterscheiden sich für die betroffenen Bürger in ihrer Wirkung nicht von Gesetzen. Vielmehr handelt es sich auch bei ihnen um in gleicher Weise verbindliche abstrakt-generelle Regelungen. Dies bedeutet, dass ein unbestimmter Personenkreis (= generell) betroffen ist und eine unbestimmte Anzahl von Sachverhalten (= abstrakt) geregelt wird. Damit wird die Abgrenzung zu den Verwaltungsakten deutlich, die konkret-individuelle Regelungen (eines Einzelfalls) sind (s. u. § 27 II.2.f)).

Einziger Unterschied zwischen Gesetzen und Rechtsverordnungen ist der Normgeber. Gesetze erlässt die Legislative, Rechtsverordnungen die Exekutive.

Das Recht zum Erlass von Rechtsverordnungen steht der Exekutive nicht schrankenlos zu. Sie muss vielmehr durch Gesetz dazu ermächtigt werden. Gem. Art. 80 GG müssen Inhalt, Zweck und Ausmaß der erteilten Ermächtigung im Ermächtigungsgesetz festgeschrieben sein. Derartige Verordnungsermächtigungen gibt es sowohl auf Bundes- als auch auf Landesebene. Für Letztere ergibt sich die Anwendbarkeit der Grundsätze des Art. 80 GG aus der Homogenitätsklausel des Art. 28 Abs. 1 GG.

BEISPIEL Das Straßenverkehrsgesetz wurde vom Bundestag verabschiedet. In § 6 Abs. 1 Straßenverkehrsgesetz wird die Verwaltung, nämlich das Bundesministerium für Verkehr, Bau- und Wohnungswesen, ermächtigt (mit Zustimmung des Bundesrates), Rechtsverordnungen zu erlassen. Dies ist in Form der Straßenverkehrsordnung und der Straßenverkehrszulassungsordnung geschehen. Auch wenn der Normgeber unterschiedlich ist, die Bindungswirkung von StVG, StVO und StVZO ist für die Verkehrsteilnehmer die gleiche.

Nicht jeder Rechtsträger der öffentlichen Verwaltung ist befugt, Rechtsverordnungen zu erlassen. Dieses Recht steht vielmehr allein der Bundesregierung, einem Bundesministerium oder den Landesregierungen zu. Weitere Einschränkungen ergeben sich aus Art. 80 Abs. 1 und 2 GG. Auf Landesebene besteht die Besonderheit, dass auch Gemeinden, also Teile der mittelbaren Staatsverwaltung (siehe hierzu § 25 I.1.), zum Erlass von Rechtsverordnungen befugt sind.

BEISPIEL In Nordrhein-Westfalen können nach den §§ 25 ff. OBG NW die Gemeinden Rechtsverordnungen auf dem Gebiet des Ordnungsrechts erlassen.

Grund für das Regelungsinstrument der Rechtsverordnung ist die damit verbundene Entlastung des Gesetzgebers. Darüber hinaus können im Interesse der Allgemeinheit notwendige Rechtsanpassungen zügiger vorgenommen werden, da der Erlass einer Rechtsverordnung nicht an ein langwieriges Rechtsetzungsverfahren gekoppelt ist. Die wesentlichen Entscheidungen bleiben dennoch dem Gesetzgeber vorbehalten. Der Verwaltung obliegt hingegen deren konkrete Ausgestaltung.

IV. Satzungen

Unter Satzungen versteht man Rechtsnormen, die von einer juristischen Person des öffentlichen Rechts zur Regelung ihrer Angelegenheiten erlassen werden. Satzungsgeber ist also – hier liegt der Unterschied zu Gesetz und Rechtsverordnung – nicht unmittelbar der Staat, sondern die von ihm (zusätzlich) geschaffenen Rechtsträger der mittelbaren Staatsverwaltung. Auch bei den Satzungen handelt es sich um abstrakt-generelle Regelungen, die den Bürger in gleicher Weise wie Gesetz und Rechtsverordnung binden.

BEISPIELE

- Satzungen bundesunmittelbarer Rechtsträger wie die Satzung der Bundesversicherungsanstalt für Angestellte.
- Satzungen auf Landesebene wie die Gemeindesatzungen (Satzungen über die Benutzung gemeindlicher Einrichtungen, der Bebauungsplan usw.).

Ebenso wie die Rechtsverordnungen sind auch die Satzungen abgeleitete Rechtsquellen. Eine spezielle gesetzliche Ermächtigung, wie sie Art. 80 Abs. 1 GG für Rechtsverordnungen vorsieht, ist allerdings nicht erforderlich (im Einzelnen streitig). Diese ergibt sich z. B. für Gemeinden vielmehr unmittelbar aus Art. 28 Abs. 2 GG (sog. Satzungsautonomie).

Der Sinn der Satzungsautonomie ist ähnlich dem der Rechtsverordnungen. Die selbständigen Rechtsträger der mittelbaren Staatsverwaltung können manche Aufgaben sachgerechter lösen als der allgemeine Gesetzgeber. Es können sachliche und örtliche Besonderheiten berücksichtigt werden. Unterstaatliche gesellschaftliche Kräfte werden mobilisiert. Daneben kommt es zu einer Entlastung des Gesetzgebers.

V. Verwaltungsvorschriften (interne Verwaltungsnormen)

Die Verwaltungsvorschriften (andere Begriffe: Richtlinien, Dienstanweisungen, Dienstvorschriften, Erlasse) sind keine echten Rechtsquellen. Sie haben grundsätzlich allein verwaltungsinternen Charakter und werden von der Verwaltung zur Regelung ihrer eigenen Angelegenheiten erlassen. Verwaltungsvorschriften binden i. d. R. nur den handelnden Amtsträger. Oft wird durch sie das der Verwaltung vom Gesetzgeber eingeräumte Ermessen ausgeübt oder unbestimmte Rechtsbegriffe ausgelegt.

BEISPIEL Dienstvorschrift des Bundesministeriums der Finanzen zur Entstehung einer Zollschuld (s. Vorschriftensammlung Bundesfinanzverwaltung Z 0901).

Nur ausnahmsweise kann sich ein Bürger auf eine Verwaltungsvorschrift berufen. Aus Art. 3 GG ergibt sich die Pflicht der Verwaltung, gleiche Fälle gleich zu behandeln. Legt sich die Verwaltung für bestimmte Fälle auf eine bestimmte Rechtsfolge fest, darf sie in anderen, gleich gelagerten Fällen nicht anders entscheiden (sog. **Selbstbindung der Verwaltung**).

BEISPIEL Gleiche Parkverstöße mit einem Kraftfahrzeug im Straßenverkehr müssen gleich geahndet werden. Dies geschieht (bundesweit) einheitlich durch die Anwendung des Bußgeld- und Ordnungswidrigkeitenkatalogs. Dieser ist somit eine Dienstanweisung mit Außenwirkung.

Eine Grenze findet die Selbstbindung allerdings in den Fällen, in denen die Verwaltung zu Unrecht eine bestimmte Entscheidung getroffen hat. Auf zu Unrecht ergangene und damit rechtswidrige Entscheidungen kann sich ein Dritter nicht berufen. Es gibt **keine Gleichheit im Unrecht**, anders ausgedrückt: Es gibt keinen Anspruch auf Fehlerwiederholung (s. u. § 26 III.3.).

BEISPIEL Erteilt die zuständige Verwaltungsbehörde unter Verstoß gegen die einschlägigen baurechtlichen Bestimmungen eine Baugenehmigung und erlaubt sie damit die Bebauung eines Grundstücks, kann sich ein Dritter hierauf nicht berufen. Er erhält keine Baugenehmigung, auch wenn sein Fall gleich gelagert ist. Der Gleichheitsgrundsatz findet in diesem Fall keine Anwendung.

VI. Gewohnheitsrecht

Das Gewohnheitsrecht erfasst die ungeschriebenen Rechtsquellen. Es hat in den vergangenen Jahrzehnten seine Bedeutung allerdings weitgehend eingebüßt. Da die wesentlichen Regelungen nahezu ausnahmslos schriftlich fixiert sind, spielt es auch im Verwaltungsrecht nur noch eine untergeordnete Rolle.

BEISPIELE

- Aufopferungsanspruch eines Bürgers, der zugunsten des Allgemeinwohls ein Sonderopfer erbracht hat. Ihm stehen Entschädigungsleistungen zu.
- Das Recht der Gemeindemitglieder zur Wasserentnahme aus einem gemeindlichen Heilbrunnen ist ein örtlich begrenztes Gewohnheitsrecht (sog. Observanz).

VII. Völkerrecht und Europäisches Gemeinschaftsrecht

Verwaltung und Bürger sind an das Völkerrecht nicht unmittelbar gebunden. Eine Bindung entsteht vielmehr erst dann, wenn der Staat durch einen sog. Transformationsakt dem Völkerrecht unmittelbare Geltung verschafft hat.

Etwas anderes gilt nur im Bereich des Europäischen Gemeinschaftsrechts. Gem. Art. 249 EGV gehen EG-Verordnungen dem nationalen Recht vor. Es bedarf keines Umsetzungsaktes mehr.

Die Bedeutung des Gemeinschaftsrechts für die Verwaltung hat in den letzten Jahren zugenommen, da immer mehr Bereiche für die gesamte Europäische Union harmonisiert werden. Trotzdem befindet sich ein europäisches Verwaltungsrecht erst in den Anfängen seiner Entwicklung.

BEISPIELE Das Zollrecht ist einer der wenigen Bereiche der öffentlichen Verwaltung, der fast vollständig harmonisiert ist. Die wesentlichen Regelungen sind in EG-Verordnungen, nämlich im Zollkodex und in der Zollkodexdurchführungsverordnung, enthalten. Diese beinhalten in weiten Teilen reines Verwaltungsrecht. Beispiele hierfür sind die Regelungen zur Zollschuldentstehung (Art. 201 ff. ZK) und zur Rücknahme und Widerruf getroffener Verwaltungsentscheidungen (Art. 8, 9 ZK).

Weitere harmonisierte Verwaltungsregelungen enthalten z. B. die Produktpiraterieverordnung oder die Artenschutzverordnung. Während die Produktpiraterieverordnung Regelungen zum grenzüberschreitenden Verkehr mit gefälschten Waren enthält, erfasst die Artenschutzverordnung den Handel mit von der Ausrottung bedrohten wild lebenden Tieren und Pflanzen.

VIII. Normenhierarchie

Die vorgestellten Rechtsnormen stehen in einer festen Rangordnung. Höherrangige Normen gehen Normen, die auf einer niedrigeren Rangstufe stehen, vor. Dies lässt sich in folgender Normenpyramide darstellen:

ABB. 16: Normenhierarchie

Das ungeschriebene Gewohnheitsrecht kann auf jeder Ebene vorkommen.

Die Darstellung macht das Zusammenspiel von Normen des Bundes und der Länder deutlich. Sowohl auf Bundes- wie auf Landesebene gibt es Verfassungen, Gesetze, Rechtsverordnungen und Satzungen. Die Rechtsquellen des Bundes gehen denen der Länder gem. Art. 31 GG vor („Bundesrecht bricht Landesrecht“).

IX. Allgemeines und besonderes Verwaltungsrecht

Das Verwaltungsrecht besteht zum einen aus dem allgemeinen und zum anderen aus dem besonderen Verwaltungsrecht.

1. Allgemeines Verwaltungsrecht

Das allgemeine Verwaltungsrecht umfasst die Regeln und Rechtsinstitute, die für alle Bereiche der Verwaltung gelten. Es handelt sich – ähnlich wie im Bürgerlichen Recht und im Strafrecht – um den „**Allgemeinen Teil**“ eines Rechtsgebiets. Anders als im BGB und im StGB ist dieser „Allgemeine Teil“ nicht im gleichen Gesetz wie der „Besondere Teil“ geregelt. Vielmehr wurde hierfür 1976 ein eigenes Gesetz geschaffen, das Verwaltungsverfahrensgesetz des Bundes. Die von ihm behandelten Rechtsgebiete gelten für das gesamte Verwaltungsrecht, sofern für einzelne Bereiche keine besonderen Bestimmungen getroffen werden.

BEISPIELE

- Die Voraussetzungen eines Verwaltungsaktes ergeben sich aus § 35 Satz 1 VwVfG.
- Wie ein Verwaltungsverfahren durchzuführen ist, regeln allgemein die §§ 9 ff. VwVfG.

Neben dem Verwaltungsverfahrensgesetz des Bundes haben die Länder in weiten Teilen gleich lautende Verwaltungsverfahrensgesetze erlassen, die für die Tätigkeit der Landesbehörden bei der Ausführung von dem Landesrecht gelten.

HINWEIS

Sofern im Folgenden auf das Verwaltungsverfahrensgesetz verwiesen wird, ist allein das Verwaltungsverfahrensgesetz des Bundes gemeint. I. d. R. ergeben sich aber keine Unterschiede zu den landesgesetzlichen Regelungen. Die durch das Genehmigungsverfahrensbeschleunigungsgesetz vom 1. 11. 1996 im VwVfG des Bundes vorgenommenen Änderungen wurden von den VwVfGen der Länder mittlerweile übernommen.

2. Besonderes Verwaltungsrecht

Vom besonderen Verwaltungsrecht wird das spezielle (besondere) Recht der einzelnen Tätigkeitsbereiche der Verwaltung erfasst. Es beinhaltet z. B. das Polizei- und Ordnungsrecht, das Baurecht, das Beamtenrecht, das Gewerberecht, das Straßenrecht, das Schulrecht, aber auch allgemein wenig bekannte Bereiche wie das Zollrecht und das Artenschutzrecht. Die einzelnen Bereiche haben jeweils ihre eigenen (besonderen) Gesetze.

BEISPIEL Die besonderen Gesetze des Baurechts sind u. a. das Baugesetzbuch, die Landesbauordnung und die Baunutzungsverordnung.

BEISPIEL zur Abgrenzung von allgemeinem und besonderem Verwaltungsrecht

In welchen Fällen eine Baugenehmigung erteilt werden muss, richtet sich nach dem besonderen Verwaltungsrecht, nämlich dem Baurecht. Ob es sich bei der Baugenehmigung um einen Verwaltungsakt handelt, ist dagegen eine Frage des allgemeinen Verwaltungsrechts.

§ 25 Verwaltungsorganisation

LITERATUR

Maurer, Allgemeines Verwaltungsrecht, 17. Aufl., 2009, 6. Teil; *Rudolf*, in: Erichsen (Hrsg.), Allgemeines Verwaltungsrecht, 14. Aufl., 2010, §§ 51 bis 53.

I. Träger öffentlicher Verwaltung

Nachdem der Begriff Verwaltung definiert und die Tätigkeitsbereiche dieser Verwaltung (= Verwaltung im materiellen Sinn) dargestellt worden sind, muss nun die Frage geklärt werden, wem die Ausübung dieser Tätigkeitsbereiche übertragen wurde, d. h. wer Träger der genannten Rechte und Pflichten ist (= Verwaltung im organisatorischen Sinn). Anders ausgedrückt: Es muss nicht nur geklärt werden, was und wie verwaltet wird, sondern auch, wer dazu berechtigt und verpflichtet ist.

Aufgrund des im Grundgesetz festgelegten föderativen Prinzips sind grundsätzlich der Bund und die Länder für die Wahrnehmung der Verwaltungsaufgaben zuständig (= unmittelbare Staatsverwaltung). Bund und Länder allein wären mit dieser Aufgabe aber überfordert. Sie könnten beispielsweise nicht immer bürgernah „vor Ort" entscheiden. Aus diesem Grund wurde eine Reihe von Aufgaben auf weitere juristische Personen des öffentlichen Rechts abgewälzt (= mittelbare Staatsverwaltung).

Das bedeutsamste Beispiel hierfür sind die Gemeinden und Gemeindeverbände. Das Grundgesetz sieht vor, dass Gemeinden und Gemeindeverbände alle Angelegenheiten der örtlichen Gemeinschaft in eigener Verantwortung regeln dürfen (sog. Selbstverwaltungsrecht des Art. 28 Abs. 2 GG).

ABB. 17: Träger öffentlicher Verwaltung

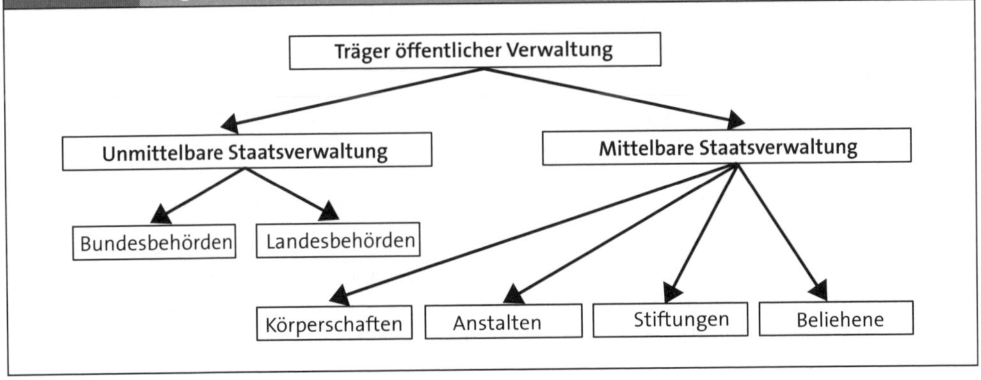

Darüber hinaus wurde eine Vielzahl weiterer – i. d. R. juristischer Personen – geschaffen und mit der Ausübung hoheitlicher Befugnisse betraut. Es handelt sich um die Körperschaften, Anstalten und Stiftungen des öffentlichen Rechts sowie um die Beliehenen. Diese Träger der öffentlichen Verwaltung sind zumeist rechtsfähig, können also klagen und verklagt werden. Außerdem besitzen sie privatrechtliche Rechte und können somit auch in den Formen des Privatrechts handeln.

1. Körperschaften des öffentlichen Rechts

Körperschaften des öffentlichen Rechts sind i. d. R. rechtsfähige Organisationen, die aus **Mitgliedern** bestehen. Sie sind vom Wechsel dieser Mitglieder unabhängig. Körperschaften des öffentlichen Rechts werden durch Hoheitsakt geschaffen und erfüllen hoheitliche Aufgaben.

BEISPIEL Die Rechtsanwaltskammern sind Körperschaften des öffentlichen Rechts (§ 62 Abs. 1 BRAO). Ihre Mitglieder sind Rechtsanwälte (§ 60 Abs. 1 BRAO). Auch beim Ausscheiden eines oder mehrerer Mitglieder bleibt die Rechtsanwaltskammer bestehen. Die hoheitliche Aufgabe der Rechtsanwaltskammern besteht u. a. in der Überwachung der den Rechtsanwälten obliegenden standesrechtlichen Pflichten.

Man unterscheidet verschiedene Arten von Körperschaften. So handelt es sich um **Gebietskörperschaften**, wenn die Mitglieder innerhalb des räumlichen Bezirks der Körperschaft ihren Wohnsitz (natürliche Personen) oder ihren Sitz (juristische Personen) haben.

BEISPIELE Bundesrepublik Deutschland, Bundesländer, Kreise und Gemeindeverbände, Gemeinden. Ein deutscher Staatsbürger, der in Münster wohnt, ist Mitglied der Stadt Münster, des Bundeslandes Nordrhein-Westfalen und der Bundesrepublik Deutschland.

Daneben gibt es die **Personalkörperschaften**. Bei ihnen knüpft die Mitgliedschaft an bestimmte Eigenschaften an. Hierfür kommt in erster Linie die Zugehörigkeit zu einem bestimmten Beruf in Frage.

BEISPIELE Ärztekammern, Rechtsanwaltskammern, Universitäten und Fachhochschulen. Umstritten ist die Einordnung der Fachhochschulen für öffentliche Verwaltung, da diese nicht rechtsfähig sind. Es handelt sich bei ihnen deshalb i. S. der o. g. Definition um nichtrechtsfähige Körperschaften.

Die Mitgliedschaft bei den **Realkörperschaften** orientiert sich am Grundstückseigentum oder am Besitz eines Wirtschaftsbetriebs.

BEISPIELE Industrie- und Handelskammern, Jagdgenossenschaften.

Die Mitglieder von **Verbandskörperschaften** sind ausschließlich juristische Personen, die gemeinsam einen öffentlichen Zweck verfolgen.

BEISPIEL Kommunaler Zweckverband zur Abfall- oder Abwasserentsorgung, Wasserverbände.

Bei manchen öffentlich-rechtlichen Körperschaften besteht eine Zwangsmitgliedschaft. So ist nach § 21 Abs. 1 GO NW der Einwohner einer Gemeinde zwingend Gemeindemitglied. Pflichtmitgliedschaften bestehen des Weiteren bei den Industrie- und Handelskammern und anderen berufsständischen Organisationen (z. B. Ärztekammern, Rechtsanwaltskammern).

Öffentlich-rechtliche Körperschaften dienen in erster Linie hoheitlichen Zwecken und sind deshalb mit entsprechenden Kompetenzen ausgestattet. Sie können Satzungen beschließen, Verwaltungsakte erlassen und letztere gegebenenfalls mit Zwangsmitteln durchsetzen. Die interne Willensbildung erfolgt von unten nach oben. Den Mitgliedern stehen demokratische Mitbestimmungsrechte zu, wenn sie z. B. ihren Vorstand wählen. Sie haben darüber hinaus die Möglichkeit, die Tätigkeit des gewählten Vorstands zu überwachen.

BEISPIEL Gemeindemitglieder bestimmen durch Wahl die Ratsmitglieder. Die Mitglieder der Rechtsanwaltskammer bestimmen die Satzung, nach der sich die Organe der Körperschaft bei der Erfüllung ihrer Aufgaben richten müssen.

In manchen Fällen lassen sich Körperschaften nicht ausschließlich einer der vorgenannten Arten zuordnen. So enthält die Bundesrepublik Deutschland nicht nur Elemente einer Gebiets-, sondern auch einer Personalkörperschaft. Der Wohnsitz in der Bundesrepublik reicht nämlich zum Erlangen der deutschen Staatsbürgerschaft nicht aus.

2. Anstalten des öffentlichen Rechts

Auch bei Anstalten des öffentlichen Rechts handelt es sich um rechtlich oder organisatorisch selbständige staatliche Einrichtungen. Sie nehmen auf Dauer hoheitliche Aufgaben wahr. Hierzu werden sie mit den erforderlichen sachlichen und persönlichen Mitteln ausgestattet.

BEISPIELE Sparkassen, Rundfunk- und Fernsehanstalten, Zentralstelle für die Vergabe von Studienplätzen, Deutscher Wetterdienst, Kreditanstalt für Wiederaufbau, Studentenwerke sind rechtsfähige Anstalten des öffentlichen Rechts. Dagegen sind Schulen, Museen, Strafvollzugsanstalten, Krankenhäuser, Altenheime, Kindergärten unselbständige Anstalten. Sie können nicht klagen und verklagt werden. Sie sind vielmehr Teil eines Verwaltungsträgers.

Nicht immer einfach ist die Unterscheidung von Anstalten und Körperschaften. Beiden gemeinsam ist, dass sie öffentliche Aufgaben wahrnehmen. Allerdings haben Anstalten i. d. R. keine Mitglieder. Stattdessen spricht man von **Benutzern**. Diese Benutzer verfügen anders als Mitglieder über keine demokratischen Mitwirkungsrechte bei der Erfüllung der Aufgaben. Sie können die Anstalt nur in Anspruch nehmen, d. h. benutzen.

BEISPIELE Radiohörer haben keine Möglichkeit, Einfluss auf das Radioprogramm zu nehmen. Sparkassen-Kunden können zwar ein Konto eröffnen oder erhalten einen Kredit eingeräumt, sie haben jedoch keinen Einfluss auf die Geschäftspolitik.

3. Stiftungen des öffentlichen Rechts

Ebenso wie die übrigen Verwaltungsträger nehmen auch die Stiftungen hoheitliche Aufgaben wahr. Hierzu werden sie mit eigener Rechtsfähigkeit ausgestattet. Zweck einer Stiftung ist es, mit Hilfe eines vom Stifter zur Verfügung gestellten Vermögens einen von diesem festgelegten Zweck zu erfüllen. Öffentlich-rechtliche Stiftungen werden durch staatlichen Hoheitsakt geschaffen.

BEISPIELE Stiftung „Preußischer Kulturbesitz", Studienstiftung des deutschen Volkes, Stiftung „Hilfswerk für behinderte Kinder" (sog. Conterganstiftung). Die Stiftung Warentest ist laut ihrer Satzung eine Stiftung privaten Rechts.

Zum besseren Verständnis ist auch hier die Abgrenzung zu den anderen Verwaltungsträgern dienlich. Stiftungen haben im Gegensatz zu den Körperschaften keine Mitglieder und im Gegensatz zu den Anstalten keine Benutzer. Stattdessen spricht man bei den Stiftungen von Nutznießern. Diesen kommt die Stiftung zwar zugute. Das Ob und Wie der Gewährung sowie die Auswahl der zu Begünstigenden liegt aber allein im Ermessen der Verwaltenden. Es handelt sich hier um einen im Vergleich zu den Körperschaften und Anstalten deutlich schwächeren Grad einer Berechtigung.

4. Beliehene

Auch Privatpersonen können Verwaltungsträger sein. Dies ist der Fall, wenn sie mit hoheitlichen Befugnissen ausgestattet werden, die sie selbständig und im eigenen Namen wahrnehmen. Man bezeichnet solche Personen als Beliehene.

BEISPIELE

- Bezirksschornsteinfeger bei der Feuerstättenschau, Brandverhütungsschau oder der Bauabnahme;
- staatlich anerkannte Ersatzschulen, wenn sie Prüfungen abhalten und Zeugnisse erteilen;
- staatlich anerkannte Sachverständige des TÜV und der DEKRA bei Erteilung der Prüfplakette (vgl. § 29 Abs. 2 Satz 2 StVZO, nicht der TÜV oder die DEKRA selbst);
- die Toll Collect GmbH ist als Beliehene mit der Erhebung und Überwachung der LKW-Maut in Deutschland beauftragt;
- Notare;
- der Schiffskapitäne hat nach § 106 SeemannsG für die Ordnung und Sicherheit an Bord zu sorgen. Er kann die notwendigen Maßnahmen treffen und ist somit Beliehener.

Mit der Beleihung von Privatpersonen entlastet sich die Verwaltung selbst. Sie bedient sich der Kenntnisse anderer und kann dadurch Kosten sparen.

Nicht zu den Beliehenen zählen die sog. **Verwaltungshelfer**, die keine selbständigen Verwaltungsaufgaben wahrnehmen. Es handelt sich vielmehr um unselbständige Hilfstätigkeiten, die der beauftragenden Behörde zuzurechnen sind. Der Verwaltungshelfer ist gegenüber der Behörde aus diesem Grund weisungsgebunden.

BEISPIELE

- Schülerlotsen;
- ein Arzt, wenn er im Auftrag der Polizeibehörde Blutproben entnimmt;
- Angehörige des Freiwilligen Polizeidienstes.

Abzugrenzen ist die Beleihung auch von der **Inpflichtnahme Privater**. In diesen Fällen werden Verwaltungsaufgaben auf Privatpersonen übertragen. Hoheitliche Befugnisse werden allerdings nicht eingeräumt.

BEISPIELE

- Reinigungs- und Streupflicht der Straßenanlieger,
- Betriebsbeauftragter für Immissionsschutz (§§ 53 ff. BImSchG).

5. Abgrenzung von Verwaltungsträgern und Behörden

Die juristischen Personen des öffentlichen Rechts sind nicht von sich aus handlungsfähig. Ebenso wie die juristischen Personen des Privatrechts benötigen sie Organe, die die erforderlichen Handlungen für sie vornehmen. Ein Verwaltungsträger hat zumeist mehrere Organe, die arbeitsteilig die übertragenen Aufgaben wahrnehmen.

BEISPIEL Organe einer Gemeinde (Körperschaft des öffentlichen Rechts) sind z. B. der Rat und der Bürgermeister.

Diejenigen Organe, die mit **Außenzuständigkeit** für die Vornahme konkreter (Rechts-)Handlungen gegenüber Bürgern ausgestattet sind, bezeichnet man als Behörden. Sie sind also der handelnde Teil eines Verwaltungsträgers.

BEISPIELE Das nach außen gegenüber dem Bürger handelnde Organ und damit die Behörde der Stadt Köln ist der Oberbürgermeister.

Behörde einer Rechtsanwaltskammer ist der Vorstand.

Da aber auch eine Behörde nicht selbständig Handlungen vornehmen kann, benötigt sie Menschen, die die Verwaltungsaufgaben tatsächlich ausführen. Diese natürlichen Personen werden als Organwalter bezeichnet.

BEISPIEL Ein Sachbearbeiter des Oberbürgermeisters M-Stadt erlässt gegenüber einem Bürger einen Verwaltungsakt. Er ist Organwalter und handelt im Auftrag der Behörde Oberbürgermeister. Der Oberbürgermeister wiederum ist Organ der Stadt M. Ein weiteres Organ der Stadt M ist der Stadtrat.

FALL

Die Träger öffentlicher Verwaltung

Sachverhalt

Bürger A möchte in der kreisfreien Stadt M (Baden-Württemberg) eine Gaststätte betreiben. Wer darf die hierzu erforderliche Erlaubnis erteilen?

Lösung

Es ist zunächst zu klären, welche juristische Person Träger des Rechts, Gaststättenerlaubnisse zu erteilen, ist. Das Gaststättengesetz bestimmt in §§ 2, 4 GastG, wer eine Erlaubnis zum Betreiben einer Gaststätte erhalten kann. Es sagt allerdings nichts darüber aus, wer für die Erteilung zuständig ist. Dies regelt vielmehr die GastVO BW. Sie bestimmt in § 1 GastVO BW, dass die Ausführung des Gaststättengesetzes, also auch die Erteilung einer Erlaubnis, den unteren Verwaltungsbehörden obliegt.

Wer untere Verwaltungsbehörde ist, wird nicht in der GastVO BW geregelt. Dies lässt sich vielmehr dem Landesverwaltungsgesetz BW entnehmen. Nach § 15 Abs. 1 Nr. 2 dieses Gesetzes nehmen die Aufgaben der unteren Landesbehörden die Gemeinden wahr. Im vorliegenden Fall ist daher die Stadt M als juristische Person des öffentlichen Rechts für die Erteilung einer Gaststättenerlaubnis der zuständige Rechtsträger.

Für diesen Rechtsträger handelt die zuständige Behörde. Im Fall einer kreisfreien Stadt ist dies der Oberbürgermeister oder die Oberbürgermeisterin.

II. Aufbau der Verwaltung

Wie bereits dargestellt, kann der Staat seine Aufgaben sowohl durch eigene staatliche Organe als auch durch zusätzlich geschaffene Verwaltungsträger erledigen. Im ersten Fall spricht man von unmittelbarer, im zweiten Fall von mittelbarer Staatsverwaltung.

1. Unmittelbare Staatsverwaltung

Unmittelbare Staatsverwaltung wird sowohl auf Bundes- als auch auf Landesebene ausgeübt. Die jeweiligen Verwaltungseinheiten sind hierarchisch gegliedert. Untere Behörden sind gegenüber höher stehenden weisungsgebunden. Zumeist existiert ein dreistufiger Aufbau, der untere, mittlere und obere bzw. oberste Behörden unterscheidet.

a) Bundesverwaltung

In den durch das Grundgesetz festgelegten Grenzen darf der Bund Verwaltungsaufgaben wahrnehmen (vgl. Art. 86 bis 90, 108, 120a GG). Die Ausübung dieser hoheitlichen Tätigkeiten erfolgt durch die nachfolgenden Bundesbehörden.

Die **obersten Bundesbehörden** sind keiner anderen Behörde untergeordnet. Ihnen folgen die weisungsgebundenen oberen Bundesbehörden, die häufig über keinen eigenen Verwaltungsunterbau verfügen.

BEISPIELE ▸ Oberste Bundesbehörden sind die Bundesministerien sowie das Bundespräsidialamt und das Bundeskanzleramt, aber auch der Bundesrechnungshof und das Presse- und Informationsamt der Bundesregierung.

Um obere Bundesbehörden handelt es sich beim Bundeskartellamt, Bundesverwaltungsamt, Bundespolizeipräsidium, Bundesnachrichtendienst, Bundeskriminalamt, Statistischen Bundesamt, Bundesamt für den Zivildienst sowie beim Bundesamt für Verfassungsschutz, Bundesamt für Naturschutz, Bildungs- und Wissenschaftszentrum der Bundesfinanzverwaltung. Sie sind jeweils einem Ministerium unterstellt. Ihre örtliche Zuständigkeit erstreckt sich auf die gesamte Bundesrepublik Deutschland.

Auf zweiter Stufe stehen die **Bundesmittelbehörden**, die einer obersten oder oberen Bundesbehörde unterstehen. Sie sind örtlich nur für Teile des Bundesgebiets zuständig.

BEISPIELE ▸ Die Bundespolizeidirektion Koblenz ist mit acht anderen regionalen Direktionen dem Bundespolizeipräsidium (obere Bundesbehörde) unterstellt. Das Bundespolizeipräsidium wiederum untersteht dem Bundesministerium des Inneren (oberste Bundesbehörde).

Die Bundesfinanzdirektionen unterstehen als Bundesmittelbehörden dem Bundesministerium der Finanzen. Auch das Zollkriminalamt ist eine Bundesmittelbehörde.

An unterster Stelle stehen die unteren Bundesbehörden.

BEISPIELE ▸ Die Kreiswehrersatzämter unterstehen den Wehrbereichsverwaltungen.

Den neun Bundespolizeidirektionen (Mittelbehörden) sind als untere Bundesbehörden Bundespolizeiinspektionen zugeordnet.

Die Hauptzollämter sind den Bundesfinanzdirektionen, die Zollfahndungsämter dem Zollkriminalamt nachgeordnet.

b) Landesverwaltung

Der Großteil staatlicher Verwaltung ist Sache der Länder. Nach Art. 30 GG sind sie es, die mit der Ausübung staatlicher Befugnisse und der Erfüllung staatlicher Aufgaben grundsätzlich betraut sind. Nur im o. g. vom Grundgesetz festgelegten Rahmen darf der Bund eigene Verwaltungstätigkeiten ausüben.

Auch innerhalb der Landesverwaltung wird zwischen obersten und oberen Landesbehörden, Landesmittelbehörden und untere Landesbehörden unterschieden. Sie stehen in einem den Bundesbehörden vergleichbaren hierarchischen Aufbau zueinander.

BEISPIELE

- Oberste Landesbehörden: Landesregierung und Landesministerien.
- Obere Landesbehörden: Landesamt für Besoldung und Versorgung und Landeskriminalamt.
- Landesmittelbehörden: In Nordrhein-Westfalen nach dem LOG die Bezirksregierungen, aber auch die Oberfinanzdirektionen, die seit 2008 keine Bundesbehörden sondern nur noch Landesbehörden sind.
- Untere Landesbehörden: In Nordrhein-Westfalen die Oberkreisdirektoren, die Kreispolizeibehörden und die Finanzämter.

2. Mittelbare Staatsverwaltung

Die mittelbare Staatsverwaltung ist den obersten Bundes- oder Landesbehörden nicht unmittelbar unterstellt. Sie besitzt vielmehr in rechtlich festgelegten Grenzen Selbständigkeit. Durchgeführt wird die mittelbare Staatsverwaltung von den zuvor beschriebenen Körperschaften, Anstalten und Stiftungen des öffentlichen Rechts (sog. Mittler). Man betraut diese Rechtsträger mit solchen hoheitlichen Aufgaben, die nur sehr schwer zentral – d. h. unmittelbar – ausgeführt werden können. Stattdessen macht man sich das Spezialwissen der Rechtsträger der mittelbaren Staatsverwaltung zunutze. Die Interessen der Bürger können orts- und sachnäher wahrgenommen werden. Die Bürger werden nicht von einer fernen Instanz verwaltet. Darüber hinaus wird die (unmittelbare) Staatsverwaltung entlastet.

HINWEIS

Aus diesem Gedanken heraus, versucht im Übrigen auch die Europäische Union unter dem Stichwort der Subsidiarität mehr Bürgernähe und Transparenz zu erreichen.

Wichtigste Erscheinungsform der mittelbaren Staatsverwaltung sind die Gemeinden. Den Bürgern wird die Möglichkeit gegeben, die Angelegenheiten der örtlichen Gemeinschaft (sog. **Selbstverwaltungsaufgaben**) in eigener Verantwortung zu regeln. Dadurch sollen zum einen „das Verantwortungsbewusstsein und die Einsatzbereitschaft der Bürger für das Gemeinwohl in dem überschaubaren und deshalb in seinen Dimensionen relativ leicht erfassbaren Gemeindebereich aktiviert und zum anderen die Interessen und besonderen Orts- und Sachkenntnisse der Bürger bezüglich der Gemeindeangelegenheiten genutzt werden“.

BEISPIELE

- Gebietshoheit, d. h. das Recht, im Gemeindegebiet die Hoheitsgewalt auszuüben.
- Organisationshoheit, also das Recht, die interne Organisation auszugestalten (z. B. durch Einrichtung von Ämtern, Bildung von Zweckverbänden).
- Planungshoheit, insbesondere auf dem Gebiet des Bauplanungsrechts.
- Personalhoheit als die Befugnis zur Auswahl, Einstellung, Beförderung und Entlassung von Beamten, Angestellten und Arbeitern der Gemeinde.

Die Selbständigkeit der mittelbaren Staatsverwaltung wird durch Aufsichtsrechte des Staates eingeschränkt. Man unterscheidet **Fach- und Rechtsaufsicht**. Während bei der Fachaufsicht Recht- und Zweckmäßigkeit getroffener Entscheidungen überprüft werden, gilt dies bei der Rechtsaufsicht nur für die Rechtmäßigkeit.

Im Rahmen der kommunalen Selbstverwaltung übt der Staat lediglich Rechtsaufsicht aus. In anderen Fällen hat er darüber hinaus das Recht zur Fachaufsicht. Dies gilt beispielsweise für Auftrags- und Weisungsangelegenheiten.

§ 26 Grundsätze des Verwaltungshandelns

LITERATUR

Giemulla/Jaworsky/Müller-Uri, Verwaltungsrecht, 7. Aufl., 2004, Buch I, Kapitel 4; *Bühler*, in: Schweickhardt/Vondung (Hrsg.), Allgemeines Verwaltungsrecht, 9. Aufl., 2010, Teil 2 Kapitel 4.

Es gibt einige Grundsätze des Verwaltungshandelns, die von der Verwaltung in fast allen Fällen ihres Tätigwerdens berücksichtigt werden müssen. Diese allgemeinen Grundsätze sollen im Folgenden erläutert werden.

I. Grundsatz der Recht- und Gesetzmäßigkeit

Die vollziehende Gewalt (Regierung und Verwaltung) ist nach Art. 20 Abs. 3 GG an Recht und Gesetz gebunden. Dies beinhaltet zweierlei:

Zum einen darf die Verwaltung gegen kein Gesetz verstoßen (sog. Vorrang des Gesetzes), zum anderen bedarf sie für jedes Tätigwerden grundsätzlich einer Ermächtigungsgrundlage (sog. Vorbehalt des Gesetzes).

1. Vorrang des Gesetzes

Die Verwaltung muss bei allen ihren Handlungen die Gesetze beachten. Anders ausgedrückt bedeutet dies, dass die geltenden Gesetze Vorrang vor dem Verwaltungshandeln haben. Letzteres muss die Gesetze berücksichtigen, anderenfalls wäre es rechtswidrig.

Rechtswidrigkeit führt aber nicht immer dazu, dass Verwaltungshandeln ohne jede rechtliche Auswirkungen bliebe. In manchen Fällen kann vielmehr auch rechtswidriges Handeln in vollem Umfang wirksam sein.

BEISPIELE Rechtswidrige Verwaltungsakte sind aus Gründen der Rechtssicherheit i. d. R. wirksam. Sie müssen ausdrücklich angefochten und aufgehoben werden, damit sie keine Rechtswirkungen entfalten. Nur in Ausnahmefällen, wenn sie an besonders schwerwiegenden Fehlern leiden, sind rechtswidrige Verwaltungsakte nichtig und haben damit keinerlei Rechtswirkungen (vgl. § 44 VwVfG).

Rechtswidrige Rechtsverordnungen sind dagegen in allen Fällen nichtig. Gleiches gilt für die meisten rechtswidrigen Satzungen (Ausnahme: §§ 214 bis 216 BauGB).

2. Vorbehalt des Gesetzes

Nach dem Vorbehalt des Gesetzes muss die Verwaltung zu grundsätzlich allen Handlungen durch ein förmliches Gesetz ermächtigt werden. Das Fehlen einer solchen Ermächtigungsgrundlage führt zur Rechtswidrigkeit des Verwaltungshandelns.

Vorrang und Vorbehalt des Gesetzes lassen sich wie folgt abgrenzen: Das bloße Fehlen einer Ermächtigungsgrundlage für eine getroffene Verwaltungsmaßnahme verstößt für sich genommen nicht gegen den Vorrang des Gesetzes, denn ein Gesetz, gegen das verstoßen werden könnte, fehlt gerade. Allerdings wird unter Umständen der Vorbehalt des Gesetzes nicht beachtet.

BEISPIEL Wenn für eine Subventionsgewährung kein Gesetz existiert, kann die Subventionierung eines Unternehmers nicht gegen den Vorrang des Gesetzes verstoßen. Möglicherweise ist aber das Vorbehaltsprinzip betroffen, weil es an einer gesetzlichen Ermächtigungsgrundlage fehlt.

a) Eingriffsverwaltung

Die Reichweite des Gesetzesvorbehaltes, d. h. die Frage, welche Hoheitsakte einer gesetzlichen Grundlage bedürfen, ist im Einzelnen umstritten. Einigkeit besteht allerdings insoweit, als **Eingriffe in Freiheit und Eigentum** des Bürgers einer gesetzlichen Grundlage bedürfen. Bei derartigen Eingriffen ist zumindest der Schutzbereich des Art. 2 Abs. 1 GG betroffen. Dieses Grundrecht garantiert nämlich die freie Entfaltung der Persönlichkeit und damit jegliche Handlungsfreiheit, in die nur aufgrund eines Gesetzes eingegriffen werden darf. Ausnahmen gelten allerdings im Bereich der sog. Sonderrechtsverhältnisse (s. u. I.2.d)).

b) Leistungsverwaltung

Im Bereich der Leistungsverwaltung gehen die Meinungen, inwieweit der Gesetzesvorbehalt greift, auseinander. Der Streit hat heute allerdings weitgehend an Bedeutung verloren, da die meisten Bereiche mittlerweile gesetzlich geregelt sind und sich die Frage damit nicht stellt, ob das Fehlen einer gesetzlichen Ermächtigungsgrundlage gegen den Vorbehalt des Gesetzes verstößt.

BEISPIELE

- Ausbildungsförderung im Bundesausbildungsförderungsgesetz,
- Sozialhilfe im Sozialgesetzbuch XII,
- Wohngeld im Wohngeldgesetz.

Anders ist dies aber weiterhin bei der Gewährung von Subventionen und ähnlichen Leistungen des Staates an Privatpersonen.

Nach der überwiegenden Auffassung von Literatur und Rechtsprechung bedürfen Subventionen keiner (materiell-)gesetzlichen Grundlage. Es genügt vielmehr jede andere parlamentarische Willensäußerung, insbesondere die etatmäßige Bereitstellung der für Subventionen erforderlichen Mittel. Dies bedeutet, dass die Ausweisung der Gelder im Haushaltsplan und eine hinreichend klare Beschreibung der Zweckbestimmung ausreichen.

Ein Teil der Lehre verlangt dagegen auch für die Leistungsverwaltung eine Anwendung des Gesetzesvorbehaltes (Lehre vom sog. Totalvorbehalt). Dies wird unter anderem damit begründet, dass die Teilhabe an staatlichen Leistungen heute eine immense Bedeutung gewonnen habe und dem Rechtsstaatsprinzip deshalb nur dann ausreichend Rechnung getragen werde, wenn die Gewährung von Leistungen an eine klare gesetzliche Grundlage gebunden werde. Die bloße Bereitstellung der Mittel im Haushaltsplan reiche nicht aus. Ausnahmen seien allenfalls für Notfälle möglich.

BEISPIEL Um Hochwasseropfern schnelle Hilfe gewähren zu können, ist es allerdings auch nach der Lehre vom Totalvorbehalt ausnahmsweise zulässig, ohne gesetzliche Regelung Unterstützungszahlungen zu leisten.

Dagegen lässt sich einwenden, dass auch nach der h. M. die Gewährung von Leistungen nicht unkontrolliert erfolgt. Dies ergibt sich bereits aus der Notwendigkeit der etatmäßigen Bereitstellung der Mittel im Haushaltsplan. Darüber hinaus schützt der Gleichheitsgrundsatz nach Art. 3 GG vor Willkür, da er die Verwaltung verpflichtet, gleiche Fälle gleich zu behandeln.

BEISPIEL Wird dem Unternehmer A, der in wirtschaftlichen Schwierigkeiten steckt, ein zinsgünstiges Darlehen gewährt, hat sein Konkurrent B Anspruch auf die Gewährung der gleichen Vergünstigung, wenn auf ihn die Voraussetzungen für eine Darlehensgewährung ebenfalls zutreffen.

Im Übrigen hat der Gesetzgeber jederzeit die Möglichkeit, aus eigenem Antrieb gesetzliche Regelungen für die Vergabe staatlicher Leistungen zu treffen und damit einer möglichen Willkür bzw. Missbrauch vorzubeugen.

c) Ausdehnung des Gesetzesvorbehaltes durch die Wesentlichkeitstheorie

In den zurückliegenden Jahren hat der Gesetzesvorbehalt eine gewisse Ausdehnung erfahren. Das Bundesverfassungsgericht hat aus dem Demokratie- und Rechtsstaatsprinzip die sog. **Wesentlichkeitstheorie** abgeleitet. Danach muss die Entscheidung aller grundsätzlichen (wesentlichen) Fragen, die den Bürger unmittelbar betreffen, durch förmliches Gesetz erfolgen. Wesentlich ist eine Maßnahme nicht nur bei Eingriffen in Grundrechte. Darüber hinaus können weitere belastende Entscheidungen, aber auch Teile der Leistungsverwaltung wesentlich sein.

BEISPIELE Die Nutzung der Kernspaltung für die Energiegewinnung muss vom Gesetzgeber geregelt werden. Umstritten ist, ob die Rechtschreibreform auf ein Gesetz gestützt werden muss, was nach Auffassung des Bundesverfassungsgerichts nicht erforderlich ist.

Die Errichtung und der Betrieb gentechnischer Anlagen muss durch Gesetz zugelassen werden.

d) Sonderrechtsverhältnisse (früher: besondere Gewaltverhältnisse)

Manchmal bestehen zwischen Bürger und Staat besonders enge Beziehungen, die besondere Regelungen notwendig machen. Hierzu zählen das Schulverhältnis, das Beamtenverhältnis, das Strafgefangenenverhältnis und sonstige Anstaltsverhältnisse sowie das Wehr- und Zivildienstverhältnis. Derartige Rechtsbeziehungen zwischen Bürger und Staat wurden früher „besondere Gewaltverhältnisse" genannt. Heute spricht man – zurückhaltender – von „besonderem Pflichtverhältnis", „Sonderstatusverhältnis" oder von „Sonderrechtsverhältnissen".

Die frühere Lehre sah den in einem besonderen Gewaltverhältnis stehenden Bürger als Teil der Verwaltung an. Aus diesem Grund sollten Grundrechte und auch der Gesetzesvorbehalt keine Anwendung finden. Die Verwaltung konnte die Rechtsbeziehung zu den Betroffenen durch eigene Bestimmungen regeln. Einer gesetzlichen Ermächtigung bedurfte es nicht.

Nachdem an dieser Auffassung, die Grundrechtseingriffe allein aufgrund einer (verwaltungsinternen) Dienstanweisung ermöglichte, verstärkt Kritik geübt wurde, hat das Bundesverfassungsgericht in seiner sog. Strafgefangenenentscheidung festgestellt, dass Grundrechte auch im Strafvollzug gelten und nur durch ein formelles Gesetz eingeschränkt werden dürfen. Die bloße Rechtfertigung durch das besondere Gewaltverhältnis ist nach dieser Entscheidung nicht weiter zulässig.

BEISPIEL ▶ **Die Strafgefangenenentscheidung:**

Ein Strafgefangener schrieb einen Brief, der beleidigende Äußerungen gegen den Leiter der Strafvollzugsanstalt enthielt. Der Brief wurde kontrolliert und nicht weitergeleitet. Kontrolle und Anhalten des Briefes wurden auf die Dienst- und Vollzugsordnung der Anstalt geschützt.

Der Strafgefangene klagte gegen diese Maßnahmen. Ihm wurde vom Bundesverfassungsgericht Recht gegeben. Das Gericht stellte fest, dass es für die Maßnahme der Anstalt einer gesetzlichen Grundlage bedürfe. Eine Verwaltungsvorschrift reiche nicht aus. Die danach erforderlich gesetzliche Grundlage ist ausschließend erlassen worden. Es handelt sich um das Strafvollzugsgesetz vom 16. 3. 1976.

In der Folgezeit wurde die Strafvollzugsentscheidung auf weitere Bereiche der Sonderrechtsverhältnisse ausgedehnt. Insbesondere das Schulwesen war hiervon betroffen, da es überwiegend durch Ministerialerlasse geregelt worden war. Auch in diesem Bereich müssen nun die wesentlichen Entscheidungen, also insbesondere jeder Grundrechtseingriff, durch Gesetz geregelt werden. Heute treffen die Schulgesetze der Länder i.V. mit den Allgemeinen Schulordnungen entsprechende Regelungen.

BEISPIELE ▶ Wesentlicher Eingriffe

- Die Regelung von Schulstrafen,
- Sexualkundeunterricht für Minderjährige,
- Versetzungsregelungen,
- aber auch die Schulentlassung wegen unzureichender Leistungen.

Nur die unwesentlichen Eingriffe dürfen weiterhin durch von der Verwaltung selbst gesetzte Regelungen (z. B. Dienstvorschriften, (Ministerial-)Erlasse) erfolgen.

BEISPIELE ▶ Unwesentliche Eingriffe

- Einführung der Fünf-Tage-Schulwoche;
- Modalitäten des Prüfungsverfahrens, die auf die Prüfungsentscheidung selbst keinen unmittelbaren Einfluss haben (wie etwa Ort und Zeitpunkt einer Prüfung).

II. Grundsatz der Verhältnismäßigkeit

1. Begriff

Beim Grundsatz der Verhältnismäßigkeit handelt es sich um ein allgemeines Rechtsprinzip. Er betrifft jegliches staatliches Handeln. Von besonderer Bedeutung ist er häufig beim Erlass belastender Verwaltungsakte. Man leitet den Grundsatz der Verhältnismäßigkeit aus dem Rechtsstaatsprinzip und, soweit der Schutzbereich von Grundrechten betroffen ist, auch aus dem Wesen der Grundrechte selbst her. Diese dürfen nach Auffassung des Bundesverfassungsgerichts als Ausdruck des allgemeinen Freiheitsanspruchs des Bürgers gegenüber dem Staat von der öffentlichen Gewalt jeweils nur soweit beschränkt werden, als es zum Schutz öffentlicher Interessen unerlässlich ist. Aus diesem Grund hat der Gesetzgeber in einer Reihe von Fällen den Verhältnismäßigkeitsgrundsatz spezialgesetzlich (ausdrücklich) geregelt.

BEISPIELE

- § 15 OBG NW, § 2 PolG NW, die bei Maßnahmen der Ordnungs- und Polizeibehörden die Beachtung des Grundsatzes der Verhältnismäßigkeit vorschreiben.
- § 35 Abs. 1 GewO, nach dem die Gewerbeuntersagung zum Schutze der Allgemeinheit oder der im Betrieb Beschäftigten „erforderlich" sein muss. Mit dem Begriff der Erforderlichkeit wird der Grundsatz der Verhältnismäßigkeit ausdrücklich im Gesetz festgeschrieben.
- § 9 Abs. 2 VwVG, wonach Zwangsmittel in einem angemessenen Verhältnis zum verfolgten Zweck stehen müssen.
- § 16 Abs. 1 Nr. 1 BDSG, nach dem die Übermittlung personenbezogener Daten an Stellen außerhalb des öffentlichen Bereichs „erforderlich" sein muss.

Er ist darüber hinaus bei allen Ermessensvorschriften zu berücksichtigen.

BEISPIELE

- Nach § 14 Abs. 1 OBG „kann" die zuständige Ordnungsbehörde bei Gefahren für die öffentliche Sicherheit oder Ordnung die erforderlichen Maßnahmen treffen.
- Gem. § 10 Abs. 1 ZollVG können die Zollbehörden Personen anhalten und kontrollieren.

Der Verhältnismäßigkeitsgrundsatz soll notwendige Grundrechtseingriffe des Staates auf das unbedingt erforderliche Minimum beschränken. Der Bürger soll möglichst wenig in seinen Rechten eingeschränkt werden. Die Folgen des Eingriffs müssen in einem ausgewogenen Verhältnis zum verfolgten Zweck stehen. Um dies zu gewährleisten, wird der Grundsatz nach allgemeiner Auffassung in dreifacher Hinsicht gegliedert. Man unterscheidet die Geeignetheit, die Erforderlichkeit (= Notwendigkeit) und die Angemessenheit (= Verhältnismäßigkeit im engeren Sinne).

a) Geeignetheit

Das Mittel, also der Eingriff in die Rechte des Bürgers, muss geeignet sein, den verfolgten Zweck zu erreichen. Ungeeignete Mittel sind nicht verhältnismäßig.

BEISPIEL A ist Eigentümer eines Hundes, der bei Spaziergängen mehrfach Passanten angesprungen hat. In einem Fall wurde ein Fußgänger leicht verletzt. Die zuständige Behörde fordert A deshalb auf, den Hund bei jedem Verlassen der Wohnung anzuleinen.

Das Anleinen ist dazu geeignet, das Anspringen zu verhindern. Dagegen würde es sich beim Anlegen eines Maulkorbs um ein ungeeignetes und damit unverhältnismäßiges Mittel handeln.

b) Erforderlichkeit (= Notwendigkeit)

Erforderlich ist eine Maßnahme dann, wenn es keine milderen Mittel gibt, um den angestrebten Zweck zu erreichen. Von mehreren geeigneten Mitteln muss immer das am wenigsten belastende ausgewählt werden.

BEISPIEL Im vorgenannten Beispiel wäre auch das Verbot, den Hund auszuführen, ein geeignetes Mittel. Es wäre aber nicht erforderlich, da A stärker belastet würde als beim bloßen Anleinen des Hundes. Ein derartiges Verbot wäre somit unverhältnismäßig.

c) Angemessenheit (= Verhältnismäßigkeit im engeren Sinne)

Angemessenheit bedeutet, dass der durch den Eingriff hervorgerufene Nachteil nicht schwerer wiegen darf als der in der Zweckerreichung liegende Vorteil. Der Nachteil darf nicht außer Verhältnis zum beabsichtigten Erfolg stehen. Je schwerwiegender ein Eingriff ist, umso wichtiger muss der verfolgte Zweck sein.

BEISPIEL Im vorliegenden Fall muss A in Kauf nehmen, dass er den Hund nicht mehr frei umherlaufen lassen kann (= Nachteil). Dagegen steht der Schutz der Passanten, die von dem Hund nicht mehr angesprungen und deshalb auch nicht mehr verletzt werden können (= Vorteil). Da die Unversehrtheit der Passanten höher anzusiedeln ist als die Beeinträchtigung des A, ist die Maßnahme angemessen und damit auch verhältnismäßig.

Unverhältnismäßig wäre es, den Hund einschläfern zu lassen. Diese (geeignete) Maßnahme wäre darüber hinaus bereits nicht erforderlich, da mildere Mittel zur Verfügung stehen.

2. Anwendungsregeln

Die Prüfung der Verhältnismäßigkeit einer Maßnahme muss immer in der vorgestellten Reihenfolge (geeignet, erforderlich, angemessen) erfolgen. Ungeeignete Maßnahmen können niemals erforderlich oder angemessen, nicht erforderliche Handlungen können nie angemessen sein.

Die Verhältnismäßigkeit eines Hoheitsaktes muss nicht nur beachtet werden, wenn dies ausdrücklich gesetzlich geregelt ist. Vielmehr ist sie auch dann zu berücksichtigen, wenn ein belastender Eingriff auf eine Ermächtigungsgrundlage gestützt wird, deren Rechtsfolge der Behörde Ermessen einräumt. Ermessensvorschriften geben der Behörde nämlich das Recht, unter verschiedenen Handlungsalternativen auszuwählen. Damit dieses Recht nicht missbraucht wird, müssen die Maßnahmen verhältnismäßig sein. Ist dies nicht der Fall, sind sie rechtswidrig und können, sofern nicht sogar Nichtigkeit vorliegt, aufgehoben werden.

FALL

Das Haus des A ist baufällig und droht einzustürzen. Eine Sanierung würde 100.000 € kosten. Für einen Abriss müsste A 80.000 € bezahlen. Zugleich entstünde ein Wertverlust des Grundbesitzes i. H. von 60.000 €. Welche Maßnahme darf die zuständige Behörde treffen?

Sowohl Abriss als auch Renovierung sind geeignet, die durch einen Einsturz des Hauses drohenden Gefahren zu verhindern. Allerdings ist die Renovierung die allein erforderliche Maßnahme, da sie insgesamt 100.000 € kosten würde. Der Abriss für 80.000 € würde zusätzlich zu einem Wertverlust von 60.000 € führen und A daher mit insgesamt 140.000 € belasten. Er ist deshalb nicht erforderlich.

Die Renovierung ist auch angemessen, da der verfolgte Zweck (Schutz von Leib und Leben der Bewohner) gegenüber den finanziellen Kosten der Vorrang einzuräumen ist.

Die Behörde darf von A die Renovierung des Hauses verlangen.

III. Gleichheitsgrundsatz

1. Begriff

Nach Art. 3 Abs. 1 GG sind alle Menschen vor dem Gesetz gleich. An diesen Grundsatz ist die Verwaltung durch Art. 1 Abs. 3 GG bei allen ihren Handlungen gebunden. Sie muss Gleiches gleich und Ungleiches ungleich behandeln. Eine unterschiedliche Anwendung des Rechts darf nicht willkürlich erfolgen (sog. **Willkürverbot**), sondern muss durch sachliche Gründe gerechtfertigt sein. Lässt sich für eine Ungleichbehandlung ein vernünftiger und einleuchtender Grund nicht finden, ist das staatliche Handeln willkürlich und damit rechtswidrig.

Die Verwaltung muss den Gleichheitsgrundsatz sowohl beim Erlass von Rechtsverordnungen als auch bei der Anwendung und dem Vollzug von Gesetzen beachten. Besondere Bedeutung gewinnt der Gleichheitsgrundsatz, wenn der Verwaltung durch eine Rechtsvorschrift Ermessen oder ein Beurteilungsspielraum eingeräumt wird. In gleich gelagerten Fällen muss sie ihr Ermessen oder ihren Beurteilungsspielraum auch gleich ausüben.

Selbst in Fällen, in denen die Verwaltung keiner Ermächtigungsgrundlage bedarf, greift der Gleichheitsgrundsatz. Die Verwaltung hat zwar die Freiheit zu entscheiden, ob und wie sie tätig werden will. Die Anwendung des Gleichheitsgrundsatzes schränkt diese Freiheit jedoch wieder ein, da er dazu zwingt, gleich gelagerte Fälle gleich zu entscheiden.

2. Selbstbindung der Verwaltung

Die Ermessensausübung kann zu einer **Selbstbindung der Verwaltung** führen. Von einer einheitlichen, wiederholt erfolgten Verwaltungspraxis kann nicht ohne weiteres abgewichen werden. Die Verwaltung muss vielmehr in gleich gelagerten Folgefällen die gleiche Entscheidung treffen.

BEISPIELE In einem Wochenendhausgebiet genehmigt die zuständige Behörde dem Eigentümer E den Bau einer Garage. Die Entscheidung hierüber steht in ihrem Ermessen. In der Folgezeit erhalten auch die Eigentümer F und G entsprechende Baugenehmigungen. Stellt nun H, der gleichfalls Eigentümer eines Wochenendhauses ist, einen Antrag auf den Bau einer Garage, muss die Baubehörde diesen Antrag wegen des Gleichheitsgrundsatzes positiv bescheiden, obwohl die Ermessensnorm auch eine Versagung als Rechtsfolge zulassen würde.

Werden dem Unternehmer U Subventionen aufgrund verwaltungsinterner Vergaberichtlinien gewährt, muss auch der Unternehmer W wegen Art. 3 Abs. 1 GG die gleichen Subventionsleistungen erhalten, wenn er ebenfalls die Vergaberichtlinien erfüllt.

Zu einer Selbstbindung der Verwaltung kommt es häufig durch den Erlass von eigentlich rein verwaltungsinternen Dienstanweisungen. Legt sich die Verwaltung mittels einer solchen Dienstanweisung dahingehend fest, wie sie das ihr in einer Rechtsvorschrift eingeräumte Ermessen ausübt, können sich betroffene Bürger auf diese Dienstanweisung berufen. Die verwaltungsinterne Dienstanweisung erlangt somit mittelbar rechtliche Außenwirkung.

Das bekannteste Beispiel für die Selbstbindung der Verwaltung durch eine verwaltungsinterne Richtlinie ist der Bußgeld- und Ordnungswidrigkeitenkatalog. Hier binden sich die zuständigen Behörden, Verkehrsverstöße auf eine genau festgelegte Art und Weise zu ahnden. Ein Eingehen auf besondere Umstände ist nur im Rahmen dessen erlaubt, was die Verwaltungsvorschrift zulässt.

BEISPIEL Die Nichtbeachtung einer roten Ampel wird bei schon länger als eine Sekunde andauernder Rotphase mit einer Geldbuße von 250 € und einem einmonatigen Fahrverbot geahndet, sofern es nicht mit einer Gefährdung oder Sachbeschädigung verbunden ist.

Die sich aus dem Gleichheitsgrundsatz ergebende Selbstbindung der Verwaltung bedeutet allerdings nicht, dass von den getroffenen Entscheidungen niemals abgewichen werden kann. Dies ist vielmehr möglich, wenn es durch einen sachlichen Grund gerechtfertigt ist. Des Weiteren muss die Aufgabe einer gängigen Praxis ausdrücklich angekündigt werden, was durch den Erlass einer neuen Dienstanweisung geschehen kann.

Hat die Verwaltung den Zeitraum der Geltung einer Dienstanweisung von vornherein beschränkt, ist ein späteres Abweichen grundsätzlich uneingeschränkt möglich.

BEISPIELE Eine Subvention wird davon abhängig gemacht, dass Anträge bis zum 30. 6. gestellt werden müssen.

3. Keine Gleichheit im Unrecht

Ihre Grenze findet die Selbstbindung dann, wenn die Verwaltungsvorschrift und die darauf gestützte Praxis gegen Gesetze verstoßen. In diesen Fällen kann sich der Bürger nicht darauf berufen, dass in anderen gleich gelagerten Fällen die von ihm gewünschte Entscheidung getroffen wurde. Es gibt **keine Gleichheit im Unrecht**, oder anders ausgedrückt, es gibt keinen Anspruch auf Fehlerwiederholung. Die Verwaltung kann deshalb uneingeschränkt von ihrer Verwaltungspraxis abweichen. Sie muss sogar abweichen, da sie durch Art. 20 Abs. 3 GG an Recht und Gesetz gebunden ist (sog. Vorrang des Gesetzes).

BEISPIEL Wurde im o. g. Beispiel der Garagenbau unter Verstoß gegen das Baurecht genehmigt, darf die Verwaltung dem Eigentümer H keine Baugenehmigung erteilen. Eine andere Frage ist, ob sie von den anderen Eigentümern den Abriss der Garagen verlangen kann. Hierfür spielt die Frage des Vertrauensschutzes im konkreten Fall die entscheidende Rolle.

IV. Grundsatz von Treu und Glauben

Neben den vorgestellten gesetzlich festgeschriebenen allgemeinen Grundsätzen des Verwaltungshandelns hat sich der für die gesamte Rechtsordnung geltende Grundsatz von Treu und Glauben herausgebildet. Er ist für das öffentliche Recht nicht ausdrücklich normiert. Sein Grundgedanke findet sich jedoch in unterschiedlichen Vorschriften wieder.

BEISPIELE

- Rücknahme und Widerruf von Verwaltungsakten (§§ 48, 49 VwVfG),
- Zusicherung (§ 38 VwVfG).

Darüber hinaus greift man auf § 242 BGB als allgemeinen Rechtsgedanken zurück.

Eine Darstellung und Eingrenzung des Grundsatzes fällt schwer, da er mangels gesetzlicher Regelungen im konkreten Einzelfall als letzter „Rettungsanker“ herangezogen wird. Es lassen sich aber zumindest einige typische Beispiele nennen, an denen eine Grundsystematik erkennbar wird.

Treu und Glauben verbieten es der Verwaltung, (extrem) widersprüchlich zu handeln (sog. **Verbot widersprüchlichen Verhaltens**).

> **BEISPIEL** Die Bedingungen einer öffentlichen Ausschreibung dürfen nachträglich nicht zum Nachteil früherer Bewerber geändert werden.

Es gilt das **Verbot des Missbrauchs von Rechtsvorschriften**.

> **BEISPIEL** Soll ein Landschaftsschutzgebiet in ein Gewerbegebiet umgewandelt werden, können im Landschaftsschutzgebiet Informationsstände aufgebaut und Handzettel verteilt werden. Es wäre ein Missbrauch von Rechtsvorschriften, wenn die Behörde dies wegen Verstoßes gegen landschaftsschützende Normen untersagen würde.

Weiterhin werden **verwaltungsrechtliche Betreuungspflichten** anerkannt. Diese sind zwar verschiedentlich gesetzlich geregelt (§ 25 VwVfG, § 89 AO), jedoch wird über den Anwendungsbereich der genannten Vorschriften hinaus der Kreis der Betreuungspflichten erweitert.

> **BEISPIEL** Die Verwaltung ist verpflichtet, den Bürger in einem Verwaltungsverfahren über seine tatsächlichen und rechtlichen Möglichkeiten jedenfalls dann aufzuklären, wenn der Bürger über die erforderliche besondere Sachkenntnis nicht verfügen kann.

Auch im Gemeinschaftsrecht finden sich derartige verwaltungsrechtliche Betreuungspflichten. So schreibt beispielsweise Art. 11 ZK vor, dass die Zollbehörden gebührenfrei Auskünfte über die Anwendung des Zollrechts geben müssen. Allerdings muss die Ein- oder Ausfuhr von Waren tatsächlich beabsichtigt sein.

Schließlich erfasst der Grundsatz von Treu und Glauben auch die **Verwirkung** und das **Verbot der Ausnutzung einer unredlich erlangten Rechtsstellung**.

> **BEISPIELE** Ein Recht kann verwirkt sein, wenn es trotz Veranlassung längere Zeit nicht mehr ausgeübt worden ist und sich aus den Umständen entnehmen lässt, dass der Berechtigte von seinem Recht keinen Gebrauch mehr machen wird.
>
> Zieht eine Behörde ein Verwaltungsverfahren unnötig in die Länge und tritt dann eine für den Bürger ungünstige Rechtsstellung ein, kann sie sich auf die neue Rechtslage nicht berufen.

V. Ermessen

LITERATUR

Peine, Allgemeines Verwaltungsrecht, 9. Aufl., 2008, § 4 Abschn. I; *Ossenbühl*, in: Erichsen (Hrsg.), Allgemeines Verwaltungsrecht, 14. Aufl., 2010, § 10 Abschn. II; *Suckow*, Allgemeines Verwaltungsrecht und Verwaltungsrechtsschutz, 13. Aufl., 2000, Abschn. 4.4.

1. Abgrenzung gebundene Verwaltung und Ermessensverwaltung

Eine Rechtsnorm besteht zumeist aus zwei Teilen, nämlich aus Tatbestand und Rechtsfolge. Im Tatbestand werden die Voraussetzungen genannt, die vorliegen müssen, damit die vorgegebene Rechtsfolge eintritt. Diese Rechtsfolge kann zwingend vorgeschrieben sein (sog. **gebundene Ver-**

waltung). Erkennbar wird dies an Begriffen wie „ist“, „sind“, „muss“. Man spricht dann von sog. **Muss-Bestimmungen**.

BEISPIELE

- Nach § 15 Abs. 3 VersammlG ist eine verbotene Versammlung, wenn sie im Freien stattfindet, aufzulösen.
- Gem. § 31 Abs. 2 Handwerksordnung ist nach einer Gesellenprüfung ein Zeugnis auszustellen.
- Die Ausübung eines Gewerbes ist gem. § 35 Abs. 1 GewO bei Unzuverlässigkeit des Gewerbetreibenden zu untersagen, sofern dies zum Schutze der Allgemeinheit oder der im Betrieb Beschäftigten erforderlich ist. In diesem Fall wird eine gebundene Entscheidung mit einer ausdrücklichen Prüfung der Verhältnismäßigkeit verbunden.

In anderen Fällen wird die Verwaltung nicht auf eine bestimmte Entscheidung festgelegt. Der Gesetzgeber lässt ihr vielmehr die Auswahl zwischen mehreren Handlungsalternativen (sog. **Ermessensspielraum**).

BEISPIELE

- Nach § 14 Abs. 1 OBG können die Ordnungsbehörden bei Gefahren für die öffentliche Sicherheit oder Ordnung die erforderlichen Maßnahmen treffen.
- Ein rechtswidriger Verwaltungsakt kann gem. § 48 Abs. 1 VwVfG zurückgenommen werden.
- Ausnahmen und Befreiungen vom Bebauungsplan können unter den Voraussetzungen des § 31 Abs. 1 BauGB zugelassen werden.

Das Ermessen ermöglicht es der Behörde angesichts der Vielgestaltigkeit der Lebenssachverhalte, den Umständen des konkreten Falls gerecht zu werden. Es dient der Einzelfallgerechtigkeit, welche der Gesetzgeber selbst nicht erreichen kann, da es ihm nicht möglich ist, bei Erlass eines Gesetzes alle Einzelumstände zu kennen und zu berücksichtigen.

2. Entschließungs- und Auswahlermessen

Das Ermessen kann sich darauf beschränken, dass der Verwaltung ein Spielraum nur für die Frage zusteht, ob sie tätig wird oder ob sie eine Maßnahme unterlässt (sog. **Entschließungsermessen**). Manchmal hat die Behörde aber auch das Recht, zwischen verschiedenen zulässigen Maßnahmen im Falle des Tätigwerdens auszuwählen (sog. **Auswahlermessen**). Liegt ein solches Auswahlermessen vor, wird der Verwaltung i. d. R. auch Entschließungsermessen eingeräumt.

BEISPIELE Eine nicht angemeldete Versammlung kann gem. § 15 Abs. 2 VersammlG aufgelöst werden. Es handelt sich um reines Entschließungsermessen. Die Behörde kann allein entscheiden, ob sie tätig wird oder nicht. Eine weitere Auswahl zwischen verschiedenen Maßnahmen kann nicht erfolgen.

Bei Vorliegen der Voraussetzungen des § 14 Abs. 1 OBG NW kann die Ordnungsbehörde entscheiden, ob sie eingreifen möchte, und auch, wie dies geschehen soll (= Entschließungs- und Auswahlermessen).

BEACHTE

Ermessen gehört stets zur Rechtsfolge einer Vorschrift. Nur dann, wenn der Tatbestand der jeweiligen Norm vorliegt, steht der Verwaltung ein Ermessensspielraum zu. Fehlt auch nur ein Tatbestandsmerkmal, können Ermessensüberlegungen keine Rolle mehr spielen.

3. Gesetzestechnische Ermächtigungen für eine Ermessensentscheidung

Allein der Gesetzgeber ist berechtigt, der Verwaltung Ermessen einzuräumen. Dabei bedient er sich unterschiedlicher Begriffe. Am häufigsten wird die Formulierung „kann" gebraucht. Ermessensnormen werden deshalb als „Kann-Vorschriften" bezeichnet. Daneben erfolgt die Ermessensermächtigung aber auch durch Ausdrücke wie „darf", „ist befugt" oder „ist ermächtigt". Manchmal wird sogar ausdrücklich von „Ermessen" gesprochen.

BEISPIELE Ein rechtmäßiger begünstigender Verwaltungsakt „darf" nach § 49 Abs. 2 VwVfG unter bestimmten Voraussetzungen widerrufen werden.

Etwas problematisch ist die Einordnung sog. **Sollvorschriften**. Man erkennt sie an Formulierungen wie „die Behörde soll...", „...hat i. d. R. ..." oder „...ist grundsätzlich...". Es kann dahingestellt bleiben, ob man in diesen Fällen von einem sog. eingeschränkten Ermessen (= gebundenem Ermessen) spricht oder aber eine Ermessensvorschrift gänzlich verneint. Einigkeit besteht jedenfalls insoweit, dass die Verwaltung im Regelfall an die im Gesetz ausdrücklich genannte Rechtsfolge gebunden ist. Nur in Ausnahmefällen, wenn atypische Umstände vorliegen, ist es der Verwaltung erlaubt, von der vorgeschriebenen Regel abzuweichen.

BEISPIEL Ein Wehrpflichtiger soll nach § 12 Abs. 4 WPflG bei Vorliegen eines Härtefalls zurückgestellt werden. Im Regelfall ist er daher zurückzustellen. Nur bei Vorliegen besonderer Umstände (z. B. angespannte Wehrersatzlage) kann er trotzdem einberufen werden.

4. Fehlerhafte Ermessensausübung

Die Verwaltung kann das ihr eingeräumte Ermessen nicht unbeschränkt ausüben. Vielmehr hat sie, wie es auch in § 40 VwVfG seinen Niederschlag gefunden hat, ihr Ermessen entsprechend dem Zweck der Ermächtigung auszuüben und die gesetzlichen Grenzen des Ermessens einzuhalten. Bei Verstößen gegen diese Grundsätze ist die Ermessensausübung fehlerhaft und damit rechtswidrig. Die Verwaltungsgerichte können dies im Rahmen des § 114 VwGO kontrollieren. Das Gericht prüft in diesem Fall, „ob der Verwaltungsakt oder die Ablehnung oder Unterlassung deshalb rechtswidrig ist, weil die gesetzlichen Grenzen des Ermessens überschritten sind oder von dem Ermessen in einer dem Zweck der Ermächtigung nicht entsprechenden Weise Gebrauch gemacht ist".

BEACHTE

Die Verwaltungsbehörde hat gem. § 114 Satz 2 VwGO die Möglichkeit, ihre Ermessenserwägungen hinsichtlich des Verwaltungsaktes auch noch im verwaltungsgerichtlichen Verfahren zu ergänzen.

Die Verwaltungsgerichte dürfen das Ermessen jedoch nicht an Stelle der Verwaltung ausüben und auch nicht die Zweckmäßigkeit der Ermessensentscheidung überprüfen. Letzteres ist nach § 68 Abs. 1 VwGO nur innerhalb des Widerspruchsverfahrens im Wege einer Verwaltungsselbstkontrolle möglich.

BEISPIEL Es können mehrere Maßnahmen rechtmäßig sein. Die Frage, welche die zweckmäßigste ist, soll allein von der Verwaltung entschieden werden. Sie ist der gerichtlichen Überprüfung entzogen.

Üblicherweise werden drei Arten von Ermessensfehlern unterschieden, auf die es aber – was noch einmal betont werden soll – erst ankommt, wenn die Tatbestandsvoraussetzungen der Ermessensvorschrift tatsächlich vorliegen.

Ermessensfehler sind:

- Ermessensüberschreitung,
- Ermessensnichtgebrauch (= Ermessensmangel oder Ermessensunterschreitung),
- Ermessensmissbrauch (= Ermessensfehlgebrauch).

a) Ermessensüberschreitung

Eine Ermessensüberschreitung liegt vor, wenn die gesetzlichen Grenzen des Ermessens nicht eingehalten werden. Die Verwaltung trifft eine Entscheidung, die nicht mehr von der Rechtsfolge der Ermessensnorm, d. h. vom Ermessensrahmen, erfasst wird.

BEISPIEL § 11 Abs. 3 VwVG des Bundes lässt Zwangsgelder i. H. von 3 DM bis 2.000 DM zu. Ein Zwangsgeld von 3.000 DM würde die zulässige Rechtsfolge überschreiten und wäre daher eine Ermessensüberschreitung. Gleiches gilt im Übrigen auch für ein Zwangsgeld von 2 DM, da es nicht von der Rechtsfolge gedeckt wird. Es handelt sich dabei nicht um einen Fall der Ermessensunterschreitung (häufiger Fehler!). Hinweis: Das VwVG wurde bisher noch nicht auf Euro umgestellt.

Die rechtlichen Grenzen des Ermessens ergeben sich nicht immer aus der Ermessensvorschrift selbst. Vielmehr können sich Grenzen auch aus anderen Gesetzen – insbesondere den Grundrechten und dem Rechtsstaatsprinzip – ergeben. Ermessensüberschreitung liegt deshalb auch bei Verstößen gegen den **Grundsatz der Verhältnismäßigkeit** vor. Ermessensnormen lassen nämlich als Rechtsfolge nur verhältnismäßige Maßnahmen zu. Ist eine solche unverhältnismäßig, also nicht geeignet, erforderlich und angemessen, werden die Grenzen der Rechtsfolge überschritten.

Gleiches gilt in den Fällen der sog. **Selbstbindung der Verwaltung** (Art. 3 GG). Hat sich die Verwaltung auf eine bestimmte Ermessensausübung festgelegt und damit die ihr zustehenden Rechtsfolgen eingeschränkt, überschreitet sie bei Verstößen die Grenzen des Ermessens.

BEACHTE

Nach anderer Auffassung werden Verstöße gegen den Grundsatz der Verhältnismäßigkeit oder die Selbstbindung der Verwaltung zum Ermessensmissbrauch gerechnet. Es handelt sich um ein rein dogmatisches Problem. Die unterschiedlichen Auffassungen kommen zu einheitlichen Ergebnissen.

BEISPIEL Setzt die zuständige Behörde für einen Rotlichtverstoß entgegen der Regelung im Bußgeldkatalog ein höheres Bußgeld fest, handelt es sich um Ermessensüberschreitung, auch wenn der Betrag im Rahmen der gesetzlich festgelegten Bußgeldhöhe bleibt.

b) Ermessensunterschreitung bzw. -nichtgebrauch

Eine Ermessensunterschreitung bzw. -nichtgebrauch ist anzunehmen, wenn die Behörde ihr Ermessen überhaupt nicht ausübt oder den ihr zustehenden Ermessensrahmen nicht ausschöpft. Die Verwaltung ist nämlich bei Ermessensregelungen verpflichtet, dieses Ermessen auch auszuüben. Unterlässt sie es, liegt ein Ermessensfehler vor, und die Entscheidung ist rechtswidrig.

BEISPIEL Der zuständige Beamte ist der Auffassung, er müsse eine gebundene Entscheidung treffen. Tatsächlich handelt es sich aber um eine Ermessensvorschrift. Diese fehlerhafte Auffassung führt dazu, dass nicht geprüft wird, ob ein Einschreiten angebracht ist oder nicht. Das Ermessen wird nicht ausgeübt. Es handelt sich um Ermessensunterschreitung.

In der Praxis kommt es häufig dann zu einer Ermessensunterschreitung, wenn das Ermessen in einer Vorschrift übersehen wird und sich die Behörde deshalb irrtümlich für gebunden hält. Gleiches gilt, wenn fälschlicherweise die Zuständigkeit einer anderen Behörde angenommen und deshalb die beantragte Entscheidung versagt wird.

c) Ermessensmissbrauch

Um Ermessensmissbrauch handelt es sich, wenn eine Behörde von dem Ermessen in einer dem Zweck der Ermächtigung nicht entsprechenden Weise Gebrauch macht. Der Ermessensfehler lässt sich hier nicht einem Vergleich der zulässigen und der angeordneten Rechtsfolge entnehmen. Vielmehr ist **auf dem Weg zur Ermessensentscheidung** ein Fehler gemacht worden. Es werden sachfremde Gesichtspunkte berücksichtigt. Dies kann selbst dann rechtswidrig sein, wenn die getroffene Entscheidung im Ergebnis nicht zu beanstanden ist.

BEISPIELE

- Persönliche, religiöse oder parteipolitische Motive beeinflussen die Ermessensentscheidung, wenn wegen eines Verwandtschaftsverhältnisses oder der Parteizugehörigkeit eine dem Bürger negative oder aber auch positive Entscheidung getroffen wird.
- Es wird eine bestimmte Entscheidung getroffen, um der Behörde zu Einnahmen zu verhelfen.
- Der Erlass eines Verwaltungsaktes wird davon abhängig gemacht, dass der Bürger Gegenleistungen erbringt, die in keinem Zusammenhang mit der beantragten Maßnahme stehen.

Auch Tatsachenfehler können zu Ermessensmissbrauch führen. Dies ist der Fall, wenn die Behörde **bei ihren Ermessenserwägungen** von unzutreffenden tatsächlichen Feststellungen ausgeht oder der Sachverhalt bewusst unrichtig ermittelt wird. Bezieht sich ein Tatsachenfehler aber auf eine Tatbestandsvoraussetzung, liegen die Voraussetzungen der Norm nicht vor. Auf die Rechtsfolge Ermessen kommt es dann nicht mehr an.

HINWEIS

Tatsachenfehler bei den Ermessenserwägungen werden nach anderer Auffassung als Ermessensüberschreitung verstanden.

d) Ermessensreduzierung auf Null (Ermessensschrumpfung)

Trotz bestehendem Ermessen kann es vorkommen, dass die Verwaltung eine ganz bestimmte Entscheidung treffen muss. Es handelt sich um die Ausnahmefälle der Ermessensreduzierung auf Null, bei der nur eine einzige Handlungsalternative rechtmäßig ist. Wird eine andere Entscheidung getroffen, wird das Ermessen fehlerhaft ausgeübt.

Wann eine Ermessensschrumpfung angenommen werden kann, ist stets eine Frage des Einzelfalls. Sie wird bejaht, wenn andernfalls erhebliche Gefahren für wesentliche Rechtsgüter drohen würden. Aus diesem Grund kommt sie vor allem im Gefahrenabwehrrecht vor. Dort kann sich aus Art. 2 Abs. 2 Satz 1 GG i.V. mit den entsprechenden polizei- und sicherheitsrechtlichen Vorschriften eine polizeiliche Schutz- und Handlungspflicht ergeben.

BEISPIEL ▸ Die Polizei- und Ordnungsbehörden haben im Allgemeinen nach den jeweiligen Polizei- und Ordnungsbehördengesetzen hinsichtlich ihres Tätigwerdens freies Ermessen. Sie müssen aber tätig werden und rettende Maßnahmen einleiten, wenn konkrete Lebensgefahr besteht.

Insbesondere im Zusammenhang mit Grundrechtseingriffen und sonstigen Verfassungsgrundsätzen kommt es häufig zu einer Ermessensreduzierung auf null.

BEISPIELE ▸ Die Selbstbindung der Verwaltung gebietet eine Gleichbehandlung der betroffenen Bürger und führt somit zur Ermessensreduzierung auf Null.

Bei der Einstellung und Beförderung von Beamten ist nach dem Prinzip der Bestenauslese zu verfahren. Es muss immer der am besten qualifizierte Bewerber eingestellt oder befördert werden. Ermessen besteht nur bei der Auswahl aus gleich qualifizierten Personen.

HINWEIS

Begehrt ein Antragsteller einen bestimmten im Ermessen der Behörde stehenden Verwaltungsakt, hat er grundsätzlich nur einen Anspruch auf ermessensfehlerfreie Entscheidung. Im Fall der Ermessensreduzierung auf Null wandelt sich der Anspruch auf ermessensfehlerfreie Entscheidung in einen Anspruch auf Erlass des begehrten Verwaltungsaktes selbst um. In diesem Fall kann in einem verwaltungsgerichtlichen Verfahren die beklagte Behörde verpflichtet werden, trotz im Gesetz eingeräumten Ermessensspielraums die vom Kläger begehrte Entscheidung zu treffen. Die Verwaltung ist somit gebunden.

Letztendlich muss die Frage, ob eine Ermessensreduzierung auf Null vorliegt, am zu entscheidenden Einzelfall ausgerichtet werden. Sie ist jedenfalls dann zu bejahen, wenn eine andere Entscheidung „schlechthin unerträglich" wäre.

VI. Unbestimmter Rechtsbegriff und Beurteilungsspielraum

LITERATUR

Ossenbühl, in: *Erichsen* (Hrsg.), Allgemeines Verwaltungsrecht, 14. Aufl., 2010, § 10 Abschn. III; *Peine*, Allgemeines Verwaltungsrecht, 9. Aufl., 2008, § 4 Abschn. II.

1. Bedeutung des unbestimmten Rechtsbegriffs und die Abgrenzung zu den bestimmten Rechtsbegriffen

Rechtsvorschriften enthalten auf ihrer Tatbestandsseite bestimmte und unbestimmte Rechtsbegriffe. Haben die Rechtsbegriffe einen eindeutigen und klar abgrenzbaren Inhalt, bezeichnet man sie als **bestimmte Rechtsbegriffe**.

BEISPIELE

- Zeitangaben wie die Monatsfristen in § 70 Abs. 1, § 74 Abs. 1 VwGO;
- Zahlenangaben wie die Abstandsflächen in § 35 Abs. 1, § 40 ff. NachbG NW;
- Begriffe, die das Gesetz selbst eindeutig festlegt: Volljährigkeit, Eigentum.

Von **unbestimmten Rechtsbegriffen** spricht man dagegen, wenn der Inhalt mehrdeutig ist und deshalb ausgelegt werden muss. Der Gesetzgeber ist auf die Verwendung dieser Begriffe angewiesen, da er nicht alle Sachverhalte, die ein Gesetz regeln soll, voraussehen kann. Selbst wenn dies möglich wäre, würde ein Gesetz, das auf die Verwendung unbestimmter Rechtsbegriffe verzichtet, durch die ausdrückliche Benennung aller möglichen Sachverhalte unverständlich und damit nur unter Schwierigkeiten anwendbar.

BEISPIELE

- „Unzuverlässigkeit" des Gewerbetreibenden nach § 30 Abs. 1 Nr. 1, § 35 Abs. 1 Satz 1, § 57 GewO.
- „Öffentliche Sicherheit oder Ordnung" i. S. des § 14 Abs. 1 OBG.
- „Wehrdienstfähig" nach § 12 Abs. 1 Nr. 1 WPflG,
- „Wichtiger Grund" oder „unabweisbarer Grund" nach § 7 Abs. 3 BAföG.

Die Abgrenzung zwischen bestimmten und unbestimmten Rechtsbegriffen ist im Übrigen fließend.

2. Auslegung unbestimmter Rechtsbegriffe

Der Sinngehalt eines unbestimmten Rechtsbegriffs muss durch Auslegung ermittelt werden. Diese hat unabhängig vom jeweiligen Sachverhalt zu erfolgen.

Insgesamt haben sich vier unterschiedliche Auslegungsmethoden herausgebildet, die im konkreten Fall gemeinsam zur Auslegung verwendet werden können und eventuell sogar müssen. Eine Auslegung hat sich zunächst am **Wortlaut** zu orientieren. Führt die Wortlautinterpretation zu keinen eindeutigen Ergebnissen, ist die **systematische Auslegung** heranzuziehen. Es wird nach dem Wortsinn im Zusammenhang mit dem gesamten Gesetz und der gesamten Rechtsordnung gesucht. Des Weiteren kann die **historische Interpretation** helfen, bei der die Entstehungsgeschichte des Begriffs untersucht und nach dem Willen des Gesetzgebers gefragt wird. Hierzu kann beispielsweise auf Sitzungsberichte des gesetzgebenden Organs zurückgegriffen werden. Schließlich lässt sich der Bedeutungsinhalt eines Rechtsbegriffs auch **teleologisch** klären, indem man nach dem Ziel und Zweck der Rechtsvorschrift fragt. Dabei ist der Auslegung der Vorzug zu geben, die den vom Gesetzgeber verfolgten Normzweck am besten erfüllt (zu weiteren Einzelheiten s. o. § 4).

3. Unterscheidung zwischen unbestimmtem Rechtsbegriff und Ermessen

Die Auslegung unbestimmter Rechtsbegriffe und die Ermessensausübung werden häufig miteinander verwechselt. Dabei ist die Unterscheidung leicht zu treffen. Während unbestimmte Rechtsbegriffe regelmäßig auf der Tatbestandsseite einer Rechtsvorschrift stehen, findet sich das Ermessen immer (!) auf der Rechtsfolgenseite wieder. Es kann erst angewendet werden, wenn die Tatbestandsvoraussetzungen vorliegen.

Auslegung und Anwendung unbestimmter Rechtsbegriffe sind grundsätzlich durch die Gerichte in vollem Umfang überprüfbar. Das gilt jedoch nicht für die Kontrolle von Ermessensentscheidungen. Hier dürfen die Verwaltungsgerichte die Entscheidungen der Verwaltung nur auf Ermessensfehler hin überprüfen. Liegt ein solcher nicht vor, steht es der zuständigen Behörde frei, zu entscheiden, welche Rechtsfolge sie wählt.

BEISPIEL Nach § 14 Abs. 1 OBG können die Ordnungsbehörden bei Gefahren für die öffentliche Sicherheit oder Ordnung die notwendigen Maßnahmen treffen.

Die Auslegung der unbestimmten Rechtsbegriffe öffentliche Sicherheit und öffentliche Ordnung kann durch die Gerichte in vollem Umfang überprüft werden. Die Gerichte legen sich auf eine bestimmte Auslegung fest und wenden diese auf den zu entscheidenden Fall an. Für die Ermessensausübung ist eine Kontrolle hingegen nur im Rahmen des § 114 VwGO erlaubt. Auch wenn die Gerichte einen Ermessensfehler feststellen, dürfen sie i. d. R. keine eigene Entscheidung treffen, sondern müssen die Sache an die zuständige Behörde für eine erneute Ermessensausübung zurückverweisen (Ausnahme: Ermessensreduzierung auf null).

4. Beurteilungsspielraum

Der o. g. Grundsatz, nach dem die Auslegung unbestimmter Rechtsbegriffe von den Gerichten in vollem Umfang überprüfbar ist, wird durch die Lehre vom Beurteilungsspielraum eingeschränkt. Rechtsprechung und Lehre räumen der Verwaltungsbehörde in bestimmten Fällen einen Beurteilungsspielraum ein, d. h. einen Bereich eigener, gerichtlich nicht weiter überprüfbarer Wertung und Entscheidung. Ähnlich wie bei Ermessensfehlern können die Verwaltungsgerichte nur die Grenzen dieses Bereichs überprüfen. Werden diese Grenzen nicht überschritten, ist die Entscheidung der Verwaltung hinzunehmen.

Ein Beurteilungsspielraum besteht nur für die wenigsten unbestimmten Rechtsbegriffe. Er wird nach ganz überwiegender Auffassung nur dann anerkannt, wenn es sich um Wertentscheidungen der Verwaltung handelt, die aufgrund der besonderen, einmaligen Konstellation der Entscheidungsfindung oder aus sonstigen Gründen nicht nachvollzogen werden können. Derartige Wertentscheidungen werden in folgenden Fällen angenommen:

- Prüfungsentscheidungen und prüfungsähnliche Entscheidungen,
- beamtenrechtliche Beurteilungen,
- Prognoseentscheidungen und Risikobewertungen,
- Ausschussentscheidungen wertender Art.

a) Prüfungsentscheidungen und prüfungsähnliche Entscheidungen

Derartige Entscheidungen sind vom Gericht nicht nachvollziehbar und damit auch nicht überprüfbar, da sie auf einer längeren Beobachtung (z. B. eines Schülers) oder auf der Einmaligkeit der nicht rekonstruierbaren Prüfungssituation (z. B. einer mündlichen Prüfung) beruhen.

BEISPIELE

- **Prüfungsentscheidungen**: Noten im Abitur oder in der Zwischenprüfung bzw. Laufbahnprüfung eines Beamtenanwärters, Noten in juristischen Staatsexamen;
- **Prüfungsähnliche Entscheidungen**: Versetzung eines Schülers in die nächsthöhere Klasse.

b) Beamtenrechtliche Beurteilungen

Beamtenrechtliche Beurteilungen fallen ebenso in den Beurteilungsspielraum der Verwaltung wie die Beurteilung von Richtern oder Soldaten. Hier liegt die fehlende Nachvollziehbarkeit der Gerichte darin begründet, dass es sich um unvertretbare persönlichkeitsbezogene Werturteile handelt.

BEISPIELE

- Dienstliche Beurteilung eines Beamten, Richters, Soldaten durch seinen Vorgesetzten;
- Beurteilung der Eignung, Befähigung und fachlichen Leistung bei der Einstellung eines Beamten;
- Beurteilung der Bewährung eines Beamten auf Probe.

c) Prognoseentscheidungen und Risikobewertungen

Für Prognoseentscheidungen und Risikobewertungen, die in erster Linie auf den Gebieten des Umweltrechts und des Wirtschaftsrechts zu treffen sind, gilt ebenfalls der Beurteilungsspielraum.

BEISPIELE

- In welchem Umfang Taxen neu zugelassen werden können, ohne die Funktionsfähigkeit des örtlichen Taxengewerbes zu bedrohen (vgl. § 13 Abs. 4 PBefG), ist eine gerichtlich nicht überprüfbare Prognoseentscheidung.
- Risikobewertungen sind bei der Vorsorge gegen Gefahren durch den Betrieb von Kernkraftwerken vorzunehmen.

d) Ausschussentscheidungen wertender Art

Letztlich gilt der Beurteilungsspielraum auch für Entscheidungen wertender Art, die durch weisungsfreie, mit Sachverständigen oder Interessenvertretern besetzte Ausschüsse getroffen werden.

BEISPIELE

- Indizierung durch die Bundesprüfstelle für jugendgefährdende Schriften nach § 1 Gesetz über die Verbreitung jugendgefährdender Schriften.
- Entscheidung über die Eintragung in die Architektenliste durch unabhängigen Sachverständigenausschuss nach §§ 4, 16 Bad.-Württ. Architektengesetz oder über die Zulassung als Rechtsanwalt beim Bundesgerichtshof nach §§ 164 ff. BRAO.

e) Überprüfbarkeit des Beurteilungsspielraums durch die Gerichte

Handelt es sich um eine Entscheidung, bei der der Behörde ein Beurteilungsspielraum zusteht, ist diese grundsätzlich einer gerichtlichen Überprüfung entzogen. Ähnlich wie bei Ermessensentscheidungen wird aber allgemein eine verwaltungsgerichtliche Kontrolle in engen Grenzen anerkannt. Hierzu haben sich folgende Fallkonstellationen herausgebildet:

- Das Verfahren wurde nicht ordnungsgemäß durchgeführt, d. h. es wurde gegen Verfahrensvorschriften verstoßen.
- Der Entscheidung wurden falsche Tatsachen zugrunde gelegt.
- Es wurde der Gleichheitsgrundsatz des Art. 3 GG verletzt.
- Es waren sachfremde (willkürliche) Erwägungen für die getroffene Entscheidung ausschlaggebend.
- Allgemein anerkannte Bewertungsmaßstäbe oder Beurteilungsrichtlinien wurden nicht beachtet.

BEISPIELE

- Prüfer verwechselt die Aufgabenstellung (Tatsachenfehler).
- Prüfer fragt in einer juristischen Staatsprüfung: „Wie heißt die Hauptstadt von Mali?“ Es wird das Kürzel „BRD“ beanstandet (sachfremde Erwägungen).

Liegt einer der genannten Fehler vor, war die Entscheidung der Verwaltung trotz Vorliegen eines Beurteilungsspielraums rechtswidrig und kann deshalb durch die Gerichte aufgehoben werden. Das Gericht darf aber i. d. R. keine eigene Entscheidung in der Sache selbst treffen. Es muss die endgültige Entscheidung – ähnlich wie bei Ermessensentscheidungen – den zuständigen Behörden überlassen und die Sache an sie zurückverweisen. Die Behörden müssen anschließend eine neue Entscheidung treffen, die den früheren Fehler vermeidet. Im Ergebnis kann dies dazu führen, dass trotzdem die gleiche Entscheidung erneut getroffen wird.

Ausnahmsweise kann ein Fall der **Schrumpfung des Beurteilungsspielraums auf Null** vorliegen. Hier ist – auch unter Berücksichtigung des Beurteilungsspielraums – nur noch eine einzige Entscheidung möglich. Das Gericht kann die begehrte Rechtsfolge unmittelbar selbst aussprechen.

BEISPIEL Rechenfehler bei der Ermittlung der Endnote einer aus mehreren Teilen (schriftlich und mündlich) bestehenden Prüfung.

f) Besonderheiten des Beurteilungs-(Bewertungs-)Spielraums im Prüfungsrecht

Der Beurteilungsspielraum im Bereich des Prüfungsrechts hat durch die Rechtsprechung des Bundesverfassungsgerichts wesentliche Änderungen erfahren. Früher wurde die gerichtliche Beurteilungskontrolle in den o. g. engen Grenzen ausgeübt. Die Behauptung eines Prüflings, es sei eine richtige Antwort zu Unrecht als falsch bewertet worden, wurde deshalb durch die Gerichte nicht überprüft. Dies gilt aufgrund zweier grundlegender Entscheidungen des Bundesverfassungsgerichts aus dem Jahre 1991 nicht mehr. Vielmehr kann bei Prüfungen, die für den Zugang zu einem Beruf von Bedeutung sind, auch eine fachwissenschaftliche Richtigkeitskontrolle stattfinden. Eine mit guten Gründen versehene Stellungnahme in einer umstrittenen Fachfrage darf nicht als falsch gewertet werden, nur weil ein Prüfungsgremium anderer Auffassung ist. Vertretbare Auffassungen sind vielmehr als richtig zu bewerten. Geschieht dies nicht, können die Verwaltungsgerichte die Entscheidung der Prüfer aufheben.

ABB. 18: Der Aufbau von Rechtsnormen

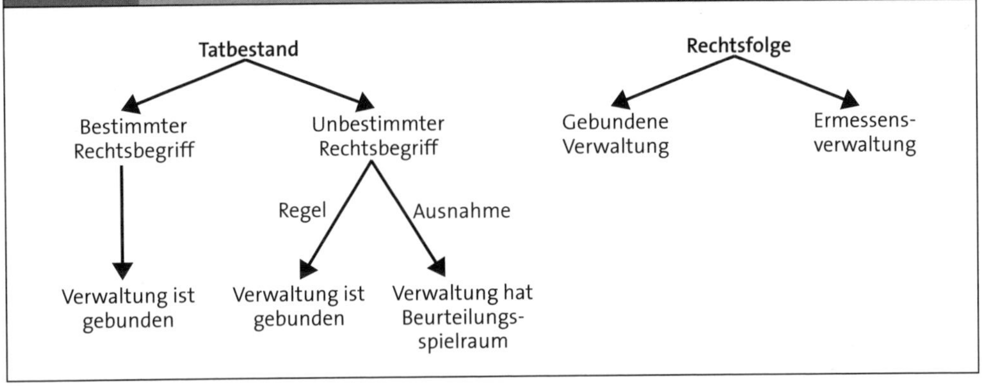

§ 27 Handlungsformen der Verwaltung

LITERATUR

Erichsen, in: Erichsen (Hrsg.), Allgemeines Verwaltungsrecht, 14. Aufl., 2010, §§ 11 bis 32; *Finke/Haurand/Sundermann/Vahle*, Allgemeines Verwaltungsrecht, 10. Aufl., 2006, Abschn. E.III.

Die Verwaltung kann sich bei der Erfüllung ihrer Aufgaben unterschiedlicher Handlungsformen gegenüber dem Bürger bedienen. Sie kann eigene Rechtsnormen schaffen (I.). Im hoheitlichen Bereich ist es ihr erlaubt, sich der Handlungsform des Verwaltungsaktes zu bedienen (II.). Daneben besteht die Möglichkeit, Rechtsfolgen per Verwaltungsvertrag herbeizuführen (III.). Weitere Handlungsformen stellen die schlichte Hoheitsverwaltung (IV.) und privatrechtliches Handeln (V.) dar.

I. Verwaltungsrechtsnormen

Die Rechtsnormen der Verwaltung sind Rechtsverordnungen und Satzungen. Beides sind abstrakt-generelle Regelungen, die den Bürger ebenso wie Gesetze binden (s. o. § 24 II.).

Weitere Regelungen kann die Verwaltung in ihren eigenen Angelegenheiten treffen (sog. verwaltungsinterne Regelungen). Hierdurch werden i. d. R. allein die eigenen Amtsträger gebunden. Nur in Ausnahmefällen entfalten sich über Art. 3 GG Bindungswirkungen gegenüber dem Bürger. Aus diesem Grund handelt es sich nicht um echte Verwaltungsrechtsnormen (siehe § 25 V.).

II. Verwaltungsakt

LITERATUR

Erichsen, in: Erichsen (Hrsg.), Allgemeines Verwaltungsrecht, 11. Aufl., 1998, § 11; *Finke/Haurand/Sundermann/Vahle*, Allgemeines Verwaltungsrecht, 10. Aufl., 2006, Abschn. E.III. § 7; *Giemulla/Jaworsky/Müller-Uri*, Verwaltungsrecht, 6. Aufl., 1998, Buch I Kap. 5; *Maurer*, Allgemeines Verwaltungsrecht, 17. Aufl., 2009, § 9; *Buchfink*, in: Schweickhardt/Vondung (Hrsg.), Allgemeines Verwaltungsrecht, 9. Aufl., 2010, Teil II Kap. 5; *Wolff/Bachof/Stober*, Verwaltungsrecht, Band 1, 12. Aufl., 2007, §§ 45 und 46.

1. Allgemeines

a) Begriff

Verwaltungsakt ist gem. § 35 Satz 1 VwVfG jede hoheitliche Maßnahme, die eine Behörde zur Regelung eines Einzelfalls auf dem Gebiet des öffentlichen Rechts trifft und die auf unmittelbare Rechtswirkung nach außen gerichtet ist.

BEISPIELE

- Erteilung einer Gaststättenerlaubnis,
- Verbot einer Versammlung,
- Rotzeichen einer Ampel,
- Verfügung der Ordnungsbehörde, einem bissigen Hund beim Verlassen der Wohnung einen Maulkorb anzulegen,
- Baugenehmigung.

Die Definition gilt im Grunde auch für Steuerbescheide. Allerdings trifft insoweit die Abgabenordnung in § 118 Satz 1 eine eigene (wortgleiche) Regelung.

§ 31 Satz 1 SGB X regelt den Verwaltungsakt (ebenfalls wortgleich) für den Bereich des Sozialrechts.

Daneben definiert § 35 Satz 2 VwVfG aus unterschiedlichen Gründen weitere Maßnahmen als Verwaltungsakte (siehe § 27 II.1.f)).

Es gibt eine Vielzahl unterschiedlicher Verwaltungsakte, die alle die o. g. Merkmale aufweisen müssen. Fehlt eines der Merkmale, handelt es sich nicht um einen Verwaltungsakt.

Der Gesetzgeber und die Verwaltungspraxis bedienen sich statt des Begriffs Verwaltungsakt häufig anderer Formulierungen, wie etwa Bescheid, Verfügung, Genehmigung, Auflage, Gebot, Verbot, Gestattung oder auch Feststellung.

b) Funktionen

Ein Verwaltungsakt weist im Wesentlichen folgende Funktionen auf:

- Umsetzungs- und Konkretisierungsfunktion
- Klarstellungsfunktion
- Titel- und Vollstreckungsfunktion
- Verwaltungsverfahrensfunktion

aa) Umsetzungs- und Konkretisierungsfunktion

Mittels des Verwaltungsaktes wendet die Verwaltung ein abstraktgenerelles Gesetz auf einen Einzelfall an. Erst ab Wirksamwerden des Verwaltungsaktes ergeben sich bindende Rechtsfolgen, die für die betroffenen Bürger belastend aber auch begünstigend sein können.

BEISPIEL Der 18-jährige B erhält vom zuständigen Kreiswehrersatzamt einen Einberufungsbescheid zum 2. 1. des Folgejahres für das X-Batallion in Sennestadt. Das (abstrakt-generelle) Gesetz ist das Wehrpflichtgesetz. Die (individuelle) Pflicht des B, (konkret) an einem bestimmten Ort zu einem festgelegten Zeitpunkt Wehrdienst zu leisten, entsteht erst durch Erlass und Wirksamwerden des Einberufungsbescheids. Ohne Einberufungsbescheid wäre B nicht verpflichtet am 2. 1. in Sennestadt zu erscheinen. Erst die Umsetzung des Gesetzes durch den Verwaltungsakt lässt eine derartige Verpflichtung entstehen.

bb) Klarstellungsfunktion

Ein Verwaltungsakt schafft für Bürger und Verwaltung Rechtssicherheit und Rechtsklarheit, weil sich beide Seiten auf den Inhalt des Verwaltungsaktes verlassen können. Es kommt sogar dann zu einer Rechtsbindung, wenn der Verwaltungsakt rechtswidrig ist. Obwohl die Entscheidung der Behörde falsch gewesen und dies den Beteiligten eventuell auch bekannt ist, bleibt der Verwaltungsakt grundsätzlich wirksam. Nur in Ausnahmefällen darf er aufgehoben werden.

Etwas anderes gilt nur, wenn es sich um einen offensichtlichen und besonders schwerwiegenden Fehler handelt und der Verwaltungsakt damit nichtig ist, oder falls der Beteiligte rechtzeitig und erfolgreich Rechtsbehelfe einlegt. In diesen Fällen treten keinerlei Rechtswirkungen ein.

BEISPIEL Eine Baugenehmigung berechtigt den Bauherrn, in dem beschriebenen Umfang zu bauen. Er kann sich im Regelfall darauf verlassen, dass die Verwaltung ihre Entscheidung nicht nachträglich ändert.

cc) Titel- und Vollstreckungsfunktion

Der Verwaltungsakt stellt des Weiteren einen Vollstreckungstitel dar. Aus ihm kann – ähnlich wie aus einem Urteil – vollstreckt werden (sog. Eingriffsverwaltung). Damit bevorzugt der Gesetzgeber die Verwaltung gegenüber Privaten, die sich keine eigenen Vollstreckungstitel schaffen können, sondern hierfür im Regelfall die Gerichte bemühen müssen, die dann einen Vollstreckungstitel (Urteil, Vollstreckungsbescheid, Mahnbescheid) erlassen dürfen.

BEISPIEL Ein Steuerbescheid (= Verwaltungsakt auf dem Gebiet des Steuerrechts) kann, wenn der Betroffene keinen Einspruch einlegt, zwangsweise durch einen Gerichtsvollzieher durchgesetzt werden. Als Vollstreckungsmaßnahme kommt z. B. eine Gehaltspfändung in Betracht.

dd) Verwaltungsverfahrensfunktion

Letztendlich hat der Verwaltungsakt die Funktion, dass er ein laufendes Verwaltungsverfahren abschließt (§ 9 VwVfG). Es eröffnen sich dadurch im Anschluss spezifische Rechtsschutzmöglichkeiten, wie beispielsweise das Widerspruchsverfahren (§ 68 VwGO), die Anfechtungs- oder die Verpflichtungsklage (§ 42 Abs. 1 VwGO).

c) Arten

Man unterscheidet eine Vielzahl unterschiedlicher Arten von Verwaltungsakten. Im Folgenden seien nur die Wichtigsten genannt.

aa) Befehlende, gestaltende und feststellende Verwaltungsakte

Befehlende Verwaltungsakte verpflichten den Betroffenen zu einem bestimmten Verhalten. Dies kann in einem Tun, Dulden oder Unterlassen bestehen. **Gestaltende Verwaltungsakte** dagegen begründen, ändern oder beenden ein Rechtsverhältnis. **Feststellende Verwaltungsakte** stellen das Recht oder die Eigenschaft einer Person fest.

BEISPIELE

Befehlende Verwaltungsakte: Das Gebot, ein Einsturzgefährdetes Haus abzureißen; die Untersagung der weiteren Gewerbeausübung wegen Unzuverlässigkeit; der Steuerbescheid.

Gestaltende Verwaltungsakte: Die Beamtenernennung oder -entlassung; die Einbürgerung eines Ausländers; die Baugenehmigung.

Feststellende Verwaltungsakte: Die Feststellung der deutschen Staatsangehörigkeit; die Feststellung des Besoldungsdienstalters eines Beamten, die Feststellung des Grades einer Schwerbehinderung, die Feststellung der Anerkennung als Kriegsdienstverweigerer.

bb) Begünstigende und belastende Verwaltungsakte

Ein **begünstigender Verwaltungsakt** begründet oder bestätigt ein Recht oder einen rechtlich erheblichen Vorteil. Dagegen greift der **belastende Verwaltungsakt** in die Rechte des Bürgers ein.

BEISPIELE **Begünstigende Verwaltungsakte:** Die Erteilung einer Gaststättenerlaubnis, die Beamtenernennung, die Bewilligung von Arbeitslosengeld.

Belastende Verwaltungsakte: Die Untersagung eines Gewerbebetriebs, das Parkverbot an bestimmten Straßenstrecken, das Versammlungsverbot.

cc) Verwaltungsakte mit Drittwirkung

Verwaltungsakte entfalten grundsätzlich nur Rechtswirkungen zwischen der erlassenden Behörde und dem Adressaten. Anders ist dies bei den **Verwaltungsakten mit Drittwirkung**. Hier ist nicht nur der Adressat, sondern darüber hinaus eine weitere (dritte) Person zumindest mittelbar betroffen.

BEISPIELE

- Die Gewährung einer Subvention ist nicht nur begünstigender Verwaltungsakt gegenüber dem Antragsteller, sondern Verwaltungsakt mit Drittwirkung, wenn die wirtschaftlichen Interessen eines Konkurrenten beeinträchtigt werden.
- Die Genehmigung zum Betreiben einer Gaststätte erfolgt zum Nachteil der in ihrer Nachtruhe gestörten Nachbarn.

dd) Verwaltungsakte mit Dauerwirkung

Viele Verwaltungsakte erschöpfen sich nicht in einer einmaligen Befolgung, Vollziehung oder Rechtsgestaltung. Ihre Rechtswirkung erstreckt sich vielmehr über einen längeren Zeitraum. Man spricht in diesen Fällen von **Verwaltungsakten mit Dauerwirkung**.

BEISPIELE

- Gewerbeerlaubnis,
- Beamtenernennung,
- Widmung einer Straße,
- Verkehrszeichen.

ee) Vorläufige Verwaltungsakte

Sie ermöglichen Behörden ohne vollständige Prüfung der Sach- und Rechtslage schnell Entscheidungen gegenüber dem Bürger zu treffen, ohne an deren materielle Bestandskraft gebunden zu sein.

BEISPIELE

- Steuerfestsetzung unter dem Vorbehalt der Nachprüfung (§ 164 AO),
- vorläufige Steuerfestsetzung (§ 165 AO),
- siehe aber auch § 11 Abs. 1 GastG, § 20 Abs. 1 PBefG, § 74 Abs. 3 VwVfG.

ff) Mischformen

Die meisten Verwaltungsakte gehören nicht nur einer, sondern mehreren der vorgenannten Kategorien an.

BEISPIEL Die Beamtenernennung ist sowohl ein begünstigender als auch ein belastender Verwaltungsakt, da sie neben der Gewährung von Rechten dem Beamten auch Pflichten auferlegt. Zudem handelt es sich um einen Dauerverwaltungsakt mit rechtsgestaltender Wirkung.

2. Begriffsmerkmale des Verwaltungsaktes im Einzelnen

a) Verfügung, Entscheidung oder andere (hoheitliche) Maßnahme

Maßnahme ist der Oberbegriff zu Verfügung und Entscheidung. Sie wird definiert als jede Handlung mit Erklärungswert. Erfasst werden nicht nur mündliche oder schriftliche Erklärungen, sondern darüber hinaus jedes Verhalten, mit dem die Verwaltung etwas erklärt. Dies kann ein Zeichen oder eine Körperbewegung sein.

BEISPIELE

- Handzeichen eines Polizeibeamten, mit dem ein Pkw-Fahrer zum Anhalten aufgefordert wird.
- Verkehrszeichen, die ein bestimmtes Verhalten im Straßenverkehr gebieten.

Bloße Realakte sind keine Maßnahmen, da ihnen ein Erklärungsinhalt fehlt.

BEISPIEL Das Auf- oder Abschließen der Eingangstür eines Behördengebäudes ist ein Realakt ohne jeden Erklärungswert.

BEACHTE

Dem Merkmal Maßnahme kommt bei der Prüfung der Frage, ob ein Verwaltungsakt vorliegt, i. d. R. keine eigenständige Bedeutung zu, da jede Regelung zugleich eine Maßnahme darstellt und damit die eigenständige Prüfung des Merkmals Maßnahme überflüssig macht.

b) Behörde

Eine Behörde ist nach § 1 Abs. 4 VwVfG (des Bundes) „jede Stelle, die Aufgaben der öffentlichen Verwaltung wahrnimmt". Der Begriff ist weit auszulegen. Es kommt nicht darauf an, ob eine Stelle in den staatlichen Verwaltungsapparat eingegliedert ist. Entscheidend ist vielmehr allein ihre Funktion. Aus diesem Grund können auch organisatorisch selbständige Instanzen, die nicht zur Verwaltung gehören, Behörden sein. Dies gilt beispielsweise für Verfassungsorgane (Bundespräsident, Bundestag) oder Rechtsprechungsorgane (Gerichtspräsident), wenn sie Verwaltungsaufgaben wahrnehmen.

BEISPIELE

- Erteilt der Gerichtspräsident einem Rechtsanwalt die Zulassung, nimmt er Aufgaben der öffentlichen Verwaltung wahr und handelt damit als (Verwaltungs-)Behörde, obwohl er grundsätzlich der Judikative zuzurechnen ist. Dagegen ist das Aussprechen eines Urteils klassische Rechtsprechungsaufgabe.
- Die Entfernung eines Störers aus dem Bundestag führt der Bundestagspräsident, der eigentlich der Legislative zuzurechnen ist, als Behörde durch. Er nimmt nämlich seine sich aus Art. 40 GG ergebende Polizeigewalt – also eine Aufgabe der öffentlichen Verwaltung – wahr.

► Bei der Ernennung oder Entlassung eines Bundesministers durch den Bundeskanzler gem. Art. 64 Abs. 1 GG handelt es sich um einen Regierungsakt und nicht um Verwaltungstätigkeit. Gleiches gilt für den Erlass einer Richtlinie der Politik nach Art. 65 GG. Wird dagegen vom Minister ein Beamter ernannt oder entlassen, handelt der Minister als Behörde und mittels eines Verwaltungsaktes.

Einen Sonderfall stellt der sog. **Beliehene** dar. Bei ihm handelt es sich um eine Privatperson, der hoheitliche Aufgaben übertragen worden sind. Nach dem o. g. (funktionalen) Behördenbegriff wird der Beliehene in diesen Fällen als Behörde tätig, da er selbständig und auch im eigenen Namen eine öffentliche Aufgabe erfüllt. Aus diesem Grund können verwaltungsgerichtliche Klagen unmittelbar gegen ihn gerichtet werden.

BEACHTE

Von einer Behörde ist ihr Rechtsträger zu unterscheiden. Diesem werden bestimmte Rechte durch die jeweiligen Gesetze ausdrücklich zugewiesen. Die Behörde ist dagegen das handelnde Organ eines Rechtsträgers (z. B.: Einer Gemeinde steht das Recht zu, Baugenehmigungen zu erteilen. Ausgesprochen wird eine Baugenehmigung durch die Behörde der Gemeinde, etwa dem Bürgermeister.).

c) Auf dem Gebiet des öffentlichen Rechts

Mittels des Merkmals „öffentliches Recht" wird die Abgrenzung zum Privatrecht, zum Verfassungsrecht und zum Völkerrecht vorgenommen. Gemeint ist, wie sich aus § 1 VwVfG ergibt, ausschließlich das Verwaltungsrecht. Damit wird zugleich der Begriff „hoheitlich" erfasst, der immer dann gegeben ist, wenn eine Maßnahme dem öffentlichen Recht zuzuordnen ist.

Entscheidend für die Abgrenzung ist, ob eine Maßnahme „kraft" bzw. „aufgrund" öffentlichen Rechts eingetreten ist. Es müssen verwaltungsrechtliche Normen die Rechtsfolge herbeigeführt haben. Unerheblich ist, ob die Wirkung der Maßnahme „auf dem Gebiet" des öffentlichen Rechts eintritt. Insoweit ist der vom Gesetzgeber gewählte Begriff missverständlich.

BEISPIEL ► Die Zustimmung des Arbeitsamtes zu Massenentlassungen nach § 18 Abs. 1 KündSchG entfaltet ihre Wirkung zwar auf dem Gebiet des Privatrechts. Die Ermächtigungsgrundlage ist aber dem öffentlichen Recht zuzuordnen. Die Maßnahme wurde somit aufgrund öffentlichen Rechts erlassen. Derartige Regelungen bezeichnet man als privatrechtsgestaltende Verwaltungsakte.

Um festzustellen, ob ein Sachverhalt nach öffentlichem Recht zu beurteilen ist, muss die dem Handeln der Behörde zugrunde liegende Rechtsvorschrift festgestellt werden. Anschließend ist zu prüfen, ob diese Norm öffentlich-rechtlichen Charakter hat.

Hierzu haben sich im Wesentlichen drei Abgrenzungstheorien herausgebildet.

aa) Interessentheorie

Die Interessentheorie hat ihre Wurzeln im römischen Recht. Sie orientiert sich an der Interessenlage der jeweiligen Rechtssätze. Während es sich beim Privatrecht (z. B. dem BGB) um den Individualinteressen dienende Rechtsnormen handelt, richten sich öffentliche Normen (z. B. das VwVfG) am öffentlichen Interesse aus.

Die Theorie zeigt Schwächen, wenn die zugrunde liegenden Vorschriften sowohl privaten als auch öffentlichen Interessen dienen. Selbst „klassisches" Privatrecht folgt nämlich nicht nur privaten Interessen. So dient das Bürgerliche Gesetzbuch von seiner Gesamtkonzeption her auch dem öffentlichen Wohl, da es zu Rechtssicherheit und Rechtsklarheit führt. In manchen Vorschriften wird darüber hinaus ein sozialer und damit öffentlicher Charakter deutlich.

BEISPIEL Die Mietrechtsvorschriften (§§ 535 ff. BGB) versuchen einen gerechten Ausgleich zwischen Mieter und Vermieter zu schaffen, indem sie dem Vermieter nur unter ganz bestimmten Voraussetzungen (Eigenbedarf, mietvertragswidriger Gebrauch) ein Kündigungsrecht zusprechen. Dadurch wird ein sozialer Ausgleich geschaffen, der in erster Linie im öffentlichen Interesse liegt.

bb) Subjektions- oder Subordinationstheorie

Nach dieser Theorie ist eine Rechtsvorschrift dann dem öffentlichen Recht zuzurechnen, wenn zwischen den Beteiligten (also Staat und Bürger) ein Verhältnis der Über- und Unterordnung besteht. Kennzeichnend für das öffentliche Recht ist, dass eine Behörde ihre Maßnahmen einseitig festlegen kann und der Adressat daran gebunden ist.

BEISPIELE

- Polizei- und Ordnungsbehörden können ihre auf das Polizeigesetz oder Ordnungsbehördengesetz gestützten Maßnahmen auch gegen den Willen der Betroffenen einseitig festlegen und durchsetzen.
- Die durch Steuerbescheid festgesetzte Steuernachzahlung erfolgt einseitig und lässt sich im Wege der Verwaltungsvollstreckung ohne Einschaltung eines Gerichts durchsetzen.

Zum Privatrecht gehören nach der Subjektionstheorie dagegen die Rechtssätze, die auf Gleichordnung beruhen.

BEISPIEL Insbesondere Verträge (siehe hierzu §§ 145 ff., 433 ff., 535 ff. BGB) beruhen auf dem Prinzip der Gleichordnung zwischen den Vertragsparteien und sind damit privatrechtlich.

Auch die Subjektionstheorie vermag nicht alle Sachverhalte überzeugend zu lösen. Dies gilt insbesondere dann, wenn es um Leistungspflichten des Staates geht, auf die der Bürger einen Anspruch hat. In diesen Fällen liegt ein Über- bzw. Unterordnungsverhältnis nicht vor. Trotzdem stammt die Anspruchsgrundlage aus dem öffentlichen Recht. Außerdem sehen auch klassische öffentlich-rechtliche Gesetze wie das Verwaltungsverfassungsgesetz gleichrangige Rechtsverhältnisse vor.

BEISPIEL Beim verwaltungsrechtlichen Vertrag nach §§ 54 ff. VwVfG nehmen die Beteiligten gleichrangige Rechtspositionen ein. Dennoch handelt es sich beim Verwaltungsverfassungsgesetz um öffentliches Recht.

Schwächen offenbart diese Theorie des Weiteren dann, wenn privatrechtliche Gesetze Über- und Unterordnungsverhältnisse enthalten.

BEISPIELE Die Direktionsbefugnis des Arbeitgebers gegenüber dem Arbeitnehmer nach § 611 BGB stellt zwar ein Über- und Unterordnungsverhältnis dar, ist aber dennoch dem Privatrecht zuzuordnen.

Das elterliche Sorgerecht (vgl. §§ 1626 ff. BGB) berechtigt die Eltern, auch gegen den Willen der Kinder einseitig Entscheidungen zu treffen. Gleichwohl handelt es sich nicht um öffentliches Recht, sondern um Privatrecht.

cc) Sonderrechtstheorie oder neuere Subjektstheorie

Die Sonderrechtstheorie besagt, dass die Rechtssätze, die auf der einen Seite ausschließlich einen Träger hoheitlicher Gewalt berechtigen oder verpflichten, dem öffentlichen Recht zuzuordnen sind. Sie bezeichnet das öffentliche Recht als das Sonderrecht des Staates, während das Privatrecht ein „Jedermannsrecht" darstellt, da hiervon nicht nur der Staat, sondern jedermann Gebrauch machen kann.

BEISPIELE Von den Vorschriften des BGB können sowohl Bürger als auch die Verwaltung Gebrauch machen. Es handelt sich um Privatrecht.

Die Anwendung der Normen des Polizei- und Ordnungsrechts oder des Steuerrechts obliegt dagegen allein den zuständigen Behörden. Es handelt sich um öffentliches Recht.

Die Sonderrechtstheorie stellt die praktikabelste der Abgrenzungstheorien dar, da sie sowohl die Fälle der Eingriffs- als auch die der Leistungsverwaltung zufriedenstellend löst. Aus diesem Grunde wird sie von einem Großteil der Lehre vertreten. Die anderen Theorien sowie einige an dieser Stelle nicht genannte Hilfstheorien (z. B. Sachzusammenhangstheorie, Traditionstheorie) sind aber nicht unanwendbar. Auf sie sollte jedoch nur dann zurückgegriffen werden, wenn die Sonderrechtstheorie zu keinem schlüssigen Ergebnis führt.

Im Übrigen ist eine Abgrenzung zwischen öffentlichem und privatem Recht zumeist unproblematisch. Der Charakter eines Gesetzes lässt sich nämlich i. d. R. einfach feststellen. Schwierigkeiten entstehen vielmehr, weil zweifelhaft ist, welche Rechtsnorm auf den zu entscheidenden Fall anzuwenden ist.

BEISPIEL Gegen einen störenden Besucher eines Verwaltungsgebäudes kann ein **Hausverbot** ausgesprochen werden. Problematisch ist, welche Rechtsnorm den zuständigen Behördenleiter hierzu berechtigt. Diese kann sich aus privatrechtlichen Besitz und Eigentumsverhältnissen der §§ 859 f., 903, 1004 BGB ergeben, aber auch aufgrund der öffentlich-rechtlichen Sachherrschaft.

Um eine sinnvolle Differenzierung treffen zu können, unterscheidet die Rechtsprechung nach dem Zweck des Besuchs. Hat der Besucher das Gebäude zur Wahrnehmung öffentlich-rechtlicher Angelegenheiten (z. B. Ausstellung eines Personalausweises, Ummeldung eines Kfz) betreten, handele es sich um öffentliches Recht. Geschah der Besuch zur Erledigung privatrechtlicher Geschäfte (z. B. ein Berufsfotograf im Standesamt), liege privates Recht vor.

Nach wohl herrschender Auffassung sollte dagegen auf den **Zweck des Hausverbots** abgestellt werden. Sofern das Hausverbot der Sicherung der Erfüllung öffentlich-rechtlicher Aufgaben diene, handelt es sich einheitlich um öffentliches Recht. Auf den **Zweck des Besuchs** kommt es dabei nicht an.

Prüfungsreihenfolge beim Merkmal öffentliches Recht

1. Feststellung der Vorschrift, nach der der Sachverhalt zu entscheiden ist.
2. Prüfung der Rechtsnorm anhand der Abgrenzungstheorien zum öffentlichen Recht.

dd) Sonderfall zweistufige Rechtsverhältnisse

Heftig umstritten ist die Zuordnung zu öffentlichem oder privatem Recht für den Teil der Leistungsverwaltung, bei dem es um die Vergabe von Subventionen oder die Benutzung öffentlicher Einrichtungen geht.

BEISPIELE

- Unternehmer U erhält zur Sanierung seines Betriebs ein zinsloses Darlehen.
- A erhält die Erlaubnis, in einer Schule eine kommerzielle Diashow vorzuführen.

Der auf den ersten Blick einheitliche Sachverhalt wird von der h. M. aufgespalten. Man unterscheidet nach der sog. **Zweistufentheorie** zwei Fragestellungen. Zunächst müsse geklärt werden, ob der Antragsteller zum geförderten bzw. begünstigten Personenkreis gehört (1. Stufe). Anschließend würde geregelt, wie Auszahlung und Rückzahlung des Darlehens zu erfolgen haben (2. Stufe). Die erste Stufe sei nach öffentlichem Recht zu beurteilen. Bei der Bewilligungserteilung handele es sich deshalb um einen Verwaltungsakt. Die Ausgestaltung des Rechtsverhältnisses geschehe dagegen nach Privatrecht. Es handele sich um einen privaten Vertrag (z. B. Darlehensvertrag).

BEISPIEL Die Bewilligung des Darlehens im o. g. Beispiel ist öffentlich-rechtlich und erfolgt durch Verwaltungsakt (1. Stufe = „ob“). Die Abwicklung (z. B. Rückzahlungsmodalitäten, Sicherheiten) geschieht privatrechtlich mittels eines Darlehensvertrages (2. Stufe = „wie“).

Die Zweistufentheorie hat Auswirkungen insbesondere auf den Rechtsweg. Während bei Streitigkeiten bezüglich der 1. Stufe die Verwaltungsgerichte angerufen werden müssen, entscheiden die Zivilgerichte über Streitigkeiten aus den abgeschlossenen (Privat-)Verträgen.

Da die Zweistufentheorie ein einheitliches Lebensverhältnis in zwei Rechtsverhältnisse (künstlich) trennt und sich hieraus Abgrenzungsschwierigkeiten zwischen den beiden Stufen ergeben können, ist sie in die Kritik geraten. Im Schrifttum wird deshalb versucht, das gesamte Rechtsverhältnis entweder einheitlich als Verwaltungsakt, als Verwaltungsvertrag oder als privatrechtlichen Vertrag einzuordnen. Ob damit allerdings in praktischer Hinsicht Verbesserungen erzielt werden können, bleibt fraglich.

FALL

Die Abgrenzung von öffentlichem und privatem Recht

Sachverhalt

A möchte eine Gaststätte eröffnen. Er beantragt und erhält eine Gaststättenerlaubnis (1). Anschließend mietet A entsprechende Räumlichkeiten (2) und schließt mit einer Brauerei einen Vertrag über den Einkauf von Getränken (3). Wenige Wochen später mietet die Stadtverwaltung einen Saal der Gaststätte für die alljährliche Weihnachtsfeier (4). Da in der Folgezeit in der Gaststätte mehrfach mit Rauschgift gehandelt wird, entzieht die zuständige Behörde A nach wenigen Monaten die Gaststättenerlaubnis (5).

Ordnen Sie bitte die sechs Sachverhaltsalternativen dem öffentlichen Recht oder dem Privatrecht zu!

Lösung

(1) Die Erteilung einer Gaststättenerlaubnis (= Sachverhalt) erfolgt aufgrund von § 4 GastG. Zur Ausführung des Gaststättengesetzes sind nach § 1 Abs. 1 GastVO BW die unteren Landesbehörden zuständig. Es handelt sich nach der Sonderrechtstheorie um öffentliches Recht, da auf der einen Seite ausschließlich ein Träger hoheitlicher Gewalt berechtigt und verpflichtet ist.

(2) Das Mieten von Räumlichkeiten stellt einen Mietvertrag nach § 535 BGB dar. Dieser Norm kann sich jedermann bedienen. Es handelt sich somit um Privatrecht.

(3) Der Vertrag über die Lieferung von Getränken ist ein Kaufvertrag nach § 433 BGB. Es liegt Privatrecht vor.

(4) Auch hier handelt es sich um einen Mietvertrag und damit um Privatrecht. Zwar steht auf der einen Seite, nämlich als Mieter, eine Behörde, dies führt aber nicht dazu, dass öffentliches Recht vorliegt. Auch die Verwaltung kann sich der Normen des Privatrechts bedienen.

(5) Zur Rücknahme der Gaststättenerlaubnis ist gem. § 15 GastG i.V. mit § 1 Abs. 1 GastVO BW allein die zuständige Behörde berechtigt. Damit handelt es sich um öffentliches Recht.

d) Regelung

aa) Begriff

Um eine Regelung handelt es sich, wenn die Maßnahme nach dem Willen der Behörde darauf gerichtet ist, einseitig und mit dem Anspruch auf Verbindlichkeit eine unmittelbare Rechtswirkung zu erzeugen. Eine Rechtswirkung ist dann anzunehmen, wenn Rechte und/oder Pflichten begründet, geändert, aufgehoben, verbindlich festgestellt oder verneint werden.

bb) Behördenwille

Die Rechtsfolge muss aufgrund Behördenwillens eintreten. Sie darf sich nicht als bloßer Rechtsreflex oder kraft Gesetzes ergeben.

BEISPIEL Die falsche Auskunft einer Behörde kann zwar Rechtsfolgen (z. B. Amtshaftungsansprüche gem. § 839 BGB, Art. 34 GG) auslösen, stellt aber keine Regelung dar, weil die Herbeiführung einer Rechtsfolge nicht gewollt war. Die Rechtsfolge ergibt sich vielmehr kraft Gesetzes.

cc) Einseitigkeit der Maßnahme

Da die Rechtsfolge einseitig und mit dem Anspruch auf Verbindlichkeit erfolgen muss, kann ein öffentlich-rechtlicher Vertrag, der zweiseitig ist, kein Verwaltungsakt sein.

Auch rechtsgeschäftliche Willenserklärungen im Rahmen verwaltungsrechtlicher Schuldverhältnisse sind keine Regelungen, da die Rechtsfolge zwar aufgrund Behördenwillens eintritt, es jedoch an der erforderlichen Verbindlichkeit fehlt. Sind nämlich die gesetzlichen Voraussetzungen nicht erfüllt, tritt die gewünschte Rechtsfolge nicht ein. Regelungen in Form eines Verwaltungsaktes sind hingegen auch dann verbindlich, wenn die Voraussetzungen für ihren Erlass nicht vorliegen.

BEISPIEL Eine Behörde kann bei öffentlich-rechtlichen Forderungen die Aufrechnung erklären. Liegen die Voraussetzungen der §§ 387 ff. BGB nicht vor, tritt die gewünschte Rechtsfolge nicht ein. Die gegenseitigen Forderungen erlöschen nicht. Es handelt sich bei der Aufrechnung somit nicht um eine Regelung.

Nimmt die Behörde eine Gewerbeerlaubnis zurück, obwohl die behauptete Unzuverlässigkeit des Gewerbetreibenden nicht vorliegt und es damit an den Voraussetzungen des § 35 GewO fehlt, tritt die Rechtsfolge trotz bestehender Rechtswidrigkeit ein, sofern der Betroffene keine Rechtsbehelfe einlegt. Die Maßnahme ist daher eine Regelung.

dd) Unmittelbarkeit der Rechtswirkung

Es muss eine unmittelbare Rechtswirkung erzeugt werden. Dies ist dann nicht der Fall, wenn es sich um bloße Auskünfte, Belehrungen, Hinweise auf eine bestehende Gesetzeslage, gutachtliche Stellungnahmen usw. handelt. Selbst wenn die Behörde es wollte, können keine Rechtsfolgen eintreten.

BEISPIEL Eine Auskunft (z. B. über die Voraussetzungen für die Aufnahme eines Gewerbebetriebs) stellt eine rein informative Mitteilung über tatsächliche Umstände oder rechtliche Verhältnisse dar. Eventuelle Rechtsfolgen ergeben sich allenfalls mittelbar und im Übrigen auch nicht aufgrund Behördenwillens.

ee) Abgrenzungsfragen

(1) Ablehnung eines Verwaltungsaktes

Bei der Ablehnung eines Verwaltungsaktes ist der Regelungscharakter nicht ohne Weiteres erkennbar. Die Behörde weigert sich, eine vom Antragsteller gewünschte Rechtsfolge zu erzeugen. Trotzdem nimmt man in diesen Fällen eine Regelung an, wenn die Vornahme des beantragten Verwaltungsaktes eine Regelung wäre.

BEISPIEL Die Ablehnung einer Baugenehmigung ist deshalb eine Regelung, weil ihre Erteilung eine Regelung darstellt. Sie erlaubt dem Bauherrn nämlich, die beschriebene Baumaßnahme durchzuführen.

(2) Rein tatsächliche Verwaltungshandlungen (sog. Realakte)

Sie stellen keine Regelungen dar. Oft handelt es sich noch nicht einmal um eine Maßnahme. Aber selbst dann, wenn sie Rechtsfolgen nach sich ziehen, tritt diese Wirkung unabhängig vom Behördenwillen, eventuell sogar gegen den Willen der Behörde ein.

BEISPIELE

- Der aus einem städtischen Schlachthof dringende Geruch und Lärm ist keine Maßnahme. Eventuelle Rechtsfolgen, die durch die Belästigung der Nachbarn entstehen, treten nicht aufgrund des Behördenwillens ein.
- Die Eintragung in das Verkehrszentralregister stellt zwar eine Maßnahme dar. Sie selbst löst beim Betroffenen keine Rechtsfolge aus, die auf den Willen der Behörde zurückgeht. Es wird lediglich eine Tatsachengrundlage zur Vorbereitung weiterer Entscheidungen geschaffen.
- Weitere Realakte: Glückwunschadressen, bloße Mitteilungen, Belehrungen, Warnungen.

(3) Vorbereitungsakte

Schwierig ist häufig die Abgrenzung zu den sog. Vorbereitungsakten, also den Handlungen der Behörden, die der späteren Entscheidung vorausgehen. In diesen Fällen liegt dann keine Regelung vor, wenn eine abschließende Entscheidung noch fehlt.

BEISPIELE

- Stellungnahmen, Berichte und Gutachten, die die endgültige Entscheidung vorbereiten, haben keinen Regelungscharakter.
- Auch bei Ladungen zu mündlichen oder schriftlichen Prüfungen eines Staatsexamens oder einer Laufbahnprüfung fehlt es am Vorliegen einer Regelung.
- Einzelnoten von Klassenarbeiten oder Abiturarbeiten mangelt es an der Regelungswirkung, sofern die Einzelnote für den Zugang zu einem Studienfach keine Bedeutung hat.
- Die Mitwirkung anderer Behörden vor Erlass eines Verwaltungsaktes (bei sog. mehrstufigen Verwaltungsakten) stellt i. d. R. eine bloße Vorbereitungshandlung dar.

Derartige Vorbereitungsakte können nicht selbständig angefochten werden. Es muss vielmehr die endgültige Entscheidung abgewartet werden. Rechtsbehelfe sind dann gegen diesen Verwaltungsakt zu richten.

In manchen Fällen wird jedoch auch bei vorbereitenden Maßnahmen ausnahmsweise eine Regelung bejaht. So kann gegen eine vorbereitende Anordnung vorgegangen werden, wenn die Maßnahme von der Behörde selbständig durchgesetzt werden könnte.

BEISPIEL Die Anordnung, sich zur Musterung vorzustellen, kann nach § 44 Abs. 2, § 17 WPflG durch das Kreiswehrersatzamt selbständig durchgesetzt werden. Sie ist deshalb ein Verwaltungsakt. Das Ergebnis der Musterung, das ebenfalls Verwaltungsaktsqualität hat, braucht nicht abgewartet zu werden.

Enthalten vorbereitende Maßnahmen materiell-rechtliche **Teilentscheidungen**, wird also die Gesamtentscheidung in verschiedene Einzelentscheidungen gesplittet, handelt es sich bei jeder Teilentscheidung um Verwaltungsakte. Es wird nämlich über einzelne Elemente bzw. Vorfragen **endgültig** entschieden.

BEISPIEL Im bauordnungsrechtlichen Vorbescheid nach § 71 BauO NRW wird über die Baulandsqualität eines Grundstücks vorab entschieden. Es handelt sich um eine endgültige Entscheidung mit Regelungscharakter, auch wenn sich weitere Verwaltungsakte anschließen.

Auch **vorläufige Verwaltungsakte** (sog. **Vorbescheide**), die i. d. R. unwirksam werden, wenn nicht innerhalb einer Frist die endgültige Genehmigung beantragt wird, enthalten eine Regelung.

BEISPIELE

- Vorläufige Erlaubnis zur Übernahme eines bestehenden Gaststättenbetriebs nach § 11 GastG,
- einstweilige Erlaubnis nach § 20 PBefG,
- vorläufige Steuerfestsetzung nach § 165 AO.

(4) Zusage und Zusicherung

Fraglich ist, ob die Zusage eine Regelung enthält und damit, sofern die anderen Voraussetzungen des § 35 Satz 1 VwVfG vorliegen, einen Verwaltungsakt darstellt.

Die Zusage ist das verbindliche Versprechen einer Behörde, eine bestimmte Maßnahme vorzunehmen oder zu unterlassen. Bezieht sie sich auf einen Verwaltungsakt, spricht man von einer Zusicherung (§ 38 Abs. 1 Satz 1 VwVfG). In diesem Fall bedarf es zu ihrer Wirksamkeit der Schriftform.

BEISPIELE

- Bei der Zusage, eine Baugenehmigung zu erteilen, handelt es sich um eine Zusicherung.
- Die Zusage, eine Auskunft zu geben, ist dagegen keine Zusicherung, da der Auskunft der Regelungscharakter fehlt.

- Das bloße Inaussichtstellen eines Verwaltungsaktes stellt keine (verbindliche) Zusage und damit auch keine Zusicherung dar.

Die wohl überwiegende Meinung bejaht den Regelungscharakter jedenfalls für die **Zusicherung**, da einseitig eine Verpflichtung der Behörde begründet werden soll. Der Streit hat heute an Bedeutung verloren, seitdem § 38 Abs. 2 VwVfG wesentliche Vorschriften über den Verwaltungsakt für anwendbar erklärt. Die Vorschrift stellt für die Zusicherung im Unterschied zu den anderen Verwaltungsakten in § 38 Abs. 3 VwVfG klar, dass bei Änderung der Sach- und Rechtslage die Behörde an die Zusicherung nicht mehr gebunden ist, wenn sie bei Kenntnis der Änderung die Zusicherung nicht gegeben hätte oder nicht hätte geben dürfen. Auf die bei rechtmäßigen, begünstigenden Verwaltungsakten notwendigen Widerrufsvoraussetzungen des § 49 Abs. 2 Nr. 3 bis 5 VwVfG (siehe § 28 II.6.) kommt es nicht an. Es kann auch nicht nach § 49 Abs. 6 VwVfG Schadensersatz verlangt werden. Die Zusicherung ist eben noch nicht der begehrte Verwaltungsakt.

(5) Zweitbescheid und wiederholende Verfügung

Ein Zweitbescheid, durch den die Behörde aufgrund erneuter sachlicher Überprüfung eines unanfechtbaren Verwaltungsaktes eine eventuell andere Regelung trifft, ist ein Verwaltungsakt. Etwas anderes gilt allerdings dann, wenn die Behörde ohne eine derartige erneute sachliche Überprüfung den ursprünglichen Verwaltungsakt in vollem Umfang bestätigt. Es handelt sich dann um eine wiederholende Verfügung, die keine neue, eigenständige Regelung enthält, sofern allein auf die frühere Regelung Bezug genommen wird.

BEISPIEL A soll aufgrund eines bestandskräftigen Verwaltungsaktes sein baufälliges Haus abreißen. Er beantragt die Aufhebung des Bescheides, was die Behörde unter Hinweis auf ihre frühere Entscheidung jedoch ablehnt (= wiederholende Verfügung).

e) Außenwirkung

aa) Begriff

Nach § 35 Satz 1 VwVfG muss die von einer Behörde getroffene Regelung auf unmittelbare Rechtswirkung nach außen gerichtet sein. Dies bedeutet, dass die Rechtsfolgen einer Regelung nach dem Willen der Behörde gegenüber einer außerhalb der Verwaltung stehenden (natürlichen oder juristischen) Person eintreten sollen. Damit wird verwaltungs**internen** Maßnahmen i. d. R. die Verwaltungsaktsqualität abgesprochen.

BEISPIELE

- Entwurf eines Verwaltungsaktes;
- Weisung des Vorgesetzten an einen Beamten, einen Verwaltungsakt zu erlassen.

Unerheblich ist, ob die Rechtsfolgen eine außerhalb der Verwaltung stehende Person (bereits) tatsächlich treffen. Es reicht vielmehr aus, dass die Maßnahme ihrem objektiven Sinngehalt nach dazu bestimmt ist, Außenwirkung zu entfalten. Es kommt allein auf den Willen der handelnden Behörde an.

BEISPIEL Die Verfügung, ein baufälliges Haus bis zum 30.6. abzureißen, entfaltet bereits mit der Bekanntgabe am 3.4. Außenwirkung.

Fehlende Außenwirkung bedeutet allerdings nicht zwingend, dass dem Betroffenen keinerlei Rechtsschutz zusteht. Er kann vielmehr u.U. auf die Rechtsbehelfe zurückgreifen, die einen Verwaltungsakt nicht voraussetzen (z.B. die allgemeine Leistungsklage). Voraussetzung ist allerdings, dass ein Bedürfnis nach Rechtsschutz besteht, was zumeist nicht der Fall ist.

bb) Abgrenzungsfälle

In den meisten Fällen kann die Außenwirkung problemlos bejaht werden.

BEISPIELE

- Die Versagung einer Gewerbeerlaubnis trifft den außerhalb der handelnden Verwaltung stehenden Antragsteller.
- Die Erteilung einer Baugenehmigung begünstigt den Bauherrn, der kein Teil der Verwaltung ist.

Abgrenzungsschwierigkeiten ergeben sich aber in den folgenden Fällen:

(1) Innerdienstliche Weisungen bzw. Maßnahmen

Sie richtet ein Dienstvorgesetzter an nachgeordnete Behörden oder an seine Bediensteten. Diese sind verpflichtet, den Anordnungen nachzukommen, soweit sie ihre dienstliche Stellung oder Tätigkeit betreffen.

BEISPIELE

- Die Anordnung eines Referenten an seinen Sachbearbeiter, in einem laufenden Verwaltungsverfahren eine bestimmte Entscheidung zu treffen.
- Der Regierungspräsident weist die Verwaltung einer in seinem Regierungsbezirk liegenden Stadt an, ein auf dem Dach eines Gebäudes angebrachtes Kunstwerk entfernen zu lassen, da bei Sturm ein Abstürzen droht.

In beiden Fällen handelt es sich um verwaltungsinterne Maßnahmen. Etwas anderes gilt erst dann, wenn der o.g. Sachbearbeiter dem betroffenen Bürger die Entscheidung mitteilt oder die Stadt den Eigentümer des Hauses zum Abbau des Kunstwerkes auffordert. Mit der Mitteilung der Entscheidung tritt die Außenwirkung der Maßnahme ein, da ab diesem Moment außerhalb der Verwaltung stehende Personen betroffen sind.

Um keine innerdienstlichen Maßnahmen handelt es sich jedoch, wenn ein Beamter nicht in seiner Eigenschaft als Amtswalter, also als Teil der Verwaltung, sondern als selbständige Rechtsperson (in persönlicher Hinsicht) betroffen ist. In diesem Fall steht er außerhalb der Verwaltung.

BEISPIELE

- Beamter A wird von der Bundesfinanzdirektion West in Köln an die Bundesfinanzdirektion Südost in Nürnberg versetzt.
- Beamter B wird vom Oberinspektor zum Amtmann befördert.
- C wird zum Beamten ernannt, Beamter D wird aus dem Beamtenverhältnis entlassen.
- Ein Beamtenanwärter besteht die Laufbahnprüfung nicht.

Zur Unterscheidung zwischen innerdienstlicher Weisung und Verwaltungsakt hat sich die folgende Faustformel herausgebildet. Gilt eine Anordnung auch für einen Urlaubsvertreter oder Amtsnachfolger, handelt es sich um eine innerdienstliche Maßnahme. Außenwirkung liegt (und damit i. d. R. ein Verwaltungsakt) dagegen vor, wenn die Maßnahme für einen Vertreter oder Nachfolger keine Rechtswirkungen entfaltet.

BEISPIELE

- Die Festsetzung des Besoldungsdienstalters trifft nur den jeweiligen Beamten selbst. Es handelt sich um einen Verwaltungsakt.
- Die Weisung, ein anderes Dienstzimmer zu benutzen, würde auch einen Amtsnachfolger treffen. Es liegt eine verwaltungsinterne, innerdienstliche Maßnahme vor.

Sehr umstritten war und ist zum Teil noch die Umsetzung eines Beamten, also die Zuweisung eines anderen Aufgabenbereichs (eines anderen Amtes) innerhalb derselben Behörde.

BEISPIEL Dem bei einem Hauptzollamt tätigen Zollamtsrat A wird statt des Sachgebietes „Vollstreckung" das Sachgebiet „Strafsachen" beim gleichen Hauptzollamt übertragen.

Es sollte der Auffassung des Bundesverwaltungsgerichts gefolgt werden, nach der die Umsetzung kein Verwaltungsakt ist, da sie sich ihrem objektiven Sinngehalt nach auf die Funktionsfähigkeit der Verwaltung beschränkt und nicht über die Organisationseinheit hinausgeht, der der Beamte angehört. Der betroffene Beamte erhält in diesen Fällen Rechtsschutz nicht über eine Anfechtungsklage, sondern über eine allgemeine Leistungsklage, die einen Verwaltungsakt nicht voraussetzt.

Im Hinblick auf die Rechtsstellung von Richtern, Soldaten, Zivildienstleistenden, Schülern, Strafgefangenen und anderen zwangsweise Untergebrachten bestehen ähnliche Probleme. Früher ordnete man alle diese Fälle dem sog. „besonderen Gewaltverhältnis" zu. Heute wird meist vom „Sonderverhältnis", „Sonderrechtsverhältnis" oder „Sonderstatusverhältnis" gesprochen.

(2) Maßnahmen zwischen Behörden

Maßnahmen, deren Rechtswirkungen sich ausschließlich zwischen Behörden **desselben Rechtsträgers** entfalten, sind keine Verwaltungsakte. Ihnen fehlt die Außenwirkung. Anders ist dies, wenn die Rechtswirkungen zwischen Behörden unterschiedlicher Rechtsträger eintreten.

BEISPIELE

- Die Bundesfinanzdirektion West ordnet gegenüber dem nachgeordneten Hauptzollamt Köln an, in einem Verfahren eine bestimmte Entscheidung zu treffen. Es handelt sich um unterschiedliche Behörden. Beide sind jedoch demselben Rechtsträger, nämlich der Bundesrepublik Deutschland, zuzuordnen. Es liegt keine Außenwirkung vor. Gleiches gilt im Übrigen für alle Weisungen von Bundesministerien an ihre im Rahmen der unmittelbaren Staatsverwaltung nachgeordneten Behörden.
- Der Regierungspräsident Münster weist die (kreisfreie) Stadt Münster an, zusätzliche Kindergärten einzurichten. Die Maßnahme betrifft den (Selbstverwaltungs-)Bereich eines anderen Rechtsträgers. Hinter dem Regierungspräsidenten stehender Rechtsträger ist das Bundesland Nordrhein-Westfalen. Die Stadt Münster ist dagegen als eigenständige Selbstverwaltungskörperschaft ihr eigener Rechtsträger. Es liegt Außenwirkung und auch ein Verwaltungsakt vor.

Etwas anderes gilt jedoch dann, wenn die Gemeinde staatliche Aufgaben im sog. „übertragenen Wirkungskreis" erfüllt (z. B. Meldewesen, Wohnungsbauförderung). Hier wird die Gemeinde nicht als eigener Rechtsträger tätig. Sie ist vielmehr unmittelbar als „verlängerter Arm des Staates" betroffen, sodass Anweisungen verwaltungsintern bleiben.

f) Einzelfall

aa) Begriff

Schließlich muss eine hoheitliche Maßnahme, um als Verwaltungsakt gelten zu können, einen Einzelfall darstellen. Der Einzelfall ist eine konkret-individuelle Regelung, d. h. eine Maßnahme, die einen konkreten Sachverhalt für einen individuellen Adressaten regelt.

Dieses Merkmal grenzt den Verwaltungsakt von der Rechtsnorm ab. Im Gegensatz zum Verwaltungsakt ist eine Rechtsnorm nicht konkret-individuell, sondern vielmehr abstrakt-generell. Sie betrifft somit im Regelfall eine unbestimmte Vielzahl von Sachverhalten (= abstrakt) und Adressaten (= generell).

BEISPIELE

- Fußballspieler D erhält die deutsche Staatsbürgerschaft. Es ist nur ein Adressat betroffen. Es wird nur ein Sachverhalt, nämlich die Staatsbürgerschaft von D, geregelt. Also handelt es sich um eine konkret-individuelle Regelung und damit um einen Einzelfall.
- Gleiches gilt für die Ernennung eines Beamten, die Erteilung einer Gewerbeerlaubnis oder eine Baugenehmigung.
- Gemeinde G verlangt von allen Benutzern des Schwimmbads, beim Baden eine Badekappe zu tragen. Von dieser Regelung wird eine unbestimmte Vielzahl von Adressaten (generell) betroffen, denn die Benutzer des Schwimmbads sind bei Erlass der Regelung nicht bekannt. Darüber hinaus handelt es sich um eine unbestimmte Vielzahl von Sachverhalten (abstrakt), da man heute nicht wissen kann, wer an welchen Tagen und für welchen Zeitraum das Schwimmbad benutzen wird. Es liegt eine Rechtsnorm in Form einer Satzung vor, sofern das Anstaltsbenutzungsverhältnis nicht privatrechtlich ausgestaltet wurde.
- Der Bebauungsplan einer Gemeinde ist ebenfalls abstrakt-generell und damit eine Satzung.

Die Unterscheidung ist deshalb von Bedeutung, weil die Verwaltung sowohl Verwaltungsakte als auch Rechtsnormen (in Form von Rechtsverordnungen und Satzungen) erlassen kann. Für beide Handlungsformen werden unterschiedliche Voraussetzungen an Verfahren, Form und Wirksamkeit gestellt. Auch der Rechtsschutz ist verschieden. Er ist bei Rechtsnormen weniger stark ausgebaut. Während bei Verwaltungsakten der Rechtsweg immer gegeben ist, kann gegen belastende Rechtsverordnungen und Satzungen nur unter eingeschränkten Voraussetzungen mit der Normenkontrollklage vorgegangen werden (vgl. § 47 Abs. 1 VwGO).

Konkret-individuelle Verwaltungsakte stellen meist eine Konkretisierung abstrakt-genereller Rechtsnormen dar. Die „allgemeine" Rechtsnorm bedarf einer Präzisierung für den Einzelfall. Das Gesetz legt die Voraussetzungen „allgemein" fest, unter denen die zuständige Behörde konkrete Maßnahmen treffen darf.

Die Unterscheidung in konkret-individuell und abstrakt-generell lässt sich nicht immer ohne Weiteres durchführen. Da ein Sachverhalt konkret oder abstrakt, der Adressatenkreis individuell oder generell sein kann, ergeben sich vier mögliche Konstellationen. Dies sind:

- konkret-individuell,
- abstrakt-generell,
- konkret-generell,
- abstrakt-individuell.

Während die Begriffspaare konkret-individuell (= „klassischer" Verwaltungsakt) und abstrakt-generell (= „klassische" Rechtsnorm), wie geschildert, einzuordnen sind, war dies bei den Mischformen abstrakt-individuell und konkret-generell lange Zeit umstritten.

Im Folgenden sollen die vier unterschiedlichen Alternativen unter Berücksichtigung ihrer Besonderheiten vorgestellt werden.

bb) Konkret-individuelle Regelung

Es ist nicht zwingend erforderlich, dass Adressat der Regelung nur eine einzige Person ist. Auch Maßnahmen gegenüber Personengemeinschaften sind konkret-individuell.

BEISPIELE

- Eigentümergemeinschaft,
- Erbengemeinschaft.

cc) Abstrakt-generelle Regelung

Bei abstrakt-generellen Regelungen handelt es sich immer um Rechtsnormen.

BEISPIELE

- Satzung: Bebauungsplan;
- Rechtsverordnung: Gaststättenverordnung, Straßenverkehrsordnung, Straßenverkehrszulassungsordnung.

dd) Abstrakt-individuelle Regelung

Die abstrakt-individuelle Regelung ist die erste Mischform, die nicht in das klassische Grundschema der Abgrenzung von Verwaltungsakt und Rechtsnorm passt. Es gibt zwar einen individuellen Adressaten, jedoch wird für diesen eine Vielzahl von abstrakten Sachverhalten geregelt. Trotzdem handelt es sich um einen Verwaltungsakt.

Dieses Ergebnis geht vornehmlich auf einen vom OVG Münster entschiedenen Fall zurück (OVG E 16, S. 289 ff.). Das Gericht hatte über eine Anordnung zu entscheiden, die es einem Kraftwerksbetreiber gebot, bei Gefahr von Glatteisbildung wegen der von den Kühltürmen austretenden Wasserdämpfe die umliegenden Straßen zu streuen. Hier handelt es sich zwar um einen einzelnen Adressaten, jedoch liegt eine abstrakte Regelung vor, da sie im Zeitpunkt des Erlasses für eine nicht vorhersehbare unbestimmte Vielzahl von Fällen gedacht ist.

Derartige Konstellationen ergeben sich immer dann, wenn eine Regelung eine gewisse Dauerwirkung entfaltet und nur bei Hinzutreten weiterer Umstände eine Handlungspflicht auferlegt wird.

BEISPIELE

- Verfügung, einem bissigen Hund bei Verlassen der Wohnung einen Maulkorb anzulegen.
- Anordnung, in einen Versammlungssaal nicht mehr als 100 Personen gleichzeitig einzulassen.

In diesen Fällen steht zum Zeitpunkt des Erlasses des Verwaltungsaktes noch nicht fest, wann und wie häufig der zu regelnde Sachverhalt eintritt. Es ist nicht bekannt, wie oft der Hund ausgeführt oder der Versammlungsraum vermietet wird. Man nimmt trotzdem einen Verwaltungsakt an, da jedes andere Ergebnis unpraktikabel wäre. Würde es sich nämlich um eine Rechtsnorm handeln, müssten deren komplizierten Erlassvoraussetzungen beachtet werden.

ee) Konkret-generelle Regelung (sog. Allgemeinverfügung)

Bei der Allgemeinverfügung liegt zwar ein einziger Sachverhalt vor, jedoch wird hiervon ein Personenkreis betroffen, der sich nicht ohne Weiteres bestimmen lässt. Damit enthält die Allgemeinverfügung Elemente des Verwaltungsaktes (konkret), aber auch der Rechtsnorm (generell). Aus diesem Grund waren der Begriff der Allgemeinverfügung und ihre rechtliche Einordnung lange Zeit umstritten. Der Gesetzgeber hat durch § 35 Satz 2 VwVfG den unterschiedlichen Auffassungen weitgehend ein Ende gesetzt, indem er bestimmte Fälle der Allgemeinverfügung als Verwaltungsakt bezeichnet. Nach § 35 Satz 2 VwVfG sind drei Arten zu unterscheiden.

(1) Adressatenbezogene Allgemeinverfügung

Sie ist ein Verwaltungsakt, der sich an einen nach allgemeinen Merkmalen bestimmten oder bestimmbaren Personenkreis richtet (§ 35 Satz 2, 1. Alt. VwVfG). Bestimmt ist ein Personenkreis, wenn bei Erlass einer Regelung die Adressaten feststehen.

BEISPIEL Die Aufforderung der Polizei, ein einsturzgefährdetes Haus zu verlassen, ist eine Allgemeinverfügung, da sie sich nicht an eine individuelle Person richtet, sondern an alle diejenigen, die sich zum Zeitpunkt der Anordnung im Haus befinden.

Es gibt Stimmen im Schrifttum, die diese Fälle nicht der Allgemeinverfügung, sondern der konkret-individuellen Regelung zuordnen wollen. Es handele sich um eine sog. **Sammelverfügung**, bei der es allein darauf ankomme, ob der Adressatenkreis zum Zeitpunkt seines Erlasses objektiv feststehe oder nicht, ob er geschlossen oder noch offen und erweiterungsfähig sei. Wenn – wie im o. g. Fall – der Adressatenkreis bei Erlass der Maßnahme zumindest feststehe, handele es sich um keinen Fall des § 35 Satz 2 1. Alt. VwVfG.

Folgt man dieser Auffassung, ergibt sich für die vom Gesetzgeber vorgegebene Alternative „bestimmter Personenkreis“ kein eigenständiger Anwendungsbereich. Der Begriff „individuell“ wird ohne Not ausgeweitet. Aus diesem Grund sollte man die genannten Fälle als Allgemeinverfügungen verstehen.

Schwieriger sind die Sachverhalte zu beurteilen, in denen der Adressatenkreis bei Erlass der Regelung noch nicht feststeht.

BEISPIELE

- Die zuständige Behörde verbietet die Teilnahme an einer für den folgenden Tag geplanten Demonstration.
- Es wird ein Verbot an alle Groß- und Einzelhändler ausgesprochen, keinen Endiviensalat in von Typhus betroffenen Städten und Kreisen zu verkaufen (sog. Endiviensalat-Entscheidung des Bundesverwaltungsgerichts).

In beiden Fällen handelt es sich nicht um einen bestimmten Adressatenkreis. Am Vortag der Demonstration ist noch unbekannt, wer an der Demonstration teilnehmen wird. Auch am Demonstrationstag kann man sich noch zur Teilnahme entschließen. Im Endiviensalat-Fall konnten nicht alle Händler wissen, ob ihre Stadt oder ihr Kreis vom Typhus betroffen war. Dies konnte sich jederzeit ändern.

Es stellt sich somit die Frage, ob in diesen Fällen noch von einem bestimmbaren Personenkreis gesprochen werden kann. Eine praktikable Lösung ist bis heute nicht gefunden worden. Die Meinungen, in welchem Umfang Unsicherheiten akzeptiert werden müssen, gehen auseinander. Zur Konkretisierung des Personenkreises werden die Zeitdauer der Regelung, der räumliche Geltungsbereich, der Grad der inhaltlichen Differenziertheit und Komplexität, die Auswirkungen und die Vollzugsfähigkeit und -bedürftigkeit herangezogen.

BEISPIELE Das Verbot einer geplanten Demonstration kann dann in Form einer Allgemeinverfügung ausgesprochen werden, wenn der Zeitpunkt in naher Zukunft liegt. Dies wäre etwa bei bis zu drei Tagen der Fall. Soll die Demonstration später stattfinden, hätte dies Auswirkungen auf den Personenkreis, da die Zahl der Unentschlossenen erheblich höher liegen dürfte.

Auch im Endiviensalat-Fall sprach das Bundesverwaltungsgericht von einer partiellen und ausscheidbaren Unbestimmtheit. Es handele sich um keinen gedachten, abstrakten Fall einer Regelung, sondern es läge eine konkrete Gefahr in Gestalt der konkret auftretenden Epidemie vor. Damit zog das Gericht die Tatsache, dass es sich um einen konkreten Sachverhalt handelte, dazu heran, auch den Adressatenkreis als bestimmbar anzunehmen.

Diese weite Begriffsauslegung ist für die Verwaltungspraxis erforderlich. Andernfalls stünde nämlich in vielen Fällen der Verwaltung das Instrument des Verwaltungsaktes nicht mehr zur Verfügung. Es müsste stattdessen der langwierige Weg über eine Rechtsverordnung gegangen werden. Ein schnelles, flexibles Eingreifen, das insbesondere in Notfällen erforderlich ist, wäre dann nicht mehr möglich. Schon aus Gründen der Praktikabilität ist die vorgenommene Begriffsausweitung deshalb erforderlich.

(2) Sachbezogene (dingliche) Allgemeinverfügung

Eine Allgemeinverfügung ist nach § 35 Satz 2, 2. Alt. VwVfG auch dann ein Verwaltungsakt, wenn sie die öffentlich-rechtliche Eigenschaft einer Sache betrifft. Deren Eigenschaften werden verliehen, entzogen oder geändert. Außerdem kann die Sache öffentlich-rechtlichen Bindungen (z. B. Nutzungsbeschränkungen) unterworfen werden. Im Gegensatz zu den anderen Formen der Allgemeinverfügung ist also die Sache selbst betroffen. Ihre „Änderung" gilt für einen bei Erlass völlig unbestimmten Personenkreis.

BEISPIELE

- Widmung einer Straße: Durch den gegenüber der Allgemeinheit wirkenden Widmungsakt (= Allgemeinverfügung) erhält eine Verkehrsfläche die Eigenschaft einer öffentlich-rechtlichen Straße (vgl. § 2 BFernStrG). Damit verbunden ist mittelbar das Recht für jedermann, die Straße im Rahmen des sog. Gemeingebrauchs ungehindert benutzen zu dürfen (vgl. § 7 Abs. 1 BFernStrG).
- Änderung eines Straßennamens: Zunächst wird die Sache selbst gegenüber der Allgemeinheit in ihrer Rechtsstellung geändert. Dies führt mittelbar dazu, dass sich die Adresse der Anwohner ändert.

(3) Benutzungsregelung

Die Benutzungsregelung nach § 35 Satz 2, 3. Alt. VwVfG betrifft die Benutzung einer Sache durch die Allgemeinheit. Im Gegensatz zur sachbezogenen Allgemeinverfügung sind nicht die Eigenschaften einer Sache, sondern ihre Benutzung betroffen.

BEISPIELE Verkehrszeichen in Form von Verkehrsschildern (vgl. §§ 41, 42 StVO): Wegen der Unbestimmtheit des Adressatenkreises war die Rechtsnatur der Verkehrsschilder (Rechtsverordnung oder Verwaltungsakt) lange Zeit umstritten. Mit der gesetzlichen Regelung wurde dieser Streit endgültig entschieden.

Verkehrszeichen regeln die Benutzung öffentlich-rechtlicher Straßen, indem sie etwa das Parken an bestimmten Stellen verbieten. Die Eigenschaft der Sache selbst ist hiervon nicht betroffen. Die Straße, an der das Verkehrsschild steht, bleibt von der Regelung vollkommen unberührt. Allein ihre Benutzung wird geregelt.

Soll aus einer Privatstraße eine für jedermann zu benutzende Straße gemacht werden, muss zunächst eine Widmung zur öffentlich-rechtlichen Straße erfolgen (= sachbezogene Allgemeinverfügung). Ist dies geschehen, kann die Benutzung durch entsprechende Maßnahmen (z. B. mittels Verkehrsschildern als Einbahnstraße) geregelt werden (= Benutzungsregelung).

Die Benutzung von öffentlichen Einrichtungen (Anstalten, Bibliotheken, Museen usw.) kann ebenfalls durch Allgemeinverfügung geregelt werden. Dies geschieht allerdings relativ selten. Insbesondere bei Anstalten regelt die Verwaltung die Benutzung meist in Form einer Satzung (z. B.: Satzung über die Benutzung der städtischen Badeanstalt).

ABB. 19: Verwaltungsakt

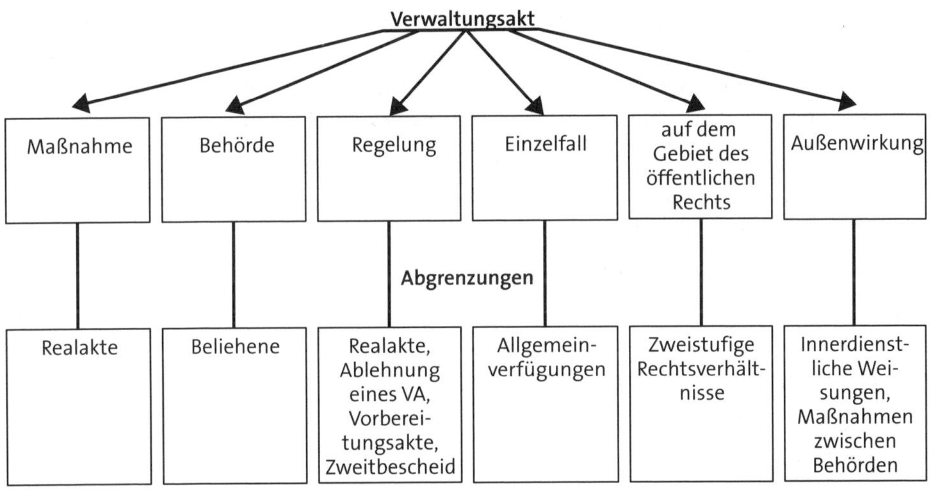

FALL

Der Verwaltungsakt

Sachverhalt

Autofahrer A muss an einer Ampel anhalten, da diese „Rot“ zeigt. Während er wartet, drängt sich ihm die Frage auf, ob er gegenwärtig Adressat eines Verwaltungsaktes ist. Ist dies der Fall? Prüfen Sie bitte jedes einzelne Verwaltungsaktsmerkmal gründlich!

Lösung

Es liegt dann ein Verwaltungsakt vor, wenn die Voraussetzungen des § 35 VwVfG erfüllt sind.

1. Es muss sich um eine **Maßnahme** handeln. Dies ist jedes Handeln mit Erklärungswert. Die Erklärung kann in Form eines (verständlichen) Zeichens erfolgen.

   Mittels der „roten" Ampel wird dem Autofahrer erklärt, dass er, solange das Zeichen rot bleibt, nicht weiterfahren darf. Dies ergibt sich aus § 37 Abs. 2 StVO (sog. Wechsellichtzeichen). Es liegt somit eine Maßnahme vor.

2. Weiterhin muss eine **Behörde** gehandelt haben. Nach § 1 Abs. 4 VwVfG ist dies jede Stelle, die Aufgaben der öffentlichen Verwaltung wahrnimmt. An der Ampelanlage lässt sich nicht erkennen, ob eine Behörde tätig geworden ist. Dies könnte sich aber aus den Gesamtumständen ergeben. Nach § 44 Abs. 1 StVO sind die Straßenverkehrsbehörden zur Ausführung der Straßenverkehrsordnung (sachlich) zuständig. Es kann davon ausgegangen werden, dass der zuständige Amtsträger gehandelt hat. Dies ist eine Behörde.

3. Die Maßnahme muss auf dem Gebiet des **öffentlichen Rechts** erfolgen. Für die Abgrenzung von öffentlichem und privatem Recht könnte auf die Sonderrechtstheorie zurückgegriffen werden. Ein Eingehen auf die verschiedenen Abgrenzungstheorien ist nur erforderlich, wenn die Sonderrechtstheorie zu keinem eindeutigen Ergebnis führt.

   Nach der Sonderrechtstheorie handelt es sich um öffentliches Recht, wenn der zugrunde liegende Sachverhalt nach Rechtssätzen zu entscheiden ist, die auf der einen Seite ausschließlich einen Träger hoheitlicher Gewalt berechtigen oder verpflichten.

   Die streitentscheidenden Normen ergeben sich aus der StVO. Wie unter 2. festgestellt, sind zum Aufstellen einer Ampelanlage allein die Straßenverkehrsbehörden berechtigt. Damit steht auf der einen Seite zwingend ein Träger hoheitlicher Gewalt.

   Es handelt sich somit um öffentliches Recht.

4. § 35 VwVfG verlangt weiterhin das Vorliegen einer **Regelung**. Eine Regelung liegt vor, wenn die Maßnahme nach dem Willen der Behörde darauf gerichtet ist, einseitig und mit dem Anspruch auf Verbindlichkeit eine unmittelbare Rechtswirkung zu erzeugen.

   Unmittelbare Rechtswirkung ist Pflicht des Autofahrers, vor der Ampel anzuhalten. Die Rechtswirkung ist verbindlich.

   Dies ist von der Behörde auch gewollt und tritt allein aufgrund ihres Willens ein. Es handelt sich somit um eine Regelung.

5. Die Regelung muss **Außenwirkung** entfalten, d. h. die Rechtsfolgen sollen gegenüber einer außerhalb der handelnden Verwaltung stehenden Person eintreten.

   Der Autofahrer steht außerhalb der Verwaltung. Auch Außenwirkung liegt somit vor.

6. Letztlich muss es sich um einen **Einzelfall** handeln. Die Regelung muss konkret-individuell sein, also einen konkreten Sachverhalt betreffen und einen individuellen Adressaten haben.

   Hier wird für einen bestimmten Zeitraum, nämlich solange die Ampel „Rot" zeigt, das Weiterfahren verboten. Es handelt sich damit um einen konkreten Sachverhalt.

   Adressat der Regelung ist allerdings nicht nur A, sondern auch die vor und hinter ihm stehenden Autofahrer sowie weitere eventuell noch heranfahrende Verkehrsteilnehmer. Es handelt sich daher nicht um einen individuellen Adressaten, sondern um einen generellen Adressatenkreis. Eine konkretindividuelle Regelung i. S. des § 35 Satz 1 VwVfG liegt nicht vor.

In Frage kommt deshalb ein Verwaltungsakt in Form einer Allgemeinverfügung, hier einer adressatenbezogenen Allgemeinverfügung nach § 35 Satz 2, 1. Alt. VwVfG.

Dann müsste die Regelung an einen nach allgemeinen Merkmalen bestimmten oder bestimmbaren Personenkreis gerichtet sein. Der von der Regelung betroffene Personenkreis erfasst alle Verkehrsteilnehmer, die zum fraglichen Zeitpunkt auf die Ampelanlage zufahren. Dieser Personenkreis steht bei Erlass der Maßnahme, also in dem Moment, in dem die Ampelanlage auf „Rot" umschaltet, noch nicht fest. Es können nämlich auch nach dem Umschalten weitere Verkehrsteilnehmer auf die Ampel zufahren. Der Adressatenkreis ist also nicht bestimmt. Er könnte jedoch bestimmbar sein. Das Merkmal der Bestimmbarkeit verlangt aus Gründen der Praktikabilität nicht, dass der Personenkreis bei Erlass der Regelung abschließend feststeht. Geringfügige Unsicherheiten werden vielmehr in Kauf genommen. Da die Regelung nur von kurzer Dauer und auch der räumliche Geltungsbereich beschränkt ist, kann die Unbestimmtheit hinsichtlich des betroffenen Personenkreises hingenommen werden. Es handelt sich um einen bestimmbaren Personenkreis und damit um eine adressatenbezogene Allgemeinverfügung.

Hinweis

Eine Ampelanlage produziert durch jeden Zeichenwechsel einen „neuen" Verwaltungsakt. Sie ist keine Benutzungsregelung, da durch die in kurzen Zeitabständen wechselnden Regelungen der Adressatenkreis bestimmbar wird. Bei einer Benutzungsregelung ist der Kreis der Benutzer dagegen vollkommen unbestimmt („Allgemeinheit").

7. Da alle Voraussetzungen des § 35 VwVfG vorliegen, handelt es sich bei der auf „Rot" geschalteten Ampelanlage um einen Verwaltungsakt in Form der adressatenbezogenen Allgemeinverfügung.

3. Bekanntgabe von Verwaltungsakten

LITERATUR

Detterbeck, Allgemeines Verwaltungsrecht, 8. Aufl., 2010, Rn. 551 ff., 581 ff.; *Schad*, in: Schweickhardt/Vondung (Hrsg.), Allgemeines Verwaltungsrecht, 9. Aufl., 2010, Teil II Kap. 7.

a) Begriff und Bedeutung

Der Verwaltungsakt ist gem. § 41 Abs. 1 Satz 1 VwVfG demjenigen Beteiligten bekannt zu geben, für den er bestimmt ist oder der von ihm betroffen wird. Erst durch die Bekanntgabe erlangt ein Verwaltungsakt seine rechtliche Existenz und wird gegenüber dem Adressaten oder etwaigen Betroffenen **wirksam** (vgl. § 43 Abs. 1 Satz 1 VwVfG). Ab diesem Zeitpunkt sind die Beteiligten an seine Regelungen gebunden. Eine rechtswidrige Bekanntgabe führt – im Gegensatz zu anderen Rechtswidrigkeitsgründen – dazu, dass der Verwaltungsakt wirkungslos bleibt.

Die Bekanntgabe lässt sich definieren als der auf dem Willen der Behörde beruhende Vorgang, welcher dem Betroffenen die Kenntnisnahme ermöglicht.

BEISPIELE

- Eine Baugenehmigung wird gegenüber dem Nachbarn, der Betroffener, aber nicht Adressat des Verwaltungsaktes ist, erst im Moment der Bekanntgabe wirksam. Solange dies nicht der Fall ist, treten in Bezug auf den Nachbarn keine Rechtswirkungen ein. Etwas anderes kann sich allerdings aus Treu und Glauben ergeben, wenn mit dem Bau bereits begonnen wurde.
- Fußgänger F sieht, dass die Ampel „Rot" zeigt. Der Verwaltungsakt ist bekannt gegeben worden.

Von besonderer Bedeutung ist die Bekanntgabe für den Beginn von Rechtsbehelfsfristen.

BEISPIEL Die Frist zur Einlegung eines Widerspruchs gegen einen Verwaltungsakt beträgt einen Monat nach Bekanntgabe (§ 70 Abs. 1 Satz 1 VwGO).

Die Bekanntgabe muss mit Wissen und Wollen der Behörde erfolgen, d. h. sie muss amtlich veranlasst sein. Eine zufällige Kenntnisnahme genügt nicht.

b) Form der Bekanntgabe

Ein Verwaltungsakt kann förmlich oder nichtförmlich (= formlos) bekannt gegeben werden.

aa) Förmliche Bekanntgabe

Eine förmliche Bekanntgabe muss nur dann erfolgen, wenn dies von einem Gesetz ausdrücklich vorgeschrieben wird. Die Bekanntgabe muss dann (förmlich) mittels Zustellung geschehen.

BEISPIELE

- Widerspruchsbescheid (§ 73 Abs. 3 Satz 1 VwGO);
- Einberufungsbescheid (§§ 21, 44 Abs. 1 Satz 1 WPflG).

Auf welche Art und Weise eine vorgeschriebene Zustellung erfolgen muss, ist für Bundesbehörden, bundesunmittelbare Körperschaften und Anstalten des öffentlichen Rechts durch das Verwaltungszustellungsgesetz (VwVZG) vom 3. 7. 1952 vorgeschrieben. Ähnliche Bestimmungen finden sich auch in den Zustellungsgesetzen der Länder wieder.

Die wichtigsten Zustellungsarten sind:

- Zustellung durch die Post mit Zustellungsurkunde (§ 3 VwVZG);
- Zustellung durch die Post mittels eingeschriebenen Briefes (§ 4 VwVZG);
- Zustellung durch die Behörde gegen Empfangsbekenntnis (§ 5 VwVZG);
- öffentliche Zustellung (§ 15 VwVZG).

Sinn dieser förmlichen Zustellungsarten ist es, die Bekanntgabe des Verwaltungsaktes auch dann nachweisen zu können, wenn der Adressat den Zugang bestreitet. Aus diesen Gründen gehen viele Behörden dazu über, selbst in den Fällen, in denen eine förmliche Bekanntgabe nicht vorgeschrieben ist, zuzustellen.

bb) Formlose Bekanntgabe

Ist die förmliche Bekanntgabe nicht vorgeschrieben, kann die Zustellung formlos erfolgen. Die Behörde hat die freie Wahl, auf welche Art und Weise sie den Verwaltungsakt bekannt geben will. Dies kann mündlich, schriftlich (durch einfachen Brief) oder mittels konkludenter Handlungen geschehen.

Möglich ist auch eine öffentliche Bekanntgabe, wie sie insbesondere bei Allgemeinverfügungen verwendet wird.

BEISPIELE

- Das Verbot einer in zwei Tagen geplanten Demonstration wird über die Massenmedien bekannt gegeben.
- Durch das Aufstellen eines Verkehrsschildes werden die Benutzungsregelungen für eine Straße bekannt gegeben.

Die öffentliche Bekanntgabe eines schriftlichen Verwaltungsaktes hat die Erfordernisse des § 41 Abs. 4 VwVfG zu berücksichtigen. Der verfügende Teil muss ortsüblich bekannt gegeben werden. Was ortsüblich ist, kann sich aus Vorschriften des Landesrechts oder aus Gemeindesatzungen ergeben.

cc) Zeitpunkt der Bekanntgabe

Das Verwaltungsverfahrensgesetz regelt den Zeitpunkt der Bekanntgabe nicht. Die überwiegende Meinung wendet deshalb § 130 Abs. 1 BGB analog an. Ein Verwaltungsakt ist danach mit seinem Zugang beim Adressaten bekannt gegeben.

Der Zugang ist erfolgt, wenn der Verwaltungsakt so in den Machtbereich des Empfängers gelangt ist, dass der Empfänger unter normalen Umständen von ihm Kenntnis nehmen kann. Auf die tatsächliche Kenntnisnahme kommt es nicht an. Ein Verwaltungsakt ist nämlich empfangs-, aber nicht annahmebedürftig.

BEISPIEL Wirft der Empfänger einen schriftlichen Verwaltungsakt ungelesen weg, so ist der Zugang gleichwohl erfolgt.

Von diesem Grundsatz gibt es eine wichtige Ausnahme. Nach § 41 Abs. 2 VwVfG gilt ein schriftlicher Verwaltungsakt, der durch die Post im Geltungsbereich dieses Gesetzes übermittelt wird, mit dem dritten Tage nach der Aufgabe zur Post als bekannt gegeben (Fiktion der Bekanntgabe). Dies gilt allerdings nicht, wenn der Verwaltungsakt erst zu einem späteren Zeitpunkt oder überhaupt nicht zugeht.

BEISPIELE

- Der Verwaltungsakt wird am 12. 1. zur Post aufgegeben. Am 17. 1. wird er vom Briefträger in den Briefkasten geworfen. Der Zugang erfolgte nicht am 15. 1., sondern am 17. 1.
- Die Aufgabe zur Post erfolgt am 11. 2. Der Brief wird am 12. 2. in den Briefkasten geworfen. Der Zugang gilt erst am 14. 2. als erfolgt.

Für die Fiktion des Zugangs nach § 41 Abs. 2 VwVfG spielt es nach überwiegender Meinung keine Rolle, wenn der fiktive Zugangstag ein Samstag, Sonntag oder gesetzlicher Feiertag ist. Hiermit ist für den Empfänger nämlich kein Nachteil verbunden.

dd) Äußere und innere Wirksamkeit

Da die rechtlichen Folgen mancher Verwaltungsakte nach dem Willen der erlassenden Behörde erst einige Zeit nach dem Zugang eintreten sollen, unterscheidet man zwischen äußerer und innerer Wirksamkeit. Mit Eintritt der äußeren Wirksamkeit beginnt die rechtliche Existenz des Verwaltungsakts. Die Rechtsbehelfsfristen beginnen zu laufen. Die von der Verwaltung gewünschten Rechtsfolgen entfaltet der Verwaltungsakt aber erst mit seiner inneren Wirksamkeit.

BEISPIELE

- Das Betreiben einer Gaststätte wird G mit am 1. 2. zugegangenen schriftlichem Verwaltungsakt zum 1. 3. gestattet. Zum Zeitpunkt des Zugangs am 1. 2. ist die äußere Wirksamkeit eingetreten. Der Verwaltungsakt ist rechtlich existent. Am 1. 3. tritt die innere Wirksamkeit hinzu. Der Verwaltungsakt entfaltet die gewünschten Rechtswirkungen.
- Der Wehrpflichtige W wird mit am 10. 4. zugestellten Bescheid (äußere Wirksamkeit) zum 1. 7. (innere Wirksamkeit) einberufen. Die Rechtsbehelfsfrist beginnt am 11. 4. zu laufen.

In den meisten Fällen fällt das Eintreten von äußerer und innerer Wirksamkeit aber nicht auseinander.

BEISPIEL Mit am 15. 6. bekannt gegebenem Bescheid wird A die beantragte Baugenehmigung erteilt. A kann mit dem Bau sofort beginnen.

4. Nebenbestimmungen zu Verwaltungsakten

LITERATUR

Erichsen, in: Erichsen (Hrsg.), Allgemeines Verwaltungsrecht, 14. Aufl., 2010, § 14; *Giemulla/Jaworsky/Müller-Uri*, Verwaltungsrecht, 7. Aufl., 2004, Buch I Kap. 8; *Maurer*, Allgemeines Verwaltungsrecht, 17. Aufl., 2009, § 12; *Vondung*, in: Schweickhardt/Vondung (Hrsg.), Allgemeines Verwaltungsrecht, 9. Aufl., 2010, Teil II Kap. 6.

Verwaltungsakte können unter bestimmten Voraussetzungen mit Nebenbestimmungen versehen werden. Dabei wird die Hauptregelung eines Verwaltungsaktes durch eine zusätzliche Bestimmung ergänzt oder beschränkt.

In der Verwaltungspraxis haben Nebenbestimmungen eine große Bedeutung. Sie geben der Verwaltung die Möglichkeit, eine Regelung den besonderen Verhältnissen des konkreten Falles anzupassen. Dadurch kann im Extremfall die vollständige Versagung einer Genehmigung verhindert werden, was etwa zum Schutze der Allgemeinheit ansonsten notwendig gewesen wäre.

Die wichtigsten Nebenbestimmungen sind in § 36 VwVfG ausdrücklich geregelt. Es handelt sich um Befristung, Bedingung, Widerrufsvorbehalt, Auflage und Auflagenvorbehalt.

a) Nebenbestimmungen zu gebundenen Verwaltungsakten

Nach § 36 Abs. 1 VwVfG dürfen gebundene Verwaltungsakte nur mit Nebenbestimmungen versehen werden, wenn sie durch Rechtsvorschriften zugelassen sind oder wenn sie sicherstellen sollen, dass die gesetzlichen Voraussetzungen des Verwaltungsaktes erfüllt sind.

BEISPIELE

- Eine Gaststättenerlaubnis muss bei Vorliegen der Voraussetzungen erteilt werden. Sie kann jedoch gem. § 5 GastG mit der Auflage verbunden werden, bestimmte unerlässliche bauliche Veränderungen noch vorzunehmen.

- Die gebundene Bewilligung laufender Zahlungen wird mit der auflösenden Bedingung versehen, in bestimmten Zeitabständen eine Lebensbescheinigung vorzulegen. Hier soll sichergestellt werden, dass die gesetzlichen Voraussetzungen des Verwaltungsaktes erfüllt sind.
- Ein Verwaltungsakt wird unter der auflösenden Bedingung ausgesprochen, dass sich anlässlich einer noch durchzuführenden Prüfung das Fehlen wesentlicher Anspruchsvoraussetzungen nicht herausstellt.

b) Nebenbestimmungen bei in das Ermessen der Behörde gestellten Verwaltungsakten

Die Vorschrift des § 36 Abs. 2 VwVfG legt die Voraussetzungen fest, unter denen Verwaltungsakten, die nach pflichtgemäßem Ermessen erlassen werden dürfen, eine Nebenbestimmung beigefügt werden darf. Gemeint sind sowohl das Entschließungs- als auch das Auswahlermessen.

Die Hinzufügung einer Nebenbestimmung steht ebenfalls im Ermessen der Behörde. Sie muss die gesetzlichen Grenzen des Ermessens einhalten. Hierbei ist der Grundsatz der Verhältnismäßigkeit von besonderer Bedeutung. Die Verwaltung muss die am wenigsten beeinträchtigende Nebenbestimmung auswählen (vgl. hierzu die Abgrenzung Bedingung und Auflage unter § 27 II.4.b)cc)).

aa) Befristung

Nach der Legaldefinition des § 36 Abs. 2 Nr. 1 VwVfG handelt es sich bei einer Befristung um eine Bestimmung, nach der eine Vergünstigung oder Belastung zu einem bestimmten Zeitpunkt beginnt, endet oder für einen bestimmten Zeitraum gilt. Die Befristung bestimmt also den zeitlichen Geltungsbereich eines Verwaltungsaktes, seine innere Wirksamkeit.

Man unterscheidet aufschiebende und auflösende Befristungen. **Aufschiebend** ist eine Befristung, wenn die innere Wirksamkeit des Verwaltungsaktes erst mit Eintritt der Frist erfolgt. Die äußere Wirksamkeit und damit die Bindung von Behörde und Adressaten sind bereits seit der Bekanntgabe gegeben.

BEISPIEL Einberufung eines Zivildienstleistenden zum 1. 3. (innere Wirksamkeit) mit am 2. 1. (äußere Wirksamkeit) zugestelltem Bescheid.

Endet die Wirksamkeit eines Verwaltungsaktes zu einem bestimmten Zeitpunkt, ist die Befristung auflösend.

BEISPIELE

- Aufenthaltserlaubnis bis zum 31. 12.,
- Verlängerung der Sperrfrist für eine Gaststätte bis zum 31. 3.,
- Gültigkeit eines Ausweises bis zum 30. 6.

Für die Berechnung von Tages-, Wochen-, Monats- oder Jahresfristen gilt § 31 VwVfG.

bb) Bedingung

Nach § 36 Abs. 2 Nr. 2 VwVfG ist die Bedingung eine Bestimmung, nach der der Eintritt oder der Wegfall einer Begünstigung oder Belastung von dem ungewissen Eintritt eines zukünftigen Ereignisses abhängt. Im Gegensatz zur Befristung ist der Eintritt des Ereignisses nicht sicher.

Es werden aufschiebende und auflösende Bedingungen unterschieden. Bei der **aufschiebenden** Bedingung tritt die innere Wirksamkeit erst mit Bedingungseintritt ein. Dagegen endet mit Eintritt der **auflösenden** Bedingung die (innere und äußere) Wirksamkeit des Verwaltungsaktes.

BEISPIELE

Auflösende Bedingung: Bewilligung einer Sozialleistung unter der Bedingung, dass das Verfahren des Versorgungsamtes zur Feststellung der Schwerbehinderteneigenschaft führt.

Aufschiebende Bedingung: Baugenehmigung unter der Bedingung, dass zuvor vom Bauherrn Kfz-Einstellplätze geschaffen werden.

Das letztgenannte Beispiel zeigt, dass es keine Rolle spielt, ob der Eintritt des Ereignisses vom Willen eines der Beteiligten abhängig ist. Sein Eintritt bleibt ungewiss.

cc) Auflage

Bei der Auflage handelt es sich um eine Bestimmung, die dem Begünstigten ein Tun, Dulden oder Unterlassen vorschreibt. Gem. § 36 Abs. 2 Nr. 4 VwVfG kann nur ein begünstigender Verwaltungsakt mit einer Auflage verbunden werden.

Schon dem Wortlaut des Gesetzes lässt sich entnehmen, dass die Auflage keine bloße Ergänzung eines (Haupt-)Verwaltungsaktes darstellt, sondern dass sie eine eigenständige Regelung enthält.

BEISPIELE

- Baugenehmigung (= Grundverwaltungsakt) mit der Auflage, die Außenwände in einer bestimmten Farbe zu verklinkern;
- Abbruchgenehmigung (= Grundverwaltungsakt) mit der Auflage, eine Abstandssumme i. H. von 50.000 € zur Förderung des sozialen Wohnungsbaus zu zahlen.

Die Auflage ist nach herrschender Meinung ein **eigenständiger** Verwaltungsakt, der allerdings vom Bestand des Grundverwaltungsaktes abhängig ist (sog. Akzessorietät der Auflage). Fällt der Grundverwaltungsakt weg, ist die Auflage ohne rechtliche Wirkung.

Die Selbständigkeit der Auflage hat Konsequenzen für den Rechtsschutz und muss deshalb sorgfältig von den unselbständigen Nebenbestimmungen Befristung und Bedingung abgegrenzt werden. Deren Nichterfüllung führt nämlich dazu, dass der Grundverwaltungsakt „automatisch“ unwirksam ist. Dagegen bleibt der Verwaltungsakt, dem die Auflage zugefügt wird, auch bei Nichterfüllung der Auflage wirksam. Allerdings hat die Behörde das Recht, die Auflage selbständig zwangsweise (etwa durch Zwangsgeld, Ersatzvornahme, unmittelbaren Zwang) durchzusetzen. Als *ultima ratio* ist es darüber hinaus der Behörde erlaubt, die Erlaubnis nach § 49 Abs. 2 Nr. 2 VwVfG zu widerrufen. Dabei ist der Grundsatz der Verhältnismäßigkeit zu berücksichtigen.

BEISPIEL Verklinkert der Bauherr B im vorgenannten Beispiel sein Haus nicht in der verlangten Farbe, kann und muss die Behörde zunächst versuchen, die Auflage durch Auferlegung eines Zwangsgeldes oder andere Zwangsmaßnahmen durchzusetzen. Die Baugenehmigung bleibt wirksam. Erst wenn die Zwangsmaßnahmen scheitern, ist die Behörde berechtigt, die Baugenehmigung zu widerrufen und damit deren Unwirksamkeit herbeizuführen.

Die wegen der unterschiedlichen Rechtsfolgen sehr wichtige Abgrenzung ist insbesondere im Hinblick auf die Bedingung oft sehr schwierig. Denn auch eine Bedingung verlangt vom Betroffenen häufig ein Tun, Dulden oder Unterlassen. Im Einzelfall kommt es auf das an, was die Behörde mit der Nebenbestimmung bezweckt. Wollte sie, dass bei Nichterfüllung der Nebenbestimmung der Grundverwaltungsakt bestehen bleibt, handelt es sich um eine Auflage; wollte sie es nicht, liegt eine Bedingung vor.

BEISPIELE Eine Gaststättenerlaubnis wird mit der Nebenbestimmung versehen, dass zusätzlich zu den vorhandenen acht Toiletten zwei weitere einzurichten sind. Hier handelt es sich um eine Auflage und nicht um eine aufschiebende Bedingung. Der Ausbau der Toiletten ist nicht von so großer Bedeutung, als dass der Betrieb der Gaststätte bei Nichterfüllung der Nebenbestimmung verhindert werden müsste.

Etwas anderes würde gelten, wenn zusätzliche Fluchtwege eingerichtet werden sollen. Wegen der möglichen Gefahren für Leib und Leben der Besucher ist diese Nebenbestimmung so wichtig, dass die Gaststättenerlaubnis erst mit Erfüllen der (aufschiebenden) Bedingung wirksam werden darf.

dd) Widerrufsvorbehalt

Die Verwaltung kann sich den Widerruf des Verwaltungsaktes vorbehalten (§ 36 Abs. 2 Nr. 3 VwVfG). In diesem Fall hat sie das Recht, den Verwaltungsakt unter bestimmten Umständen nach § 49 Abs. 2 Nr. 1 VwVfG zu widerrufen. Dazu ist allerdings erforderlich, dass die im Verwaltungsakt selbst oder in Rechtsvorschriften näher bezeichneten Umstände auch tatsächlich vorliegen. Ist dies der Fall, dürfen der Behörde außerdem keine Ermessensfehler bei Ausübung des Widerrufs unterlaufen.

BEISPIEL A darf ein Straßencafé betreiben, solange die Verkehrsverhältnisse dies zulassen. Ein Widerruf darf nur ausgesprochen werden, wenn sich die Verkehrsverhältnisse tatsächlich entscheidend ändern. Ist dies der Fall, steht es im Ermessen der Verwaltung zu widerrufen. Erfolgt der Widerruf, darf für die Entscheidung nicht ausschlaggebend gewesen sein, dass A gegen die Verwaltung in einer anderen Angelegenheit einen Rechtsstreit führt. Der Widerruf wäre wegen Ermessensmissbrauchs rechtswidrig.

Auch beim Widerrufsvorbehalt handelt es sich um eine unselbständige Nebenbestimmung.

ee) Auflagenvorbehalt

Ein Verwaltungsakt kann nach § 36 Abs. 2 Nr. 5 VwVfG mit dem Vorbehalt der nachträglichen Aufnahme, Änderung oder Ergänzung durch eine Auflage verbunden werden. Die Verwaltung muss für den Erlass dieses nachträglichen belastenden Verwaltungsaktes eine Ermächtigungsgrundlage besitzen. Eine derartige Vorgehensweise ist erforderlich, wenn bei Erlass des Grundverwaltungsaktes noch nicht absehbar ist, wie sich die Sachlage nach Erlass entwickeln wird. Die Verwaltung hat so die Möglichkeit, den Verwaltungsakt **nachträglich** den Gegebenheiten anzupassen, ohne ihn gleich widerrufen zu müssen.

BEISPIEL Dem Gastwirt G wird genehmigt, einen Biergarten zu betreiben. Dies geschieht aber unter dem Vorbehalt nachträglicher Lärmschutzauflagen, sofern sich deren Erforderlichkeit herausstellt.

ff) Sonderfälle

(1) Inhaltsbestimmungen, -beschränkungen und Teilgenehmigungen

Hier handelt es sich nicht um Nebenbestimmungen. Vielmehr wird der erlassende Verwaltungsakt in seinem Regelungsumfang beschrieben (Inhaltsbestimmung und Inhaltsbeschränkung). Bei der Teilgenehmigung wird zusätzlich noch mitgeteilt, in welchem Umfang einem Antrag nicht entsprochen wurde.

BEISPIEL Die Erlaubnis zum Umbau und Betrieb einer Tankstelle wird mit der Maßgabe erteilt, dass beim Betanken von Kfz frei werdende Kohlenwasserdämpfe durch ein Gasrückführungssystem in den Vorratstank zurückzuführen sind. Es handelt sich um eine Inhaltsbestimmung der Genehmigung.

(2) Modifizierende Auflage

Auch die modifizierende Auflage ist keine Nebenbestimmung. Sie ist keine Auflage i. S. des § 36 Abs. 2 Nr. 4 VwVfG, denn sie versieht die Hauptregelung nicht mit einer zusätzlichen Leistungspflicht. Stattdessen wird etwas anderes gewährt, als ursprünglich beantragt wurde. Es handelt sich um die Ablehnung eines Antrags, verbunden mit dem Vorschlag zu einer neuen Regelung. Diese neue (andere) Regelung wird von der Verwaltung vorab genehmigt.

BEISPIELE

- A beantragt eine Baugenehmigung zum Bau eines Hauses mit Satteldach. Die zuständige Baubehörde genehmigt den Bau eines ansonsten gleichen Hauses mit einem Flachdach. Es handelt sich nicht um eine „normale“ Auflage, da der Bau eines Hauses mit Satteldach in vollem Umfang abgelehnt wurde. Vielmehr wird von der Verwaltung der Vorschlag zu einem (etwas) anderen Bauvorhaben gemacht. Die Genehmigung für dieses Bauvorhaben wird zugleich erteilt, ohne dass A dies ausdrücklich beantragen muss.
- A, der umziehen möchte, beantragt die Erlaubnis, am 12. 6. für die Zeit von 10 Uhr bis 16 Uhr an seiner alten Wohnung ein Parkverbotsschild aufstellen zu dürfen. Die zuständige Behörde genehmigt ihm dies, allerdings wegen einer in der Nähe am Abend stattfindenden Großveranstaltung „nur“ für die Zeit von 7 Uhr bis 13 Uhr. Die beantragte Erlaubnis wird abgelehnt, eine andere Erlaubnis, von der A ohne weiteren Antrag Gebrauch machen kann, dagegen vorab erteilt.

c) Rechtsschutz gegen Nebenbestimmungen

Der Rechtsschutz gegen Nebenbestimmungen ist im Einzelnen sehr umstritten. Sogar die Rechtsprechung des Bundesverwaltungsgerichts ist in den vergangenen Jahren nicht einheitlich gewesen. Letztendlich geht es um die Frage, ob eine belastende Nebenbestimmung isoliert mit einer Anfechtungsklage angefochten werden kann oder ob eine Verpflichtungsklage auf Erlass eines nebenbestimmungsfreien Verwaltungsaktes erforderlich ist. Man kann wie folgt differenzieren:

aa) Rechtsschutz gegen Auflagen

Die „echte“ Auflage i. S. des § 36 Abs. 2 Nr. 4 VwVfG ist als selbständiger Verwaltungsakt isoliert anfechtbar, da sie eine eigene Sachregelung enthält und selbständig vollstreckbar ist. Etwas anderes gilt für die modifizierende Auflage. Hier muss der Kläger mittels der Verpflichtungsklage versuchen, sein Klageziel zu erreichen.

bb) Rechtsschutz gegen Bedingungen, Befristungen und Widerrufsvorbehalte

Bedingungen, Befristungen und Widerrufsvorbehalte sind unselbständige Nebenbestimmungen. Sie sind aus diesem Grund keiner isolierten Anfechtung zugänglich. Es muss vielmehr eine Verpflichtungsklage auf Erlass eines nebenbestimmungsfreien Verwaltungsaktes erhoben werden.

cc) Rechtsschutz gegen Inhaltsbestimmungen

Auch gegen Inhaltsbestimmungen, die im Gegensatz zur Auflage keine eigene Regelung enthalten, muss mittels einer Verpflichtungsklage vorgegangen werden.

Es sei noch einmal ausdrücklich darauf hingewiesen, dass der Rechtsschutz gegen Nebenbestimmungen zu den umstrittensten Bereichen des Verwaltungsrechts gehört. Es würde der Zielsetzung dieses Buches widersprechen, den Meinungsstand auch nur in Ansätzen aufzuzeigen. Insoweit sei auf die o. g. weiterführende Literatur verwiesen.

5. Fehlerhafte Verwaltungsakte

LITERATUR

Detterbeck, Allgemeines Verwaltungsrecht, 8. Aufl., 2010, Rn. 611 ff., *Erichsen*, in: Erichsen (Hrsg.), Allgemeines Verwaltungsrecht, 14. Aufl., 2010, § 15; *Giemulla/Jaworsky/Müller-Uri*, Verwaltungsrecht, 7. Aufl., 2004, Buch I Kap. 6.

a) Rechtmäßigkeitsvoraussetzungen und Fehlerfolgen

Die Verwaltung ist gem. Art. 20 Abs. 3 GG an Gesetz und Recht gebunden. Rechtmäßig handelt sie, wenn beim Erlass eines Verwaltungsaktes folgende Voraussetzungen eingehalten werden:

Formelle Voraussetzungen:

- Zuständigkeit der Erlassbehörde: sachlich, örtlich, instanziell;
- Einhaltung des vorgeschriebenen Verfahrens: vgl. die allgemeinen Verfahrensgrundsätze der §§ 9 bis 30 ff. VwVfG, von denen die Anhörung (§ 28 VwVfG) und die Begründung (§ 39 VwVfG) von besonderer Bedeutung sind. Es können aber auch Spezialvorschriften zur Anwendung kommen;
- Beachtung der vorgeschriebenen Form (z. B. § 37 VwVfG, § 20 OBG NW, § 6 BBG).

Materielle Voraussetzungen:

- Vorliegen der Voraussetzungen einer gesetzlichen Ermächtigungsgrundlage (Vorbehalt des Gesetzes), die verfassungsgemäß sein muss;
- pflichtgemäße Ermessensausübung;
- Einhaltung des Verhältnismäßigkeitsgrundsatzes (Geeignetheit, Erforderlichkeit und Angemessenheit der Maßnahme);
- Beachtung des Bestimmtheitsgrundsatzes (§ 37 Abs. 1 VwVfG);
- keine tatsächliche oder rechtliche Unmöglichkeit;
- Vereinbarkeit mit höherrangigem Recht (insbesondere mit den Grundrechten).

Verstößt die Verwaltung bei Erlass eines Verwaltungsaktes gegen eine der vorgenannten Rechtmäßigkeitsvoraussetzungen, ist der Verwaltungsakt fehlerhaft.

Die Folgen der Fehlerhaftigkeit sind nicht immer gleich. Es wird folgendermaßen unterschieden:

- Schwere Fehler führen zur Nichtigkeit (§ 44 VwVfG). Der Verwaltungsakt entfaltet keine innere Wirksamkeit.
- Leichtere Fehler haben die bloße Aufhebbarkeit zur Folge. Der Verwaltungsakt wird zunächst in vollem Umfang wirksam, kann aber vernichtet werden. Unter bestimmten Voraussetzungen können diese Fehler nach den §§ 45, 46 VwVfG geheilt werden.
- Offensichtliche Fehler im Willensausdruck haben weder die Nichtigkeit noch die Aufhebbarkeit zur Folge. Sie können gem. § 42 VwVfG jederzeit berichtigt werden.

b) Nicht- und Scheinverwaltungsakte, Nichtakte

Abzugrenzen von der Prüfung der Rechtmäßigkeit von Verwaltungsakten sind die Nicht- oder Scheinverwaltungsakte sowie die sog. Nichtakte. In diesen Fällen ist kein Verwaltungsakt erlassen worden.

Nicht- oder Scheinverwaltungsakte werden der Verwaltung nicht zugerechnet. Es handelt sich nur scheinbar um Regelungen einer Behörde. Sie sind weder für Verwaltung noch für den Bürger in irgendeiner Weise relevant.

BEISPIEL Amtsanmaßung durch eine Zivilperson („falscher" Polizist).

Um Nichtakte handelt es sich, wenn eine Regelung wegen einer Verletzung von Bekanntgabevorschriften rechtlich nicht existent ist. Dem Nichtakt fehlt sowohl die innere als auch die äußere Wirksamkeit. Er gleicht in seiner rechtlichen Unwirksamkeit dem nichtigen Verwaltungsakt.

BEISPIELE

- Ein Verwaltungsakt erreicht den Adressaten nicht.
- Einen Sonderfall des Nichtaktes regelte früher § 6 Abs. 2 BBG (alte Fassung). Entsprach die Ernennungsurkunde eines Beamten nicht der vorgeschriebenen Form, so lag eine Ernennung nicht vor. Die Maßnahme blieb ohne jede rechtliche Wirkung. Heute bestimmt § 13 Abs. 1 Nr. 1 BBG, dass eine fehlende Ernennungsurkunde (siehe § 10 Abs. 2 BBG) zur Nichtigkeit führt. Das Gesetz kennt den Nichtakt nicht mehr.

c) Nichtige Verwaltungsakte

Nichtige Verwaltungsakte entfalten zwar äußere, aber keine innere Wirksamkeit. Sie brauchen nicht beachtet zu werden. Der Gesetzgeber hat die Nichtigkeit in § 44 VwVfG geregelt. Dabei beschreibt er in Abs. 1 der Vorschrift ganz allgemein die Fehler, die zur Nichtigkeit eines Verwaltungsaktes führen (sog. Generalklausel der Nichtigkeit). In Abs. 2 werden anschließend spezielle Nichtigkeitsgründe genannt, die unabhängig von Abs. 1 immer zur Nichtigkeit führen. In Abs. 3 wird die Generalklausel wieder eingeschränkt. Der Gesetzgeber stellt klar, dass in diesen Fällen Abs. 1 nicht zur Anwendung kommen darf.

Prüfungsreihenfolge Nichtigkeit des Verwaltungsaktes

1. Liegt ein Fall des § 44 Abs. 2 VwVfG vor? Wenn nein:
2. Liegt ein Fall des § 44 Abs. 3 VwVfG vor? Wenn nein:
3. Greift § 44 Abs. 1 VwVfG (Generalklausel)?

aa) Nichtigkeitsgründe des § 44 Abs. 2 VwVfG

Ohne Rücksicht auf das Vorliegen der Voraussetzungen des Abs. 1 regelt § 44 Abs. 2 Nr. 1 bis 6 VwVfG spezielle Nichtigkeitsgründe.

(1) Nichterkennbarkeit der erlassenden Behörde (Nr. 1)

Die erlassende Behörde ist nicht erkennbar, wenn sich auch durch Auslegung nicht ermitteln lässt, wer den Verwaltungsakt erlassen hat.

(2) Fehlende Aushändigung einer Urkunde (Nr. 2)

Die Aushändigung einer Urkunde ist beispielsweise für eine Einbürgerung vorgeschrieben (§ 16 RuStAG). Die Ernennung eines Beamten wird i. d. R. erst mit Aushändigung der Ernennungsurkunde wirksam (§ 10 Abs. 2 BBG).

(3) Qualifizierte örtliche Unzuständigkeit (Nr. 3)

Gemeint ist nur eine Unzuständigkeit, die sich auf unbewegliches Vermögen oder ein ortsgebundenes Recht oder Rechtsverhältnis bezieht.

BEISPIEL Erteilung einer Baugenehmigung im Stadtgebiet Münster durch den Stadtdirektor Coesfeld.

(4) Tatsächliche Unmöglichkeit (Nr. 4)

Die verlangte Handlung kann niemand ausführen.

BEISPIEL Es soll ein bereits verendetes und anschließend verbranntes Tier geimpft werden.

Tatsächliche Unmöglichkeit liegt auch vor, wenn die verlangte Leistung nur mit so großen Schwierigkeiten erfüllt werden könnte, dass niemand sie vernünftigerweise in Betracht ziehen würde. Die bloß subjektive Unmöglichkeit des Adressaten reicht allerdings nicht aus.

(5) Rechtswidrige Tat (Nr. 5)

Verlangt der Verwaltungsakt die Verwirklichung einer Straftat oder einer Ordnungswidrigkeit, ist er nichtig.

BEISPIEL Die Behörde verlangt vom Mieter den Abriss des gemieteten Hauses. Es würde sich um eine Sachbeschädigung nach § 303 StGB handeln.

(6) Verstoß gegen die guten Sitten (Nr. 6)

Ausreichend ist, wenn sich die Sittenwidrigkeit aus Inhalt und Zweck des Verwaltungsaktes ergibt. Ein verwerfliches Handeln der Behörde selbst ist nicht erforderlich.

BEISPIEL Die Behörde erlaubt die Durchführung einer Peep-Show (str.).

bb) Nichtigkeitsunerhebliche Fehler nach § 44 Abs. 3 VwVfG

Die von § 44 Abs. 3 Nr. 1 bis 4 VwVfG erfassten Fehler führen nicht zur Nichtigkeit eines Verwaltungsaktes. Der Verwaltungsakt ist wegen seiner Rechtswidrigkeit aber grundsätzlich aufhebbar (s. u. § 27 II.5.d)).

(1) Einfache örtliche Unzuständigkeit (Nr. 1)

Sofern es sich nicht um einen Fall des § 44 Abs. 2 Nr. 3 VwVfG handelt, führt ein Verstoß gegen die örtliche Zuständigkeit nicht zur Nichtigkeit, sondern nur zur Anfechtung.

(2) Mitwirkung ausgeschlossener Personen (Nr. 2)

Wirkt eine der in § 20 Abs. 1 Nr. 2 bis 6 VwVfG genannten Personen am Verwaltungsakt mit, führt dies nur zur Aufhebbarkeit. Entscheidet der Beteiligte selbst (§ 20 Abs. 1 Nr. 1 VwVfG), ist dagegen i. d. R. Nichtigkeit nach § 44 Abs. 1 VwVfG die Folge.

(3) Fehlen der Mitwirkung eines Ausschusses oder einer Behörde (Nr. 3, 4)

Ist die erforderliche Mitwirkung eines Ausschusses oder einer anderen Behörde unterblieben, tritt ebenfalls keine Nichtigkeit ein.

cc) Schwerwiegende und offenkundige Fehler nach § 44 Abs. 1 VwVfG

Liegt kein Nichtigkeitsgrund i. S. des § 44 Abs. 2 VwVfG vor und scheidet der Fehler auch nicht gem. § 44 Abs. 3 VwVfG als Nichtigkeitsgrund aus, muss die Generalklausel des § 44 Abs. 1 VwVfG geprüft werden. Danach ist ein Verwaltungsakt nichtig, wenn er an einem besonders schwerwiegenden Fehler leidet und dies bei verständiger Würdigung aller in Betracht kommenden Umstände offenkundig ist.

(1) Schwerwiegende Fehler

Nach der Rechtsprechung des Bundesverwaltungsgerichts ist ein Rechtsfehler besonders schwerwiegend, wenn er mit der Rechtsordnung unter keinen Umständen vereinbar sein kann, weil er tragenden Verfassungsprinzipien oder den der Rechtsordnung immanenten Wertvorstellungen widerspricht. Bloße Gesetzlosigkeit reicht nicht aus.

BEISPIELE

- Verhängung einer Freiheitsstrafe durch die Ordnungsbehörde,
- Die Einbürgerung eines Deutschen (eindeutige rechtliche Unmöglichkeit),
- Völlig unsinnige oder unbestimmte Verwaltungsakte.

(2) Offenkundige Fehler

Offenkundig ist ein Fehler, wenn er für einen unvoreingenommenen verständigen Durchschnittsbeobachter ohne Weiteres erkennbar ist. Man spricht in diesem Zusammenhang davon, dass der Verwaltungsakt den Fehler gleichsam „auf der Stirn" tragen muss. Dies ist in den vorgenannten Beispielen der Fall.

d) Aufhebbare (vernichtbare) Verwaltungsakte

Fehler, die keine Nichtigkeit des Verwaltungsaktes zur Folge haben, kommen in der Praxis weitaus häufiger vor. Sie führen – abgesehen von einigen bedeutsamen Ausnahmen (s. u. § 27 II.5.d)aa)(5)) – (nur) zur Aufhebbarkeit des Verwaltungsaktes. Es handelt sich um Verstöße gegen die o. g. Rechtmäßigkeitsvoraussetzungen (s. o. § 27 II.5.). Diese sollen im Folgenden verdeutlicht werden.

aa) Rechtswidrigkeit aus formellen Gründen

(1) Zuständigkeit

Die handelnde Behörde muss sachlich, örtlich und instanziell zuständig gewesen sein. Die für diese Frage entscheidenden Normen lassen sich i. d. R. aus dem Gesetz (oder sonstigem Rechtsnormenkomplex), das die Ermächtigungsgrundlage enthält, entnehmen.

(a) Sachliche Zuständigkeit

Sie regelt die Frage, ob der richtige (= zuständige) Verwaltungsträger gehandelt hat und ob der richtige (= zuständige) Teil dieses Verwaltungsträgers tätig geworden ist.

BEISPIEL Sachlich zuständig für die Durchführung von Maßnahmen der Ordnungsverwaltung ist grundsätzlich die Gemeinde (= Verwaltungsträger). Für die Gemeinde muss das richtige Organ handeln. Dies kann z. B. der Bürgermeister oder der Stadtdirektor sein. Handelt stattdessen der Rat der Gemeinde, liegt ein Verstoß gegen die sachliche Zuständigkeit vor.

(b) Örtliche Zuständigkeit

Es kann sein, dass mehrere Organe eines Verwaltungsträgers die gleiche sachliche Zuständigkeit besitzen. In diesem Fall ist zumeist der räumliche Geltungsbereich der jeweiligen Organe beschränkt. Wird ein Organ im fremden (örtlichen) Zuständigkeitsbereich tätig, war die Maßnahme formell rechtswidrig.

BEISPIEL Es gibt eine Vielzahl von Polizeibehörden in Nordrhein-Westfalen (§ 7 POG). Örtlich zuständig ist die Polizeibehörde, in deren Bezirk sich der Fall ereignet.

BEACHTE

Ein Verstoß gegen die örtliche Zuständigkeit in Fällen, die sich auf unbewegliches Vermögen oder ein ortsgebundenes Recht oder Rechtsverhältnis beziehen, führt gem. § 44 Abs. 2 Nr. 3 VwVfG zur Nichtigkeit eines Verwaltungsaktes.

(c) Instanzielle Zuständigkeit

Behörden stehen häufig in einem Über- und Unterordnungsverhältnis (Landesregierung, Bezirksregierungen, Oberbürgermeister; s. die jeweiligen Landesorganisationsgesetze). Es muss die richtige Instanz handeln.

BEISPIEL Für den Erlass einer Baugenehmigung in Köln sind die Landesregierung und der Regierungspräsident nicht die richtige Instanz und damit instanziell nicht zuständig. Dies ist vielmehr der Oberbürgermeister der Stadt Köln als untere Bauaufsichtsbehörde (vgl. § 62 BauO NW). Der Regierungspräsident wäre allerdings, wenn die Baugenehmigung versagt wird, für einen Widerspruchsbescheid instanziell zuständig.

(2) Form und Begründung

Es gilt der Grundsatz der Formfreiheit nach § 37 Abs. 2 VwVfG. Danach kann ein Verwaltungsakt schriftlich, mündlich oder in anderer Weise erlassen werden.

Für schriftliche Verwaltungsakte gelten die zusätzlichen Formerfordernisse des § 37 Abs. 3 VwVfG. Er muss die erlassende Behörde erkennen lassen und die Unterschrift oder Namenswiedergabe des Behördenleiters, seines Vertreters oder seines Beauftragten enthalten. Ausnahmen regelt § 37 Abs. 4 VwVfG.

Sofern die Verwaltung einen schriftlichen Verwaltungsakt erlässt oder eine Regelung schriftlich bestätigt, muss der Verwaltungsakt gem. § 39 Abs. 1 VwVfG regelmäßig begründet werden. Eine Begründung ist unter den Voraussetzungen des § 39 Abs. 2 VwVfG entbehrlich.

BEISPIEL Ein Verkehrszeichen braucht als Allgemeinverfügung gem. § 39 Abs. 2 Nr. 5 VwVfG nur öffentlich bekannt gegeben zu werden. Eine Begründung ist nicht erforderlich.

Die Begründung kann im übrigen gem. § 45 Abs. 1 Nr. 2 VwVfG auch nachträglich erfolgen. Dies ist bis zum Abschluss des verwaltungsgerichtlichen Verfahrens möglich (§ 45 Abs. 2 VwVfG).

HINWEIS

Dies bedeutet, dass die Begründung im Widerspruchsbescheid und sogar in einer Klageerwiderung den Formverstoß des Ausgangsbescheids heilt. Der Fehler kann nicht mehr mit Erfolg geltend gemacht werden.

Abweichend von den Formvorschriften des Verwaltungsverfahrensgesetz existieren spezialgesetzliche Bestimmungen, die eigene Regelungen enthalten.

BEISPIELE

- § 20 OBG NW, der in bestimmten Fällen die Schriftlichkeit einer Ordnungsverfügung vorschreibt;
- §§ 69 Abs. 2, 74 VwVfG, § 10 Abs. 7 BImSchG.

(3) Verfahren

Bei der Durchführung des Verwaltungsverfahrens müssen die in den §§ 9 ff. VwVfG geregelten Bestimmungen eingehalten werden.

BEISPIELE

- Der Beteiligte muss gem. § 28 VwVfG angehört werden.
- Nach § 29 VwVfG hat der Beteiligte das Recht auf Akteneinsicht.

Weitere Regelungen hinsichtlich des Verwaltungsverfahrens finden sich wiederum in Spezialgesetzen.

BEISPIELE

- Anhörung der IHK vor einer Gewerbeuntersagung nach § 35 Abs. 4 GewO;
- Mitwirkung anderer Behörden nach § 4 BauGB.

Häufiger Verstoß gegen Verfahrensvorschriften ist das Unterbleiben einer Anhörung nach § 28 Abs. 1 VwVfG, sofern nicht gem. § 28 Abs. 2 VwVfG von einer Anhörung abgesehen werden kann.

BEISPIEL Würde die Anhörung zu einem Zeitverlust führen und die in der Sache gebotenen Maßnahmen deshalb zu spät kommen, kann von einer Anhörung § 28 Abs. 2 Nr. 1 1. Alt. VwVfG abgesehen werden.

Eine Anhörung muss sogar unterbleiben, wenn ihr ein zwingendes öffentliches Interesse entgegensteht (§ 28 Abs. 3 VwVfG).

In der Praxis führt eine zunächst unterbliebene Anhörung i. d. R. nicht zur Rechtswidrigkeit des Verwaltungsaktes. Nach § 45 Abs. 1 Nr. 3, 2 VwVfG kann sie nämlich – ebenso wie eine fehlende Begründung – bis zum Abschluss des verwaltungsgerichtlichen Verfahrens nachgeholt werden.

HINWEIS

Legt der Betroffene Widerspruch gegen den Verwaltungsakt ein, ist regelmäßig davon auszugehen, dass damit die notwendige Anhörung nachgeholt wurde. Anders ist dies aber, wenn im Widerspruchsverfahren neue, bisher nicht erörterte, sachliche Gesichtspunkte auftauchen.

(4) Bekanntgabe

Wird ein Verwaltungsakt nicht nach § 41 VwVfG bekannt gemacht, ist er formell rechtswidrig, im Unterschied zu den anderen Verfahrensfehlern aber grundsätzlich unwirksam. Man kann die jeweilige Maßnahme als Nichtakt bezeichnen.

Die Heilung von Zustellungsmängeln ist nur in seltenen Fällen möglich (vgl. § 9 VwVZG des Bundes).

(5) Unbeachtlichkeit von Verfahrens- und Formfehlern

Nicht jeder Verfahrens- oder Formfehler lässt eine Aufhebung des Verwaltungsaktes zu. Vielmehr ist § 46 VwVfG zu berücksichtigen. Danach kann die Aufhebung eines bloß rechtswidrigen Verwaltungsaktes nicht allein deshalb begehrt werden, weil er unter Verletzung von Vorschriften über das Verfahren, die Form oder die örtliche Zuständigkeit zustande gekommen ist. Nach der durch das Gesetz zur Beschleunigung von Genehmigungsverfahren vom 12. 9. 1996 vorgenommene Änderung bleibt der Verwaltungsakt trotz Vorliegens eines der genannten Fehler bestehen, wenn offensichtlich ist, dass die Verletzung die Entscheidung in der Sache nicht beeinflusst hat. Der Gesetzgeber möchte dadurch nach Möglichkeit ausschließen, dass Rechtsbehelfe lediglich auf formelle Verstöße gestützt werden können.

Die Vorschrift hat folgende Konsequenzen:

- Gebundene Entscheidungen, die materiell rechtmäßig sind, können nicht aufgehoben werden.

BEISPIEL Wenn ein Gewerbetreibender unzuverlässig ist, muss ihm nach § 35 Abs. 1 GewO die Ausübung des Gewerbes untersagt werden. Unterläuft der zuständigen Behörde im Versagungsverfahren ein Verfahrensfehler, wird der Verwaltungsakt dennoch nicht aufgehoben.

- Gleiches gilt im Fall der Ermessensreduzierung auf Null.
- Zu einem anderen Ergebnis kommt man bei freien Ermessensentscheidungen. Hier ist nicht auszuschließen, dass die Behörde bei Beachtung des Verfahrensrechts zu einer anderen Entscheidung gekommen wäre. Ein Verfahrens-, Form- oder Zuständigkeitsfehler führt jedoch dann nicht zur Aufhebung der Entscheidung, wenn die Verletzung die Entscheidung in der Sache offensichtlich nicht beeinflusst hat.

BEISPIEL Dies kann der Fall sein, wenn ein befangener Amtsträger (§ 20 Abs. 1 Nr. 2 bis 5 VwVfG) die Entscheidung getroffen hat.

- Gleiches gilt im Rahmen eines der Behörde vom Gesetz eingeräumten Beurteilungsspielraums.

§ 46 VwVfG ist aber nicht in allen Verwaltungsverfahren anwendbar. Wenn spezielle Rechtsvorschriften ausdrücklich oder nach ihrem Sinn und Zweck die Fehlerfolgen abschließend regeln, kommt es auf § 46 VwVfG nicht an.

BEISPIEL § 214 BauGB regelt die Verletzung von Verfahrens- und Formvorschriften bei der Aufstellung des Flächennutzungsplans und der Satzungen abschließend.

Hinsichtlich weiterer Verfahrensregelungen sei auf die obigen Ausführungen verwiesen (3).

bb) Rechtswidrigkeit aus materiellen Gründen

Die Verwaltung benötigt für grundsätzlich jede ihrer Handlungen eine Ermächtigungsgrundlage (sog. Vorbehalt des Gesetzes). Fehlt eine solche Norm oder ist sie rechtswidrig (z. B. nicht verfassungsgemäß), ist der Verwaltungsakt rechtswidrig.

(1) Voraussetzungen der Ermächtigungsgrundlage

Ist eine rechtmäßige Ermächtigungsgrundlage vorhanden, muss im Rahmen der Überprüfung der materiellen Rechtmäßigkeit festgestellt werden, ob ihre Voraussetzungen vorliegen. Liegt eines der dort genannten Merkmale nicht vor, ist der Verwaltungsakt materiell rechtswidrig.

(2) Bestimmtheit

Ein Verwaltungsakt kann auch rechtswidrig sein, weil er nicht hinreichend bestimmt ist (§ 37 Abs. 1 VwVfG). Nach Auffassung des Bundesverwaltungsgerichts setzt das Erfordernis der Bestimmtheit zum einen voraus, dass der Adressat in die Lage versetzt werden muss, zu erkennen, was von ihm gefordert wird. Zum anderen muss der Verwaltungsakt geeignete Grundlage für Maßnahmen zu einer zwangsweisen Durchsetzung sein können.

BEISPIEL Wird vom Inhaber einer Gaststätte verlangt, diese so zu betreiben, dass kein unzumutbarer Lärm entsteht, ist dies unbestimmt und damit rechtswidrig. Notwendig wäre es gewesen, einen Schallpegel anzugeben, der nicht überschritten werden darf.

(3) Rechtliche Unmöglichkeit

Auch rechtliche Unmöglichkeit führt zur materiellen Rechtswidrigkeit.

BEISPIEL Vom Vermieter eines Hauses wird der Abriss verlangt. Ein solcher Abriss würde einen Verstoß gegen den Mietvertrag darstellen, da dem Vermieter aufgrund der Abrissverfügung kein fristloses Kündigungsrecht zusteht. Der Verwaltungsakt verlangt daher rechtlich Unmögliches und ist deshalb rechtswidrig. Erforderlich wäre eine Duldungsverfügung an den Mieter gewesen.

Die tatsächliche Unmöglichkeit führt sogar zur Nichtigkeit eines Verwaltungsaktes. In diesem Fall würde eine Feststellungsklage ausreichen.

(4) Verhältnismäßigkeit

Ein Verwaltungsakt ist des Weiteren rechtswidrig, wenn gegen den Grundsatz der Verhältnismäßigkeit verstoßen wird (s. o. § 27 II.). Dieser Grundsatz ist bei Ermessensentscheidungen immer zu beachten. Bei gebundener Verwaltung ist er dagegen nur dann zu berücksichtigen, wenn der Gesetzgeber die Verhältnismäßigkeitsprüfung ausdrücklich vorgeschrieben hat.

BEISPIEL Nach § 35 Abs. 1 GewO darf ein Gewerbe wegen Unzuverlässigkeit nur dann untersagt werden, wenn dies zum Schutze der Allgemeinheit oder der im Betrieb Beschäftigten **erforderlich** ist. Hiermit wurde die Verhältnismäßigkeitsprüfung im Gesetz festgeschrieben, obwohl es sich bei § 35 Abs. 1 GewO um gebundene Verwaltung handelt („ist ... zu untersagen").

(5) Ermessen

Ermessensentscheidungen sind bei Vorliegen eines Ermessensfehlers (siehe § 27 V. ff.) materiell rechtswidrig. Entsprechend der Neufassung des § 114 VwGO ist zu berücksichtigen, dass die Verwaltungsbehörde ihre Ermessenserwägungen hinsichtlich des Verwaltungsaktes auch noch im verwaltungsgerichtlichen Verfahren ergänzen kann (§ 114 Satz 2 VwGO).

cc) Nicht zur Rechtswidrigkeit führende Fehler

(1) Offenbare Unrichtigkeiten

Neben den Fehlern, die wegen §§ 45, 46 VwVfG nicht zur Rechtswidrigkeit führen, bleiben auch offenbare Unrichtigkeiten gem. § 42 VwVfG folgenlos. Nach dieser Vorschrift kann die Behörde Schreibfehler, Rechenfehler und ähnliche offenbare Unrichtigkeiten in einem Verwaltungsakt jederzeit berichtigen. Der Fehler muss allerdings „ins Auge springen".

BEISPIEL Die Behörde berechnet mehrere einzelne Gebühren richtig. Bei der Addition der Einzelbeträge setzt sie jedoch ein Komma falsch.

(2) Umdeutung

In sehr seltenen Fällen ist eine Umdeutung nach § 47 VwVfG möglich. Der Verwaltungsakt, in den umgedeutet wird, muss allerdings in dem fehlerhaften Verwaltungsakt quasi bereits enthalten sein.

MERKE

Eine fehlende oder fehlerhafte Rechtsbehelfsbelehrung führt nicht zur Rechtswidrigkeit eines Verwaltungsaktes. Vielmehr verlängert sich stattdessen die Monatsfrist zur Einlegung des Widerspruchs in eine Jahresfrist (§ 58 Abs. 2 VwGO).

6. Aufhebung von Verwaltungsakten

LITERATUR

Detterbeck, Allgemeines Verwaltungsrecht, 8. Aufl., 2010, Rn. 673 ff.; *Erichsen*, in: Erichsen (Hrsg.), Allgemeines Verwaltungsrecht, 14. Aufl., 2010, § 20; *Finke/Haurand/Sundermann/Vahle*, Allgemeines Verwaltungsrecht, 10. Aufl., 2006, Absch. E.III.2.3; *Giemulla/Jaworsky/Müller-Uri*, Verwaltungsrecht, 7. Aufl. 2004, Buch I Kap. 7.

a) Bestandskraft

Nachdem ein Verwaltungsakt wirksam geworden ist, stellt sich die Frage, ab welchem Zeitpunkt diese Wirksamkeit von Dauer und der Verwaltungsakt damit bestandskräftig ist. Bestandskraft tritt mit der Unanfechtbarkeit eines nicht nichtigen Verwaltungsaktes ein. Bürger und Verwaltung können mit Eintritt der Bestandskraft sicher sein, dass sich an der Rechtslage – von Ausnahmen abgesehen – nichts mehr ändern wird.

Allgemein wird zwischen formeller und materieller Bestandskraft unterschieden. Die Begriffe schließen sich nicht gegenseitig aus. Vielmehr tritt die materielle Bestandskraft häufig zeitgleich mit der formellen Bestandskraft ein.

Formelle Bestandskraft bedeutet, dass der Verwaltungsakt nicht mehr anfechtbar ist. Es können, selbst wenn der Verwaltungsakt rechtswidrig sein sollte, weder Widerspruch noch Klage erfolgreich erhoben werden.

Die **materielle Bestandskraft** legt fest, in welchem Umfang die getroffene Regelung gilt. Vom festgelegten Umfang dürfen weder Bürger noch Verwaltung abweichen.

BEISPIEL A wird am 1.7. aufgefordert, seinem Schäferhund bei jedem Verlassen der Wohnung einen Maulkorb anzulegen. Mit Ablauf der Widerspruchsfrist tritt am 2.8. die formelle Bestandskraft ein. Zugleich ist A wegen der materiellen Bestandskraft verpflichtet, den Maulkorb bei jedem Ausführen des Hundes anzulegen. Er ist dagegen nicht verpflichtet, den Hund jeweils anzuleinen. Dies wird von der materiellen Bestandskraft nicht erfasst.

b) Aufhebbarkeit bestandskräftiger Verwaltungsakte

Unter bestimmten Voraussetzungen kann die Verwaltung trotz formeller und materieller Bestandskraft eines Verwaltungsaktes ihre Entscheidung aufheben. Dies kann durch Rücknahme und Widerruf nach den §§ 48, 49 VwVfG oder mittels eines Wiederaufgreifens des Verfahrens nach § 51 VwVfG geschehen. Darüber hinaus gibt es Spezialregelungen in § 35 GewO, § 15 GastG, §§ 44 ff. SGB X, § 22 OBG, § 172 AO. Derartige Normen finden sich mittlerweile auch im Gemeinschaftsrecht. So können sog. Begünstigende Entscheidungen nach Art. 8, 9 ZK zurückgenommen oder widerrufen werden.

BEISPIEL Die Bewilligung zum Betreiben eines Zolllagers wird aufgehoben, weil sich der Lagerinhaber als unzuverlässig erweist.

Die allgemeinen Regelungen des Verwaltungsverfahrensgesetzes sind nur dann anzuwenden, wenn die spezielleren Regelungen nicht greifen.

BEISPIEL Die Aufhebung einer Gaststättenerlaubnis, weil der ursprünglich zuverlässige Gastwirt mit Kokain gehandelt hat, muss unter den Voraussetzungen des § 15 GastG erfolgen.

Verwaltung und Bürger sollen sich grundsätzlich auf das Bestehen bleiben des Verwaltungsaktes verlassen können. Da durch die Aufhebung eines bestandskräftigen Verwaltungsaktes diese Klarstellungsfunktion aber durchbrochen wird, darf sie nicht beliebig erfolgen. Es sind vielmehr die öffentlichen und privaten Interessen der Beteiligten zu berücksichtigen. Für den Ausgleich der unterschiedlichen Interessen kommt es darauf an, ob die getroffene Entscheidung begünstigend oder belastend, rechtswidrig oder rechtmäßig gewesen ist. Es ergeben sich die folgenden Fallkonstellationen, die unterschiedliche Aufhebungsvoraussetzungen erforderlich machen:

- Rechtmäßiger und begünstigender Verwaltungsakt
- Rechtmäßiger und belastender Verwaltungsakt
- Rechtswidriger und begünstigender Verwaltungsakt
- Rechtswidriger und belastender Verwaltungsakt

Der Gesetzgeber hat in den §§ 48, 49 VwVfG versucht, einen gerechten Ausgleich der Interessen von Verwaltung und Bürgern zu finden. Er regelt in § 48 VwVfG die Rücknahme von rechtswidrigen und in § 49 VwVfG den Widerruf von rechtmäßigen Verwaltungsakten.

c) Rücknahme rechtswidriger Verwaltungsakte nach § 48 VwVfG

aa) Rechtswidrig belastende Verwaltungsakte

Der betroffene Bürger hat i. d. R. kein Interesse, die Regelung eines rechtswidrigen und belastenden Verwaltungsaktes beizubehalten. Aus diesem Grund lässt es § 48 Abs. 1 VwVfG zu, dass die Verwaltung jeden rechtswidrigen Verwaltungsakt, auch nachdem er unanfechtbar geworden ist, ohne weitere Voraussetzungen zurücknehmen **kann**. Die in das Ermessen der Behörde gestellte Rücknahme kann ganz oder teilweise mit Wirkung für die Zukunft oder Vergangenheit geschehen.

BEISPIEL A soll aufgrund eines bestandskräftigen Bescheides einen kranken und deshalb umsturzgefährdeten Baum fällen. Es stellt sich nachträglich heraus, dass der Baum weder krank noch umsturzgefährdet ist. Damit kann die zuständige Behörde die Verfügung aufheben. Ihr grundsätzlich freies Rücknahmeermessen dürfte in diesem Fall sogar auf Null reduziert sein.

Bei der Rücknahme spielt es keine Rolle, ob der Verwaltungsakt bereits bestandskräftig ist. Unabhängig davon, ob der Bürger Widerspruch oder Klage eingereicht hat, kann die Verwaltung den Bescheid aus eigenem Antrieb zurücknehmen.

bb) Rechtswidrig begünstigende Verwaltungsakte

Die Aufhebung eines rechtswidrig begünstigenden Verwaltungsaktes ist im Vergleich zur Rücknahme eines rechtswidrig belastenden Verwaltungsaktes nur unter erschwerten Voraussetzungen möglich, da das Vertrauen des Begünstigten zu berücksichtigen ist.

Der Gesetzgeber hat dem Gesichtspunkt des Vertrauens durch § 48 Abs. 1 Satz 2, Abs. 2, 3, 4 VwVfG Rechnung getragen. Ein Verwaltungsakt, der ein Recht oder einen rechtlich erheblichen Vorteil begründet, darf nur unter Einschränkungen zurückgenommen werden. Dabei ist zwischen Geldleistungen sowie teilbaren Sachleistungen (§ 48 Abs. 2 VwVfG) und anderen, d. h. immateriellen Verwaltungsakten (§ 48 Abs. 3 VwVfG) zu unterscheiden.

(1) Geld- und teilbare Sachleistungen

Geldleistungen und teilbare Sachleistungen dürfen nicht zurückgenommen werden, wenn der Begünstigte auf den Bestand des Verwaltungsaktes vertraut hat und sein Vertrauen unter Abwägung mit dem öffentlichen Interesse an einer Rücknahme schutzwürdig ist.

(a) In welchen Fällen die Abwägung zugunsten des öffentlichen Interesses ausgeht, ist in § 48 Abs. 2 Satz 3 VwVfG beispielhaft festgelegt. Der Vertrauensschutz des Begünstigten tritt zurück, wenn der Begünstigte

1. den Verwaltungsakt durch arglistige Täuschung, Drohung oder Bestechung erwirkt hat;
2. den Verwaltungsakt durch Angaben erwirkt hat, die in wesentlicher Beziehung unrichtig oder unvollständig waren;
3. die Rechtswidrigkeit kannte oder infolge grober Fahrlässigkeit nicht kannte.

Es leuchtet ein, dass in diesen Fällen eine Rücknahme erfolgen kann. Ein schutzwürdiges Vertrauen ist nicht zu erkennen. Dies ändert allerdings nichts daran, dass die Behörde gem. § 48 Abs. 1 VwVfG eine Ermessensentscheidung zu treffen hat. Sie muss also, auch wenn die Voraussetzungen des § 48 Abs. 2 VwVfG vorliegen, ermessensfehlerfrei entscheiden. Dabei ist der Grundsatz der Verhältnismäßigkeit zu beachten.

(b) Der Gesetzgeber hat des Weiteren den umgekehrten Fall geregelt, in dem das Vertrauen des Adressaten regelmäßig schutzwürdig ist. Wenn keiner der o. g. Ausschlussfälle vorliegt, bestimmt § 48 Abs. 2 Satz 2 VwVfG, dass der Verwaltungsakt nicht zurückgenommen werden darf, wenn der Begünstigte gewährte Leistungen verbraucht oder eine Vermögensdisposition getroffen hat, die er nicht mehr oder nur unter unzumutbaren Nachteilen rückgängig machen kann.

(c) Bei jeder Rücknahme eines Verwaltungsaktes ist die Frage zu klären, ob sie nur für die Zukunft oder auch für die Vergangenheit gilt. § 48 Abs. 2 Satz 4 VwVfG schreibt vor, dass nur in den Fällen des Satzes 3, wenn also der Verwaltungsakt mit unlauteren Mitteln herbeigeführt wurde, die Rücknahme i. d. R. mit Wirkung für die Vergangenheit zu erfolgen hat.

(d) Wird ein Verwaltungsakt mit Wirkung für die Vergangenheit zurückgenommen, muss in einem weiteren Schritt geklärt werden, in welcher Weise die **Erstattung zu viel gezahlter Leistungen** erfolgen muss. Dies ist im Verwaltungsverfahrensgesetz in § 49a ausdrücklich geregelt. Es gelten die §§ 812 ff. BGB. Da die Verwaltung eine Leistung ohne Rechtsgrund gewährt hat bzw. der ursprüngliche Rechtsgrund später weggefallen ist, sind die gewährten

Leistungen im Regelfall zurückzugeben. Auf den Wegfall der Bereicherung kann sich der Beteiligte nicht berufen, soweit er die Umstände kannte oder infolge grober Fahrlässigkeit nicht kannte, die zur Rücknahme geführt haben (§ 49a Abs. 2 VwVfG). Der zu erstattende Betrag ist nach § 49a Abs. 3, 4 VwVfG zu verzinsen. Da Erstattungs- und Zinsanspruch öffentlich-rechtlicher Natur sind, ist bei Streitigkeiten der Verwaltungsrechtsweg nach § 40 Abs. 1 VwGO gegeben.

(2) Sonstige rechtswidrig begünstigende Verwaltungsakte

Rechtswidrige und begünstigende Verwaltungsakte, die keine Geld- oder teilbare Sachleistung sind und deshalb nicht unter § 48 Abs. 2 VwVfG fallen, können gem. § 48 Abs. 3 VwVfG zurückgenommen werden.

BEISPIELE

- Erteilung einer Baugenehmigung unter Verstoß gegen den Bebauungsplan,
- Aufenthaltserlaubnis für einen Ausländer, ohne dass deren Voraussetzungen vorliegen;
- Erteilung der Doktorwürde, obwohl die Arbeit von einem Dritten geschrieben wurde.

An besondere Voraussetzungen ist die Rücknahme in diesen Fällen nicht geknüpft (Grundsatz der freien Rücknehmbarkeit). Ausreichend ist vielmehr, dass es sich um einen rechtswidrigen Verwaltungsakt handelt. Allerdings ist die Behörde verpflichtet, dem Betroffenen auf Antrag den Vermögensnachteil auszugleichen, den dieser dadurch erleidet, dass er auf den Bestand des Verwaltungsaktes vertraut hat. Dies gilt einschränkend jedoch nur dann, wenn das Vertrauen unter Abwägung mit dem öffentlichen Interesse schutzwürdig ist. Anders als bei Geld- oder Sachleistungsverwaltungsakten stellt das schutzwürdige Vertrauen somit kein Rücknahmehindernis dar, sondern gewährt allein einen Ausgleichsanspruch in Geld. Der Anspruch kann gem. § 48 Abs. 3 Satz 5 VwVfG nur innerhalb eines Jahres geltend gemacht werden.

BEISPIEL Wird die Baugenehmigung zurückgenommen, sind dem Bauherrn z. B. die durch einen Baubeginn bereits entstandenen Kosten zu ersetzen, sofern sein Vertrauen schutzwürdig ist.

cc) Jahresfrist

Die Rücknahme eines rechtswidrigen Verwaltungsaktes ist nach § 48 Abs. 4 VwVfG nur innerhalb eines Jahres möglich, nachdem die Behörde Kenntnis von den Tatsachen erlangt hat, welche die Rücknahme rechtfertigen. Die Befristung soll eine eindeutige Klärung im Hinblick auf die Rücknahmemöglichkeit innerhalb eines überschaubaren Zeitraums ermöglichen.

Entscheidend für den Beginn der Jahresfrist ist die (zuvor fehlende) Kenntnis von Tatsachen, die die Rechtswidrigkeit begründen. Keine Rolle spielt es, wenn der Behörde die bloße Rechtswidrigkeit auffällt. In diesem Fall beginnt die Jahresfrist nicht zu laufen.

BEISPIEL Die Behörde B erlässt einen begünstigenden Verwaltungsakt. Am 1. 2. erfährt der zuständige Sachbearbeiter, dass der begünstigte A den Verwaltungsakt durch Angaben erwirkt hat, die in wesentlicher Beziehung unrichtig waren. Die Behörde kann bis zum 31. 1. des Folgejahres zurücknehmen.

Bemerkt der Sachbearbeiter dagegen am 1. 2., dass A zwar alle Angaben ordnungsgemäß gemacht hat, ihm selbst aber ein Rechtsirrtum unterlaufen ist, kann er – ohne Einhaltung der Jahresfrist des § 48 Abs. 4 VwVfG – auch noch Jahre später den Verwaltungsakt zurücknehmen.

Die Jahresfrist gilt jedoch nicht, wenn der Verwaltungsakt durch arglistige Täuschung, Drohung oder Bestechung erwirkt wurde.

FALL

Die Rücknahme eines rechtswidrigen Verwaltungsaktes

Sachverhalt

Die Studierende Z erhält vom 1.10.2001 bis zum 30.9.2003 rechtswidrig ein Stipendium von monatlich 990 €. Mit eineM Teil des Geldes bestreitet Z ihren Lebensunterhalt. Einen Betrag von monatlich 150 € spart sie. Das gesparte Geld soll zur Finanzierung der letzten Monate ihres Studiums dienen, in denen das Stipendium ausgelaufen sein wird. Anderenfalls müsste Z eine Nebentätigkeit aufnehmen, wodurch sich der Studienabschluss erheblich verzögern würde.

Am 15.10.2003 nimmt die zuständige Behörde den das Stipendium bewilligenden Verwaltungsakt (mit Wirkung für die Vergangenheit) zurück und verlangt Rückzahlung sämtlicher gezahlter Beträge. Z, die von der Rechtswidrigkeit des Bewilligungsbescheids keine Kenntnis hatte, legt Widerspruch ein, der als unbegründet zurückgewiesen wird.

Wäre eine Klage gegen den Rücknahmebescheid begründet?

Lösung

1. Die Anfechtungsklage (zu den einzelnen Voraussetzungen und dem Aufbau einer Anfechtungsklage siehe § 29 II.) ist nach § 113 Abs. 1 Satz 1 VwGO begründet, wenn der Verwaltungsakt rechtswidrig und der Kläger dadurch in seinen Rechten verletzt ist. Rechtswidrig ist ein belastender Verwaltungsakt dann, wenn die Voraussetzungen einer Ermächtigungsgrundlage nicht vorliegen.
2. Als Ermächtigungsgrundlage kommt mangels Spezialregelung § 48 Abs. 1, 2 VwVfG in Betracht.
3. Von der formellen Rechtmäßigkeit kann ausgegangen werden.
4. Materielle Rechtmäßigkeit:
   a) Die Bewilligung des Stipendiums erfolgte durch rechtswidrigen Verwaltungsakt. Da es sich um einen begünstigenden Verwaltungsakt handelt, müssen gem. § 48 Abs. 1 Satz 2 VwVfG die Einschränkungen des § 48 Abs. 2 bis 4 VwVfG berücksichtigt werden.

   b) Es handelt sich um einen Verwaltungsakt, der eine laufende Geldleistung gewährt (§ 48 Abs. 2 VwVfG).

   c) Ein solcher Verwaltungsakt darf nicht zurückgenommen werden, soweit der Begünstigte auf den Bestand des Verwaltungsaktes vertraut hat und das Vertrauen unter Abwägung mit dem öffentlichen Interesse an einer Rücknahme schutzwürdig ist.

   Z hat auf den Bestand des Verwaltungsaktes vertraut.

   Dieses Vertrauen ist aber nicht schutzwürdig, wenn einer der in § 48 Abs. 2 Satz 3 VwVfG genannten Fälle vorliegt. Z wusste von der Rechtswidrigkeit nichts. Auch im Hinblick auf die anderen Fälle ergeben sich keine Anhaltspunkte.

   Ihr Vertrauen wäre deshalb gem. § 48 Abs. 2 Satz 2 VwVfG schutzwürdig, wenn sie die gewährten Leistungen verbraucht oder Vermögensdispositionen getroffen hätte, die nicht mehr oder nur unter unzumutbaren Nachteilen rückgängig gemacht werden könnten.

d) Z hat mit dem Geld ihren Lebensunterhalt bestritten hat und die gezahlten Beträge i. H. von (24 · 840 =) 20.160 € verbraucht. Insoweit ist ihr Vertrauen auf den Fortbestand des Verwaltungsaktes schutzwürdig. Eine Rücknahme ist für diesen Teil des gezahlten Geldes nicht möglich.

e) Etwas anderes könnte für die monatlich gesparten Beträge i. H. von insgesamt (24 · 150 =) 3.600 € gelten. Die Rücknahme wäre möglich, wenn Z keine unzumutbaren Nachteile entstehen würden. Für die Beurteilung der Zumutbarkeit einer Rückgängigmachung kommt es insbesondere auf die Einkommens-, Vermögens- und sonstigen Lebensumstände des Betroffenen an.

Z müsste im Falle der Rückzahlung eine Nebentätigkeit aufnehmen. Der Studiumsabschluss würde sich erheblich verzögern. Ihre Situation könnte sich weiter verschlechtern, wenn sie wegen des Zeitverlustes nicht sofort eine Arbeitsstelle finden würde. Die Rücknahme der Bewilligung ist somit für Z unzumutbar.

f) Die Rücknahme des Verwaltungsaktes ist daher rechtswidrig. Da Z hierdurch auch in ihren Rechten verletzt wird, ist die Klage begründet.

---

d) Widerruf von rechtmäßigen Verwaltungsakten nach § 49 VwVfG

Beim Widerruf handelt es sich um die Aufhebung eines rechtmäßigen Verwaltungsaktes, der sowohl belastend wie begünstigend sein kann. Die Frage der Rechtmäßigkeit bestimmt sich nach der Sach- und Rechtslage im Zeitpunkt des Erlasses des Verwaltungsaktes.

aa) Rechtmäßige und belastende Verwaltungsakte

Gegen den Widerruf eines rechtmäßig belastenden Verwaltungsaktes hat der betroffene Bürger i. d. R. nichts einzuwenden. Aus diesem Grund schränkt der Gesetzgeber den Widerruf in § 49 Abs. 1 VwVfG nur geringfügig ein und stellt ihn grundsätzlich in das „freie“ Ermessen der Behörde. Diese kann ihn im Unterschied zur Rücknahme allerdings nur für die Zukunft widerrufen.

Ein Widerruf ist allerdings nicht erlaubt, wenn ein Verwaltungsakt gleichen Inhalts erneut erlassen werden müsste oder aus anderen Gründen ein Widerruf unzulässig ist (§ 49 Abs. 1 VwVfG a. E.).

Ein Verwaltungsakt gleichen Inhalts muss erlassen werden, wenn es sich um eine gebundene Entscheidung handelt und die Voraussetzungen der Ermächtigungsgrundlage weiterhin vorliegen. Da die Verwaltung an Recht und Gesetz gebunden ist, müsste sie ihre ursprüngliche Entscheidung wiederholen. Ein Widerruf wäre sinnlos.

Andere Gründe, die einen Widerruf unzulässig machen, können sich aus dem Grundsatz der Selbstbindung der Verwaltung ergeben. Auch in diesen Fällen müsste die Behörde die gerade aufgehobene Entscheidung erneut erlassen.

BEISPIEL Die Höhe eines Bußgeldes für das Überfahren einer roten Ampel ist grundsätzlich in das Ermessen der Verkehrsbehörden gestellt. Da sich die Verkehrsbehörden aber auf einen Bußgeld- und Ordnungswidrigkeitenkatalog geeinigt und damit ihr Ermessen beschränkt haben, ist der Widerruf eines rechtmäßigen Bußgeldbescheids nicht zulässig.

bb) Rechtmäßige und begünstigende Verwaltungsakte

Der Widerruf rechtmäßig begünstigender Verwaltungsakte darf nur unter engen Voraussetzungen möglich sein. Das Vertrauen des Begünstigten auf den Bestand rechtmäßiger Behördenentscheidungen soll nicht beeinträchtigt werden. Aus diesem Grund zählt § 49 Abs. 2 VwVfG die Widerrufsgründe abschließend auf.

(1) Widerrufsvorbehalt (§ 49 Abs. 2 Nr. 1 VwVfG)

Ein rechtmäßiger begünstigender Verwaltungsakt darf widerrufen werden, wenn der Widerruf durch Rechtsvorschrift zugelassen oder im Verwaltungsakt vorbehalten ist.

BEISPIELE

- Die Genehmigung zur Personenbeförderung kann gem. § 25 PBefG widerrufen werden, wenn nicht mehr alle Genehmigungsvoraussetzungen vorliegen.

  In diesem Fall können zugleich die Voraussetzungen des § 49 Abs. 2 Nr. 3 VwVfG vorliegen. Ein sich auf Nr. 3 stützender Widerruf kann aber – im Gegensatz zu Nr. 1 – eventuell Entschädigungsansprüche nach § 49 Abs. 6 VwVfG auslösen. Der Ausschluss dieser Entschädigungsmöglichkeit ist in der Praxis ein wesentlicher Grund dafür, sich den Widerruf im Verwaltungsakt vorzubehalten.
- Ein Beamter auf Widerruf (§ 5 Abs. 2 BBG) kann gem. § 32 Abs. 1 BBG durch Widerruf entlassen werden.

Wenn der Widerruf im Verwaltungsakt vorbehalten wurde, handelt es sich um eine Nebenbestimmung i. S. des § 36 Abs. 2 Nr. 3 VwVfG, die nur unter den in der Nebenbestimmung genannten Voraussetzungen widerrufen werden darf. Die möglichen Widerrufsgründe müssen dort ausdrücklich in zumindest allgemeiner Form angegeben werden.

Liegt ein Widerrufsgrund vor, **kann** die Verwaltung den Verwaltungsakt aufheben. Hierbei muss sie ermessensfehlerfrei handeln. Der Widerruf muss durch sachliche Gründe, die das Bestandsinteresse des Betroffenen überwiegen, gerechtfertigt sein. Ein Widerruf, der sich allein darauf stützt, dass ein solcher im Verwaltungsakt vorbehalten wurde, ist rechtswidrig. Der Verhältnismäßigkeitsgrundsatz und das Gleichbehandlungsgebot sind zu beachten.

BEISPIEL A erhält die Erlaubnis, auf dem Bürgersteig vor seinem Restaurant Tische und Stühle aufzustellen (sog. Sondernutzungserlaubnis). Die Erlaubnis erfolgt unter dem Vorbehalt jederzeitigen Widerrufs.

Ein Widerruf ist möglich, wenn geänderte Verkehrsverhältnisse es erfordern. Er ist dagegen nicht erlaubt, wenn keine straßen- oder straßenverkehrsrechtlichen Gründe vorliegen. Auch der bloße Hinweis auf den Widerrufsvorbehalt reicht für eine Aufhebung nicht aus.

(2) Nichterfüllung einer Auflage (§ 49 Abs. 2 Nr. 2 VwVfG)

Wenn der Verwaltungsakt mit einer Auflage verbunden wurde und der Begünstigte diese nicht oder nicht innerhalb einer ihm gesetzten Frist erfüllt, darf die Behörde den Verwaltungsakt widerrufen.

Da die Auflage von der Verwaltung selbständig – also ohne Aufhebung des Grundverwaltungsaktes – durchgesetzt werden kann, muss die zuständige Behörde bei der Ausübung des Widerrufs im Rahmen der Verhältnismäßigkeit zunächst prüfen, ob die zwangsweise Durchsetzung der Auflage nicht ein milderes und gleichfalls taugliches Mittel ist. Dies dürfte zumeist der Fall sein.

BEISPIEL Gastwirt G erhält die Gaststättenerlaubnis mit der Auflage, dass die Musik einen bestimmten Lärmpegel nicht überschreiten darf. Verstößt er gegen diese Auflage, muss die Verwaltung zunächst die zwangsweise Durchführung der Auflage versuchen. Erst wenn dies scheitert, ist sie berechtigt, die Gaststättenerlaubnis nach § 49 Abs. 2 Nr. 2 VwVfG zu widerrufen.

(3) Nachträgliche Änderung der Sachlage (§ 49 Abs. 2 Nr. 3 VwVfG)

Ein Widerruf ist auch dann möglich, wenn die Behörde aufgrund nachträglich eingetretener Tatsachen berechtigt wäre, den Verwaltungsakt nicht zu erlassen, und wenn ohne den Widerruf das öffentliche Interesse gefährdet würde.

Nicht jede geänderte Tatsache berechtigt allerdings zum Widerruf. Es muss sich um entscheidungserhebliche Tatsachen handeln. Diese können sowohl in einem Verhalten des Betroffenen als auch in äußeren Umständen zu finden sein.

Eine Gefährdung des öffentlichen Interesses liegt vor, wenn andernfalls ein Schaden für wichtige Gemeinschaftsgüter eintreten könnte.

(4) Nachträgliche Änderung der Rechtslage (§ 49 Abs. 2 Nr. 4 VwVfG)

Ist die Behörde aufgrund einer nachträglich geänderten Rechtsvorschrift berechtigt, den Verwaltungsakt nicht zu erlassen, und hat der Begünstigte von der Begünstigung noch keinen Gebrauch gemacht oder aufgrund des Verwaltungsaktes noch keine Leistungen empfangen, kann der Verwaltungsakt widerrufen werden. Dabei muss allerdings ohne den Widerruf das öffentliche Interesse gefährdet sein.

BEISPIEL Bauherr A erhält rechtmäßig eine Baugenehmigung. Anschließend ändert sich die Landesbauordnung, und eine Baugenehmigung dürfte nicht mehr erteilt werden. Sofern B noch nicht mit dem Bau begonnen hat und sofern das öffentliche Interesse ohne den Widerruf gefährdet wäre, dürfte die Behörde die Baugenehmigung aufheben.

(5) Schwere Nachteile für das Gemeinwohl (§ 49 Abs. 2 Nr. 5 VwVfG)

Ein Widerruf ist schließlich zulässig, um schwere Nachteile für das Gemeinwohl zu verhüten oder zu beseitigen. Es handelt sich hier um einen seltenen Ausnahmefall. Die Vorschrift ist Auffangtatbestand zu den übrigen Widerrufsgründen. Nur dann, wenn diese nicht vorliegen, kann auf § 49 Abs. 2 Nr. 5 VwVfG zurückgegriffen werden.

cc) Entschädigungsansprüche und Rechtsweg

In den Fällen des § 49 Abs. 2 Nr. 3 bis 5 VwVfG ist der Betroffene auf Antrag für den erlittenen Vermögensnachteil zu entschädigen, sofern er auf den Bestand des Verwaltungsaktes vertraut hat und dieses Vertrauen schutzwürdig ist. Für Streitigkeiten über die Entschädigung ist der Zivilrechtsweg gegeben (§ 49 Abs. 6 VwVfG).

BEISPIEL Hat ein Bauherr mit einem Bau bereits begonnen und wird dann erst gem. § 49 Abs. 2 Nr. 5 VwVfG zur Verhütung schwerer Nachteile für das Gemeinwohl widerrufen, müssen ihm die entstandenen Baukosten ersetzt werden, wenn er mit einem Widerruf nicht rechnen musste.

BEACHTE

Ein Widerruf nach § 49 Abs. 2 Nr. 1, 2 VwVfG löst keine Entschädigungsansprüche aus. Liegen mehrere Widerrufsgründe vor, wird die Verwaltung den Widerruf sinnvollerweise auf einen keine Entschädigung verursachenden Grund stützen.

dd) Jahresfrist

Wie bei der Rücknahme rechtswidriger Verwaltungsakte ist auch ein Widerruf nur innerhalb eines Jahres nach Kenntniserlangung der den Widerruf rechtfertigenden Tatsachen erlaubt (§ 49 Abs. 2 Satz 2 VwVfG).

ee) Erstattung und Verzinsung

Wird ein Verwaltungsakt mit Wirkung für die Vergangenheit widerrufen oder ist er infolge des Eintritts einer auflösenden Bedingung unwirksam geworden, so bestimmt sich eine eventuelle Erstattung nach § 49a Abs. 1, 2 VwVfG. U.U. können unter den Voraussetzungen des § 49a Abs. 3, 4 VwVfG Zinsen verlangt werden. Für Streitigkeiten ist der Verwaltungsrechtsweg nach § 40 Abs. 1 VwGO gegeben.

7. Wiederaufgreifen des Verfahrens

Neben der Rücknahme und dem Widerruf gibt es eine dritte Möglichkeit, bestandskräftige Verwaltungsakte aufzuheben. Es handelt sich um das Wiederaufgreifen des Verfahrens nach § 51 VwVfG (Sonderregelungen in den §§ 44 ff. SGB X, §§ 172 ff. AO). Dem Adressaten wird das Recht eingeräumt, die getroffene Entscheidung erneut überprüfen zu lassen. Hierdurch sollen Fälle besonders deutlicher Rechtswidrigkeit rückgängig gemacht werden.

Ein Wiederaufgreifen des Verfahrens ist nicht nur bei Verwaltungsentscheidungen, sondern auch – allerdings unter engeren Voraussetzungen – bei Gerichtsurteilen möglich (vgl. nur § 580 ZPO für zivilgerichtliche Urteile, § 359 StPO für strafrichterliche Urteile). Wenn schon Gerichtsverfahren aufgegriffen werden können, muss dies erst recht für Verwaltungsverfahren, deren Richtigkeitsansprüche hinter denen gerichtlicher Urteile zurückbleiben, möglich sein.

Das Wiederaufgreifen des Verwaltungsverfahrens erfolgt in zwei Schritten:

- **1. Schritt:** Zunächst muss die zuständige Behörde überprüfen, ob das abgeschlossene Verfahren überhaupt wiederaufgegriffen werden darf. Hierzu müssen die Voraussetzungen des § 51 VwVfG vorliegen. Insbesondere muss ein sog. Wiederaufnahmegrund vorhanden sein.
- **2. Schritt:** Ist ein Wiederaufgreifen des Verfahrens notwendig, muss eine erneute Entscheidung in der Sache getroffen werden. Die Behörde hat zu prüfen, ob sie den ursprünglichen Verwaltungsakt aufhebt. Inwieweit für ein Aufheben die Voraussetzungen der §§ 48, 49 VwVfG vorliegen müssen, ist sehr umstritten. In jedem Fall ist das Aufhebungsermessen der Verwaltung wegen des Vorliegens eines Wiederaufnahmegrundes zumindest eingeschränkt.

HINWEIS

Das Wiederaufgreifen des Verwaltungsverfahrens darf nicht mit der Wiedereinsetzung in den vorigen Stand nach § 32 VwVfG verwechselt werden. Die Wiedereinsetzung ermöglicht es, schuldlos versäumte Fristen durch nachträglichen Antrag zu „retten“. Beim Wiederaufgreifen wird zwar häufig ebenfalls eine Frist – nämlich die Widerspruchsfrist oder die Klagefrist – überschritten und der Verwaltungsakt damit bestandskräftig. Dies geschieht allerdings verschuldet. Der Betroffene weiß, dass die Frist abläuft. Er lässt dies aber geschehen, da ein Rechtsbehelf zum gegenwärtigen Zeitpunkt keine Aussicht auf Erfolg hätte. Erst durch nachträglich eintretende Umstände rechnet sich der Betroffene wieder Erfolgsaussichten aus. Jetzt kann er einen Antrag auf Wiederaufgreifen des Verwaltungsverfahrens stellen.

a) Voraussetzungen des Wiederaufgreifens nach § 51 VwVfG im Überblick

- Der Betroffene muss einen Antrag auf Wiederaufgreifen bei der nach §§ 51 Abs. 4, 3 VwVfG zuständigen Behörde stellen.
- Der aufzuhebende Verwaltungsakt muss bestandskräftig, also unanfechtbar sein.
- Der Antrag muss innerhalb von drei Monaten nach Kenntniserlangung des Wiederaufgreifensgrundes gestellt werden (§ 51 Abs. 3 VwVfG).
- Es muss einer der in § 51 Abs. 1 Nr. 1 bis 3 VwVfG genannten Wiederaufgreifensgründe vorliegen.
- Der Betroffene muss ohne grobes Verschulden außerstande gewesen sein, den Grund für das Wiederaufgreifen in dem früheren Verfahren, insbesondere durch Rechtsbehelf, geltend zu machen (§ 51 Abs. 2 VwVfG). Grobes Verschulden liegt vor, wenn der Betroffene das Vorhandensein des Wiederaufgreifensgrundes kannte oder es sich den Umständen nach aufdrängen musste und er sich trotzdem unter Verletzung der einem Verfahrensbeteiligten zumutbaren Sorgfaltspflicht nicht weiter darum kümmerte.

b) Wiederaufgreifensgründe des § 51 Abs. 1 VwVfG

aa) Änderung der dem Verwaltungsakt zugrunde liegenden Sach- und Rechtslage (§ 51 Abs. 1 Nr. 1 VwVfG)

Hier akzeptiert der Betroffene i. d. R., dass die ursprüngliche Entscheidung zum damaligen Zeitpunkt rechtmäßig gewesen ist. Die nachträglich eingetretene Änderung der Sach- und Rechtslage führe allerdings – seiner Meinung nach – zur Rechtswidrigkeit des Verwaltungsaktes. Große praktische Bedeutung hat dies insbesondere bei Verwaltungsakten mit Dauerwirkung.

BEISPIELE

- Wird die weitere Ausübung eines Gewerbes untersagt und ändert sich nachträglich die Verbotsnorm, kann ein Wiederaufgreifen verlangt werden (Änderung der Rechtslage).
- Es ändern sich wissenschaftliche Erkenntnisse, die für eine Entscheidung maßgebend waren (Änderung der Sachlage).
- Die Änderung der Rechtsprechung stellt keine Änderung der Rechtslage dar. Dies gilt auch für höchstrichterliche Entscheidungen. Gerichtliche Entscheidungsfindung ist rechtliche Würdigung des Sachverhalts am Maßstab der vorgegebenen Rechtsordnung. Die Rechtsordnung bleibt hiervon unberührt.

bb) Vorliegen neuer Beweismittel (§ 51 Abs. 1 Nr. 2 VwVfG)

Neue Beweismittel stellen keine Änderung der Sachlage dar, da es sich bei ihnen nicht um neue Tatsachen handelt. Vielmehr lassen die neuen Beweismittel andere Erkenntnisse, die eine dem Betroffenen günstigere Entscheidung herbeigeführt haben würden, in Bezug auf alte Tatsachen zu. Welche Beweismittel hierfür in Frage kommen, ergibt sich aus § 26 VwVfG.

Ein Beweismittel ist neu, wenn es erst nach Eintreten der Bestandskraft bekannt wurde oder beigebracht werden konnte. Neu ist also auch ein Beweismittel, das zwar schon vorhanden war, welches aber ohne Verschulden des Betroffenen nicht oder nicht rechtzeitig vorgelegt werden konnte.

Da es sich beim Auftauchen neuer Beweismittel nicht um eine (nachträgliche) Tatsachenänderung handelt, die Sachlage im Vergleich zur Ausgangsposition vielmehr gleich geblieben ist, war der ursprüngliche Verwaltungsakt rechtswidrig. Die Rechtswidrigkeit konnte vom Betroffenen damals allerdings nicht bewiesen werden. Dies hat sich durch die neuen Beweismittel geändert.

BEISPIELE Eine verschollene Urkunde taucht auf. Ein Zeuge meldet sich nachträglich.

cc) Wiederaufnahmegründe nach § 580 ZPO (§ 51 Abs. 1 Nr. 3 VwVfG)

Ist die Wiederaufnahme eines Gerichtsverfahrens möglich, soll dies für das Verwaltungsverfahren erst recht gelten. Die Wiederaufnahmegründe des Zivilprozesses sind in der Praxis allerdings fast bedeutungslos, da es sich zumeist um Unterfälle der o. g. Wiederaufgreifensgründe handelt.

c) Rechtliche Konsequenzen des Wiederaufgreifens

Ist dem Antrag auf Wiederaufgreifen stattzugeben, muss die Behörde eine neue Sachentscheidung treffen (sog. Zweitbescheid, s. o. § 28 II.2.). Dabei sind die neu gewonnenen Erkenntnisse zu berücksichtigen. Es wird so getan, als sei noch kein Erstbescheid ergangen.

BEACHTE

Die in dem wiederaufgegriffenen Verfahren getroffene Entscheidung bezeichnet man als **Zweitbescheid**. Wird von der Behörde dagegen ein Wiederaufgreifen abgelehnt, zugleich aber die Rechtmäßigkeit des Erstbescheides erneut begründet, spricht man von **wiederholender Verfügung**, die von den Gerichten wegen der Bestandskraft des Erstbescheides nicht überprüft werden darf.

Die Vorschriften über die Rücknahme (§ 48 Abs. 1 VwVfG) oder den Widerruf eines Verwaltungsaktes (§ 49 Abs. 1 VwVfG) sind, was allerdings in Rechtsprechung und Schrifttum sehr umstritten ist, nicht anzuwenden. Der Zweitbescheid muss sich allein an dem jeweils anzuwendenden materiellen Recht orientieren. Die in § 51 Abs. 5 VwVfG ausgesprochene Anwendbarkeit der §§ 48, 49 VwVfG stellt allein klar, dass Rücknahme und Widerruf von Verwaltungsakten neben dem Wiederaufgreifen des Verfahrens ausgesprochen werden können. Ein Vorgehen nach §§ 48, 49 VwVfG steht allerdings im Gegensatz zu einem Wiederaufgreifen nach § 51 VwVfG im freien Ermessen der zuständigen Behörde.

FALL

Das Wiederaufgreifen des Verfahrens

Sachverhalt

A ist Eigentümer eines Wochenendhauses, das er von seinem mittlerweile verstorbenen Vater geerbt hat. Am 3. 4. erhält er eine Verfügung, mit der er aufgefordert wird, das Wochenendhaus abzureißen. Als Begründung führt die Behörde an, das Haus sei von seinem Vater ohne die erforderliche Baugenehmigung errichtet worden. A hält die Verfügung für rechtmäßig und lässt sie bestandskräftig werden. Wenige Tage später entdeckt er beim Ausräumen des Hauses die alte, in Vergessenheit geratene Baugenehmigung.

Kann er eine Aufhebung der Abrissverfügung erreichen?

Lösung

Vorüberlegungen: Die Behörde hat zunächst zu prüfen, ob das „Auftauchen" der Baugenehmigung einen Wiederaufnahmegrund darstellt und ob die weiteren Voraussetzungen des § 51 VwVfG vorliegen (1. Schritt). Fällt die Entscheidung positiv für A aus, muss geprüft werden, ob die Abrissverfügung unter Zugrundelegung der neuen Erkenntnisse aufgehoben werden muss (2. Schritt).

1. Eine Wiederaufnahme ist nur unter den Voraussetzungen des § 51 VwVfG möglich.

   Es handelt sich um einen bestandskräftigen Verwaltungsakt. A muss innerhalb von drei Monaten nach Entdecken der Urkunde einen Antrag auf Wiederaufgreifen des Verfahrens stellen. Die Baugenehmigung ist als Urkunde ein Beweismittel gem. § 26 Abs. 1 Nr. 3 VwVfG. Ihr Auftauchen ist somit ein Wiederaufgreifensgrund nach § 51 Abs. 1 Nr. 2 VwVfG. Da A von der Existenz der Baugenehmigung nichts wusste und auch nichts wissen konnte, war er ohne grobes Verschulden außerstande, sie im früheren Verfahren vorzulegen. Dem Wiederaufgreifensantrag ist daher stattzugeben.

2. Die Behörde muss nach der hier vertretenen Auffassung anschließend in eine neue Sachentscheidung eintreten. Da eine Baugenehmigung vorgelegen hat, ist das Wochenendhaus nicht baurechtswidrig errichtet worden. Die Abrissverfügung ist daher rechtswidrig und somit aufzuheben.

Die Möglichkeiten der Beendigung der Wirksamkeit von Verwaltungsakten

- Rücknahme eines rechtswidrigen Verwaltungsakts (§ 48 VwVfG)
- Widerruf eines rechtmäßigen Verwaltungsakts (§ 49 VwVfG)
- Aufhebung durch Abhilfebescheid der Ausgangsbehörde oder durch Widerspruchsbescheid der Widerspruchsbehörde (§§ 72, 73 VwGO)
- Aufhebung durch Zweitbescheid nach Wiederaufgreifen des Verwaltungsverfahrens (§ 51 VwVfG)
- Aufhebung durch verwaltungsgerichtliches Urteil (§ 113 VwGO)
- Beendigung mittels Erledigung (z. B. Zeitablauf)

III. Verwaltungsrechtliche Verträge

LITERATUR

Erichsen, in: Erichsen (Hrsg.), Allgemeines Verwaltungsrecht, 14. Aufl., 2010, §§ 22 bis 28; *Giemulla/Jaworsky/Müller-Uri*, Verwaltungsrecht, 7. Aufl., 2004, Buch I Kap. 10; *Maurer*, Allgemeines Verwaltungsrecht, 17. Aufl., 2009, § 14.

Im Vordergrund der bisherigen Darstellung stand das einseitige hoheitliche Handeln durch Verwaltungsakt. Der Verwaltungsakt ist jedoch nicht die einzige Form, die der Verwaltung zur Verfügung steht, um ihre Aufgaben zu erfüllen. Manchmal ist es nicht sinnvoll, einseitige Regelungen zu treffen. Soweit Rechtsvorschriften nicht entgegenstehen, ist es der Verwaltung deshalb erlaubt, ein Rechtsverhältnis auf dem Gebiet des öffentlichen Rechts auch durch (zweiseitigen) Vertrag zu begründen, zu ändern oder aufzuheben (vgl. § 54 Satz 1 VwVfG). Derartige **öffentlichrechtliche** Verträge können neben dem verwaltungsrechtlichen Bereich auf dem Gebiet des Völkerrechts, des Verfassungsrechts und des Kirchenrechts geschlossen werden. Die folgende Darstellung beschränkt sich auf den **verwaltungsrechtlichen** Vertrag i. S. der Regelungen der §§ 54 ff., 1, 2 VwVfG.

BEISPIELE

- Gemeinde und Bauherr schließen einen Vertrag über die Ablösung einer Stellplatzverpflichtung nach § 51 Abs. 5 BauO NW. Statt einen Stellplatz einzurichten, zahlt der Bauherr eine bestimmte Geldsumme.
- Zwei Gemeinden einigen sich über den gemeinsamen Bau und Betrieb einer Sportanlage.

1. Abgrenzung zu privatrechtlichen Verträgen

Schwierig und umstritten ist die Abgrenzung zwischen verwaltungsrechtlichem und privatrechtlichem Vertrag. Eine Entscheidung dieser Frage ist deshalb wichtig, weil die Verwaltung sowohl öffentlich-rechtliche als auch privatrechtliche Verträge abschließen kann und für Streitigkeiten unterschiedliche Rechtswege eröffnet sind. Ausschlaggebend sollte sein, ob der Regelungsgegenstand auf dem Gebiet des öffentlichen Rechts oder des Privatrechts zu finden ist. Dies lässt sich allerdings in den Fällen nicht so ohne Weiteres beurteilen, in denen die Verwaltung zwischen öffentlich-rechtlichen und privatrechtlichen Handlungsformen frei wählen kann. Bei derartigen Zweifeln behilft man sich mit der Annahme, dass die Verwaltung die ihr durch Normen des öffentlichen Rechts zugewiesenen Aufgaben auch öffentlich-rechtlich erfüllen will. Etwas anderes muss sich ausdrücklich aus der getroffenen Vereinbarung ergeben.

BEISPIEL Eine Gemeinde betreibt aufgrund einer kommunalen Satzung einen Kindergarten. Die von den Eltern eines Kindes und der Gemeinde geschlossene Vereinbarung ist ein verwaltungsrechtlicher Vertrag.

BEACHTE

Auf der einen Seite eines verwaltungsrechtlichen Vertrags muss im Regelfall eine Behörde stehen. Nur ausnahmsweise, nämlich wenn dies durch Rechtsvorschrift ausdrücklich zugelassen wird, können auch Privatpersonen einen verwaltungsrechtlichen Vertrag schließen. Allerdings gelten die Vorschriften der §§ 54 ff. VwVfG wegen § 1 VwVfG zumindest nicht unmittelbar.

2. Formen verwaltungsrechtlicher Verträge

Herkömmlicherweise werden zwei Formen des verwaltungsrechtlichen Vertrags unterschieden, der koordinationsrechtliche und der subordinationsrechtliche Vertrag.

a) Koordinationsrechtliche Verträge

Beim koordinationsrechtlichen Vertrag stehen sich beide Vertragsparteien gleichberechtigt gegenüber. Wegen dieser Gleichberechtigung kann es sich nicht um Fälle handeln, in denen die Behörde auch einen (einseitigen) Verwaltungsakt erlassen könnte.

BEISPIELE

- Vertrag zwischen zwei Gemeinden über den Bau und den Betrieb der Sportanlage,
- Vertragliche Übertragung der Straßenunterhaltung von den Gemeinden, Kreisen auf andere Träger gegen Ersatz der entstehenden Kosten nach § 56 Abs. 3 StrWG NRW.

b) Subordinationsrechtliche Verträge

Stehen die Vertragsparteien im Verhältnis der Über- und Unterordnung, wird dies als subordinationsrechtlicher Vertrag bezeichnet. Es handelt sich um Fälle, in denen die Behörde auch einen Verwaltungsakt erlassen könnte (vgl. § 54 Satz 2 VwVfG). Der verwaltungsrechtliche Vertrag wird mit der Person geschlossen, an die sich sonst der Verwaltungsakt richten würde.

BEISPIELE

- Vertrag über die Gewährung von Zuschüssen für ein denkmalgeschütztes Haus,
- Vertrag über die Ablösung einer Stellplatzverpflichtung.

c) Bedeutung der Unterscheidung von subordinationsrechtlichem und koordinationsrechtlichem Vertrag

Die Unterscheidung zwischen den unterschiedlichen Vertragsformen ist in erster Linie bedeutsam für die Anwendbarkeit der § 55, § 56, § 59 Abs. 2, § 61 VwVfG. Diese Vorschriften gelten nur für den subordinationsrechtlichen Vertrag. Sie lassen eine materiell-rechtliche Kontrolle des Vertrags, die der Rechtmäßigkeitsprüfung eines Verwaltungsaktes ähnelt, zu. Damit soll verhindert werden, dass die Behörde ihre Machtposition zum Nachteil des Bürgers ausnutzt. Durch die §§ 55, 56 VwVfG wird des Weiteren erreicht, dass sich eine Behörde ihre hoheitlichen Befugnisse nicht von besonders liquiden Personen abkaufen lässt.

3. Gründe für den Abschluss verwaltungsrechtlicher Verträge

Bei begünstigenden Verwaltungsakten, die eine Reihe von Nebenbestimmungen (insbesondere Auflagen) enthalten, geht die Verwaltung gerne dazu über, anstelle einer einseitigen Regelung einen verwaltungsrechtlichen Vertrag abzuschließen. Man verspricht sich hiervon eine größere Bürgernähe. Insbesondere in den Bereichen des Städtebaurechts und des Umweltrechts wurden in den letzten Jahren vermehrt verwaltungsrechtliche Verträge abgeschlossen.

BEISPIELE

- Vertrag über Zuschüsse im Rahmen des Denkmalschutzes,
- Vertrag über die Errichtung von zusätzlichen Stellplätzen im Zusammenhang mit der Schaffung neuen Wohnraums.

4. Zustandekommen

Verwaltungsrechtliche Verträge sind gem. § 57 VwVfG grundsätzlich schriftlich abzuschließen. Der Vertrag kommt entsprechend den §§ 116 ff., §§ 145 ff. BGB durch übereinstimmende Willenserklärungen zustande. Die Anwendbarkeit der Vorschriften des BGB ergibt sich aus § 62 Satz 2 VwVfG.

5. Fehlerhaftigkeit

Rechtsfolgen fehlerhafter verwaltungsrechtlicher Verträge unterscheiden sich erheblich von den Folgen der Fehlerhaftigkeit von Verwaltungsakten. Während rechtswidrige Verwaltungsakte i. d. R. aufhebbar sind, können schlicht rechtswidrige verwaltungsrechtliche Verträge nur in seltenen Fällen aufgehoben werden (vgl. § 60 VwVfG). Sie sind vielmehr grundsätzlich unanfechtbar und damit in vollem Umfang wirksam. Folgen im Hinblick auf die Wirksamkeit des Vertrags ergeben sich erst dann, wenn die Rechtswidrigkeit zur Nichtigkeit führt. In diesen Fällen greift die Regelung des § 59 VwVfG. Der Vertrag ist unwirksam und entfaltet somit keine Rechtswirkungen.

Die Vorschrift nennt in Abs. 1 die für alle Arten von verwaltungsrechtlichen Verträgen geltenden Nichtigkeitsgründe. In Abs. 2 werden zusätzliche Nichtigkeitsgründe für subordinationsrechtliche Verträge aufgezählt.

a) Nichtigkeitsgründe des § 59 Abs. 1 VwVfG

Ein verwaltungsrechtlicher Vertrag ist nichtig, wenn sich die Nichtigkeit aus einer entsprechenden Anwendung von Vorschriften des Bürgerlichen Gesetzbuches ergibt. Damit sind in erster Linie die §§ 105 ff., §§ 116 bis 118, §§ 119 ff. i.V. mit § 142 sowie §§ 125, 134 (im Einzelnen str.), 138, 177, 181, 306, 779 BGB gemeint.

BEISPIELE

- Die Geschäftsunfähigkeit (bzw. Handlungsunfähigkeit) eines der Vertragspartner führt nach § 105 BGB, § 12 Abs. 1 Nr. 1, 2 VwVfG zur Nichtigkeit des Vertrags.
- Ein Verwaltungsvertrag, der gem. § 138 BGB gegen die guten Sitten verstößt, ist nichtig.
- Auch ein verwaltungsrechtlicher Vertrag, der nach § 306 BGB auf eine anfänglich objektiv unmögliche Leistung gerichtet ist, ist nichtig.

Darüber hinaus können auch die zwingenden Vorschriften des Europäischen Gemeinschaftsrechts (vgl. Art. 249 EGV) zu einer Nichtigkeit führen.

b) Nichtigkeitsgründe des § 59 Abs. 2 VwVfG

Subordinationsrechtliche Verträge können über die in § 59 Abs. 1 VwVfG genannten Gründe hinaus nichtig sein.

Dies ist gem. § 59 Abs. 2 Nr. 1 VwVfG der Fall, wenn ein Verwaltungsakt mit entsprechendem Inhalt nichtig wäre. Die Vorschrift verweist damit auf die Regelung des § 44 VwVfG, der die Nichtigkeit von Verwaltungsakten regelt.

BEISPIELE

- Lässt ein verwaltungsrechtlicher Vertrag die vertragsschließende Behörde nicht erkennen (§ 44 Abs. 2 Nr. 1 VwVfG), ist er nichtig.
- Verstößt der Vertrag gegen die guten Sitten (§ 44 Abs. 2 Nr. 6 VwVfG), ist er ebenfalls nichtig.

Das letztgenannte Beispiel zeigt, dass bei manchen Nichtigkeitsgründen Überschneidungen auftreten können.

Nichtig ist nach § 59 Abs. 2 Nr. 2 VwVfG ein verwaltungsrechtlicher Vertrag ferner dann, wenn ein Verwaltungsakt mit entsprechendem Inhalt nicht nur wegen eines Verfahrens- oder Formfehlers i. S. des § 46 VwVfG rechtswidrig wäre und dies den Vertragschließenden bekannt war. Die Kenntnis nur einer Vertragspartei reicht dabei nicht aus. Sinn der Vorschrift ist es zu verhindern, dass die Parteien gemeinsam gesetzliche Regelungen umgehen.

Vergleichsverträge des § 55 VwVfG sind nach § 59 Abs. 2 Nr. 3 VwVfG nichtig, wenn die Voraussetzungen des § 55 VwVfG nicht vorgelegen haben und es sich nicht um einen unerheblichen Form- und Verfahrensfehler nach § 46 VwVfG handelt.

Letztlich ist ein verwaltungsrechtlicher Vertrag gem. § 59 Abs. 2 Nr. 4 VwVfG dann nichtig, wenn sich die Behörde im Falle eines Austauschvertrags eine nach § 56 VwVfG unzulässige **Gegenleistung** versprechen lässt.

BEISPIEL Die Gegenleistung ist den Umständen nach nicht angemessen oder steht nicht im sachlichen Zusammenhang mit der vertraglichen Leistung der Behörde.

Auf die Unzulässigkeit der Leistung der Behörde selbst kommt es dabei nicht an. Deren Unzulässigkeit kann allenfalls aus anderen Gründen zur Nichtigkeit führen.

c) Folgen der Nichtigkeit

Ein nichtiger verwaltungsrechtlicher Vertrag hat keine Rechtswirkungen. Bereits erbrachte Leistungen müssen nach den Grundsätzen der ungerechtfertigten Bereicherung zurückgewährt werden (vgl. §§ 812 ff. BGB).

Sofern die Nichtigkeit nur einen Teil des Vertrags betrifft, ist der Vertrag nach § 59 Abs. 3 VwVfG insgesamt nichtig, wenn nicht anzunehmen ist, dass er auch ohne den nichtigen Teil geschlossen worden wäre.

6. Abwicklung

a) Leistungsstörungen und Wegfall der Geschäftsgrundlage

Erfüllt eine der Vertragsparteien eines verwaltungsrechtlichen Vertrags ihre vereinbarten Pflichten nicht, so finden nach § 62 Satz 2 VwVfG die Vorschriften des Bürgerlichen Gesetzbuches entsprechende Anwendung. In Betracht kommen bei Leistungsstörungen in erster Linie die Regelungen über die Unmöglichkeit und den Verzug, aber auch die Rechtsinstitute der positiven Vertragsverletzung oder der *culpa in contrahendo*. Allerdings sind bei Anwendung des BGB die Besonderheiten der verwaltungsrechtlichen Verträge zu berücksichtigen.

Haben sich die Verhältnisse, die für die Festsetzung des Vertragsinhalts maßgebend gewesen sind, seit Abschluss des Vertrags so wesentlich geändert, dass einer Vertragspartei das Festhalten an der ursprünglichen vertraglichen Regelung nicht zuzumuten ist (sog. Wegfall der Geschäftsgrundlage), kann diese Vertragspartei nach § 60 Abs. 1 VwVfG die Anpassung des Vertragsinhalts an die geänderten Verhältnisse verlangen. Ist eine solche Anpassung nicht möglich oder einer Vertragspartei nicht zumutbar, darf eine Kündigung ausgesprochen werden. Eine Kündigung ist der Behörde darüber hinaus auch zur Vermeidung schwerer Nachteile für das Gemeinwohl (§ 60 Abs. 1 Satz 2 VwVfG) erlaubt.

b) Durchsetzung vertraglicher Ansprüche

Die Behörde kann ihre vertraglichen Ansprüche nicht einseitig durchsetzen. Hier liegt ein wesentlicher Unterschied zum Verwaltungsakt. Der Verwaltung ist es auch nicht gestattet, die Ansprüche aus dem verwaltungsrechtlichen Vertrag durch Verwaltungsakt festzusetzen und anschließend aus dem Verwaltungsakt zu vollstrecken (sog. Titelfunktion des Verwaltungsaktes). Das würde nämlich die von den Parteien gewollte vertragliche Gleichordnung wieder zerstören. Stattdessen ist die Behörde – ebenso wie ihr Vertragspartner – zur Durchsetzung vertraglicher Ansprüche auf den Rechtsweg angewiesen. Erforderlich ist eine Klage, die vor den Verwaltungsgerichten zu erheben ist.

Eine Ausnahme gilt für den subordinationsrechtlichen Vertrag nach § 61 VwVfG, bei dem sich die Vertragspartner der sofortigen Zwangsvollstreckung unterwerfen können. Die Unterwerfungserklärung ersetzt in diesem Fall den Vollstreckungstitel. Die Durchführung eines Gerichtsverfahrens ist dann entbehrlich. Allerdings ist der Bürger für die Vollstreckung auf die Zuhilfenahme des Verwaltungsgerichts als Vollstreckungsgericht angewiesen. Die Behörde kann dagegen im Verwaltungswege vollstrecken.

IV. Schlichte Hoheitsverwaltung

LITERATUR

Maurer, Allgemeines Verwaltungsrecht, 17. Aufl., 2009, § 15.

Als schlicht hoheitliche Verwaltung wird die Handlungsform bezeichnet, in der eine Behörde zwar öffentlich-rechtlich tätig wird, sich jedoch nicht des obrigkeitlichen Instrumentariums bedient. Es werden nicht – wie z. B. beim Verwaltungsakt – einseitig verbindliche Regelungen getroffen. Voraussetzung ist vielmehr öffentlich-rechtliches Handeln ohne eigene Regelungswirkung.

Zur schlichten Hoheitsverwaltung zählen u. a.:

- **verwaltungsrechtliche Willenserklärungen** wie Amtshilfeersuchen oder Angebote zum Abschluss öffentlich-rechtlicher Verträge;
- **Wissenserklärungen** in einem öffentlich-rechtlichen Zusammenhang wie Auskünfte, gutachterliche Stellungnahmen oder die Warnung der Öffentlichkeit vor gesundheitsgefährdenden Produkten (§ 8 GPSG);
- **Realakte** wie Organisationsakte, schlichte Leistungsgewährungen oder rein tatsächliche Vollzugshandlungen.

BEISPIELE

- Die Errichtung einer Schule ist ein Organisationsakt und zählt damit als Realakt zur schlichten Hoheitsverwaltung.
- Beim Absperren eines einsturzgefährdeten Hauses handelt es sich um eine rein tatsächliche Vollzugshandlung.
- Die von einer Behörde ausgesprochene Warnung vor Jugendsekten ist den Wissenserklärungen zuzurechnen.

V. Privatrechtliches Verwaltungshandeln

LITERATUR

Maurer, Allgemeines Verwaltungsrecht, 17. Aufl., 2009, § 17.

Bei den bisher geschilderten Handlungsformen waren die Rechtsgrundlagen für das Tätigwerden der Verwaltung stets im Verwaltungsrecht zu finden. Von diesem Grundsatz gibt es einige Ausnahmen. Man spricht in diesen Fällen vom privatrechtlichen Verwaltungshandeln, in dem ausschließlich oder alternativ Privatrecht zur Anwendung kommt.

Privatrechtliches Verwaltungshandeln kann in fiskalprivatrechtliches und verwaltungsprivatrechtliches Verwaltungshandeln unterschieden werden.

1. Verwaltungsprivatrechtliches Verwaltungshandeln

Bei dieser Form des Verwaltungshandelns erledigt die Verwaltung **öffentliche Aufgaben** in Formen des Privatrechts. Öffentlichrechtliche Vorschriften dürfen nicht entgegenstehen. Die Verwaltung kann wählen, ob sie ihre Aufgaben öffentlich-rechtlich oder privatrechtlich erfüllt. Das Wahlrecht gilt sowohl in Bezug auf die Organisationsformen der jeweiligen Einrichtungen als auch im Hinblick auf die Ausgestaltung des Leistungs- und Benutzungsverhältnisses.

BEISPIEL Eine Gemeinde gründet zur Gas-, Strom- und Wasserversorgung ein privates Energieversorgungsunternehmen in Form einer GmbH. Die Sicherstellung der Versorgung der Bevölkerung mit Gas, Strom und Wasser ist eine unmittelbare Verwaltungsaufgabe. Die gewählte Organisationsform ist privatrechtlich. Die Verträge mit den Kunden müssen ebenfalls privatrechtlich geschlossen werden.

Auch bei Verwaltungsprivatrecht kann sich die Verwaltung nicht ihren öffentlich-rechtlichen Bindungen entziehen. Sie ist an die Grundrechte, aber auch an die allgemeinen Grundsätze des Verwaltungshandelns gebunden.

2. Fiskalprivatrechtliches Verwaltungshandeln

In diesem Fall nimmt die Verwaltung **keine unmittelbaren Verwaltungsaufgaben** wahr. Vielmehr schafft die Verwaltung lediglich mittelbar die Voraussetzung für die Erfüllung hoheitlicher Aufgaben (sog. fiskalische Hilfsgeschäfte) oder nimmt mit Gewinnabsicht am Privatrechtsverkehr teil (erwerbswirtschaftliche Betätigung).

BEISPIELE **Fiskalische Hilfsgeschäfte:** Die Verwaltung schließt beim Erwerb von Büromaterial einen Kaufvertrag ab. Sie mietet ein Bürogebäude.

Erwerbswirtschaftliche Verwaltungstätigkeit: Die Verwaltung betreibt eine staatliche Weinbaudomäne. Sie erzeugt Wein und verkauft ihn.

Beim fiskalprivatrechtlichen Verwaltungshandeln ist die Verwaltung wie ein privater Unternehmer zu behandeln. Sie ist – anders als im Verwaltungsprivatrecht – keinen besonderen öffentlich-rechtlichen Bindungen unterworfen. Im Streitfall entscheiden die ordentlichen Gerichte oder die Arbeitsgerichte.

§ 28 Verwaltungsverfahren

LITERATUR

Badura, in: Erichsen (Hrsg.), Allgemeines Verwaltungsrecht, 14. Aufl., 2010, §§ 33 bis 39; *Maurer*, Allgemeines Verwaltungsrecht, 17. Aufl., 2009, § 19.

I. Begriff und Arten des Verwaltungsverfahrens

Als Verwaltungsverfahren im weiteren Sinne bezeichnet man „jede auf den Erlass einer Entscheidung, die Vornahme einer sonstigen Maßnahme oder den Abschluss eines Vertrags gerichtete Tätigkeit der Verwaltungsbehörden".

Das Verwaltungsverfahrensgesetz fasst den Begriff in § 9 VwVfG dagegen enger. Danach handelt es sich um die nach außen wirkende Tätigkeit der Behörden, die auf Prüfung der Voraussetzungen, die Vorbereitung und den Erlass eines Verwaltungsaktes oder auf den Abschluss eines öffentlich-rechtlichen Vertrags gerichtet ist. Rein verwaltungsinterne Vorgänge, schlichtes Verwaltungshandeln und auch die Normsetzung durch die Verwaltung fallen somit nicht in den Anwendungsbereich der Verfahrensgrundsätze (siehe §§ 9 bis 30 VwVfG) des Verwaltungsverfahrensgesetzes.

Im Folgenden werden allein die vom VwVfG erfassten Verfahren erörtert. Es lassen sich folgende Arten unterscheiden:

- Das allgemeine oder nichtförmliche Verwaltungsverfahren (§ 10 VwVfG);
- das förmliche Verwaltungsverfahren (§§ 63 ff. VwVfG);
- das Planfeststellungsverfahren (§§ 72 ff. VwVfG);
- das Rechtsbehelfsverfahren (insbesondere das Widerspruchsverfahren, vgl. § 79 VwVfG).

1. Allgemeine oder nichtförmliche Verwaltungsverfahren

Beim allgemeinen Verwaltungsverfahren handelt es sich um den gesetzlichen Regeltyp. Sofern keine besonderen Bestimmungen existieren, ist ein Verwaltungsverfahren nichtförmlich durchzuführen (§ 10 VwVfG). Dies soll nach § 10 Satz 2 VwVfG zum einen einfach und zweckmäßig geschehen. Seit dem Gesetz zur Beschleunigung von Genehmigungsverfahren vom 12. 9. 1996 wird zusätzlich eine zügige Durchführung des Verfahrens verlangt. Ob es dadurch tatsächlich zu einer schnelleren Abwicklung der Verwaltungsverfahren kommt, bleibt abzuwarten.

HINWEIS

Zwar müssen beim allgemeinen Verwaltungsverfahren keine Formvorschriften eingehalten werden. Dies bedeutet allerdings nicht, dass die Verwaltung das Verfahren vollkommen frei durchführen kann. Sie muss vielmehr die allgemeinen Verfahrensgrundsätze der §§ 9 bis 30 VwVfG einhalten, die keine Formvorschriften sind.

2. Förmliche Verwaltungsverfahren

Ein förmliches Verwaltungsverfahren findet nur statt, wenn es durch Rechtsvorschrift ausdrücklich angeordnet wird (§ 63 Abs. 1 VwVfG). Anträge müssen schriftlich oder zur Niederschrift bei der Behörde gestellt werden (§ 64 VwVfG). Die Mitwirkung von Zeugen und Sachverständigen ist besonders geregelt (§ 65 VwVfG). Im Regelfall ist eine mündliche Verhandlung durchzuführen (§ 67 VwVfG). Letztendlich muss die getroffene Entscheidung schriftlich erfolgen und begründet werden. Sie ist dem Beteiligten zuzustellen (§ 69 Abs. 2 VwVfG).

BEISPIELE Das förmliche Verfahren wird im Enteignungsverfahren nach §§ 104 ff. BauGB, im Musterungsverfahren nach § 19 WPflG oder im Verfahren über die Indizierung jugendgefährdender Schriften gem. §§ 12 ff. GjS vorgeschrieben. Die jeweiligen Spezialgesetze modifizieren die Regelungen des Verwaltungsverfahrensgesetzes.

Für Verwaltungsverfahren, welche die Erteilung einer Genehmigung zum Ziel haben und eine wirtschaftliche Unternehmung des Antragstellers betreffen, gelten zusätzliche Regelungen. So ist eine zügige Verfahrensdurchführung sicherzustellen (§ 71b VwVfG), wozu § 71c VwVfG verschiedene Beratungs- und Auskunftspflichten vorsieht. Nach § 71e VwVfG soll die Behörde auf Verlangen des Antragstellers eine Besprechung zwischen allen Beteiligten einberufen.

3. Planfeststellungsverfahren

Auch das Planfeststellungsverfahren muss durch Rechtsvorschrift ausdrücklich angeordnet werden (§ 72 Abs. 1 VwVfG). Es zielt auf die Feststellung eines Plans, durch den ein bestimmtes raumbezogenes Vorhaben mit rechtsgestaltender Wirkung für zulässig erklärt wird.

BEISPIELE

- Planfeststellungsverfahren für Bundesfernstraßen nach §§ 17 ff. FStrG, für Landesstraßen nach § 38 StrWG NRW;
- Planfeststellungsverfahren für Anlagen zur Sicherstellung und Endlagerung radioaktiver Abfälle (§ 9 b AtG); für Abfalldeponien (§ 31 KrW-/AbfG).

Das Planfeststellungsverfahren ist noch strenger geregelt als das förmliche Verwaltungsverfahren. Es muss nach § 73 VwVfG ein stark formalisiertes Anhörungsverfahren durchgeführt werden, das sämtlichen Beteiligten die Möglichkeit gibt, Einwendungen gegen den Plan vorzubringen. Ist mit dem Vorhaben ein Eingriff in die Natur und Landschaft verbunden, müssen anerkannte Naturschutzverbände zusätzlich beteiligt werden (§ 58 Abs. 1 Nr. 2 BNatSchG).

Aber auch hier hat das Gesetz zur Beschleunigung von Genehmigungsverfahren Änderungen vorgenommen. Es ist zu einer Straffung des Planfeststellungsverfahrens durch die Einführung besonderer Fristen und Präklusionsregelungen im Anhörungsverfahren gekommen (siehe § 73 Abs. 2, 3, 3a, 4, 5, 6 VwVfG). Statt eines Planfeststellungsverfahrens kann in bestimmten Fällen ein viel einfacheres Plangenehmigungsverfahren durchgeführt werden (§ 74 Abs. 6 VwVfG). Die Auswirkungen von Abwägungsmängeln in Planfeststellungs- und Genehmigungsverfahren wurden durch § 75 Abs. 1a VwVfG abgemildert.

Für die meisten Planfeststellungsverfahren gelten neben den (allgemeinen) Regelungen des VwVfG weitere Spezialgesetze, die den Besonderheiten der zu entscheidenden Rechtsmaterie Rechnung tragen.

4. Rechtsbehelfsverfahren

Das Rechtsbehelfsverfahren (Einzelheiten s. u. § 30) ist in den §§ 68 ff. VwGO geregelt, auf die § 79 VwVfG ausdrücklich verweist. Gem. § 68 VwGO wird die Rechtmäßigkeit und Zweckmäßigkeit von Verwaltungsmaßnahmen nachgeprüft. Es handelt sich um ein echtes Verwaltungsverfahren, das aber zugleich ein gerichtliches Vorverfahren darstellt (sog. Doppelcharakter des Widerspruchsverfahrens). Aus diesem Grund befinden sich seine wesentlichen Regelungen in der Verwaltungsgerichtsordnung. Daneben gilt das Verwaltungsverfahrensgesetz (z. B. §§ 11 ff., §§ 22 ff., §§ 28 ff. VwVfG).

II. Verfahrensbeteiligte

Die §§ 11 ff. VwVfG regeln, wer Beteiligter eines Verwaltungsverfahrens sein kann und wer dadurch Träger bestimmter Verfahrensrechte und -pflichten ist.

BEISPIELE Nur den Beteiligten steht das Recht auf Anhörung (§ 28 VwVfG) oder das Recht auf Akteneinsicht (§ 29 VwVfG) zu.

1. Beteiligtenfähigkeit

Fähig, am Verfahren beteiligt zu sein (sog. Beteiligtenfähigkeit), sind natürliche und juristische Personen, des Weiteren Vereinigungen, soweit ihnen ein Recht zustehen kann, und Behörden (§ 11 VwVfG).

BEISPIELE Vereinigungen, denen ein Recht zustehen kann, sind etwa die politischen Parteien, die Gewerkschaften, aber auch eine OHG oder KG.

2. Handlungsfähigkeit

Die Handlungsfähigkeit, also die Fähigkeit, Verfahrenshandlungen selbst vorzunehmen (z. B. Anträge zu stellen), steht geschäftsfähigen natürlichen Personen zu (§ 12 Abs. 1 Nr. 1 VwVfG). Juristische Personen können durch ihre gesetzlichen Vertreter oder durch besonders Beauftragte handeln (§ 12 Abs. 1 Nr. 3 VwVfG), Behörden durch ihre Leiter, deren Vertreter oder Beauftragte (§ 12 Abs. 1 Nr. 4 VwVfG).

3. Beteiligte

Wer im konkreten Verfahren Beteiligter ist, beschreibt § 13 VwVfG. Danach sind Beteiligte

- Antragsteller und Antragsgegner;
- diejenigen, an die die Behörde den Verwaltungsakt richten will oder gerichtet hat;
- diejenigen, mit denen die Behörde einen öffentlich-rechtlichen Vertrag schließen will oder geschlossen hat;
- Hinzugezogene nach § 13 Abs. 2 VwVfG. Hinzugezogen werden diejenigen, deren rechtliche Interessen durch den Ausgang des Verfahrens berührt werden können.

BEACHTE

Beachte zur Unterscheidung Beteiligtenfähigkeit (§ 11 VwVfG) und Beteiligter (§ 13 VwVfG): Eine natürliche Person ist immer fähig, am Verfahren beteiligt zu sein. Ob sie es im zu entscheidenden Fall ist, richtet sich nach § 13 VwVfG. Ist sie etwa Antragsgegner oder Antragsteller, ist die beteiligungsfähige Person im konkreten Fall auch Beteiligter gem. § 13 Abs. 1 Nr. 1 VwVfG. Dritte Personen sind zwar grundsätzlich beteiligtenfähig, im konkreten Verfahren aber keine Beteiligte.

Die Beteiligten können sich durch Bevollmächtigte vertreten lassen (§ 14 VwVfG). Dies sind zumeist Rechtsanwälte, Steuerberater oder sonstige Fachkundige.

III. Verfahrensablauf

1. Beginn des Verwaltungsverfahrens

Grundsätzlich entscheidet die Behörde nach pflichtgemäßem Ermessen, ob und wann sie ein Verwaltungsverfahren durchführt (§ 22 Satz 1 VwVfG). Etwas anderes gilt nur dann, wenn sie von Amts wegen oder auf Antrag tätig werden muss.

2. Gang des Verfahrens

Wie das begonnene Verfahren weitergeführt wird, bestimmt zunächst die Behörde. Dabei gilt der Grundsatz, dass die Verwaltung den zugrunde liegenden Sachverhalt aufklären muss (Untersuchungsgrundsatz). Art und Umfang der Ermittlungen kann sie selbst bestimmen. An das Vorbringen und die Beweisanträge der Beteiligten ist sie nicht gebunden (§ 24 Abs. 1 VwVfG). Vollkommen frei ist sie allerdings nicht. Die Behörde muss vielmehr gem. § 24 Abs. 2 VwVfG alle für den Einzelfall bedeutsamen Umstände berücksichtigen. Dies gilt selbstverständlich auch in Bezug auf Umstände, die den Beteiligten begünstigen. Aus diesem Grund werden dem Beteiligten eigene Verfahrensrechte eingeräumt, mit denen er das Verwaltungsverfahren beeinflussen kann.

Die Amtssprache eines Verwaltungsverfahrens ist deutsch (§ 23 Abs. 1 VwVfG).

Die Beweismittel, deren sich die Verwaltung zur Aufklärung des Sachverhalts bedienen kann, regelt § 26 Abs. 1 VwVfG. Es sind in erster Linie Auskünfte jeder Art, die Anhörung Beteiligter, die Vernehmung von Zeugen und Sachverständigen, die Beziehung von Urkunden und Akten und letztlich der Augenschein.

Bestimmte Personen dürfen für die Behörde in einem Verwaltungsverfahren nicht tätig werden. Dies sind nach § 20 VwVfG z. B. der Beteiligte selbst, seine Angehörigen, aber auch Bevollmächtigte oder bei dem Beteiligten gegen Entgelt Beschäftigte.

Liegt ein Grund vor, der geeignet ist, Misstrauen gegen eine unparteiische Amtsführung zu rechtfertigen, ist der Leiter einer Behörde zu unterrichten. Der Betroffene muss sich auf dessen Anordnung der Mitwirkung an dem Verwaltungsverfahren enthalten (§ 21 VwVfG). Die bloße Behauptung eines Beteiligten, es liege ein Befangenheitsgrund vor, reicht aus.

3. Verfahrensende

Das Verfahren endet, wenn über den Erlass eines Verwaltungsaktes bzw. den Abschluss eines öffentlich-rechtlichen Vertrags entschieden wurde. Zu einem Ende kommt es auch dann, wenn sich das Verfahren von selbst erledigt, die Beteiligten erforderliche Anträge zurückziehen oder die Sache nicht mehr weiter verfolgen.

IV. Verfahrensrechte der Beteiligten

Durch Ausnutzung seiner Verfahrensrechte kann der beteiligte Bürger das Verfahren beeinflussen und somit die grundsätzlich freie Ermittlungstätigkeit der Behörden einschränken.

1. Recht auf Anhörung

Bevor ein belastender Verwaltungsakt erlassen wird, ist dem Beteiligten Gelegenheit zu geben, sich zu den für die Entscheidung erheblichen Tatsachen zu äußern (§ 28 Abs. 1 VwVfG). Das Recht auf Anhörung beinhaltet auch die Pflicht der Behörde, den Beteiligten über Tatsachen zu informieren, die für ihn wesentlich sind, da sich der Beteiligte ansonsten nicht ausreichend äußern könnte.

Die Behörde hat ihre Pflichten erfüllt, wenn sie dem Beteiligten die Möglichkeit eingeräumt hat, sich schriftlich zu äußern. Nimmt dieser die Möglichkeit nicht wahr, liegt kein Verstoß gegen § 28 Abs. 1 VwVfG vor.

Nach § 28 Abs. 2 VwVfG **kann** von einer Anhörung abgesehen werden, wenn sie den Umständen nach nicht geboten ist. Das Gesetz nennt hierfür einige Beispiele. So ist eine Anhörung beispielsweise dann nicht geboten, wenn eine sofortige Entscheidung wegen Gefahr im Verzug oder im öffentlichen Interesse notwendig erscheint. Gleiches gilt, wenn die Behörde eine Allgemeinverfügung oder gleichartige Verwaltungsakte in größerer Zahl oder Verwaltungsakte mit Hilfe automatischer Einrichtungen erlässt.

BEISPIEL Beim Aufstellen eines Verkehrsschildes (Allgemeinverfügung) braucht wegen § 28 Abs. 2 Nr. 4 VwVfG keine Anhörung zu erfolgen. Eine solche wäre wegen der Vielzahl von Verkehrsteilnehmern praktisch undurchführbar.

Eine Anhörung **muss** unterbleiben, wenn ein zwingendes öffentliches Interesse entgegensteht (§ 28 Abs. 3 VwVfG).

Unterbleibt in einem Verfahren die (erforderliche) Anhörung, konnte dies von der Verwaltung bisher nur bis zum Abschluss des Vorverfahren oder, falls ein solches nicht stattfand, bis zur Erhebung der verwaltungsgerichtlichen Klage nachgeholt werden. Durch das Genehmigungsverfahrensbeschleunigungsgesetz können Handlungen des § 45 Abs. 1 VwVfG nun sogar bis zum Abschluss eines verwaltungsgerichtlichen Verfahrens nachgeholt werden (§ 45 Abs. 2 VwVfG). Die Belange eines Klägers werden in den Fällen, in denen die „Reparatur" eines Fehlers erst im verwaltungsgerichtlichen Klageverfahren erfolgt, dadurch gewahrt, dass das Gericht die späte Heilung bei der Kostenentscheidung zu berücksichtigen hat.

2. Recht auf Akteneinsicht

Die Beteiligten können von der Behörde Einsicht in die Akten des betreffenden Verfahrens verlangen, wenn deren Kenntnis für sie erforderlich ist (§ 29 Abs. 1 VwVfG). Dies gilt allerdings nicht, wenn die ordnungsgemäße Erfüllung der Aufgaben der Behörde beeinträchtigt würde (§ 29 Abs. 2 VwVfG mit weiteren Ausnahmefällen). Die Akteneinsicht erfolgt in der Regel bei der Behörde, die die Akten führt (§ 29 Abs. 3 VwVfG).

3. Weitere Verfahrensrechte

Neben den genannten Rechten hat der Beteiligte Anspruch darauf, dass Geheimnisse aus dem persönlichen Lebensbereich sowie Betriebs- und Geschäftsgeheimnisse nicht unbefugt offenbart werden (§ 30 VwVfG). Er hat des Weiteren das Recht, sich durch einen Bevollmächtigten vertreten zu lassen sowie zu Verhandlungen oder Besprechungen mit einem Beistand zu erscheinen (§ 14 VwVfG).

BEACHTE

Kein eigentliches Verfahrensrecht ist die Pflicht der Behörde, einen Verwaltungsakt zu begründen (§ 39 VwVfG). Die Vorschrift gibt dem Beteiligten das Recht, über die wesentlichen tatsächlichen und rechtlichen Gründe informiert zu werden, die die Behörde zu ihrer Entscheidung bewogen haben. Dies gilt insbesondere für Ermessenserwägungen.

V. Verfahrenspflichten des Beteiligten

Den Verfahrensrechten des Beteiligten stehen Verfahrenspflichten gegenüber, die allerdings wenig ausgeprägt sind. Sie beschränken sich in erster Linie nach § 26 Abs. 2 VwVfG auf die Pflicht, bei der Ermittlung des Sachverhalts mitzuwirken, was insbesondere durch die Angabe von Tatsachen und Beweismitteln zu geschehen hat, die dem Beteiligten bekannt sind. Spezialgesetze können weitere Mitwirkungspflichten normieren.

BEISPIELE

- Duldung des Betretens von Grundstücken gem. § 22 Abs. 2 GastG;
- Duldung einer ärztlichen Untersuchung (§ 42 Abs. 1 Satz 3 BBG, § 17 Abs. 4 WPflG).

FALL

Der Ablauf eines Verwaltungsverfahrens

Sachverhalt

A möchte in Münster eine Gaststätte betreiben. Skizzieren Sie das erforderliche Verfahren.

Lösung

A muss als erstes bei der Stadt Münster die notwendige Gaststättenerlaubnis beantragen. Mit der Entgegennahme des Antrags beginnt das nichtförmliche Verwaltungsverfahren (§§ 9, 22 VwVfG). A ist als Antragsteller Beteiligter (§ 13 Abs. 1 Nr. 1 VwVfG), da er als natürliche Person die Beteiligtenfähigkeit besitzt (§ 11 Nr. 1 VwVfG). Er ist aus diesem Grund zugleich handlungsfähig (§ 12 Abs. 1 Nr. 1 VwVfG).

Die Behörde hat nach Verfahrensbeginn den zugrunde liegenden Sachverhalt aufzuklären (§ 24 VwVfG). Dazu gehört es z. B., dass sie feststellen muss, ob A die erforderliche Zuverlässigkeit i. S. des § 4 Abs. 1 GastG besitzt. Stellt die Behörde fest, dass A zuvor wegen verschiedener strafrechtlicher Delikte verurteilt wurde, muss sie die Gaststättenerlaubnis eventuell verweigern. Zuvor ist A aber hierzu anzuhören (§ 28 Abs. 1 VwVfG). Er hat das Recht, Akteneinsicht zu nehmen, wenn dies zur Wahrnehmung seiner Interessen erforderlich ist (§ 29 VwVfG). Die Behörde darf ihre Bedenken gegen die Erteilung der Gaststättenerlaubnis wegen § 30 VwVfG nicht öffentlich machen. A kann sich zur Wahrnehmung seiner Interessen durch einen Rechtsanwalt vertreten lassen, den er auch an eventuellen Besprechungen mit der Behörde teilnehmen lassen kann (§ 14 Abs. 1, 4 VwVfG). Stellt sich heraus, dass das Strafurteil in der Berufungsinstanz wegen erwiesener Unschuld aufgehoben wurde, muss A die Gaststättenerlaubnis erteilt werden.

Mit dem Erlass eines entsprechenden Verwaltungsaktes endet das Verwaltungsverfahren (vgl. § 9 VwVfG).

§ 29 Verwaltungskontrolle (Rechtsschutz)

LITERATUR

Detterbeck, Allgemeines Verwaltungsrecht, 8. Aufl., 2010, Rn. 1316 ff.; *Hufen*, Fehler im Verwaltungsverfahren, 4. Aufl., 2002; *ders.*, Verwaltungsprozessrecht, 7. Aufl., 2008; *Schenke*, Verwaltungsprozessrecht, 12. Aufl., 2009, §§ 2 ff.

Die Verwaltung ist gem. Art. 20 Abs. 3 GG als Teil der vollziehenden Gewalt an Recht und Gesetz gebunden. Da aber auch die Träger hoheitlicher Gewalt nicht in allen Fällen rechtsfehlerfrei entscheiden, werden sie gerichtlich, aber auch außergerichtlich kontrolliert.

I. Außergerichtlicher Rechtsschutz

Beim außergerichtlichen Rechtsschutz unterscheidet man zwischen Rechtsbehelfen, die an eine bestimmte Form gebunden sind, und solchen, die formlos eingereicht werden können.

ABB. 20: Formloser außergerichtlicher Rechtsschutz

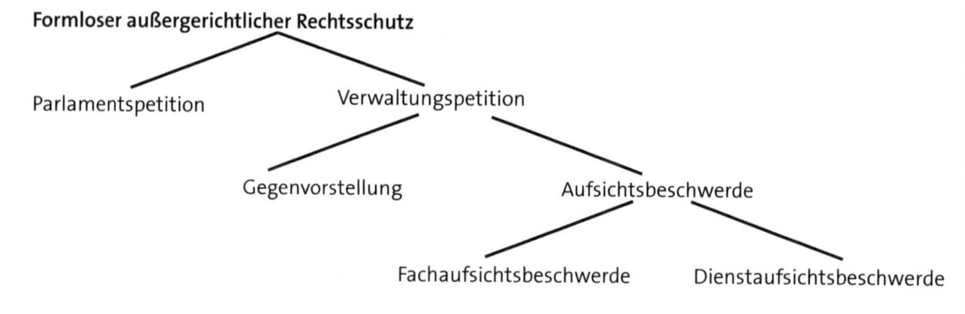

1. Formlose und förmliche Rechtsbehelfe

Zu den formlosen Rechtsbehelfen zählt die **Parlamentspetition** (z. B. Art. 17 GG und vergleichbare Regelungen in den meisten Landesverfassungen). Danach hat jedermann das Recht, sich mit Bitten oder Beschwerden an die zuständigen Stellen und an die Volksvertretung zu wenden.

Daneben sind **Verwaltungspetitionen** möglich, zu denen an die Verwaltung gerichtete Bitten oder Beschwerden gehören. Bei den Beschwerden unterscheidet man die **Gegenvorstellung** und die **Aufsichtsbeschwerde**. Die Gegenvorstellung muss bei der zuständigen Behörde vorgetragen werden. Mit der Aufsichtsbeschwerde wendet man sich an eine vorgesetzte Instanz. Es gibt Fachaufsichts- und Dienstaufsichtsbeschwerden. Erstere richten sich sachlich gegen eine Maßnahme oder ein Unterlassen einer Verwaltungsbehörde. Ihr Ziel ist die Änderung oder Aufhebung einer Verwaltungsmaßnahme. Dagegen wird mit der Dienstaufsichtsbeschwerde eine

Überprüfung des persönlichen Verhaltens eines Bediensteten bezweckt. In diesem Fall sollen disziplinarische Maßnahmen erfolgen.

Formlos bedeutet, dass keine förmlichen Zulässigkeitsvoraussetzungen (mit Ausnahme der Schriftform, vgl. Art. 17 GG) für das Einlegen eines entsprechenden Rechtsbehelfs verlangt werden. Es sind z. B. keine Fristen zu beachten. Auf formlose Rechtsbehelfe wird deshalb häufig dann zurückgegriffen, wenn förmliche Rechtsbehelfe unzulässig wären.

Für förmliche Rechtsbehelfe ist ein bestimmtes Verfahren genau vorgeschrieben. Die bekannteste Form ist das Widerspruchsverfahren nach §§ 68 ff. VwGO. Daneben gibt es förmliche Rechtsbehelfe beispielsweise für die Finanzverwaltung (§§ 347 ff. AO) und den Bereich der Sozialversicherung (§§ 78, 83 ff. SGG). Im Folgenden soll allein das Widerspruchsverfahren nach §§ 68 ff. VwGO dargestellt werden, dem die anderen Verfahren in weiten Teilen ähneln.

2. Widerspruchsverfahren

a) Ablauf des Widerspruchsverfahrens

Vor Erhebung von Anfechtungs- und Verpflichtungsklagen ist gem. § 68 Abs. 1, 2 VwGO ein Vorverfahren vorgeschrieben.

HINWEIS

In manchen Bundesländern hat das Widerspruchsverfahren in den vergangenen Jahren erheblich an Bedeutung verloren. So wurde es etwa in Nordrhein-Westfalen für das Landesrecht weitgehend abgeschafft. Dort ist ein Widerspruchsverfahern nur in gesetzlich audrücklich genannten Fällen zulässig. Sofern ein solcher Ausnahmefall nicht vorliegt, kann ein Verwaltungsakt (z. B. eine baurechtliche Abrissverfügung, Untersagung der Gaststättenerlaubnis) oder ein ablehnender Bescheid auf Erlass eines begünstigenden Verwaltungsaktes (z. B. Baugenehmigung, gewerberechtiche Erlaubnis usw.) nicht mehr mit dem Widerspruch angefochten werden. Vielmehr muss sich der Betroffene zur Vermeidung der Bestandskraft der Entscheidung sogleich mittels Klageantrag an das zuständige Verwaltungsgericht wenden.

Im Widerspruchsverfahren werden die Rechtmäßigkeit und die Zweckmäßigkeit des angefochtenen Verwaltungsaktes bzw. die Ablehnung des begehrten Verwaltungsaktes überprüft. Voraussetzung ist also grundsätzlich das Vorliegen oder Begehren eines Verwaltungsaktes.

Geht es nicht um einen Verwaltungsakt, muss ein Vorverfahren nicht durchgeführt werden. Stattdessen ist es dem Beteiligten möglich, ohne weitere Zwischenschritte die Verwaltungsgerichte anzurufen.

Von diesem Grundsatz gibt es allerdings Ausnahmen. So schreibt § 126 Abs. 3 BRRG vor, dass in allen **beamtenrechtlichen Streitigkeiten** ein Vorverfahren durchgeführt werden muss. Dies bedeutet, dass auch bei allgemeinen Leistungsklagen, die i. d. R. keinen Verwaltungsakt voraussetzen, vor Klageerhebung ein Vorverfahren stattgefunden haben muss.

Das Widerspruchsverfahren dient dem Rechtsschutz des Bürgers, der Entlastung der Gerichte und insbesondere der Selbstkontrolle der Verwaltung. Es wird den zuständigen Behörden die Gelegenheit gegeben, ihre getroffenen Entscheidungen zu überdenken. Aus diesem Grund muss der Widerspruch gegen einen Verwaltungsakt gem. § 70 Abs. 1 VwGO bei der Behörde erhoben werden, die den Verwaltungsakt erlassen hat. Sofern die Ausgangsbehörde der Auffassung des Betroffenen folgen will, kann sie dem Widerspruch abhelfen (§ 72 VwGO). Ein Widerspruchsbescheid i. S. des § 73 VwGO braucht in diesem Fall nicht zu ergehen.

Hält die Ausgangsbehörde den Widerspruch jedoch für unzulässig oder unbegründet und hilft sie ihm aus diesem Grunde nicht ab, muss ein Widerspruchsbescheid ergehen. Diesen erlässt i. d. R. gem. § 73 Abs. 1 Nr. 1 VwGO die nächst höhere Behörde. Ist die nächst höhere Behörde eine oberste Bundes- oder Landesbehörde, entscheidet die Ausgangsbehörde über den Widerspruch (§ 73 Abs. 1 Nr. 2 VwGO). Auch in Selbstverwaltungsangelegenheiten kann die Ausgangsbehörde nach § 73 Abs. 1 Nr. 3 VwGO ebenfalls selbst über den Widerspruch entscheiden.

HINWEIS

In beamtenrechtlichen Streitigkeiten gilt die von § 73 VwGO abweichende Sonderregelung des § 126 Abs. 3 Nr. 2 BRRG. Danach erlässt grundsätzlich in allen Fällen die oberste Dienstbehörde den Widerspruchsbescheid. Eine Übertragung auf andere Behörden ist allerdings möglich.

b) Erfolgsaussichten des Widerspruchs

Die Prüfung der Erfolgsaussichten eines Widerspruchs stimmt in weiten Teilen mit der einer Klage überein.

HINWEIS

Im Folgenden wird die Prüfung der Zulässigkeit und der Begründetheit eines Widerspruchs nur kurz skizziert. Eine vertiefende Darstellung, die zum großen Teil auch für den Widerspruch gilt, befindet sich bei den Klagearten. Soweit Unterschiede bestehen, wird darauf aufmerksam gemacht.

Wer sich also auf eine verwaltungsrechtliche Klausur o. ä. vorbereitet und deshalb auf eine gründliche Erörterung angewiesen ist, sollte zunächst die Klagearten durcharbeiten.

aa) Zulässigkeit

(1) Verwaltungsrechtsweg

Sofern keine Spezialzuweisung vorliegt, sind die Voraussetzungen des § 40 Abs. 1 VwGO zu prüfen. Es ergeben sich keine Besonderheiten gegenüber einer Klage.

(2) Statthaftigkeit des Widerspruchs

Ein Widerspruch ist nur zulässig, wenn der Gesetzgeber dies ausdrücklich gestattet.

(a) Beispiel hierfür ist § 68 VwGO. Vor Erhebung von Anfechtungs- und Verpflichtungsklagen sind Rechtmäßigkeit und Zweckmäßigkeit des Verwaltungsaktes in einem Vorverfahren nachzuprüfen. Ein Widerspruch ist also nur statthaft, wenn ein Verwaltungsakt i. S. des § 35 VwVfG angefochten (sog. Anfechtungswiderspruch) oder begehrt (sog. Verpflichtungswiderspruch) wird. Geht es nicht um einen Verwaltungsakt, ist der Widerspruch grundsätzlich unstatthaft.

(b) Bei Leistungs- und Feststellungsklagen gibt es keine vergleichbaren Regelungen. Eines Vorverfahrens bedarf es in diesen Fällen i. d. R. nicht. Ein Widerspruch wäre unstatthaft.

(c) Eine Ausnahme von der Notwendigkeit eines Verwaltungsaktes stellen beamtenrechtliche Streitigkeiten dar. Hier ist nach § 126 Abs. 3 BRRG ein Vorverfahren auch dann durchzuführen, wenn kein Verwaltungsakt vorliegt oder begehrt wird.

(d) Trotz Vorliegens eines Verwaltungsaktes ist ausnahmsweise ein Vorverfahren entbehrlich, wenn dies ein Gesetz für besondere Fälle bestimmt oder wenn der Verwaltungsakt von einer obersten Bundes- oder Landesbehörde erlassen wurde (§ 68 Abs. 1 Satz 2 Nr. 1 VwGO). Auch wenn ein Dritter durch einen Widerspruchsbescheid erstmalig beschwert wurde (§ 68 Abs. 1 Satz 2 Nr. 2 VwGO), braucht kein Widerspruchsverfahren durchgeführt zu werden.

(e) Wie bei einer Klage muss das Begehren des Widerspruchsführers ausgelegt werden. Dies gilt besonders dann, wenn der Bürger seine Einwendungen gegen die Entscheidung der Verwaltung nicht ausdrücklich als Widerspruch bezeichnet. Hier muss aus dem Gesamtzusammenhang ermittelt werden, ob es sich um einen Widerspruch handelt.

(3) Widerspruchsbefugnis

Es ist analog § 42 Abs. 2 VwGO festzustellen, ob der Widerspruchsführer geltend macht, durch den Verwaltungsakt oder seine Ablehnung oder Unterlassung in seinen Rechten verletzt zu sein. Für den Anfechtungswiderspruch kann die Adressatentheorie, für den Verpflichtungswiderspruch die Möglichkeitstheorie herangezogen werden.

(4) Form

§ 70 Abs. 1 VwGO stellt nur sehr geringe Anforderungen an die Form eines Widerspruchs. Er muss schriftlich oder zur Niederschrift bei der erlassenden Behörde eingelegt werden und die eigenhändige Unterschrift des Widerspruchsführers tragen.

(5) Widerspruchsfrist

Der Widerspruch muss innerhalb eines Monats nach Bekanntgabe des Verwaltungsaktes (vgl. §§ 41, 43 Abs. 1 VwVfG) bei der Behörde, die ihn erlassen hat, eingelegt werden (§ 70 Abs. 1 Satz 1 VwGO). Die Frist wird nach § 70 Abs. 1 Satz 2 VwGO auch dann gewahrt, wenn der Widerspruch bei der Widerspruchsbehörde eingelegt wird.

Die Frist verlängert sich nach § 58 Abs. 2 VwGO auf ein Jahr, falls die Rechtsbehelfsbelehrung nicht den Voraussetzungen des § 58 Abs. 1 VwGO entspricht.

Die Frist berechnet sich nach §§ 79, 31 VwVfG, §§ 187 bis 193 BGB. Nach anderer Auffassung ergibt sich die Anwendung der §§ 187 bis 193 BGB über § 57 Abs. 2, § 222 Abs. 1 ZPO. Beide Auffassungen kommen immer zum gleichen Ergebnis.

Ähnlich wie bei der Klage ist auch im Widerspruchsverfahren eine Wiedereinsetzung in den vorigen Stand möglich. Die Voraussetzungen regeln sich gem. § 70 Abs. 2 VwGO nach § 60 Abs. 1 bis 4 VwGO analog (siehe § 29 II.3.).

(6) Weitere Zulässigkeitsvoraussetzungen

Hinsichtlich weiterer Zulässigkeitsvoraussetzungen sei auf die Erörterungen zum gerichtlichen Rechtsweg verwiesen.

bb) Begründetheit

Ein Widerspruch ist begründet, wenn der Verwaltungsakt bzw. seine Ablehnung rechtswidrig oder unzweckmäßig ist (§ 68 Abs. 1, 2 VwGO). Im Gegensatz zu einer Klage wird also auch die Zweckmäßigkeit eines Verwaltungsaktes geprüft.

(1) Rechtmäßigkeit

Für die Rechtmäßigkeitsprüfung werden § 113 Abs. 1 Satz 1 (Anfechtungswiderspruch) und Abs. 5 VwGO (Verpflichtungswiderspruch) analog angewendet (siehe § 29 II.3. und II.4.).

(2) Zweckmäßigkeit

Die Zweckmäßigkeit braucht nur dann geprüft zu werden, wenn der Verwaltungsakt rechtmäßig ist und sich auf eine Ermessensvorschrift stützt. Bei gebundener Verwaltung darf die Zweckmäßigkeit nicht geprüft werden. Denn nur in den Fällen, in denen die Verwaltung die Wahl zwischen mehreren Entscheidungen hat, macht es Sinn, nach der zweckmäßigsten Alternative zu fragen. Auch im Falle einer Ermessensreduzierung auf Null ist eine Zweckmäßigkeitsprüfung deshalb nicht erforderlich.

Zur Beurteilung der Zweckmäßigkeit einer Entscheidung können fiskalische und politische Erwägungen herangezogen werden. Auch die Effektivität einer Entscheidung kann Berücksichtigung finden. In der Praxis kommt der Zweckmäßigkeitsprüfung aber selten eigenständige Bedeutung zu, da regelmäßig alle erheblichen Gesichtspunkte im Zusammenhang mit den Ermessenserwägungen erörtert werden müssen.

Prüfungsschema Erfolgsaussichten eines Widerspruchs

I. **Zulässigkeit**
- Verwaltungsrechtsweg (Spezialregelung oder § 40 Abs. 1 Satz 1 VwGO)
- Statthaftigkeit (§ 68 Abs. 1, 2 VwGO, § 126 Abs. 3 BRRG in Beamtensachen)
- Widerspruchsbefugnis (§ 42 Abs. 2 VwGO analog)
- Form (§ 70 VwGO)
- Widerspruchsfrist (§ 70 VwGO)
- Weitere Zulässigkeitsvoraussetzungen siehe S. 408

II. **Begründetheit**
1. Rechtmäßigkeit
   - Anfechtungswiderspruch: § 68 Abs. 1 Satz 1 VwGO, § 113 Abs. 1 Satz 1 VwGO analog
   - Verpflichtungswiderspruch: § 68 Abs. 2, 1 Satz 1 VwGO, § 113 Abs. 5 Satz 1 VwGO analog
2. Zweckmäßigkeit (nur, wenn Verwaltungsakt rechtmäßig ist, sich auf eine Ermessensvorschrift stützt und kein Fall der Ermessensreduzierung auf Null vorliegt)

II. Gerichtlicher Rechtsschutz

Wird jemand durch die öffentliche Gewalt in seinen Rechten verletzt, steht ihm nach Art. 19 Abs. 4 GG der Rechtsweg offen. Er kann sich mit seiner Angelegenheit an die Gerichte wenden. Wie dies auf dem Gebiet des Verwaltungsrechts zu geschehen hat, ist in der Verwaltungsgerichtsordnung geregelt. Für manche Rechtsgebiete des Verwaltungsrechts gelten Sonderregelungen.

BEISPIELE

- In finanzrechtlichen Streitigkeiten werden entsprechende Regelungen in der Finanzgerichtsordnung getroffen.
- Für sozialgerichtliche Klagen ist die Sozialgerichtsordnung anwendbar.

Mittlerweile nimmt auch das Gemeinschaftsrecht Einfluss auf das bisher rein national geprägte Verwaltungsprozessrecht. Allerdings wird das deutsche Recht den europarechtlichen Vorgaben im Hinblick auf einen effektiven Rechtsschutz bisher in vollem Umfang gerecht.

Eine (verwaltungsgerichtliche) Klage ist erfolgreich, wenn sie **zulässig** und **begründet** ist. Im Rahmen der Begründetheit prüft das Gericht die Frage, ob das Klagebegehren sachlich gerechtfertigt ist.

BEISPIELE

- War der belastende Verwaltungsakt rechtmäßig, d. h. kann er sich auf eine (erforderliche) Ermächtigungsgrundlage stützen (= Anfechtungsklage)?
- Hat der Kläger einen Anspruch auf den begehrten Verwaltungsakt (= Verpflichtungsklage)?

Die Zulässigkeitsprüfung befasst sich dagegen nicht mit den materiellen Fragen des Rechtsstreits, sondern mit der prozessualen Durchsetzungsmöglichkeit der Klage. Fehlt es an einer dieser Voraussetzung, steigt das Gericht in die Begründetheitsprüfung erst gar nicht ein. Es weist die Klage vielmehr als unzulässig ab.

BEISPIELE

- A erhebt mündlich Klage vor dem Amtsgericht auf Erteilung einer Baugenehmigung. Die Klage ist unzulässig, weil die erforderliche Form nicht eingehalten wurde und die Zivilgerichte nicht zuständig sind. Die materielle Frage, ob A einen Anspruch auf Erteilung einer Baugenehmigung hat, prüft das Gericht nicht.
- A reicht seine gegen eine Gewerbeuntersagung gerichtete Klage zwei Monate nach Zustellung des Widerspruchsbescheids ein. Die Klage ist wegen Überschreitung der Klagefrist als unzulässig abzuweisen.

HINWEIS

In verwaltungsrechtlichen Klausuren müssen Zulässigkeit und Begründetheit immer getrennt voneinander geprüft werden. Wird die Zulässigkeit verneint, muss ein Hilfsgutachten zur Begründetheit erstellt werden.

Im Folgenden werden zunächst die allgemeinen Zulässigkeitsvoraussetzungen, die für alle Klagearten gelten, erläutert. Anschließend werden die unterschiedlichen Klagearten vorgestellt, wobei zunächst deren besondere Zulässigkeitsvoraussetzungen und im Anschluss daran die Begründetheitsprüfung Gegenstand der Erörterung sind.

1. Allgemeine Zulässigkeitsvoraussetzungen

a) Überblick

Es gibt eine Vielzahl von allgemeinen Zulässigkeitsvoraussetzungen, die – mit Ausnahme des Verwaltungsrechtswegs – in der Praxis nur eine untergeordnete Rolle spielen. Sie werden deshalb nur kurz angesprochen. Ansonsten sei auf die o. g. einschlägige Literatur zum Verwaltungsprozessrecht verwiesen.

Allgemeine Zulässigkeitsvoraussetzungen sind insbesondere:

- Bestehen der deutschen Gerichtsbarkeit
- Ordnungsgemäße Klageerhebung (§§ 81 f. VwGO)
- Rechtsweg zu den Verwaltungsgerichten (§ 40 VwGO)
- Örtliche, sachliche und instanzielle Zuständigkeit des angerufenen Gerichts (§§ 45 bis 53 VwGO)
- Beteiligtenfähigkeit (§ 61 VwGO)
- Prozessfähigkeit (§ 62 VwGO)
- Richtige Vertretung (sog. Postulationsfähigkeit nach § 67 VwGO)
- Prozessführungsbefugnis (§ 78 VwGO)
- Rechtsschutzbedürfnis
- Fehlende Rechtskraft (§ 121 VwGO)

b) Verwaltungsrechtsweg

Das Verwaltungsgericht muss, wenn es sich mit einer Klage befasst, zunächst die Frage klären, ob ihm der Rechtsstreit vom Gesetz zugewiesen wird oder ob ein anderes Gericht (z. B. Zivilgerichte, Finanzgerichte, Arbeitsgerichte, Sozialgerichte, Strafgerichte) tätig werden muss. Allgemeine Zuweisungsvorschrift (sog. Generalklausel) ist § 40 Abs. 1 VwGO.

Daneben existieren für einzelne Rechtsbereiche eine Reihe weiterer besonderer Zuweisungsvorschriften an die **Verwaltungsgerichte**, die als speziellere Normen vorab zu prüfen sind (sog. **aufdrängende Spezialzuweisungen**). Greifen sie, ist die Generalklausel nicht mehr anwendbar. Sie darf in diesen Fällen nicht mehr geprüft werden.

BEISPIELE

- § 126 Abs. 1, 2 BRRG für beamtenrechtliche Streitigkeiten;
- § 32 WPflG für Klagen in Bezug auf die Wehrpflicht;
- § 54 Abs. 1 BAföG für Streitigkeiten über die Ausbildungsförderung.

Greift keine Spezialzuweisung, kommt es darauf an, ob die Voraussetzungen des § 40 Abs. 1 VwGO vorliegen. Danach ist der Verwaltungsrechtsweg eröffnet, wenn es sich um

- eine öffentlich-rechtliche Streitigkeit handelt,
- die nichtverfassungsrechtlicher Art ist und
- keine Zuweisung an ein anderes Gericht vorliegt.

aa) Öffentlich-rechtliche Streitigkeit

Bereits oben (§ 27 II.2.c)) wurde die Abgrenzung zwischen privatem und öffentlichem Recht dargestellt. Der dort angeführte Meinungsstreit erlangt nun Bedeutung für die Frage der Zulässigkeit des Verwaltungsrechtswegs. Es muss geklärt werden, ob der Streitgegenstand nach öffentlichem Recht zu entscheiden ist. Ist dies zu verneinen, sind nicht die Verwaltungsgerichte, sondern andere Gerichte (z. B. Zivilgerichte, Strafgerichte) zuständig.

bb) Nichtverfassungsrechtliche Streitigkeit

Handelt es sich um eine verfassungsrechtliche Streitigkeit, ist der Rechtsweg zu den Verwaltungsgerichten nicht gegeben. Bei einem Verfassungsrechtsstreit müssen beide Parteien, die den Rechtsstreit führen, Verfassungsorgane oder sonst am Verfassungsleben beteiligte Organe sein. Diese Organe müssen über die Anwendung von Bundes- oder Landesverfassungsrecht streiten.

Das erstgenannte Merkmal macht es i. d. R. leicht festzustellen, ob keine verfassungsrechtliche Streitigkeit vorliegt. Zu den Verfassungsorganen zählen der Bundestag, der Bundesrat, der Bundespräsident, die Bundesregierung, ein Landtag oder eine Landesregierung. Sobald also ein Bürger an der Streitigkeit beteiligt ist, kann diese nicht mehr verfassungsrechtlich sein. Der Verwaltungsrechtsweg ist in diesem Fall, sofern die anderen Voraussetzungen vorliegen, gegeben.

BEACHTE

Wird in einem Rechtsstreit Verfassungsrecht angewendet, bedeutet dies nicht, dass es sich um eine verfassungsrechtliche Streitigkeit handelt. Hinzutreten muss ferner die Beteiligung von Verfassungsorganen.

Auch die Verfassungsbeschwerde, mit der ein Bürger die Verletzung von Verfassungsrecht rügt, ist somit keine verfassungsrechtliche Streitigkeit. Erst wenn der (Verwaltungs-)Rechtsweg erschöpft ist, darf das Bundesverfassungsgericht entscheiden (Art. 94 Abs. 2 Satz 2 GG i.V. mit § 90 Abs. 2 BVerfGG).

cc) Keine Zuweisung an andere Gerichte

Es gibt Streitigkeiten, die eigentlich in den Zuständigkeitsbereich der Verwaltungsgerichte fallen, weil sie öffentlich-rechtlicher Natur und nichtverfassungsrechtlicher Art sind. Der (Bundes-)Gesetzgeber hat aber entschieden, dass andere Gerichte diese Rechtsstreitigkeiten besser beurteilen können, und sie ihnen deshalb ausdrücklich zugewiesen (sog. **abdrängende Spezialzuweisungen**). Derartige Zuweisungen finden bspw. an die besonderen Verwaltungsgerichte statt.

BEISPIELE

- Die Finanzgerichte sind nach § 33 FGO zuständig für öffentlichrechtliche Streitigkeiten über Abgabenangelegenheiten, soweit die Abgaben der Gesetzgebung des Bundes unterliegen und durch Bundes- oder Landesfinanzbehörden (z. B. Hauptzollämter, Finanzämter) verwaltet werden.
- Sozialgerichte sind nach § 51 SGG u. a. zuständig für öffentlich-rechtliche Streitigkeiten in Angelegenheiten der gesetzlichen Rentenversicherung (Nr. 1), der gesetzlichen Krankenversicherung, der sozialen Pflegeversicherung und der privaten Pflegeversicherung (Nr. 2).

Auch den sog. ordentlichen Gerichten werden öffentlich-rechtliche Streitigkeiten zugewiesen.

BEISPIELE

- Zivilgerichte sind zuständig für öffentlich-rechtliche Streitigkeiten über vermögensrechtliche Ansprüche aus Enteignung (Art. 14 Abs. 3 Satz 4 GG) oder wegen Amtshaftung (Art. 34 Satz 3 GG).
- Justizverwaltungsakte (z. B. Verweigerung der Einsichtnahme in Strafakten nach Abschluss des Verfahrens durch die zuständige Justizbehörde) werden gem. §§ 23 ff. EGGVG von den ordentlichen Gerichten (hier: Strafgerichte) entschieden.

BEACHTE

Bei der Prüfung des Verwaltungsrechtswegs ist zum einen die Zuweisung „**an**" die Verwaltungsgerichte, zum anderen die Verweisung „**weg**" von den Verwaltungsgerichte an andere Gerichte zu beachten.

Liegen die Voraussetzungen einer Spezialzuweisung an die Verwaltungsgerichte oder die des § 40 Abs. 1 Satz 1 VwGO vor, ist der Verwaltungsrechtsweg eröffnet.

2. Allgemeines zu den Klagearten der Verwaltungsgerichtsordnung

Die weiteren Zulässigkeitsvoraussetzungen richten sich nach der Art der Klage. Auch die Begründetheitsprüfung und der Inhalt des Urteils hängen von der jeweiligen Klageart ab. Aus diesem Grund ist es wichtig, die richtige Klageart festzustellen.

BEACHTE

Aus der Rechtsweggarantie des Art. 19 Abs. 4 GG ergibt sich, dass jedem, der durch die öffentliche Gewalt in seinen Rechten verletzt ist, der Rechtsweg offen steht. Es muss daher für jede Streitigkeit eine Klageart existieren. Eine Klage kann nicht deshalb unzulässig sein, weil sich keine Klageart finden lässt. Dies würde gegen die Rechtsweggarantie verstoßen.

Welche Klageart die richtige ist, richtet sich nach dem Klagebegehren, also nach dem, was der Kläger mit seiner Klage erreichen will. In erster Linie unterscheidet man

- Anfechtungs- und Verpflichtungsklagen,
- Fortsetzungsfeststellungsklagen,
- allgemeine Leistungsklagen,
- Feststellungsklagen,
- abstrakte Normenkontrolle.

3. Anfechtungsklage

a) Grundsätzliches zur Anfechtungsklage

Nach § 42 Abs. 1 VwGO kann durch die Anfechtungsklage die Aufhebung eines (belastenden) Verwaltungsaktes begehrt werden. Der Verwaltungsakt wird vom Gericht „kassiert“. Ein neuer Verwaltungsakt wird nicht erlassen. Der Verwaltungsakt wird somit nicht „reformiert“.

Die Anfechtungsklage ist für den Adressaten eines belastenden Verwaltungsaktes i. d. R. die richtige Klageart.

BEISPIELE

- A begehrt die Aufhebung einer Verfügung, nach der er sein baufälliges Haus abreißen soll. Wird der Verwaltungsakt aufgehoben, braucht A nicht tätig zu werden.
- B wird die ihm bisher erlaubte Ausübung des Gaststättengewerbes untersagt. Auch hier ist die Anfechtungsklage die richtige Klageart. Wird die Untersagungsverfügung aufgehoben, bleibt es bei der Erlaubnis, eine Gaststätte betreiben zu dürfen.

In manchen Fällen ist eine Anfechtungsklage gegen Verwaltungsakte zulässig, die einen Dritten belasten (**Verwaltungsakte mit Drittwirkung**). Allerdings muss eine eigene Rechtsverletzung des Dritten vorliegen.

BEISPIELE

- Eine Ehefrau klagt gegen die Ausweisung ihres Mannes (§§ 53 ff. AufenthG).
- Die Verlängerung der Sperrstunde für eine Diskothek belastet den lärmgeplagten Nachbarn und kann von diesem gerichtlich überprüft werden.
- A klagt gegen die einem Nachbarn erteilte Baugenehmigung.

HINWEIS

In Klausuren ist die Prüfung einer Maßnahme auf Verwaltungsaktsqualität oft von besonderer Bedeutung. Es sind die Voraussetzungen des § 35 VwVfG zu prüfen. Fehlt eines der dort genannten Merkmale, ist die Anfechtungsklage nicht statthaft. In Frage kommt in diesen Fällen jedoch die allgemeine Leistungsklage.

Gegenstand der Anfechtungsklage ist regelmäßig der ursprüngliche Verwaltungsakt in der Gestalt, die er durch den Widerspruchsbescheid erhalten hat (§ 79 Abs. 1 Nr. 1 VwGO). Verwaltungsakt und Widerspruchsbescheid werden somit im Anfechtungsprozess als Einheit betrachtet. Nur im Ausnahmefall kann der Widerspruchsbescheid allein Klagegegenstand sein.

b) Besondere Zulässigkeitsvoraussetzungen

aa) Klagebefugnis

Wie bei jedem Rechtsstreit, muss der Kläger auch im Verwaltungsprozess versuchen, eigene subjektive Rechte durchzusetzen. Für die Anfechtungsklage ergibt sich dies aus § 42 Abs. 2 VwGO. Danach darf ein Kläger nicht die Rechte anderer geltend machen. Hiermit soll die sog. **Popularklage** verhindert werden, mittels der jemand die Rechte anderer geltend machen könnte.

BEISPIEL Der Rentner R soll aufgrund einer Verfügung der zuständigen Behörde seinen kranken Hund einschläfern lassen. R ist deshalb sehr betrübt, will aber gegen den Bescheid nicht vorgehen, weil er sich gegenüber der Behörde als „kleiner Mann" keine Erfolgsaussichten ausrechnet. Sein Nachbar N möchte R helfen und im eigenen Namen Anfechtungsklage einreichen.

N ist nicht klagebefugt, da er nicht die Verletzung eigener Rechte, sondern die Verletzung fremder Rechte, nämlich die des R, geltend macht.

Dem Gesetz lässt sich nicht entnehmen, was unter der Geltendmachung einer Rechtsverletzung zu verstehen ist. Auf der einen Seite kann die bloße Behauptung, in seinen Rechten verletzt zu sein, nicht ausreichen. Dies würde letztendlich doch wieder zur Popularklage führen. Andererseits kann im Rahmen der Zulässigkeitsprüfung nicht verlangt werden, dass eine Rechtsverletzung tatsächlich vorliegt. Damit würde die Begründetheitsprüfung überflüssig.

Man hat verschiedene Lösungsmöglichkeiten versucht, von denen die sog. **Möglichkeitstheorie** am sachgerechtesten erscheint. Danach muss der Kläger Behauptungen aufstellen, die eine Verletzung eigener (subjektiver) Rechte zumindest möglich erscheinen lassen. Die möglicherweise verletzten Rechte können sich aus der gesamten Rechtsordnung ergeben.

Im Falle der Anfechtungsklage gegen einen den Kläger belastenden Verwaltungsakt ist die Klagebefugnis unproblematisch. Eine Rechtsverletzung (des Klägers) ist hier stets möglich. Verletztes Recht kann jedenfalls die durch Art. 2 Abs. 1 GG geschützte allgemeine Handlungsfreiheit sein. Durch einen rechtswidrigen belastenden Verwaltungsakt würde diese Handlungsfreiheit nämlich zu Unrecht eingeschränkt (sog. **Adressatentheorie bei belastenden Verwaltungsakten**). Ein anderes möglicherweise verletztes Recht braucht nicht mehr gesucht zu werden.

Schwieriger ist die Prüfung der Klagebefugnis bei Verwaltungsakten mit Drittwirkung. Hier muss genau geprüft werden, ob tatsächlich eigene Rechte des Klägers betroffen sein können.

BEISPIEL Die Ehefrau, die gegen die Ausweisung ihres Mannes klagt, muss in eigenen Rechten verletzt sein. In Frage kommt eine Verletzung von Art. 6 GG, der im Rahmen der ehelichen Lebensgemeinschaft die Wahl eines gemeinschaftlichen Lebensmittelpunktes schützt.

Vom Erfordernis der Klagebefugnis können gem. § 42 Abs. 2 VwGO durch den Gesetzgeber Ausnahmen zugelassen werden. Dies ist in einigen wenigen Fällen geschehen. Die Klagebefugnis wird auf Personen oder Behörden ausgedehnt, die nicht in eigenen Rechten verletzt sind.

BEISPIEL Nach § 8 Abs. 4 HandwO ist die Handwerkskammer klagebefugt, wenn ein Antragsteller ohne Meisterprüfung von der zuständigen Behörde ausnahmsweise in die Handwerksrolle eingetragen wird.

Die meisten Bundesländer haben des Weiteren eine besondere Popularklage als sog. altruistische Verbandsklage im Umweltrecht zugelassen. In den jeweiligen Landesnaturschutzgesetzen werden die nach § 61 BNatSchG anerkannten Verbänden berechtigt, Verbandsklage zu erheben.

bb) Vorverfahren

Vor Erhebung der Anfechtungsklage sind nach § 68 Abs. 1 VwGO die Rechtmäßigkeit und Zweckmäßigkeit des Verwaltungsaktes in einem Vorverfahren (= Widerspruchsverfahren) nachzuprüfen (siehe aber § 29 I.2a). Der Behörde soll noch einmal Gelegenheit gegeben werden, ihre getroffene Entscheidung zu überprüfen. Ein Verzicht der Beteiligten auf ein Vorverfahren ist nicht möglich, weil seine Durchführung auch im öffentlichen Interesse liegt.

Ein Vorverfahren darf nicht durchgeführt werden (§ 68 Abs. 1 Satz 2 VwGO), wenn ein Bundes- oder Landesgesetz dies vorschreibt.

BEISPIEL § 20 GjS, wonach es vor Erhebung einer verwaltungsgerichtlichen Klage gegen die Aufnahme in die Liste jugendgefährdender Schriften keiner Nachprüfung in einem Vorverfahren bedarf.

Gleiches gilt, wenn der Verwaltungsakt von einer obersten Bundesbehörde oder von einer obersten Landesbehörde erlassen worden und die Nachprüfung nicht ausdrücklich gesetzlich vorgeschrieben ist (§ 68 Abs. 1 Satz 2 Nr. 1 VwGO). Der Kläger muss ohne Widerspruch in der Frist des § 74 Abs. 1 Satz 2 VwGO unmittelbar Klage erheben.

Eine Nachprüfung ist ferner nicht erforderlich, wenn ein Dritter durch einen Widerspruchsbescheid erstmalig beschwert wird (§ 68 Abs. 1 Satz 2 Nr. 2 VwGO).

BEISPIEL Eine Baugenehmigung wird zunächst abgelehnt, dann aber im Widerspruchsverfahren erteilt. Der Nachbar wird durch den Widerspruchsbescheid erstmalig beschwert. Eines Vorverfahrens bedarf es nicht. In diesem Fall ist ausnahmsweise der Widerspruchsbescheid allein Klagegegenstand.

Auch im Falle der Untätigkeit einer Behörde kann ein Vorverfahren unter den Voraussetzungen des § 75 VwGO entbehrlich sein (siehe § 29 II.4.).

cc) Klagefrist

Nach § 74 Abs. 1 VwGO muss eine Anfechtungsklage innerhalb eines Monats nach Zustellung des Widerspruchsbescheids erhoben werden. Ist ein Vorverfahren entbehrlich (siehe § 68 Abs. 1 Satz 2 VwGO), beginnt die Monatsfrist mit Bekanntgabe des Verwaltungsaktes.

Die Frist beginnt zu laufen, sobald der Widerspruchsbescheid zugestellt wurde (§ 73 Abs. 3, § 74 VwGO).

BEACHTE

Die möglichen Zustellungsarten lassen sich den §§ 2 bis 6 VwZG (des Bundes) entnehmen. Bei der Zustellung durch eingeschriebenen Brief muss § 4 VwZG beachtet werden. Danach gilt die Zustellung frühestens am dritten Tage nach Aufgabe zur Post als bewirkt, auch wenn er tatsächlich früher eingegangen ist.

Durch die gesetzliche Verweisung in § 57 Abs. 2 VwGO und § 222 ZPO erfolgt die Fristberechnung nach den Vorschriften des Bürgerlichen Gesetzbuches. Gemeint sind die §§ 187 bis 193 BGB. Die in ihrem Wortlaut nur schwer verständlichen Vorschriften bedeuten für die Monatsfrist, dass sie vom Tag **nach** der Zustellung an berechnet wird (§ 187 Abs. 1 BGB). Die Frist endet mit Ablauf des Tages des Folgemonats, der dem Zustellungstag entspricht (§ 188 Abs. 2 BGB).

BEISPIEL Wird am 4. 5. ein Widerspruchsbescheid zugestellt, beginnt die Fristberechnung mit dem 5. 5. Fristablauf ist der 4. 6. Bis zum 4. 6., 24 Uhr, kann also Klage erhoben werden.

Fällt der letzte Tag einer Frist auf einen Sonnabend, Sonntag oder Feiertag, regelt § 193 BGB, dass die Frist erst am nächsten Werktag endet.

BEISPIEL Wäre im vorherigen Beispiel der 4.6. ein Sonnabend, so würde die Frist erst am darauf folgenden Montag, also dem 6.6., 24 Uhr, ablaufen.

BEACHTE

Dies gilt nur für das Fristende, nicht für den Fristbeginn (vgl. § 222 Abs. 2 ZPO, § 57 Abs. 2 VwGO.

Trotz Zustellung beginnt nach § 58 Abs. 1 VwGO die Frist zur Einlegung eines Rechtsmittels aber dann nicht zu laufen, wenn die Rechtsbehelfsbelehrung fehlerhaft ist. Ein Fehler liegt vor, wenn die Belehrung nicht schriftlich erfolgte oder wenn der Beteiligte über den Rechtsbehelf, das Gericht, bei dem der Rechtsbehelf anzubringen ist, den Sitz oder die einzuhaltende Frist nicht richtig belehrt worden ist.

BEISPIELE

- Eine Rechtsbehelfsbelehrung fehlt vollständig.
- Es wird statt der Monatsfrist eine Frist von vier Wochen angegeben.
- Der Sitz des Gerichts, bei dem Klage eingereicht werden muss, ist falsch angegeben.

Eine fehlerhafte Rechtsbehelfsbelehrung führt nicht dazu, dass der Beteiligte ohne jede zeitliche Beschränkung Klage einreichen kann. § 58 Abs. 2 VwGO bestimmt insoweit, dass die Einlegung der Klage nur innerhalb eines Jahres seit Zustellung des Widerspruchsbescheids zulässig ist. Dies gilt auch bei vollständigem Fehlen einer Rechtsbehelfsbelehrung.

Auf die Jahresfrist kommt es nicht an, wenn die Einlegung vor Ablauf der Jahresfrist infolge höherer Gewalt unmöglich war oder eine schriftliche Belehrung dahingehend erfolgte, dass ein Rechtsbehelf nicht gegeben sei (§ 58 Abs. 2 VwGO).

Exkurs: Wiedereinsetzung in den vorigen Stand

In seltenen Fällen ist eine Klage trotz Fristversäumung zulässig. Hat der Kläger die Frist nämlich ohne Verschulden nicht eingehalten, soll dies zu keinem Rechtsverlust führen. Vielmehr ist unter den Voraussetzungen des § 60 VwGO Wiedereinsetzung zu gewähren.

Verschulden liegt nach Auffassung der ganz überwiegenden Rechtsprechung vor, wenn der Kläger hinsichtlich der Wahrung der Frist diejenige Sorgfalt außer Acht lässt, die für einen gewissenhaften und seine Rechte und Pflichten sachgemäß wahrnehmenden Prozessführenden geboten ist und ihm dies nach den Umständen des Falles auch zuzumuten ist.

Der Betroffene hat gem. § 60 Abs. 2 VwGO innerhalb von zwei Wochen nach Wegfall des Hindernisses einen entsprechenden Antrag zu stellen. Die versäumte Rechtshandlung muss innerhalb dieser Frist nachgeholt werden. Geschieht dies, kann die Wiedereinsetzung auch ohne Antrag, also von Amts wegen, gewährt werden.

BEISPIELE

- Läuft die Klagefrist am 20. 2. ab und gibt der Kläger am 16. 2. die Klageschrift zur Post, versäumt er die Frist unverschuldet, wenn die Klage erst am 22. 2. bei Gericht eingeht. Der Kläger durfte sich auf die „normale" Postlaufzeit verlassen. In diesem Fall kann die Wiedereinsetzung ohne Antrag gewährt werden, da die versäumte Rechtshandlung, nämlich die Einreichung der Klage, innerhalb der Antragsfrist nachgeholt wurde.
- Bei Verzögerungen, die auf eine fehlerhafte Adressierung zurückzuführen sind, handelt es sich **dagegen** i. d. R. um eine verschuldete Fristversäumung. Wiedereinsetzung kann nicht gewährt werden.
- Unverschuldet ist eine Fristversäumung ferner, wenn der Kläger infolge einer schweren Erkrankung weder selbst handeln noch einen Bevollmächtigten beauftragen konnte. Gleiches gilt im Falle einer urlaubsbedingten Fristversäumung. Hier liegt nur dann ein Verschulden vor, wenn der Adressat aufgrund besonderer Umstände mit dem Zugang des Bescheids rechnen musste.

Wiedereinsetzung in den vorigen Stand ist auch im Vorverfahren, also bei **Versäumung der Widerspruchsfrist**, möglich. § 70 Abs. 2 VwGO erklärt § 60 Abs. 1 bis 4 VwGO für entsprechend anwendbar.

Verschulden eines Bevollmächtigten ist dem Beteiligten wie eigenes Verschulden zuzurechnen.

c) Aufbau der Begründetheitsprüfung

aa) Einstieg

Die Anfechtungsklage ist gem. § 113 Abs. 1 Satz 1 VwGO begründet, wenn der Verwaltungsakt rechtswidrig und der Kläger dadurch in seinen Rechten verletzt ist. Das Gericht hebt den Verwaltungsakt und den etwaigen Widerspruchsbescheid auf.

Es muss also festgestellt werden, ob der (belastende) Verwaltungsakt rechtswidrig ist. Dies ist der Fall, wenn er sich auf keine Ermächtigungsgrundlage stützen kann, also zumindest ein Tatbestandsmerkmal der in Frage kommenden Vorschriften fehlt.

Als Ermächtigungsgrundlage kommen in erster Linie ein Gesetz, eine Rechtsverordnung oder eine Satzung in Betracht. Wenn Anlass dazu besteht, ist ihre Rechtmäßigkeit zu prüfen. Hierbei handelt es sich allerdings um einen eher seltenen Ausnahmefall.

BEISPIELE

- Ein Gesetz verstößt gegen Vorschriften des Grundgesetzes (insbesondere Grundrechte) und ist deshalb verfassungswidrig.
- Eine Rechtsverordnung kann sich nicht auf eine gesetzliche Ermächtigung stützen.

Im Regelfall kann von der Rechtmäßigkeit der Ermächtigungsgrundlage ausgegangen werden.

HINWEIS

Die Begründetheitsprüfung der Anfechtungsklage hat entsprechend den obigen Ausführungen zur Rechtmäßigkeit eines Verwaltungsaktes zu erfolgen, die zur Vertiefung herangezogen werden sollten (siehe § 27 II.5.).

bb) Formelle Rechtmäßigkeit

Im Rahmen der Prüfung der formellen Rechtmäßigkeit wird der Verwaltungsakt auf äußere Fehler untersucht, d. h. auf Fehler, die sich regelmäßig nicht unmittelbar aus der Ermächtigungsgrundlage selbst ergeben.

(1) Zuständigkeit

Die handelnde Behörde muss sachlich, örtlich und instanziell zuständig gewesen sein.

(2) Form

Es müssen die jeweils zur Anwendung kommenden Formvorschriften beachtet werden. Grundsätzlich gilt Formfreiheit nach § 37 Abs. 2 VwVfG.

(3) Verfahren

Bei der Durchführung des Verwaltungsverfahrens müssen die in den §§ 9 ff. VwVfG geregelten Bestimmungen eingehalten werden. Die Ausnahmeregelungen der §§ 45, 46 VwVfG sind zu beachten.

(4) Bekanntgabe

Auch Verstöße gegen die Bekanntgabe führen zur formellen Rechtswidrigkeit des Verwaltungsaktes. Bei (vollständig) fehlender Bekanntgabe ist ein Verwaltungsakt allerdings nicht wirksam. Es handelt sich um einen Nichtakt, weshalb in diesem Fall eine Feststellungsklage als Klageart ausreicht.

cc) Materielle Rechtmäßigkeit

(1) Voraussetzungen der Ermächtigungsgrundlage

Im Rahmen der Überprüfung der materiellen Rechtmäßigkeit ist das Vorliegen der Voraussetzungen der Ermächtigungsgrundlage festzustellen. Fehlt eines der Tatbestandsmerkmale, ist der Verwaltungsakt materiell rechtswidrig. Ein klagebefugter Kläger ist damit zugleich auch in seinen Rechten verletzt. Seine Klage ist daher zulässig und begründet.

(2) Bestimmtheit

Ein Verwaltungsakt kann auch rechtswidrig sein, weil er nicht gem. § 37 Abs. 1 VwVfG hinreichend bestimmt ist.

(3) Rechtliche Unmöglichkeit

Auch rechtliche Unmöglichkeit führt zur materiellen Rechtswidrigkeit. Bei tatsächlicher Unmöglichkeit liegt sogar Nichtigkeit vor, was eigentlich im Wege einer Feststellungsklage gerichtlich geprüft werden müsste. In Zweifelsfällen ist aber ausnahmsweise die Anfechtungsklage zulässig.

(4) Verhältnismäßigkeit

Eventuell ist der Verwaltungsakt auch im Hinblick auf seine Verhältnismäßigkeit hin zu untersuchen. Dies ist immer dann notwendig, wenn es sich bei der Ermächtigungsgrundlage um eine Ermessensnorm handelt. Die Prüfung der Verhältnismäßigkeit ist aber auch bei gebundener Verwaltung erforderlich, sofern der Gesetzgeber die Verhältnismäßigkeitsprüfung ausdrücklich vorgeschrieben hat.

Die Verhältnismäßigkeit kann auch als Unterfall der Ermessensunterschreitung geprüft werden.

(5) Ermessensfehler

Bei Ermessensentscheidungen ist darüber hinaus eine Prüfung im Hinblick auf Ermessensfehler vorzunehmen. Dabei ist entsprechend der Neufassung des § 114 VwGO zu berücksichtigen, dass die Verwaltungsbehörde ihre Ermessenserwägungen hinsichtlich des Verwaltungsaktes auch noch im verwaltungsgerichtlichen Verfahren ergänzen kann (§ 114 Satz 2 VwGO).

(6) Verletzung in eigenen Rechten

Eine Verletzung in eigenen Rechten liegt regelmäßig vor, wenn der belastende Verwaltungsakt rechtswidrig ist. Es ist zumindest das subjektive Recht des Klägers aus Art. 2 Abs. 1 GG (allgemeine Handlungsfreiheit) betroffen.

dd) Folgenbeseitigungsantrag

Gem. § 113 Abs. 1 Satz 2 VwGO kann mit der Anfechtungsklage ein Antrag auf Rückgängigmachung von Maßnahmen, die bereits vollzogen wurden, gestellt werden (sog. Folgenbeseitigungsantrag).

BEISPIELE

- Rückgabe einer beschlagnahmten Sache,
- Rückzahlung zu Unrecht erhobener Gebühren.

Prüfungsschema Anfechtungsklage

I. Zulässigkeit

1. Verwaltungsrechtsweg
2. Klageart
   - Auslegung des Klagebegehrens
   - Prüfung des § 35 VwVfG
3. Klagebefugnis
4. Vorverfahren
5. Klagefrist
6. Weitere klageartunabhängige Zulässigkeitsvoraussetzungen

II. Begründetheit

Einstieg: § 113 Abs. 1 Satz 1 VwGO

1. Ermächtigungsgrundlage
2. Formelle Rechtmäßigkeit des Verwaltungsaktes:
   - Zuständigkeit
   - Form
   - Verfahren
   - Bekanntgabe
3. Materielle Rechtmäßigkeit
   - Voraussetzungen der Ermächtigungsgrundlage
   - Bestimmtheit
   - Rechtliche Unmöglichkeit
   - Verhältnismäßigkeit
   - Ermessensfehler
4. Verletzung in eigenen Rechten
5. Ergebnis

4. Verpflichtungsklage

a) Grundsätzliches zur Verpflichtungsklage

Die Verpflichtungsklage ist ihrem Wesen nach eine Leistungsklage, bei der die begehrte Leistung im Erlass eines Verwaltungsaktes liegt. Sie ist nach § 42 Abs. 1 VwGO statthaft, wenn der begehrte Verwaltungsakt abgelehnt oder unterlassen begehrt wird. Es gibt somit zwei Formen, die sog. **Versagungsgegenklage** und die **Untätigkeitsklage**.

BEISPIELE **Versagungsgegenklage:** A beantragt eine Baugenehmigung, was ihm von der zuständigen Behörde versagt wird. Er wendet sich nun gegen die Versagung und erhebt Verpflichtungsklage in Form der Versagungsgegenklage. Sie ist der **Regelfall** der Verpflichtungsklage.

Untätigkeitsklage: B beantragt, eine Versammlung abhalten zu dürfen. Nach vier Monaten hat die Behörde immer noch nicht reagiert. Auf seine Nachfrage teilt man ihm mit, der zuständige Sachbearbeiter sei krank. B kann Verpflichtungsklage auf Erteilung der Erlaubnis erheben, da die Behörde ohne zureichenden Grund nicht in angemessener Frist in seiner Angelegenheit entschieden hat (vgl. § 75 VwGO).

In bestimmten Fällen kann auch der Erlass eines Verwaltungsaktes, der einen Dritten belastet oder begünstigt, begehrt werden.

BEISPIEL A verlangt den Abriss einer Garage, die sein Nachbar unter Verstoß gegen formelles und materielles Baurecht errichtet hat.

b) Besondere Zulässigkeitsvoraussetzungen

aa) Klagebefugnis

Die Klagebefugnis liegt gem. § 42 Abs. 2 VwGO vor, wenn der Kläger durch die Ablehnung oder Unterlassung des Verwaltungsaktes in seinen Rechten verletzt ist. Dies ist der Fall, sofern er möglicherweise einen Anspruch auf Erlass des Verwaltungsaktes hat (sog. **Möglichkeitstheorie**). Es muss daher eine Anspruchsgrundlage existieren, die die begehrte Rechtsfolge enthält. Diese Rechtsgrundlage darf des Weiteren nicht ausschließlich im Interesse der Allgemeinheit oder Dritter bestehen, sondern muss dem Kläger ein (eigenes) subjektives Recht gewähren.

HINWEIS

Bei der Verpflichtungsklage muss die Klagebefugnis immer nach der Möglichkeitstheorie beurteilt werden. Die Adressatentheorie kommt nicht zur Anwendung.

Es handelt sich im Übrigen um keinen Meinungsstreit. Die häufig verwendeten Begriffe machen vielmehr deutlich, auf welche Voraussetzungen in Bezug auf die Klagebefugnis abgestellt wird.

bb) Vorverfahren

Gem. § 68 Abs. 2 i.V. mit Abs. 1 VwGO muss bei der Verpflichtungsklage – ebenso wie bei der Anfechtungsklage – ein Vorverfahren erfolglos durchgeführt worden sein.

Besonderheiten ergeben sich, wenn die Behörde, nachdem der Kläger einen erforderlichen Antrag auf Erlass eines Verwaltungsaktes gestellt hat, untätig bleibt. Wird über einen Widerspruch oder über einen Antrag auf Vornahme eines Verwaltungsaktes ohne zureichenden Grund in angemessener Frist nicht entschieden, kann gem. § 75 Satz 2 VwGO nach Ablauf von drei Monaten Klage erhoben werden (sog. **Untätigkeitsklage**). Die Durchführung eines erfolglos gebliebenen Vorverfahrens ist in diesen Fällen entbehrlich.

BEISPIELE

- Gründe, die ein Überschreiten rechtfertigen: Umfang und besonderer Schwierigkeitsgrad der Sache; zwingende Beteiligung mehrerer weiterer Behörden.
- Gründe, die ein Überschreiten der Drei-Monats-Frist nicht rechtfertigen: Krankheit oder Urlaub eines Mitarbeiters; allgemeine Arbeitsüberlastung.

HINWEIS

Die Drei-Monats-Frist des § 75 VwGO ist keine Klagefrist. Sie bestimmt vielmehr den Zeitraum, den der Kläger abwarten muss, um ohne Vorverfahren Klage erheben zu können. In diesen Fällen gibt es gerade keine Klagefrist, weil ein Widerspruchsbescheid gar nicht erlassen wurde.

Sofern besondere Umstände es verlangen, kann die Klage schon vor Ablauf von drei Monaten erhoben werden.

BEACHTE

Die Untätigkeitsklage ist keine selbständige Klageart. Sie bezeichnet eine prozessuale Situation, in der eine Klage ohne abgeschlossenes Vorverfahren zulässig ist.

Die Möglichkeit einer Untätigkeitsklage kann, was allerdings selten vorkommt, auch bei der Anfechtungsklage eine Rolle spielen, nämlich wenn eine Behörde über einen Widerspruch nicht entscheidet. Hat der Widerspruch keine aufschiebende Wirkung und wurde der Verwaltungsakt deshalb vollzogen, ist es für den betroffenen Bürger wichtig, die Angelegenheit so schnell wie möglich klären zu lassen. Eine Wiederherstellung der aufschiebenden Wirkung nach § 80 Abs. 5 VwGO wäre sinnlos, da der Verwaltungsakt bereits vollzogen ist.

cc) Klagefrist

Gem. § 74 Abs. 2 VwGO gelten die Regelungen für die Anfechtungsklage entsprechend, wenn ein Antrag auf Vornahme des Verwaltungsaktes abgelehnt worden ist. Bis zu einen Monat nach Zustellung des Widerspruchsbescheids kann Klage erhoben werden (§ 74 Abs. 1 VwGO).

c) Aufbau der Begründetheitsprüfung

aa) Einstieg

Die Verpflichtungsklage ist gem. § 113 Abs. 5 Satz 1 VwGO begründet, wenn die Ablehnung oder Unterlassung des Verwaltungsaktes rechtswidrig und der Kläger dadurch in seinen Rechten verletzt ist. Anders ausgedrückt: Die Klage ist begründet, wenn der Kläger einen Anspruch auf den von ihm begehrten Verwaltungsakt hat.

HINWEIS

Man bezeichnet diese Form der Begründetheitsprüfung einer Verpflichtungsklage als **Anspruchsaufbau**. Daneben gibt es den **Ablehnungsaufbau**, der sich zwar genauer an den Gesetzestext des § 113 Abs. 5 Satz 1 VwGO hält, jedoch im Regelfall komplizierter zu handhaben ist. Auf seine Darstellung wird deshalb verzichtet.

Ein solcher Anspruch ergibt sich i. d. R. aus gesetzlichen Vorschriften. Ausnahmen können sich z. B. im Rahmen der Leistungsverwaltung ergeben, da Leistungen in manchen Fällen auch ohne gesetzliche Grundlage erbracht werden dürfen.

bb) Formelle Voraussetzungen

Hier ist allein zu prüfen, ob die beklagte Behörde für den Erlass des begehrten Verwaltungsaktes sachlich, örtlich und instanziell zuständig ist.

BEACHTE

Es dürfen weder der ablehnende Bescheid noch der Widerspruchsbescheid auf ihre Rechtmäßigkeit geprüft werden. Gegenstand der Klage ist nicht die Ablehnung, sondern der Erlass eines Verwaltungsaktes. Da der Verwaltungsakt nur durch die **zuständige** Behörde erlassen werden darf, ist dies der einzige Punkt der formellen Rechtmäßigkeit, der geprüft werden muss.

cc) Materielle Voraussetzungen

Zunächst muss festgestellt werden, ob die Voraussetzungen der Anspruchsgrundlage vorliegen.

Sofern die Tatbestandsvoraussetzungen erfüllt sind, muss die Rechtsfolge der Norm geprüft werden. Handelt es sich um eine gebundene Entscheidung oder liegt ein Fall der Ermessensreduzierung auf Null vor, hat der Kläger einen Anspruch auf Erlass des Verwaltungsaktes. Die Sache ist spruchreif, und das Gericht spricht gem. § 113 Abs. 5 VwGO die Verpflichtung der Verwaltungsbehörde aus, die beantragte Amtshandlung vorzunehmen. Die Klage ist in vollem Umfang begründet.

Besonderheiten ergeben sich, wenn die Anspruchsgrundlage eine Ermessensvorschrift ist. Die Behörde ist dann wegen des ihr zustehenden Ermessensspielraums grundsätzlich nicht verpflichtet, eine ganz bestimmte Entscheidung zu treffen. Da das Gericht nicht an Stelle der Behörde Ermessen ausüben darf, ist die Sache nicht spruchreif. Es kann deshalb nur ein sog. **Bescheidungsurteil** ergehen (vgl. § 113 Abs. 5 Satz 2 VwGO). Danach werden der Ausgangsbescheid und der Widerspruchsbescheid aufgehoben und der Beklagte verpflichtet, den Antrag des Klägers unter Beachtung der Rechtsauffassung des Gerichts neu zu bescheiden. Im Übrigen wird die Klage abgewiesen, da der Kläger nicht im vollen Umfang gewinnt.

BEISPIEL Der Erlass eines Verwaltungsaktes wird abgelehnt, weil die Verwaltung der Auffassung ist, die Voraussetzungen der Anspruchsgrundlage (Ermessensvorschrift) lägen nicht vor. Stellt das Gericht nun fest, dass die Voraussetzungen (= Tatbestand) doch gegeben sind, muss es die Sache an die zuständige Behörde zur Ausübung des Ermessens (= Rechtsfolge) zurückverweisen.

Etwas anderes ergibt sich dann, wenn das Ermessen auf Null reduziert ist, also nur eine einzige Entscheidung rechtmäßig ist. In diesem Fall ist die Behörde gebunden und die Klage in vollem Umfang zulässig und begründet.

Prüfungsschema Verpflichtungsklage

I. **Zulässigkeit**
   1. Verwaltungsrechtsweg
   2. Klageart
      - Auslegung des Klagebegehrens
      - Prüfung des § 35 VwVfG
   3. Klagebefugnis
   4. Vorverfahren
   5. Klagefrist
   6. Weitere klageartunabhängige Zulässigkeitsvoraussetzungen

II. **Begründetheit**
   Einstieg: § 113 Abs. 5 VwGO
   1. Anspruchsgrundlage
   2. Sachliche, örtliche und instanzielle Zuständigkeit der beklagten Behörde
   3. Voraussetzungen der Anspruchsgrundlage
   4. Rechtsfolge der Anspruchsgrundlage
      - gebundene Entscheidung (Sache ist spruchreif)
      - Ermessensentscheidung (Spruchreife fehlt)
      - Ermessensreduzierung auf Null (Sache ist spruchreif)
   5. Ergebnis

5. Allgemeine Leistungsklage

a) Grundsätzliches zur allgemeinen Leistungsklage

Eine ausdrückliche Regelung der allgemeinen Leistungsklage fehlt in der Verwaltungsgerichtsordnung. Sie ist mittlerweile allerdings gewohnheitsrechtlich anerkannt. In der Verwaltungsgerichtsordnung wird sie deshalb vorausgesetzt (vgl. § 43 Abs. 2, § 111, § 113 Abs. 4 VwGO).

Eine allgemeine Leistungsklage kann der Kläger erheben, wenn er vom Beklagten eine Leistung begehrt, die kein Verwaltungsakt ist. Ist dies dagegen der Fall, ist eine Verpflichtungsklage die richtige Klageart.

Mittels der Leistungsklage kann die Verurteilung zu einem Handeln, Dulden oder Unterlassen begehrt werden.

BEISPIELE

- A klagt auf Herausgabe seines von der Polizei sichergestellten Pkw.
- B klagt auf den Widerruf ihn beleidigender Äußerungen, die der Behördenleiter C in Ausübung seiner Tätigkeit vorgenommen hat.
- D klagt auf Zahlung eines Geldbetrages aufgrund eines öffentlichrechtlichen Erstattungsanspruchs.

Da kein Verwaltungsakt vorliegen muss, kann mittels der allgemeinen Leistungsklage auch eine Behörde gegen einen Bürger klagen.

BEISPIEL Eine Behörde klagt aus einem öffentlich-rechtlichen Vertrag gegen den Vertragspartner auf Erfüllung. Vertragspartner kann eine andere Behörde, aber auch ein Bürger sein.

b) Besondere Zulässigkeitsvoraussetzungen

aa) Klagebefugnis

Für die allgemeine Leistungsklage fehlt es an einer Regelung zur **Klagebefugnis**. Ganz überwiegend wird jedoch § 42 Abs. 2 VwGO analog angewendet, um Popularklagen auszuschließen.

bb) Vorverfahren

Ein **Vorverfahren** braucht nicht durchgeführt zu werden, weshalb auch eine **Klagefrist** nicht eingehalten werden muss. Klagen sind immer dann zulässig, wenn die anderen Zulässigkeitsvoraussetzungen vorliegen.

Von der Entbehrlichkeit eines Vorverfahrens gibt es verschiedene Ausnahmen. Die Wichtigste ist § 126 Abs. 3 BRRG. In beamtenrechtlichen Streitigkeiten ist immer ein Vorverfahren durchzuführen.

c) Aufbau der Begründetheitsprüfung

aa) Einstieg

Die Begründetheit wird ähnlich wie bei der Verpflichtungsklage geprüft. Eine Leistungsklage ist begründet, wenn der Kläger einen (Abwehr-, Leistungs- oder Unterlassungs-)Anspruch auf die begehrte Amtshandlung hat. Im Gegensatz zur Verpflichtungsklage handelt es sich bei dieser Amtshandlung allerdings nicht um einen Verwaltungsakt.

Die Anspruchsgrundlage kann sich aus gesetzlichen Vorschriften, aber auch aus außergesetzlich entwickelten Rechtsinstituten ergeben. Zu den letzteren zählen der Folgenbeseitigungsanspruch, der öffentlich-rechtliche Abwehr- bzw. Unterlassungsanspruch sowie der öffentlich-rechtliche Erstattungsanspruch.

bb) Prüfung der Anspruchsgrundlage

Es muss – wie bei der Verpflichtungsklage – die zuständige Behörde verklagt worden sein. Die Tatbestandsmerkmale der Anspruchsgrundlage müssen vorliegen. Besonderheiten ergeben sich hinsichtlich der Spruchreife bei Ermessensvorschriften.

Prüfungsschema allgemeine Leistungsklage

I. Zulässigkeit

1. Verwaltungsrechtsweg
2. Klageart
   - Auslegung des Klagebegehrens, sofern unklar
   - kein Verwaltungsakt gem. § 35 VwVfG
3. Klagebefugnis (§ 42 Abs. 2 VwGO analog)
4. Vorverfahren: nicht erforderlich (Ausnahme § 126 Abs. 3 BRRG)
5. Klagefrist: nicht erforderlich
6. Weitere klageartunabhängige Zulässigkeitsvoraussetzungen

II. Begründetheit

Einstieg: Anspruchsprüfung

1. Anspruchsgrundlage
2. Zuständigkeit der beklagten Behörde:
3. Voraussetzungen der Anspruchsgrundlage
4. Rechtsfolge der Anspruchsgrundlage
   - gebundene Entscheidung (Sache ist spruchreif)
   - Ermessensentscheidung (Spruchreife fehlt)
   - Ermessensreduzierung auf Null (Sache ist spruchreif)
5. Ergebnis
6. Feststellungsklage

6. Feststellungsklage

a) Grundsätzliches zur Feststellungsklage

Die Feststellungsklage wird von § 43 Abs. 1 VwGO erfasst. Danach kann die Feststellung des Bestehens oder Nichtbestehens eines Rechtsverhältnisses oder die Nichtigkeit eines Verwaltungsaktes begehrt werden, sofern der Kläger ein berechtigtes Interesse an der baldigen Feststellung hat. Unter einem Rechtsverhältnis versteht man eine rechtliche Beziehung, die sich aus einem bestimmten Sachverhalt aufgrund einer öffentlich-rechtlichen Regelung (Rechtsnorm oder Vertrag) für das Verhältnis mehrerer Personen zueinander oder einer Person zu einem Gegenstand ergibt.

BEISPIELE

- A möchte feststellen lassen, dass er die deutsche Staatsangehörigkeit besitzt.
- Der Beamte B wird kraft Gesetzes gem. § 31 BBG entlassen. Er klagt mit dem Ziel, feststellen zu lassen, dass er weiterhin Beamter ist.
- C begehrt die Feststellung, dass die gegen ihn ergangene Abrissverfügung nichtig ist, da die erlassende Behörde örtlich nicht zuständig war.

b) Besondere Zulässigkeitsvoraussetzungen

aa) Feststellungsinteresse

Nach § 43 Abs. 1 VwGO muss der Kläger ein berechtigtes Interesse an der baldigen Feststellung haben. Ausreichend ist jedes nach der Sachlage anzuerkennende Interesse rechtlicher, wirtschaftlicher oder ideeller Art. Ein Interesse an baldiger Feststellung ist zu bejahen, wenn eine Gefährdung der Rechtsstellung des Klägers droht.

Um auch in den Fällen der Feststellungsklage eine Popularklage auszuschließen, wird von der h. M. die Vorschrift des § 42 Abs. 2 VwGO (**Klagebefugnis**) analog angewendet.

bb) Subsidiarität der Feststellungsklage

Sofern der Kläger seine Rechte durch Anfechtungsklage, Verpflichtungsklage oder allgemeine Leistungsklage verfolgen kann, ist eine Feststellungsklage gem. § 43 Abs. 2 VwGO nicht zulässig.

cc) Vorverfahren

Ein **Vorverfahren** braucht nicht durchgeführt zu werden. Aus diesem Grunde kann es auch auf eine **Klagefrist** nicht ankommen.

c) Aufbau der Begründetheitsprüfung

aa) Einstieg

Die Feststellungsklage ist begründet, wenn ein Rechtsverhältnis besteht oder nicht besteht (vgl. § 43 Abs. 1 1. Alt. VwGO). Sie ist im Falle der sog. Nichtigkeitsfeststellungsklage darüber hinaus erfolgreich, wenn der Verwaltungsakt nichtig ist (vgl. § 43 Abs. 1 2. Alt. VwGO).

bb) Feststellung der Nichtigkeit eines Verwaltungsaktes

In diesem Fall erschöpft sich die Begründetheit in der Überprüfung des § 44 VwVfG. Liegen die dort genannten Tatbestandsmerkmale vor, muss das Gericht feststellen, dass der Verwaltungsakt nichtig ist.

BEACHTE

Es ist zunächst der sog. Positivkatalog des § 44 Abs. 2 VwVfG zu prüfen. Liegen dessen Voraussetzungen nicht vor, ist festzustellen, ob einer der Fälle des sog. Negativkatalogs in § 44 Abs. 3 VwVfG vorliegt. Nur wenn dies verneint wird, ist § 44 Abs. 1 VwVfG zu prüfen.

cc) Feststellung eines Rechtsverhältnisses

In diesem Fall müssen die für das Rechtsverhältnis entscheidenden Normen geprüft werden. Sofern Anlass dazu besteht, muss die Norm auf ihre Gültigkeit hin überprüft werden.

BEISPIEL Ist A im Gegensatz zur Verwaltung der Auffassung, für eine bestimmte Tätigkeit keiner Erlaubnis zu bedürfen, kann er Feststellungsklage nach § 43 Abs. 1 1. Alt. VwGO erheben. Die Klage ist begründet, wenn für die Tätigkeit keine Erlaubnis erforderlich ist.

Prüfungsschema Feststellungsklage

I. **Zulässigkeit**
   1. Verwaltungsrechtsweg
   2. Klageart
      - ► Auslegung des Klagebegehrens
   3. Feststellungsinteresse und Klagebefugnis (§ 42 Abs. 2 VwGO analog)
   4. Subsidiarität der Feststellungsklage (§ 43 Abs. 2 VwGO)
   5. Vorverfahren: nicht erforderlich
   6. Klagefrist: nicht erforderlich
   7. Weitere klageartunabhängige Zulässigkeitsvoraussetzungen

II. **Begründetheit**
   1. Prüfung des Bestehens oder Nichtbestehens eines Rechtsverhältnisses oder
   2. Prüfung der Nichtigkeit eines Verwaltungsaktes (§ 44 VwVfG)
   3. Ergebnis

7. Weitere Klagearten

a) Fortsetzungsfeststellungsklage

Hat sich ein (belastender) Verwaltungsakt vor Erlass eines Urteils erledigt, kann das Gericht gem. § 113 Abs. 1 Satz 4 VwGO entscheiden, dass der (erledigte) Verwaltungsakt rechtswidrig gewesen ist (sog. Fortsetzungsfeststellungsklage). Der Kläger muss an dieser Feststellung allerdings ein berechtigtes Interesse haben.

BEISPIEL ► Ein solches Feststellungsinteresse liegt vor, wenn die Gefahr besteht, dass die Verwaltung den erledigten Verwaltungsakt ein weiteres Mal erlassen wird (Wiederholungsgefahr).

b) Abstrakte Normenkontrolle

Mit der Normenkontrolle kann die Nichtigkeit einer Rechtsnorm wegen Verstoßes gegen höherrangiges Recht gerügt werden. Sie kommt als verwaltungsrechtliche Streitigkeit nur in den wenigen, in § 47 Abs. 1 VwGO genannten Fällen in Betracht. Häufigster Fall ist die Klage gegen einen Bebauungsplan nach § 47 Abs. 1 Nr. 1 VwGO.

Zusammenfassendes Aufbauschema zur Zulässigkeit der Klagearten

1. **Verwaltungsrechtsweg**
   - ► Spezialvorschrift (z. B. § 126 Abs. 1 BRRG)
   - ► § 40 Abs. 1 Satz 1 VwGO
     - – öffentlich-rechtliche Streitigkeit
     - – nichtverfassungsrechtliche Streitigkeit
     - – keine anderweitige Zuweisung
2. **Klageart**
   - ► Auslegung des Klagebegehrens, danach entscheiden, ob
   - ► Anfechtungsklage (§ 42 Abs. 1 VwGO)
   - ► Verpflichtungsklage (§ 42 Abs. 1 VwGO)
   - ► Allgemeine Leistungsklage
   - ► Feststellungsklage (§ 43 VwGO)
   - ► Normenkontrolle (§ 47 VwGO)
   - ► Fortsetzungsfeststellungsklage (§ 113 Abs. 1 Satz 4 VwGO)
3. **Klagebefugnis (bzw. Feststellungsinteresse)**
   - ► § 42 Abs. 2 VwGO bei Anfechtungsklage und Verpflichtungsklage
   - ► § 42 Abs. 2 VwGO analog bei allgemeiner Leistungsklage
   - ► Feststellungsinteresse nach § 43 Abs. 1 VwGO und § 42 Abs. 2 VwGO analog (h. M.) bei Feststellungsklage
   - ► Antragsbefugnis innerhalb von zwei Jahren nach Bekanntmachung der Rechtsvorschrift gem. § 47 Abs. 2 VwGO bei Normenkontrolle
4. **Vorverfahren**
   - ► § 68 Abs. 1 bei der Anfechtungsklage
   - ► § 68 Abs. 2, 1 VwGO bei der Verpflichtungsklage
   - ► Bei den anderen Klagearten nicht erforderlich; Ausnahme gem. § 126 Abs. 3 BRRG in beamtenrechtlichen Streitigkeiten
5. **Klagefrist**
   - ► § 74 Abs. 1 VwGO bei Anfechtungsklage ein Monat
   - ► § 74 Abs. 2, 1 VwGO bei Verpflichtungsklage ein Monat
   - ► Bei fehlerhafter Rechtsbehelfsbelehrung: jeweils ein Jahr (§ 58 Abs. 2 VwGO)
   - ► Bei den anderen Klagearten nicht erforderlich; Ausnahme in beamtenrechtlichen Streitigkeiten
6. **Weitere klageartunabhängige Zulässigkeitsvoraussetzungen u. a.**
   - ► Ordnungsgemäße Klageerhebung (§ 81 VwGO)
   - ► Zuständigkeit des Gerichts (§§ 45 bis 54 VwGO)
   - ► Richtiger Klagegegner (§ 78 bei Anfechtungs- und Verpflichtungsklage)
   - ► Beteiligtenfähigkeit (§ 61 VwGO)
   - ► Prozessfähigkeit (§ 62 VwGO)
   - ► Richtige Vertretung (§ 67 VwGO)

III. Vorläufiger (gerichtlicher) Rechtsschutz

1. Antrag auf Anordnung bzw. Wiederherstellung der aufschiebenden Wirkung nach § 80 Abs. 5 VwGO

Manchmal ist es erforderlich, dass der Bürger besonders schnell Rechtsschutz erhält. Dies ist etwa der Fall, wenn er seine Rechte durch die Einreichung einer Klage wegen Zeitablaufs verlieren würde. Zwar haben gegen belastende Verwaltungsakte gerichtete Widersprüche und Anfechtungsklagen nach § 80 Abs. 1 VwGO aufschiebende Wirkung; die belastenden Wirkungen eines Verwaltungsaktes treten also grundsätzlich erst nach Beendigung des gerichtlichen Verfahrens ein. Von diesem Grundsatz gibt es jedoch eine Reihe von Ausnahmen, die den einstweiligen Rechtsschutz erforderlich machen.

Gem. § 80 Abs. 2 VwGO entfällt die aufschiebende Wirkung in folgenden Fällen:

- Bei der Anforderung von öffentlichen Abgaben oder Kosten (Nr. 1);
- bei unaufschiebbaren Anordnungen und Maßnahmen von Polizeivollzugsbehörden (Nr. 2);
- in anderen durch Bundesgesetz oder Landesgesetz vorgeschriebenen Fällen (Nr. 3);
- in den Fällen, in denen die sofortige Vollziehung im öffentlichen Interesse oder im überwiegenden Interesse eines Beteiligten von der Behörde ausdrücklich angeordnet wird (Nr. 4).

Entfällt die aufschiebende Wirkung, kann der Betroffene versuchen, einen drohenden Rechtsverlust durch einen Antrag nach § 80 Abs. 5 VwGO zu verhindern. Gibt das Gericht dem Antrag statt, wird die aufschiebende Wirkung ganz oder teilweise angeordnet (Nr. 1 bis 3) oder wiederhergestellt (Nr. 4).

BEISPIEL A betreibt eine Gaststätte. Am 2. 5. widerruft die zuständige Behörde die Gaststättenerlaubnis, da A unzuverlässig sei. Zugleich ordnet sie die sofortige Vollziehung der Verfügung gem. § 80 Abs. 2 Nr. 4 VwGO an.

Durch die Anordnung der sofortigen Vollziehbarkeit hätte ein (Anfechtungs-)Widerspruch des A keine aufschiebende Wirkung mehr. A müsste trotzdem sofort den weiteren Betrieb der Gaststätte einstellen. Würde A jetzt gezwungen sein, das Ergebnis des Vorverfahrens und einer späteren Klage abzuwarten, könnte er auch im Falle des Obsiegens unter Umständen erst in einigen Jahren die Gaststätte wieder eröffnen. Wegen der bis dahin entstehenden Kosten, des Fehlens von Einnahmen und des Verlustes seiner Stammgäste könnte dies zu seinem Konkurs führen.

Aus diesem Grund sollte A einen Antrag nach § 80 Abs. 5 VwGO auf Wiederherstellung der aufschiebenden Wirkung stellen.

Der Antrag nach § 80 Abs. 5 VwGO ist begründet, wenn die Vollziehungsanordnung (Nr. 4) aus formellen Gründen rechtswidrig war.

BEISPIELE

- Es fehlt an einer schriftlichen Begründung der Vollziehungsanordnung nach § 80 Abs. 3 VwGO.
- Der Beteiligte wird vor Erlass der Vollziehungsanordnung nicht gem. § 28 VwVfG analog angehört (str.).

Die Vollziehungsanordnung ist des Weiteren materiell rechtswidrig, wenn bei Abwägung aller Umstände davon auszugehen ist, dass das Interesse des Betroffenen am einstweiligen Nichtvollzug gegenüber dem öffentlichen Interesse an der Vollziehung vorrangig ist (Nr. 1 bis 4).

Wendet sich ein Dritter mittels Rechtsbehelfs gegen einen Verwaltungsakt, der an einen anderen gerichtet ist und diesen begünstigt, regeln sich seine Rechte auf einstweiligen Rechtsschutz nach § 80a VwGO.

BEISPIEL Dem Nachbarn des A wird eine Baugenehmigung erteilt. Ein Antrag nach § 80 Abs. 5 VwGO ist nicht möglich, weil sich die Baugenehmigung nicht an A richtet. A muss vielmehr einen Antrag auf Aussetzung der Vollziehung nach § 80a Abs. 1 Nr. 2 VwGO stellen.

Das Sechste Gesetz zur Änderung der VwGO vom 1. 11. 1996 hat das Ende der aufschiebenden Wirkung durch § 80b VwGO neu geregelt. Danach endet die aufschiebende Wirkung des Widerspruchs und der Anfechtungsklage mit der Unanfechtbarkeit oder, wenn die Anfechtungsklage im ersten Rechtszug abgewiesen worden ist, drei Monate nach Ablauf der gesetzlichen Begründungsfrist des gegen die abweisende Entscheidung gegebenen Rechtsmittels. Allerdings kann das Oberverwaltungsgericht auf Antrag anordnen, dass die aufschiebende Wirkung andauert (§ 80b Abs. 2 VwGO).

2. Einstweilige Anordnung nach § 123 VwGO

Der vorläufige Rechtsschutz nach den §§ 80 und 80a VwGO setzt voraus, dass in der Hauptsache Anfechtungsklage erhoben werden müsste. In allen anderen Fällen kommt eine einstweilige Anordnung nach § 123 VwGO in Betracht (vgl. § 123 Abs. 5 VwGO). Diese kann das Gericht erlassen, wenn die Gefahr besteht, dass durch eine Veränderung des bestehenden Zustands die Verwirklichung eines Rechts des Antragstellers vereitelt oder wesentlich erschwert werden könnte (§ 123 Abs. 1 VwGO).

BEISPIEL A beantragt vergeblich beim Sozialamt Hilfe zum Lebensunterhalt. Da das Hauptsacheverfahren sehr lange dauern würde, kann A, um zumindest seinen Lebensunterhalt für die Dauer des Verfahrens zu sichern, einen Antrag auf Erlass einer einstweiligen Anordnung nach § 123 VwGO stellen.

IV. Abschlussfall – Ausnahmegenehmigung nach § 46 Abs. 1 StVO

FALL

Der folgende Fall soll eine erste klausurmäßige Anwendung des vorgestellten Stoffes ermöglichen. Er richtet sich vornehmlich an den Anfänger, der über wenig Klausurerfahrung verfügt. Um ihm das Verstehen der Musterlösung so einfach wie möglich zu machen, wurde jeder Lösungsteil ausführlich begründet. Damit soll der Einstieg in die ersten Falllösungen, die erfahrungsgemäß besondere Schwierigkeiten bereiten, erleichtert werden. Derartige Schwierigkeiten liegen regelmäßig nicht allein im materiellen Recht, sondern sind in der praktischen Anwendung des gelernten Stoffes zu finden. Diese Lücke versucht der Autor auf die vorliegende Weise zu schließen. Selbst einfachste Fragen, deren Beantwortung man allgemein für selbstverständlich hält, werden berücksichtigt. Denn erst mit der wiederholten Anwendung wird Einfaches zum Selbstverständlichen.

Der eingerahmte Teil stellt im Folgenden die Musterlösung dar. Die Erläuterungen, die unmittelbar folgen, sind nicht gerahmt. Sie sind nicht Bestandteil der Lösung. Kenntnisse der juristischen

Subsumtionstechnik werden vorausgesetzt. Insoweit wird auf die einschlägige Literatur verwiesen.

Sachverhalt

Margot Letz ist seit einigen Jahren erfolgreiche Inhaberin einer Spedition. Ein Teil der von ihr beförderten Waren wird nach Weißrussland exportiert bzw. von dort importiert. Bei den Importen setzt Frau Letz russische Fahrer ein. Letztere erreichen mit ihren Lkw nahezu täglich das Firmengelände. Dies geschieht auch an Wochenenden und Feiertagen, wenn sich niemand in der Firma befindet.

Um die Fahrer nicht tagelang vor verschlossenen Toren warten zu lassen, weist Frau Letz sie an, die geladenen Container am Straßenrand vor der Spedition abzustellen, die Papiere in einen Briefkasten zu werfen und mit den Lkw wieder zurückzufahren. Sofern beabsichtigt ist, Ladung nach Weißrussland mitzunehmen, sollen die Lkw am Straßenrand geparkt werden und die Fahrer in einer nahe gelegenen Pension übernachten.

In der Folgezeit kommt es unter den in der Nähe der Spedition wohnenden Bürgern zu Verärgerung. Nahezu jedes Wochenende werden ihnen die wenigen freien Parkplätze genommen. Besondere Schwierigkeiten ergeben sich, wenn Container abgestellt werden. Den Fahrern gelingt es in der engen Straße zwar, die Container sauber am Straßenrand zu platzieren. Die Straße ist dann dennoch nur in einen Fahrtrichtung passierbar.

Frau Letz möchte die Angelegenheit klären. Sie beantragt mit Schreiben vom 28. 1. 20xx bei der zuständigen Behörde eine Genehmigung, sowohl ihre Lkw als auch die Container am Straßenrand parken zu dürfen. Sie ist der Meinung, es könne nicht von ihr erwartet werden, die Spedition auch am Wochenende zu besetzen. Dies würde unnötige Kosten verursachen. Im Übrigen habe ein Konkurrent von ihr einen ähnlichen Antrag gestellt, der demnächst bewilligt werden würde.

Am 19. 6. 20xx hat die zuständige Behörde – ohne Angabe von Gründen – immer noch keine Entscheidung getroffen. Letz will die Sache nun endlich geklärt wissen. Sie ist der Auffassung, auch ohne Vorverfahren Klage erheben zu können. Darüber hinaus hält sie es für möglich, dass für Lkw im Gegensatz zu den Containern eine Erlaubnis nicht erforderlich sei.

Wäre eine Klage am 19. 6. 20xx zulässig und begründet?

Hinweis: Auf die landesrechtlichen Vorschriften zum Straßenrecht ist nicht einzugehen.

Auszug aus der Straßenverkehrsordnung

Ausnahmegenehmigung und Erlaubnis

§ 46 Abs. 1: [1]Die Straßenverkehrsbehörden können in bestimmten Einzelfällen oder allgemein für bestimmte Antragsteller Ausnahmen genehmigen

1. . . .

8. vom Verbot, Hindernisse auf die Straße zu bringen (§ 32 Abs. 1);

9. . . .

Verkehrshindernisse

§ 32 Abs. 1: [1]Es ist verboten, die Straße zu beschmutzen oder zu benetzen oder Gegenstände auf Straßen zu bringen oder dort liegen zu lassen, wenn dadurch der Verkehr gefährdet oder erschwert werden kann.

Lösung

Die Klage hat Aussicht auf Erfolg, wenn sie zulässig und begründet ist.

- Mit diesem **Obersatz** beginnt jede Klausur, sofern Zulässigkeit und Begründetheit zu prüfen sind.

A. Zulässigkeit

- Es ist immer mit der Zulässigkeit einer Klage zu beginnen.
- Die **Überschriften** sollten sich auch im Klausurtext in zumindest ähnlicher Form wieder finden. Sie erleichtern dem Korrektor die Arbeit und sorgen darüber hinaus dafür, dass der Bearbeiter die "Übersicht nicht verliert".

I. Rechtsweg

- Die Prüfungsreihenfolge der Zulässigkeit sollte in der vorliegenden Form und Reihenfolge erfolgen.

Mangels Sonderzuweisungen könnte der Verwaltungsrechtsweg nach § 40 Abs. 1 Satz 1 VwGO eröffnet sein.

- An dieser Stelle ist ausnahmsweise der Urteilsstil zulässig, da es sich um eine Selbstverständlichkeit handelt.
- **Wichtig:** Wenn die Voraussetzungen einer Spezialzuweisung vorliegen, ist auf die allgemeine Vorschrift des § 40 Abs. 1 VwGO mit keinem Wort mehr einzugehen.

1. Dann müsste es sich um eine öffentlich-rechtliche Streitigkeit handeln.

- Dies ist der Obersatz für die Subsumtion des § 40 Abs. 1 Satz 1 VwGO. Er benennt zunächst die zu prüfende(n) Voraussetzung(en). Dabei ist es sinnvoll, nicht alle Voraussetzungen einer Vorschrift vollständig aufzuzählen, die Norm also abzuschreiben. Es sollte aus Gründen der Verständlichkeit stattdessen grundsätzlich jede Voraussetzung einzeln geprüft werden.
- Da das Ergebnis noch nicht feststeht, vielmehr nur die Voraussetzungen genannt werden, muss die Fragestellung im Konjunktiv erfolgen. Man kann aber auch folgendermaßen formulieren: „Voraussetzung ist, dass es sich um eine öffentlich-rechtliche Streitigkeit handelt."

Dies ist der Fall, wenn der Streitgegenstand nach Maßgabe des öffentlichen Rechts zu beurteilen ist. Öffentliches Recht ist nach der modifizierten Subjektstheorie dann gegeben, wenn die streitentscheidenden Vorschriften nicht jedermann berechtigen oder verpflichten, sondern nur den Staat oder einen anderen Träger der hoheitlichen Gewalt. Dabei genügt es, wenn einer derjenigen, die aus einem Rechtssatz Rechte und Pflichten entnehmen, stets ein Hoheitsträger ist.

- Es gibt noch weitere Theorien zu dieser Frage (z. B. Subordinationstheorie, Interessentheorie). Auf diese Ansichten braucht jedoch nicht eingegangen zu werden, da die modifizierte Subjektstheorie zu einem eindeutigen Ergebnis führt.
- **Andere (inhaltsgleiche) Formulierung**: Es handelt sich nach der Sonderrechtstheorie um eine öffentlichrechtliche Streitigkeit, wenn die zugrunde liegenden Rechtsnormen auf der einen Seite ausschließlich Träger hoheitlicher Gewalt berechtigen oder verpflichten.

Die von Frau Letz begehrte Ausnahme könnte sich auf § 46 Abs. 1 StVO stützen. Die Vorschrift berechtigt allein einen Träger hoheitlicher Gewalt zu einer solchen Maßnahme und gehört deshalb zum öffentlichen Recht.

- Nachdem (im juristischen Subsumtionsstil) zunächst die modifizierte Subjektstheorie definiert wurde, erfolgt jetzt die Anwendung auf den Sachverhalt. Wichtig ist, dass die Vorschriften, nach denen der Streit zu entscheiden ist, **konkret benannt** werden.
- Es sind dies die Normen, die später in der Begründetheit genauer geprüft werden müssen.
- **Häufiger Klausurfehler**: Es kommt nicht darauf an, ob der Bürgermeister Träger hoheitlicher Gewalt ist. Entscheidend ist allein, ob die streitentscheidenden Normen dem öffentlichen Recht zuzuordnen sind.
- Am Ende der Subsumtion muss das Ergebnis (im Indikativ) festgestellt werden.

2. Verfassungsrechtlich ist ein Rechtsstreit nur dann,

- Es wird die zweite Voraussetzung des § 40 Abs. 1 Satz 1 VwGO genannt und anschließend subsumiert.

Wenn zum einen beide an der Streitigkeit beteiligten Parteien Verfassungsorgane sind und wenn sie zum anderen über ihre unmittelbar in der (Bundes- oder Landes-)Verfassung geregelten Rechte streiten.

- Es wird definiert, was eine verfassungsrechtliche Streitigkeit ist.

Die Parteien sind keine Verfassungsorgane. Somit liegt eine nichtverfassungsrechtliche Streitigkeit vor.

- Sachverhalt und Definition werden miteinander verglichen und das Ergebnis festgehalten.

3. Eine Zuweisung an ein anderes Gericht fehlt. Damit ist der Verwaltungsrechtsweg eröffnet.

- Geprüft wird die letzte Voraussetzung des § 40 Abs. 1 Satz 1 VwGO. Da es sich hier um eine Selbstverständlichkeit handelt, kann der Urteilsstil verwendet werden.
- Würde eine Zuweisung an ein anderes Gericht (z. B. ein Zivilgericht) vorliegen, wären die Verwaltungsgerichte nicht mehr zuständig. Die Klage wäre unzulässig. In einer verwaltungsrechtlichen Klausur müsste ein **Hilfsgutachten** zur Begründetheit gefertigt werden.
- Das Ergebnis der Prüfung des § 40 Abs. 1 Satz 1 VwGO wird festgehalten.

II. Klageart

- Es muss nun geprüft werden, welche der zur Verfügung stehenden Klagearten der Kläger wählen muss.

1. Die richtige Klageart richtet sich nach dem, was die Klägerin erreichen will. Entscheidend ist ihr Klagebegehren.

- Der Bearbeiter muss sich überlegen, was mit der Klage bezweckt wird. Wäre die Aufhebung einer vorher ergangenen Behördenentscheidung gewollt, könnte es sich um eine Anfechtungsklage handeln. Ist ein Kläger aber zuvor selbst tätig geworden, z. B. indem er einen Antrag gestellt hat, kommt zumeist die Verpflichtungsklage in Betracht, wenn die begehrte Maßnahme einen Verwaltungsakt darstellt.

► **Häufiger Klausurfehler**: Die Ablehnung eines vom Kläger gestellten Antrags ist eine Behördenentscheidung, sodass an eine Anfechtung dieser Entscheidung gedacht werden könnte. Die bloße Aufhebung der Entscheidung mittels einer Anfechtungsklage hilft dem Kläger aber nicht weiter. Eine Bewilligung hat er damit noch nicht erreicht. Da sein Ziel aber eine solche Bewilligung ist, ist die Verpflichtungsklage die richtige Klageart, sofern deren Voraussetzungen gegeben sind.

Frau Letz möchte eine Ausnahmegenehmigung erhalten. Es kommt also eine Verpflichtungsklage in Betracht, wenn die begehrte Genehmigung einen Verwaltungsakt nach § 35 Satz 1 VwVfG darstellt.

► Im Folgenden sind nun sämtliche Voraussetzungen des § 35 Satz 1 VwVfG zu prüfen.

► **Häufiger Klausurfehler**: Es ist zu prüfen, ob die begehrte Verwaltungshandlung (hier die Erlaubniserteilung) einen Verwaltungsakt darstellt. Auf keinen Fall darf die Ablehnung auf ihre Verwaltungsaktseigenschaft hin geprüft werden.

2. Die Erteilung einer Genehmigung ist ein Handeln mit Erklärungswert, also eine Maßnahme.

► Es wird die Voraussetzung „Maßnahme" des § 35 Satz 1 VwVfG im Urteilsstil geprüft, da es sich um eine Selbstverständlichkeit handelt.

3. Aus dem Sachverhalt ergibt sich, dass eine Behörde i. S. des § 1 Abs. 4 VwVfG gehandelt hat.

4. Es handelt sich um öffentliches Recht (siehe § 29 I.1.).

► Da die Frage, ob es sich um öffentliches Recht handelt, bereits beantwortet wurde, ist es erlaubt, hierauf zu verweisen.

5. Die begehrte Genehmigung muss eine Regelung sein. Es muss nach dem Willen der Behörde einseitig und verbindlich eine unmittelbare Rechtswirkung erzeugt werden.

► Es gibt verschiedene Definitionen des Begriffs „Regelung". Sie führen i. d. R. zu den gleichen Ergebnissen.

► **Andere Definition**: Eine Regelung ist die einseitige und unmittelbare Herbeiführung einer Rechtsfolge durch eine Behörde. Rechtsfolgen verändern Rechte oder Pflichten.

Hier würde Frau Letz das Aufstellen ihrer Lkw und Container durch die Behörde erlaubt und damit einseitig und verbindlich eine Rechtswirkung erzeugt. Es handelt sich deshalb um eine Regelung.

6. Es muss ein Einzelfall vorliegen, d. h. es muss sich um eine konkret individuelle Maßnahme handeln, mit der ein Sachverhalt für eine Person geregelt wird.

   Da zugunsten einer Person, nämlich Letz, für den Bereich einer Straße eine Regelung getroffen wird, handelt es sich um einen Einzelfall.

► Die Regelung stellt einen Dauerverwaltungsakt dar, da sie sich nicht in einer einmaligen Befolgung erschöpft.

7. Außenwirkung liegt vor, wenn die Maßnahme eine außerhalb der handelnden Verwaltung stehende Person betrifft.

   Frau Letz ist nicht Teil der zuständigen Behörde. Außenwirkung ist somit gegeben.

8. Es handelt sich somit bei der begehrten Ausnahmegenehmigung um einen Verwaltungsakt. Die Verpflichtungsklage ist die richtige Klageart.

► Wieder wird das Ergebnis – diesmal der Prüfung des § 35 Satz 1 VwVfG und des § 42 Abs. 1 VwGO – festgestellt.

III. Klagebefugnis

Gem. § 42 Abs. 2 VwGO müsste Frau Letz geltend machen, durch die Ablehnung des begehrten Verwaltungsaktes in ihren Rechten verletzt zu sein. Dabei reicht es aus, wenn die Möglichkeit einer Verletzung von Rechten der Klägerin besteht (sog. Möglichkeitstheorie).

Bei einer Verpflichtungsklage ist eine Rechtsverletzung dann möglich, wenn der Kläger bzw. die Klägerin einen Anspruch auf den Erlass des begehrten Verwaltungsaktes haben könnte.

► Im Fall einer Verpflichtungsklage sollten Sie die Vorschriften nennen, die dem Kläger – seiner Auffassung nach – das Recht geben, die begehrte Verwaltungshandlung zu erhalten. In ganz seltenen Fällen, nämlich dann, wenn sich der Kläger auf Vorschriften beruft, die unter keinem Gesichtspunkt einen Anspruch ergeben könnten, ist die Klagebefugnis zu verneinen.

► **Häufiger Anfängerfehler**: Es wird die Adressatentheorie angewendet.

Hier könnte sich ein Anspruch auf Erteilung der Ausnahmegenehmigung aus § 46 Abs. 1, § 32 Abs. 1 StVO ergeben.

Frau Letz ist klagebefugt.

IV. Vorverfahren

Gem. § 68 Abs. 1 Satz 1 und 2 VwGO müsste ein Widerspruchsverfahren durchgeführt worden sein (siehe aber § 29 I.2.a). Dies ist nicht der Fall, da die Behörde bis zum 19. 6. 20xx noch nicht über den Antrag entschieden hat.

► **Häufiger Klausurfehler:** Oft wird nur Abs. 1 von § 68 VwGO zitiert. Da es sich aber um eine Verpflichtungsklage handelt, müssen § 68 Abs. 2 und 1 VwGO angegeben werden.

► Es muss zunächst festgestellt werden, dass die Voraussetzungen des § 68 VwGO nicht vorliegen.

Ein Vorverfahren wäre allerdings entbehrlich, wenn die Voraussetzungen des § 75 VwGO vorliegen würden. Danach ist eine Klage abweichend von § 68 VwGO zulässig, wenn über einen Antrag auf Vornahme eines Verwaltungsaktes in angemessener Frist sachlich nicht entschieden worden ist.

Frau Letz hat einen Antrag auf Ausnahmegenehmigung gestellt, über den noch nicht entschieden wurde. Da im Sachverhalt kein Grund für das Ausbleiben der Entscheidung angegeben wurde, kann davon ausgegangen werden, dass ein zureichender Grund nicht vorliegt.

Weiterhin muss seit Einreichen des Antrags eine angemessene Frist verstrichen sein. § 75 Satz 2 VwGO konkretisiert die Angemessenheit der Frist dahingehend, dass die Klage jedenfalls nicht vor Ablauf von drei Monaten seit dem Antrag auf Vornahme des Verwaltungsakts erhoben werden kann.

Seit dem 28. 1. 20xx sind mehr als vier Monate verstrichen. Damit wurde die Frist von drei Monaten eingehalten. Die Klage kann ohne die Durchführung eines Vorverfahrens erhoben werden.

► **Häufiger Klausurfehler**: Oft wird die Drei-Monats-Frist im Zusammenhang mit der Klagefrist erörtert. Es handelt sich aber nicht um eine Klagefrist, nach deren Ablauf die Klage unzulässig wäre. Vielmehr müssen (umgekehrt) drei Monate abgewartet werden, bevor eine Klage eingereicht werden kann.

V. Klagefrist

Da die Klage ohne Vorverfahren erhoben werden kann und die Zustellung eines Widerspruchsbescheides, wie sie § 74 Abs. 1 VwGO für die Klagefristberechnung voraussetzt, gerade nicht erfolgt ist, braucht eine Klagefrist nicht beachtet zu werden.

VI. Weitere Zulässigkeitsvoraussetzungen

Hinsichtlich der weiteren Zulässigkeitsvoraussetzungen bestehen keine Bedenken.

Die Verpflichtungsklage ist somit zulässig.

B. Begründetheit

Die Klage ist nach § 113 Abs. 5 Satz 1 VwGO begründet, wenn die Klägerin einen Anspruch auf den begehrten Verwaltungsakt hat.

► Dies ist der Einstiegssatz für Verpflichtungsklagen und gehört zwingend an den Anfang einer jeden Begründetheitsprüfung.

► Es handelt sich hier um den sog. **Anspruchsaufbau**, bei dem nach der Anspruchsgrundlage gefragt wird. Darüber hinaus gibt es den sog. **Ablehnungsaufbau**, der sich zwar genauer an den Gesetzestext hält, allerdings im Regelfall komplizierter zu handhaben ist.

1. Anspruchsgrundlage

Es kommt § 46 Abs. 1 Nr. 8 StVO i.V. mit § 32 Abs. 1 StVO in Betracht.

► An dieser Stelle **müssen** die Vorschriften genannt werden, aus denen sich das vom Kläger begehrte Recht ergeben könnte. Es darf allerdings noch nicht mit der Subsumtion dieser Vorschriften begonnen werden.

2. Formelle Rechtmäßigkeit

Es handelt sich laut Sachverhalt um die sachlich, örtlich und instanziell zuständige Behörde.

► Da der Sachverhalt von „zuständiger Behörde" spricht, kann die formelle Rechtmäßigkeit auf diese Weise abgehandelt werden.

► **Häufiger Klausurfehler**: Bei einer Verpflichtungsklage geht es um den Erlass eines (zukünftigen) Verwaltungsakts. Aus diesem Grund können Verfahrens- oder Formfehler noch nicht eingetreten sein. Die Prüfung reduziert sich somit auf die Frage, ob die beklagte Behörde zuständig ist.

► Dieser Prüfungspunkt wird häufig als Passivlegitimation bezeichnet. Es muss dann nach § 78 Abs. 1 VwGO geprüft werden, ob sich die Klage an den richtigen Klagegegner richtet. Dies kann unter den Voraussetzungen des § 78 Abs. 1 Nr. 2 VwGO, § 5 AGVwGO die Behörde sein, die den beantragten Verwaltungsakt unterlassen hat. Beide Auffassungen kommen somit zu demselben Ergebnis.

3. Materielle Rechtmäßigkeit

a) Aufstellen der Container

► **Wichtig**: Unterscheiden Sie deutlich zwischen dem Aufstellen der Container und dem Parken der Lkw.

Es müssen die Voraussetzungen des § 46 Abs. 1 StVO vorliegen.

► Auf die Subsumtion der Merkmale der Anspruchsgrundlage sollten Sie großen Wert legen. Prüfen Sie möglichst jedes Tatbestandsmerkmal einzeln. Nur wenn es sich um Selbstverständlichkeiten handelt oder aus Verständnisgründen erforderlich ist, sollten Sie mehrere Tatbestandsmerkmale gemeinsam prüfen. Erfahrungsgemäß führt dies aber dazu, dass der Bearbeiter die Übersicht verliert, den Gutachtenstil nicht mehr einhält und zu allgemeinen Erörterungen in Aufsatzform übergeht. Das aber sollten Sie unbedingt vermeiden.

► **Hinweis**: Neben der StVO gelten in den Bundesländern Straßengesetze, die ebenfalls Rechtsgrundlagen für eine Genehmigung (sog. Sondernutzungsgenehmigung) enthalten und deshalb ebenfalls zur Anwendung kommen könnten. In den meisten Fällen stellen die Landesgesetze aber die zuständigen Behörden von einer landesrechtlichen Genehmigung frei, wenn die StVO entsprechende Vorschriften enthält. Zu einem Nebeneinander straßen- und straßenverkehrsrechtlicher Normen kommt es dann nicht. Es ist allein – wie im vorliegenden Fall geschehen – die StVO anzuwenden.

aa) Fraglich ist, ob es sich hier um einen konkreten Einzelfall oder um eine allgemeine Ausnahmegenehmigung für bestimmte Antragsteller handelt. Letz begehrt die Genehmigung nicht nur für einen einzigen Fall. Vielmehr möchte sie für einen unbestimmten Zeitraum in der Straße parken dürfen.

Es handelt sich daher nicht um einen Einzelfall i. S. des § 46 Abs. 1 StVO, sondern um eine allgemeine Ausnahme für eine bestimmte Antragstellerin in Form eines Dauerverwaltungsaktes.

► Die Terminologie der StVO unterscheidet sich vom üblichen Begriffsverständnis eines Einzelfalls, wie er im Zusammenhang mit der Definition eines Verwaltungsaktes verwendet wird. Ein Einzelfall i. S. des § 46 Abs. 1 StVO wäre eine Ausnahmegenehmigung für einen bestimmten Tag.

bb) Weiterhin muss das Verbot des § 32 Abs. 1 StVO, Hindernisse auf die Straße zu bringen, betroffen sein. Nach dieser Vorschrift dürfen keine Gegenstände auf die Straßen gebracht werden, wenn dadurch der Verkehr gefährdet oder erschwert wird.

Geprüft werden muss daher, ob die Container Gegenstände i. S. der Vorschrift sind. Grundsätzlich handelt es sich bei ihnen um Sachen, also Gegenstände (vgl. § 90 BGB).

Es gilt allerdings, den Besonderheiten der Straßenverkehrsordnung Rechnung zu tragen. Nicht sämtliche Sachen können Gegenstände i. S. des § 32 Abs. 1 StVO sein. Würde man der o. g. Definition folgen, wären z. B. auch Pkw Gegenstände und damit verbotene Verkehrshindernisse. Damit gäbe es keinen Straßenverkehr mehr. Der Begriff Gegenstand ist daher einschränkend dahingehend auszulegen, dass nur solche Sachen gemeint sind, die nicht am (auch nicht am ruhenden) Verkehr teilnehmen. Verkehrsteilnahme setzt dabei ein Fahrzeug voraus, das zugelassen und betriebsbereit ist.

Container sind nicht zum Straßenverkehr zugelassen und nehmen daher auch nicht am Verkehr teil. Sie sind somit Gegenstände i. S. der Straßenverkehrsordnung. Sie werden hier vom Verbot des § 32 Abs. 1 StVO betroffen, da sie auch auf einer Straße abgestellt werden sollen.

► Diese Problematik kann leicht übersehen werden. Hier ist es wichtig, die Hinweise im Sachverhalt zu verarbeiten. Nach dem Lesen sollte klar sein, dass Lkw und Container nicht gleich behandelt werden dürfen.

cc) Durch die Container muss der Verkehr gefährdet oder erschwert werden. Gefahr ist die hinreichende Wahrscheinlichkeit, dass der Verkehr erheblich beeinträchtigt wird. Es reicht aus, wenn dies nicht ganz unwahrscheinlich ist.

Da in der Straße Parkprobleme entstanden sind und die Straße in manchen Fällen nur noch einspurig benutzt werden kann, besteht die nicht unwahrscheinliche Möglichkeit, dass es durch die verengte Fahrbahn zu Verkehrsunfällen kommt.

Es liegt somit eine Gefahr für den Straßenverkehr vor. Dies beinhaltet zugleich ein Erschweren des Verkehrs.

Die Voraussetzungen des § 46 Abs. 1 Nr. 8 i.V. mit § 32 Abs. 1 StVO sind somit gegeben.

dd) Allerdings handelt es sich bei § 46 Abs. 1 StVO um eine Ermessensvorschrift. Trotz Vorliegen der Voraussetzungen ist die Verwaltungsbehörde nicht verpflichtet, eine Ausnahmegenehmigung zu erteilen. Nur in den Fällen der Selbstbindung der Verwaltung und bei Ermessensreduzierung auf Null besteht ein Anspruch auf Erteilung der Genehmigung.

(a) Durch eine Ausnahmegenehmigung zugunsten eines Konkurrenten könnte es zu einer Selbstbindung gekommen sein. Da Art. 20 Abs. 3 GG die Verwaltung an Recht und Gesetz bindet und zugleich Art. 3 Abs. 1 GG festlegt, dass alle Menschen vor dem Gesetz gleich sind, ergibt sich aus der Verknüpfung dieser Artikel die Verpflichtung der Verwaltung, gleiche Fälle gleich zu behandeln.

Eine Selbstbindung der Verwaltung läge im vorliegenden Fall aber erst dann vor, wenn der Konkurrenzfirma eine Genehmigung erteilt worden wäre. Solange dies nicht der Fall ist, hat sich die Verwaltung nicht gebunden. Im Übrigen besteht wegen des Grundsatzes „Keine Gleichheit im Unrecht" auch für den Fall, dass der Konkurrenzfirma eine Genehmigung rechtswidrig erteilt worden wäre, keine Pflicht zur Erteilung der Genehmigung.

Frau Letz kann sich somit nicht auf den Grundsatz der Selbstbindung der Verwaltung berufen.

► Es gibt Auffassungen im Schrifttum, die die Selbstbindung der Verwaltung als Unterfall einer Ermessensreduzierung auf Null behandeln. Dagegen ist nichts einzuwenden.

(b) Es stellt sich die Frage, ob ein Fall der Ermessensreduzierung auf Null vorliegt.

Eine solche Ermessensschrumpfung setzt voraus, dass ein hochrangiges Rechtsgut (z. B. Leben, Gesundheit von Menschen) gefährdet ist und darüber hinaus ein erheblicher Schaden für eines dieser Rechtsgüter zu befürchten ist. Sie kann auch dann gegeben sein, wenn ein anderes Ergebnis schlechthin unerträglich wäre.

Die rein finanziellen Beeinträchtigungen der Frau Letz, die eventuell noch nicht einmal größeren Umfanges sind, reichen hierfür nicht aus. Eine Ermessensreduzierung zu ihren Gunsten liegt daher nicht vor. Es besteht kein Anspruch auf Erteilung einer Ausnahmegenehmigung.

ee) Die Sache ist daher noch nicht spruchreif und die Verpflichtungsklage in Bezug auf die Container wegen des bestehenden Ermessens nur teilweise begründet. Die Beklagte kann deshalb gem. § 113 Abs. 5 Satz 2 VwGO nur verpflichtet werden, die Klägerin unter Beachtung der Rechtsauffassung des Gerichts zu bescheiden.

b) Parken der Lkw

Es gilt insoweit das unter B.3.a)aa) Festgestellte. Zu prüfen ist allerdings, ob es sich bei den Lkw um Gegenstände i. S. des § 32 Abs. 1 StVO handelt.

Da die Lkw zugelassen und betriebsbereit sind, handelt es sich bei ihrem Parken um Verkehrsteilnahme. Es werden keine verkehrsfremden Gegenstände auf der Straße abgestellt. Die Voraussetzungen des § 32 Abs. 1 StVO und damit auch des § 46 Abs. 1 Nr. 8 StVO liegen nicht vor. Das Parken der Lkw am Straßenrand ist vielmehr erlaubt, sodass eine Ausnahmegenehmigung nach § 46 Abs. 1 StVO nicht erteilt werden muss und darüber hinaus auch gar nicht erteilt werden kann.

Die Klage ist im Hinblick auf die Lkw unbegründet.

C. Ergebnis

Die Klage ist zulässig, aber nur teilweise begründet.

- Auch das Endergebnis muss genannt werden.
- **Formulierungshinweis**: Auf Formulierungen wie „unzweifelhaft“, „meines Erachtens“, „garantiert“ oder „zweifellos“ sollten Sie **unbedingt** verzichten.

STICHWORTVERZEICHNIS

B

C

D

H

I

R

W

Z